개정판

한자 생성의 비밀을 214부수와 자원 결합으로 분석·풀이

字源 漢字의 정석
자원   한자

설문해자 강희자전[원문 첨가] 중심 3,500자 자원 연구

宋永日 지음

明文堂

●●● 머리말

　　　　　　　　　　이 책은 그 내용상으로는 『자원한자의 정석』 혹은
　　　　　　　　　『한자의 부수와 자원을 결합한 한자의 바른 이해』
라 말할 수 있다. 기존 한자 학습 교재가 무의미 철자를 인식하는 방법인 그 음훈(音訓)을 전달하기에 급급하였다고 한다면, 본서는 유의미(有意味)한 '한자의 구조적 분석'을 근간으로, 한자 발생의 근원을 밝혀 학습자 스스로 그 탐구학습이 가능하도록 하였다. 또 한문 해석을 주요 과제로 삼는 분야들[문자학, 문학, 철학, 역사학 등]의 기초 학문 영역에 대한 실증자료(實證資料)인 한문 원문을 병기하여 학습자의 이해와 활용의 폭을 넓혔다.

　근래 한자자격검정 시험에 대한 관심이 높아지면서 '한자의 자원'에 대한 전문서적들이 우후죽순처럼 난립하였다. 그 저서들 중에는 저자의 사견(私見)을 반영한 것이 대부분이어서 마치 다양한 소설을 읽는 듯한 착각과 혼란 속에서 한자 학습을 접하게 하였다. 이는 양주묵적(楊朱墨翟)이 성현(聖賢)의 도(道)를 어지럽힘과 같아 한자의 본질을 벗어난 사설(私說)의 난무(亂舞)를 의미하며, 궁극에는 자원학습의 무용론까지도 대두하기에 이르렀다. 바로 이 점이 '자원 전문연구'의 필요성과 함께, 본서를 태동시킨 전제 조건이 되었다.

　표의문자인 한자의 생성과 근원을 이해함에 있어, 만약 저자의 현대적 재해석에 의존하여 한자의 자원을 설명한다면, 이는 학습자에게 학습 방법을 수단으로 한 또 하나의 학습 과제를 가중시키는 사족(蛇足)이 될 수밖에 없다. 학습자의 흥미 유발을 통한 장기 학습의 효과를 높인다는 용어를 차용하고 있으나 그 설득력은 미약하다. 또 은(殷)나라 때 사용된 갑골문이나 금문(金文)에 비중을 두고 한자를 풀이한 경우도 있는데, 그 부분적 참조는 가능할 수 있어도 이를 한자 이해의 전체인양 호도(糊塗)하는 것은 나무는 보고 산을 보지 못하는 근시안적 사고에 고착될 수 있다.

　저자는 평소 자원 한자의 중요성을 주지했음에도, 현장 수업 활용 면에서 체계적인 학문 연구보다는 기존 자원 한자 서(書)들을 참조하는 수준에서 미봉책으로 대처하였다. 그 결과 오류를 범하는 내용이 많아서 때 늦은 감이 있었지만, 자원에 대한 전문서적을 공부하기로 하였다. 이에 허신(許愼)의 『설문해자(說文解字)』, 단옥재(段玉裁)의 『설문해자주(說文解字注)』, 청(淸) 강희제(康熙帝)의 칙명(勅命)으로 당시의 대학사(大學士) 진정경(陳廷敬)·장옥서(張玉書) 등 30명의 학자가 만든 『강희자전(康熙字典)』, 사광휘(謝光輝)의 『한어자원자전(漢語字源字典)』, 왕균(王均)의 『설문석례(說文釋例)』, 계복(桂馥)의 『설문해자의증(說文解字義證)』, 서중서(徐中舒) 주편(主編)의 『갑골문자전(甲骨文字典)』, 인터넷 중국 자료 사이트[漢典 http://www.zdic.net] 등을 살펴보았다.

한자 자원에 대한 연구 과정에서 끊임없이 제기된 난제(難題) 중 하나는 어떻게 하면 학습자의 학습 성과를 높여 한자의 형(形)·음(音)·의(義)를 바르고 알기 쉽게 이해하고 활용할 수 있을까였다. 그 첫 번째 구안은 그간 획수 순으로 배열된 214개 부수의 의미론적(意味論的) 접근과 시각적, 구조적 체계화[인간, 문화, 동물, 식물, 자연물, 인공물, 부호 부수]였으며, 다음은 기본 한자를 중심으로 한자 자원의 전문적 이해와 활용도를 높여 학습자의 창의적 사고를 자극하는 융합적 학습 방법에 대한 적용이었다.

이를 위해 교육적 활동도가 높은 1급 한자 3,500자를 선정하여 '전서+부수+자원+원문(『설문』, 『강희자전』 등)'의 배열 방법으로 '자원한자 풀이'를 예증화(例證化)함으로써 지금까지 갑론을박(甲論乙駁)했던 자원에 대한 사견들을 잠식시키고 자원한자의 정석(定石)을 확립하려 노력하였다.

본 자원 한자에 대한 연구는 지금도 진행 중이며, 독자의 질책(叱責)과 충고(忠告)를 반영한 차기 출간서(出刊書)는 그 넓이와 깊이가 더해진 값진 보고(寶庫)로 태동될 것이라 믿는다.

2018. 7. 1 저자 씀

차 례

214자 부수 분류 __ 8
부수 해설 __ 10

Ⅰ. 인간
머리·귀·눈 __ 20
입·혀 __ 31
이·코·얼굴 __ 55
한 사람 __ 58
두 사람 __ 59
꿇어앉음 __ 83
누움 __ 83
한 손 __ 96
손 + 추가 __ 97
두 손 __ 97
한 발 __ 113
발 + 추가 __ 114
털·뼈·배 __ 131
근육·마음 __ 132

Ⅱ. 문화
문자·악기 __ 147
수·양 __ 147
점술·신 __ 169
색깔 __ 169

Ⅲ. 동물
길짐승 및 관련 부수 __ 181
날짐승 및 관련 부수 __ 192

어패·곤충 __ 193
양서·파충 __ 193

Ⅳ. 식물
식물류 및 관련 부수 __ 212

Ⅴ. 자연물
하늘 공간 __ 238
물·돌·쇠 __ 254
산·마을·지역 __ 255

Ⅵ. 인공물
의류 __ 292
식류 __ 293
집 __ 309
나무 가공물 __ 322
흙·돌 가공물 __ 331
금속 가공물 __ 332
털·실 가공물 __ 332
무기·형구 __ 344
이동 수단 __ 360

Ⅶ. 부호
부호 부수 __ 368

[고사성어 이야기] 30, 54, 57, 82, 95, 146, 211, 237, 253
291, 308, 321, 343, 359, 367, 379

[찾아보기]   380

일러두기

● 부수의 배열은 『설문해자』의 내용을 근간으로 인간, 문화, 동물, 식물, 자연물, 인공물, 부호 부수 순으로 배열하였다.

● 원 표기 한자는 부수자이며, 그 밑에 배열된 한자는 관련 자원한자를 중심으로 묶은 것이다.

예 職 ← 耳 부수
    織 識 幟 熾 ← 戠 자원

㉠	傾 傾	4급 人 총13	기울 **경** '人+頃(경)'으로 사람[人]의 머리 부분이 한쪽으로 기울어짐 [頃] [仄也 從人頃 頃亦聲]	傾斜(경사) 傾聽(경청) 傾向(경향) 左傾(좌경)
㉡	餌 餌	1급 食 총15	먹을 **이**, 먹이 **이**, 이익 **이** '食+耳(이)'로 쌀로 만든 흰 떡을 먹음 [食] [粉餅也『說文』食也，餅也，餻也『集韻, 玉篇』-『康熙』]	鉤餌(구이) 餅餌(병이) 食餌(식이) 藥餌(약이)
		① ②	③	④

① 한자 옆에 병기한 것은 전서체 한자이며, 혹 이를 찾지 못한 경우 해서체 등을 병기하였다.

② 급수한자 표기는 한국어문회에서 주관하는 한자자격검정 기준에 따랐다.

③ '( )'의 음을 쓴 경우는 형성한자이다. 뜻 부분 한자를 중심으로 자원을 풀이하였다.

예 傾 = 人+頃(경) → 음 : 경. 뜻 : 人

㉠의 '[ ]'에 쓰인 원문은 『설문해자』의 글이며, ㉡의 '[ ]'에 쓰인 것은 『강희자전』의 글이다. 본서는 『설문해자』를 중심으로 집필하였으므로 ㉠의 경우처럼 책명을 표기하지 않았다. 서명을 쓰지 않은 경우는 모두 이를 따른다.

서명은 축약하여 표기하였으며, ㉡『康熙』의 경우처럼 서명은 한문 문장의 맨 뒤에 배치하였다. 『說文解字』 → 『說文』, 『段玉裁說文解字注』 → 『段注』, 『康熙字典』 → 『康熙』, 『漢典 http://www.zdic.net』 → 『漢典』, 『謝光輝 漢語字源字典』 → 『字源字典』 등

④ ㉠의 경우처럼 한자어 '傾斜(경사), 傾聽(경청)' 등을 병기하였으나, 부수, 인·지명용 한자는 생략한 경우가 많다.

부수 분류표

214자 부수 분류

대분류	중분류	소분류	해당 부수
Ⅰ. 인간	머리	머리	首 頁
		귀·눈	耳 目 見 艮 臣
		입·혀	凵 口 曰 舌 言 音 甘 欠
		이·코·얼굴	牙 齒 自 鼻 面
	몸	서있음 한 사람	人 儿 大 立 身 尢 走 勹
		서있음 두 사람	比 鬥
		꿇어앉음	卩 女 毋
		누움	幺 子 广 尸
	손	한 손	又 手 爪
		손+추가	寸 父 支 支 殳 隶
		두 손	廾
	발	한 발	止 疋 足
		발+추가	夂 夊 彳 辵 辶 行 癶 舛 韋
	기타	털	毛 彡 而 髟 長 老
		뼈	歹 骨
		배	己
		근육	力
		마음	心 厶
Ⅱ. 문화		문자·악기	文 鼓 龠
		수·양	一 二 八 十 小
		점술·신	卜 爻 示 鬼
		색깔	色 白 赤 青 黃 玄 黑
Ⅲ. 동물		길짐승 및 관련 부수	牛 犬 羊 虎 豕 馬 鹿 鼠 豸 角 采 内
		날짐승 및 관련 부수	乙 隹 鳥 羽 非 飛 至
		어패·곤충	貝 魚 辰 虫
		양서·파충	龍 龜 黽
Ⅳ. 식물		식물류 및 관련 부수	木 竹 瓜 禾 黍 麥 齊 麻 韭 艸 生 屮 入 无

대분류	중분류	소분류	해당 부수
V. 자연물		하늘 공간	日 月 夕 气 雨 火 風
	육지	물·돌·쇠	氵 川 水 玉 石 金
		산·마을·지역	厂 氏 谷 山 阜 田 土 里 囗 邑 門
	기본생활	의류	糸 巾 衣 皮 革 黹
		식류	米 香 食 肉 血 鹵 鬯
		집	宀 穴 广 高
VI. 인공물	나무 가공물		爿 片 豆 匕 匚 斗 弋 用 耒 几 戶 門
	흙·돌 가공물		缶 臼 瓦 酉 皿 鬲
	금속 가공물		亅 工 鼎
	털·실 가공물		聿 网
	무기·형구		刀 戈 斤 士 矛 干 弓 矢 辛
	이동 수단		車 舟 方
VII. 부호	부호 부수		丶 丨 丿 亠 乍 匸 一 襾

214자 부수 분류

부수 해설

Ⅰ. 인간

중분류	소분류	해당 부수		
머리	머리	首	머리카락을 단정히 땋아 올린 머리 모양에서	머리 수
		頁	머리카락을 자연스럽게 늘어뜨린 머리 모양에서	머리 혈
	귀	耳	듣는 것을 주로 하는 귀 모양에서	귀 이
	눈	目	사람의 눈을 옆으로 세운 모양에서	눈 목
		見	사람이 눈으로 봄에서	볼 견
		艮	눈동자를 돌려 물체를 보려 하지만 보이는 데 한계가 있음에서	그칠 간 / 눈동자 간
		臣	복종하여 머리를 숙이고 위로 치켜 뜬 눈 모양 또는 신하가 임금에게 굴복하는 모습에서	신하 신
		凵	입을 벌리면 턱이 아래로 벌어지므로 윗입술을 생략하여	입 벌릴 감 / 위터진입구 몸
	입·혀	口	먹거나 말을 하는 데 사용하는 입 모양에서	입 구
		曰	말할 때 입 위로 숨[氣]이 나오는 모양에서	가로 왈 / 말할 왈
		舌	입 안에 있는 혀는 말하고 맛을 분별하는 데 사용함에서	혀 설
		言	자신이 직접 하는 말에서	말씀 언
		音	마음에서 발생하여 조절되어 밖으로 나오는 소리에서	소리 음
		甘	입안에 음식을 넣고 감미(甘美)를 맛보는 형상에서	달 감
		欠	입을 크게 벌려 공기를 밖으로 내보내는 모양에서	하품 흠
	이	牙	윗니와 아랫니가 서로 교차한 모양에서	어금니 아
		齒	입과 입안의 이 모양에서	이 치
	코	自	사람의 코 모양에서	스스로 자
		鼻	사람이 태아에서 만들어질 때 코부터 만들어진다 하여	코 비 / 처음 비
	얼굴	面	사람의 얼굴 모양에서	얼굴 면

중분류	소분류		해당 부수
몸	서 있음	한 사람	人 만물 중 가장 존귀한 직립형 인간의 모습에서　사람 인　※변에는 'イ'로 씀
			儿 한자의 발에 쓰일 경우의 '人'에서　어진사람 인 / 어진사람인발
			大 두 팔을 벌리고 서있는 사람의 앞모습에서　큰 대
			立 사람이 땅 위에 서 있음에서　설 립
			身 사람의 배가 불룩하게 나온 모양에서　몸 신
			走 두 팔을 흔들며 몸을 구부리고 빨리 가는 사람 모양에서　달릴 주
			尢 한쪽 다리가 길거나 굽은 사람 모습에서　절름발이 왕
			勹 사람의 구부러진 모양. 보자기로 싸는 것에서　쌀 포
		두 사람	比 두 사람이 서로 친하여 따르는 모양에서　견줄 비 / 따를 비
			鬥 두 사람이 엉켜서 싸우는 모습에서　싸울 투
	꿇어 앉음		卩 갑골문의 경우는 앞으로 몸을 구부리고 무릎 꿇고 앉은 사람 모습. 임금이 변방에서 나라를 지키는 자에게 주던 옥으로 만든 부절에서　병부 절　※발에는 '㔾'로 씀
			女 두 손을 깍지 끼고 무릎 꿇고 바르게 앉아 있는 부인 모습에서　여자 녀
			毋 여자를 간범하려는 자가 있으면 금하여 못하게 막음에서　말 무
	누움		幺 갓 태어난 아이의 작은 모습에서　작을 요
			子 어린 아이가 팔을 벌리고 누워 있는 모습에서　아들 자
			疒 병들어 침상에 누워 있는 사람의 모습에서　병들 녁 / 질병 엄
			尸 사람이 오래도록 누워 있는 모습에서　주검 시 / 시동 시
손	한 손		又 사람의 손가락 세 개를 그린 모양에서　손 우 / 또 우
			手 사람의 다섯 손가락을 그리어　손 수　※변에는 '扌'로 씀
			爪 손가락으로 아래쪽에 놓인 물건을 잡으려는 모양에서　손톱 조
	손 + 추가		寸 손에서 한 마디 되는 곳에 맥을 짚음에서　마디 촌
			父 손으로 도끼나 지팡이 등을 잡고 있는 사람에서　아버지 부
			攴 손으로 연장이나 채찍을 잡고 '두드림', '침'에서　두드릴 복 / 등글월문
			支 손으로 나뭇가지를 잡고 있음에서　가지 지
			殳 손으로 창 등 무기를 잡고 있음에서　창 수 / 갖은등글월문
			隶 손으로 짐승의 꼬리를 잡고 있음에서　미칠 이
	두 손		廾 손에 손을 잡고 있는 모양에서　두 손 모을 공 / 밑스물입

중분류	소분류	해당 부수		
발	한 발	止	발가락과 발 모양에서	발 지 / 그칠 지
		疋	장딴지와 발 모양에서	발 소 / 짝 필
		足	사람 다리의 정강이와 발 모양에서	발 족
	발 + 추가	夂	양쪽 정강이가 뒤에 따라 옴이 있는 모양에서	뒤져 올 치
		夊	양쪽 다리가 신을 끌면서 천천히 걷는 모양에서	천천히 걸을 쇠
		彳	잔걸음으로 걸어가는 모양에서	작은 걸음 척 / 두인변
		廴	'彳'의 변형으로, 긴 걸음걸이에서	길게 걸을 인 / 민책받침
		辶	'辵'과 동자. '彳+止'로, 잔걸음으로 쉬엄쉬엄 걸어가는 모양에서	쉬엄쉬엄 갈 착 / 갖은책받침
		行	갑골문은 '사거리'를 상형. '彳+亍'으로 사람이 걸어감에서	갈 행
		癶	두 발이 서로 등져 있는 모양에서	팔자걸음 발 / 필발머리
		舛	발과 발이 서로 어그러져 있는 모양에서	어그러질 천
		韋	'舛'의 변형으로, 두 발이 서로 어그러져 있는 모양에서	어길 위 / 다룸가죽 위
기타	털	毛	사람이나 짐승의 털 모양에서	털 모
		彡	털로 장식한 무늬. 길게 자란 털에서	털 무늬 삼 / 터럭삼
		而	턱수염을 그린 것에서	말 이을 이
		髟	늘어뜨린 긴 머리카락이 바람에 나부끼는 모양에서	머리카락 날릴 표 / 터럭발
		長	오래 살아 머리털이 빠져 대머리로 변한 모양에서	우두머리 장 / 어른 장 / 길 장
		老	오래 살아 수염과 머리털이 흰색으로 변한 모습에서	늙을 로
	뼈	歹	앙상한 뼈만 남아있는 모양에서	뼈 앙상할 알 / 죽을 사
		骨	뼈에 고기가 붙어 있는 모양에서	뼈 골
	배	己	사람의 배 모양에서	몸 기 / 자기 기
	근육	力	사람의 심줄 모양에서	힘 력
	마음	心	사람의 심장 모양에서	마음 심 ※변에는 '忄', 발에는 '㣺'로 씀
		厶	간사하고 사특한 마음에서	사사로울 사 / 마늘모

Ⅱ. 문화

중분류	소분류	해당 부수
문자·악기	문자	文 사람의 가슴에 새겨진 문신의 형상에서 무늬 문 / 글월 문
	악기	鼓 손으로 북채를 들고 북을 두드림에서 북 고 / 두드릴 고
		龠 구멍이 3개 또는 6개의 피리 모양에서 피리 약
수·양	수	一 우주 생성의 기원은 하나에서 시작됨에서 한 일
		二 하늘과 짝을 이룬 땅에서 두 이
		八 물체가 나누어져 서로 등져 있는 모양에서 여덟 팔 / 나눌 팔
		十 동서와 남북이 합쳐진 것으로 사방과 중앙이 모두 갖춰진 수에서 열 십
	양	小 물체를 반으로 나눔에서 작을 소
점술·신	점술	卜 거북 등을 태워 갈라진 모양에서 점 복
		爻 가로와 세로가 교차된 무늬로, 인간의 길흉을 알아보기 위해 친 점괘 모양에서 점괘 효
	신	示 해, 달, 별이 아래로 드리워져 사람에게 길흉을 보임에서 보일 시
		鬼 귀신 머리 모양에서 귀신 귀
색깔		色 사람의 얼굴색에서 빛 색
		白 서방 색으로 대지 위에 막 떠오른 태양 빛에서 흰 백
		赤 남방 색으로 불에 비친 사람의 얼굴색에서 붉을 적
		靑 동방 색으로 나무 색에서 푸를 청
		黃 중앙 색으로 땅의 색에서 누를 황
		玄 아득히 먼 것을 뜻하는 검붉은색에서 검을 현 / 오묘할 현
		黑 북방 색으로 굴뚝 위로 나오는 검은 연기에서 검을 흑

Ⅲ. 동물

중분류	해당 부수	
길짐승 및 관련 부수	牛	소의 머리와 뿔, 꼬리를 그린 것에서 소 우
	犬	개의 목줄과 발을 특징적으로 그린 것에서 개 견
	羊	양의 두 뿔과 머리 모양에서 양 양
	虍	'虎-儿'으로 호랑이 무늬에서 범 문채 호 / 범 호
	豕	돼지의 털, 발, 꼬리의 모습을 특징적으로 그린 것에서 돼지 시
	馬	말의 머리, 긴 털, 꼬리, 네 발 등을 중심으로 그린 것에서 말 마
	鹿	머리, 뿔, 네 다리를 특징적으로 그린 사슴의 모양에서 사슴 록
	鼠	쥐 모양, 또는 쥐의 이빨과 크게 벌린 입 모양에서 쥐 서
	豸	맹수가 입을 벌리고 있는 형상. 등뼈가 긴 짐승이 먹잇감을 잡으려고 웅크려 노리는 모양에서 해치양 치 / 발 없는 벌레 치 / 해태 채 / 갖은돼지시
	角	짐승의 뿔 모양에서 뿔 각
	釆	땅에 찍힌 짐승 발자국 모양으로, 동물을 분별함에서 분별할 변
	禸	짐승 발자국 모양에서 짐승 발자국 유
날짐승 및 관련 부수	乙	새의 머리, 목, 몸, 꼬리를 간단하게 그린 옆모양에서 새 을 / 둘째 천간 을
	隹	꽁지 짧은 새의 모양에서 새 추
	鳥	긴 꼬리를 가진 새의 모양에서 새 조
	羽	새의 긴 깃털 모양에서 깃 우
	非	새의 두 날개가 서로 다른 방향으로 퍼져 있는 모양에서 아닐 비
	飛	새가 두 날개를 펴고 날아오르는 모양에서 날 비
	至	새가 날아 높은 곳에서 땅으로 내려와 있음에서 이를 지
어패·곤충	貝	조개의 모양에서 조개 패 / 돈 패
	魚	물고기의 모양에서 물고기 어
	辰	금문에 '辰+虫'으로 큰 조개 모양. 만물이 소생하여 나오는 때에서 별 신/진 / 다섯째 지지 진
양서·파충	虫	몸의 넓이가 3촌, 머리는 엄지손가락만한 살모사 모양에서 살모사 훼 / 벌레 훼
	龍	몸을 꿈틀거리며 하늘로 솟구쳐 날아오르는 용 모양에서 용 룡
	龜	거북이의 머리와 어깨, 등 껍데기, 네 발과 꼬리 등의 모양에서 거북 귀
	黽	맹꽁이의 모양에서 맹꽁이 맹

Ⅳ. 식물

중분류	해당 부수	
식물류 및 관련 부수	木	땅을 뚫고 새싹이 나오는 나무 모양에서 나무 목
	竹	죽순의 모양에서 대 죽
	瓜	덩굴에 오이가 매달린 모양에서 오이 과
	禾	벼이삭이 패어 드리워진 포기 모양에서 벼 화
	黍	'기장 낱알이 흩어져 패는 모양', '기장이 찰기가 많아 술 담기에 좋은 곡식이므로 禾에 水를 더했다'는 설 등에서 기장 서
	麥	줄기가 곧고 잎이 아래로 숙인 보리 모양에서 보리 맥
	齊	벼나 보리 이삭의 머리가 가지런히 팬 모양에서 가지런할 제
	麻	삼실로 삼베를 짬에서 삼 마
	韭	땅 위에 부추가 많이 나 있는 모양에서 부추 구
	艸	두 포기의 풀 모양에서 풀 초 / 초두
	生	씨앗이 싹터 땅 위에 돋아남에서 날 생
	屮	사람의 왼손을 그린 것. 식물이 처음 싹터 나오는 모양에서 왼손 좌 / 싹 날 철
	入	뿌리가 밖으로부터 땅 밑으로 들어감에서 들 입
	无	숲에 나무가 무성하여 사용할 땅이 없음에서 없을 무

Ⅴ. 자연물

중분류	소분류	해당 부수	
하늘·공간		日	둥글고 밝게 빛나는 해 모양에서 날 일
		月	이지러진 반달 모양에서 달 월
		夕	해가 진 뒤 달이 희미하게 나타난 형상에서 저녁 석
		气	피어나는 구름의 모양에서 기운 기
		雨	구름에서 떨어지는 물 모양에서 비 우
		火	불꽃이 위로 치솟는 모양에서 불 화 ※발에 쓰일 경우 '灬'로 씀
		風	바람이 움직이는 현상을 표현한 것에서 바람 풍
육지	물·돌·쇠	冫	얼음이 언 모양에서 얼음 빙 / 이수변
		川	흐르는 냇물의 모양에서 내 천 ※물 흐름이 개미허리처럼 구부러져 있어 '巜'로 표기하며 '개미허리'라 함
		水	물이 평평하게 흐르는 모양에서 물 수 ※변으로 쓰일 경우 '氵'로 쓰며 '삼수변'이라 함
		玉	옥을 실에 꿰어 엮어 놓은 모양에서 옥 옥
		石	산 언덕 아래에 돌이 있는 모양에서 돌 석
		金	땅속에 금덩어리가 묻혀 있음에서 쇠 금 / 금 금
	산·마을·지역	厂	돌산의 언덕 바위 아래 사람이 살만한 곳에서 바위굴 엄 / 민엄호
		氏	'무너져 내리려는 언덕의 모양', '뿌리와 씨앗을 그린 모양' 등에서 성씨 씨 / 각시 씨
		谷	두 산 사이로 물이 흘러가는 곳에서 골짜기 곡
		山	바위가 우뚝 솟고 만물이 삶을 누리는 산 모양에서 메 산
		阜	산에 돌이 없고 높고 평평한 꼭대기에서 언덕 부 ※변에 쓰일 경우 '阝'이며, '좌부변'이라 함
		田	곡식을 심는 밭과 밭둑이 열 지어 있는 모양에서 밭 전
		土	땅 위로 초목의 싹이 돋아 나옴에서 흙 토
		里	농토와 기거(寄居)할 땅이 있는 곳에서 마을 리
		囗	한 바퀴를 돌아 널리 에워싼 모양에서 에울 위 / 나라 국 / 에운담 / 큰입구 ※'圍'와 '國'의 고자
		邑	천자가 제후에게 고을을 다스리도록 내린 봉역(封域)에서 고을 읍 ※방에 쓰일 경우 '阝'이며, '우부방'이라 함
		冂	읍 밖을 교(郊), 교 밖을 야(野), 야 밖을 임(林), 임 밖을 '경(冂)'이라 하여 '먼 곳의 경계'를 뜻함에서 멀 경

중분류	소분류	해당 부수
기본 생활	의류	糸 실을 꼬아 한 타래 묶어 놓은 모양에서 실 사
		巾 허리에 차고 다니며 닦거나 싸는 데 사용한 물건에서 수건 건
		衣 옷의 양쪽 소매와 좌우의 옷깃이 서로 덮고 있는 모양에서 옷 의 ※변에 쓰일 경우 'ⵑ'로 씀
		皮 손으로 짐승의 가죽을 벗기어 취한 것에서 가죽 피
		革 짐승의 털을 제거하고 만든 가죽에서 가죽 혁
		黹 예복을 실로 바느질하여 수놓은 것에서 바느질 할 치
	식류	米 쌀의 낟알이 사방으로 퍼지는 모양에서 쌀 미 / 곡식 미
		香 기장밥의 맛이 향기로움에서 향기 향
		食 쌀로 밥을 지으니 고소한 냄새가 남에서 밥 식
		肉 크게 썬 고깃덩어리 모양에서 고기 육
		血 제사상에 올린 짐승의 피가 그릇에 있는 형상에서 피 혈 / 핏줄 혈
		鹵 서쪽 지방의 소금밭에서 소금밭 로
		鬯 술 항아리와 기장쌀의 낟알과 국자가 합쳐진 것에서 울창주 창
	집	宀 집의 겉모양을 그린 것에서 집 면 / 갓머리
		穴 고대 원시인들이 혈거 생활을 하던 집에서 구멍 혈
		广 언덕에 높이 솟아 있는 집 모양에서 집 엄 / 엄호
		高 멀리까지 보기 위해 높게 지은 누대 모양에서 높을 고

Ⅵ. 인공물

중분류		해당 부수
나무 가공물	片	'片'을 180° 변형한 것으로, 나무토막을 켰을 때 중간을 나눈 조각에서 널조각 장 / 장수장변
	爿	'나무의 왼쪽 절반을 생략하고 남은 것에서 조각 편
	豆	굽이 달린 제기 위에 음식이 있음을 나타낸 것으로, 가차하여 콩 두
	匕	밥을 먹는 숟가락 모양에서 숟가락 비 / 비수 비 ※'人'을 거꾸로 한 글자로 '化'의 초문(初文)
	匚	한쪽이 트인 상자 모양에서 상자 방 / 터진입구
	斗	자루가 있는 십승(十升)의 도구에서 말 두
	弋	오늬에 줄을 매달아 쏘는 화살에서 주살 익
	用	'桶'의 본자. 나무판으로 만든 원형의 통 모양. 점친 것이 가히 시행할 만함에서 쓸 용
	耒	땅을 갈아 일구도록 나무로 만든 쟁기 모양에서 쟁기 뢰
	几	'机'와 동자. 앉을 때 기대는 역할을 하는 안석 모양에서 안석 궤
	戶	집안의 생명과 재산을 보호해 주는 외문짝 문에서 지게 호
	門	두 기둥에 달린 문을 상형한 것으로, 문에서는 문 안과 밖의 소리를 모두 들을 수 있음에서 문 문
흙·돌 가공물	缶	술, 간장 따위의 액체를 담는 사기그릇에서 장군 부
	臼	곡식 따위를 넣고 절굿공이로 빻거나 찧을 수 있게 속이 오목한 절구통에서 절구 구
	瓦	흙으로 빚어 구워 만든 '기와'가 겹쳐 있는 모양에서 기와 와
	酉	술을 담는 술병 모양 또는 잘 익은 술에서 술 유 / 열째 지지 유 / 닭 유
	皿	굽이 달린 음식 그릇 모양에서 그릇 명
	鬲	토기로 만든 솥의 일종으로 가운데는 복교(腹交)의 무늬를, 아래는 세 발을 그린 것에서 오지병 격 / 솥 력
금속 가공물	亅	갈고리를 거꾸로 놓은 모양에서 갈고리 궐
	工	직선[矩]이나 원[規]을 그리는 자를 소유한 사람에서 장인 공
	鼎	발이 셋이고 귀가 둘 달린 보기(寶器)인 솥에서 솥 정
털·실 가공물	聿	손으로 붓을 잡고 글을 씀에서 붓 율
	网	물고기나 새를 잡는 그물 모양에서 그물 망

중분류		해당 부수
무기·형구	刀	칼의 모양에서 칼 도 ※방에 쓰일 때는 'ㅣㅣ'로 씀
	戈	끝이 평평한 창 모양에서 창 과
	斤	나무를 찍는 도끼 모양에서 도끼 근
	士	'도끼 모양'에서, 그 의미가 점차 도끼를 잡고 있는 무사, 옥관, 하나를 들으면 열을 아는 사람에서 선비 사
	矛	칼끝이 날카롭고 자루가 긴 창에서 창 모
	干	끝이 두 갈래로 갈라진 창 모양에서 방패 간
	弓	줄을 매지 않은 활 모양에서 활 궁
	矢	윗부분은 화살촉, 아래쪽은 오늬를 나타낸 화살 모양에서 화살 시
	辛	둥근 끝 모양으로 생긴 것으로 끝이 매우 뾰족하고 예리한 경면(黥面)의 형구에서 매울 신 / 괴로울 신 / 큰 죄 신
이동 수단	車	수레의 몸체와 두 바퀴를 나타낸 것으로 수레 거/차
	舟	나무로 만든 배의 모양에서 배 주
	方	두 배를 나란히 대어 하나로 묶은 모양에서 널조각 방 / 모 방

Ⅶ. 부호

중분류		해당 부수
부호 부수	丶	끊어져 정지함의 의미로 'ㆍ'를 표시함에서 점 주 / 불똥 주
	ㅣ	세로로 선을 하나 그린 것으로, 위아래로 '꿰뚫다', '꿰다'의 뜻에서 뚫을 곤
	丿	오른쪽 위에서 왼쪽 아래로 삐쳐 내린 것에서 삐침별
	亠	'돼지 해[亥]'자의 머리 부분을 나타내어 돼지해머리 두 / 돼지머리해
	彐	돼지 머리의 날카롭게 위로 보이는 부분을 나타내어 돼지 머리 계 / 터진가로왈 ※'彑'나 'ㅋ'로 쓰이기도 함
	匸	감추다[ㄴ]와 가리다[一]가 합쳐진 글자로 '위를 덮어 가리다'에서 감출 혜 / 터진 에운담
	冖	가리어 덮는 덮개에서 '덮다'의 의미로 덮을 멱 / 민갓머리
	襾	손잡이가 달린 그릇의 뚜껑을 본뜬 모양에서 '덮다'의 뜻으로 덮을 아

I 인간

머리

首 頁

- 首
- 頁 煩
- 頃 傾
- 類
- 須
- 項
- 頰 挾 俠 狹
- 頻 嚬 瀕
- 項
- 顎 愕
- 顚 癲

귀
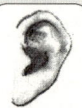
耳

- 耳 珥 茸 餌 攝
- 聲 磬
- 聘
- 職 織 識 幟 熾
- 聰 總
- 耶 倻 揶
- 耽 枕 沈 眈

눈

目 見 艮 臣

- 目
- 省
- 看
- 睦
- 直 値 植 置 稙 殖
- 相 想 箱
- 眞 鎭 愼 塡 嗔
- 睿 濬 璿
- 瞻 蟾 擔 膽 澹 憺
- 眉 媚
- 盾 循 遁
- 見 現 硯 峴
- 親
- 覓
- 覺 攪
- 規 窺
- 視
- 觀 權 歡 勸 驩 灌 顴
- 艮 眼 恨 根 銀 限 垠 艱 痕
- 良 娘 浪 朗 狼
- 臣 宦
- 臨
- 臥

首 부

首	首 총9	5급	머리 수 '巛+百'로 헝클어진 머리카락[巛]을 땋아 올린 머리[百] 모양[百同. 古文百也. 巛象髮, 謂之鬊, 鬊卽巛也] 	首尾(수미) 首腦(수뇌) 首席(수석) 首都(수도)

頁 부

頁	頁 총9		머리 혈 '百+儿'으로 머리카락을 자연스럽게 늘어뜨린 사람[儿]의 머리[百] 모양[頭也 從百從儿]	油頁巖(유혈암)
煩	火 총13	3급	괴로워할 번, 번민할 번 '火+頁'로 머리[頁]에 열[火]이 나 아픔[熱頭痛也 一曰焚省聲 從火頁]	煩惱(번뇌) 煩悶(번민) 煩雜(번잡) 頻煩(빈번)
頃	頁 총11	3급	잠시 경, 요사이 경 '匕+頁로 머리[頁]가 한쪽으로 잠시 기울어짐[匕] [頭不正也 從匕頁 『注』臣鉉等曰：匕者, 有所比附, 不正也]	頃刻(경각) 頃者(경자) 食頃(식경)
傾	人 총13	4급	기울 경 '亻+頃(경)'으로 사람[亻]의 머리 부분이 한쪽으로 기울어짐[頃] [仄也 從人頃 頃亦聲]	傾斜(경사) 傾聽(경청) 傾向(경향) 左傾(좌경)
類	頁 총19	5급	비슷할 류, 무리 류 '犬+頪(뢰)'로 종류가 서로 비슷한 것은 오직 개[犬]임[種類相似 唯犬爲甚 從犬頪聲 力遂切] 種類相佀. 唯犬爲甚：說從犬之意也. 類本謂犬相佀. 引伸叚借爲凡相佀之偁. 釋詁, 毛傳皆曰類, 善也. 釋類爲善, 猶釋不肖爲不善也『段注』	種類(종류) 同類(동류) 類似(유사) 類別(유별) 類萬不同(유만부동)
須	頁 총12	3급	수염 수, 모름지기 수, 반드시 수 '彡+頁로 머리[頁] 밑 부분인 턱에 난 턱수염[彡] [頤下毛也 從頁從彡]	必須(필수) 須眉(수미) 急須(급수) 須知(수지) 須臾(수유) 須髮(수발)
頊	頁 총13	2급	삼갈 욱 '頁+玉(옥)'으로 머리[頁]는 삼가고 조심해야 할 신체 부위[頭頊頊謹貌 從頁玉聲]	顓頊(전욱：중국 태고 시대의 성군)
頰	頁 총16	1급	뺨 협 '頁+夾(협)'으로 사람 얼굴[頁]의 양쪽 옆 볼[面傍也 從頁夾聲]	頰骨(협골) 頰筋(협근) 兜頰(두협) 頰柱(협주)
挾	手 총10	1급	낄 협 '手+夾(협)'으로 손[手]을 써 남모르게 어떤 사적인 힘을 이용하여 이익을 취함[俾持也 從手夾聲] 俾持也：俾持, 謂俾夾而持之也. 亦部夾下曰 盜竊裛物也. 俗謂蔽人俾夾. 然則俾持正訓藏匿之怀. 如今人言懷挾也. 孟子挾貴, 挾賢, 挾長, 挾有勞, 挾故. 此皆本義之引申『段注』	挾攻(협공) 挾雜(협잡) 挾旬(협순) 挾滯(협체)
俠	人 총9	1급	호협할 협, 젊을 협, 가벼울 협 '人+夾(협)'으로 자신을 희생하고 남을 도와주는 의협심이 강한 사람[人] [俜也 從人夾聲]	俠客(협객) 義俠心(의협심)
狹	犬 총10	1급	친할 합, 좁을 협, 좁힐 협 '犬+夾(협)'으로 사람이 개[犬]와 매우 친함[同狎 今爲闊狹『玉篇』地狹人寡『史記』隘狹『廣韻』-『康熙』]	狹小(협소) 狹義(협의)

한자	급수/부수/총획	훈음 및 설명	용례
頻 頻	3급 頁 총16	물가 빈, 찡그릴 빈, 자주 빈, 급할 빈 '頁+步(보)'로 '瀕, 顰과 통용. 물가에 이르러 얼굴[頁]을 찡그림[古文. 顰. 夶音響『韻會』急也.『玉篇』比也『廣雅』 又水厓『說文』頻, 厓也『傳』頻, 當作濱『箋』又 與顰同-『康熙』]	頻度(빈도) 頻發(빈발) 頻繁(빈번) 頻數(빈삭) 頻起(빈기) 頻年(빈년) 頻脈(빈맥)
嚬 嚬	1급 口 총19	찡그릴 빈, 웃는 모양 빈 '口+頻(빈)'으로 '顰과 통용. 불만을 말하며[口] 얼굴을 찡그림[眉蹙貌, 通作顰『正字通』笑貌『集韻』-『康熙』]	嚬笑(빈소) 嚬蹙(빈축) 效嚬·效顰(효빈)
瀕 顤	1급 水 총19	물가 빈, 임박할 빈 '頁+涉'으로 '濱과 동자. 물가에 이르러 물이 깊어 더 앞으로 나가지 못하여[涉] 찡그림[頁] [水厓 人所賓附也 頻蹙不前而止 從頁從涉 顰戚不前而止 從頁 從涉 : 此以顰戚釋從頁之意也. 將涉者, 或因水深. 顰眉蹙頞而止. 故字從涉頁『段注』] 金文	瀕海(빈해) 瀕死(빈사) 哈爾瀕(합이빈) 率土之瀕(솔토지빈)
項 項	3급 頁 총12	목 항 '頁+工(공)'으로 척추동물의 머리와 몸통을 잇는 잘록한 부분 중 머리[頁] 뒤쪽[頭後也. 從頁工聲]	事項(사항) 條項(조항) 項領(항령) 項目(항목)
顎 顎	1급 頁 총18	얼굴 높을 악, 턱 악 '頁+咢(악)'으로 얼굴[頁]이 높은 모양. 또는 구강(口腔)의 상하에 있는 뼈[夶音咢『集韻』面高貌. 同顥『玉篇』嚴敬曰顎『廣韻』恭嚴也『集韻』-『康熙』]	顎骨(악골) 下顎(하악) 下顎呼吸(하악호흡)
愕 愕	1급 心 총12	놀랄 악 '心+咢(악)'으로 갑자기 앞이 꽉 막히어 깜짝 놀람[心] [夶音諤. 錯愕, 倉卒驚遽貌. 又阻礙, 不依順也『正韻』-『康熙』]	愕然(악연) 驚愕(경악) 嗟愕(차악)
顚 顚	1급 頁 총19	꼭대기 전, 머리 전, 이마 전, 넘어질 전 '頁+眞(진)'으로 사람의 머리[頁] 꼭대기[頂也 從頁眞聲]	顚末(전말) 顚覆(전복) 顚倒(전도) 顚沛(전패)
癲 癲	1급 疒 총24	미칠 전 '疒+顚(전)'으로 '瘨과 동자. 웃는 것이 정상적이지 못하여 아무데나 웃는 병[疒] [夶音顚. 與瘨同『韻會』又狂也『集韻』喜笑不常, 顚倒錯亂也『正字通』-『康熙』]	癲狂(전광) 癲癎(전간) 癲疾(전질) 癲風(전풍)

✤ 耳 부

한자	급수/부수/총획	훈음 및 설명	용례
耳 耳	5급 耳 총6	귀 이 듣는 것을 주로 하는 귀 모양[主聽者也 象形] 甲骨文 金文	耳順(이순) 耳鳴(이명) 耳懸鈴鼻懸鈴(이현령비현령)
珥 珥	2급 玉 총10	귀고리 이 '玉+耳(이)'로 귀막이나 귀걸이에 쓰는 옥[玉] [瑱也 從玉耳 耳亦聲]	玉珥(옥이) 珠珥(주이) 李珥(이이 : 조선의 명신)
茸 茸	1급 艸 총10	우거질 용, 어지러울 용 '艸+耳←聰(총)'으로 풀[艸]이 무성하게 우거져 있는 모양[艸茸茸貌 從艸聰省聲]	鹿茸(녹용) 茸茸(용용) 蒙茸(몽용) 叢茸(총용)
餌 餌	1급 食 총15	먹을 이, 먹이 이, 이익 이 '食+耳(이)'로 쌀로 만든 흰 떡을 먹음[食] [粉餅也『說文』食也, 餅也, 饍也『集韻, 玉篇』-『康熙』]	鉤餌(구이) 餅餌(병이) 食餌(식이) 藥餌(약이)

字	篆	級/部/劃	訓音 및 解說	用例
攝	欇	2급 手 총21	당길 섭, 도울 섭 '扌+聶(섭)'으로 손[手]으로 끌어 당겨 귀에 대고 귓속말을 함[引持也 從手聶聲] ※聶, 駙耳私小語也	攝政(섭정) 攝理(섭리) 攝取(섭취) 攝行(섭행)
聲	聲	4급 耳 총17	소리 성 '耳+殸(성)'으로 귀[耳]로 들을 수 있는 소리[殸] [音也 從耳殸聲. 殸, 籀文磬] 甲骨文	發聲(발성) 音聲(음성) 歎聲(탄성) 聲調(성조)
磬	磬	1급 石 총16	경쇠 경 '石+殸(성)'으로 두드려 소리를 내는 돌[石]로 만든 악기[石樂也 從石殸 象縣虡之形 殳所以擊之也] 石樂也 : 石樂各本作樂石. <중략> 或疑樂石字見秦繹山刻石. 不知與此無涉也. 彼謂可樂之石. 此謂製石之樂. 白虎通曰磬者, 夷則之氣也『段注』 甲骨文	風磬(풍경) 磬石(경석) 擊磬(격경) 梵磬(범경) 浮磬(부경) 遠磬(원경) 特磬(특경) 編磬(편경)
聘	聘	3급 耳 총13	안부를 물을 빙, 폐백 보낼 빙, 장가들 빙, 부를 빙, 청할 빙 '耳+甹(빙)'으로 예를 갖추어 방문하여 안부를 묻고 들음[耳] [訪也 從耳甹聲] 訪也 : 汎謀曰訪. 按女部曰娉, 問也. 二字義略同『段注』	招聘(초빙) 聘問(빙문) 聘母(빙모) 聘丈(빙장)
職	職	4급 耳 총18	직분 직, 벼슬 직 '耳+戠(직)'으로 작고 은미한 일도 귀[耳]로 잘 듣고 기억함[記微也 從耳戠聲 之弋切] 記敚也 : 敚舊作微, 今正. 記猶識也. 纖微必識是曰職. 周禮太宰之職, 大司徒之職皆謂其所司. 凡言司者, 謂其善伺也. 凡言職者, 謂其善聽也. 釋詁曰 : 職, 主也. 毛傳同, 見詩悉蟀, 十月之交. 周禮職方, 亦作識方『段注』 ※戠 :무기 이름 직, 거둘 직 金文	職業(직업) 職務(직무) 職責(직책) 職制(직제) 削奪官職(삭탈관직) 封庫罷職(봉고파직)
織	織	4급 糸 총18	짤 직, 조직할 직 '糸+戠(직)'으로 실[糸]로 짠 직물의 총칭[作布帛之總名也 從糸戠聲] 甲骨文	織機(직기) 織物(직물) 織造(직조) 紡織(방직)
識	識	5급 言 총19	알 식, 기록할 지 '言+戠(식)'으로 말[言]의 뜻을 앎[常也, 知也 從言戠聲 賞職切] 常也 : 常常爲意. 字之誤也. 草書常意相似. 六朝以草寫書. 追草變眞. 譌誤往往如此. 意者, 志也. 志者, 心所之也. 意與志, 志與識古皆通用. 心之所存爲 之意. 所謂知識者此也. 大學. 誠其意. 卽實其識也『段注』	識見(식견) 識別(식별) 鑑識(감식) 標識(표지) 目不識丁(목불식정) 識字憂患(식자우환)
幟	幟	1급 巾 총15	표기 치 '巾+戠(시)'로 작은 가로대에 폭을 길게 드리워 그것을 장대 끝에 달아맨 모양으로 바람에 날리지 않아도 천에 쓰거나 그린 것을 쉽게 식별할 수 있게 만든 기[巾] [旌旗之屬 從巾戠聲 昌志切]	旗幟(기치) 赤幟(적치) 白幟(백치) 嚴幟(엄치)
熾	熾	1급 火 총16	성할 치, 사를 치 '火+戠(시)'로 불[火]이 활활 타 그 기운이 성함[盛也 從火戠聲]	熾憤(치분) 熾熱(치열) 熾張(치장)
聰	聰	3급 耳 총17	귀 밝을 총, 총명할 총 '耳+悤(총)'으로 귀[耳]로 듣고 그 실상을 살펴 앎이 남보다 빠름[察也 從耳悤聲] 察也 : 察者, 覈也. 聰察以雙聲爲訓『段注』	聰氣(총기) 聰明(총명) 聰敏(총민) 聖聰(성총)
總	總	4급 糸 총17	합할 총, 묶을 총, 거느릴 총 '糸+悤(총)'으로 물체를 한 곳에 모아서 실[糸]로 묶음[聚束也 從糸悤聲]	總角(총각) 總計(총계) 總括(총괄) 總長(총장)

字	篆	級/部/總	訓音 및 字源	用例
耶	耶	3급 耳 총9	어조사 야, 의문사 야, 그런가 야, 아버지 야(=爺), 간사할 사(=邪) '耳+邑'으로 동자는 '邪, 爺. 마을[邑]에 떠돌아 들리는 [耳] 소문[俗邪字『玉篇』語助『正韻』又疑辭.俗謂父曰耶『增韻』-『康熙』]	耶蘇教(야소교: 기독교, 예수교)
倻	倻	2급 人 총11	나라 이름 야 'イ+耶(야)'로 고대 한반도 남쪽 사람[人←金首露]이 세운 나라[伽倻國 金首露王之六兄弟 各建六國於伽倻山西南『玉篇』]	伽倻國(가야국)
揶	揶	1급 手 총12	농지거리할 야 '手+耶(야)'로 점잖지 아니하게 손[手]을 함부로 놀려 장난질함[與挪同『字彙補』-『康熙』] 挪: 同撤. 揶揄, 舉手相弄也『集韻』作歈瘉『說文』作邪. 別作挪『後漢書』-『康熙』]	揶揄(야유)
耽	耽	2급 耳 총10	귀 축 늘어질 탐, 즐길 탐 '耳+冘(유)'로 귀[耳]가 커서 축 늘어져 있음[耳大垂也 從耳冘聲 丁含切『說文』. 樂也『玉篇』-『康熙』]	耽溺(탐닉) 耽讀(탐독) 耽樂(탐락) 耽羅(탐라)
枕	枕	3급 木 총8	베개 침 '木+冘(유)'로 나무[木]토막으로 만든 베개[臥所以薦首者 從木冘聲 章衽切]	木枕(목침) 枕上(침상) 枕肱(침굉) 孤枕(고침)
沈	沈	3급 水 총7	잠길 침, 성 심 'シ+冘(유)'로 언덕 위까지 물[シ]이 잠김[陵上滴水也 從水冘聲 一曰濁默也. 直深切]	沈默(침묵) 沈憂(침우) 沈伏(침복) 沈船(침선)
眈	眈	1급 目 총9	노려볼 탐, 앝볼 탐 '目+冘(유)'로 가까이 자세히 보되[目] 뜻은 원대히 함[視近而志遠 從目冘聲『易』曰: 虎視眈眈 丁含切. 視近而志遠: 謂其意沈也. 馬云. 虎下視貌『段注』]	虎視眈眈(호시탐탐)

❋ 目 부

字	篆	級/部/總	訓音 및 字源	用例
目	目	6급 目 총5	눈 목 사람의 눈을 옆으로 세운 모양[人眼也 象形]	科目(과목) 品目(품목) 條目(조목) 目擊(목격)
省	省	6급 目 총9	볼 성, 살필 성, 밝을 성, 줄일 생, 인색할 생 '眉+屮', '少+目←囧'으로 눈썹처럼 작은 것[眉, 少]까지도 밝히[囧] 통하여 앎[屮] [視也 從眉省從屮. 古文省, 從少囧 所景切『注』臣鉉等曰: 屮, 通識也]	省察(성찰) 反省(반성) 省墓(성묘) 省略(생략) 昏定晨省(혼정신성) 三省吾身(삼성오신)
看	看	4급 目 총9	볼 간 '手+目'으로 눈[目] 위에 손[手]을 대고 바라봄[睎也 從手下目]	看病(간병) 看過(간과) 看護(간호) 看做(간주)
睦	睦	3급 目 총13	눈매 고울 목, 화목할 목 '目+坴(륙)'으로 잘못도 사랑의 눈[目]으로 바라보는 고운 눈매[目順也 從目坴聲 一曰敬和也. 莫卜切]	親睦(친목) 和睦(화목) 敦睦(돈목)
直	直	7급 目 총8	바로 직, 곧을 직 '十+目+乚'으로 지금 열 눈[十目]으로 주시[注視]하니, 그 숨겨진[乚] 진상[眞相]이 바로 보임[正見也. 從乚從十從目. 㥁, 古文直 除力切『注』徐鍇曰: 乚, 隱也. 今十目所見是直也『注』㥁, 古文直]	直角(직각) 直線(직선) 直面(직면) 直射(직사) 不問曲直(불문곡직) 單刀直入(단도직입)

24

字	篆	급수/부수	해설	용례
値	値	3급 人 총10	만날 치, 마땅할 치, 값 치, 심을 치 'イ+直(직)'으로 피차간[人]에 서로 적당함을 얻음[持也 從人直聲] 持也: 持各本作措, 措者, 置也. 非其義. 今依韻會所據正. 韻會雖譌待. 然轉刻之失耳. 陳風, 値其鷺羽. 傳曰 値, 持也. 引伸爲當也. 凡彼此相遇, 相當曰値. 亦持之意也『段注』	價値(가치) 數値(수치) 絶對値(절대치) 平均値(평균치) 價値判斷(가치판단) 附加價値(부가가치)
植	植	7급 木 총12	심을 식 '木+直(직)'으로 문을 반듯하게 세우듯 나무[木]를 곧게[直] 심음[戶植也 從木直聲] 戶植:高曰, 植, 戶植. 植當爲直立之木, 徐鍇以爲橫鍵. 非也. 按今豎直木而以鐵了鳥關之. 可以加鎖. 故曰持鎖植. 植之引伸爲凡植物, 植立之植『段注』	植木(식목) 植物(식물) 植民(식민) 移植(이식) 孤根弱植(고근약식) 植松望亭(식송망정)
置	置	4급 网 총13	둘 치, 베풀 치 '网+直'으로 법망[网]에서 풀어줌[直] [赦也 從网直『注』徐鍇曰: 從直, 與罷同意] 赦也: 支部曰: 赦, 置也. 二字互訓. 置之本義爲貰遣, 轉之爲建立, 所謂變則通也. 周禮: 廢置以馭其吏. 廢對文. 古借爲植字, 如攷工記置而搖之卽植而搖之, 論語植其杖卽置其杖也『段注』	置重(치중) 置換(치환) 置簿(치부) 備置(비치)
稙	稙	2급 禾 총13	올벼 직, 이를 직 '禾+直(직)'으로 벼[禾]를 일찍 심어 수확함[早種也 從禾直聲『詩』曰: 稙稚尗麥]	稙禾(직화) 李仁稙(이인직 : 소설가)
殖	殖	2급 歹 총12	번성할 식, 자랄 식, 심을 식, 세울 식 '歹+直(직)'으로 뼈만 앙상하게[歹] 남은 것을 기름지고 살찌게 잘 기름[脂膏久殖也 從歹直聲] 歹: 象形. 本作'歺'. 甲骨文字形, 象有裂縫的殘骨, 隸變作'歹'. 歹是漢字部首之一, 從歹的字多與死、坏或不吉祥等義有關. 本義: 殘骨『說文』: 列骨之殘也. -『漢典』	養殖(양식) 增殖(증식) 繁殖(번식) 生殖器(생식기) 殖財之道(식재지도)
相	相	5급 目 총9	살펴 볼 상, 서로 상, 볼 상 '木+目'으로 서로 눈[目]으로 물체[木]를 자세히 살펴봄[省視也 從目從木『易』曰: 地可觀者 莫可觀於木.『詩』曰: 相鼠有皮] 省視也: 釋詁, 毛傳皆云相視也. 此別之云省視也. 謂察視也. 從目木. 會意. 十部. 按目接物曰相. 故凡彼此交接皆曰相. 其交接而扶助者, 則爲相瞽之相『段注』 甲骨文 金文	相面(상면) 相對(상대) 相應(상응) 相逢(상봉) 刮目相對(괄목상대) 肝膽相照(간담상조) 同病相憐(동병상련)
想	想	4급 心 총13	생각할 상 '心+相(상)'으로 마음속[心]으로 바라는 일을 생각함[覬思也 從心相聲]	想起(상기) 想念(상념) 假想(가상) 感想(감상)
箱	箱	2급 竹 총15	상자 상 '竹+相(상)'으로 소가 끄는 큰 수레에 있는 물건을 담아 보관하는 대[竹]로 만든 상자[大車牝服也 從竹相聲] 車內容物處爲箱『篇海』晥彼牽牛, 不以服箱『詩·小雅』箱, 大車之箱也『傳』又廩也 又竹器, 箱篋也-『康熙』	箱子(상자) 書箱(서상) 巾箱(건상) 方箱(방상) 傾箱倒篋(경상도협) 寓目囊箱(우목낭상)
眞	眞	4급 目 총10	참 진 '匕+目+乚+八'로 사람이 지극 정성으로 도를 닦아 눈[目]에 보이지 않는[乚] 신선이 되어[匕] 수레를 타고[八] 하늘에 올라감[僊人變形而登天也 從匕從目從乚. 八, 所乘載也] 古文. 眞, 鍊形爲氣, 名曰眞人『司馬子坐忘樞翼篇』又不虛假也『玉篇』實也. 僞之反也『韻會』神也, 淳也, 精也, 正也『正韻』眞者, 精誠之至也『莊子·漁父篇』-『康熙』	純眞(순진) 眞理(진리) 眞率(진솔) 眞談(진담) 弄假成眞(농가성진) 天眞爛漫(천진난만)

I. 인간

한자	전서	부수/총획	급수	훈음 및 자원	용례
鎭	鎭	金 총18	3급	진압할 진, 누를 진 '金+眞(진)'으로 무거운 쇠[金]로 누름. 또는 돈[金]을 걸고 도박함[博壓也 從金眞聲] 博壓也 : 博當作簿. 局戲也. 壓當作厭. 笮也. 謂局戲以此鎭壓 -『段注』/重也, 壓也『玉篇』白玉兮爲鎭『楚辭·九歌』以白玉鎭坐席. 一作瑱『註』又安也『玉篇』王執鎭圭『周禮·春官』鎭, 安也『註』-『康熙』	鎭壓(진압) 鎭靜(진정) 書鎭(서진) 鎭痛(진통) 藩鎭(번진) 鎭咳(진해)
愼	愼	心 총13	3급	삼갈 신 '忄+眞(진)'으로 일에 임해서 삼가는 마음[忄]을 가짐[謹也 從心眞聲]	愼重(신중) 謹愼(근신) 愼言(신언) 恭愼(공신)
塡	塡	土 총13	1급	메울 전, 북소리 전 '土+眞(진)'으로 구멍이나 빈 곳을 흙[土]으로 채움[塞也 從土眞聲] 從穴眞聲. 亦從土『說文』又順也. 塡流泉而爲沼『班固·東都賦』又鼓聲. 塡然鼓之『孟子』-『康熙』	塡補(전보) 裝塡(장전) 塡星(전성) 精衛塡海(정위전해)
嗔	嗔	口 총13	1급	성낼 진 '口+眞(진)'으로 흥분하여 입[口]에서 거친 기운의 소리를 냄[盛气也 從口眞聲『詩』曰: 振旅嗔嗔]	嗔怒(진노) 嗔責(진책)
睿	睿	目 총14	2급	밝을 예, 임금 예 '目+奴+谷'으로 깊은 골짜기[谷]의 은미한 곳까지도 파헤쳐[奴] 볼 수 있는 밝은 눈[目] [深明也. 通也. 從奴從目, 從谷省. 睿, 古文叡. 壡, 籒文叡從土『說文』聖也, 智也『玉篇』思曰睿, 睿作聖『書·洪範』睿者, 通乎微也『蔡傳』睿莫大乎自慮『徐幹·中論修本篇』本作叡, 籒文作壡『說文』-『康熙』	睿智(예지) 睿旨(예지) 睿宗(예종 : 조선의 8대 왕)
濬	濬	水 총17	2급	칠 준, 깊을 준 'ㅣ+睿'로 물[ㅣ]길을 만들어 깊고 맑은 곳까지 이르게 함[古文濬 從水 從睿. 睿古文叡也 叡, 深明也 通也]	濬潭(준담) 濬源(준원) 濬川(준천) 濬哲(준철)
璿	璿	玉 총18	2급	아름다운 옥 선 '玉+睿(예)'로 맑고 선명한 아름다운 옥(玉)[美玉也 從玉睿聲]	璿宮(선궁)
瞻	瞻	目 총18	2급	볼 첨, 굽어 볼 첨, 우러러 볼 첨 '目+詹(첨)'으로 위에서 눈[目]으로 내려다봄[臨視也 從目詹聲] 臨視也 : 釋詁, 毛傳皆曰瞻, 視也. 許別之云臨視. 今人謂仰視曰瞻. 此古今義不同也『段注』	瞻戴(첨대) 瞻望(첨망) 瞻奉(첨봉) 瞻視(첨시) 瞻星臺(첨성대)
蟾	蟾	虫 총19	2급	두꺼비 섬, 달 섬 '虫+詹(첨)'으로 항아가 달 속에 몸을 숨겨 두꺼비[虫]가 되었다는 전설[羿請不死之藥于西王母, 姮娥竊之奔月宮, 蓋託身于月, 是爲蟾諸『廣韻』 孤蟾浮天『宋史』-『康熙』]	蟾光(섬광) 蟾津江(섬진강)
擔	擔	手 총16	4급	멜 담, 맡을 담 '扌+詹(첨)'으로 물체를 손[扌]으로 들어 어깨에 멤[儋同. 背曰負 肩曰擔『唐韻, 集韻, 韻會』任也『釋名』-『康熙』]	分擔(분담) 擔任(담임) 負擔(부담) 擔保(담보)
膽	膽	肉 총17	2급	쓸개 담, 담력 담 '月+詹(첨)'으로 간에 붙어 있는 쓸개[月] [連肝之府 從肉詹聲] 詹 : 多言也. 從言從八從广. 職廉切 [注] 臣鉉等曰 : 广, 高也；八, 分也, 多故可分也『說文』	膽力(담력) 大膽(대담) 落膽(낙담) 熊膽(웅담)
澹	澹	水 총16	1급	움직일 담, 담박할 담, 싱거울 담 '水+詹(첨)'으로 물[水]이 흘러 움직임[水搖也. 從水詹聲] 澹澹水繇皃也. 東京賦注, 高唐賦注引皆有澹澹字. 兒字亦依東京賦注補. 高唐賦曰. 水澹澹而盤紆. 東京賦曰淥水澹澹. 俗借爲淡泊字. 繇當作搖『段注』	暗澹(암담) 澹泊(담박) 慘澹(참담) 澹宕(담탕) 平澹(평담) 澹艷(담염)

憺 憺	1급 心 총16	편안할 담 '心+詹(첨)'으로 마음이 안정되어 편안함[安也 從心詹聲]	憺然(담연) 慘憺(참담)
眉 眉	3급 目 총9	눈썹 미 눈[目] 위의 털인 눈썹 모양[目上毛也 從目 象眉之形 上象領理也] 甲骨文 金文	眉間(미간) 眉毛(미모) 眉目秀麗(미목수려)
媚 媚	1급 女 총12	아첨할 미 '女+眉(미)'로 남의 환심을 사거나 잘 보이려고 알랑거리며 말하는 사람[女] [說也 從女眉聲]	媚笑(미소) 明媚(명미)
盾 盾	3급 目 총9	방패 순 눈[目]을 가리고 몸을 막을 수 있는 방패 [瞂也 所以扞身蔽目 象形] 甲骨文 金文	甲盾(갑순) 矛盾(모순) 自己矛盾(자기모순) 矛盾撞着(모순당착)
循 循	3급 彳 총12	돌 순, 좇을 순 '彳+盾(순)'으로 물이 위에서 아래로 흐르듯, 일을 순서에 따라 자연스럽게 진행함[彳] [行順也 從彳盾聲] 自也, 率循也『爾雅·釋詁』行順也『說文』卿大夫以循法爲節『禮·射義』又依也『增韻』循牆而走『左傳·昭七年』循山而南『二十三年』依山南行也『註』又善也『廣韻』又循次序也『玉篇』又循環, 謂旋繞往來『韻會』又巡也-『康熙』	循環(순환) 循俗(순속) 惡循環(악순환) 因循姑息(인순고식) 入鄕循俗(입향순속)
遁 遁	1급 辵 총13	달아날 둔, 숨을 둔 '辵+盾(순)'으로 나아가지 못하고 뒤로 멈칫멈칫 물러나 현재 있는 곳을 피해 다른 곳으로 옮겨감[辵] [遷也 一曰逃也 從辵盾聲] 遷也 : 此字古音同循. 遷延之意. 凡逡遁字如此. 今之逡巡也『段注』	隱遁(은둔) 遁甲(둔갑) 遁走(둔주) 遁俗(둔속)

見 부

見 見	5급 見 총7	볼 견, 뵐 현 '目+儿'으로 사람[儿]이 눈[目]으로 봄[視也 從目儿] 甲骨文 金文	接見(접견) 見聞(견문) 見學(견학) 謁見(알현)
現 現	6급 玉 총11	나타날 현, 현재 현 '玉+見(견/현)'으로 옥(玉)에 광채가 남[玉光也『廣韻』顯也, 露也『正韻』- 『康熙』]	現象(현상) 再現(재현) 現在(현재) 現職(현직)
硯 硯	3급 石 총12	벼루 연 '石+見(견)'으로 매우 매끄럽고 부드러운 돌[石]로 만든 물건[石滑也 從石見聲]	硯石(연석) 硯滴(연적) 硯池(연지) 硯水(연수)
峴 峴	2급 山 총10	고개 현, 산 이름 현 '山+見(현)'으로 호북성(湖北省) 양양(襄陽)의 산 이름[山名, 在今襄陽『廣韻, 集韻, 韻會, 玉篇』祜與鄒潤甫登峴山『晉書』- 『康熙』]	艮峴(간현) 阿峴洞(아현동:서울의 동 이름)
親 親	6급 見 총16	친할 친 '見+亲(친)'으로 부모가 자식을 돌보며[見] 정(情)이 들어 친숙함[至也 從見亲聲. 父母者 情之冣至者也] 至也 : 至部曰到者, 至也. 到其地曰至. 情意懇到曰至. 父母者, 情之冣至者也. 故謂之親『段注』 金文	親權(친권) 親眷(친권) 親睦(친목) 親密(친밀)

I. 인간

한자	전서	급수/부수/총획	훈음 및 설명	용례
覓	覓	2급 見 총11	찾을 멱 '見+爪'로 눈으로 보고[見] 손[爪]으로 더듬어 찾아 구함[『正韻』求也 『廣韻』覓索餘光 『魏志』-『康熙』]	木覓山(목멱산 : 서울 남산의 옛 이름)
覺	覺	4급 見 총20	깨달을 각 '見+學(학)'으로 사물을 보고[見] 그 이치를 깨달음[悟也 從見學省聲 一曰發也]	覺悟(각오) 警覺(경각) 味覺(미각) 觸覺(촉각)
攪	攪	1급 手 총23	어지러울 교 '手+覺(각)'으로 손[手]을 써 뒤흔들어서 어지럽게 함[亂也 從手覺聲 『詩』曰 : 祇攪我心] 撓也『增韻』又手動也『廣韻』搜攪平生書五車. 或作捁『方岳詩』-『康熙』]	攪亂(교란) 攪拌(교반)
規	規	5급 見 총11	법 규 '夫+見'으로 장부[夫]는 법도(法度)에 맞는 행동을 보여줌[見][規巨 有法度也 從夫見] 從夫見 : 會意. 丈夫所見也. 公父文伯之母曰. 女智莫如婦. 男知莫如夫. 字統曰丈夫識用. 必合規矩 故規從夫『段注』	規定(규정) 規約(규약) 規範(규범) 規則(규칙)
窺	窺	1급 穴 총16	엿볼 규, 반걸음 규 '穴+規(규)'로 작은 구멍[穴]으로 남모르게 조금씩 엿봄[小視也 從穴規聲]	窺視(규시) 窺知(규지)
視	視	4급 見 총12	볼 시 '見+示(시)'로 목적을 가지고 자세히 쳐다봄[見] [瞻也 從見示聲] 瞻也 : 目部曰瞻, 臨視也. 視不必皆臨. 則瞻與視小別矣. 渾言不別也『段注』	視覺(시각) 視野(시야) 視線(시선) 視察(시찰)
觀	觀	5급 見 총25	볼 관 '見+雚(관)'으로 황새가 먹잇감을 자세히 살펴봄[見] [諦視也 從見雚聲] 諦視也 : 宷諦之視也. 穀梁傳曰 常事曰視. 非常曰觀. 凡以我諦視物曰觀. 使人得以諦視我亦曰觀. 猶之以我見人, 使人見我皆曰視『段注』	傍觀(방관) 參觀(참관) 觀望(관망) 達觀(달관) 悲觀(비관)
權	權	4급 木 총22	저울질할 권, 권세 권 '木+雚(관)'으로 노란 꽃이 피는 황화목(黃華木)[木]으로 만든 저울[黃華木 從木雚聲 一曰反常. 稱錘也『玉篇』-『康熙』]	政權(정권) 利權(이권) 執權(집권) 權勢(권세)
歡	歡	4급 欠 총22	기뻐할 환 '欠+雚(관)'으로 사람이 입을 벌려[欠] 소리를 내며 기뻐함[喜樂也 從欠雚聲]	歡迎(환영) 歡談(환담) 歡呼(환호) 歡待(환대)
勸	勸	4급 力 총20	권할 권 '力+雚(관)'으로 어떤 일에 부지런히 힘써[力] 잘하기를 권장함[勉也 從力雚聲]	勸告(권고) 勸誘(권유) 勸學(권학) 勸奬(권장)
驩	驩	1급 馬 총28	말 이름 환, 기뻐할 환 '馬+雚(관)'으로 '歡'과 동자. 말[馬] 이름 [馬名 從馬雚聲] 馬名 : 古叚爲歡字『段注』	交驩(교환) 驩然(환연)
灌	灌	1급 水 총21	물 이름 관, 물댈 관, 따를 관 '水+雚(관)'으로 여강(廬江)에서 발원하여 회수로 흘러들어가는 강 이름[水 出廬江雩婁 北入淮 從水雚聲]	灌漑(관개) 灌木(관목) 灌腸(관장)
顴	顴	1급 頁 총27	광대뼈 관/권 '頁+雚(관)'으로 얼굴[頁]의 뺨 위 눈초리 아래에 내민 뼈[頄也『廣雅』輔骨曰顴『集韻』或作䫜 又或作䪼, 與頄, 頯音別義同. 通作權. 䫜字從雚從骨作-『康熙』]	顴骨(관골) 顴骨筋(관골근)

艮 부

字	篆	級/部/劃	訓音 및 풀이	用例
艮	艮	2급 艮 총6	그칠 **간**, 눈동자 **간**, 괘 이름 **간** 'ヒ+目'으로 눈동자[目]를 돌려[ヒ] 물체를 보려 하지만 보이지 않음[很也 從ヒ目 ヒ目 猶目相ヒ 不相下也] 很者 不聽從也 一曰行難也『段注』	艮卦(간괘) 艮方(간방) 艮時(간시) 艮上艮下(간상간하)
眼	眼	4급 目 총11	눈 **안**, 볼 **안** '目+艮(간)'으로 사물을 보는 눈[目] [目也 從目艮聲]	眼鏡(안경) 眼目(안목) 眼界(안계) 血眼(혈안)
恨	恨	4급 心 총9	한할 **한**, 원통할 **한** '忄+艮(간)'으로 마음속[忄]에 원망이 가득 차 있음[怨也 從心艮聲]	恨歎(한탄) 怨恨(원한) 痛恨(통한) 餘恨(여한)
根	根	6급 木 총10	뿌리 **근** '木+艮(간)'으로 식물[木]의 몸이 쓰러지지 않도록 지탱하고 땅속의 물이나 무기염류를 흡수하여 식물이 시들지 않고 잘 자라도록 하는 관다발식물의 영양기관 가운데 하나[木株也 從木艮聲]	根絕(근절) 根幹(근간) 根本(근본) 根性(근성)
銀	銀	6급 金 총14	은 **은**, 돈 **은** '金+艮(간)'으로 돈·장식품·도량형기 등에 쓰는 백금[金] [白金也 從金艮聲]	金銀(금은) 銀盤(은반) 銀行(은행) 銀錢(은전)
限	限	4급 阜 총9	한계 **한**, 지경 **한**, 구역 **한** 'ß+艮(간)'으로 높은 언덕[阜]에 막혀 보이는 데 한계[艮]가 있음 또는 출입문의 문설주[阻也 一曰門榍 從阜艮聲] 金文	限界(한계) 限定(한정) 期限(기한) 無限(무한)
垠	垠	2급 土 총9	끝 **은**, 땅 끝 **은**, 지경 **은** '土+艮(간)'으로 눈으로 볼 수 있는 땅[土]의 끝 또는 언덕[地垠也 一曰岸也 從土艮聲. 浩浩乎平沙無垠『李華』]	垠垠(은은) 李垠(이은 : 대한제국의 마지막 황태자)
艱	艱	1급 艮 총17	어려울 **간** '堇+艮(간)'으로 농작물의 경작이 어려운 진흙[堇] 땅[土難治也 從堇艮聲] 甲骨文	艱苦(간고) 艱難(간난)
痕	痕	1급 疒 총11	흉터 **흔** '疒+艮(간)'으로 질병[疒] 등으로 인하여 생긴 상처가 아물고 남은 자국[胝瘢也 從疒艮聲]	傷痕(상흔) 痕迹(흔적)
良	良	5급 艮 총7	좋을 **량**, 어질 **량** '富+亡(망)'으로 '廊'의 본자. 집[屋]에는 큰 집과 행랑[廡廊]이 있는데, 집과 집 사이를 연결하는 회랑(回廊), 후에 좋은 복[富]을 주는 곳[善也 從富省亡聲] ※甲骨文의 良字, 象屋有廊廡之形, 中間的 '口'代表屋室 上下兩頭的曲折通道則是連接屋與屋之間的回廊『字源字典』 甲骨文 金文	良好(양호) 善良(선량) 改良(개량) 良藥(양약) 良藥苦口(양약고구) 美風良俗(미풍양속) 良禽擇木(양금택목)
娘	娘	3급 女 총10	아가씨 **낭**, 어미 **낭** '女+良'으로 孃과 동자. 착하고 좋은[良] 젊은 여자[女] [同孃 少女之號. 『集韻, 韻會』喬之知婢窈娘 美且善歌『唐書』-『康熙』]	娘子(낭자) 村娘(촌낭) 織娘(직낭)
浪	浪	3급 水 총10	물 이름 **랑**, 물결 **랑**, 방랑할 **랑** 'シ+良(량)'으로 한수(漢水)의 하류 창랑강[水] [滄浪水也 南入江 從水良聲]	滄浪(창랑) 流浪(유랑) 激浪(격랑) 浪說(낭설)

I. 인간

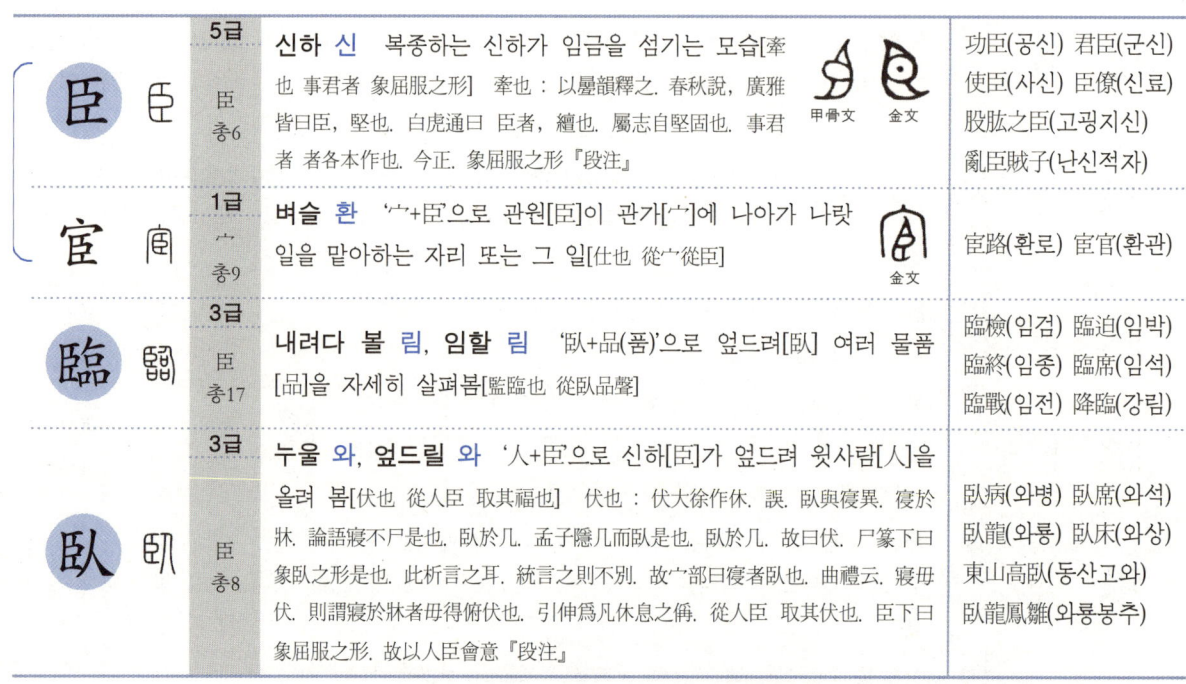

		5급 月 총11	밝을 랑, 소리 높일 랑 '月+良(량)'으로 달[月]이 매우 밝음[明也 從月良聲]	明朗(명랑) 朗讀(낭독) 朗誦(낭송) 朗朗(낭랑)
		1급 犬 총10	이리 랑 '犬+良(량)'으로 개[犬]와 비슷하며 머리가 날렵하고 뺨이 희고 앞이 높고 뒤가 넓은 산짐승[似犬 銳頭 白頰 高前 廣後 從犬良聲]	狼狽(낭패) 狼藉(낭자)

臣 부

		5급 臣 총6	신하 신 복종하는 신하가 임금을 섬기는 모습[牽也 事君者 象屈服之形 牽也：以曡韻釋之. 春秋說, 廣雅 皆曰臣, 堅也. 白虎通曰 臣者, 繵也. 屬志自堅固也. 事君 者 者各本作也. 今正. 象屈服之形『段注』	功臣(공신) 君臣(군신) 使臣(사신) 臣僚(신료) 股肱之臣(고굉지신) 亂臣賊子(난신적자)
		1급 宀 총9	벼슬 환 '宀+臣'으로 관원[臣]이 관가[宀]에 나아가 나랏일을 맡아하는 자리 또는 그 일[仕也 從宀從臣]	宦路(환로) 宦官(환관)
		3급 臣 총17	내려다 볼 림, 임할 림 '臥+品(품)'으로 엎드려[臥] 여러 물품[品]을 자세히 살펴봄[監臨也 從臥品聲]	臨檢(임검) 臨迫(임박) 臨終(임종) 臨席(임석) 臨戰(임전) 降臨(강림)
		3급 臣 총8	누울 와, 엎드릴 와 '人+臣'으로 신하[臣]가 엎드려 윗사람[人]을 올려 봄[伏也 從人臣 取其福也] 伏也：伏大徐作休. 誤. 臥與寢異. 寢於牀. 論語寢不尸是也. 臥於几. 孟子隱几而臥是也. 臥於几. 故曰伏. 尸篆下曰 象臥之形是也. 此析言之耳. 統言之則不別. 故宀部曰寢者臥也. 曲禮云. 寢毋伏. 則謂寢於牀者毋得俯伏也. 引伸爲凡休息之偁. 從人臣 取其伏也. 臣下曰 象屈服之形. 故以人臣會意『段注』	臥病(와병) 臥席(와석) 臥龍(와룡) 臥床(와상) 東山高臥(동산고와) 臥龍鳳雛(와룡봉추)

고사성어 이야기

[臥薪嘗膽 와신상담]

'섶 위에서 잠을 자고 쓸개를 핥는다'는 뜻으로, 목적 달성을 위해 온갖 고난을 참고 견딤을 이르는 말. ≪사기(史記)≫에 나온다.

춘추시대 월왕(越王) 구천(勾踐)과 취리(檇李)에서 싸워 크게 패한 오왕(吳王) 합려(闔閭)는 적의 화살에 부상한 손가락 상처가 악화되어 목숨을 잃었다. 임종 때 합려는 태자인 부차(夫差)에게 반드시 구천을 쳐서 원수를 갚으라는 유명(遺命)을 했다.

오왕이 된 부차는 아버지의 유명을 잊지 않으려고 '섶 위에서 잠을 자고[臥薪]', 방에 드나드는 신하들에게 방문 앞에서 부왕의 유명을 외치게 했다. 월왕 구천은 부차가 복수를 위해 밤낮으로 노력하고 있다는 사실을 듣자, 범려가 말리는 것을 듣지 않고서 선수를 쳐서 오나라를 공격해 들어갔다. 이에 오나라 왕 부차는 정병(精兵)을 동원하여 부초(夫椒)에서 월나라 군대를 격파했다. 구천은 나머지 군대 5천 명을 거느리고 회계산(會稽山)으로 들어갔다. 부차는 이를 포위하여 추격했다.

진퇴(進退)가 막힌 구천은 범려의 말에 따라 오나라의 재상인 백비에게 막대한 뇌물을 보내어, 모든 재물과 보배를 부차에게 바칠 것과 구천 부처(夫妻)는 부차의 노비가 되는 조건으로 화의를 청했다. 구천은 자기 나라로 돌아오자 쓸개를 자리 옆에 놓고서 '쓸개를 핥고[嘗膽]', 또 음식을 마주해도 쓸개를 핥아 그 쓴맛을 보며 스스로를 경계했다. 월나라 구천이 오나라를 격파하여, 오왕 부차가 목숨을 끊은 것은 그로부터 20년 가까이 흐른 뒤의 일이다.

Ⅰ 인간

입·혀

ㅁ 口 曰 舌 言 音 甘 欠

凵	出	凶	凹	凸	函	口	名	右	吉	哀	同
	拙屈窟掘黜	兇			涵		銘酩	佑祐	結拮詰喆		洞銅桐胴筒

善	古	君	嚴	只	后	史	吏	合	告	唐	各
繕膳	苦姑辜枯祜	郡窘	巖儼	咫枳	垢逅		使	給答拿蛤盒恰洽	造浩晧酷鵠梏	塘糖	洛落格略絡酪恪賂駱烙

向	器	和	哥	咸	商	吐	可	吾	品	句	員
			歌	感憾減箴鍼緘喊鹹			河阿柯軻苛呵	語悟梧圄衙	操燥繰藻躁	狗拘苟	圓損隕殞

單	周	啓	哭	喪	喜	司	嗇	召	呈	呂	台
彈戰禪闡憚簞	彫週調稠凋	肇			嬉禧熹憙	詞飼祠嗣	檣薔	招沼超紹邵詔貂	程聖逞	宮侶	始治怠胎殆颱怡冶笞跆苔

呆	吳	噬	日	書	曲	曹	曾	更	曹	會	最
保堡褒	誤娛虞						僧增憎層贈	硬梗	槽遭漕糟	檜繪膾	撮

曳	舌	舍	言	說	託	謁	變	誇	訊	音	甘
洩	話刮括	捨		悅稅脫銳	托宅	靄歇	戀蠻灣彎鸞	袴	迅	暗韻闇歆	邯疳紺柑

甚	欠	歎	欲	次	欽	款	欺				
堪勘斟		漢	慾	資姿恣諮瓷			吹軟炊				

凵 부

字	古字	級/部/劃	訓音 및 해설	用例
凵	U	凵 총2	입 벌릴 감 입을 벌리고 있는 모양[張口也. 象形]	
出	出	7급 凵 총5	날 출, 낳을 출 초목이 점차 자라 위로 나온 모양 [草木益滋 上出達也 尺律切] 甲骨文 金文	出口(출구) 出産(출산) 出勤(출근) 出家(출가)
拙	拙	3급 手 총8	졸할 졸, 서투를 졸 '扌+出(출)'로 손[手] 솜씨가 정교하지 못하여 작품이 졸렬함[不巧也 從手出聲 職說切] 不巧也 : 不能爲技巧也『段注』	拙作(졸작) 拙速(졸속) 拙筆(졸필) 拙劣(졸렬) 拙稿(졸고) 稚拙(치졸)
屈	屈	4급 尸 총8	굴복할 굴, 굽을 굴 '尸←尾+出(출)'로 도(鷗)라는 새는 머리가 무겁고 짧은 꽁지[尾]를 가지고 있어 강에서 물을 마시려면 자주 꼬꾸라짐[無尾也 從尾出聲] 無尾也 : 韓非子曰鳥有鷗. 鷗者. 重首而屈尾. 淮南屈奇之服. 許注云. 屈, 短也. 奇, 長也. 凡短尾曰屈『段注』	屈服(굴복) 屈辱(굴욕) 屈曲(굴곡) 屈折(굴절)
窟	窟	2급 穴 총13	굴 굴 '穴+屈(굴)'로 堀과 동자. 겨울에 거주하고 살 토굴[穴]을 팜[窟, 室也, 孔穴也『篇海』 冬則居營窟『禮記』-『康熙』]	洞窟(동굴) 土窟(토굴) 暗窟(암굴)
掘	掘	2급 手 총11	팔 굴 '扌+屈(굴)'로 손[扌]으로 땅을 팜[搰也 從手屈聲] 有爲者辟若掘井『孟子』 又與堀通. 突也. 蛣蜣掘閲『詩·曹風』此蟲土裏化生, 其掘地而出, 形容鮮閲也『疏』 又特起貌. 洪臺掘其獨出兮『揚雄·甘泉賦』亦作崛 又盡也『註』-『康熙』	發掘(발굴) 採掘(채굴) 試掘(시굴) 掘變(굴변)
黜	黜	1급 黑 총17	떨어뜨릴 출, 물리칠 출 '黑+出(출)'로 흑심(黑心)[黑]으로 부정을 저지르면 관위(官位)를 낮추어 떨어뜨림[貶下也 從黑出聲]	黜黨(출당) 廢黜(폐출)
凶	凶	5급 凵 총4	흉할 흉 '凵+×'로 움푹 파인 곳[凵]에 빠지는[×] 좋지 않은 사고를 당함[惡也 象地穿交陷其中也] 甲骨文	凶惡(흉악) 凶器(흉기) 凶年(흉년) 凶作(흉작)
兇	兇	1급 儿 총6	두려워할 흉, 흉악할 흉 '凶+儿'으로 사람[儿]이 함정에 빠져[凶] 두려워함[擾恐也 從人在凶下]	兇惡(흉악) 元兇(원흉)
凹	U	1급 凵 총5	오목할 요 가운데가 쑥 들어간 오목한 모양[低下也, 『韻會』土窪曰凹, 土高曰凸. 古象形字『楊愼·丹鉛錄』-『康熙』]	凹凸鏡(요철경)
凸	凸	1급 凵 총5	볼록할 철 가운데가 볼록하게 툭 튀어 나온 모양[出貌『集韻』雲靁心凸知難捧『杜甫詩』酒凸舩心激灩光『杜牧詩』-『康熙』]	凸板(철판) 凸面鏡(철면경)
函	函	1급 凵 총8	상자 함, 넣을 함, 휩쌀 함, 글월 함 갑옷 또는 상자. 화살을 넣는 동개에 화살이 들어있는 모양[舌也 又容也『說文』甲骨文 金文의 函字, 象一只裝着箭矢的箭囊之形『字源字典』 鎧也, 書也『玉篇』口上曰臚, 口下曰函『通俗文』或作椷『集韻』太白閒可椷劒『前漢·天文志』謂可容一劒也『註』又賈也『正韻』又 或作槅, 木名『集韻』又或作鍼, 介鎧也, 通作『博雅』-『康熙』 ※동개 : 활과 화살을 넣어 등에 지도록 가죽으로 만든 물건.	函宏(함굉) 函使(함사) 函人(함인) 函蓋(함개) 函列(함렬) 函封(함봉) 函底(함저) 經函(경함) 函招(함초) 函活(함활) 密函(밀함) 書函(서함)

I. 인간

| 涵 涵 | 1급
水
총11 | 물로 흠뻑 적실 **함**, 잠길 **함**, 용납할 **함**, 헤엄칠 **함**, 같을 **함**, 빠질 **함** '水+函(함)'으로 물[水]이 연못에 많음[水澤多也 從水函聲 『詩』曰: 僭始旣涵] | | 涵養(함양) 涵泳(함영) |

口 부

口 口	7급 口 총3	입 **구**, 식구 **구**, 말 **구** 사람이 먹거나 말을 하는 데 사용하는 입 모양[人所以言食也 象形]	甲骨文 金文	口臭(구취) 口令(구령) 人口(인구) 戶口(호구)
名 名	7급 口 총6	이름 **명** '口+夕'으로 저녁[夕]에는 어두워서 보이지 않기 때문에 자기 이름을 대어 밝힘[口] [自命也 從口從夕 夕者 冥也 冥不相見 故以口自名]	甲骨文 金文	本名(본명) 兒名(아명) 實名(실명) 名簿(명부)
銘 銘	3급 金 총14	새길 **명** '金+名(명)'으로 쇠[金]로 만든 종이나 가마솥 따위에 새긴 글자[記也 從金名聲] 志也『集韻』銘, 名也, 記名其功也『釋名』又述其功美, 使可稱名也. 夫鼎有銘: 銘者, 自名也, 自名以稱揚其先祖之美, 而明著之後世者也『禮·祭統』銘, 謂書之刻之, 以識事者也『註』湯之盤銘曰『禮·大學』銘, 銘其器以自警之詞也『註』-『康熙』		感銘(감명) 銘心(명심) 座右銘(좌우명) 刻骨銘心(각골명심) 銘心不忘(명심불망)
酩 酩	1급 酉 총13	술 취할 **명** '酉+名(명)'으로 술[酉]을 잔뜩 먹어 취함[酩酊 醉也 從酉名聲]		酩酊(명정)
右 右	7급 口 총5	도울 **우**, 오른 **우**, 숭상할 **우** '又+口'로 손[又]과 입[口]이 서로 도움[手口相助 從又從口]	金文	右側(우측) 右方(우방) 右翼(우익) 右派(우파)
佑 佑	2급 人 총7	도울 **우** 'イ+右(우)'로 천지신명이나 사람[イ]이 도움[佐助也『集韻』韻會』從人右聲. 祐同『正韻』-『康熙』]		保佑(보우) 天佑神助(천우신조)
祐 祐	2급 示 총10	도울 **우** '示+右(우)'로 하늘이 신령스러움을 내려[示] 인간을 도움[助也 從示右聲. 自天祐之『易經』]		降祐(강우) 天祐(천우) 祐福(우복) 祥祐(상우)
吉 吉	5급 口 총6	길할 **길** '士+口'로 착한 말[口]을 하는 선비[士] [善也 從士口] 吉利也『廣韻』又朔日旦吉. 二月初吉『詩·小雅』又州名. 又 音佶. 本作姞, 姓也『集韻』又謹也『集韻』吉讀爲姞. 尹氏, 姞氏, 周室昏姻之舊姓也『箋』-『康熙』	甲骨文 金文	吉報(길보) 吉祥(길상) 吉日(길일) 吉兆(길조) 吉凶(길흉) 不吉(불길)
結 結	5급 糸 총12	맺을 **결** '糸+吉(길)'로 노끈[糸] 따위를 얽어 매듭을 잘 지어 묶음[締也 從糸吉聲]		結果(결과) 結局(결국) 結論(결론) 結末(결말) 結實(결실) 結晶(결정)
拮 拮	1급 手 총9	열심히 일할 **결/길**, 핍박할 **갈** '手+吉(길)'로 손[手]과 입을 함께 사용하여 일함[手口共有所作也 從手吉聲] 口手共有所作也 : 豳風. 予手拮据. 傳曰 拮据, 撠挶也. 手病口病故能免於大鳥之難. 韓詩曰口足爲事曰拮据. 韓之足, 卽毛之手也『段注』		拮据(길거) 拮抗(길항) 拮抗筋(길항근)

한자	전서	급수/부수/총획	뜻과 풀이	용례
詰	詰	1급 / 言 / 총13	물을 **힐**, 새벽 **힐** '言+吉(길)'로 죄를 힐문(詰問)하는 말[言] [問也 從言吉聲] 治也, 譴也, 問罪也 『玉篇』 其克詰爾戎兵 『書·立政』 治也 『傳』 詰誅暴慢 『禮·月令』 謂問其罪, 窮治之也 『註』 - 『康熙』	詰問(힐문) 詰責(힐책) 詰朝(힐조)
喆	喆	2급 / 口 / 총12	밝을 **철** '吉+吉'로 '哲'과 동자(同字). 성인의 밝은 다스림[同哲 『玉篇』 聖喆之治 『前漢·敘傳』 喆, 明也 『說文長箋』 - 『康熙』]	前喆(전철) 羅喆(나철 : 대종교의 창시자)
哀	哀	3급 / 口 / 총9	복 **애**, 슬플 **애** '口+衣(의)'로 상중(喪中)인 집에서 나오는 애절한 소리[口] [閔也. 從口衣聲 閔也 : 閔, 弔者在門也 引伸之凡哀皆曰閔 『段注』 (金文)	哀惜(애석) 哀痛(애통) 哀歡(애환) 哀切(애절)
同	同	7급 / 口 / 총6	같을 **동**, 한 가지 **동** '冃+口'로 서로 중복(重覆)되는[冃] 말[口] [合會也 從冃從口] (甲骨文 金文)	同等(동등) 同門(동문) 同族(동족) 同胞(동포)
洞	洞	7급 / 水 / 총9	물 빨리 흐를 **동**, 마을 **동**, 통할 **통** 'ㅣ+同(동)'으로 빨리 흘러 내려가는 물[水]줄기 [疾流也 從水同聲] 又深也, 朗徹也 又通也, 貫也 亦貫徹之意 又洞洞, 質愨貌 - 『康熙』	洞里(동리) 洞長(동장) 洞口(동구) 洞察(통찰)
銅	銅	4급 / 金 / 총14	구리 **동** '金+同(동)'으로 붉은색의 금속[金] [赤金也 從金同聲] 赤金也 : 銅色本赤, 今之白銅, 化爲之耳. 食貨志曰金有三等. 黃金爲上. 白金爲中. 赤金爲下. 孟康曰赤金, 丹陽銅也 『段注』	銅鏡(동경) 銅像(동상) 銅賞(동상) 銅版(동판)
桐	桐	3급 / 木 / 총10	오동나무 **동** '木+同(동)'으로 거문고 등 악기를 만드는 재료로 쓰이는 나무[木] [榮也 從木同聲] 榮, 桐木 『爾雅·釋木』 嶧陽孤桐 『書·禹貢』 嶧山特生之桐, 中琴瑟 『傳』 又季春之月, 桐始華 『禮·月令』 又桐, 痛也 『博雅』 母喪, 削杖桐也 『儀禮·喪服志』 - 『康熙』 (金文)	梧桐(오동) 碧梧桐(벽오동) 梧桐斷角(오동단각) 梧桐一葉(오동일엽)
胴	胴	1급 / 肉 / 총10	큰창자 **동** '肉+同(동)'으로 소장의 끝에서 항문에 이르는 소화기관[肉] [大腸也 『玉篇』 以玄胴腸裹 蒸之於赤土下 『抱朴子』 - 『康熙』]	胴體(동체) 救命胴衣(구명동의)
筒	筒	1급 / 竹 / 총12	통소 **통**, 대롱 **통** '竹+同(동)'으로 굵고 오래 묵은 대나무(篁竹)[竹]에 구멍을 뚫어 세로로 잡고 부는 종적(縱笛)의 공명악기[通簫也 從竹同聲] 通簫也 : 所謂洞簫也. 廣雅云. 大者二十三管無底是也. 漢章帝紀. 吹洞簫. 如淳曰洞者, 通也. 簫之無底者也 『段注』	煙筒(연통) 筆筒(필통) 氣筒(기통) 圓筒(원통)
善	善	5급 / 口 / 총12	착할 **선** '羊+誩'으로 성질이 온순한 양[羊]들이 다투어 하는 말[誩] [吉也 從誩羊 『說文』 大也 『玉篇』 良也, 佳也 『廣韻』 - 『康熙』] (金文)	善導(선도) 善良(선량) 善策(선책) 善處(선처) 勸善(권선) 積善(적선)
繕	繕	2급 / 糸 / 총18	기울 **선**, 다스릴 **선** '糸+善(선)'으로 실[糸]로 해진 곳을 잘 수선함[補也 從糸善聲]	修繕(수선) 營繕(영선)
膳	膳	1급 / 肉 / 총16	반찬 **선**, 올릴 **선**, 생육 **선** '肉+善(선)'으로 고기[肉]를 요리하여 반찬으로 올림[具食也 從肉善聲] 具食也 : 此與食部饌同義. 具者, 供置也. 欲善其事也. 鄭注周禮膳夫曰. 膳之言善也. 又云. 膳羞之膳, 牲肉也 『段注』	膳物(선물) 膳賜(선사) 饌膳(찬선) 具膳飧飯(구선손반)

한자	전서	급수/부수/총획	훈음 및 해설	용례
古	古	6급 口 총5	옛 고, 오래 고 '十+口'로 입[口]으로 서로 전함이 열[十]에 이르면 옛일이 됨[故也. 從十口 識前言者也. 凡, 古文古. [注] 臣鉉等曰:十口所傳是前言也. [注] 圀, 古文古]	古來(고래) 古都(고도) 古典(고전) 古跡(고적) 萬古絶色(만고절색) 法古創新(법고창신)
苦	苦	6급 艸 총9	쓸 고, 괴로울 고 '艸+古(고)'로 맛이 매우 쓴 씀바귀 풀[艸] [大苦, 苓也. 從艸古聲]	辛苦(신고) 苦難(고난) 苦悶(고민) 苦杯(고배)
姑	姑	3급 女 총8	시어머니 고, 잠시 고 '女+古(고)'로 남편의 어머니[女] [夫母也. 從女古聲]	姑婦(고부) 姑且(고차) 姑息之計(고식지계)
辜	辜	1급 辛 총12	허물 고 '辛+古(고)'로 법망을 어긴 큰 죄인[辛] [皋也. 從辛古聲]	無辜(무고) 不辜(불고)
枯	枯	3급 木 총9	마를 고, 말라 죽을 고 '木+古(고)'로 나무[木]가 말라 죽음[槁也. 從木古聲 『夏書』曰唯箘簵楛. 枯, 木名也]	枯木(고목) 枯卉(고훼) 枯渴(고갈) 榮枯(영고)
祜	祜	2급 示 총10	복 호 '示+古(고)'로 하늘이 내려[示] 준 큰 복[上諱. 從示古聲 臣鉉等曰:此漢安帝名也. 福也]	祜休(호휴) 徐天祜(서천호 : 중국 원나라의 학자)
君	君	4급 口 총7	임금 군 '尹+口'로 국정을 다스리며[尹] 명령[口]을 내리는 존귀한 사람[尊也. 從尹口 口以發號] ※尹: 治也. 從又ノ, 握事者也『說文』	名君(명군) 聖君(성군) 暴君(폭군) 郎君(낭군)
郡	郡	6급 邑 총10	고을 군 '邑+君(군)'으로 임금의 명령을 받아 다스리는 땅[邑] [周制:天子地方千里 分爲百縣 縣有四郡 故『春秋傳』曰上大夫受郡 是也 至秦初置三十六郡 以監其縣 從邑君聲] ※秦나라 이전에는 縣이 크고 郡이 작았으나 후대에는 이와 반대가 됨.	郡守(군수) 郡縣(군현) 郡民(군민) 郡廳(군청)
窘	窘	1급 穴 총12	군색할 군, 괴로울 군 '穴+君(군)'으로 옛 혈거(穴居)[穴]를 바꾸지 않고 그대로 생활함[迫也. 從穴君聲] 迫也 : 小雅. 又窘陰雨. 毛傳. 窘, 困也. 按箋云. 窘, 仍也. 仍者, 仍其舊而不能變. 亦是困意『段注』	窘塞(군색) 窘急(군급) 窘乏(군핍) 窮窘(궁군)
嚴	嚴	4급 口 총20	엄할 엄, 혹독할 엄 '吅+厰(감)'으로 화급(火急)하게 내린 교령(敎令)[吅] [敎命急也. 從吅厰聲 㘓, 古文]	嚴格(엄격) 嚴父(엄부) 嚴冬(엄동) 森嚴(삼엄) 嚴守(엄수)
巖	巖	3급 山 총23	언덕 암, 바위 암, 험할 암 '山+嚴(엄)'으로 사람이 살 수 있는 산[山]기슭[岸也. 從山嚴聲] 厓也 : 各本作岸也. 今依太平御覽所引正. 厂部曰厓者, 山邊也. 厓亦謂之巖. 故厂下云. 山石之厓巖. 人可居也『段注』	巖窟(암굴) 巖壁(암벽) 巖穴(암혈) 巖石(암석)
儼	儼	1급 人 총22	의젓할 엄, 근엄할 엄, 좋은 모양 엄 '人+嚴(엄)'으로 우러러 볼만한 근엄하고 의젓한 사람[人] [昂頭也. 從人嚴聲 一曰好皃]	儼然(엄연) 儼存(엄존)
只	只	3급 口 총5	다만 지 '口+八'로 말[口]하는 기가 아래로 흩어지는 모양[八] [語已詞也. 從口 象气下引之形]	但只(단지) 只今(지금)

한자	전서	급수/부수/총획	훈음 및 해설	용례
咫	𠴩	1급 口 총9	여덟 치 **지** '尺+只(지)'로 주대(周代)의 척도로, 중부인(中婦人)의 손길이 정도인 8촌(寸)[尺] [中婦人手長八寸謂之咫 周尺也 從尺只聲]	咫尺(지척) 咫尺不辨(지척불변)
枳	柅	1급 木 총9	탱자나무 **지**, 해칠 **기** '木+只(지)'로 귤나무와 비슷한 탱자나무[木] [木 似橘 從木只聲]	枳塞(기색) 南橘北枳(남귤북지)
后	后 甲骨文 后 金文	2급 口 총6	임금 **후**, 왕비 **후**, 뒤 **후** '人+口'로 사방에 영(令) [口]을 내는 임금[人]. 그 뒤를 이은 사람[繼體君也 象人之形 施令以告四方 故厂之 從一口 發號者, 君后也] ※前, 先의 相對로 '後'와 同字. 先行其言而后從之『論語』	王后(왕후) 后妃(후비) 猶屬歇后(유속헐후)
垢	垢	1급 土 총9	때 **구**, 때 묻을 **구** '土+后(후)'로 흙[土]먼지 따위가 묻어 더러움 [濁也 從土后聲] 濁也:濁, 水部曰水名也. 而濁穢字用之『段注』	垢面(구면) 純眞無垢(순진무구)
逅	逅	1급 辵 총10	만날 **후** '辵+后(후)'로 길을 가다가[辵] 우연히 서로 만남[邂逅也 從辵后聲]	邂逅(해후)
史	𠱿 甲骨文 史 金文	5급 口 총5	사관 **사**, 역사 **사** '中+又'로 바른 마음[中]을 가지고[又] 일을 기록하는 사람[記事者也 從又持中 中 正也]	史官(사관) 史記(사기) 史話(사화) 史實(사실)
吏	吏 金文	3급 口 총6	관리 **리**, 아전 **리** '一+史(사)'로 한결[一]같이 바른 마음으로 남을 다스리는 사람[史] [治人者也 從一從史 史亦聲]	吏屬(이속) 官吏(관리) 汚吏(오리) 獄吏(옥리)
使	使 金文	6급 人 총8	사신 **사**, 사신 보낼 **사**, 하여금 **사**, 부릴 **사** '亻+吏(리)'로 명령을 내거나 받는 사람[亻] 모두를 총칭[令也 從人吏聲]	使役(사역) 使臣(사신) 密使(밀사) 特使(특사)
合	合 甲骨文 合 金文	6급 口 총6	같을 **합**, 합할 **합**, 맞을 **합** '亼+口'로 여러 사람이 모여[亼] 같은 소리로 말함[口] [合口也 從亼口] 亼口也:各本亼作合 誤 此以其形釋其義也 三口相同是爲合 十口相傳是爲古『段注』 ※亼 三合也 從入一 象三合之形	合成(합성) 交合(교합) 合同(합동) 合當(합당) 附合(부합) 聯合(연합)
給	給	5급 糸 총12	줄 **급**, 넉넉할 **급** '糸+合(합)'으로 실[糸]이 서로 이어져 있는 것처럼 끊임없이 주어 넉넉함[相續不絶] [相足也 從糸合聲]	給食(급식) 給油(급유) 供給(공급) 給足(급족)
答	答	7급 竹 총12	대배 밧줄 **답**, 막을 **답**, 대답할 **답** '竹+合(합)'으로 대나무[竹]로 만든 배를 매는 밧줄[竹笘也 『篇海』又當也, 報也, 合也. 上答之, 不敢以疑, 上不答, 不敢以諮 『禮·儒行』答之, 謂應用其言也 『註』-『康熙』]	答辯(답변) 答辭(답사) 問答(문답) 應答(응답) 東問西答(동문서답) 默默不答(묵묵부답)
拿	𢪮	1급 手 총10	붙잡을 **나** '手+奴(노)'로 拏의 속자. 손[手]으로 붙잡아 끌어당김 [牽引也 手奴聲]	拿來(나래) 拿囚(나수)
蛤	蛤	1급 虫 총12	대합조개 **합** '虫+合(합)'으로 바다에서 나는 작은 조개[虫]의 일종[蚌蛤也 『玉篇』. 小曰蛤, 大曰蜃『國語註』-『康熙』]	大蛤(대합) 紅蛤(홍합)
盒	盒	1급 皿 총11	합 **합**, 찬합 **합** '皿+合(합)'으로 뚜껑이 있는 둥글넓적한 작은 그릇[皿] [盤屬『類篇』盤覆也『廣韻』俗作器名『字彙』-『康熙』]	饌盒(찬합) 盒沙鉢(합사발)

한자	급수/부수/총획	훈음 및 자원	용례
恰	1급 心 총9	꼭 흡, 마치 흡 '心+合(합)'으로 마음[心]씀이 서로 같음[用心也 從心合聲]	恰似(흡사)
洽	1급 水 총9	적실 흡 '水+合(합)'으로 물체가 물[水]에 젖음[霑也 從水合聲]	洽足(흡족) 未洽(미흡) 洽汗(흡한)
告	5급 口 총7	아뢸 고, 하소연할 고 '生←牛+口'로 소[牛]는 비록 말[口]은 못하나 뿔로 대신하여 말함[牛觸人 角箸橫木 所以告人也 從口從牛]	告發(고발) 告白(고백) 告訴(고소) 警告(경고) 廣告(광고) 宣告(선고)
造	4급 辵 총11	벼슬 이름 조, 만들 조, 지을 조 '辶+告(고)'로 예법이나 예식(禮式)을 익히[辶]면 상사(上士)가 됨[就也 從辵告聲 譚長說：造, 上士也] 譚長說：造, 上士也：王制：升於司徒者不征於鄉, 升於學者不征於司徒, 曰造士. 注：造, 成也. 能習禮則爲成士『段注』	造成(조성) 造花(조화) 建造(건조) 造作(조작) 風雲造化(풍운조화) 造次顚沛(조차전패)
浩	3급 水 총10	물 질펀한 모양 호, 넓을 호 '氵+告(고)'로 물[氵]이 아주 많아 질펀한 모양[澆也 從水告聲 『虞書』曰 洪水浩浩]	浩蕩(호탕) 浩然之氣(호연지기)
晧	2급 日 총11	밝을 호 '日+告(고)'로 해[日]가 막 떠오르는 모양[日出皃 從日告聲]	王晧(왕호：고려 명종의 이름)
酷	2급 酉 총14	독할 혹, 심할 혹 '酉+告(고)'로 술[酉]이 진하여 매우 독함[酒厚味也 從酉告聲]	酷毒(혹독) 酷暑(혹서) 酷評(혹평)
鵠	1급 鳥 총18	고니 곡, 흴 곡 '鳥+告(고)'로 큰기러기와 비슷한 백조(白鳥)[鳥][鴻鵠也 從鳥告聲]	正鵠(정곡) 鴻鵠之志(홍곡지지)
梏	1급 木 총11	수갑 곡 '木+告(고)'로 나무[木]로 만든 손에 채우는 도구[手械也 從木告聲]	桎梏(질곡)
唐	3급 口 총10	황당할 당, 갑자기 당, 당나라 당 '口+庚(경)'으로 갑자기 실제보다 과장하여 크게 말함[口] [大言也 從口庚聲]	荒唐(황당) 唐突(당돌) 唐詩(당시)
塘	2급 土 총13	둑 당, 연못 당 '土+唐(당)'으로 흙[土]으로 둑을 쌓아 만든 못[隉也 從土唐聲]	蓮塘(연당) 堤塘(제당) 池塘(지당)
糖	3급 米 총16	엿 당, 사탕 당 '米+唐(당)'으로 쌀[米]을 재료로 하여 만든 엿[飴也 從米唐聲]	糖分(당분) 糖質(당질) 製糖(제당) 砂糖(사탕) 麥芽糖(맥아당)
各	6급 口 총6	각각 각 '口+夂'로 늦게 와서[夂] 각각 그 하는 말[口]이 다름[異詞也 從口夂 夂者 有行而止之 不相聽意]	各國(각국) 各其(각기) 各處(각처) 各別(각별)
洛	3급 水 총9	물 이름 락 '氵+各(각)'으로 합수현(合水縣) 백어산(白於山)에서 발원하여 위수로 들어가는 강 이름[水. 出左馮翊歸德北夷界中 東南入渭 從水各聲] ※洛水：중국 황하 상류에 낙양을 중심으로 두 개의 지류를 이루는 강물.	洛水(낙수) 洛陽(낙양：중국 하남성의 도시 이름)

한자	전서	급수/부수/총획	훈음 및 설명	용례
落	藩	5급 艸 총13	떨어질 **락**, 마을 **락** '艸+洛(락)'으로 나무[艸]의 지엽(枝葉)이 조쇠(凋衰)하여 떨어짐[凡艸日零 木日落 從艸洛聲] ※풀이 시들어짐을 '零', 나무가 시들어짐을 '落'이라 함.	落淚(낙루) 落葉(낙엽) 落第(낙제) 落膽(낙담)
格	榕	5급 木 총10	나무 기다란 모양 **격**, 이를 **격**, 격식 **격** '木+各(각)'으로 나무[木]의 가지와 줄기가 길게 뻗어 자란 모양[長木皃 從木各聲]	格式(격식) 同格(동격) 格物致知(격물치지)
略	畧	4급 田 총11	세상을 경영하고 다스릴 **략**, 대략 **략**, 꾀 **략** '田+各(각)'으로 천하[田]를 소유하고 경영하여 다스림[經略土地也 從田各聲]	略歷(약력) 略式(약식) 智略(지략) 策略(책략)
絡	絡	3급 糸 총12	솜 **락**, 날삼 **락**, 이을 **락**, 맥락 **락** '糸+各(각)'으로 목화씨에 달라붙은 털 모양의 흰 섬유질[糸] [絮也 一日麻未漚也 從糸各聲] ※'麻未漚'는 생삼[生絲]을 가리킴	連絡(연락) 脈絡(맥락) 經絡(경락)
酪	酪	1급 酉 총13	타락 **락**, 죽 **락** '酉+各(각)'으로 우유 또는 양유를 끓여 만든 미음[酉] [乳漿也 從酉各聲 漿也, 乳汁作『玉篇』-『康熙』] ※駝酪(타락) : 우유.	酪農(낙농) 乾酪(건락)
恪	愙	1급 心 총9	공경할 **각**, 삼갈 **각** '心+各(각)'으로 일에 임하여 삼가고 공경하는 마음[心]을 가짐[敬也.『爾雅』 執事有恪『詩·商頌』本作愙. 或省作恪 -『康熙』]	恪勤(각근) 恪別(각별)
賂	賂	1급 貝 총13	뇌물 **뢰** '貝+各(각)'으로 특별한 편의 제공의 대가로 주는 부정한 돈[貝]이나 물건[遺也 從貝各聲]	賂物(뇌물) 受賂(수뢰)
駱	駱	1급 馬 총16	가리온 **락**, 낙타 **락** '馬+各(각)'으로 몸은 희고 갈기와 꼬리가 검은 말[馬] [馬白色黑鬣尾也 從馬各聲]	駱駝(낙타)
烙	烙	1급 火 총10	지질 **락** '火+各(각)'으로 불[火]로 죄인의 몸을 지짐[灼也 從火各聲 燒也『廣韻』有炮烙之法『史記·殷本紀』燒之烙『莊子·馬蹄篇』又火鍼日烙『增韻』-『康熙』]	烙印(낙인) 烙刑(낙형)
向	向	6급 口 총6	북창 **향**, 향할 **향**, 나아갈 **향**, 이전 **향** '宀+口'로 집[宀]의 북쪽으로 난 창문[口] [北出牖也 從宀從口『詩』日:塞向墐戶 北出牖也:豳風.塞向墐戶. 毛日向, 北出牖也『段注』]	傾向(경향) 動向(동향) 意向(의향) 趣向(취향)
器	器	4급 口 총16	그릇 **기** '㗊+犬'으로 그릇[㗊]을 개[犬]가 지킴[皿也 象器之口 犬所以守之]	器皿(기명) 器具(기구) 器物(기물) 器樂(기악)
和	咊	6급 口 총8	화답할 **화**, 곡조 **화**, 화할 **화**, 온화할 **화** '口+禾(화)'로 시[詩]나 노래에 응하여 대답함[口] [相應也 從口禾聲]	和親(화친) 和合(화합) 和睦(화목) 和樂(화락) 和氣(화기) 和答(화답)
哥	哥	1급 口 총10	노래 **가**, 성씨 **가**, 형 **가**, 언니 **가** '可+可'로 '歌, 謌'의 고자. 소리[言]내어 노래[哥] 부름[聲也 從二可 古文以爲謌字]	哥禁(가금) 鸚哥(앵가) 金哥(김가 : 姓氏 뒤에 붙여 하는 낮춤말)

I. 인간 39

字		級/部/劃	해설	例
歌	謌	7급 欠 총14	노래 부를 **가** '欠+哥(가)'로 입을 벌려[欠] 소리를 길게 냄[詠也 從欠哥聲]	歌謠(가요) 歌手(가수) 歌唱(가창) 鄕歌(향가)
咸	咸	3급 口 총9	다 **함** '口+戌'로 모두[戌] 같이 말함[口] [皆也 悉也 從口從戌 戌 悉也]	咸集(함집) 咸與維新(함여유신)
感	感	6급 心 총13	느낄 **감** '心+咸(함)'으로 마음[心]속으로 어떤 감정 따위를 체험하고 맛을 봄[動人心也 從心咸聲]	感慨(감개) 感激(감격) 感動(감동) 感謝(감사) 感歎(감탄) 交感(교감)
憾	憾	2급 心 총16	한할 **감**, 섭섭할 **감** '忄+感(감)'으로 마음[忄]속에 품고 있는 섭섭함[恨也『正韻』從心感聲. 人猶有所憾 或省作感『中庸』-『康熙』]	遺憾(유감) 私憾(사감)
減	減	4급 水 총12	덜 **감** 'ㆍ+咸(함)'으로 물[ㆍ]이 점차 줄어듦[損也 從水咸聲] ※古書多假咸爲減	減價(감가) 減量(감량) 減員(감원) 減刑(감형) 加減(가감) 輕減(경감)
箴	箴	1급 竹 총15	바늘 **잠**, 침 **잠**, 경계 **잠** '竹+咸(함)'으로 옷을 꿰매는 데 사용하는 대[竹]로 만든 바늘[綴衣箴也 從竹咸聲]	箴石(잠석) 箴言(잠언)
鍼	鍼	1급 金 총17	바늘 **침**, 침 **침**, 침 놓을 **침** '金+咸(함)'으로 옷을 꿰매는 데 사용하는 쇠[金]로 만든 도구[所以縫也 從金咸聲]	鍼灸(침구) 鍼術(침술)
緘	緘	1급 糸 총15	묶을 **함**, 봉할 **함**, 새끼줄 **함** '糸+咸(함)'으로 상자를 열지 못하도록 끈[糸] 따위로 묶음[束篋也 從糸咸聲]	緘口(함구) 封緘(봉함)
喊	喊	1급 口 총12	소리칠 **함**, 다물 **함** '口+咸(함)'으로 화가 나 큰 소리[口]를 지름 [喊聲也『揚子·方言』或作㘘, 怒聲『集韻, 韻會』-『康熙』]	喊聲(함성) 高喊(고함)
鹹	鹹	1급 鹵 총20	짤 **함** '鹵+咸(함)'으로 북방은 소금[鹵]을 많이 사용하여 맛이 짬[銜也 北方味也 從鹵咸聲] ※銜也 以疊韻爲訓	鹹苦(함고) 鹹味(함미)
商	商	5급 口 총11	헤아릴 **상**, 장사할 **상** '囧←商+章(장)'으로 어눌하게 말하지만[商, 訥於言辭] 밖을 관찰하여 내실을 살핌[從商, 章省聲∶ 蠫, 古文商. 啇, 亦古文商. 𠃬, 籒文商.『注』蠫, 蠫, 寶, 蘭, 亦古文商]	商業(상업) 商品(상품) 協商(협상) 商量(상량) 都賣商(도매상) 貿易商(무역상)
吐	吐	3급 口 총6	토할 **토** '口+土(토)'로 입[口]으로 먹은 것을 밖으로 토함[寫也 從口土聲]	實吐(실토) 吐露(토로) 吐說(토설) 苦吐(고토)
可	可	5급 口 총5	옳을 **가**, 가할 **가** '口+丂(교)'로 격식에 맞아 탓하거나 흠잡아 말할 것[口]이 없음[肯也 肉也 從口丂 丂亦聲] 肯也∶ 肯者, 骨閒肉肯肯箸也. 凡中其肯棨曰肯. 可肯雙聲. 從口丂. 口气舒. 丂亦聲『段注』	可否(가부) 可知(가지) 許可(허가) 可決(가결) 可能(가능) 可望(가망) 可憐(가련)
河	河	5급 水 총8	물 **하**, 강 **하** 'ㆍ+可(가)'로 황하(黃河). 돈황군(敦煌郡) 곤륜산(昆侖山)에서 발원한 강[水] 이름[水. 出燉煌塞外昆侖山 發原注海. 從水可聲]	大河(대하) 江河(강하) 運河(운하) 銀河(은하)

字	篆	級/部/劃	訓音 및 해설	예
阿	阿	3급 阜 총8	언덕 아, 산비탈 아, 구석 아, 아첨할 아 'ß+可(가)'로 구불구불한 큰 언덕[阜]이 길게 7~8리에 펼쳐져 있어 곡부(曲阜)라 함 [大陵也 一曰曲阜也 從阜可聲]	阿丘(아구) 阿黨(아당) 阿諂(아첨) 阿附(아부)
柯	柯	2급 木 총9	자루 가, 줄기 가 '木+可(가)'로 도끼 자루를 만드는 나무[木] [斧柄也 從木可聲]	柯葉(가엽) 柯條(가조) 伐柯(벌가)
軻	軻	2급 車 총12	굴대 가, 맹자의 이름 가 '車+可(가)'로 수레[車]의 바퀴를 꿰뚫은 가로나무 굴대[接軸車也 從車可聲]	孟軻(맹가 : 맹자의 이름)
苛	苛	1급 艸 총9	풀 가, 독할 가, 까다로울 가 '艸+可(가)'로 잔달아 김매기 까다로운 작은 풀[艸] [小艸也 從艸可聲]	苛酷(가혹) 苛斂誅求(가렴주구)
呵	呵	1급 口 총8	꾸짖을 가 '口+可(가)'로 '訶'와 동자. 성내어 크게 말[口]함[訶, 大言而怒也. 責也 與訶同『玉篇』怒也『廣韻』-『康熙』	呵責(가책) 可呵(가가) 譴呵(견가) 呵呵大笑(가가대소)
吾	吾	3급 口 총7	나 오 '口+五(오)'로 나를 자칭하는 말[口] [我, 自稱也 從口五聲] 金文	吾等(오등) 吾兄(오형)
語	語	7급 言 총14	말씀 어 '言+吾(오)'로 서로 말[言]하여 시비(是非)를 변론함[論也 從言吾聲] 金文	語感(어감) 語源(어원) 語助辭(어조사)
悟	悟	3급 心 총10	깨달을 오 '忄+吾(오)'로 마음[忄]속에서 깨달음을 얻음[覺也 從心吾聲]	悟道(오도) 悟性(오성) 悟悅(오열)
梧	梧	3급 木 총11	오동나무 오 '木+吾(오)'로 오월에 입술 모양의 보라색 통꽃이 피는 오동나무[木] [梧桐木 從木吾聲 一名櫬]	梧桐(오동) 碧梧桐(벽오동)
圄	圄	1급 口 총10	가둘 어, 감옥 어 '囗+吾(오)'로 죄인을 가두어[囗] 두고 관리가 지키는 곳[守之也 從口吾聲]	圄囹(어령) 囹圄(영어)
衙	衙	1급 行 총13	갈 어, 마을 아, 관청 아 '行+吾(오)'로 사람들이 걸어 다니는 [行] 모양[行皃 從行吾聲]	官衙(관아) 衙前(아전)
品	品	5급 口 총9	무리 품, 물건 품, 품수 품, 벼슬 품 '口+口+口'로, 사람이 많음[口+口+口] [衆庶也 從三口] 衆庶也. 從三口 : 三人爲衆 故從三口. 凡言物之盛皆其三文『段注』 甲骨文 金文	品格(품격) 品行(품행) 品階(품계) 物品(물품) 藥品(약품) 逸品(일품)
操	操	5급 手 총16	잡을 조 '扌+喿(조)'로 손[扌]으로 물체를 잡음[把持也 從手喿聲] ※喿는 뭇 새가 나무 위에 모여 지저귐.	操心(조심) 操作(조작) 操業(조업) 操行(조행)
燥	燥	3급 火 총17	마를 조 '火+喿(조)'로 불[火]에 물건을 말림[乾也 從火喿聲]	乾燥(건조) 焦燥(초조) 燥渴(조갈)
繰	繰	1급 糸 총19	야청 비단 조, 통견(通絹) 조, 고치 켤 소(=繅) '糸+喿(소)'로 감색 비단[糸] 또는 감물 옷감[帛如紺色 或曰：深繒 從糸喿聲]	繰繭(소견·조견) 繰絲(조사)

I. 인간 41

漢字	篆文	級/部首/획수	訓音 및 字源	單語
藻	藻	1급 艹 총20	조류(藻類) 조, 꾸밀 조, 그릴 조 '艹+澡(조)'로 은화식물(隱花植物)인 수초(水草)[艹]의 총칭[水草也『說文』于以采藻『詩經』從艹澡聲-『康熙』]	藻類(조류) 海藻(해조)
躁	躁	1급 足 총20	성급할 조, 움직일 조, 교활할 조, 떠들 조 '足+㮴(조)'로 '趮'와 동자. 냉정(冷靜)하게 대처하지 못하고 조급하게 행동함[足←走][作趮, 疾也. 今俗別作躁『說文』躁, 燥也. 物燥乃動而飛揚也『釋名』從走㮴聲-『康熙』]	躁急(조급) 躁鬱症(조울증)
句	句	4급 口 총5	굽을 구, 글귀 구 '口+丩(구)'로 본자는 '勾', '鉤'. 물체[口]를 걸어 끄는 굽은 갈고리[曲也 從口丩聲] ※갑골, 금문에는 굽은 갈고리[勾]를 물체[口]에 걸어 끌어당김을 나타냄. (甲骨文 金文)	句節(구절) 驚句(경구) 句讀(구두) 句法(구법) 美辭麗句(미사여구) 月章星句(월장성구)
狗	狗	3급 犬 총8	개 구 '犭+句(구)'로 집을 지키는 작은개[犬][孔子曰 狗 叩也 叩气吠以守 從犬句聲] ※큰개는 '犬', 작은개는 '狗'[大者爲犬 小者爲狗]	走狗(주구) 喪家之狗(상가지구)
拘	拘	3급 手 총8	잡을 구, 거리낄 구 '扌+句(구)'로 갈고리[句]로 손[扌]을 움직이지 못하도록 함[止也 從句從手 句亦聲]	拘禁(구금) 拘留(구류) 拘引(구인) 拘置(구치)
苟	苟	3급 艹 총9	풀이름 구, 구차할 구, 진실로 구 '艹+句(구)'로 구문(苟吻)이라는 풀[艹] 이름[艹也 從艹句聲] 艹也 : 孔注論語云, 苟, 誠也. 鄭注燕禮云, 苟, 且也. 假也. 皆假借也『段注』/ 苟吻, 草名『集韻』-『康熙』	苟且(구차) 苟命(구명) 苟生(구생) 苟安(구안)
員	員	4급 口 총10	수효 원, 사람 원, 관원 원 '貝+口(구)'로 사람이나 패물[貝]의 수를 셈[物數也 從貝口聲] (甲骨文 金文)	員外(원외) 定員(정원) 黨員(당원) 官員(관원) 滿員(만원) 充員(충원)
圓	圓	4급 口 총13	둥글 원, 둘레 원, 원만할 원 '囗+員(원)'으로 둥근 패물의 모형[囗][圜全也 從囗員聲]	圓盤(원반) 圓板(원판) 圓滿(원만) 圓滑(원활)
損	損	4급 手 총13	덜 손, 상할 손 '扌+員(원)'으로 일정한 수량이나 정도에서 손[扌]으로 얼마를 떼어 줄이거나 적게 함[減也 從手員聲]	損害(손해) 損傷(손상) 毁損(훼손) 損益(손익)
隕	隕	1급 阜 총13	떨어질 운 '阜+員(원)'으로 높은 언덕[阜] 위에서 아래로 떨어짐[從高下也 從阜員聲 『易』曰 : 有隕自天]	隕石(운석) 隕石雨(운석우)
殞	殞	1급 歹 총14	떨어질 운, 죽을 운 '歹+員(원)'으로 높은 곳에서 떨어져 죽음[歹][殁也 又落也 『廣韻, 集韻, 韻會, 正韻』尙復投殞『梁書』-『康熙』] 尙復投殞 ; [投殞, 言投命殞身也. 復, 扶又翻] -『資治通鑑』	殞命(운명) 殞泣(운읍)
單	單	4급 口 총12	클 단, 엷을 단, 홑 단, 모두 단, 오랑캐 임금 선/단, 고을 이름 선 '吅+叩(훤)'으로 곡식 따위를 까부는 크고 엷은 키[吅←箕][大也 從吅吅, 吅亦聲] ※吅 : 華와 동자. 箕屬『說文』弇糞器也『玉篇』-『康熙』 ※갑골, 금문에 끝이 두 가닥으로 갈라진 나뭇가지 모양의 사냥 도구[象一件長柄兩角的杈杆之形『字源字典』] (甲骨文 金文)	單一(단일) 單純(단순) 單獨(단독) 單身(단신) 單調(단조) 單價(단가)

彈 彈	4급 弓 총15	탄알 **탄**, 튕길 **탄** '弓+單(단)'으로 활[弓]로 탄알이나 화살을 쏘아 날아가게 함[行丸也 從弓單聲]	甲骨文	實彈(실탄) 銃彈(총탄) 流彈(유탄) 彈道(탄도) 彈琴(탄금) 彈壓(탄압)
戰 戰	6급 戈 총16	싸울 **전**, 두려울 **전** '戈+單(단)'으로 창[戈]을 들고 적과 싸움[鬪也 從戈單聲]	金文	戰線(전선) 戰勝(전승) 接戰(접전) 激戰(격전) 戰戰兢兢(전전긍긍)
禪 禪	3급 示 총17	터 닦을 **선**, 봉선(封禪) **선**, 선위할 **선**, 좌선할 **선** '示+單(단)'으로 천자가 흙으로 단(壇)을 만들어 하늘에 제사[示] 지내고 땅을 정(淨)하게 하여 산천에 제사 지내던 일[祭天也 從示單聲]		禪位(선위) 禪讓(선양) 禪師(선사) 坐禪(좌선)
闡 闡	1급 門 총20	열 **천**, 밝힐 **천** '門+單(단/선)'으로 닫힌 문[門]을 열어 일을 숨기지 않고 드러내어 밝힘[開也 從門單聲 『易』曰 : 闡幽]		闡明(천명) 闡揚(천양)
憚 憚	1급 心 총15	꺼릴 **탄**, 고달플 **탄** '心+單(단)'으로 어려운 일을 싫어하거나 꺼리는 마음[心] [忌難也 從心單聲 一曰難也]		忌憚(기탄) 憚避(탄피)
簞 簞	1급 竹 총18	대광주리 **단** '竹+單(단)'으로 밥 등을 담는 대[竹]로 만든 작은 광주리[笥也 從竹單聲 漢津令 : 簞, 小筐也 『傳』曰簞食壺漿]		簞食瓢飮(단사표음)
周 周	4급 口 총8	두루 **주**, 둘레 **주** '用+口'로 두루 빠짐없이 골고루 말[口]을 씀[用] [密也 從用口]	甲骨文 金文	周知(주지) 周年(주년) 周邊(주변) 周旋(주선) 周圍(주위) 周易(주역)
彫 彫	2급 彡 총11	꾸밀 **조**, 새길 **조**, 조각할 **조** '彡+周(주)'로 쪼아 새겨 만든 물건을 붓[彡]으로 색칠하여 꾸밈[琢文也 從彡周聲]		彫刻(조각) 木彫(목조) 石彫(석조) 丸彫(환조)
週 週	5급 辵 총12	돌 **주**, 주일 **주** '辶+周(주)'로 여기저기 두루 돌아다님[辶] [與周同『玉篇』迴也 『字彙』周游八極『列仙傳』-『康熙』]		週期(주기) 週年(주년) 週刊(주간) 隔週(격주)
調 調	5급 言 총15	고를 **조**, 가락 **조**, 뽑힐 **조**, 아침 **주** '言+周(주)'로 서로 대화[言]를 통해 적절히 조절하여 화합함[和也 從言周聲]		調理(조리) 調節(조절) 調劑(조제) 調査(조사) 調書(조서) 長調(장조)
稠 稠	1급 禾 총13	빽빽할 **조**, 진할 **조**, 고를 **조** '禾+周(주)'로 벼[禾]이삭이 많이 매달려 있음[多也 從禾周聲]		稠密(조밀) 奧密稠密(오밀조밀)
凋 凋	1급 冫 총10	시들 **조** '冫+周(주)'로 찬[冫] 기운으로 식물이 반쯤 시들음[半傷也 從冫周聲]		凋落(조락) 凋盡(조진)
啓 啓	3급 口 총11	열 **계** '攵+启(계)'로 두드려[攵] 문을 열듯이, 가르쳐 지혜가 열림 [本作啓, 敎也 『說文』開發也 『玉篇』東有啓明 又與啓通 詳前啓字註 『詩·小雅』 不憤不啓 『論語』-『康熙』] ※啓 : 開也 從戶從口 『說文』		啓導(계도) 啓發(계발) 啓蒙(계몽) 啓示(계시)
肇 肇	1급 聿 총14	칠 **조**, 시작할 **조**, 바로잡을 **조**, 꾀할 **조** '攴+肇(조)'로 잘못을 바로잡기 위해 비로소 침[攴] [擊也 從攴 肇省聲 『春秋國語』曰 : 薄本肇末]	甲骨文 金文	肇國(조국) 肇業(조업) 肇炎(조염) 肇基王迹(조기왕적)

한자	전서	급수/부수/총획	훈음 및 설명	갑골문/금문	용례
哭	哭	3급 口 총10	울다 곡 '吅+犬←獄(옥)'으로 억울하게 감옥에 갇히어 슬프게 소리 내어[吅] 욺[哀聲也 從吅獄省聲]	金文	痛哭(통곡) 哀哭(애곡) 哭聲(곡성) 哭泣(곡읍)
喪	喪	3급 口 총12	죽을 상, 초상 상 '哭+亡(망)'으로 사람이 죽어[亡] 곡[哭]을 함[亾也 從哭從亾 會意 亾亦聲]	甲骨文 金文	喪家(상가) 喪禮(상례) 喪服(상복) 喪制(상제)
喜	喜	4급 口 총12	기뻐할 희 '壴+口'로 큰북을 세워놓고[壴] 두드리며 즐겁게 노래 부름[口] [樂也 從壴從口]	甲骨文 金文	喜怒(희로) 喜悲(희비) 喜色(희색) 喜悅(희열)
嬉	嬉	2급 女 총15	즐길 희, 즐거워할 희 '女+喜(희)'로 재미있게 즐기며 노는 사람들[女] [戱也『博雅』美也, 游也『增韻』-『康熙』]		嬉笑(희소) 嬉娛(희오)
禧	禧	2급 示 총17	복 희, 경사스러울 희 '示+喜(희)'로 예를 갖추어 행하니 하늘이 복을 내려줌[示] [禮吉也 從示喜聲] 禮吉也 : 行禮獲吉也. 釋詁曰 禧, 福也『段注』		禧年(희년) 鴻禧(홍희)
熹	熹	2급 火 총16	성할 희, 아름다울 희 '灬+喜(희)'로 불[灬]을 활활 피워 고기를 구움[炙也 從火喜聲]		熹微(희미) 熹娛(희오) 朱熹(주희 : 중국 남송의 유학자)
憙	憙	2급 心 총16	기뻐할 희 '心+喜(희)'로 마음[心]속으로 기뻐 즐거움[說也 從心從喜 喜亦聲]		
司	司	3급 口 총5	맡을 사, 벼슬 사 '反+后'로 임금[后]의 반대[反] 위치에 있는 신하[臣]로, 임금을 위해 밖에서 정사를 맡아 다스림[臣司事於外者 從反后]	甲骨文 金文	司法(사법) 司直(사직) 司會(사회) 公司(공사)
詞	詞	3급 言 총12	말 사, 글 사, 품사 사 '言+司(사)'로 마음속에 있는 생각을 밖으로 말[言]함[意內而言外也 從言司聲]		歌詞(가사) 詞章(사장) 詞賦(사부) 動詞(동사)
飼	飼	2급 食 총14	먹일 사, 사료 사 '食+司(사)'로 '飤'와 동자. 백성에게 식량[食]을 주어 먹게 함[同飤 『玉篇』付民養飼『南齊書』-『康熙』] ※飤, 糧也 從人食		飼養(사양) 飼育(사육)
祠	祠	1급 示 총10	제사 지낼 사, 제사 사 '示+司(사)'로 희생을 쓰지 않고 홀과 구슬, 가죽과 비단 등을 사용하는 중춘(仲春)에 지내는 제사[示] [春祭曰祠 品物少 多文辭也 從示司聲 仲春之月 祠不用犧牲 用圭壁及皮幣]		祠堂(사당) 顯忠祠(현충사)
嗣	嗣	1급 口 총13	이을 사 '冊+口+司(사)'로 제후가 나라의 책봉(冊封)[冊]을 명[口]받아 후사(後嗣)를 이음[諸侯嗣國也 從冊從口司聲]	金文	嗣子(사자) 後嗣(후사)
嗇	嗇	1급 口 총13	아낄 색, 인색할 색 '來+靣'로 창고[靣]에 곡식을 저장하여 두고[來] 아껴 먹음[愛濇也 從來從靣 來者 靣而藏之. 故田夫謂之嗇夫]	甲骨文 金文	吝嗇(인색) 吝嗇漢(인색한)
檣	檣	1급 木 총17	돛대 장 '木+嗇(색)'으로 돛을 달기 위해 배에 세운 나무[木] 기둥[坺音牆『韻會』船檣, 帆柱也. 本作檣『玉篇』-『康熙』]		檣竿(장간) 檣樓(장루)

한자	전서	급수/부수/총획	훈음 및 설명	용례
薔	薔	1급 艸 총17	장미 장, 물여뀌 색 '艸+嗇(색)'으로 오뉴월에 여러 빛깔의 고운 꽃을 피우는 장미[艸] 또는 마디풀과에 속하는 일년초로 매운맛 조미료로 쓰는 물여뀌[薔虞, 蓼 從艸嗇聲]	薔薇(장미) 野薔薇(야장미) 薔花紅蓮傳(장화홍련전)
召	召	3급 口 총5	부를 소, 오게 할 소 '口+刀(도)'로 큰 소리[口]로 불러 오게 함[評也 從口刀聲] 評也：言部曰評, 召也『段注』 甲骨文 金文	召集(소집) 召命(소명) 應召(응소) 徵召(징소)
招	招	4급 手 총8	부를 초 '扌+召(소)'로 사람을 손짓[扌]하여 불러 오게 함[手呼也 從手召聲]	招待(초대) 招請(초청) 招聘(초빙) 招魂(초혼)
沼	沼	2급 水 총8	늪 소 '氵+召(소)'로 흐르는 물[氵]을 막아 물을 모아 둔 곳[池水 從水召聲] ※못이 둥근 것을 '池', 굽은 것을 '沼'라 함.	沼池(소지)
超	超	3급 走 총12	뛰어 넘을 초 '走+召(소)'로 몸을 솟구쳐서 물건이나 장소 등을 뛰어[走] 넘음[跳也 從走召聲]	超過(초과) 超越(초월) 超然(초연) 超脫(초탈)
紹	紹	2급 糸 총11	이을 소, 소개할 소 '糸+召(소)'로 서로 연이어져 있는 실[糸] [繼也 從糸召聲 一日紹 緊糾也]	紹介(소개) 紹復(소복) 紹承(소승) 紹絶(소절)
邵	邵	2급 邑 총8	고을 이름 소, 성씨 소 '阝+召(소)'로 하남성(河南省)에 있는 진(晉)나라 읍[邑] [晉邑也 從邑召聲]	邵台輔(소태보：고려의 문신)
詔	詔	1급 言 총12	고할 조 '言+召(소)'로 윗사람이 아랫사람에게 사실을 알리거나 신에게 자신의 잘못 따위를 말함[言] [告也 從言從召, 召亦聲]	詔告(조고) 詔書(조서)
貂	貂	1급 豸 총12	담비 초 '豸+召(소)'로 오랑캐 나라인 정영국(丁零國)에서 나는 족제빗과에 속하는 동물[豸] [鼠屬 大而黃黑 出胡丁零國 從豸召聲]	貂尾(초미) 貂皮(초피)
呈	呈	2급 口 총7	드릴 정, 나타낼 정 '口+壬(정)'으로 자기의 뜻을 진언[口]하여 드러내 보임[平也 從口壬聲] 平也：今義云 示也 見也『段注』 甲骨文	贈呈(증정) 敬呈(경정) 呈進(정진) 謹呈(근정)
程	程	4급 禾 총12	단위 정, 한도 정, 법 정, 길 정 '禾+呈(정)'으로 벼[禾]의 단위에서 10발(十髮)은 1정(一程), 10정은 1분(一分), 10분은 1촌(一寸)[品也 十髮爲程 十程爲分 十分爲寸. 從禾呈聲]	路程(노정) 日程(일정) 科程(과정) 程度(정도) 里程標(이정표)
聖	聖	4급 耳 총13	성인 성, 성스러울 성 '耳+呈(정)'으로 말하는 소리를 듣고[耳] 그 실정을 바로 아는 사람[通也 從耳呈聲] 從耳：聖從耳者, 謂其耳順. 風俗通曰聖者, 聲也. 言聞聲知情. 按聲聖字 古相段借『段注』 金文	聖人(성인) 聖經(성경) 聖誕(성탄) 聖職(성직)
逞	逞	1급 辵 총11	왕성할 령, 쾌할 령 '辵+呈(정)'으로 마음이 통하여 행함[辵] [通也 從辵呈聲 楚謂疾行爲逞『春秋傳』曰：何所不逞欲] 通也：方言曰逞, 快也. 自山而東或曰逞. 江淮陳楚之間曰逞. 又曰逞, 疾也. 楚曰逞. 又曰逞, 解也『段注』	不逞(불령) 逞兵(영병) 狂逞(광령) 逞毒(영독) 逞媚(영미) 逞才(영재)
呂	呂	2급 口 총7	등뼈 려, 음률 려, 성 려 등뼈[脊骨]의 골절(骨節)이 서로 이어져 있는 모양[脊骨也 象形 昔太嶽爲禹心呂之臣 故封呂侯]	呂運亨(여운형：정치가)

I. 인간　45

楷書	篆書	級수/부수/총획	훈음 및 자해	金文/篆文	용례
宮	宮	4급 宀 총10	집 궁, 궁궐 궁 '宀+呂←躳(궁)'으로 사람[躳]이 늘 거처하고 사는 집[宀] [室也 從宀躳省聲]	金文	宮闕(궁궐) 宮庭(궁정) 迷宮(미궁) 龍宮(용궁)
侶	侶	1급 人 총9	짝 려 '人+呂(려)'로 사람들[人]이 짝지어 생활함[徒侶也 從人呂聲]		伴侶者(반려자)
台	台	2급 口 총5	기뻐할 이, 기를 태, 별 이름 태 '口+厶←以(이)'로 마음속으로 기뻐서 하는 말[口] [說也 從口㠯聲] ※臺의 약자로도 쓰임.	金文	牛台(우태) 三台星(삼태성) 天台宗(천태종)
始	始	6급 女 총8	처음 시, 시작할 시 '女+台(이)'로 여자[女]가 옷을 만들기 위해 베를 처음 자름[女之初也 從女台聲] 女之初也：釋詁曰初, 始也. 此與爲互訓. 初, 裁衣之始也. 基者, 牆之始也. 凡言之者皆分別之辭『段注』	金文	始發(시발) 始動(시동) 始終(시종) 創始(창시)
治	治	4급 水 총8	물이름 지/태, 다스릴 치, 병 고칠 치 '氵+台(태)'로 산동성(山東省) 양구산(陽丘山)에서 발원한 강[氵] 이름[水. 出東萊曲城陽丘山南入海 從水台聲]		治國(치국) 治療(치료) 治山治水(치산치수)
怠	怠	3급 心 총9	게으를 태, 거만할 태 '心+台(태)'로 마음[心]씀이 거만하고 행동이 게으름[慢也 從心台聲]		怠慢(태만) 怠惰(태타) 勤怠(근태) 怠傲(태오)
胎	胎	2급 肉 총9	아이 밸 태 '月+台(태)'로 부인이 임신[肉]하여 3개월이 됨[婦孕三月也. 從肉, 台, 意兼聲『說文』 始也『廣韻』凡孕而未生, 皆曰胎『增韻』胎, 始也『爾雅·釋詁』胚胎未成, 赤物之始也『註』人三月而胎『博雅』-『康熙』]		胎兒(태아) 胎教(태교) 胎動(태동) 落胎(낙태)
殆	殆	3급 歹 총9	위태할 태, 해칠 태, 거의 태 '歹+台(태)'로 목숨이 위태하여 거의 죽음[歹]에 이름[危也 從歹台聲]		危殆(위태) 殆半(태반) 百戰不殆(백전불태)
颱	颱	2급 風 총14	태풍 태 '風+台(태)'로 여름에서 가을에 걸쳐 북태평양 남서부에서 일어나는 폭풍우를 동반한 매우 센 바람[風] [颱風, 指發生在太平洋西部熱帶海洋上的 一種極猛烈的風暴-『漢典』]		颱風(태풍)
怡	怡	2급 心 총8	기쁠 이, 온화할 이 '心+台(태)'로 마음[心]속에 화기(和氣)가 있어 기쁨이 나타남[和也 從心台聲] ※出降一等 逞顔色 怡怡如也 『論語』		怡聲(이성) 怡顔(이안) 南怡(남이：조선의 장수)
冶	冶	1급 冫 총7	불릴 야, 대장장이 야 '冫+台(태)'로 얼음[冫]을 녹이듯 쇠를 녹여 물건을 만드는 것[銷也. 從冫台聲]		陶冶(도야) 冶金術(야금술)
笞	笞	1급 竹 총11	태형 태, 볼기 칠 태 '竹+台(태)'로 죽편(竹鞭)[竹]으로 죄인의 볼기를 치는 형벌[擊也 從竹台聲]		笞刑(태형) 笞罰(태벌)
跆	跆	1급 足 총12	노래할 태, 밟을 태 '足+台(태)'로 발[足]로 밟으며 손에 손을 잡고 노래 부름[蹋跆也『玉篇』叢輿兵相跆藉『前漢·天文志』又蹋跆, 連手唱歌也『廣韻』-『康熙』]		跆拳(태권) 跆拳道(태권도)

字	篆文	級/部首/획수	訓音 및 풀이	用例
苔	蓎	1급 艸 총9	이끼 태 '艸+台(태)'로 은화식물(隱花植物)에 속하는 선류(蘚類)·태류(苔類)·지의류(地衣類) 식물[艸]의 총칭[蘚也『正韻』窮谷之汗生以靑苔『淮南子』靑苔, 水『淮南子註』- 『康熙』]	靑苔(청태) 海苔(해태)
呆	呆	1급 口 총7	어리석을 매/태, 보전할 보 '保'의 고자. 강보에 싸인 어린아이의 모양[同保. 詳人部保字註『篇海』從口不從口. 呆, 本字『說文』- 『康熙』] 金文	癡呆(치매)
保	保	4급 人 총9	보전할 보 '人+呆←孚'로 새가 새집에서 알을 품고 부화시키기 위해 발톱으로 알을 반복하여 움직이듯[孚], 갓난아기[人]를 기름[養也. 從人從采省. 采, 古文孚. 呆, 古文保. 孚: 卵孚也. 從爪從子. 一曰信也. 呆, 古文孚 從系, 系, 古文保. 〖注〗徐鍇曰: 鳥之孚卵皆如其期, 不失信也. 鳥襄恆以爪反覆其卵也『說文』 甲骨文 金文	保健(보건) 保溫(보온) 保險(보험) 保養(보양)
堡	堡	1급 土 총12	작은 성 보 '土+保(보)'로 토석[土]으로 쌓은 작은 성[堡障, 小城也『韻會』拔連城堡『唐書』- 『康熙』]	堡壘(보루) 橋頭堡(교두보)
褒	襃	1급 衣 총15	옷자락 포, 클 포, 기릴 포, 모을 부 '衣+保(보)'로 '襃'는 본자. 옷[衣]이나 피륙 따위가 아래로 드리운 넓고 큰 옷자락[衣博裾 從衣保聲]	褒賞(포상) 褒獎(포장)
吳	吳	2급 口 총7	나라 이름 오, 성씨 오 '口+矢'로 질그릇[口] 따위를 어깨에 메고 가는 사람[矢] [人肩扛器皿[陶器]之形 - 『字源字典』] 姓也. 亦郡也. 一曰吳 大言也. 從矢口 - 『說文』 ※矢: 傾頭也. 從大, 象形 - 『說文』 ※吳나라는 도자기 공업이 성행하여 어깨에 도자기를 메고 다니는 사람이 많음. 甲骨文 金文	吳越同舟(오월동주) 陳勝吳廣(진승오광) 吳牛喘月(오우천월)
誤	誤	4급 言 총14	그르칠 오, 잘못 오 '言+吳(오)'로 예의와 절차에 어긋나게 하는 말[言] [謬也. 從言吳聲] 使者聘而誤, 主君弗親饗食也『禮·聘義』誤, 謂禮節錯誤也『註』又通作悞. 惑也『字林』是特姦人之誤于亂說, 以欺愚者『荀子·正論篇』- 『康熙』	誤答(오답) 誤認(오인) 誤差(오차) 誤解(오해) 誤診(오진) 誤判(오판)
娛	娛	3급 女 총10	기뻐할 오, 즐거워할 오 '女+吳(오)'로 즐기며 기쁘게 사는 사람[女] [樂也. 從女吳聲]	娛樂(오락) 娛遊(오유) 歡娛(환오)
虞	虞	1급 虍 총13	어진 짐승 이름 우, 헤아릴 우, 염려할 우 '虍+吳(오)'로 흰 호랑이[虍]에 검은 무늬가 있는 동물로, 덕 있는 임금 때 나타난다는 추우(騶虞)[騶虞也 白虎黑文 尾長於身 仁獸也 食自死之肉 從虍吳聲 『詩』曰: 于嗟乎 騶虞]	虞犯(우범) 虞祭(우제) 虞美人(우미인) 有虞陶唐(유우도당)
嗤	嗤	1급 口 총13	비웃을 치, 웃을 치, 웃음거리 치 '口+蚩(치)'로 사람들이 그의 어리석은 행동을 비웃음[口] [笑貌『玉篇』時人嗤之『後漢書』- 『康熙』]	嗤侮(치모) 嗤笑(치소)

I. 인간 47

日 부

字	級/部/劃	訓音과 解說	用例
曰	3급 / 曰 / 총4	가로 왈, 말할 왈 'ㅁ+乚'으로 입[ㅁ]으로 말할 때 기[乚]가 밖으로 나오는 모양[詞也 從口乚 象口气出也] 甲骨文 金文	孔子曰(공자왈) 曰可曰否(왈가왈부)
書	6급 / 曰 / 총10	글 서, 책 서 '聿+者(자)'로 대나무 조각[竹簡]과 베나 비단[布帛]에 붓[聿←筆]으로 글씨를 씀[箸也 從聿者聲] 箸也 : 敍曰箸於竹帛謂之書. 書者, 如也. 箸於竹帛, 非筆末由矣 『段注』 金文	讀書(독서) 書堂(서당) 書翰(서한) 圖書(도서)
曲	5급 / 曰 / 총6	잠박(蠶箔) 곡, 굽을 곡, 가락 곡 누에를 치는 데 쓰는 채반 모양[象器曲受物之形也] ※갑골에는 굽은 자의 모양[曲尺之形]. 甲骨文 金文	曲流(곡류) 曲線(곡선) 曲調(곡조) 歌曲(가곡)
曹	2급 / 曰 / 총10	관청 조, 마을 조, 짝 조, 무리 조, 성씨 조 '曺'와 동자. '棘+曰'로 죄인의 일에 원고와 피고의 일을 맡아[棘] 말하는[曰] 관리[獄之兩曹也. 在廷東. 從棘, 治事者 ; 從曰 『注』徐鍇曰 : 以言詞治獄也. 故從曰. 乃造其曹 『詩經』] 獄兩曹也 : 兩曹, 今俗所謂原告, 被告也. 曹猶類也 『段注』 ※曺 : 同曹 - 『漢典』	曹植(조식 : 조선의 학자)
曾	3급 / 曰 / 총12	말 첫마디 증, 거듭 증, 포갤 증, 일찍 증 '八+曰+囟(창)'으로 말할[曰] 때 입에서 기(氣)가 분산됨[八] [詞之舒也. 從八從曰, 囟聲] ※囟者, 囟古文 甲骨文 金文	曾祖(증조) 曾孫(증손) 曾往(증왕) 曾經(증경) 未曾有(미증유)
僧	3급 / 人 / 총14	중 승 '亻+曾(증)'으로 부처님[浮屠 : 佛佗]의 도를 닦는 사람[亻] [浮屠道人也 從人曾聲]	僧侶(승려) 僧舞(승무) 僧俗(승속) 禪僧(선승)
增	4급 / 土 / 총15	더할 증 '土+曾(증)'으로 흙[土]을 더 보태어 쌓음[益也 從土曾聲] ※曾益其所不能『孟子』:曾→ 增 : 불어남	增減(증감) 增産(증산) 增殖(증식) 增築(증축)
憎	3급 / 心 / 총15	미워할 증 '忄+曾(증)'으로 마음[忄]속으로 혐오감을 느껴 꺼림[惡也 從心曾聲]	憎惡(증오) 可憎(가증) 愛憎(애증) 怨憎(원증)
層	4급 / 尸 / 총15	층 층, 층계 층 '尸+曾(증)'으로 집 위에 또 집[尸]을 지음[重屋也 從尸曾聲] 木部曰樓, 重屋也. 引伸爲凡重疊之偁『段注』	層臺(층대) 層雲(층운) 層層(층층) 層階(층계)
贈	3급 / 貝 / 총19	줄 증, 선사할 증 '貝+曾(증)'으로 관계가 서로 좋아 재물[貝]을 자주 보냄[玩好相送也 從貝曾聲]	贈與(증여) 贈答(증답) 寄贈(기증) 追贈(추증)
更	4급 / 曰 / 총7	고칠 경, 바꿀 경, 다시 갱 '攴+丙(병)'으로 잘못을 고쳐[攴] 바꿈[改也 從攴丙聲] 改也 : 更訓改. 亦訓繼. 不改爲繼. 改之亦爲繼『段注』 甲骨文 金文	更張(경장) 變更(변경) 更生(갱생) 更新(갱신)
硬	3급 / 石 / 총12	단단할 경, 강할 경, 가로 막을 경 '石+更(경)'으로 돌[石]을 쌓아 만든 튼튼한 우리[堅牢也, 强]『集韻,正韻』書貴瘦硬方通神『杜甫』-『康熙』]	硬度(경도) 硬直(경직) 硬骨(경골) 强硬(강경)
梗	1급 / 木 / 총17	가시나무 경, 근심 경, 막을 경 '木+更(경)'으로 골짜기나 개울가의 습한 곳에서 나는 가시가 있는 산느릅나무[山枌楡 有束 莢可爲蕪夷者 從木更聲]	梗塞(경색) 剛梗(강경)

한자	전서	급수/부수/총획	훈음 및 설명	용례
曹	曹	1급 曰 총11	관청 조, 무리 조, 성씨 조 '曺'와 동자. '棘+曰'로 죄인의 일을 말함[曰], 즉 원고와 피고의 일을 맡은 [棘] 관리[獄之兩曹也. 在廷東. 從棘, 治事者 ; 從曰 『注』 徐鍇曰 : "以言詞治獄也. 故從曰. 乃造其曹 『詩經』] ※중국은 曹, 한국은 曺를 성씨로 많이 씀.	汝曹(여조) 六曹(육조)
槽	槽	1급 木 총15	구유 조, 술통 조 '木+曹(조)'로 나무[木]로 만든 마소 등의 밥그릇[畜獸之食器 從木曹聲]	浴槽(욕조) 油槽(유조)
遭	遭	1급 辶 총15	만날 조 '辶+曹(조)'로 우연히 길을 가다가[辶] 서로 만남[遇也 從辵曹聲 一曰邐行 『詩』曰 : 遭我于猱之間兮]	遭遇(조우) 遭難(조난)
漕	漕	1급 水 총14	배 저을 조, 배로 실어 나를 조 '水+曹(조)'로 물[水] 위에서 수레바퀴를 돌려 배를 가게 함[水轉轂也 一曰人之所乘及船也 從水曹聲]	漕艇(조정) 漕運(조운)
糟	糟	1급 米 총17	지게미 조, 찌끼 조 '米+曹(조)'로 쌀[米]로 술을 만들 때 술을 거르고 난 찌끼[酒滓也 從米曹聲]	糟粕(조박) 糟糠之妻(조강지처)
會	會	6급 曰 총13	모일 회, 기회 회 '亼+曾'으로 사람들이 더욱[曾] 많이 모임[亼] [合也 從人從曾省 曾 益也 經也 『廣韻』 嘗也 『增韻』 乃也, 則也 『韻會』 又與層通-『康熙』]	會見(회견) 會合(회합) 集會(집회) 機會(기회)
檜	檜	2급 木 총17	노송나무 회 '木+會(회)'로 소나뭇과 상록교목으로 내수력이 강하여 재목으로 널리 쓰이는 나무[木] [柏葉松身 從木會聲]	檜巖寺(회암사 : 경기도 양주에 있는 절)
繪	繪	1급 糸 총19	그림 회, 그릴 회 '糸+會(회)'로 여러 가지 색실[糸]로 수를 놓은 피륙이나 색칠한 그림[會五采繡也 『虞書』曰 : 山龍華蟲作繪. 『論語』曰 : 繪事後素. 從糸會聲]	繪具(회구) 繪畫(회화)
膾	膾	1급 肉 총17	회 회 '肉+會(회)'로 잘게 썰어 저민 날고기[肉] [細切肉也 從肉會聲]	膾炙(회자) 生鮮膾(생선회)
最	最	5급 曰 총12	가장 최 '冃+取'로 검은 천으로 만든 관모[冃]를 쓰고 목적 달성을 위해 위험을 무릅쓰고 취함[取] [犯取也 從冃從取]	最先(최선) 最善(최선) 最高(최고) 最惡(최악)
撮	撮	1급 手 총15	용량 단위 촬, 집을 촬, 취할 촬, 자밤 촬, 양 이름 촬 '手+最(최)'로 네 손가락 분량이나 양손가락[手]으로 잡을 만한 양[四圭也 一曰兩指撮也 從手最聲] ※자밤 : 나물이나 양념 따위를 손가락 끝으로 집을 만한 분량을 세는 단위	撮要(촬요) 撮影(촬영)
曳	曳	1급 曰 총6	끌 예, 끌릴 예 '申+丿(별)'로 어떤 것을 잡아당겨 늘임[申] [臾曳也 從申丿聲]	曳履聲(예리성) 曳引船(예인선) 曳牛却行(예우각행)
洩	洩	1급 水 총9	샐 설, 훨훨 날 예 '水+曳(예)'로 구멍이나 틈 등으로 물[水]이 조금씩 흘러나옴[舒散也 『正韻』 振河海而不洩 『中庸』 其樂也洩洩. 又飛翔貌 『左傳』 - 『康熙』]	洩漏(설루) 露洩(노설)

I. 인간 49

❋ 舌 부

字	篆	級/部/劃	訓音·解說	用例
舌	舌	4급 舌 총6	혀 설 '口+干(간)'으로 입[口]안에 있는 신체 부위로 맛을 분별하는 것[在口所以言別味者也 從干從口 干亦聲] 甲骨文 金文	舌根(설근) 毒舌(독설) 舌戰(설전) 舌音(설음) 長廣舌(장광설)
話	話	7급 言 총13	말할 화, 이야기 화 '言+昏(활)'로 사람들이 모여서 어떤 사물이나 사실, 현상에 대하여 일정한 줄거리를 가지고 말함[言] [會合善言也 從言昏聲]	話題(화제) 話頭(화두) 話術(화술) 談話(담화)
刮	刮	1급 刀 총8	파헤칠 괄, 깎을 괄, 비빌 괄 '刀+舌←昏(괄/활)'로 칼[刀]로 물체를 파헤쳐 속이 드러남[捨把也 從刀昏聲]	刮目(괄목) 刮目相對(괄목상대)
括	括	1급 手 총10	묶을 괄, 담을 괄, 쌀 괄 '手+昏(괄/활)'로 삼[麻] 한 단을 손[手]으로 잘 묶음[絜也 從手昏聲] 絜也: 絜者, 麻一端也. 引申爲絜束之絜. 凡物圍度之曰絜. 賈子度長絜大是也. 束之亦曰絜 『段注』	括弧(괄호) 總括(총괄)
舍	舍	2급 舌 총8	집 사 도시의 집[지붕[亼], 기둥[屮], 벽면[口]을 그린 집] 모양[市居曰舍 從亼屮 象屋也 口象築也] 金文	舍宅(사택) 舍監(사감) 客舍(객사) 官舍(관사)
捨	捨	3급 手 총11	버릴 사 '扌+舍(사)'로 손[扌]에서 풀어 놓음[釋也 從手舍聲] 弃也『正韻』愛好文義, 未嘗違捨『宋書·殷淳傳』-『康熙』	取捨(취사) 捨生取義(사생취의)

❋ 言 부

字	篆	級/部/劃	訓音·解說	用例
言	言	6급 言 총7	말씀 언 '口+辛(건)'으로 자기 생각을 직접 말함[口] [直言曰言 論難曰語 從口辛聲] ※語: 여러 사람이 서로 자기의 의견을 말하며 논란함. 甲骨文 金文	言及(언급) 言論(언론) 言辯(언변) 言爭(언쟁)
說	說	5급 言 총14	말씀 설, 달랠 세, 기쁠 열 '言+兌(태)'로 자기의 생각을 남이 알기 쉽게 풀어서 말함[言] [釋也 從言兌聲 一曰: 談說]	說話(설화) 遊說(유세) 說客(세객) 說樂(열락) 不亦說乎(불역열호)
悅	悅	3급 心 총10	기쁠 열 '忄+兌(태)'로 마음[忄]으로 즐거워 복종하여 따름[樂也 又服也 『爾雅』喜也『韻會』 從心兌聲-『康熙』]	悅樂(열락) 悅服(열복) 法悅(법열) 喜悅(희열)
稅	稅	4급 禾 총12	세금 세 '禾+兌(태)'로 국가가 필요한 경비로 사용하기 위하여 국민이나 주민으로부터 강제로 거두어들이는 조세[禾] [租也 從禾兌聲]	稅金(세금) 稅務(세무) 稅收(세수) 課稅(과세) 納稅(납세) 印稅(인세)
脫	脫	4급 肉 총11	여윌 탈, 살 빠질 탈, 벗을 탈 '月+兌(태)'로 살[肉]이 빠져 여윔[消肉臞也 從肉兌聲]	脫黨(탈당) 脫毛(탈모) 脫色(탈색) 脫落(탈락) 脫俗(탈속) 脫線(탈선)
銳	銳	3급 金 총15	날카로울 예 '金+兌(태)'로 까끄라기나 바늘처럼 날카로운 쇠붙이[金] [芒也 從金兌聲]	銳利(예리) 銳敏(예민) 銳鋒(예봉) 銳角(예각) 精銳(정예) 尖銳(첨예)

한자	전서	급수/부수/총획	훈음 및 설명	용례
託	託	2급 言 총10	부탁할 탁, 청탁할 탁 '言+乇(탁)'으로 어떤 일을 남에게 말[言]하여 부탁함[乇] [寄也 從言乇聲] ※乇 : 艸葉也. 從垂穗, 上貫一, 下有根. 象形	付託(부탁) 請託(청탁) 託送(탁송) 託辭(탁사)
托	託	3급 手 총6	밀 탁, 수제비 탁, 맡길 탁, 의지할 탁, 받침 탁 '扌+乇(탁)'으로 손[手]으로 밀어서 엶[同拓. 見拓字註『集韻, 韻會』又不托, 與縛飥通. 一曰食粥, 一曰食不托『五代史·李茂貞傳』-『康熙』]	依托(의탁) 托生(탁생) 托故(탁고) 受托(수탁)
宅	宅	5급 宀 총6	집 택, 댁 댁 '宀+乇(탁)'으로 사람이 몸을 의지하고 생활하는 집[宀] [人所託居也 從宀乇聲]	宅地(택지) 家宅(가택) 古宅(고택) 舍宅(사택)
謁	謁	3급 言 총16	아뢸 알, 뵐 알 '言+曷(갈)'로 직접 대면하여 자기의 생각을 말함[言] [白也 從言曷聲]	謁廟(알묘) 謁聖(알성) 謁見(알현) 啓謁(계알) 拜謁(배알)
靄	靄	1급 雨 총24	아지랑이 애 '雨+藹(애)'로 맑은 봄날 공중에 아른거리는 공기 현상으로 옅은 구름[雨] 모양의 물체[雲皃 從雨藹省聲]	靄靄(애애) 和氣靄靄(화기애애)
歇	歇	1급 欠 총13	나른할 헐, 다할 헐, 쉴 헐 '欠+曷(헐)'로 몸에 기(氣)가 다 빠져나가 맥이 풀리거나 고단하여 기운이 없음[欠] [息也 一曰气越泄 從欠曷聲]	間歇(간헐) 歇價(헐가)
變	變	5급 言 총23	변할 변, 재앙 변 '攵+䜌(련)'으로 있던 것을 고쳐[攵] 없게 함[更也 從攴䜌聲] 易也『小爾雅』化也, 通也『廣韻』轉也『增韻』改也『正韻』乾道變化『易·乾卦』自有而無謂之變, 自無而有謂之化『易解』-『康熙』	變貌(변모) 變節(변절) 變換(변환) 變遷(변천)
戀	戀	3급 心 총23	사모할 련, 그리워할 련 '心+䜌(련)'으로 형제가 서로 사모하듯, 그 사모하는 마음[心]이 계속 이어짐[古文 㦅. 係慕也『廣韻, 正韻』兄弟相戀『後漢書』-『康熙』]	戀愛(연애) 戀慕(연모) 戀情(연정) 悲戀(비련) 失戀(실연) 哀戀(애련)
蠻	蠻	3급 虫 총25	오랑캐 만, 함부로 만 '虫+䜌(련)'으로 중국 남쪽 오랑캐[虫] [南蠻, 蛇種 從虫䜌聲] 南夷名『玉篇』又綿蠻, 鳥聲. 綿蠻黃鳥『詩·大雅』又蠻蠻, 鳥名 又水名-『康熙』	野蠻(야만) 蠻行(만행) 蠻勇(만용) 蠻夷(만이)
灣	灣	2급 水 총25	물굽이 만 '氵+彎(만)'으로 물[氵]이 굽이쳐 흐름[水曲也『廣韻, 集韻, 韻會, 正韻』舟險萬重灣『沈佺期』-『康熙』]	港灣(항만) 灣然(만연) 深灣(심만) 銀灣(은만) 臺灣(대만)
彎	彎	1급 弓 총22	당길 만, 굽을 만 '弓+䜌(련)'으로 활[弓]에 화살을 매어 당김 또는 활처럼 굽음[持弓關矢也 從弓䜌聲]	彎曲(만곡) 彎弓(만궁)
鸞	鸞	1급 鳥 총30	난새 란 '鳥+䜌(련)'으로 봉황의 일종. 털은 오채를 갖추었으며, 소리는 오음에 맞는 붉은 영조(靈鳥)[鳥] [赤神靈之精也 赤色 五采 雞形. 鳴中五音 頌聲作則至 從鳥䜌聲 周成王時氏羌獻鸞鳥]	鸞鳳(난봉) 鸞駕(난가)
誇	誇	3급 言 총13	자랑할 과, 과장할 과 '言+夸(과)'로 실제보다 부풀려 자랑하여 말함[言] [譀也 從言夸聲]	誇大(과대) 誇示(과시) 誇張(과장) 自誇(자과)

한자		급수/부수/총획	훈음/자원	용례
袴	袴	1급 衣 총11	바지 고, 사타구니 과 '衣+夸(과)'로 가랑이가 있는 아랫도리 옷 [衣] [古文 絝. 脛衣也『唐韻, 集韻, 韻會』袴, 跨. 兩股各跨別也『釋名』 衣不帛襦袴『禮記』- 『康熙』]	袴衣(고의) 短袴(단고)
訊	訊	1급 言 총10	물을 신 '言+卂(신)'으로 윗사람이 아랫사람에게 물음[言] [問也. 從言卂聲. 誶, 古文訊從鹵. 荀息曰:君嘗訊臣矣『公羊傳·僖 十年』上問下曰訊『註』又辭也『玉篇』言也『爾雅·釋言』訊, 問 以言也『邢疏』執訊獲醜『詩·小雅』訊, 辭也『傳』言也『箋』謂 其有所知識, 可與之爲言辭『疏』- 『康熙』] 金文	訊問(신문) 訊鞫(신국)
迅	迅	1급 辵 총7	빠를 신, 억셀 신 '辵+卂(신)'으로 이리 새끼처럼, 꾸물대지[辵] 않고 재빠르게 행동함[疾也. 從辵卂聲] 狼, 其子獥, 絶有力, 迅『爾雅· 釋獸』狼子絶有力者曰迅『註』迅, 疾也『疏』又夲音浚. 義同『集韻』- 『康熙』]	迅速(신속) 迅風(신풍)

音 부

한자		급수/부수/총획	훈음/자원	용례
音	音	6급 音 총9	소리 음 '言+一'로 사람의 마음속 생각이 발음기관을 통 해 일정하게 조절되어[一] 나오는 구체적이고 물리적인 소 리[言] [聲也. 生於心 有節於外 謂之音. 從言含一] 金文	音聲(음성) 音韻(음운) 音律(음률) 防音(방음) 福音(복음) 騷音(소음)
暗	暗	4급 日 총13	어두울 암, 남몰래 암, 외울 암 '日+音(음)'으로 햇빛[日]이 없 어 어두워 아무것도 보이지 않음[日無光也. 從日音聲]	暗室(암실) 暗賣(암매) 暗殺(암살) 暗誦(암송)
韻	韻	3급 音 총19	운율 운, 운치 운 '音+員(원)'으로 여러 소리[音]가 조화를 이루 어 고상하고 우아한 멋을 이룸[和也. 從音員聲 裵光遠云:古與均同 未 知其審]	脚韻(각운) 韻文(운문) 韻致(운치) 押韻(압운)
闇	闇	1급 門 총17	닫힌 문 암, 어두울 암 '門+音(음)'으로 빛이 들지 않도록 문 [門]을 닫아 둠[閉門也. 從門音聲]	暗[闇]市場(암시장)
歆	歆	1급 欠 총13	흠향할 흠 '欠+音(음)'으로 신이나 조상의 혼령이 제사 음식을 먹고 기뻐함[欠] [神食气也. 從欠音聲]	歆感(흠감) 歆饗(흠향)

甘 부

한자		급수/부수/총획	훈음/자원	용례
甘	甘	4급 甘 총5	달 감, 맛좋을 감 '口+一'로 입안[口]에 음식을 넣고 감 미(甘美)를 맛보는[一] 형상[美也. 從口含一 一 道也] ※'一'은 미도(味道). 甲骨文	甘受(감수) 甘草(감초) 甘雨(감우) 甘食(감식) 苦盡甘來(고진감래)
邯	邯	2급 邑 총8	고을 이름 한, 땅 이름 감 '邑+甘(감)'으로 전국시대 조(趙)나라 의 서울[邑] 명칭[趙邯鄲縣 從邑甘聲. 邯鄲之郊『戰國策』]	姜邯贊(강감찬 : 고려 의 명장) 邯鄲之夢(한단지몽)
疳	疳	1급 疒 총10	감질 감 '疒+甘(감)'으로 어린아이가 단 음식을 많이 먹어 생기는 소화불량 등의 질병[疒] [小兒食甘物 多生疳病『正字通』. 病也『集韻』 - 『康熙』]	疳疾(감질) 疳眼(감안)

紺 紺	1급 糸 총11	감색 감 '糸+甘(감)'으로 검은빛을 띤 푸른빛. 또는 청색과 자색의 간색 베 [帛深青揚赤色 從糸甘聲]		紺色(감색) 紺青(감청)
柑 柑	1급 木 총9	홍귤나무 감 '木+甘(감)'으로 운향과(芸香科)에 속하는 상록 과일나무[木] [果名『集韻』橘屬 滋味特異者也-『康熙』]		蜜柑(밀감)
甚 甚	3급 甘 총9	더욱 안락할 심, 심할 심, 더욱 심 '甘+匹'로 짝[匹]을 만나 더욱 편안하고 즐거움[甘] [尤安樂也 從甘從匹 耦也]	金文	甚難(심난) 甚急(심급) 甚至於(심지어)
堪 堪	1급 土 총12	굴 가운데서 나올 감, 견딜 감, 맡을 감 '土+甚(심)'으로 땅굴[土]을 통해 돌입(突入)하는 적의 기습 공격을 이겨냄 [地突也 從土甚聲] 突者, 犬從穴中暫出也. 因以爲坳突之偁. 俗乃製凹凸字. 地之突出者曰堪『段注』 ※地突: 땅굴을 뚫어 성내로 기습 공격을 하는 전술의 한 방법.		堪耐(감내) 堪當(감당) 難堪(난감)
勘 勘	1급 力 총11	교합(校合)할 감, 살필 감 '力+甚(심)'으로 어떤 책에 이본이 있을 때, 그것을 비교(比較)하여 같고 다름을 힘써[力] 조사(調查)하는 일 [校也 從力甚聲] 鞫囚也『增韻』-『康熙』		勘放(감방) 勘案(감안) 磨勘(마감)
斟 斟	1급 斗 총13	술 따를 짐, 짐작할 짐 '斗+甚(심)'으로, 술·국 따위를 따를 때 기구[斗]를 사용하여 적절히 가늠함 [勺也 從斗甚聲]		斟酌(짐작)

✤ 欠 부

欠 欠	1급 欠 총4	하품 흠 사람이 크게 입을 벌리고 하품하는 모양[欠] [張口气悟也 象气從人上出之形]	甲骨文	欠缺(흠결) 欠身(흠신) 欠處(흠처) 欠負(흠부)
歎 歎	4급 欠 총15	탄식할 탄, 감탄할 탄 '欠+䔿←鸛(난)'으로 감동(感動)하여 칭찬하며 읊조림[欠] [吟也 謂情有所悅 吟歎而歌 從欠鸛省聲]		歎息(탄식) 歎聲(탄성) 歎服(탄복) 哀歎(애탄)
漢 漢	7급 水 총14	한수 한, 한나라 한 '氵+䔿←難(난)'으로 섬서성(陝西省) 영강현(寧羌縣)에서 발원한 창랑수(滄浪水)[氵]가 광대한 모양 [漾也 東爲滄浪水 從水難省聲. 灘, 古文]		漢水(한수) 漢文(한문) 漢詩(한시) 漢語(한어)
欲 欲	3급 欠 총11	탐낼 욕, 욕심낼 욕, 하고자 할 욕 '欠+谷(곡)'으로 부족[欠]을 채우기 위해 지나치게 탐내는 마음 [貪欲也 從欠谷聲]		欲求(욕구) 欲情(욕정)
慾 慾	3급 心 총15	욕심 욕, 탐낼 욕 '心+欲(욕)'으로 마음[心]속으로 좋아하는 것을 탐냄 [情所好也『集韻』從心欲 欲亦聲-『康熙』]		寡慾(과욕) 過慾(과욕) 物慾(물욕) 貪慾(탐욕)
次 次	4급 欠 총6	버금 차, 차례 차 '欠+二(이)'로 치밀하지 못하여[欠] 더 앞으로 나가지 못하고 두 번째에 머무름 [不前不精也 從欠二聲]	金文	次席(차석) 次男(차남) 次點(차점) 次例(차례) 目次(목차) 順次(순차)
資 資	4급 貝 총13	재물 자, 신분 자 '貝+次(차)'로 돈[貝]이나 그 밖의 여러 값나가는 물건 [貨也 從貝次聲]		資金(자금) 資本(자본) 資產(자산) 資格(자격)

I. 인간 53

漢字	篆文	級/部首/총획	訓音 및 字源	용례
姿	姿	4급 女 총9	맵시 **자**, 모양 **자** '女+次(차)'로 사람[女]이 곱게 매만져 모양새를 냄[態也 從女次聲]	姿色(자색) 姿勢(자세) 姿容(자용)
恣	恣	3급 心 총10	방자할 **자**, 멋대로 **자** '心+次(차)'로 삼가는 마음[心]이나 태도가 없이 건방지게 행동함[縱也 從心次聲]	放恣(방자) 恣意(자의) 恣行(자행)
諮	諮	2급 言 총16	물을 **자**, 의논할 **자** '言+咨(자)'로 잘 모르는 것을 남에게 물어봄[言] [與咨同. 謀也, 問也『集韻』周爰咨諏『詩·小雅』咨本亦作諮『釋文』-『康熙』]	諮問(자문) 諮決(자결) 諮議(자의)
瓷	瓷	1급 瓦 총11	오지그릇 **자**, 사기그릇 **자** '瓦+次(차)'로 붉은 진흙으로 만들어 볕에 말리거나 구운 견고한 질그릇[瓦] [瓦器 從瓦次聲] 陶器堅緻者『類篇』或作瓷. 俗作甆瓶『集韻』-『康熙』	瓷器(자기) 靑瓷(청자)
欽	欽	2급 欠 총12	부러워할 **흠**, 공경할 **흠** '欠+金(금)'으로 남의 좋은 것을 보고 자기의 부족[欠]을 느끼며 자기도 그것을 소유하고 싶어함[欠皃 從欠金聲] 金文	欽慕(흠모) 欽敬(흠경) 德欽(덕흠) 仰欽(앙흠)
款	款	2급 欠 총12	정성 **관**, 두드릴 **관**, 항목 **관** '祟+欠'으로, 자기의 부족한[欠] 것을 보충하기 위해[祟] 정성을 다함[意有所欲也 從欠祟省]	款談(관담) 款誠(관성) 款話(관화) 約款(약관) 落款(낙관) 定款(정관)
欺	欺	3급 欠 총12	속일 **기**, 거짓 **기** '欠+其(기)'로 부족함[欠]을 속여 거짓으로 말하거나 행동함[詐欺也 從欠其聲]	詐欺(사기) 欺弄(기롱) 欺世(기세) 自欺(자기)
吹	吹	3급 口 총7	불 **취** '口+欠'으로 입[口]을 오므리고 날숨을 내어 보내어, 입김을 내거나[欠] 바람을 일으킴[噓也 從口從欠] 甲骨文 金文	鼓吹(고취) 吹笛(취적) 吹雪(취설) 吹管(취관)
軟	軟	3급 車 총11	부드러울 **연**, 연약할 **연** '車+欠←奐(연)'으로 輭의 속자. 상여[車]가 부드럽게 잘 나감[俗輭字 詳後輭字註-『康熙』] 輭, 喪車也 從車而聲『說文』	軟骨(연골) 軟弱(연약) 柔軟(유연) 硬軟(경연) 軟體動物(연체동물)
炊	炊	2급 火 총8	불 땔 **취** '火+欠←吹(취)'로 밥솥에 불[火]을 때 김이 남[爨也 從火吹省聲]	炊事(취사) 炊蒸(취증) 炊累(취루)

고사성어 이야기

[一炊之夢 일취지몽]

'밥 지을 동안의 꿈'이라는 뜻으로, 세상의 부귀영화(富貴榮華)가 덧없음을 이르는 말.

당(唐)나라의 노생(盧生)이 한단(邯鄲) 땅의 주막에서 여옹(呂翁)이라는 선인(仙人)의 베개를 얻어 베고 한잠 자는 동안에 50년 동안의 영화(榮華)를 누리는 꿈을 꾸었다. 그러나 잠에서 깨어나 보니 짓고 있던 밥이 아직 익지 않은 짧은 시간이어서 인생의 허무함을 깨달았다고 한다.

Ⅰ 인간

이
牙齒

牙 齒

芽
邪
訝
穿

코
自鼻

自 臭 鼻
　　嗅

얼굴
面

面
緬
麵

牙 부

字	篆	級/部/劃	訓音 / 解說	單語
牙	𢎘	3급 牙 총4	**어금니 아, 대장기 아** 위아래 어금니가 서로 맞물린 모양[牡齒也. 象上下相錯之形] ※牡齒: 어금니.	牙音(아음) 犬牙(견아) 象牙(상아) 牙旗(아기)
芽	𦬆	3급 艸 총8	**싹 아** '艸+牙(아)'에서 초목[艹]의 씨앗에서 처음 나오는 어린잎이나 줄기[萌也 從艸牙聲]	發芽(발아) 新芽(신아) 芽楪(아접)
邪	𨙻	3급 邑 총7	**땅이름 야, 간사할 사** '邑+牙(아)'로 진(秦)나라 때 낭야군(琅琊郡)의 땅[阝] 이름[琅琊郡 從邑牙聲]	邪心(사심) 邪惡(사악) 邪術(사술) 邪念(사념)
訝	𧥳	1급 言 총11	**맞을 아, 놀랄 아** '言+牙(아)'로 서로 말[言]하며 영접하여 맞음[相迎也 從言牙聲 『周禮』曰: 諸侯有卿訝發]	訝惑(아혹) 疑訝(의아)
穿	𥤃	1급 穴 총9	**뚫을 천, 구멍 천** '穴+牙'로 쥐 따위가 어금니[牙]로 구멍[穴]을 뚫음[通也 從牙在穴中] 通也. 從牙在穴中: 召南曰誰謂鼠無牙. 何以穿我墉『段注』	穿孔(천공) 穿鑿(천착)

齒 부

字	篆	級/部/劃	訓音 / 解說	單語
齒	𦥑	4급 齒 총15	**이 치** 윗니 아랫니의 주변을 그린 것[口齗骨也. 象口齒之形, 止聲]	齒科(치과) 齒牙(치아) 脣亡齒寒(순망치한) 切齒腐心(절치부심)

自 부

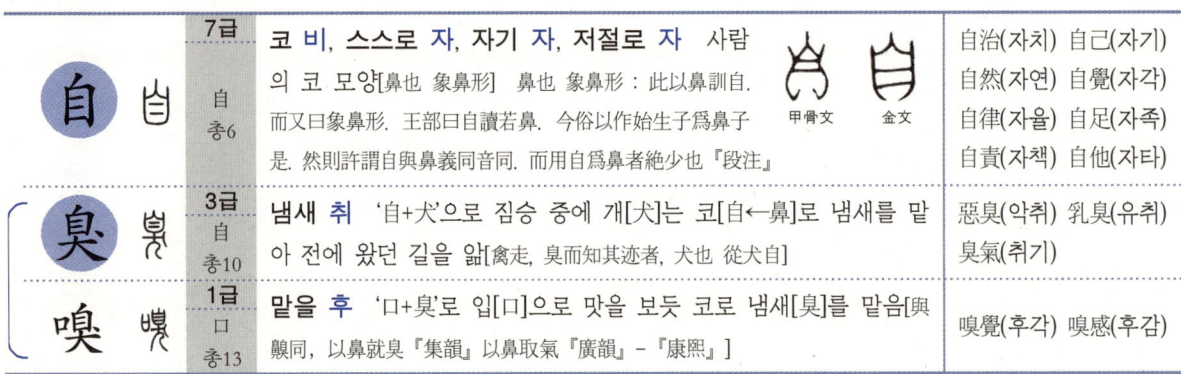

字	篆	級/部/劃	訓音 / 解說		單語
自	𦣹	7급 自 총6	**코 비, 스스로 자, 자기 자, 저절로 자** 사람의 코 모양[鼻也. 象鼻形] 鼻也. 象鼻形: 此以鼻訓自. 而又曰象鼻形. 王部曰自讀若鼻. 今俗以作生子爲鼻子是. 然則許謂自與鼻義同音同. 而用自爲鼻者絶少也『段注』	甲骨文 金文	自治(자치) 自己(자기) 自然(자연) 自覺(자각) 自律(자율) 自足(자족) 自責(자책) 自他(자타)
臭	𤉪	3급 自 총10	**냄새 취** '自+犬'으로 짐승 중에 개[犬]는 코[自←鼻]로 냄새를 맡아 전에 왔던 길을 앎[禽走, 臭而知其迹者, 犬也. 從犬自]		惡臭(악취) 乳臭(유취) 臭氣(취기)
嗅	𡅜	1급 口 총13	**맡을 후** '口+臭'로 입[口]으로 맛을 보듯 코로 냄새[臭]를 맡음[與齅同, 以鼻就臭『集韻』以鼻取氣『廣韻』-『康熙』]		嗅覺(후각) 嗅感(후감)

鼻 부

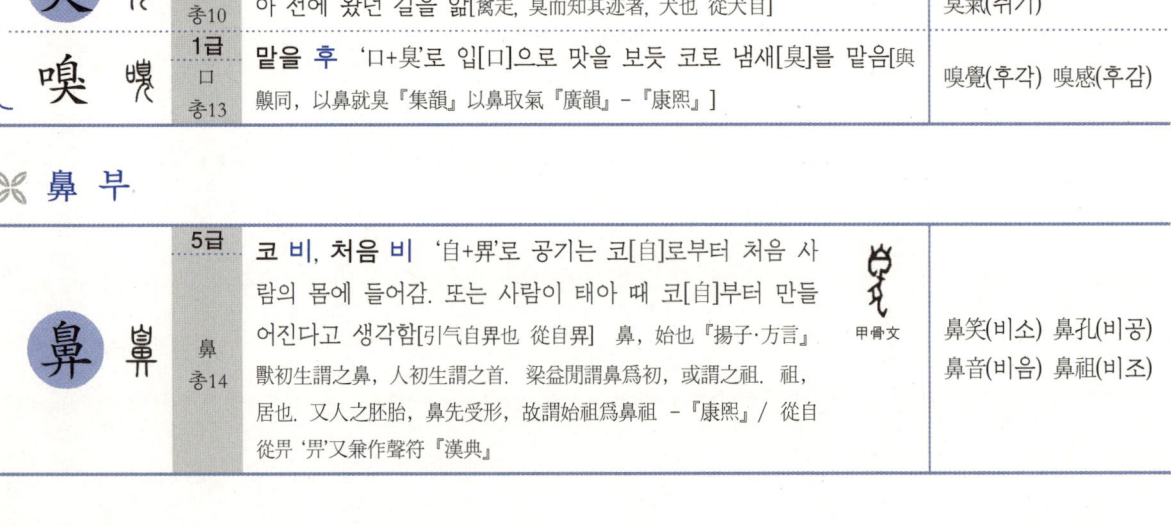

字	篆	級/部/劃	訓音 / 解說		單語
鼻	𪖨	5급 鼻 총14	**코 비, 처음 비** '自+畀'로 공기는 코[自]로부터 처음 사람의 몸에 들어감. 또는 사람이 태아 때 코[自]부터 만들어진다고 생각함[引气自畀也 從自畀] 鼻, 始也『揚子·方言』獸初生謂之鼻, 人初生謂之首. 梁益閒謂鼻爲初, 或謂之祖. 祖, 居也. 又人之胚胎, 鼻先受形, 故謂始祖爲鼻祖 -『康熙』/ 從自從畀 '畀'又兼作聲符『漢典』	甲骨文	鼻笑(비소) 鼻孔(비공) 鼻音(비음) 鼻祖(비조)

面 부

面 圓	7급 面 총9	**얼굴 면, 겉 면, 행정구역 면** 사람 얼굴의 앞면 모양 [顔前也 象人面形] 甲骨文		面談(면담) 面識(면식) 當面(당면) 對面(대면)
緬 緬	1급 糸 총15	**가는 실 면** '糸+面(면)'으로 좋은 옷감을 짜는 데 쓰는 가는 실 [糸] [微絲也 從糸面聲]		緬然(면연) 緬羊(면양)
麵 麵	1급 麥 총20	**밀가루 면** '麥+面(면)'으로 '麪'과 동자. 밀이나 보리[麥]를 빻아 만든 가루 즉 맥분(麥粉)[俗麪字『正字通』麥末也-『康熙』]		麵類(면류) 麵棒(면봉)

고사성어 이야기

[脣亡齒寒 순망치한]

'입술이 없으면 이가 시리다'는 뜻으로, 가까운 사이의 한쪽이 망(亡)하면 다른 한쪽도 그 영향을 받아 온전하기 어려움을 비유하여 이르는 말. 서로 도우며 떨어질 수 없는 밀접한 관계, 또는 서로 도움으로써 성립되는 관계를 비유하여 이르는 말. ≪춘추좌씨전(春秋左氏傳)≫에 있는 이야기다.

춘추시대 말기, 오패의 한 사람인 진(晉)나라 문공의 아버지 헌공(獻公)이 괵(虢), 우(虞), 두 나라를 공략할 때의 일이다. 괵나라를 치기로 결심한 헌공은 통과국인 우나라의 우공(愚公)에게 길을 빌려주면 많은 재보를 주겠다고 제의했다. 우공이 이 제의를 수락하려 하자 중신 궁지기(宮之寄)가 극구 간했다.
"전하, 괵나라와 우나라는 한몸이나 다름없는 사이이므로 괵나라가 망하면 우나라도 망할 것이옵니다. 옛 속담에도 덧방나무와 수레는 서로 의지하고, '입술이 없어지면 이가 시리다'란 말이 있사온데, 이는 곧 괵나라와 우나라를 두고 한 말이라고 생각되옵니다. 그런 가까운 사이인 괵나라를 치려는 진(秦)나라에 길을 빌려준다는 것은 언어도단이옵니다."
우공이 말했다.
"경은 진(秦)나라를 오해하고 있는 것 같소. 진(秦)나라와 우나라는 모두 주 황실(皇室)에서 갈라져 나온 동종(同宗)의 나라가 아니오? 그러니 해를 줄 리가 있겠소?"
"괵나라 역시 동종이옵니다. 하오나 진(秦)나라는 동종의 정리를 잃은 지 오래이옵니다. 예컨대 지난날 진(秦)나라는 종친인 제(齊)나라 환공(桓公)과 초(楚)나라 장공(莊公)의 겨레붙이까지 죽인 일도 있지 않사옵니까? 전하께서는 그런 무도(無道)한 진(秦)나라를 믿어서는 아니 되옵니다."라고 궁지기가 말했으나 재보에 눈이 먼 우공은 결국 진(秦)나라에 길을 내주고 말았다.
그러자 궁지기는 화가 미칠 것을 두려워하여 일가권속을 이끌고 우나라를 떠났다. 그 해 12월, 괵나라를 멸하고 돌아가던 진나라 군사는 궁지기의 예언대로 우나라를 공략하고 우공을 포로로 잡아갔다.

Ⅰ 인간

한 사람

人 儿 大 立 身 尢 走 勹

- 人
- 仁
- 信
- 仙
- 休 倐
- 來 萊
- 今 吟含念貪숲矜
- 代 貸垈袋
- 伐 筏閥
- 作 昨詐祚炸窄搾
- 傲 贅
- 件 牧车

- 令 領命玲嶺冷零囹齡鈴
- 何 荷
- 以 戌
- 似
- 便 鞭
- 侵 浸寢
- 伏 洑
- 侯 候喉
- 僉 劍驗檢險殮斂
- 介 界
- 价 芥

- 仰 迎抑昂
- 付 附符駙咐
- 余 徐餘敍除途斜塗
- 倉 創蒼滄艙愴瘡槍
- 倂 屛
- 傘
- 俛
- 傷 觴
- 儿
- 克 兢剋
- 光 胱恍
- 兒

- 兄 祝況呪
- 兌 閱
- 先 洗銑
- 元 頑阮玩
- 充 統銃
- 兜
- 允 鈗
- 免 勉晩俛娩輓挽
- 兆 挑跳桃逃姚眺
- 兎 逸冤讒
- 大
- 太 汰

天	夫	失	奉	夭	奏	契	奔	奇	夷	央	奄
昊吞	扶芙替	秩佚迭跌帙	俸捧棒	妖笑沃	輳	潔喫		寄騎琦畸綺崎椅	痍姨	映殃秧快鴦	庵掩

奧	奚	立	竟	童	章	竝	競	端	身	躬	尤
墺懊	溪鷄	位泣拉粒翌笠	境鏡	鐘撞瞳憧	璋彰障獐			湍瑞喘	射謝麝	窮	

尬	走	赴	越	趣	勹	匍	匈	勿	勻	包	
	徒			鄒			胸洶	物笏	拘芍豹灼	胞飽抱砲咆泡袍庖疱	

두 사람

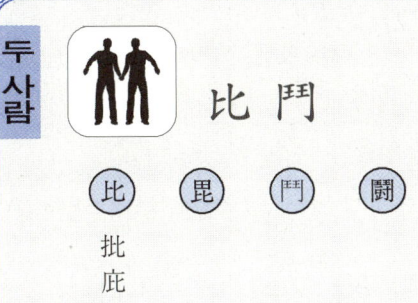 比 鬥

比	毘	鬥	鬪
批庇砒琵妣秕			

人(亻) 부

楷書	篆文	급수/부수/총획	훈음 및 자해	용례
人	儿	8급 人 총2	**사람 인** 세상의 만물 중 가장 존귀한 사람의 모습 [天地之性最貴者也. 此籒文 象臂脛之形] 甲骨文 金文	人間(인간) 人權(인권) 犯人(범인) 偉人(위인)
仁	仁	4급 人 총4	**어질 인** '亻+二'로 두[二] 사람[亻]이 서로 친함 또는 자타(自他)나 친소(親疎)를 가리지 아니하고 모든 세상 사람을 똑같이 사랑함[親也. 從人二 [注] 臣鉉等曰：仁者兼愛, 故從二]	仁道(인도) 仁德(인덕) 仁術(인술) 仁義(인의)
信	信	6급 人 총9	**정성 신, 믿을 신, 편지 신** '亻+言'으로 말[言]을 성실하게 하는 사람[亻] [誠也. 從人言]	信義(신의) 信念(신념) 信用(신용) 書信(서신)
仙	僊	5급 人 총5	**신선 선** '人+山'으로 본자는 '僊'. 늙었어도 죽지 않고 산[山]에서 신선처럼 사는 사람[亻] [本字 僊. 老而不死曰仙 仙, 遷也. 遷入山也 『釋名』美往世之登仙 『楚辭』 – 『康熙』]	仙女(선녀) 仙境(선경) 仙藥(선약) 仙風(선풍)
休	休	7급 人 총6	**쉴 휴** '亻+木'에서 사람[亻]이 나무[木] 그늘에서 쉼[息止也 從人依木]	休暇(휴가) 休講(휴강) 休養(휴양) 休戰(휴전)
烋	烋	2급 火 총10	**연기 오를 휴, 경사스러울 휴, 아름다울 휴** '灬+休(휴)'로 경사스러운 일로 향연[灬]을 베풂[美也, 福祿也, 慶善也 『玉篇』美也, 和也, 善也, 通作休『集韻』 – 『康熙』]	烋日(휴일) 烋行(휴행) 金宗烋(김종휴：조선의 문인)
來	來	7급 人 총8	**올 래** 주나라가 하늘로부터 받은 상서로운 보리[來麰] [周所受瑞麥來麰 一來二縫 象芒束之形 天所來也, 故爲行來之來] 甲骨文 金文	來臨(내림) 來歷(내력) 來訪(내방) 到來(도래)
萊	萊	2급 艸 총12	**덩굴 꽃 래, 명아주 래** '艸+來(래)'로 명아주과의 한해살이풀[艸]로 덩굴지고 꽃이 피는 식물[蔓華也 從艸來聲]	東萊(동래：부산광역시의 구 이름)
今	今	6급 人 총4	**이제 금** '亼+乀'으로 지금 모임[亼]에 있음[乀] [是時也. 從亼乀 乀, 古文及] 是時也：今者對古之偁. 古不一其時. 今亦不一其時也. 云是時者. 如言目前. 則目前爲今. 目前已上皆古 『段注』 ※乀, 逮也 乀亦聲 『說文』 甲骨文 金文	今日(금일) 今週(금주) 今時初聞(금시초문)
吟	吟	3급 口 총7	**신음할 음, 탄식할 음, 읊을 음** '口+今(금)'으로 입[口]으로 앓는 소리를 냄[呻也 從口今聲]	吟味(음미) 吟誦(음송) 吟詠(음영) 吟客(음객)
含	含	3급 口 총7	**머금을 함, 용납할 함** '口+今(금)'에서 입[口]속에 음식을 머금고 있음[嗛也 從口今聲『說文』銜也『廣韻』包也, 容也『正韻』 – 『康熙』] 金文	含有(함유) 含蓄(함축) 包含(포함) 含量(함량)
念	念	5급 心 총8	**생각할 념** '心+今(금)'에서 마음[心]속으로 항상 생각함[常思也 從心今聲] 甲骨文 金文	想念(상념) 紀念(기념) 斷念(단념) 通念(통념)
貪	貪	3급 貝 총11	**탐할 탐** '貝+今(금)'으로 어떤 물건[貝]을 가지거나 차지하고 싶어 지나치게 욕심을 냄[欲物也 從貝今聲]	貪心(탐심) 貪慾(탐욕) 貪官(탐관) 貪食(탐식)

字	篆文	급수/부수/총획	訓音 및 字源	用例
衾	念	1급 衣 총10	이불 금 '衣+今(금)'으로 잠잘 때에 몸을 덮기 위하여 피륙과 솜 따위로 만든 큰 이불[衣] [大被 從衣今聲]	衾枕(금침) 鴛鴦衾(원앙금)
矜	矜	1급 矛 총9	창 자루 근/긍, 아낄 긍, 자랑할 긍, 불쌍히 여길 긍 '矛+今(금)'으로 긴 나무 자루 끝에 양쪽으로 뽀족한 칼날이 달린 창[矛] [矛柄也 從矛今聲]	矜持(긍지) 矜恤(긍휼) 束帶矜莊(속대긍장)
代	伙	6급 人 총5	대신할 대, 시대 대 'イ+弋(익)'으로 이 사람[イ]을 저 사람으로 바꿈[更也 從人弋聲] 更也 : 更者, 改也. 士喪禮, 喪大記注同. 凡以此易彼謂之代『段注』	代價(대가) 代替(대체) 時代(시대) 現代(현대)
貸	僓	3급 貝 총12	베풀 대, 빌릴 대 '貝+代(대)'로 남에게 재물[貝]을 주어서 혜택을 받게 함[施也 從貝代聲]	貸付(대부) 貸與(대여) 貸借(대차) 賃貸(임대)
垈	坔	2급 土 총8	터 대, 집터 대 '土+代(대)'로 집을 짓기 위해 흙[土]을 다진 땅 [家址, 家垈, 垈地, 垈田基. 『經世遺表』: 宅廛, 今所謂家垈也. 吾東別作垈字以號宅廛『韓』-『漢典』]	垈地(대지) 垈田(대전) 落星垈(낙성대) 裸垈地(나대지)
袋	鋖	1급 衣 총11	자루 대 '衣+代(대)'로 속에 물건을 넣을 수 있도록 헝겊[衣] 따위로 길고 크게 만든 주머니[囊屬『玉篇』作帒『干祿字書』-『康熙』]	布袋(포대) 包袋(포대)
伐	伐	4급 人 총6	칠 벌 'イ+戈'로 상대편[イ]에게 피해를 주기 위하여 창[戈]을 들고 공격을 함[擊也 從人持戈 一曰敗也] ※伐과 대조되는 자는 戍. 甲骨文 金文	伐木(벌목) 征伐(정벌) 伐採(벌채) 伐草(벌초)
筏	橃	2급 竹 총12	떼 벌, 뗏목 벌 '竹+伐(벌)'로 대나무[竹]로 만든 큰 뗏목[海中大船『說文』編竹渡水曰筏『海篇』泭謂之篺, 篺謂之筏『揚子』木曰篺, 竹曰筏, 小筏曰泭『郭註』-『康熙』]	筏夫(벌부) 舟筏(주벌) 巨筏(거벌) 津筏(진벌)
閥	閥	2급 門 총14	가문 벌, 공훈 벌, 대문 왼쪽 기둥 벌 '門+伐(벌)'로 나라에 공로가 많고 대대로 벼슬한 가문[門]의 일에 대해 씀[閥閱 自序也 從門伐聲 義當通用伐] 閥閱功狀『韻會』人臣功有五品, 明其等曰閥, 積日曰閱『史記·功臣年表』又門在左曰閥, 在右曰閱『正韻』-『康熙』	門閥(문벌) 學閥(학벌) 族閥(족벌) 派閥(파벌)
作	作	6급 人 총7	일어날 작, 지을 작 'イ+乍(사)'로 어떤 사람[イ]의 힘이나 세력이 왕성해짐[起也 從人乍聲] 起也 : 秦風無衣傳曰作, 起也. 釋言, 穀梁傳曰作, 爲也. 魯頌駉傳曰作, 始也. 周頌天作傳曰作, 生也. 其義別而略同『段注』	作業(작업) 作詞(작사) 作詩(작시) 作動(작동)
昨	昨	6급 日 총9	엊그제 작, 어제 작 '日+乍(사)'로 하루 밤이 지난 날[日] 또는 며칠 전[累日也 從日乍聲『說文』昨日, 隔一宵也『廣韻』-『康熙』]	昨日(작일) 昨今(작금) 再昨年(재작년)
詐	詐	3급 言 총12	속일 사, 거짓 사 '言+乍(사)'로 남을 속이는 거짓말[言] [欺也 從言乍聲]	詐欺(사기) 詐稱(사칭) 詐取(사취) 奸詐(간사)
祚	祚	2급 示 총10	복 조, 복록 조 '示+乍(사)'로 제사를 지내면 반드시 복[示]을 받음[福也 從示乍聲 〔注〕臣鉉等曰:凡祭必受胙, 胙卽福也]	祚命(조명) 慶祚(경조) 吉祚(길조) 聖祚(성조)

I. 인간

楷書	篆書	級/部首/총획	訓音 및 字源	用例
炸	炸	1급 火 총9	터질 작, 화약 터질 작 '火+乍(사)'로 화학적·물리적 변화 따위로 부피가 매우 커져 불빛[火]과 폭발음을 내며 파괴 작용이 일어남[演試炸發者『大明會典』-『康熙』]	炸裂(작렬) 炸藥(작약)
窄	窄	1급 穴 총10	좁을 착, 닥칠 착 '穴+乍(사)'로 차지하고 있는 공간[穴]이 협소하고 좁아짐[狹也, 迫也, 陋也『集韻, 韻會, 正韻』地窄天水寬『蘇軾』-『康熙』]	狹窄(협착) 窄迫(착박)
搾	搾	1급 手 총13	기름틀 착, 짤 착, 술주자 자 '手+窄(착)'으로 본자는 '榨. 손[手]으로 비틀거나 눌러 기름이나 술 따위를 짜는 기구[榨: 打油具也『唐韻』出『證俗文』又酒盞『類篇』音債. 義同『集韻』-『康熙』] 搾: 同榨 -『漢典』	搾取(착취) 壓搾(압착)
傲	傲	3급 人 총13	거만할 오 'イ+敖(오)'로 뽐내고 난 체하며 남에게 불손하게 대하는 사람[イ] [倨也 從人敖聲]	傲氣(오기) 傲慢(오만) 傲霜(오상) 傲視(오시)
贅	贅	1급 貝 총18	저당 잡힐 췌, 군더더기 췌, 혹 췌, 이을 췌, 데릴사위 췌 '敖+貝'로 물건을 담보로 저당잡고 주인 마음대로[敖] 돈[貝]을 빌려줌[以物質錢 從敖貝 敖者 猶放 貝 當復取之也] 若今人之抵押也. 放者 當復還 贅者 當復贖 其義一也『段注』	贅言(췌언) 贅婿(췌서)
件	件	5급 人 총6	물건 건, 사건 건 'イ+牛'로 소[牛]는 큰 동물[大物]이므로 여러 사람[イ]이 나누어 가질 수 있음[分也 從人從牛 牛大物 故可分]	物件(물건) 事件(사건) 案件(안건) 要件(요건)
牧	牧	4급 牛 총8	목동 목, 기를 목, 다스릴 목 '牛+攵'으로 소[牛]를 회초리로 치며[攵] 기르는 사람[養牛人也 從攴從牛『詩』曰 牧人乃夢]	牧童(목동) 牧場(목장) 牧師(목사) 遊牧(유목)
牟	牟	2급 牛 총6	소 우는 소리 모 '牛+厶'로 소[牛]가 소리를 내며 우는 모양[厶] [牛鳴也 從牛 厶象其聲气從口出]	牟尼(모니: 석가모니의 준말)
令	令	5급 人 총5	명령 령, 법령 령 '亼+卩'로 신표[卩]를 가진 사람이 대중을 모아 놓고[亼] 명령함[發號也 從亼卩] 發號也: 号部曰號者, 嘑也. 口部曰嘑者, 號也. 發號者, 發其號嘑以使人也. 是曰令. 人部曰使者. 令也. 義相轉注『段注』	發令(발령) 指令(지령) 號令(호령) 法令(법령) 律令(율령) 令狀(영장)
領	領	5급 頁 총14	목 령, 우두머리 령, 거느릴 령, 다스릴 령 '頁+令(령)'으로 사람의 머리[頁]와 몸을 연결하는 목[項也 從頁令聲]	首領(수령) 領相(영상) 大統領(대통령)
命	命	7급 口 총8	명령 명, 목숨 명 '口+令'으로 입[口]으로 호령[令]하며 사람을 부림[使也 從口從令]	命令(명령) 壽命(수명) 使命(사명) 特命(특명)
玲	玲	2급 玉 총9	옥 소리 령 '玉+令(령)'으로 옥[玉]에서 나는 소리[玉聲 從玉令聲] 玉聲也: 甘泉賦. 和氏瓏玲. 大玄. 凵彼瓏玲. 皆謂玉聲. 法言. 廣雅作玲瓏『段注』	玉玲(옥령) 玲瓏(영롱)
嶺	嶺	3급 山 총17	산길 령, 재 령, 봉우리 령 '山+領(령)'으로 산[山]에 길이 있어 사람이 다닐 수 있는 곳[山道也 從山領聲]	分水嶺(분수령) 大關嶺(대관령)

楷書	篆書	급수/부수/총획	訓音 및 설명	용례
冷	냉(전서)	5급 / 冫 / 총7	찰 랭 '冫+令(령)'으로 날씨가 차가워 물이 얾[冫] [寒也 從冫令聲]	冷凍(냉동) 冷情(냉정) 冷徹(냉철) 冷淡(냉담)
零	零(전서)	3급 / 雨 / 총13	천천히 떨어지는 비 령, 떨어질 령, 시들 령, 작을 령, 영 령 '雨+令(령)'으로 하늘에서 서서히 떨어지는 작은 빗방울[雨] [徐也 從雨令聲] 徐雨也: 徐各本作餘. 今依玉篇, 廣韻及太平御覽所引纂要訂. 謂徐徐而下之雨『段注』	零淚(영루) 零落(영락) 零細民(영세민) 零雨(영우) 零點(영점) 零敗(영패)
囹	囹(전서)	1급 / 囗 / 총8	옥 령 '囗+令(령)'으로 죄인을 가두어 두는 곳[囗] [獄也 從囗令聲] 獄也: 獄上當有囹圄二字. 幸部曰囹圄所以拘罪人. 蓋許作囹圄. 與他書囹圄不同也『段注』	囹圄(영어) 囹圄(어령)
齡	齡(전서)	1급 / 齒 / 총20	나이 령 '齒+令(령)'으로 세상에 태어나서 살아온 햇수[齒] [年也 從齒令聲]	老齡(노령) 妙齡(묘령)
鈴	鈴(전서)	1급 / 金 / 총13	방울 령 '金+令(령)'으로 흔들면 소리가 나는 쇠붙이[金]로 만든 것[令丁也 從金從令 令亦聲] 令丁也: 令丁疊韻字. 晉語十一注. 丁寧, 令丁. 謂鉦也. 吳語十九. 丁寧, 令丁. 謂鉦也『段注』	風鈴(풍령) 耳懸鈴鼻懸鈴(이현령비현령)
何	何(전서)	3급 / 人 / 총7	멜 하, 어찌 하, 어떻게 하 '亻+可(가)'로 사람[亻]이 어깨에 짐을 메고 감[儋也 從人可聲. 『注』 臣鉉等曰: 儋何, 卽負何也 借爲誰何之何] 按今義何者, 辭也. 問也. 今義行而古義廢矣. 亦借爲呵『段注』 甲骨文 金文	何故(하고) 何如(하여) 何等(하등) 何必(하필)
荷	荷(전서)	3급 / 艸 / 총11	연꽃 하, 짊어질 하, 번거로울 하 '艸+何(하)'로 연의 잎[艸]을 짊어짐[芙蕖葉 從艸何聲]	荷擔(하담) 荷物(하물) 負荷(부하) 荷船(하선) 出荷(출하) 荷葉(하엽)
以	以(전서)	5급 / 人 / 총5	써 이 어떤 곳에 쓰이거나 또 일을 하는 것이나 그 이유 등[用也 從反已 賈侍中說: 己, 意巳實也 象形] 巳, 今作皆作以. 己各本作已 今正 己者 我也『段注』 / 古文. 㠯. 爲也『韻會, 正韻』視其所以『論語』又因也. 何其久也, 必有以也『詩·邶風』我之不共, 魯故之以『左傳·昭十三年』以魯故也『註』又用也. 不使大臣怨乎不以『論語』又同已. 無以, 則王乎『孟子』-『康熙』 甲骨文 金文	以上(이상) 以熱治熱(이열치열) 以心傳心(이심전심) 以卵投石(이란투석) 以管窺天(이관규천) 以實直告(이실직고)
戍	戍(전서)	1급 / 戈 / 총6	지킬 수, 수자리 수 '人+戈'로 사람[人]이 창[戈]을 들고 변방을 지킴[守邊也 從人持戈] 甲骨文 金文	戍樓(수루) 衛戍令(위수령)
似	似(전서)	3급 / 人 / 총7	비슷할 사 '亻+以(이)'로 사람[人]의 실제 모습과 비슷함[像也 從人以聲]	近似(근사) 類似(유사) 似而非(사이비)
便	便(전서)	7급 / 人 / 총9	편할 편, 소식 편, 오줌 변, 똥 변 '亻+更'으로 사람들[亻]은 불편함이 있으면 이를 고쳐[更] 편안히 함[安也 人有不便 更之 故 從人更]	便利(편리) 便法(편법) 便紙(편지) 便器(변기) 小便(소변) 大便(대변)
鞭	鞭(전서)	1급 / 革 / 총18	채찍 편, 매질할 편 '革+便(편)'으로 마소를 모는 데 쓰는 가죽[革]으로 만든 채찍[驅也 從革便聲]	鞭撻(편달) 敎鞭(교편)

I. 인간

한자	전서	급수/부수/총획	뜻풀이	용례
侵	𠊱	4급 人 총9	침범할 침, 습격할 침 '人+又+帚'로 사람[亻]이 손[又]으로 비[帚]를 잡고 쓸어 나가듯 점차 침범하여 들어감[漸進也 從人又持帚 若埽之進 又 手也] 金文	侵攻(침공) 侵略(침략) 侵犯(침범) 侵害(침해)
浸	瀸	3급 水 총10	물 이름 침, 적실 침, 번질 침 '氵+寢(침)'으로 무안에서 나와 호타강으로 흐르는 강[氵] 이름[古文 寖. 寢水. 出魏郡 武安 東北入呼沱水 從水寢聲] 浸 漬也 『廣雅』-『康熙』	浸水(침수) 浸透(침투) 浸蝕(침식) 浸染(침염)
寢	寢	4급 宀 총14	잠잘 침 '宀+侵(침)'으로 집[宀] 안에 편안히 누워 잠을 잠[臥也 從宀侵聲]	寢具(침구) 寢牀(침상) 寢室(침실) 寢臺(침대)
伏	伏	4급 人 총6	엎드릴 복, 따를 복, 숨을 복 '亻+犬'으로 개[犬]가 사람[人] 곁에 엎드려 외인(外人)을 살핌[司也 從人從犬] 甲骨文 金文	伏乞(복걸) 伏拜(복배) 屈伏(굴복) 伏兵(복병)
洑	洑	1급 水 총9	보 보, 물 돌아 흐를 복, 나루 복 '水+伏(복)'으로 둑을 쌓아 물[水]을 돌아가게 하거나 가두어 둔 곳[洄流也 一曰伏流『集韻』 洑水 何處入『杜甫』-『康熙』]	伏流・洑流(복류) 洑水稅(보수세)
侯	𥎦	3급 人 총9	과녁 후, 제후 후, 임금 후 '亻+厂+矢'로 고대 춘제(春祭) 때 사람들[人]이 언덕[厂] 밑에 설치한 과녁에 활[矢] 쏘는 일[春饗所射侯也 從人 從厂 象張布 矢在其下] 甲骨文	侯鵠(후곡) 侯爵(후작) 列侯(열후) 王侯(왕후) 諸侯(제후)
候	𠋫	4급 人 총10	물을 후, 시중들 후, 살필 후, 기후 후, 철 후, 조짐 후 '亻+侯(후)'로 빈객(賓客)의 업무를 맡은 관리[亻]가 그의 안부를 묻고 살펴 시중을 듦[訪也 又伺望也『集韻』候, 護也, 可護諸事也 又候人, 道路迎送賓客之官『釋名』-『康熙』]	候樓(후루) 候兵(후병) 候補(후보) 候鳥(후조) 氣候(기후) 節候(절후)
喉	𠳮	3급 口 총12	목구멍 후, 목 후 '口+侯(후)'로 입[口]안의 목구멍[咽也『說文』出納王命, 王之喉舌『詩・大雅』喉舌, 冢宰也『傳』-『康熙』]	喉頭(후두) 喉門(후문) 喉舌(후설) 咽喉(인후)
儉	儉	4급 人 총15	검소할 검 '亻+僉(첨)'으로 감히 마음대로 사치하지 못하도록 사람[亻]을 구속함[約也 從人僉聲] 約也：約者 纏束也 儉者 不敢放侈之意『段注』	儉朴(검박) 儉素(검소) 恭儉(공검) 勤儉(근검)
僉	僉	1급 人 총13	다 첨 '亼+吅+從'으로 모인 사람[亼] 모두가 놀라[吅] 순종하여 따름[從] [皆也 從亼從吅從從『虞書』僉曰伯夷] 吅 驚嘑也 從 相聽也 虞當作唐『段注』	僉位(첨위) 僉意(첨의)
劍	劒	3급 刀 총15	칼 검 '刃+僉(첨)'으로 사람들이 누구나 소지하고 다닌 병기[刃] [人所帶兵也 從刃僉聲]	劍客(검객) 劍舞(검무) 劍術(검술) 寶劍(보검)
驗	驗	4급 馬 총23	말 이름 험, 시험할 험, 증험 험 '馬+僉(첨)'으로 본자는 '譣'. 말[馬] 이름. 실지로 사실을 경험하도록 하거나 증거로 삼을 만한 시험[馬名 從馬僉聲] 馬名：今用爲譣字. 證也, 徵也, 效也. 不知其何自始. 驗行而譣廢矣『段注』/ 譣：問也. 從言僉聲. 周書曰: 勿以譣人『說文』 問也：按言部譣, 驗也. 竹部籤, 驗也. 驗在馬部爲馬名. 然則云徵驗者, 於六書爲假借. 莫詳其正字. 今按譣其正字也『段注』	驗問(험문) 經驗(경험) 試驗(시험) 靈驗(영험) 證驗(증험) 體驗(체험)

楷書	篆書	급수/부수/총획	훈음 및 설명	용례
檢	檢	4급 木 총17	봉할 검, 검사할 검 '木+僉(첨)'으로 관가에서 검사한 문서를 나무[木] 상자에 담아 글을 써 봉함[書署也 從木僉聲 書署謂表書署函也『段注』]	檢擧(검거) 檢問(검문) 檢索(검색) 檢疫(검역) 檢閱(검열) 檢定(검정)
險	險	4급 阜 총16	험할 험 '阝+僉(첨)'으로 높고 험하여 오르기 어려운 언덕[阜] [阻難也 從阜僉聲]	險難(험난) 險談(험담) 險峻(험준) 冒險(모험)
殮	殮	1급 歹 총17	염할 렴 '歹+僉(첨)'으로 죽은 사람[歹]의 몸을 씻은 뒤에 수의(壽衣)를 입히고 염포(殮布)로 묶는 일[殯殮也『廣韻』 殮者, 斂也, 衣死也 『釋名』 小殮於戶內 大殮於阼『禮記』 -『康熙』]	殮襲(염습) 棺殮(관렴)
斂	斂	1급 攴 총17	거둘 렴, 염할 렴, 감출 렴 '攴+僉(첨)'으로 곡식 따위를 거두어 탈곡하여[攴] 창고에 둠[收也 從攴僉聲]	後斂(후렴) 收斂(수렴)
介	介	3급 人 총4	홀로 개, 절개 개, 소개할 개, 낄 개, 도울 개 '人+八'로 사람[人]에게는 각 개인에게 정해진[八] 분수가 있음[畫也 從八從人 人各有介] 甲骨文	介入(개입) 介意(개의) 媒介(매개) 紹介(소개) 介佐(개좌)
界	界	6급 田 총9	경계 계, 세계 계 '田+介(개)'로 밭과 밭[田]의 경계 또는 그 영역[境也 從田介聲]	境界(경계) 世界(세계) 法曹界(법조계)
价	价	2급 人 총6	착할 개, 클 개 'イ+介(개)'로 자기의 분수(分數)를 잘 지키는 사람[人] [善也 從人介聲 价人惟藩『詩經』]	价人(개인)
芥	芥	1급 艸 총8	겨자 개, 작은 풀 개, 티끌 개 '艹+介(개)'로 겨잣과에 속하는 일 년 또는 두해살이풀[艸] [菜也 從艸介聲]	芥子(개자) 草芥(초개)
仰	仰	3급 人 총6	우러를 앙, 따를 앙 'イ+卬(앙)'으로 높이 받들어 우러러[卬] 볼 만한 사람[人] [擧也 從人從卬]	仰望(앙망) 仰祝(앙축) 仰天(앙천) 推仰(추앙)
迎	迎	4급 辵 총8	맞이할 영 '辶+卬(앙)'으로 천천히 나아가[辶] 사람을 마중함[逢也 從辶卬聲]	迎接(영접) 迎賓(영빈) 迎合(영합) 迎新(영신)
抑	抑	3급 手 총7	누를 억 '扌+卬'으로 '卬'자를 뒤집은 모양. 하려고 하는 것[卬]을 손[扌]으로 억눌러 못하게 함[按也 從反印] 又愼密也 又治也, 塞也. 又屈也, 逼也 又遏也, 止也 -『康熙』	抑壓(억압) 抑留(억류) 抑鬱(억울) 抑制(억제)
昂	昂	1급 日 총8	밝을 앙, 오를 앙, 들 앙 '日+卬(앙)'으로 해[日]가 높이 떠올라 밝음[擧也 從日卬聲]	昂貴(앙귀) 昂騰(앙등) 昂然(앙연) 激昂(격앙)
付	付	3급 人 총5	줄 부, 청할 부 'イ+寸'으로 적절한[寸] 물건을 주며 남[人]에게 대함[予也 從寸持物以對人] 金文	交付(교부) 付託(부탁) 送付(송부) 還付(환부)
附	附	3급 阜 총8	작은 토산 부, 붙을 부, 의지할 부 '阝+付(부)'로 사람이 정착하여 살기 좋은 작은 흙산[阜] [小土山也 從阜付聲 春秋傳曰 附婁無松柏] 附婁 小土山也:左傳襄二十四年. 子大叔曰 部婁無松柏. 杜注. 部婁, 小阜『段注』	附加(부가) 附屬(부속) 附着(부착) 阿附(아부)

I. 인간

字	篆	급수/부수/총획	훈음 및 설명	용례
符	符	3급 竹 총11	부신 **부**, 증거 **부**, 부적 **부** '竹+付(부)'로 한나라 때 대나무[竹]로 만든 부절(符節)[信也. 漢制以竹 長六寸 分而相合 從竹付聲] 信也. 漢制目竹. 長六寸. 分而相合 : 周禮. 門關用符節. 注曰 符節者, 如今宮中諸官詔符也『段注』	符信(부신) 符節(부절) 符合(부합) 符號(부호)
駙	駙	1급 馬 총15	부마 **부** '馬+付(부)'로 마차 등에서 주가 되는 말 곁에 딸리는 말. 보조·예비의 말[副馬也 從馬付聲 一曰近也 一曰疾也]	駙馬(부마)
吩	吩	1급 口 총8	분부할 **부**, 숨을 내쉴 **부** '口+付(부)'로 어떤 일을 해 달라고 말[口]하거나 맡김[音苻. 嘘也『字彙補』斟酌萬殊, 旁薄衆宜, 以相嘔吩, 醖釀而成育羣生『淮南子·本經訓』-『康熙』]	吩咐(분부)
余	余	3급 人 총7	말 느릴 **여**, 나 **여**, 사월 **여**, 나머지 **여** '八+舍(사)'로 대답하는 말이 퍼져[八] 나감[語之舒也 從八 舍省聲] 甲骨文 金文	余等(여등) 余輩(여배)
徐	徐	3급 彳 총10	천천히 **서**, 더딜 **서** '彳+余(여)'로 서두르지 않고 천천히 편안히 걸어감[彳] [安行也 從彳余聲] 威儀也『玉篇』其虚其徐, 威儀容止也『爾雅·釋訓』雍容都雅之貌『註』徐徐, 安穩貌『音義』又通作邪. 其虚其邪『詩·邶風』邪, 讀如徐『箋』虚徐者, 謙虚閑徐之義『疏』又緩也『廣韻』遲也『廣雅』子謂之姑徐徐云爾『孟子』-『康熙』	徐行(서행) 徐步(서보) 徐徐(서서)
餘	餘	4급 食 총16	넉넉할 **여**, 남을 **여** '食+余(여)'로 먹을 것[食]이 풍족하여 남음[饒也. 從食余聲]	餘暇(여가) 餘裕(여유) 餘談(여담) 餘震(여진)
敍	敍	3급 支 총11	실 끝 **서**, 순서 **서**, 차례 **서**, 펼 **서**, 서술 **서** '支+余(여)'로 실의 끝을 잘 찾아[支] 그 푸는 순서를 얻음[次弟也 從支余聲] 敍, 緒也『爾雅·釋詁』敍, 謂次敍『疏』百揆時敍『書·舜典』皆得次序『疏』又以官府之六敍正羣吏『周禮·天官·小宰』敍, 秩次也『註』又行其秩敍『周禮·天官·宮伯』敍, 才等也『註』-『康熙』	秩敍(질서) 位敍(위서) 敍景(서경) 敍述(서술) 敍事詩(서사시) 自敍傳(자서전) 永不敍用(영불서용)
除	除	4급 阜 총10	섬돌 **제**, 궁전의 계단 **제**, 층계 **제**, 뜰 **제**, 덜 **제**, 버릴 **제**, 나눗셈 **제** 'β+余(여)'로 건물 등 높은 곳[阜]에 오르기 위해 만든 계단[殿陛也 從阜余聲]	除去(제거) 除名(제명) 除隊(제대) 除夜(제야)
途	途	2급 辵 총11	길 **도** '辶+余(여)'로 '涂, 塗'와 통용. 물길이 만들어지듯, 사람들이 다니며[辶] 자연스럽게 만들어진 길[路也『玉篇』道也『廣韻』又通作涂, 塗. 遇諸途『論語』-『康熙』] 甲骨文	途中(도중) 別途(별도) 前途(전도) 壯途(장도)
斜	斜	3급 斗 총11	기울 **사**, 비스듬히 **사** '斗+余(여)'로 북두칠성 모양의 자루가 달린 말[斗]이나 베틀의 북[杼]처럼 비스듬히 기움[杼也 從斗余聲] 斗 : 十升也. 象形, 有柄. 斗有柄者, 蓋象北斗『說文』	斜陽(사양) 傾斜(경사) 斜路(사로)
塗	塗	3급 土 총13	진흙 **도**, 길 **도**, 칠할 **도** '土+涂(도)'로 질척질척한 진흙[土] 땅[泥也 從土涂聲] 泥也『正韻』塗泥『書·禹貢』見土字註. 又杜也, 杜塞孔穴也. 又汚也. 夷齊曰 : 周以塗吾身. 不如避之以潔吾行『莊子·讓王篇』-『康熙』	陰塗(음도) 惡塗(악도) 塗抹(도말) 曠塗(광도) 塗擦(도찰) 糊塗(호도)

한자	전서	급수/부수/총획	훈음 및 설명	용례
倉	倉	3급 人 총10	곳집 창 '食+口'로 누렇게 익은 곡식[食]을 저장하는 창고[口] [穀藏也 倉黃取而藏之 故謂之倉 從食省, 口象倉形] 金文	倉庫(창고) 義倉(의창) 穀倉(곡창) 官倉(관창)
創	創	4급 刀 총12	다칠 창, 비롯할 창, 처음 만들 창 '刂+倉(창)'으로 칼[刂]로 상처를 입음[傷也 從刀 或從倉]	創刊(창간) 創立(창립) 創業(창업) 創作(창작)
蒼	蒼	3급 艸 총14	푸를 창, 무성할 창 '艸+倉(창)'으로 푸른색의 풀[艸]이 무성하게 자람[艸色也 從艸倉聲]	蒼空(창공) 蒼白(창백) 蒼生(창생) 鬱蒼(울창)
滄	滄	3급 水 총13	찰 창, 푸른 바다 창, 큰 바다 창 '氵+倉(창)'으로 넓은 바다의 차가운 물[氵] [寒也 從水倉聲]	滄波(창파) 滄茫(창망) 滄海(창해)
艙	艙	1급 舟 총16	선창 창 '舟+倉(창)'으로 배[舟] 위의 사람이 타고 짐을 놓는 부분[從舟倉聲. 本義:船上居人置物之部位-『漢典』]	船倉(선창) 船艙(선창) 貨物艙(화물창)
愴	愴	1급 心 총13	슬퍼할 창 '心+倉(창)'으로 마음[心]에 상처를 입어 괴로움[傷也 從心倉聲]	愴然(창연) 悲愴(비창)
瘡	瘡	1급 疒 총15	부스럼 창 '疒+倉(창)'으로 피부에 상처 또는 멍이 들거나 종기 등의 병[疒] [瘡, 痍也『玉篇』疕也『集韻』瘍也,痍也『韻會』石患面瘡『晉書』-『康熙』]	瘡痍百出(창이백출) 滿身瘡痍(만신창이)
槍	槍	1급 木 총14	창 창, 무기 창 '木+倉(창)'으로 방어하기 위한 무기로 긴 나무[木] 자루 끝에 뾰족한 칼날이 달린 것[歫也 從木倉聲 一曰槍 欀也]	槍劍(창검) 投槍(투창)
倂	倂	2급 人 총10	아우를 병, 나란히 할 병 'イ+幷(병)'으로 두 사람[イ]이 함께 나란히 서 있음[竝也 從人竝聲]	倂合(병합) 倂用(병용) 兼倂(겸병) 合倂(합병)
屛	屛	3급 尸 총11	가릴 병, 병풍 병, 물리칠 병 '尸+幷(병)'으로 병풍[尸] 등으로 가리어 막음[屛 蔽也 從尸幷聲 蔽也:小雅. 萬邦之屛. 傳曰屛, 蔽也. 引伸爲屛除『段注』]	屛去(병거) 屛棄(병기) 屛氣(병기) 屛風(병풍) 曲屛(곡병) 畵屛(화병)
傘	傘	2급 人 총12	우산 산 펴고 접을 수 있는 것으로, 비를 막고 해를 가리는 물건[傘] [禦雨蔽日 可以卷舒者 通作繖 亦作䍴 『集韻』蓋也『說文』-『康熙』]	雨傘(우산) 陽傘(양산) 傘下(산하) 傘緣(산연)
佾	佾	2급 人 총8	춤 일 'イ+肙(흘)'로 사람[イ]이 춤을 추는 행렬[舞行列也 從人肙聲] ※'佾'은 천자의 행사에 여덟 열 즉 8열(列) 8행(行)의 64명이 추는 춤.	佾舞(일무: 중국 주나라 때 천자는 8열, 제후는 6열, 대부는 4열, 선비는 2열로 춤을 춤)
傷	傷	4급 人 총13	다칠 상, 해칠 상, 애태울 상 'イ+𥏩(상)'으로 사람[イ]이 상처를 입음[創也 從人 𥏩省聲]	傷害(상해) 輕傷(경상) 落傷(낙상) 凍傷(동상)
觴	觴	1급 角 총18	잔 상, 잔질할 상 '角+𥏩(상)'으로 향음주(鄕飮酒) 등의 의식에 쓰는 뿔[角]로 만든 잔[實曰觴 虛曰觶 從角𥏩省聲]	觴詠(상영) 濫觴(남상)

I. 인간

儿 부

字	전서	부수/획수	훈음·설명	용례
儿		儿 총2	**어진 사람 인** 사람 인(人)의 변형으로 어진 사람을 뜻함[한자의 발에 쓰임] [仁人也 古文奇字人也 象形 孔子曰：儿在下 故詰詘] 甲骨文 金文	
克		3급 儿 총7	**멜 극, 이길 극, 능할 극** 지붕의 밑을 괴는 각목처럼, 어깨 위에 올린 무거운 짐을 이겨냄[肩也 象屋下刻木之形 『注』徐鍇曰：肩, 任也. 負何之名也. 與人肩脾之義通, 能勝此物謂之克] 甲骨文 金文	克己(극기) 克服(극복) 超克(초극) 克明(극명)
兢		2급 儿 총14	**삼갈 긍, 두려워할 긍** 두 사람[克+克]의 머리 위에 무거운 물건이 있는 모양[競也 『說文』競, 强 一曰敬也『徐曰』戒愼也『玉篇』兢兢, 戒也『爾雅』-『康熙』] 象形 金文字形, 象二人頭頂戴物形 頭上戴着重物, 故常戒愓小心 本義：小心謹愼的 -『漢典』	兢戒(긍계) 戰戰兢兢(전전긍긍)
剋		1급 刀 총9	**이길 극, 반드시 극, 급할 극, 기약할 극** '刀+克(극)'으로 칼[刀]싸움에서 반드시 승리함[剋, 勝也『爾雅·釋詁』謂得勝也『疏』剋, 已也. 又必也, 急也『廣韻』剋, 殺也『集韻』-『康熙』]	下剋上(하극상) 水火相剋(수화상극)
光		6급 儿 총6	**빛 광, 밝을 광, 영화로울 광** '火+儿'로 사람[儿]이 불[火]을 높이 들고 밝게 비춤[明也 從火在人上 光明意也] 甲骨文 金文	光線(광선) 光明(광명) 榮光(영광) 觀光(관광)
胱		1급 肉 총10	**오줌통 광, 방광 광** '肉+光(광)'으로 오줌을 모으는 주머니 모양의 비뇨기관[肉] [膀者 橫也 胱者 廣也 言其體橫廣而短也『甲乙經』膀胱, 水府也『正韻』膀胱謂之脬『博雅』-『康熙』]	膀胱(방광) 膀胱炎(방광염)
恍		1급 心 총9	**형체 없는 모양 황, 어슴푸레할 황, 멍할 황** '心+光←況(황)'으로 마음[心]처럼 형체가 없는 모양[從心, 況省聲 字本作怳, 亦作慌 本義：狂的樣子 -『漢典』	恍惚(황홀) 昏恍(혼황)
兒		5급 儿 총8	**아이 아, 사람 아** 정수리[囟]가 아직 굳지 않은 갓난아이[儿]의 머리 모양[孺子也 象小兒頭囟未洽] 甲骨文 金文	兒童(아동) 小兒(소아) 健兒(건아) 迷兒(미아)
兄		8급 儿 총5	**어른 형, 맏 형** '口+儿'으로 좋은 말[口]로 길러줌이 있는 사람[儿] [長也 從儿從口 從儿從口：口之言無盡也. 故以口儿爲滋長之意. 今人評兄爲況老. 乃古語也. 用況者, 於古假借『段注』 甲骨文 金文	兄弟(형제) 父兄(부형) 大兄(대형) 妹兄(매형)
祝		5급 示 총10	**축문 축, 빌 축, 축하할 축** '示+儿+口'로 제주[儿]가 하늘이나 신[示]에게 축문을 읽음[口] [祭主贊詞者 從示從儿口 一曰從兌省 『易』曰：兌爲口爲巫] 甲骨文 金文	祝官(축관) 祝辭(축사) 祝願(축원) 祝賀(축하)
況		4급 水 총8	**찬물 황, 하물 황, 형편 황, 모양 황** '氵+兄(형)'으로 물[氵]이 차가움[寒水也 從水兄聲] 又矧也, 譬也 又益也. 衆況厚之『晉語』又玆也. 況也永歎『詩·小雅』來茲對之, 長歎而已 『箋』又滋也 -『康熙』]	況且(황차) 近況(근황) 盛況(성황) 情況(정황)

字	篆文	급수/부수/총획	훈음 및 설명	예
呪	呪	1급 口 총8	빌 주 '叫+儿'로 '咒'와 동자. 큰 소리[叫]로 주문을 외우며 비는 사람[儿] [呪 詛也『廣韻』有誦呪者『關尹子』-『康熙』] 叫, 驚嘑也 『說文』	呪文(주문) 呪術(주술)
兌	兌 (甲骨文/金文)	2급 儿 총7	기쁠 태/열, 바꿀 태 '儿+㕣(연)'으로 남이 알기 쉽게 풀어서 말하는 사람[儿] [說也 從儿㕣聲 臣鉉等曰 : 㕣, 古文沇字, 非聲. 當從口從八, 象气之分散]	兌換(태환) 李兌榮(이태영 : 우리나라 최초의 여성 변호사)
閱	閱	2급 門 총15	수효를 확인할 열, 검열할 열, 점검할 열 '門+兌←說(설)'로 문[門] 안의 수효를 하나하나 세어 확인함[具數於門中也 從門說省聲]	檢閱(검열) 校閱(교열) 閱覽(열람) 閱視(열시)
先	先 (甲骨文/金文)	8급 儿 총6	먼저 선 '之+儿'으로 남보다 앞서 간[之] 사람[儿] [前進也 從儿從之]	先生(선생) 先輩(선배) 先頭(선두) 先約(선약)
洗	洗 (甲骨文)	5급 水 총9	씻을 세 '氵+先(선)'으로 물[氵]에 발을 씻음[洒足也 從水 先聲 洒俗本作灑]	洗手(세수) 洗面(세면) 洗濯(세탁) 洗禮(세례)
銑	銑	1급 金 총14	빛나는 금 선, 금 선, 끌 선, 꾸밀 선 '金+先(선)'으로 쇠 중 광택이 잘 나는 황금[金] [金之澤者 從金先聲 一曰小鑿 一曰鐘下兩角謂之銑] 金之澤者 : 澤者, 光潤也. 釋器曰 絕澤謂之銑, 晉語『段注』	銑鐵(선철) 鎔銑(용선)
元	元 (甲骨文/金文)	5급 儿 총4	처음 원, 으뜸 원, 우두머리 원 '一+兀(올)'로 만물의 처음[一] 시작[始也 從一兀聲]	元祖(원조) 元首(원수) 元旦(원단) 還元(환원)
頑	頑	1급 頁 총13	통머리 통 완, 완고할 완, 무딜 완 '頁+元(원)'으로 아직 쪼개지 않은 땔나무 장작 머리[頁] [㮯頭也 從頁元聲] 木部曰㮯 梡本未析也 梡㮯木薪也『段注』	頑強(완강) 頑鈍(완둔)
阮	阮	1급 阜 총7	관문 이름 완 '阜+元(원)'으로 한(漢)나라 도시의 하나인 대군(代郡)[阜]에 있는 관문의 이름[代郡五阮關也 從阜元聲] 地理志 代郡有五原關 阮者正字 原者叚借字也 成帝紀作五阮關『段注』	阮丈(완장) 阮堂(완당)
玩	玩	1급 玉 총8	희롱할 완, 가지고 놀 완 '玉+元(원)'으로 옥(玉)으로 만든 놀이 물품[弄也 從玉元聲 貦, 玩或從貝]	玩賞(완상) 玩具(완구)
充	充	5급 儿 총5	기를 충, 클 충, 채울 충, 가득할 충 '儿+育(육)'으로 어린아이[儿]가 성장하여 키가 큼[長也 高也 從儿育省聲]	充當(충당) 充滿(충만) 充實(충실) 補充(보충)
統	統	4급 糸 총12	큰 줄기 통, 실마리 통, 처음 통, 거느릴 통, 계통 통 '糸+充(충)'으로 누에고치[繭]에서 실[糸]을 뽑을 때 그 첫머리[紀也 從糸充聲] ※紀也 淮南泰族訓曰 繭之性爲絲 然非得女工煮以熱湯而抽其統紀, 則不能成絲. 按此本義也 引申爲凡綱紀之稱. 周易 乃統天 鄭注云 統, 本也 公羊傳 大一統也 何注 統, 始也『段注』	統率(통솔) 統制(통제) 統括(통괄) 統治(통치) 精神統一(정신통일) 創業垂統(창업수통)

I. 인간

字	篆	급수/부수/총획	설명	용례
銃	銃	4급 金 총14	도끼구멍 **총**, 총 **총** '金+充(충)'으로 쇠[金]로 만든 도끼의 자루를 끼울 구멍[銎也『玉篇』斧穿也『集韻』又銃䥥 蜀語也『字彙補』見黃山谷集 - 『康熙』]	銃彈(총탄) 銃劍(총검) 銃擊(총격) 拳銃(권총)
兜	兜	1급 儿 총11	투구 **두**, 도솔가 **도** '兒+兆'으로 머리[兒] 부위를 가리는 쇠로 만든 모자[兆] [兜鍪 首鎧也 從兆從兒省 兒象人頭也] 鎧者 甲也『段注』	兜籠(두롱) 兜率歌(도솔가)
允	兊	2급 儿 총4	진실로 **윤** 'ㅿ←以+儿'으로 자기의 일[以]을 성실하게 하는 사람[儿] [信也 從儿㠯] 信也 : 釋詁, 毛傳 皆曰 允, 信也. 大徐作從儿㠯聲『段注』 甲骨文 金文	允當(윤당) 允許(윤허) 允玉(윤옥) 允文允武(윤문윤무)
鈗	鈗	2급 金 총12	병기 **윤** '金+允(윤)'으로 시신(侍臣)이 병기[金]를 잡고 임금을 잘 보위(保衛)함[侍臣所執兵也 從金允聲 『周書』曰 一人冕 執鈗]	
免	免	3급 儿 총7	면할 **면**, 벗어날 **면**, 허가할 **면** '兔-丶'로 토끼[兔]가 빨리 달아나 발[丶]이 보이지 않음[兔逸也 從兔不見足] 甲骨文 金文	免除(면제) 免職(면직) 免責(면책) 免許(면허)
勉	勔	4급 力 총9	힘쓸 **면**, 부지런할 **면** '力+免(면)'으로 힘써[力] 부지런히 노력함[彊也 從力免聲]	勤勉(근면) 勉學(면학) 勸勉(권면) 勉勵(면려)
晚	晚	3급 日 총11	늦을 **만**, 저물 **만** '日+免(면)'으로 해[日]가 잡풀 우거진[茻] 사이로 떨어져 점차 어두워짐[莫也 從日免聲] 茻也 莫者 日且冥也 從日在茻中 見茻部 引伸爲凡後之偁『段注』	晚年(만년) 晚時(만시) 晚成(만성) 晚鐘(만종)
俛	俛	2급 人 총9	머리 숙일 **면**, 힘쓸 **면** 'イ+免(면)'으로 머리를 숙이고 부지런히 노력하는 사람[イ] [同俯頻『集韻』矢人前弱則俛『周禮·冬官考工記』在仰之閒耳『前漢·鼂錯傳』『註』師古曰 : 俛卽俯 又頻首『賈誼·過秦論』 - 『康熙』]	俛首(면수) 俛仰(면앙)
婏	婏	2급 女 총10	아첨할 **만**, 순박할 **만/면**, 정숙할 **만/면**, 해산할 **만** '女+免(면)'으로 남의 환심을 사거나 잘 보이려고 순종하면서 알랑거리는 사람[女] [媚也, 順也『韻會』女子十年不出, 姆教婉娩聽從『禮·內則』娩息不訾『唐書』 - 『康熙』]	分娩(분만) 順娩(순만)
輓	輓	1급 車 총14	끌 **만**, 만사 **만** '車+免(면)'으로 수레[車]를 앞에서 끌거나 안내함[引之也 從車免聲]	輓歌(만가) 輓秋(만추)
挽	挽	1급 手 총10	당길 **만**, 말릴 **만** '手+免(면)'으로 손[手]으로 끌어 당겨 못하게 만류함[引也 又挽歌『集韻』 - 『康熙』] 從手免聲 古字從車, 免聲 本義 : 牽引 ; 拉 - 『漢典』	挽留(만류) 挽回(만회)
兆	兆	3급 儿 총6	조짐 **조**, 점괘 **조** 거북이 등이나 쇠뼈를 불에 구워 갈라진 모양[卜, 灼龜坼也. 從卜, 兆 象形『說文』] 古文㲋省 按古文祇爲象形之字 小篆加卜 - 『康熙』	吉兆(길조) 徵兆(징조) 凶兆(흉조) 前兆(전조)

한자	급수/부수/총획	훈음 및 설명	용례
挑	3급 / 手 / 총9	혼란스러울 조, 어지러울 조, 돋울 도 '扌+兆(조)'로 혼란스럽고 번뇌에 빠져 있을 때 손[扌]을 써 도움[撓也 從手兆聲] 撓者 : 擾也 煩也 撥動之. 左傳云挑戰是也 『段注』	挑發(도발) 挑戰(도전) 挑出(도출) 挑禍(도화)
跳	3급 / 足 / 총13	뛸 도 '足+兆(조)'로 발[足]힘을 이용하여 높이 뛰어오름[蹶也 從足兆聲 一曰躍也]	跳躍(도약) 高跳(고도) 棒高跳(봉고도)
桃	3급 / 木 / 총10	복숭아 도 '木+兆(조)'로 신선이 즐겨먹는다는 복숭아나무[木] [果也 從木兆聲 『注』 枖, 同桃 桃, 冬桃. 楔, 山桃 『爾雅·釋木』 桃曰膽之 『內則』 桃多毛, 拭治令靑滑如膽 『疏』 又桃, 五木之精, 仙木也 『典術』 - 『康熙』]	桃花(도화) 桃仁(도인) 仙桃(선도) 桃李(도리)
逃	4급 / 辵 / 총10	달아날 도, 도망할 도 '辶+兆(조)'로 재앙이나 그 조짐을 피해감[辶] [亡也 從辵兆聲]	逃亡(도망) 逃走(도주) 逃避(도피) 逃散(도산)
姚	2급 / 女 / 총9	성씨 요, 예쁠 요 '女+兆(조)'로 순(舜)의 어머니[女]가 요허(姚虛)에 삶[虞舜居姚虛 因以爲姓 從女兆聲. 或爲姚 嬈也. 『史篇』以爲 : 姚 易也]	姚冶(요야) 嫖姚(표요) 姚克一(요극일 : 신라의 명필)
眺	1급 / 目 / 총11	바라볼 조, 살필 조 '目+兆(조)'로 부정(不正)하지 않도록 눈[目]으로 살펴봄[目不正也 從目兆聲 徐爰曰 視瞻不正 常驚惕也 此眺字本義 『段注』]	眺覽(조람) 眺望(조망) 俳佪瞻眺(배회첨조)
兎	3급 / 儿 / 총7	토끼 토, 달 토 토끼가 쪼그리고 앉아 있는 모양[兔獸也 象兔踞 後其尾形 兔頭與㕣頭同] 兎, 俗兔字 『正字通』- 『康熙』 甲骨文	兎影(토영) 兎死狗烹(토사구팽) 兎死狐悲(토사호비)
逸	3급 / 辵 / 총12	달아날 일, 뛰어날 일, 편안할 일, 숨을 일 '辶+兔'로 토끼[兔]는 꾀가 많아 잘 달아남[辶] [失也 兔謾訑善逃也 從辶兔]	逸居(일거) 逸走(일주) 逸民(일민) 逸品(일품)
冤	1급 / 冖 / 총10	원통할 원, 원수 원 '冖+兔'로 토끼[兔]가 길게 굽어 막힌 곳[冖]에 있어 달아날 수 없음[屈也 從冖兔 兔在冖下 不得走 益屈折也]	冤痛(원통) 冤魂(원혼)
讒	1급 / 言 / 총24	헐뜯을 참, 속일 참, 아첨할 참 '言+毚(참)'으로 없는 사실을 있는 것처럼 꾸며서 말함[言] [譖也 從言毚聲]	讒訴(참소) 讒言(참언)

❈ 大 부

한자	급수/부수/총획	훈음 및 설명	용례
大	8급 / 大 / 총3	큰 대 두 팔과 다리를 벌리고 선 사람의 모습[天大 地大 人亦大焉 象人形] 甲骨文 金文	大事(대사) 大陸(대륙) 巨大(거대) 廣大(광대)
太	6급 / 大 / 총4	미끄러울 태, 클 태 '大+丶'으로 크기가 매우[丶] 커서[大] 막히지 않고 원활히 잘 통함[滑也 一曰大也 通也 『說文』 - 『康熙』]	太平(태평) 太古(태고) 太極旗(태극기)
汰	1급 / 水 / 총7	미끄러울 태, 지날 태, 사치할 태 '水+太(태)'에서 물[水]이 지나치게 많음[滑也 『說文』 厚志隱行謂之潔, 反潔爲汰 又太過也 『賈誼·新書道術篇』-『康熙』]	沙汰(사태) 淘汰(도태)

한자	전서	급수/부수/총획	훈음 및 설명	갑골문/금문	예시
天	天	7급 大 총4	하늘 **천** '一+大'로 사람[大]의 머리 위로 끝없이 펼쳐진 하늘[一] [顚也, 至高無上 從一大]	甲骨文 金文	天文(천문) 天罰(천벌) 天賦(천부) 天壽(천수)
昊	昊	2급 日 총8	하늘 **호** '日+兂(호)'로 봄 하늘에 밝게 떠있는 해[日] [作昦『說文』隸省作昊『九經字樣』-『康熙』] 昦 : 春爲昦天 元气昦昦 從日, 兂, 兂亦聲『說文』		昊天罔極(호천망극) 尹致昊(윤치호 : 독립신문 사장)
呑	呑	1급 口 총7	삼킬 **탄** '口+天(천)'으로 입[口]을 벌려 목구멍으로 음식을 삼킴 [呑 : 咽也, 從口天聲] 呑, 同呑 -『漢典』		倂呑(병탄) 甘呑苦吐(감탄고토)
夫	夫	7급 大 총4	사내 **부**, 남편 **부**, 지아비 **부** '大+一'로 남자가 스무 살에 속발대관(束髮戴冠)[一]하고 성인[大]이 됨[丈夫也, 從大一以象簪也 周制以八寸爲尺 十尺爲丈. 人長八尺 故曰丈夫]	甲骨文 金文	夫婦(부부) 鑛夫(광부) 大丈夫(대장부) 匹夫匹婦(필부필부) 夫唱婦隨(부창부수)
扶	扶	3급 手 총7	도울 **부**, 부축할 **부** '扌+夫(부)'로 남이 하는 일이 잘되도록 거들거나 힘을 보탬. 위험한 처지나 어려운 상황에서 벗어나도록 손[扌]을 써 도움[佐也, 從手夫聲]		扶養(부양) 扶助(부조) 相扶相助(상부상조)
芙	芙	1급 艸 총8	부용 **부** '艸+夫(부)'로 아욱과의 낙엽관목. 초가을에 흰빛 혹은 담홍색의 꽃이 피는 관상용 식물[艸] [芙蓉也, 從艸夫聲]		芙蓉(부용) 木芙蓉(목부용)
替	替	3급 日 총12	폐할 **체**, 바꿀 **체**, 버릴 **체** '竝+日←白(백)'으로 두 사람이 함께 서 있을[竝] 때, 한쪽으로 치우치지 않도록 함[作朁. 廢一偏下也『說文』 替, 廢也『爾雅·釋言』 替謂舍己也『疏』 無替厥服『書·旅獒』 無廢其職『傳』 子子孫孫, 勿替引之『詩·小雅』 替, 廢也『傳』-『康熙』] 本作朁 從竝白聲. 竝, 二人幷立 本義 : 廢棄 -『漢典』		交替(교체) 代替(대체) 替番(체번) 替送(체송) 世代交替(세대교체) 馬好替乘(마호체승)
失	失	6급 大 총5	놓을 **실**, 잃을 **실** '手+乙(을)'로 손[手]으로 무엇을 쥐거나 잡거나 누르고 있는 상태에서 손을 펴거나 힘을 빼서 잡고 있던 물건이 손 밖으로 빠져나가게 함[縱也, 從手乙聲] 縱者 : 緩也_一曰捨也 在手而逸去爲失『段注』		失明(실명) 失職(실직) 失機(실기) 失格(실격)
秩	秩	3급 禾 총10	차례 **질**, 녹봉 **질** '禾+失(실)'로 볏단[禾]을 차곡차곡 질서 있게 쌓음[積貌 從禾失聲『詩』曰 積之秩秩]		秩序(질서) 秩米(질미) 秩然(질연)
佚	佚	1급 人 총7	숨을 **일**, 편안할 **일**, 흐릴 **질**, 방탕할 **질**, 갈마들 **질**, 문득 **질** '人+失(실)'로 세상에 나서지 않고 숨어사는 사람[人] [佚民也, 從人失聲 一曰佚 忽也] ※佚民 : 일민(逸民), 은자(隱者).		佚民(일민) 佚宕·跌宕(질탕)
迭	迭	1급 辵 총9	갈마들 **질**, 교대로 **질**, 침범할 **질** '辵+失(실)'로 서로 번갈아들어 고쳐 감[辵] [更迭也 從辵失聲 一曰達]		迭代(질대) 更迭(경질)
跌	跌	1급 足 총12	넘어질 **질** '足+失(실)'로 발[足]이 걸려 넘어짐[踢也 從足失聲 一曰 越也]		折跌(절질) 蹉跌(차질)
帙	帙	1급 巾 총8	책갑 **질**, 책 **질** '巾+失(실)'로 책의 겉장이 상하지 않도록 종이나 헝겊[巾] 따위로 입힘[書衣也 從巾失聲]		全帙(전질) 帙冊(질책)

한자	급수	뜻과 훈	설명	예
奉	5급 大 총8	받들 봉, 봉양할 봉	'手+廾+丰(봉)'으로 양손으로 공손히 받들어[手+廾] 모심[承也 從手從廾丰聲]	奉仕(봉사) 奉養(봉양) 奉職(봉직) 奉命(봉명)
俸	2급 人 총10	녹 봉	'亻+奉(봉)'으로 벼슬아치[人]에게 일 년 또는 계절 단위로 나누어 주던 금품을 통틀어 이르는 말[秩祿也『韻會』從人奉聲] 俸 本義：俸祿, 薪俸 舊官吏所得的薪金 -『漢典』	祿俸(녹봉) 俸銀(봉은) 俸秩(봉질) 減俸(감봉) 薄俸(박봉) 本俸(본봉)
捧	1급 手 총11	받들 봉	'手+奉(봉)'으로 공손히 두 손[手]으로 받들어 모심[兩手承也. 承也, 與奉同. 奉也, 與捀同『集韻』又掬也. 或作抔 -『康熙』]	徵捧(징봉) 奉納・捧納(봉납) 奉讀・捧讀(봉독)
棒	2급 木 총13	몽둥이 봉	'木+奉(봉)'으로 때리거나 지팡이 등 다양한 용도로 사용하는 나무[木] [梲也『說文』同杖 亦作棓『類篇』杖也, 打也『廣韻』-『康熙』]	棍棒(곤봉) 平行棒(평행봉)
夭	1급 大 총4	굽을 요, 어릴 요, 어린애 요, 예쁠 요, 일찍 죽을 요	사람[大]이 머리를 구부리고 있는 모양 [屈也 從大 象形. 象首夭屈之形也 隰有萇楚傳曰 夭, 少也 桃夭傳曰夭夭, 桃之少壯也 凱風傳曰夭夭, 盛兒也『段注』	夭折(요절) 壽夭長短(수요장단) 桃夭時節(도요시절) 夭夭灼灼(요요작작)
妖	2급 女 총7	아리따울 요, 괴이할 요	'女+夭(요)'에서 아리따운 여자[女]가 요염하게 흥을 돋움[豔也, 媚也 一曰異也, 孽也『正韻』人棄常則妖興『左傳·莊十四年』-『康熙』]	妖女(요녀) 妖怪(요괴) 妖態(요태) 妖姬(요희)
笑	4급 竹 총10	웃음 소	'竹+夭'로 바람에 굽은 대나무[竹]처럼, 몸이 구부러짐[夭]은 사람이 웃는 모습과 같음[『唐韻』引『說文』云：喜也 從竹從犬 而不述其義 今俗皆從犬 又案：李陽冰刊定『說文』從竹從夭義云：竹得風 其體夭屈如人之笑 未知其審]	笑話(소화) 笑顔(소안) 冷笑(냉소) 談笑(담소)
沃	2급 水 총7	물댈 옥, 비옥할 옥	'氵+夭(요)'로 위에서 아래로 물[氵]을 댐[灌溉也『說文』啓乃心 沃朕心『書·說命』當開汝心所有, 以灌沃我心也 又盛也『正義』-『康熙』] 沃 本義：把水從上澆下 -『漢典』	沃土(옥토) 肥沃(비옥) 沃畓(옥답) 沃野(옥야)
奏	2급 大 총9	아뢸 주, 상소할 주, 음악의 한 곡 주	'屮+廾+夲'로 양손[廾]을 공손히 하고 위로 올라[屮] 가까이 가서[夲] 아룀[奏進也. 從夲從廾從屮. 屮 上進之義 屢, 古文 敿, 亦古文 從夲從廾 竦手也 進之意『段注』	奏歌(주가) 奏達(주달) 奏書(주서) 獨奏(독주) 奏請(주청)
輳	1급 車 총16	수레바퀴 살 모일 주, 모일 주	'車+奏(주)'로 수레[車]바퀴 살이 바퀴통에 모임[輻輳, 輻共轂也『廣韻』四方輻輳『前漢·叔孫通傳』輳 聚也 言如車輻之聚於轂也 通作湊『註』-『康熙』]	輻輳(폭주) 輳補(주보) 輳合(주합) 輻輳幷臻(폭주병진)
契	3급 大 총9	계약할 계, 맺을 계, 신표 계, 나라 이름 글	'大+㓞(계/갈)'로 사람[大]이 부서(符書)나 문계(文契) 등에 쓴 약속[㓞] [大約也 從大 㓞聲] 大鄭云 書契 符書也 今人但於買賣曰文契『段注』	契約(계약) 契員(계원) 親睦契(친목계) 契丹(거란 ← 글란, 글안)

I. 인간 73

漢字	篆文	級/部首/총획	訓音 및 解說	用例
潔	濳	4급 水 총15	**깨끗할 결** 'シ+絜(혈)'로 물[シ]이 맑고 깨끗함[瀞也 從水絜聲] 潔, 淸也 『正韻』 經典用絜 『廣韻』 - 『康熙』	潔白(결백) 簡潔(간결) 純潔(순결) 淸潔(청결)
喫	喫	1급 口 총12	**마실 끽** '口+契(계)'로 입[口]으로 먹거나 마심[食也 從口契聲]	喫煙(끽연) 滿喫(만끽)
奔	奔	3급 大 총9	**분주할 분, 달아날 분** '夭+賁(분)'으로 분주히 뛰어 돌아다님[夭] [走也 從夭賁省聲 與走同意, 俱從夭] ※금문에는 '夭+止+止+止'로 사람이 달려가며 생긴 발자국으로 표현함. 金文	奔走(분주) 狂奔(광분) 東奔西走(동분서주)
奇	奇	4급 大 총8	**기이할 기** '大+可'로 사물이 보통보다 크고[大] 달라[異也] 가히[可] 짝할 게 없음[異也, 一曰不耦 從大從可]	奇怪(기괴) 奇拔(기발) 奇異(기이) 奇蹟(기적)
寄	寄	4급 宀 총11	**부탁할 기, 부칠 기, 의지할 기** '宀+奇(기)'로 남의 집[宀]에 살기를 부탁함[託也 從宀奇聲]	寄居(기거) 寄宿(기숙) 寄生(기생) 寄附(기부) 寄贈(기증) 寄託(기탁)
騎	騎	3급 馬 총18	**말 탈 기** '馬+奇(기)'로 말[馬] 등에 걸터앉아 탐[跨馬也 從馬奇聲]	騎馬(기마) 騎兵(기병) 騎士(기사) 精騎(정기)
琦	琦	2급 玉 총12	**옥 이름 기, 옥 기, 기이할 기** '玉+奇(기)'로 가지고 노는 아름다운 옥(玉) [珅蒼云 : 琦瑋也『玉篇』夫聖人瑰意琦行『宋玉·對楚王問』又玉名『廣韻』又玩也『韻會』-『康熙』]	琦行(기행)
畸	畸	1급 田 총13	**뙈기밭 기** '田+奇(기)'로 고대의 전제(田制)인 정전법(井田法)[田]으로 쓰고 남은 귀퉁이 땅[殘田也 從田奇聲]	畸人(기인) 畸形(기형)
綺	綺	1급 糸 총14	**비단 기** '文+奇(기)'로 무늬[文]를 놓아 짠 비단 옷감[文繒也 從糸奇聲]	綺羅(기라) 綺羅星(기라성)
崎	崎	1급 山 총11	**험할 기** '山+奇(기)'로 산[山]길이 평탄하지 않고 험준함[險也 本作敧 從危, 支聲 今文作崎『說文』崎嶇, 山路不平也『玉篇』-『康熙』]	崎嶇(기구)
椅	椅	1급 木 총12	**의나무 의, 교의 의** '木+奇(기)'로 목질(木質)이 단단하여 가구재·조각재로 쓰는 의나무[木] [梓也 從木奇聲] 梓也 : 釋木曰椅, 梓. 渾言之也. 衛風傳曰椅, 梓屬. 析言之也. 椅與梓有別『段注』	椅子(의자) 竹椅(죽의)
夷	夷	3급 大 총6	**오랑캐 이** '大+弓'으로 평소 활[弓]을 많이 사용하는 동쪽 사람[大] [平也 從大從弓 東方之人也] ※금문에는 사람을 올가미로 묶은 모양. ※오랑캐 : 동이(東夷), 서융(西戎), 남만(南蠻), 북적(北狄), 동북맥(東北貊), 서남강(西南羌). 甲骨文 金文	夷狄(이적) 伯夷之廉(백이지렴) 夷蠻戎狄(이만융적) 以夷制夷(이이제이)
痍	痍	1급 疒 총11	**상처 이, 다칠 이** '疒+夷(이)'로 다친 곳이나 상처(傷處)를 입은 흔적[疒] [傷也 從疒夷聲]	傷痍(상이) 滿身瘡痍(만신창이)
姨	姨	1급 女 총9	**이모 이, 처 형제 이** '女+夷(이)'로 어머니 또는 아내[女]의 동복(同腹) 자매[妻之女弟同出爲姨 從女夷聲]	姨母(이모) 姨從(이종)

字	篆	級/部/劃	訓音과 해설	用例
央	呇	3급 大 총5	가운데 **앙** '大+冂'으로 사람[大]이 문[冂] 가운데 있음[中央也 從大 在冂之內 大, 人也 央旁同意 一日久也]	中央(중앙) 震央(진앙)
映	晱	4급 日 총9	비출 **영** '日+央(앙)'으로 햇빛[日]이 은은히 비춤[明也 隱也 從日央 聲] 映睰, 不明也『玉篇』-『康熙』	映射(영사) 映寫(영사) 映畫(영화) 映窓(영창)
殃	艊	3급 歹 총9	허물 **앙**, 재앙 **앙** '歹+央(앙)'으로 불선(不善)으로 인해 하늘로부터 받는 모든 재앙[歹] [咎也 從歹央聲] 咎也. 一曰禍也, 罰也, 敗也『說文』作不善, 降之百殃『書·伊訓』-『康熙』	天殃(천앙) 殃禍(앙화) 百殃(백앙) 災殃(재앙)
秧	穖	1급 禾 총10	모 **앙**, 심을 **앙**, 무성할 **앙** '禾+央(앙)'으로 심은 벼[禾]가 무성히 잘 자람[禾若秧穰也 從禾央聲]	移秧(이앙) 秧板(앙판)
怏	怏	1급 心 총8	원망할 **앙** '心+央(앙)'으로 못마땅하게 여겨 마음[心]으로 복종하지 않고 원망함[不服, 懟也 從心央聲]	怏心(앙심) 怏宿(앙숙)
鴦	鴦	1급 鳥 총16	원앙 **앙** '鳥+央(앙)'으로 오릿과의 물새로 암수가 서로 의좋고 늘 함께 사는 원앙새[鳥] [鴛鴦也 從鳥央聲]	鴦衾(앙금) 鴛鴦(원앙)
奄	奄	1급 大 총8	가릴 **엄**, 클 **엄**, 문득 **엄**, 어루만질 **엄** '大+申'으로 크게[大] 펴서[申] 물체를 가리어 덮음[覆也 大有餘也 又欠也 從大 從申 申 展也] 金文	奄忽(엄홀) 奄成老人(엄성노인)
庵	厂	1급 广 총11	집 **암**, 암자 **암** '广+奄(엄)'으로, '菴'과 동자. 임시로 거처하는 작은 풀로 만든 집[广] [舍也, 廟也.『玉篇』小草舍也『廣韻』圓屋爲庵『集韻』又或作菴『集韻』-『康熙』	庵子(암자) 庵廬(암려) 庵室(암실) 庵主(암주) 結庵(결암) 禪庵(선암)
掩	捲	1급 手 총11	거둘 **엄**, 가릴 **엄**, 막을 **엄**, 숨길 **엄**, 엄습할 **엄** '手+奄(엄)'으로 흩어져 있는 물건 따위를 손[手]으로 한데 모음[斂也 小上曰掩 從手奄聲] 斂也. 小上曰掩 : 釋器 圜弇上謂之庯 弇上當作掩上『段注』 ※本義 : 遮蔽	掩襲(엄습) 掩護(엄호) 掩目捕雀(엄목포작) 掩耳盜鈴(엄이도령) 掩耳盜鐘(엄이도종)
奧	奧	1급 大 총13	집 서남 모퉁이 **오**, 그윽할 **오**, 속 **오**, 모퉁이 **욱**, 따뜻할 **욱** '宀+釆(변)'으로 집[宀] 안의 서남쪽 모퉁이[宛也 室之西南隅 從宀 釆聲] 宛者, 委曲也 室之西南隅 宛然深藏 室之尊處也『段注』 ※釆, 古文辨字	奧妙(오묘) 深奧(심오)
墺	墺	2급 土 총16	땅 이름 **오**, 물가 **오** '土+奧(오)'로 사방이 사람 살기에 좋은 땅[土] [四方土可居也 從土奧聲]	墺地利(오지리 : 오스트리아의 한자)
懊	懊	1급 心 총16	한할 **오**, 괴로워할 **오** '心+奧(오)'로 원통한 마음[心]으로 괴로워함[懊惱也『廣韻』恨也 或作忦『集韻』從心奧聲 -『康熙』]	懊惱(오뇌) 懊恨(오한)
奚	奚	3급 大 총10	큰 배 **해**, 어찌 **해**, 종 **해**, 계집 관비 **해** '大+系(계)'로 돼지새끼의 큰[大] 배[大腹也 從亣, 繇省聲 繇, 籒文系字] 大腹也 : 豕部豯下曰 豚生三月, 腹奚奚兒, 古奚 豯通用, 周禮職方氏奚養, 杜子春讀奚爲豯. 許艸部作奚養『段注』/ 据甲骨文, 左爲手(爪), 右爲繩索捆着的人. 本義 : 奴隸, 又專指女奴 -『漢典』 ※豯 : 生三月豚, 腹奚奚兒也『說文』 甲骨文 金文	奚琴(해금) 奚奴(해노) 奚童(해동) 奚兒(해아)

I. 인간

漢字	篆文	級/部/총획	訓音 및 字源	單語
溪	谿	3급 水 총13	시내 계 'シ+奚(해)'로 '谿'와 동자. 산골짜기 사이로 흐르는 시냇물[水] [山瀆無所通者 又水註川曰谿 『說文』 或作磎 『廣韻』 從谷奚聲 - 『康熙』] ※瀆, 通溝也	溪水(계수) 溪谷(계곡) 溪流(계류)
鷄	鷄	4급 鳥 총21	닭 계 '鳥[隹]+奚(해)'로 날이 밝았음을 알려 주는 가축[鳥] [知時畜也 從隹奚聲] 鷄, 同雞 『段注』	鷄口(계구) 養鷄(양계) 鷄卵有骨(계란유골)

✤ 立 부

漢字	篆文	級/部/총획	訓音 및 字源	單語
立	立	7급 立 총5	설 립 '大+一'로 사람[大]이 땅[一] 위에 서 있음 [住也 大在一之上 『注』臣鉉等曰: 大, 人也. 一, 地也. 會意] 甲骨文象一人正面立地之形 本義 : 筆直的站立 - 『漢典』	立身(입신) 立志(입지) 立證(입증) 創立(창립) 孤立無援(고립무원) 不立文字(불립문자)
位	位	5급 人 총7	자리 위, 위치 위 'イ+立'으로 조정의 벼슬 반열에서 사람[人]이 서[立]야 할 위치[列中庭之左右謂之位 從人立] 人站在朝廷上 本義 : 官吏在朝廷上站立的位置 - 『漢典』	位階(위계) 位相(위상) 位置(위치) 職位(직위)
泣	泣	3급 水 총8	울 읍 'シ+立(립)'으로 소리 없이 눈에서 나오는 눈물[シ] [無聲出涕曰泣 從水立聲]	泣血(읍혈) 泣諫(읍간) 泣訴(읍소) 號泣(호읍)
拉	拉	2급 手 총8	끌 랍 '扌+立(립)'으로 손[扌]으로 끌어당겨 못하게 함[摧也 從手立聲]	拉北(납북) 拉致(납치) 被拉(피랍)
粒	粒	1급 米 총11	쌀밥 먹을 립, 쌀알 립 '米+立(립)'으로 국에 쌀[米]밥을 넣어 먹음[糙也 從米立聲]	粒子(입자) 顆粒(과립)
翌	翌	1급 羽 총11	다음날 익, 내일 익 '羽+立(립)'으로 다음날 해가 떠서 빛남[羽] [明日也 『集韻』翌日親登嵩高 『前漢武帝紀』按書今文作翼 日翌即翊字翊又與翼同 -『康熙』] 翊, 飛貌 從羽立聲 『說文』 經史多假爲昱字. 以同立聲也. 釋言曰翌, 明也 『段注』	翌日(익일) 翌翌年(익익년)
笠	笠	1급 竹 총11	삿갓 립 '竹+立(립)'으로 머리에 쓰는 손잡이가 없는 대[竹]로 만든 우산[簦無柄也 從竹立聲]	絲笠(사립) 弊袍破笠(폐포파립)
竟	竟	3급 立 총11	끝날 경, 마침내 경 '音+儿'으로 연주자[儿]가 한 악곡(樂曲)[音]의 연주를 끝냄[樂曲盡爲竟 從音儿]	畢竟(필경) 竟夜(경야) 究竟(구경)
境	境	4급 土 총14	지경 경, 형편 경, 경우 경 '土+竟(경)'으로 밭두둑 지경[土]이 구분되는 끝[疆也 從土竟聲 經典通用竟]	境界(경계) 境外(경외) 佳境(가경) 境遇(경우)
鏡	鏡	4급 金 총19	거울 경, 안경 경 '金+竟(경)'으로 얼굴을 환히 비춰 볼 수 있는 쇠[金]로 만든 거울[景也 從金竟聲]	銅鏡(동경) 眼鏡(안경) 望遠鏡(망원경)
童	童	6급 立 총12	종 동, 어리석을 동, 아이 동 '辛+里←重(중)'으로 남자 중 죄[辛]를 범하여 노역에 종사하는 사람 [男有辠曰奴 奴曰童 女曰妾 從辛重省聲] ※'奴'는 童을 뜻함. 현재는 '僮'의 뜻으로 가차됨.	童顔(동안) 童謠(동요) 神童(신동) 童畵(동화) 三尺童子(삼척동자) 樵童汲婦(초동급부)

한자	전서	급수/부수/총획	훈음 및 해설	용례
鐘	鐘	4급 金 총20	쇠북 종, 인경 종 '金+童(동)'으로 가을에 만물을 수확하듯, 음악을 마무리하는 쇠[金]로 만든 종[樂鐘也 秋分之音 萬物種成 故謂之鐘 從金童聲 古者垂作鐘]	警鐘(경종) 卦鐘(괘종) 鐘閣(종각) 鐘路(종로)
撞	撞	1급 手 총15	칠 당 '手+童(동)'으로 재빨리 손[手]으로 찔러 공격함[卂擣也 從手 童聲] 卂擣也 : 卂者, 疾也『段注』	撞球(당구) 自家撞着(자가당착)
瞳	瞳	1급 目 총17	눈동자 동 '目+童(동)'으로 눈[目]알 홍채(虹彩)의 한가운데 있는 동그랗고 검은 부분[目珠子也『玉篇』瞳子 瞳, 重也, 膚幕相褒重也『釋名』骨之精爲瞳子『靈樞經』腎之精 又通作童『註』-『康熙』]	瞳孔(동공) 瞳子(동자) 龍瞳鳳頸(용동봉경)
憧	憧	1급 心 총15	뜻 정하지 못할 동, 어리석을 동, 그리워할 동 '心+童(동)'으로 마음[心]속 생각이나 뜻이 정해지지 않음[意不定也 從心童聲]	憧憬(동경) 憧憬心(동경심)
章	章	6급 立 총11	악장 장, 글월 장, 단락 장 '音+十'으로 음악[音]의 일장(一章)을 마침[十](樂曲十篇)[樂竟爲一章 從音從十 十 數之終也] 十, 數之終也『段注』 金文	章句(장구) 序章(서장) 章節(장절) 典章(전장)
璋	璋	2급 玉 총15	반쪽 홀 장 '玉+章(장)'으로 끝의 반을 옥(玉)으로 만든 홀로, 벼슬아치가 임금을 뵐 때 손에 쥐던 반쪽 홀[剡上爲圭 半圭爲璋 從玉 章聲]	弄璋之慶(농장지경) 朱元璋(주원장 : 중국 명나라의 초대 황제)
彰	彰	2급 彡 총14	밝을 창, 드러낼 창 '彡+章(장)'으로 곱고 아름다운 털[彡]로 만들어 밝게 드러남[文彰也 從彡從章 章亦聲] 章, 現著；彡, 加上修飾 本義 : 明現, 現著 -『漢典』	表彰(표창) 彰德(창덕) 彰顯(창현)
障	障	4급 阜 총14	막힐 장, 거리낄 장 '阜+章(장)'으로 산이나 언덕[阜]으로 인해 앞이 가로막힘[隔也 從阜章聲]	障壁(장벽) 障碍(장애) 障害(장해) 保障(보장)
獐	獐	2급 犬 총14	노루 장 '犭+章(장)'으로 麞과 동자. 사슴과 비슷한 동물[犭]인 노루[麋屬『集韻』本作麞. 詳鹿部麞字註『廣韻』從鹿章聲 -『康熙』]	獐角(장각) 獐茸(장용)
竝	竝	3급 立 총10	나란히 할 병, 아우를 병, 함께 병 '立+立'으로 땅 위에 두 사람[立]이 함께 서 있음[倂也 從二立]	竝列(병렬) 竝立(병립) 竝稱(병칭) 竝進(병진)
競	競	5급 立 총20	다툴 경 '誩+儿+儿'으로 두 사람[二人]이 소리 높여 말다툼[誩]을 함[彊語也 一曰逐也 從誩從二人] ※甲骨, 金文 : 互相角逐而行 甲骨文 金文	競技(경기) 競爭(경쟁) 競走(경주) 競賣(경매)
端	端	4급 立 총14	끝 단, 단서 단, 바를 단 '立+耑(단)'으로 물건의 처음 나오는 맨 앞머리를 바로 함[立] [物初生之題也 上象生形, 下象其根也. 直也 從立耑聲] 甲骨文	端正(단정) 端坐(단좌) 端雅(단아) 極端(극단) 末端(말단) 端午(단오)
湍	湍	2급 水 총12	여울 단 '氵+耑(단)'으로 소용돌이치며 빠르게 흐르는 여울물[氵] [疾瀨也 從水耑聲]	湍激(단격) 湍瀨(단뢰) 湍流(단류) 急湍(급단)

자		급/부수/총획	훈음 및 자해		용례
瑞	瑞	2급 玉 총13	서옥 서, 홀 서, 상서로울 서 '玉+耑'으로 주대(周代)의 천자나 제후들이 그 지위의 상징[耑]으로 지녔던 구슬[玉]의 총칭[以玉爲信也 從玉耑 『注』徐鍇曰：耑, 諦也. 會意] 以玉爲信也：典瑞. 掌玉瑞玉器之藏. 注云. 人執以見曰瑞. 禮神曰器. 又云. 瑞, 節信也. 說文卩下云. 瑞信也. 是瑞卩二字爲轉注. 禮神之器亦瑞也. 瑞爲圭璧璋琮之總偁. 自璧至瑁十五字皆瑞也. 故總言之. 引伸爲祥瑞者, 亦謂感召若符節也『段注』		瑞光(서광) 瑞氣(서기) 瑞雪(서설) 瑞雲(서운) 瑞兆(서조)
喘	喘	1급 口 총12	헐떡거릴 천, 숨찰 천, 기침 천 '口+耑(단)'으로 입[口]이나 코 등에 질병이 생겨 숨이 차 헐떡거림[疾息也 從口耑聲]		喘息(천식) 咳喘(해천)

❋ 身 부

자		급/부수/총획	훈음 및 자해		용례
身	身	6급 身 총7	몸 신, 신체 신 '人+申(신)'으로 사람[人]의 몸, 특히 배가 불룩하게 나온 사람 모양[躬也 象人之身 從人 申聲]	甲骨文 金文	心身(심신) 身體(신체) 修身(수신) 獻身(헌신)
射	射	4급 寸 총10	쏠 사 '身+寸'으로 '躲'와 동자. 궁사(弓士)[身]는 먼 곳의 표적을 규정[寸]에 맞게 행동하며 바른 자세로 활을 쏨[躲者古文 弓弩發於身而中於遠也 從矢從身 射, 篆文躲從寸. 寸, 法度也 亦手也]		射手(사수) 射擊(사격) 發射(발사) 亂射(난사)
謝	謝	4급 言 총17	사절할 사, 사례할 사, 사죄할 사 '言+射(사)'로 요구나 제의[言]를 받아들이지 않고 사양하여 물리침[辭去也 從言躲聲] 辭去也：辭, 不受也. 曲禮 大夫七十而致事 若不得謝 則必賜之几杖 此謝之本義也 引伸爲凡去之偁 又爲衰退之偁 俗謂拜賜曰謝『段注』		謝禮(사례) 謝絶(사절) 謝罪(사죄) 厚謝(후사)
麝	麝	1급 鹿 총21	사향노루 사 '鹿+躲(사)'로 배꼽에 향낭(香囊)이 있고 그 속에 사향(麝香)이 들어 있는 사슴[鹿] [如小麋 臍有香 一名射父 從鹿躲聲]		麝鹿(사록) 麝香(사향)
躬	躬	1급 身 총10	몸 궁, 몸소 할 궁 '身+弓'으로 '躳'은 본자. 활[弓]처럼 굽은 사람의 몸[身] [俗從弓身 弓身者 曲之會意也] 躳或從弓, 身也『說文』 躬, 俗躳字 今經典通用『五經文字』- 『康熙』		躬稼(궁가) 躬耕(궁경) 躬行(궁행) 微躬(미궁) 反躬(반궁) 躬桑(궁상)
窮	窮	4급 穴 총15	다할 궁 '穴+躬(궁)'으로 본자는 '竆'. 동굴[穴]의 끝에 다다라 더 나아갈 수 없음[極也 從穴躬聲]		窮究(궁구) 窮理(궁리) 窮僻(궁벽) 窮狀(궁상)

❋ 尤 부

자		급/부수/총획	훈음 및 자해		용례
尢		尢 총3	절름발이 왕 보통 사람과 다르게 한쪽 다리가 길거나 굽은 사람 모습[異也. 從乙又聲]		
尤	尤	3급 尢 총4	허물 우, 더욱 우 '乙+又(우)'로 땅을 뚫고 나오는 초목(草木)이 장애물을 만나 그 모양[乙]이 전과 다름[異也. 從乙又聲. 徐曰. 乙欲出而見閡, 則顯其尤異者也] 乙象植物屈曲生長的樣子, 受到阻碍 則顯示出他的优異. 本義:最优異 -『漢典』	甲骨文 金文	尤人(우인) 尤妙(우묘) 尤甚(우심)

| 尨 | 尨 | 1급
尤
총7 | **삽살개 방** '犬+彡'으로 더부룩하게 털[彡]이 많이 난 개[犬] [犬之多毛者 從犬從彡『詩』曰 : 無使尨也吠] | 尨犬(방견) 尨大(방대) |

走 부

走	舁	4급 走 총7	**달릴 주** '夭+止'로 몸을 구부리고[夭] 발걸음[止]을 빨리하는 모양[趨也 從夭止 夭止者 屈也]	競走(경주) 疾走(질주) 走破(주파) 逃走(도주) 走馬燈(주마등)
徒	誌	4급 彳 총10	**걸을 도, 무리 도** '辵+走←土(토)'로 본자는 '辻'. 목적지에 이르기 위해 길을 걸어감[辵] [本作辻 步行也 從辵土聲]	徒步(도보) 徒黨(도당) 徒輩(도배) 徒食(도식)
赴	赴	3급 走 총9	**나아갈 부, 부임할 부** '走+卜←仆(부)'로 목적지에 이르기 위해 빨리 달려감[走] [趨也 從走仆省聲] 赴, 至也『爾雅·釋詁』趨而至也『疏』 -『康熙』金文	赴任(부임) 赴役(부역) 赴召(부소)
越	越	3급 走 총12	**넘을 월** '走+戉(월)'로 시간이나 규칙 등을 뛰어[走] 넘음[度也 從走戉聲] 本義 : 經過, 越過 -『漢典』	越權(월권) 越境(월경) 越冬(월동) 越牆(월장)
趨	趨	2급 走 총17	**달릴 추, 재촉할 촉** '走+芻(추)'로 목적지에 이르기 위해 종종걸음으로 빨리 걸음[走] [走也 從走芻聲] 曲禮注曰 行而張足曰趨 按張足過於布武 大雅 左右趣之 毛曰 趣, 趨也 此謂假借趣爲趨也『段注』	趨勢(추세) 趨進(추진) 趨食(촉식) 趨數(촉삭)
鄒	鄒	2급 邑 총13	**나라 이름 추** '阝+芻(추)'로 노나라 고을[邑] 이름. 옛 주(邾)나라로 황제 전욱씨의 후예를 봉한 땅[魯縣 古邾國 帝顓頊之後所封 從邑芻聲]	鄒魯(추로 : 鄒는 맹자의 출생지. 魯는 공자의 출생지) 鄒孟(추맹)

勹 부

勹	勹	勹 총2	**쌀 포** 사람의 구부러진 모양. 보자기로 싸는 것[裹也. 象人曲形, 有所包裹]	
匍	匍	1급 勹 총9	**기어갈 포** '勹+甫(보)'로 몸을 구부리고[勹] 손으로 땅을 짚고 있는 힘을 다해서 감[手行也 從勹甫聲] 匍 匐伏也 行盡力也 顚蹶也『玉篇』-『康熙』	匍腹(포복) 匍球(포구)
匈	匈	2급 勹 총6	**가슴 흉**(=胸), **흉흉할 흉, 떠들썩할 흉, 오랑캐 흉** '勹+凶(흉)'으로 가슴속으로 많은 것을 포용함[勹] [膺也 從勹凶聲. 肾 匈或從肉] 膺也 : 肉部曰膺, 匈也. 二篆爲轉注. 膺自其外言之無不當也. 匈自其中言之, 無不容也. 無不容, 故從勹『段注』	匈匈(흉흉) 匈奴(흉노) 匈牙利(흉아리)
胸	胸	3급 肉 총10	**가슴 흉** '月+匈(흉)'으로 많은 것을 생각하고 포용하는 가슴[肉] [同胸『正字通』-『康熙』] 胸 : 膺也『說文』本作匈. 黑龍面而鳥喙鷹, 麋髭頎, 大膺大胸『史記·趙世家』亦作胸 -『康熙』	胸中(흉중) 肺胸(폐흉) 胸部(흉부) 胸算(흉산)

I. 인간 79

字	篆	部首/級/총획	훈음 및 설명	용례
洶	洶	1급 / 水 / 총9	용솟음할 **흉** '水+匈(흉)'으로 물[水]이 세차게 솟아오름[涌也 從水 匈聲] 洶洶涌也：各本無洶洶字. 今依高唐賦注補. 相如賦日洶涌滂潰. 左思賦日濞焉洶洶『段注』	洶洶(흉흉) 洶湧(흉용)
勿	勿	3급 / 勹 / 총4	동네 기 **물**, 말 **물**, 아닐 **물** 마을에 세운 깃발이 나부끼는 모양[勿，州里所建旗. 象其柄，有三游，雜帛幅半異，所以趣民，故遽稱勿勿『說文』 或作㫃『集韻』 又通作物. 九旗雜帛爲物『周禮·春官·司常』 又非也『玉篇』 無也『廣韻』 毋也『增韻』 莫也『韻會』 非禮勿視『論語』 勿者，禁止之辭『朱註』-『康熙』] ※甲骨文 金文	勿警(물경) 勿禁(물금) 勿論(물론) 勿施(물시) 窮寇勿追(궁구물추) 勿輕小事(물경소사) 勿失好機(물실호기)
物	物	7급 / 牛 / 총8	물건 **물** '牛+勿(물)'로 만물 중 소[牛]는 큰 물건에 해당함[萬物也 牛爲大物 天地之數 起於牽牛 故從牛. 勿聲] ※갑골문에는 '牛+刀'로 칼로 소를 잡음의 뜻.『字源字典』 甲骨文	物理(물리) 物望(물망) 物色(물색) 物情(물정) 物質(물질) 鑛物(광물)
笏	笏	1급 / 竹 / 총10	홀 **홀** '竹+勿(물)'로 공경대부가 임금의 명을 기록하기 위하여 조복(朝服)에 끼고 다니던 옥·상아·대나무[竹] 등으로 만든 물건[公及士所搢也 從竹勿聲]	笏記(홀기) 投笏(투홀)
勺	勺	1급 / 勹 / 총3	구기 **작** 물과 술 따위를 푸는 데 쓰는, 국자보다 작은 기구 모양[挹取也 象形 中有實 與包同意]	勺藥(작약) 勺飮(작음) 圭勺(규작) 鼻勺(비작) 升勺(승작) 觸勺(촉작)
杓	杓	2급 / 木 / 총7	구기 **작**, 북두자루 **표** '木+勺(작)'으로 나무[木]로 만든 국자 모양의 기구[枓柄也 從木從勺]	元斗杓(원두표 : 조선의 문신)
芍	芍	1급 / 艸 / 총7	작약 **작** '艸+勺(작)'으로 작약과에 속하는 다년초로 흰 꽃과 붉은 꽃이 피며 뿌리는 약재로도 쓰이는 식물[艸] [鳧茈也 從艸勺聲] 鳧茈也 : 見釋艸 今人謂之葧臍 卽鳧茈之轉語 郭樸云 苗似龍須 根可食 黑色是也『段注』	芍藥(작약) 木芍藥(목작약)
豹	豹	1급 / 豸 / 총10	표범 **표** '豸+勺(작)'으로 호랑이와 비슷하며 온 몸에 점무늬가 있는 맹수(猛獸)[豸] [似虎 圜文 從豸勺聲]	豹皮(표피) 豹變(표변)
灼	灼	1급 / 火 / 총7	사를 **작**, 밝을 **작**, 더울 **작**, 놀랄 **작** '火+勺(작)'으로 물체에 불[火]을 붙여 태움[炙也 從火勺聲] 灼謂凡物以火附箸之. 如以楚焯柱龜曰灼龜. 其一耑也. 七諫注日. 黙, 汚也. 灼, 炙也. 猶身有病, 人黙炙之. 醫書以艾灸體謂之壯. 壯者, 灼之語轉也『段注』	灼熱(작열) 灼鐵(작철)
包	包	4급 / 勹 / 총5	쌀 **포** 사람이 임신하여 태(胎)가 아이를 감싸고 있음[妊也 象人裏妊 巳在中 象子未成形也]	包括(포괄) 包攝(포섭) 包容(포용) 包圍(포위) 包裝(포장) 包含(포함)
胞	胞	4급 / 肉 / 총9	태보 **포** '月+包'로 태아[肉]를 싸고[包] 있는 포[兒生裹也 從肉包]	胞宮(포궁) 胞衣(포의) 胞子(포자) 胞胎(포태) 同胞(동포) 細胞(세포)
飽	飽	3급 / 食 / 총14	배부를 **포** '食+包(포)'로 배불리 많이 먹어[食] 더 먹기 싫음[猒也 從食包聲]	飽滿(포만) 飽聞(포문) 飽食(포식) 飽和(포화)

字	篆	級/部/劃	訓音 및 풀이	用例
抱	㓉	3급 手 총8	안을 포 '扌+包(포)'로 '裒, 捊'자와 통용. 두 팔[扌]을 벌려 가슴 쪽으로 끌어당기거나 그렇게 하여 품안에 있게 함[裒, 俗作抱『說文』-『康熙』] ※裒: 裹也. 從衣包聲 『注』 臣鉉等曰: 今俗作抱 非是. 抱 與捊同 『說文』	抱腹(포복) 抱負(포부) 抱擁(포옹) 抱主(포주) 抱懷(포회) 懷抱(회포)
砲	砲	4급 石 총10	돌쇠뇌 포, 대포 포 '石+包(포)'로 본자는 礮. 돌[石]을 퉁겨 적을 공격하는 무기[同礮省 詳礮字註『正字通』-『康熙』] 礮: 俗作砲 機石也『正韻』以機發石 爲攻城械 號將軍礮 又通作抛『唐書·李密傳』-『康熙』	砲手(포수) 砲煙(포연) 砲彈(포탄) 砲火(포화) 銃砲(총포) 艦砲(함포)
咆	咆	1급 口 총8	으르렁거릴 포 '口+包(포)'로 호랑이나 곰과 같은 짐승의 울부짖음[口] [嗥也. 從口包聲『說文』咆哮也『玉篇』咆哮, 熊虎聲『廣韻』]	咆哮(포효) 咆虎陷浦(포호함포)
泡	泡	1급 水 총8	물 이름 포, 거품 포, 성할 포 '水+包(포)'로 강소성(江蘇省)의 남쪽을 흘러 사수(泗水)로 흘러들어가는 강물[水] [水 出山陽平樂 東北入泗 從水包聲]	泡沫(포말) 水泡(수포)
袍	袍	1급 衣 총10	솜옷 포, 속옷 포, 웃옷 포 '衣+包(포)'로 솜을 옷 속에 넣어 따뜻하게 입는 겨울옷[衣] [襺也. 從衣包聲『論語』曰: 衣弊縕袍『說文』長襦也『廣韻』, 丈夫衣下至跗者也 袍, 苞也 苞, 內衣 婦人以絳作衣裳, 上下連, 四起施緣, 亦曰袍, 義亦然也『釋名』-『康熙』	道袍(도포) 靑袍(청포)
庖	庖	1급 广 총8	부엌 포, 요리하는 사람 포, 음식 포 '广+包(포)'로 요리하거나 음식을 만드는 집[广] [廚也. 從广包聲]	庖廚(포주) 庖漢(포한)
疱	皰	1급 广 총10	마마 포 '疒+包(포)'로 皰와 동자. 얼굴에 발진이 나서 나은 뒤에도 마맛자국이 남는 병[疒] [面生气也. 從皮包聲] 面生气也: 玉篇作面皮生氣也, 玄應書一作面生熱氣也, 淮南 潰小皰而發痤疽 高曰, 面氣也, 玄應引作皰『段注』 / 腫病. 通作皯『集韻』-『康熙』	疱瘡(포창) 發疱(발포) 汗疱(한포)

❈ 比 부

字	篆	級/部/劃	訓音 및 풀이	用例
比	𠤎	5급 比 총4	빽빽할 비, 따를 비, 친밀할 비, 견줄 비 '人+人'으로 두 사람이 서로 밀착하여 따름[密也 二人爲從 反從爲比] 甲骨文 金文	比較(비교) 比例(비례) 比喩(비유) 比率(비율)
批	批	4급 手 총7	칠 비, 비평할 비 '扌+比(비)'로 사물의 옳고 그름을 가리어 공격함[手] [手擊也. 從手比聲『說文』宋萬遇仇牧于門, 批而殺之『左傳·莊十二年』又推也, 轉也 又示也『廣韻』-『康熙』]	批判(비판) 批評(비평) 批難(비난) 批准(비준) 批準(비준)
庇	庇	1급 广 총7	차양 비, 덮을 비, 의지할 비 '广+比(비)'로 볕을 가리거나 비를 막기 위해 만든 집[广]의 처마 끝에 있는 작은 지붕[蔭也 從广比聲]	庇護(비호) 庇蔭樹(비음수)
砒	砒	1급 石 총9	비소 비 '石+比(비)'로 회백색의 금속으로 광채를 내는 유독(有毒)한 광물질[同碈『正字通』-『康熙』]	砒霜(비상) 砒素(비소)

琵	瑟	1급 玉 총12	비파 **비** '珡+比(비)'로 둥글고 긴 타원형의 몸체에 4현 5현을 맨 거문고[珡]의 일종[琵琶, 樂器 從珡比聲]	琵琶(비파) 琵琶聲(비파성)
妣	𡚽	1급 女 총7	죽은 어머니 **비** '女+比(비)'로 죽은 어머니[女]를 지칭하는 말[歿母也 從女比聲]	先妣(선비) 祖妣(조비)
秕	𥝢	1급 禾 총9	쭉정이 **비** '禾+比(비)'로 병 따위로 잘 여물지 않은 벼[禾] 쭉정이[不成粟也 從禾比聲]	粃糠·秕糠(비강) 秕政(비정)
毘	毘	2급 比 총9	도울 **비** '田←囟+比'로 어린아이[囟]를 친하게[比] 잘 보살핌[同毗『康熙』] ※毘=毗	茶毘(다비) 毘補(비보) 毘益(비익) 毘盧峯(비로봉 : 금강산의 최고봉)

鬥 부

鬥	𩰦	鬥 총10	싸울 **두/투**, 다툴 **각** 두 사람이 무기를 뒤에 두고 서로 싸우는 모양[兩士相對, 兵杖在後, 象鬥之形. 凡鬥之屬皆從鬥]	
鬪	鬭	4급 鬥 총20	싸울 **투** '鬥+斲(착)'으로 '鬭'과 동자. 두 사람이 서로 다툼[鬥] [俗鬭字『玉篇』-『康熙』. 鬭, 遇也 從鬥斲聲]	決鬪(결투) 鬪技(투기) 鬪爭(투쟁) 鬪魂(투혼) 鬪病(투병) 鬪志(투지)

고사성어 이야기

[困獸猶鬪 곤수유투]

'곤경에 빠진 짐승도 발악한다'는 뜻으로, 어려움에 처한 사람이 더욱 저항한다는 것을 이르는 말. 위급할 때는 짐승도 적과 싸우려고 덤빈다는 뜻으로, 궁지에 몰린 사람이 최후의 발악을 하는 것을 비유한 말이다. ≪춘추좌씨전(春秋左氏傳)≫에 있는 이야기에서 나온 성어이다.

중국 진(晉)나라의 경공(景公)이 초(楚)나라와의 싸움에서 크게 패하고 온 장수 순임보(荀林父)의 관직을 박탈하고 참형에 처하려 하자, 대부 사정자(士貞子)가 반대하며 간언하였다.
"문공(文公) 때 우리 진나라가 성복에서 초나라와 싸워 크게 이겼으나 문공은 근심하였습니다. 신하들이 큰 승리를 거두었는데 걱정을 왜 하는지 묻자, 문공은 '성복의 싸움을 지휘한 초나라의 재상 성득신(成得臣)이 살아 있는 한 근심하지 않을 수 없다. 곤경에 빠진 짐승도 힘껏 싸우는데, 한 나라의 재상은 말할 나위 있겠는가(困獸猶鬪 況國相乎)'라고 하였습니다. 성득신이 초나라 왕의 명령을 받고 죽었다는 소식을 듣고 문공은 자신을 해칠 사람이 없어졌다며 기뻐하였다고 합니다. 그 뒤부터 진나라는 초나라와의 싸움에서 모두 이겼으며 초나라는 점점 위력이 약해졌습니다. 순임보를 죽이는 것은 다시 초나라를 도와 승리하도록 하는 것이며 우리 진나라는 패하는 것입니다. 한 번 패전한 것으로 충신인 순임보를 죽게 할 수는 없습니다."
사정자의 말에 경공은 순임보의 죄를 면하고 관직을 되돌려 주었다.

Ⅰ 인간

꿇어앉음

卩(巳) 女 母

- 卩
- 卷 — 圈 捲 倦
- 印 — 叩
- 卽
- 卵 — 柳 昴 劉 聊
- 卿
- 夗 — 詭 脆
- 危
- 却 — 脚
- 女 — 汝
- 姦
- 如 — 恕

- 好
- 委 — 倭 萎 矮
- 奴 — 努 怒 拏 弩 駑
- 安
- 妻 — 悽 棲 凄
- 姜 — 接
- 姬 — 熙
- 姪 — 窒 膣
- 嬰 — 櫻
- 母
- 每 — 海 梅 敏 悔 侮 繁 誨 晦
- 毋 — 拇

- 毒

누움

幺 子 疒 尸

- 幺
- 幼 — 窈 拗
- 幻
- 幽 — 斷 繼
- 幾 — 機 磯 畿 譏
- 子 — 仔
- 存 — 在
- 孝 — 酵 哮
- 字
- 孔 — 吼
- 學
- 孰 — 熟 塾

- 季 — 悸
- 孤
- 孫 — 遜
- 孟 — 猛
- 疒
- 病
- 疾 — 嫉
- 癌
- 瘙 — 騷 搔
- 療 — 僚 遼 瞭 寮 燎
- 尸
- 尺

- 尾
- 局
- 尿
- 展 — 臀 輾
- 屋 — 握
- 尼 — 泥
- 居 — 倨
- 尹 — 伊
- 屬 — 囑

卩 부

卩	卩 卩 총2	병부 절 옥·뿔·대나무·옥새·기 등의 신표, 또는 호랑이·사람·용 모양의 신표를 서로 합친 모습[瑞信也. 守國者用玉卩, 守都鄙者用角卩, 使山邦者用虎卩, 士邦者用人卩, 澤邦者用龍卩, 門關者用符卩, 貨賄用璽卩, 道路用旌卩. 象相合之形]	
卷	4급 卩 총8	두루마리 권, 책 권 '卩+䒑(변)'으로 무릎을 구부린 것[卩]처럼, 폈다 말았다 할 수 있는 것[䨷曲也. 從卩䒑聲] ─ 一卷之書, 必立之師『揚子·法言』可舒卷者曰卷. 編次者曰帙『增韻』或作捲『韻會』─『康熙』 ※䒑, 古文辨字『段注』 金文	卷數(권수) 卷雲(권운) 卷頭言(권두언)
圈	2급 囗 총11	우리 권 '囗+卷(권)'으로 가축을 기르는 울타리[囗] [養畜之閑也 從囗卷聲]	圈域(권역) 安全圈(안전권) 大氣圈(대기권)
捲	1급 手 총11	힘쓸 권, 말 권(=卷), 주먹 권 '手+卷(권)'으로 손[手]을 꽉 쥐어 용감하고 씩씩한 기세를 보임[气勢也 從手卷聲 『國語』曰: 有捲勇. 一曰捲收也] 气埶也: 謂作气有勢也. 此與拳同而異義. 小雅巧言. 無拳無勇. 毛傳曰拳, 力也. 齊語. 桓公問之于子之鄕. 有拳勇股肱之力秀出於衆者. 韋云. 大勇爲拳. 此皆叚拳爲捲. 蓋與古本字異. 齊風箋云. 攂, 勇壯也. 攂者, 捲之異體『段注』	捲歸(권귀) 捲土重來(권토중래) 席捲(석권) 雲捲天晴(운권천청)
倦	1급 人 총10	쉴 권, 게으를 권, 피곤할 권 '人+卷(권)'으로 죄가 있는 사람[人]에게는 일을 주지 않고 파면(罷免)함[罷也. 從人卷聲] 罷也: 罷者, 遣有罪也. 引伸爲休息之偁『段注』	倦憩(권게) 倦怠(권태)
印	4급 卩 총6	도장 인, 도장 찍을 인 '爪+卩'로 정권을 잡은 사람의 손[爪]에 있는 신부(信符)[卩] [執政所持信也 從爪從卩] 執政所持信也: 凡有官守者皆曰執政. 其所持之卩信曰印. 古上下通曰璽. 周禮璽節注曰今之印章『段注』 ※갑골, 금문에는 손으로 사람의 머리를 누르고 있는 모양[象用手按着一個人的頭] 甲骨文 金文	印鑑(인감) 印刷(인쇄) 官印(관인) 封印(봉인) 心心相印(심심상인) 如印一板(여인일판)
叩	1급 口 총5	두드릴 고, 조아릴 고 '卩+口(구)'로 몸을 구부려[卩] 물체를 두드림[叩, 擊也『玉篇』叩之以小者, 則小鳴. 叩之以大者, 則大鳴『禮·學記』以杖叩其脛『論語』─『康熙』]	叩門(고문) 叩頭謝罪(고두사죄)
卽	3급 卩 총9	먹을 즉, 곧 즉, 나아갈 즉 '皀+卩(절)'로 고소한 냄새[皀]가 나도록 때를 잘 맞춰 밥을 지음[卽食 從皀卩聲] 卽食也: 卽, 當作節. 周易所謂節飮食也. 節食者, 檢制之使不過. 故凡止於是之䛐謂之卽 凡見於經史言卽皆是也. 鄭風毛傳曰卽, 就也『段注』	卽刻(즉각) 卽時(즉시) 卽殺(즉살) 卽位(즉위)
卵	4급 卩 총7	알 란 젖이 없는 동물이 낳은 알 모양[凡物無乳者卵生 象形]	鷄卵(계란) 産卵(산란) 卵子(난자) 卵巢(난소)

字	篆文	급수/부수/총획	訓音 및 해설	用例
卿	卿	3급 / 卩 / 총12	밝힐 경, 벼슬 경 '卯+皀(급)'으로 작위(爵位)에 대한 글을 잘 밝혀[卯] 놓음[章也 六卿 : 天官冢宰 地官司徒 春官宗伯 夏官司馬 秋官司寇 冬官司空. 從卯皀聲] 章也 : 白虎通曰 卿之爲言章也. 章善明理也『段注』 金文	公卿(공경) 卿宰(경재) 卿士大夫(경사대부)
卯	卯	3급 / 卩 / 총5	무성할 묘, 넷째 지지 묘 만물이 땅을 뚫고 나옴이나, 문을 여는 모양[冒也 二月萬物冒地而出 象開門之形 故二月爲天門 從卯]	卯時(묘시) 卯方(묘방) 己卯(기묘)
柳	柳	4급 / 木 / 총9	버드나무 류 '木+卯(유)'로 본자는 '桺'. 무성히 빨리 자라는 작은 버드나무[木] [小楊也 本作桺 從木卯聲『說文』. 按楊柳一物二種, 『毛詩』分而言之者 -『康熙』]	楊柳(양류) 柳器(유기) 柳腰(유요) 細柳(세류)
昴	昴	2급 / 日 / 총9	별자리 이름 묘 '日+卯(묘)'로 28수[宿] 중 넷째 별[日←晶]자리 [白虎宿星 從日卯聲]	昴星(묘성)
劉	鐂	2급 / 刀 / 총15	도끼 류, 죽일 류, 베풀 류, 성씨 류 '金+卯+刀'로 '鐂'와 동자. 도끼와 같은 무기의 일종[古文 鐂鎦. 殺也『說文』徐鍇曰說文無劉字, 偏旁有之, 此字又史傳所不見, 疑此卽劉字也. 從金從卯, 刀字屈曲, 傳寫誤作田爾 按玉篇作古文劉字 -『康熙』] ※斧, 鉞 一類的兵器『字源字典』	劉備(유비) 劉邦(유방) 劉寄奴草(유기노초)
聊	聊	1급 / 耳 / 총11	귀 울 료, 애오라지 료 '耳+卯(묘)'로 귀[耳]가 울리는 이명(耳鳴) 현상[耳鳴也 從耳卯聲『說文』 語助『韻會』-『康熙』]	聊賴(요뢰) 無聊(무료)
危	危	4급 / 卩 / 총6	위태할 위 '厃+卩'로 사람[人]이 절벽[厂] 위에 위험하게 앉아[卩] 있음[在高而懼也 從厃 人在厓上 自卪止之] 甲骨文	危機(위기) 危急(위급) 危險(위험) 危篤(위독)
詭	詭	1급 / 言 / 총13	꾸짖을 궤, 속일 궤 '言+危(위)'로 실제 있는 것으로 말[言]하지 않고 의도적으로 꾸짖음[責也 從言危聲] 臣出守郡, 自詭效功『前漢·京房傳』自以爲憂責也『師古註』昔賈誼求試屬國, 詭繫單于『孔融·薦禰衡表』自責必繫單于也『註』又欺也, 謾也『玉篇』詐也『類篇』詭辭而出『穀梁傳·文六年』不以實告人『註』-『康熙』	詭計(궤계) 詭辯(궤변) 詭辭(궤사) 詭謀(궤모)
脆	脆	1급 / 肉 / 총10	무를 취, 연할 취 '肉+危←絶(절)'로 본자는 '脃'. 고기[肉]가 연하여 쉽게 잘라짐[俗脃字『廣韻』-『康熙』] 會意. 從肉絶省聲. 本義 : 易折斷 -『漢典』	脆弱(취약) 脆軟(취연) 脆怯(취겁) 柔脆(유취)
却	卻	3급 / 卩 / 총7	물리칠 각, 물러날 각 '卩+谷(곡)'으로 하고 싶은 것을 절제[卩]하여 물리침[節欲也 從卩谷聲] 卩卻也 各本作節欲也 誤 今依玉篇欲爲卻 又改節爲卩 卩卻者 節制而卻退之也『段注』	却說(각설) 棄却(기각) 忘却(망각) 賣却(매각)
脚	腳	3급 / 肉 / 총11	다리 각, 정강이 각 '肉+却(각)'으로 정강이 부근의 하지(下肢)[肉]나 정강이[脛也 從肉却聲]	健脚(건각) 馬脚(마각) 脚線美(각선미) 二人三脚(이인삼각)

女 부

字	篆	級/部/總	訓音 및 解說	甲骨文/金文	用例
女	㐆	8급 女 총3	여자 녀 두 손을 깍지 끼고 무릎을 꿇고 바르게 앉아 있는 부인의 모습[婦人也. 象形. 王育說. 『注』毋, 古文. 婦人也 : 男, 丈夫也. 女, 婦人也 立文相對 『段注』	甲骨文 金文	美女(미녀) 女史(여사) 仙女(선녀) 宮女(궁녀)
汝	㳒	3급 水 총6	너 여 '氵+女(여)'로 중국 회수(淮水) 상류 삼각주를 싸고 흐르는 물[氵] 이름[水. 出弘農盧氏還歸山 東入淮 從水女聲]		汝等(여등) 汝輩(여배)
姦	姦	3급 女 총9	간사할 간 '女+女+女'로 고자는 '㣙'. 사사로운 꾀가 많은 사람[女] [私也. 從三女. 㣙, 古文姦從心旱聲 三女爲姦 是以君子遠色而貴德 『段注』		姦通(간통) 姦淫(간음) 强姦(강간) 姦詐(간사)
如	㚿	4급 女 총6	따를 여, 갈 여, 같을 여, 만일 여 '女+口'로 여자[女]는 아버지나 지아비의 가르침[口]을 따라야 함[從隨也 從女口 『注』徐鍇曰 : 女子從父之敎, 從夫之命, 故從口 會意]	甲骨文	如前(여전) 如實(여실) 如反掌(여반장)
恕	㤩	3급 心 총10	어질 서, 용서할 서 '心+如(여)'에서 사람이 본래 간직한 어진 마음[心] [仁也 從心如聲]		容恕(용서) 忠恕(충서) 寬恕(관서)
好	㚼	4급 女 총6	아름다울 호, 좋을 호, 옳을 호 '女+子'로 남자[子]가 아름다운 여자[女]를 좋아함[媄也. 從女子 『注』徐鍇曰 : 子者, 男子之美偁 會意] 媄也 : 各本作 美也. 今正. 與上文媄爲轉注也. 好本謂女子. 引伸爲凡美之偁. 凡物之好惡, 引伸爲人情之好惡『段注』	甲骨文 金文	好感(호감) 好色(호색) 好機(호기) 好轉(호전) 好事多魔(호사다마)
委	委	4급 女 총8	굽힐 위, 굽히어 따를 위, 맡길 위, 내버려 둘 위 '禾+女'로 벼[禾]가 익어 고개를 숙이듯 여자[女]는 아버지나 지아비를 따름 [委隨也. 從女從禾 『注』臣鉉等曰 : 委, 曲也. 取其禾穀垂穗 委, 曲之貌 故從禾 任也. 屬 『韻會』又頓也. 又棄置也. 委而去之 『孟子』又本曰原, 末曰委. 或原也, 或委也 『禮·學記』 -『康熙』		委任(위임) 委託(위탁) 委棄(위기) 委員(위원) 選管委(선관위) 陳根委翳(진근위예)
倭	倭	2급 人 총10	유순할 왜, 난쟁이 왜, 왜국 왜 'イ+委(위)'로 순순히 잘 따르는 사람의 모양[イ] [順貌 從人委聲 『詩』曰 : 周道倭遲] 順皃 : 倭與委義略同. 委, 隨也. 隨, 從也 『段注』		倭寇(왜구) 倭亂(왜란) 倭政(왜정) 倭患(왜환)
萎	萎	1급 艸 총12	먹일 위(=餧), 마를 위, 시들 위 '艹+委(위)'로 소에게 마른 풀[艹]을 먹임[食牛也 從艹委聲]		萎落(위락) 萎縮(위축)
矮	矮	1급 矢 총13	난쟁이 왜, 작을 왜, 짧게 할 왜 '矢+委(위)'로 화살[矢]처럼 가늘고 작은 사람[短人也 從矢委聲]		矮小(왜소) 矮人(왜인)
奴	奴	3급 女 총5	종 노 '女+又'로 죄인[女]이 손[又]으로 일을 함[奴, 婢, 皆古之辠人也 『周禮』曰 : 其奴 男子入于辠隸 女子入于舂藁 從女從又] ※春 : 부인의 형벌. 쌀을 찧어 도역자(徒役者)들에게 공급함.	甲骨文 金文	奴僕(노복) 奴婢(노비) 守錢奴(수전노)

努	4급 力 총7	힘쓸 노 '力+奴(노)'로 목적을 위해서 힘[力]을 다해 애를 씀[勉也] 『方言』用力也 『增韻』努力也 『廣韻』用力也 『集韻』 – 『康熙』	努力(노력) 努肉(노육)
怒	4급 心 총9	성낼 노 '心+奴(노)'로 성난 마음[心]이 밖으로 드러남[恚也 從心奴聲] 本義: 發怒 明顯地表形于外的生氣 – 『漢典』	怒氣(노기) 怒號(노호) 怒髮(노발)
拏	1급 手 총9	맞당길 나, 잡을 나 '手+奴(노)'로 손[手]으로 서로 끌어당김[牽引也 從手奴聲] 攫也 『增韻』漢匈奴相紛拏 『史記·霍去病傳』相牽也 『註』亂相持搏也. 一作挐 『漢書註』又拘捕罪人曰拏. 俗作拿 – 『康熙』	拏捕(나포) 漢拏山(한라산)
弩	1급 弓 총8	쇠뇌 노 '弓+奴(노)'로 여러 개의 화살이나 돌을 잇달아 쏘게 만든 큰 활[弓] [弓有臂者. 『周禮』四弩: 夾弩 庾弩 唐弩 大弩. 從弓奴聲]	弩手(노수) 弓弩(궁노)
駑	1급 馬 총15	노둔한 말 노, 둔할 노 '馬+奴(노)'로 말 중 가장 우둔한 말[馬] [最下馬也 『玉篇』馬頓劣也 『正字通』 – 『康熙』]	駑鈍(노둔) 駑馬(노마)
妥	3급 女 총7	편안할 타, 타협할 타, 타당할 타 '爪+女'로 여자[女]가 집에서 손[爪]으로 일처리를 잘하니 편안함[安也 從爪女 與安同意] 『釋詁曰 妥, 安, 止也 又曰 妥, 安, 坐也 此二條略同 『段注』	妥結(타결) 妥協(타협) 妥當(타당)
妻	3급 女 총8	아내 처 '女+又+屮'로 집안의 가구들[屮]을 손[又]으로 잡고 자기와 함께 생활하며 일하는 사람[女] [婦與己齊者也 從女從屮從又 又, 持事, 妻職也 屮聲] 小篆字形從女, 從屮, 從又. '屮'象家具形, 又是手 合起來象女子手拿家具從事勞動的形象. 本義: 男子的正式配偶 – 『漢典』	妻家(처가) 妻弟(처제) 愛妻(애처) 良妻(양처)
悽	2급 心 총11	슬퍼할 처 '忄+妻(처)'로 슬픈 일로 마음[忄]이 괴롭고 아픔[痛也 從心妻聲] 悲也 『集韻』恨也 『韻會』 – 『康熙』	悽然(처연) 悽慘(처참) 悽絶(처절) 悽悽(처처)
棲	1급 木 총12	깃들일 서, 살 서, 보금자리 서 '木+妻(처)'로 새가 나무[木] 둥지에 깃들임[或從木妻 蓋從木妻聲也 從妻爲聲] 同栖 鳥棲也 『玉篇』棲 爲鳥在巢 – 『康熙』	棲息(서식) 兩棲類(양서류)
凄	1급 冫 총10	찰 처, 쓸쓸할 처 '冫+妻(처)'로 얼음[冫]이 어는 차가운 때[寒也] 『玉篇』通作淒 嚴氏曰: 凄旁加二點, 從仌, 冰寒也 『韻會』 – 『康熙』]	凄然(처연) 凄凉(처량) 凄切(처절)
妾	3급 女 총8	첩 첩, 하녀 첩, 아내 겸칭 첩 '辛+女'로 허물이나 죄[辛]가 있는 여자[女] [有辠女子 給事之得 接於君者 從辛從女]	愛妾(애첩) 小妾(소첩) 妻妾(처첩) 妾室(첩실)
接	4급 手 총11	교제할 접, 대접할 접, 이을 접 '扌+妾(첩)'으로 손[扌]을 잡고 서로 사귐[交也 從手妾聲] 交也: 交者, 交脛也 引申爲凡相接之偁『段注』	待接(대접) 接客(접객) 接續(접속) 交接(교접)
姬	2급 女 총9	성 희, 아가씨 희 '女+臣(이)'로 황제(黃帝)가 희수에 살았으므로 이로 인해 성(姓)[女]을 삼음[黃帝居姬水 因水爲姓 從女臣聲]	歌姬(가희) 貴姬(귀희) 美姬(미희) 舞姬(무희)

I. 인간 87

字	篆	級/部/획	訓音 및 解說	用例
熙	煕	3급 / 火 / 총13	마를 희, 빛날 희, 넓을 희, 화락할 희 '灬+熙(이)'로 마른 것에 불[灬]을 붙임[燥也 從火熙聲]	熙朝(희조) 熙笑(희소) 光熙(광희) 熙熙(희희)
姪	姪	3급 / 女 / 총9	조카 질 '女+至(지)'로 형제자매의 자녀[女] [兄之女也 從女至聲] 女子謂兄弟之子也. 各本作兄之女也. 不完. 今依爾雅正. 釋親曰女子謂晜弟之子爲姪『段注』	堂姪(당질) 叔姪(숙질) 姪婦(질부) 姪女(질녀)
窒	窒	2급 / 穴 / 총11	막을 질, 막힐 질 '穴+至(지)'로 파놓은 굴[穴]의 끝이 막혀 통하지 않음[塞也 從穴至聲] 窫也 : 各本寫誤塞. 今正. 窫也, 窒也, 見窉部. 此二字互訓也. 窫之隸體爲實. 土部曰 塞, 隔也. 自部曰隔, 塞也. 塞於義不爲窒. 邊塞其本義也『段注』	窒息(질식) 窒塞(질색) 窒素(질소)
膣	膣	1급 / 肉 / 총15	새살 날 질, 자궁 질 '肉+窒(질)'로 새 살[肉]이 남, 또는 여자의 자궁으로 통하는 길[音窒. 肉生也『篇海』-『康熙』. 女性生殖器的一部分, 卽陰道 - 『漢典』]	膣炎(질염) 膣口(질구)
嬰	嬰	1급 / 女 / 총17	목에 걸 영, 두를 영, 갓난아이 영 '女+賏'로 자개를 이어 꿴 목걸이[賏]를 여자[女]가 목에 장식함[頸飾也 從女賏 賏, 其連也]	嬰兒(영아) 嬰孩(영해)
櫻	櫻	1급 / 木 / 총21	앵두나무 앵 '木+嬰(영)'으로 장미과의 낙엽 활엽관목. 6월에 작은 핵과(核果)가 빨갛게 달리는 나무[木] [果也 從木嬰聲]	櫻桃(앵도) 櫻脣(앵순)

❊ 母 부

字	篆	級/部/획	訓音 및 解說	用例
毋	毋	1급 / 毋 / 총4	말 무 '女+一'로, 여자[女]를 함부로 간범하지 못하도록 함[一] [止之詞也 從女 有奸之者 一 禁止之 令勿姦也] ※방패 모양을 그렸다는 설도 있음.	毋論(무론) 毋望之福(무망지복)
每	每 甲骨文 金文	7급 / 毋 / 총7	풀 무성할 매, 매양 매 '屮+母(모)'로 풀이 끊임없이 무성하게 돋아남[屮] [艸盛上出也 從屮母聲]	每戶(매호) 每號(매호) 每樣(매양) 每卷(매권)
海	海	7급 / 水 / 총10	바다 해 '氵+每(매)'로 모든 물[氵]을 자연스럽게 수용하여 만들어진 바다[天池也 以納百川者 從水每聲]	海洋(해양) 海流(해류) 海諒(해량) 領海(영해)
梅	梅	3급 / 木 / 총11	매화나무 매 '木+每(매)'로 이른 봄에 백색 또는 연분홍색 꽃이 피며, 과실은 식용이나 약용으로 쓰는 나무[木] [枏也 可食 從木每聲]	梅花(매화) 梅畵(매화) 梅實(매실) 寒梅(한매)
敏	敏 甲骨文 金文	3급 / 攴 / 총11	민첩할 민, 빠를 민 '攵+每(매)'로 빨리 하도록 채찍을 가함[攵] [疾也 從攴每聲] 敏, 閔也. 進敍無否滯之言也, 故汝穎言敏曰閔『釋名』 又惟學遜志務時敏『說命』-『康熙』	敏感(민감) 英敏(영민) 機敏(기민) 銳敏(예민)
悔	悔	3급 / 心 / 총10	뉘우칠 회 '忄+每(매)'로 제 잘못을 스스로 마음[心]속으로 깨닫고 가책을 느낌[悔恨也 從心每聲] 悔恨也 : 按悔乃複擧字之未刪者. 韻會無. 當從之. 悔者, 自恨之意『段注』	後悔(후회) 悔恨(회한) 痛悔(통회) 悔改(회개)
侮	侮	2급 / 人 / 총9	업신여길 모 '亻+每(매)'로 교만한 마음으로 남[人]을 얕잡아 보거나 하찮게 여기어 상처를 줌[傷也 從人每聲]	受侮(수모) 侮辱(모욕) 輕侮(경모) 侮慢(모만)

漢字	급수/부수/총획	훈음 및 설명	갑골문/금문	용례
繁 𦃇	3급 糸 총17	말갈기 꾸밀 반, 많을 번, 성할 번 '糸+敏'로 緐과 동자. 제후의 말 다팔머리 털[糸]을 성대히 꾸밈[敏] [馬髦飾也 從糸敏] 實繁有徒『書·仲虺』繁, 多也『傳』又拜至獻酬辭讓之節繁『禮·鄉飲·酒義』繁, 猶盛也『註』又安得不翦其繁蕪『孝經序』繁, 雜也『註』-『康熙』	金文	繁盛(번성) 繁榮(번영) 繁昌(번창) 繁華(번화) 繁殖(번식)
誨 䛨	1급 言 총14	가르칠 회, 가르침 회 '言+每(매)'에서 상대방이 아직 모르는 일을 알도록 설명함[言] [曉敎也 從言每聲]		誨言(회언) 誨諭(회유)
晦 𣉙	1급 日 총11	그믐 회 '日+每(회)'에서 음력 매월 마지막 날[日] [月盡也 從日每聲] 晦, 灰也. 火死爲灰, 月光盡似之也『釋名』陳不違晦『左傳·成十六年』晦, 月終『註』又君子以嚮晦入宴息『易·隨卦』晦, 晏也『註』又風雨如晦『詩·陳風』晦, 昏也『傳』-『康熙』		晦朔(회삭) 晦冥(회명)
母 𣎼	8급 母 총5	어머니 모 '女+··'로 어머니[女]가 어린아이를 품고 젖[··]을 먹이는 모양[牧也 從女 象懷子 一曰 象乳子也]	甲骨文 金文	母國(모국) 母胎(모태) 母型(모형) 繼母(계모)
拇 𢴫	1급 手 총8	엄지손가락 무 '手+母(모)'로 손가락[手] 중에서 가장 짧고 굵은 손가락으로 대지(大指) 또는 무지(拇指)라 칭하는 손가락[將指也 從手母聲]		拇印(무인) 拇指(무지)
毒 𡱭	4급 母 총8	독 독 '屮+毒'로 사람을 심하게 해치는 독[毒]이 있는 풀[屮] [厚也 害人之艸 往往而生 從屮從毒]		毒殺(독살) 毒藥(독약) 酷毒(혹독) 制毒(제독)

❀ 幺 부

漢字	급수/부수/총획	훈음 및 설명	갑골문/금문	용례
幺 𢆯	幺 총3	작을 요 갓 태어난 아이의 작은 모양[小也 象子初生之形] 小也 : 通俗文曰不長曰幺. 細小曰麼. 許無麼字. 象子初生之形 : 子初生, 甚小也. 俗謂一爲幺. 亦謂晚生子爲幺. 皆ından其小也『段注』		
幼 𢆶	3급 幺 총5	어릴 유, 사랑할 유 '力+幺'로 힘[力]이 유약함[幺] [少也 從幺從力] 少也 : 釋言曰幼鞫稚也. 又曰冥, 幼也. 斯干毛傳亦云. 冥, 幼也. 幼同幽. 一作窈. 從幺力. 幺亦聲『段注』	甲骨文 金文	幼年(유년) 幼兒(유아) 幼弱(유약) 老幼(노유)
窈 窕	1급 穴 총10	그윽할 요, 어두울 요, 얌전할 요 '穴+幼(유/요)'로 동굴[穴]이 깊고 멂[深遠也 從穴幼聲] 深遠也 : 周南毛傳曰窈窕, 幽閒也. 以幽釋窈. 以閒釋窕. 方言曰美心爲窈. 美狀爲窕. 陳風傳又曰窈糾, 舒之姿也. 舒, 遲也『段注』		窈窕淑女(요조숙녀)
拗 𢪃	1급 手 총8	꺾을 요, 누를 욱 '手+幼(유)'로 손[手]으로 꺾어 부러뜨림[手拉也 從手幼聲] 折也『增韻』-『康熙』		執拗(집요) 拗花(요화)
幻 𢆶	2급 幺 총4	미혹할 환, 변할 환, 허깨비 환 '予'를 거꾸로 한 모양으로, 서로 속이어 미혹됨[相詐惑也 從反予] 相詐惑也 : 詭誕惑人也. 漢書. 幸軒眩人. 字作眩. 從反予 : 倒予也. 使彼我是爲幻化『段注』/ 予 : 推予也. 象相予之形『說文』	金文	幻生(환생) 幻惑(환혹) 幻夢(환몽) 幻影(환영)

I. 인간 89

漢字	篆文	級/部首/總劃	訓音 및 풀이	用例
幽	幽	3급 幺 총9	숨을 유, 그윽할 유, 어두울 유, 가둘 유 '山+丝(유)'로 깊은 산[山]속에 있어 가려져 은폐됨[隱也 從山中丝, 丝亦聲]. 隱也. 昌部曰隱, 蔽也. 小雅. 桑葉有幽. 毛曰幽, 黑色也. 從山丝: 幽從山猶隱從昌. 取遮蔽之意. 從丝者, 微則隱也『段注』	幽客(유객) 幽界(유계) 幽谷(유곡) 幽明(유명)
斷	斷	4급 斤 총18	끊을 단, 결단할 단 '䍃+斤'은 길게 이어진 물체를 도끼[斤]로 잘게 자름[䍃 作䍃. 截也『說文』乃䍃棄汝『書·盤庚』斷, 絶也『傳』是斷是遷『詩·商頌』於是斬斷之『疏』-『康熙』] 䍃: 繼或作䍃. 反䍃爲䍃. 大徐無篆文. 但有一曰反䍃六字. 不可了. 小徐本云. 或作䍃. 反䍃爲䍃. 今依以補一篆文『段注』	斷念(단념) 斷食(단식) 斷案(단안) 斷腸(단장)
繼	繼	4급 糸 총20	이을 계, 맬 계 '糸+䍃'로 끊어진[䍃] 실[糸]을 다시 이음[續也 從糸䍃. 一曰反䍃爲繼]	後繼(후계) 繼母(계모) 繼續(계속) 繼承(계승)
幾	幾	3급 幺 총12	기미 기, 몇 기, 어찌 기 '丝+戍'로 은미한[丝] 곳에 병기를 들고 지킴[戍] [殆也. 從丝從戍. 戍, 兵守也. 丝而兵守者, 危也]. 微也. 轂辭傳曰幾者, 動之微. 吉凶之先見之. 又曰顔氏之子其殆庶幾乎. 虞曰幾, 神妙也『段注』	幾微(기미) 幾何(기하)
機	機	4급 木 총16	베틀 기, 틀 기 '木+幾(기)'로 명주·무명·삼베 등의 피륙을 짜는 나무[木]로 만든 틀[主發謂之機 從木幾聲] 主發謂之機: 下文云. 機持經者. 機持緯者. 則機謂織具也. 機之用主於發. 故凡主發者皆謂之機『段注』	孟母斷機(맹모단기)
璣	璣	2급 玉 총16	둥글지 않은 구슬 기, 구슬 기 '玉+幾(기)'로 둥글지 않고 모가 있는 구슬[玉] [珠不圜也. 從玉幾聲] 珠不圜者 各本作也. 今依尙書音義, 後漢書注作者. 凡經傳沂鄂謂之幾, 門橜謂之機. 故珠不圜之字從幾『段注』	璇璣玉衡(선기옥형: 渾天儀)
畿	畿	3급 田 총15	경기 기, 서울 기 '田+幾(기)'로 천자가 다스리는 500리 이내의 땅[田] [天子千里地 以逮近言之則言畿也 從田幾省聲] 天子千里地: 卽天子五百里內田也. 五百里自其一面言, 千里自其四面言, 爲方百里者百也『段注』	京畿(경기)
譏	譏	1급 言 총19	비방할 기, 나무랄 기 '言+幾(기)'로 남의 잘못을 비난하거나 책망하여 말[言]함[誹也. 從言幾聲]	譏察(기찰) 譏弄(기롱)

子 부

漢字	篆文	級/部首/總劃	訓音 및 풀이	用例
子	子	7급 子 총3	아들 자 어린아이의 모습[十一月 陽氣動 萬物滋 人以爲稱 象形] 又息也『廣韻』嗣也『增韻』有男女, 然後有夫婦. 有夫婦, 然後有父子『易·序卦傳』王者父天母地曰天子. 天子之子曰元子『白虎通』又凡適長子曰冢子, 卽宗子也. 其適夫人之次子, 或衆妾之子, 曰別子, 亦曰支子 又男子之通稱 -『康熙』	子息(자식) 子孫(자손) 孔子(공자) 子爵(자작)
仔	仔	1급 人 총5	견딜 자, 자세할 자 '人+子(자)'로 어떤 어려운 일도 잘 극복하며 해결해 나가는 사람[人] [克也 從人子聲] 克也: 周頌曰. 佛時仔肩. 克也. 箋云. 仔肩, 任也. 按克, 勝也. 勝與任義似異而同. 許云仔, 克也. 釋詁云肩, 克也. 許云克, 肩也. 然則仔肩絫言之耳『段注』	仔細(자세) 仔豚(자돈)

字	篆文	級/部首/劃	字解	古字	用例
存	㭭	5급 子 총6	물어볼 존, 있을 존 '子+才(재)'로 자식[子]처럼 생각하여 근심하고 물어보며 살핌[恤問也 從子才聲] 恤問也 : 恤, 憂也. 收也. 爾雅曰 在, 存也. 在, 存, 省, 士, 察也. 今人於在存字皆不得其本義『段注』/ 存, 在也, 察也『爾雅』書舜典, 在璿璣玉衡, 以齊七政.存卽在也『疏』成性存存『易·繫辭』操則存, 舍則亡『孟子』致愛則存『禮·祭義』孝子致極愛親之心, 則若親之存也『註』又恤問也『說文』-『康熙』		存續(존속) 存立(존립) 存廢(존폐) 存亡(존망) 父母俱存(부모구존) 適者生存(적자생존)
在	𡉉	6급 土 총6	살필 재, 찾을 재, 곳 재, 있을 재 '土+才(재)'로 보살펴 줄 곳[土]을 살핌[存也 從土才聲] 存 : 按虞夏書在訓察. 謂在與伺音同. 卽存問之義也. 在之義古訓爲存問. 今義但訓爲存亡之存『段注』	甲骨文 金文	存在(존재) 在野(재야) 在職(재직) 在鄕(재향)
孝	耂	7급 子 총7	효도 효 '老+子'로 도리에 맞고 인륜에 거슬리지 않게 자식[子]이 부모[老]를 잘 섬기는 것[善事父母者. 從老省從子 子承老也] 善事父母者 : 禮記. 孝者, 畜也. 順於道. 不逆於倫. 是之謂畜『段注』	金文	孝道(효도) 孝誠(효성) 孝婦(효부) 孝孫(효손)
酵	酵	1급 酉 총14	술밑 효 '酉+孝(효)'로 술[酉]을 거르고 남은 찌끼[酒酵『廣韻』酒滓『集韻』以酒母起麪曰發酵, 蕭子顯『正字通』-『康熙』]		醱酵(발효) 酵母菌(효모균)
哮	哮	1급 口 총10	으르렁거릴 효 '口+孝(효)'로 짐승이 놀라 지르는 큰 소리[口] [豕驚聲也 從口孝聲]		咆哮(포효) 哮吼(효후)
字	字	7급 子 총6	젖 먹일 자, 낳을 자, 기를 자, 사랑 자, 글자 자, 암컷 자, 정혼할 자 '宀+子(자)'로 어머니가 집[宀]에서 자식[子]을 낳아 젖을 먹임[乳也 從子在宀下 子亦聲]	金文	文字(문자) 字解(자해) 字源(자원) 字典(자전)
孔	𠃉	4급 子 총4	통할 공, 구멍 공, 클 공, 성씨 공 '子+乚'로 아이[子]가 엄마의 젖[乚]과 통합[通也 嘉美之也. 從乚子. 乚, 請子之候鳥也. 乚至而得子, 嘉美之也. 古人名嘉字子孔] 通也 : 通者達也. 於易卦爲泰. 孔訓通, 故俗作空穴字多作孔. 其實空者, 竅也. 作孔爲叚借『段注』	金文	孔穴(공혈) 鼻孔(비공) 孔子(공자) 孔門(공문)
吼	吼	1급 口 총7	소리 지를 후, 울 후 '口+孔(공)'으로 소 같은 짐승이 분노 등으로 큰 소리[口]를 내거나 욺[嚤吼也『說文』牛鳴也『玉篇』虓聲『增韻』-『康熙』]		叫吼(규후) 獅子吼(사자후)
學	斆 斅	8급 子 총16	배울 학 '敎+冂+𦥑(구)'로 고자는 斅. 어리석은 사람[冂]이 스스로 깨우쳐 본받게 함[敎] [學, 篆文 斅省 此爲篆文 則斅古文也. 斅, 覺悟也 從敎冂 冂 尙朦也 𦥑聲. 學 篆文 斅省] 學記曰學然後知不知 知不足然後能自反也. 按知不足所謂覺悟也『段注』/ 受敎傳業曰學. 朱子曰 : 學之爲言效也『增韻』日就月將, 學有緝熙于光明『詩·周頌』又學校, 庠序總名-『康熙』 ※갑골에는 양손[𦥑]으로 산대를 가지고 놂[人兩手擺弄籌策]. 금문에는 '子'를 추가하여 어린 사람에게 계산하는 법을 학습시킴[兒童在學習算數]『字源字典』	甲骨文 金文	學業(학업) 獨學(독학) 留學(유학) 學校(학교) 曲學阿世(곡학아세) 敎學相長(교학상장) 口耳之學(구이지학) 先禮後學(선례후학)

I. 인간

한자	전서	급수/부수/총획	뜻과 음, 설명	용례
孰	𱁘	3급 子 총11	익을 숙, 익힐 숙, 도타울 숙, 누구 숙, 어느 숙 '享+丮←刊'으로 음식을 잘 익혀 손으로 잡고[丮] 먹음[享] [食飪也 從享丮『易』曰: 孰飪』 飪: 大孰也 可食之物大孰則丮持食之『段注』	孰若(숙약) 孰與(숙여)
熟	𱁙	3급 火 총15	익을 숙, 익힐 숙, 무를 숙, 익히 숙 '灬+孰(숙)'으로 음식을 불[火]로 익혀서 먹음[本作𩱿 食飪也『說文』爛也『玉篇』亨熟饋獻『禮·祭義』又成也『廣韻』-『康熙』]	熟考(숙고) 熟果(숙과) 熟達(숙달) 熟卵(숙란) 熟練(숙련) 熟面(숙면)
塾	𱁚	1급 土 총14	문 옆방 숙, 글방 숙 '土+孰(숙)'으로 대문 곁의 좌우에 있는 흙[土]으로 만든 행랑방[門側堂也 從土孰聲]	塾生(숙생) 學塾(학숙)
季	𣏌	4급 子 총8	끝 계 '子+禾←稚(치)'로 나이가 가장 어린 사람[子] [少偁也 從子從稚省 稚亦聲] 少偁也: 叔季皆謂少者 而季又少於叔『段注』 甲骨文 金文	季節(계절) 四季(사계) 秋季(추계) 季子(계자)
悸	𢙎	1급 心 총12	두근거릴 계, 동계 계 '心+季(계)'로 놀라거나 병으로 심장[心]이 자주 두근거림[心動也 從心季聲] ※동계: 가슴이 두근거리는 일로 생긴 병.	悸悸(계계) 悸心痛(계심통)
孤	𣪊	4급 子 총8	고아 고, 외로울 고 '子+瓜(과)'로 어려서부터 어버이가 없이 자란 아이[子] [無父也 從子瓜聲]	孤立(고립) 孤獨(고독) 孤兒(고아) 孤魂(고혼)
孫	𦥑	6급 子 총10	손자 손 '子+系'로 자식[子]이 또 자식을 낳아 대를 이음[系] [子之子曰孫 從子從系 系, 續也] 甲骨文 金文	孫女(손녀) 孫婦(손부) 曾孫(증손) 世孫(세손)
遜	𨒖	1급 辵 총14	달아날 손, 순할 손, 겸손할 손, 사양할 손 '辵+孫(손)'으로 어려움이나 위험을 핑계로 달아남[辵] [遁也 從辵孫聲] 惟學遜志『說命』謙抑也. 遜其志, 如有所不能也『註』-『康熙』	謙遜(겸손) 恭遜(공손)
孟	𥁕	3급 子 총8	맏 맹, 맏이 맹 '子+皿(명)'으로 자녀[子] 중 장자인 맏아들 또 맏딸[長也 從子皿聲] 金文	孟春(맹춘) 孟夏(맹하) 孟秋(맹추) 孟冬(맹동)
猛	𤜯	3급 犬 총11	굳센 개 맹, 엄할 맹, 용맹스러울 맹, 사나울 맹 '犭+孟(맹)'으로 굳세고 튼튼하며 엄하고 용맹스러운 개[犬] [健犬也 從犬孟聲] 健犬也: 叚借爲凡健之偁『段注』/又健也『玉篇』勇猛『廣韻』又嚴也, 惡也, 害也『玉篇』-『康熙』	勇猛(용맹) 猛犬(맹견) 猛獸(맹수) 猛烈(맹렬)

❀ 疒 부

한자	전서	급수/부수/총획	뜻과 음, 설명	용례
疒		疒 총5	병들 녁, 병질엄 사람이 병들어 침상에 누워 있는 모습[倚也. 人有疾病, 象倚箸之形]	
病	𤺋	6급 疒 총10	병 병 '疒+丙(병)'으로 질병(疾病)[疒]이 더욱 심해진 것[疾加也 從疒丙聲]	病者(병자) 病症(병증) 病院(병원) 病菌(병균)

字	篆	級/部/劃	訓音 및 字源	用例
疾	牀	3급 疒 총10	병 질 '疒+矢(시)'로 갑자기 병[疒]에 걸려 침상에 누워 있음[病也. 從疒矢聲] 病也 : 析言之則病爲疾加. 渾言之則疾亦病也. 按經傳多訓爲急也. 速也. 此引伸之義. 如病之來多無期無迹也. 止部曰疌, 疾也. 從疒矢聲. 矢能傷人. 矢之去甚速. 故從矢會意. 聲字疑衍『段注』 ※甲骨文金文 的疾字 均象一個人腋下中箭之形『字源字典』 甲骨文 金文	疾苦(질고) 疾故(질고) 疾病(질병) 疾視(질시) 癎疾(간질) 怪疾(괴질) 疫疾(역질) 疾走(질주)
嫉	嫉	1급 女 총13	시새움할 질, 미워할 질 '女+疾(질)'로 자기보다 잘 되거나 나은 사람[女]을 공연히 미워하고 싫어함[妬也. 俠或從女『說文』 妬也. 故從女『說文』-『康熙』]	嫉視(질시) 嫉妬(질투)
癌	癌	2급 疒 총17	암 암 '疒+嵒(암)'으로 병[疒]이 사람의 장부(臟腑)에 산의 바위[嵒]처럼 커져 불치의 병이 됨[臟腑所生毒瘤也『字源字典』]	胃癌(위암) 肺癌(폐암) 肝癌(간암) 發癌(발암)
瘙	瘙	1급 疒 총15	종기 소, 부스럼 소 '疒+蚤(조)'로 피부에 난 종기나 부스럼 병[疒] [瘙創也『博雅, 集韻』-『康熙』]	瘙痒症(소양증)
騷	騷	3급 馬 총20	시끄러울 소, 소동 소, 풍류 소 '馬+蚤(조)'로 말[馬]이 요동(擾動)치며 내는 소리[擾也. 摩馬也. 從馬蚤聲]	騷音(소음) 騷動(소동) 騷客(소객) 騷人(소인)
搔	搔	1급 手 총13	긁을 소, 떠들 소 '手+蚤(조)'로 손[手]으로 가려운 곳을 긁음[刮也. 從手蚤聲] 各本作括 今正	搔痒(소양) 搔爬手術(소파수술)
療	療	2급 疒 총17	병 고칠 료 '疒+尞(료)'로 하늘에 제사를 지내듯 병[疒]을 신중히 치료함[治也『說文』療, 治也『揚子·方言』-『康熙』] ※尞 : 柴祭天也 從火從昚 昚 古文愼字 祭天所以愼也『說文』→섶나무를 때어 하늘에 제사 지내는 일.	治療(치료) 加療(가료) 診療(진료) 療護(요호)
僚	僚	2급 人 총14	예쁠 료, 동료 료, 벼슬아치 료 '亻+尞(료)'로 호감(好感)이 가는 사람[人]을 예뻐하는 모양[好貌 從人尞聲]	同僚(동료) 官僚(관료) 僚黨(요당) 閣僚(각료)
遼	遼	2급 辵 총16	멀 료, 나라 이름 료, 강 이름 료 '辶+尞(료)'로 아득히 멀리 떨어진 강이나 나라에 감[辶] [遠也. 從辵尞聲] 水名, 在遼陽縣『集韻』又國名, 契丹之後, 至耶律德光, 號大遼『韻會』-『康熙』	遼遠(요원) 廣遼(광료) 遼東豕(요동시)
瞭	瞭	1급 目 총17	눈동자 밝을 료, 멀리 볼 료 '目+尞(료)'로 눈[目]이 밝아 사물을 멀리까지 볼 수 있음[目睛明也『廣韻』-『康熙』]	明瞭(명료) 一目瞭然(일목요연)
寮	寮	1급 宀 총15	집 료, 벼슬아치 료 '宀+尞(료)'로 벼슬아치들이 생활하는 작은 집[宀] [同官爲寮 又官寮也『爾雅·釋詁註』-『康熙』]	同僚·同寮(동료) 寮舍(요사)
燎	燎	1급 火 총16	불 놓을 료, 밝을 료, 화톳불 료 '火+尞(료)'로 불[火]을 피워 놓음[放火也. 從火尞聲]	燎火(요화) 燭燎(촉료)

❀ 尸 부

| 尸 | 尸 | 尸 총3 | 주검 시, 시동 시 사람이 누워 있는 모습[陳也. 象臥之形] 陳也 : 陳當作敶. 支部曰敶, 列也『段注』 | |

I. 인간 93

한자	전서	급수/부수/총획	훈음 및 설명	용례
尺	尺	3급 尸 총4	열 치 **척**, 자 **척** '尸+乙'로 사람[尸]이 손으로 1척의 길이를 헤아려 앎[乙] [十寸也 人手卻十分動脈爲寸口 十寸爲尺 尺 所以指尺規榘事也. 從尸從乙 乙 所識也] ※金文的尺字 是在一個人形的小腿部位加一個指示符號以表示一尺的高度所在『字源字典』 ※중국인들은 寸口에서 팔꿈치까지의 길이를 一尺으로 계산함.	尺度(척도) 指尺(지척) 長尺(장척) 尺璧(척벽) 尺貫法(척관법)
尾	尾	3급 尸 총7	꼬리 **미** '尸+毛'로 사람[尸]이 엉덩이 부근에 짐승의 가는 꼬리털[毛]로 장식함[微也 從到毛在尸後. 古人或飾系尾 西南夷亦然. 今隸變作尾] 後漢書西南夷列傳曰槃瓠之後, 好五色衣服. 製裁皆有尾形. 按尾爲禽獸之尾『段注』 甲骨文	末尾(말미) 尾行(미행) 後尾(후미) 尾聯(미련)
局	局	5급 尸 총7	판 **국**, 재간 **국**, 방 **국**, 관서(官署) **국** '尺+口'로 가로 세로 1자[尺] 안에 네모[口]가 그려진 판[促也. 從口在尺下, 復局之. 一曰博 所以行棊也. 象形 『注』徐鍇曰：人之無涯者唯口, 故口在尺下則爲局. 博局外有垠堮周限也] 一曰博所目行棊也. 象形：博當作簙. 簙, 局戲也. 六箸十二棊. 簙有局以行十二棊. 局之字象其形. 此別一義『段注』	局面(국면) 局限(국한) 結局(결국) 當局(당국)
尿	尿	2급 尸 총7	오줌 **뇨** '尸←尾+水'로 방광에서 요도를 통해 몸[尾] 밖으로 나오는 액체[水] [人小便也 從尾從水]	放尿(방뇨) 排尿(배뇨) 尿道(요도) 尿石(요석)
展	展	5급 尸 총10	구를 **전**, 살필 **전**, 펼 **전**, 전시할 **전**, 가지런히 할 **전**, 나아갈 **전** '尸+襄(전)'으로 사람[尸]이 몸을 엎치락뒤치락 굴림[轉也 從尸襄省聲]	展開(전개) 展示(전시) 發展(발전) 展覽(전람)
臀	臀	1급 肉 총17	볼기 **둔** '肉+殿(전)'으로 뒤쪽 허리 아래, 허벅다리 위의 양쪽으로 살[肉]이 두둑한 넓적다리 부분[髀也 或作臋『集韻』-『康熙』]	臀部(둔부) 臀腫(둔종)
輾	輾	1급 車 총17	구를 **전**, 삐걱거릴 **년** '車+展(전)'으로 수레[車]바퀴가 반 바퀴 돌아감[轉也『玉篇』輾轉反側『詩·周南』輾者, 轉之半也『註』通作展『集韻』-『康熙』] ※輾者 轉之半 轉者輾之周 反者 輾之過 側者 轉之留『詩經註』	輾轉(전전) 輾轉不寐(전전불매)
屋	屋	5급 尸 총9	집 **옥** '尸+至'로 사람이 머물러[至] 사는 집[尸] [居也 從尸 尸 所主也 一曰尸 象屋形. 從至 至 所至止. 室屋皆從至]	屋內(옥내) 屋上(옥상) 屋外(옥외) 家屋(가옥) 茅屋(모옥) 洋屋(양옥)
握	握	2급 手 총12	쥘 **악**, 주먹 **악**, 손잡이 **악**, 장막 **악** '才+屋(옥)'으로 손[手]으로 견고히 꽉 쥠[搤持也 從手屋聲]	握手(악수) 掌握(장악) 握髮(악발) 把握(파악)
尼	尼	2급 尸 총5	가까울 **니**, 중 **니**, 여승 **니** '尸+匕(비)'로 서로 가까이 친하게 생활하는 사람[尸] [從後近之 從尸匕聲. 徐鍇曰 尼猶昵也]	比丘尼(비구니)
泥	泥	2급 水 총8	물 이름 **니**, 진흙 **니** '氵+尼(니)'로 북지군(北地郡)의 사막(沙漠)에서 발원한 강 이름[水. 出北地郁郅北蠻中 從水尼聲]	泥工(이공) 泥土(이토) 泥田鬪狗(이전투구)
居	居	4급 尸 총8	살 **거**, 있을 **거** '尸+古(고)'로 여러 사람[尸]이 한 곳에 모여 생활함[蹲也 居從古聲 踞, 俗居從足] ※금문과 전서에는 '尸+几'로 사람이 안석에 앉아 있는 모습. 金文	居住(거주) 居處(거처) 隱居(은거) 居喪(거상)

倨 倨	1급 人 총10	걸터앉을 거, 거만할 거, 굽을 거 '人+居(거)'에서 불손하게 걸터앉아 있는 사람[人] [不遜也 從人居聲]			倨慢(거만) 倨傲(거오)
尹 尹	2급 尸 총4	다스릴 윤, 성씨 윤 '又+丿'로 손[又]으로 일과 권세를 잡고[丿] 다스림[治也 從又丿 握事者也]	 甲骨文 金文		卿尹(경윤)
伊 伊	2급 人 총6	저 이, 성씨 이 '亻+尹'으로 은나라 사람[人] 이윤(伊尹)[尹] [殷聖 人阿衡也 尹治天下者 從人從尹]			伊尹(이윤 : 중국 고대 은나라의 재상)
屬 屬	4급 尸 총21	붙을 속, 무리 속, 부탁할 촉 '尾+蜀(촉)'으로, 모든 동물은 꼬리[尾]가 등뼈에 붙어 있음[連也 從尾蜀聲]			屬國(속국) 屬性(속성) 屬地(속지) 官屬(관속) 附屬(부속) 隸屬(예속)
囑 囑	1급 口 총24	부탁할 촉 '口+屬(속)'으로 어떤 일을 해 달라고 말[口]하거나 말김[付囑也 『玉篇』 託也 『廣韻』 俗作嘱 『朱熹』 -『康熙』]			囑望(촉망) 囑託(촉탁)

고사성어 이야기

[尾生之信 미생지신]

'미생(尾生)의 믿음'이란 뜻으로, 우직하게 약속만을 굳게 지킴. 또는 융통성 없이 약속만을 굳게 지킴을 비유.

≪사기(史記)≫ 소진전(蘇秦傳)에 있는 이야기다.
노(魯)나라에 미생이라는 사람은 일단 남과 약속을 하면 어떤 일이 있어도 지키는 성격의 소유자였다. 어느 날, 여자와 다리 아래에서 만나기로 약속했는데, 여자는 그 시간에 나타나질 않았다. '조금 더, 조금 더'하고 기다리던 중 소나기가 쏟아져 큰 개울물이 갑자기 불어났다. 그러나 미생은 '이 다리에서 만나기로 약속했으니, 이 자리를 떠날 수는 없다.'는 생각에 그 자리에서 교각을 붙잡고 버텼으나 급류에 휘말려 떠내려가고 말았다.
장자(莊子)는 도척편(盜跖篇)에서 '이런 자는 책형(기둥에 결박하여 세우고 창으로 찔러 죽이는 형벌)된 개, 물에 쓸린 돼지, 깨어진 사발을 한 손에 들고 걸식하는 거지와 같으며, 사소한 명목에 끌려 진짜 귀중한 목숨을 소홀히 하는 자이며, 참다운 삶의 도리를 모르는 어리석은 놈이니라.'하고, 그 어리석음을 규탄하면서 이는 신의에 얽매인 데서 오는 비극이라 했다.

[泥田鬪狗 이전투구]

'진흙탕에서 싸우는 개'라는 뜻으로, 자기 이익을 위하여 볼썽사납게 싸우는 것을 비유.

옛날 우리나라 8도의 사람들에 대한 특징을 4글자로 평가한 4자평(四字評)에서 나온 말이다. 여기에 따르면 경기도 사람은 경중미인(鏡中美人 : 거울에 비친 미인), 충청도 사람은 청풍명월(淸風明月 : 맑은 바람과 밝은 달), 전라도 사람은 풍전세류(風前細柳 : 바람에 하늘거리는 가는 버드나무), 경상도 사람은 송죽대절(松竹大節 : 소나무와 대나무 같은 곧은 절개), 강원도 사람은 암하노불(岩下老佛 : 바위 아래 있는 늙은 부처), 황해도 사람은 춘파투석(春波投石 : 봄 물결에 던진 돌), 평안도 사람은 산림맹호(山林猛虎 : 산속에 사는 사나운 호랑이), 함경도 사람은 이전투구(泥田鬪狗 : 진흙탕에서 싸우는 개)라고 했다.
이 4자평은 조선 태조의 물음에 정도전(鄭道傳)이 답한 말이라고도 하는데, 함경도 출신인 태조가 이전투구란 말을 듣고 안색이 붉어지자 정도전은 다시 함경도 사람은 석전경우(石田耕牛 : 돌밭을 가는 우직한 소)라 말하여 태조의 기분을 풀었다 한다.

Ⅰ. 인간 95

I 인간

한손 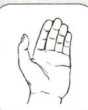 又 手(扌) 爪

又	叉	友	反	取	叢	及	受	叔	手	才	拜
			返飯板版販阪	趣聚	娶	級吸急扱汲	授	淑督寂菽		材財豺	湃

援	承	探	撤	把	拔	撑	捷	折	擊	揷	搖
媛瑗暖緩煖		深	徹澈轍	肥	跋魃			哲逝誓	繫	鑿	謠遙

搜	携	捏	拐	爪	爭	爵	爲
嫂瘦		涅			靜淨錚	嚼	僞

손+추가  寸 父 攴 支 殳 隶

寸	寺	對	尋	封	將	尊	專	尉	父	支	教
村討紂忖	侍詩時待等持特峙痔			幫	獎蔣醬漿	遵樽	傳轉團	慰蔚	釜斧爺		

散	敬	故	敢	敝	數	放	支	殳	殺	段	殿
撒	警驚儆	做	瞰	廠	樓屢	倣	枝技岐妓伎肢		刹煞	鍛緞	澱

殷	毀	毅	殼	隶	隷
設役疫投股				逮	

두손   廾

廾	弄	弁	弊
			蔽幣瞥斃鼈

又 부

漢字	篆文	級/部/劃	훈음 및 설명	用例
又	ㅋ	3급 又 총2	손 우, 또 우 사람의 세 손가락[又] 모양[手也 象形 三指者 手之列多 略不過三也] 甲骨文 金文	又況(우황) 又日新(우일신)
叉	ㅋ	1급 又 총3	깍지 낄 차, 갈래 차 '又+ヽ'로 양손의 손가락[又]을 서로 엇갈게 바짝 맞추어 낌[ヽ] [手指相錯也 從又 象叉之形]	叉銃(차총) 交叉路(교차로)
友	ㅋㅋ	5급 又 4획	벗 우 '又+又'로 뜻을 같이하는 사람이 서로 손[又]에 손[又]을 잡고 사귐[同志爲友 從二又 相交] 甲骨文 金文	友情(우정) 友好(우호) 友軍(우군) 友邦(우방)
反	反	6급 又 총4	뒤집힐 반, 되돌아올 반 '厂+又'로 가파른 언덕[厂]을 손[又]으로 짚고 오르려다 뒤집힘[覆也 從又厂 本義 : 手心翻轉. 同本義. 通翻. 覆, 傾倒 - 『漢典』] 金文	反對(반대) 反應(반응) 反感(반감) 反共(반공)
返	䢌	3급 辶 총8	돌아올 반 '辶+反(반)'으로 간[辶] 길을 되돌아옴[還也 從辵從反, 反亦聲] 復也 『玉篇』 返之于天 『前漢·董仲舒傳』 謂還歸也 『註』 又往者不返 『伍被傳』 言不復來也 『註』 - 『康熙』	返送(반송) 返還(반환) 返納(반납) 返品(반품)
飯	飰	3급 食 총13	밥 반 '食+反(반)'으로 밥[食]을 입에 넣고 되씹어 먹음[食也 從食反聲]	白飯(백반) 飯酒(반주) 飯店(반점) 麥飯(맥반)
板	版	5급 木 총8	널빤지 판 '木+反(반)'으로 나무[木]를 뒤집으며 켬[片木也 『玉篇』 -『康熙』] ※在其板屋 『詩經』	板子(판자) 板書(판서) 看板(간판) 木板(목판)
版	版	3급 片 총8	판자 판 '片+反(반)'으로 널조각[片]을 뒤집으며 켬[判也 從片反聲]	木版(목판) 初版(초판) 出版(출판) 再版(재판)
販	販	3급 貝 총11	장사할 판, 팔 판 '貝+反(반)'으로 재물[貝]을 싸게 사서 비싸게 팖[買賤賣貴者]	販路(판로) 販賣(판매) 市販(시판) 總販(총판)
阪	阪	2급 阝 총7	언덕 판, 둑 판 '阝+反(반)'으로 '坂과 동자(同字). 평탄하지 않거나 경사진 언덕[阜] [坡者曰阪 一曰澤障 一曰山脅也 從阜反聲]	阪路(판로) 山阪(산판) 阪田(판전) 九折阪(구절판)
取	取	4급 又 총8	가질 취 '耳+又'로 전쟁 때 포로의 귀[耳]를 베어 손[又]으로 취함[捕取也 從又從耳 『周禮』 : 獲者取左耳] 甲骨文 金文 ※古代作戰, 以割取敵人尸體首級或左耳以計數獻功 本義 : [捕獲到野獸或戰俘時] 割下左耳 - 『漢典』	取得(취득) 取材(취재) 取捨選擇(취사선택)
趣	趣	4급 走 총15	재촉할 취, 취미 취 '走+取(취)'로 말을 빨리 달려가게[走] 함[疾也 從走取聲]	趣味(취미) 趣向(취향) 興趣(흥취) 趣旨(취지)
聚	聚	2급 耳 총14	모일 취, 마을 취 '乑←衆+取(취)'로 사람들[衆]이 모여 사는 곳 [會也 從乑取聲 邑落云聚] 會也 : 公羊傳曰 會猶取也 注云 取, 聚也 按 耳部曰 取, 積也 積以物言 聚以人言 其義通也 古亦假冣爲聚 從衆 取聲 『段注』	聚落(취락) 類聚(유취) 聚合(취합) 聚散(취산)

한자	전서	급수/부수/총획	훈음 및 설명	용례
叢	叢 총18	1급 又	떨기 총, 모일 총, 숲 총, 번잡할 총 '丵+取(취)'로 무성하게 떨기로 난 풀[丵]이나 빽빽하게 선 나무[聚也 從丵取聲]	論叢(논총) 叢論(총론)
娶	娶 총11	1급 女	장가들 취 '女+取(취)'로 남자가 아내[女]를 얻음[取婦也 從女從取 取亦聲]	娶禮(취례) 娶妻(취처)
及	及 총4	3급 又	미칠 급 '人+又'로 손[又]이 사람[人]의 몸에 미침[逮也 從又從人] 甲骨文 金文	言及(언급) 波及(파급) 及第(급제) 普及(보급)
級	級 총10	6급 糸	등급 급 '糸+及(급)'으로 실[糸]에 등급이 있음[絲次弟也 從糸及聲] 絲次弟也 : 本謂絲之次弟, 故其字從糸, 引申爲凡次弟之偁. 階之次弟. 曲禮云拾級聚足連步以上是也. 尊卑之次弟. 賈生云等級分明而天子加焉, 故其尊不可及是也. 後漢書注. 秦法斬首多者進爵一級. 因謂斬首爲級『段注』 / 絲次第也『說文』又階級也『玉篇』等級. 俗作阪『廣韻』拾級聚足『禮·曲禮』級, 等也『註』-『康熙』	高級(고급) 階級(계급) 等級(등급) 進級(진급) 一階半級(일계반급) 下流階級(하류계급)
吸	吸 총7	4급 口	마실 흡 '口+及(급)'으로 입[口]안으로 숨을 들이킴[內息也 從口及聲]	吸收(흡수) 吸煙(흡연) 吸入(흡입) 呼吸(호흡)
急	急 총9	6급 心	좁을 급, 급할 급 '心+及(급)'으로 마음[心]씀이 너그럽지 못하고 좁음[褊也 從心及聲] 褊也 : 褊者, 衣小也. 故凡窄陿謂之褊『段注』	急求(급구) 急流(급류) 急迫(급박) 急報(급보) 緩急(완급) 危急(위급)
扱	扱 총7	1급 手	거두어 가질 흡, 걷을 삽, 짚을 삽, 취급할 급, 훑을 급 '手+及(급)'으로 쓰레받기를 손[手]으로 잡고 비로 먼지 따위를 거두어 담음[收也 從手及聲] 收也 : 收者, 捕也. 曲禮. 其塵不及長者, 以箕自鄕而扱之. 此扱之本義也『段注』/ 又取也, 獲也, 引也, 擧也『廣韻』又共其接盛『周禮·地官』讀接爲扱, 頒扱也. 詳接字註. 又拜手至地也『疏』婦拜扱地『儀禮·士昏禮』猶男子稽首『註』-『康熙』	取扱(취급) 稻扱機(도급기) 特殊取扱郵便(특수취급우편)
汲	汲 총7	1급 水	길을 급 '水+及(급)'으로 우물에서 물[水]을 길어 올림[引水於井也 從水從及 及亦聲]	汲水(급수) 樵童汲婦(초동급부)
受	受 총8	4급 又	받을 수 '爪+冖←舟(주)'로 서로 손[爪]으로 주고 손[又]으로 받음[相付也 從受, 舟省聲] 甲骨文 金文	授受(수수) 受難(수난) 受信(수신) 受取(수취)
授	授 총11	4급 扌	줄 수, 가르칠 수 '扌+受'로 받은 것[受]을 손[手]으로 주거나 가르쳐 줌[予也 從手受]	敎授(교수) 傳授(전수) 授與(수여) 授業(수업)
叔	叔 총8	4급 又	주울 숙, 아저씨 숙 '又+尗(숙)'으로 손[又]으로 삼씨를 줍는 사람[拾也 從又尗聲] 拾也 : 豳風. 九月叔苴. 毛曰叔, 拾也. 按釋名. 仲父之弟曰叔父. 叔, 少也. 於其雙聲疊韻假借之『段注』 金文	堂叔(당숙) 叔父(숙부) 叔伯(숙백) 外叔(외숙) 叔行(숙항)
淑	淑 총11	3급 水	맑을 숙, 착할 숙 'ⱽ+叔(숙)'으로 물[ⱽ]이 맑고 깨끗함[清湛也 從水叔聲]	淑女(숙녀) 貞淑(정숙) 賢淑(현숙) 淑姿(숙자)

I. 인간

字	篆	級/部/總	訓·解說	例語
督	督	4급 目 총13	살필 **독**, 감독할 **독**, 재촉할 **독** '目+叔(숙)'으로 눈[目]으로 자세히 잘 살펴봄[察也 一曰目痛也 從目叔聲]	督促(독촉) 監督(감독) 督勵(독려) 總督(총독)
寂	寂	4급 宀 총11	고요할 **적**, 쓸쓸할 **적** '宀+叔←尗(숙)'으로 집[宀]에 사람 소리가 들리지 않음[無人聲也 從宀尗聲]	靜寂(정적) 寂寂(적적) 寂滅(적멸) 入寂(입적)
菽	尗	1급 艸 총12	콩 **숙** '艸+叔(숙)'으로 콩과 식물[艸]의 총칭[衆豆之總名『物理論』禾麻菽麥『詩·豳風』隕霜殺菽『春秋·定元年』大豆之苗『註』-『康熙』]	菽麥(숙맥) 菽芽菜(숙아채)

❀ 手 부

字	篆	級/部/總	訓·解說		例語
手	甲	7급 手 총4	손 **수** 사람의 다섯 손가락을 그림[拳也 象形] 拳也 : 今人舒之爲手. 卷之爲拳. 其實一也. 故以手與拳二篆互訓. 象形. 象指掌及掔也『段注』	金文	手工(수공) 手法(수법) 手記(수기) 投手(투수)
才	才	6급 手 총3	처음 **재**, 재주 **재**, 바탕 **재** '丨+丿+一'로 초목의 뿌리[丿]에서 새싹이 땅[一]을 뚫고 나옴[丨] [艸木之初也 從丨上貫一 將生枝葉. 一 地也]	甲骨文 金文	才能(재능) 英才(영재) 天才(천재) 秀才(수재)
材	材	5급 木 총7	재목 **재**, 재료 **재** '木+才(재)'로 가히 재목으로 쓸 만한 나무[木] [木梃也 從木才聲]		材木(재목) 材料(재료) 資材(자재) 取材(취재)
財	財	5급 貝 총10	재물 **재** '貝+才(재)'로 사람이 보배롭게 여기는 재화[貝] [人所寶也 從貝才聲]		財物(재물) 財産(재산) 財界(재계) 蓄財(축재)
豺	豺	1급 豸 총10	승냥이 **시** '豸+才(재)'로 개 소리를 내며 이리[豸]와 비슷한 산짐승[狼屬, 狗聲 從豸才聲]		豺狼(시랑) 豺虎(시호)
拜	拜	4급 手 총9	절 **배** '手+手+下'로 손을 맞잡고[手+手] 머리가 땅에 닿도록 인사함[下] [楊雄說. 拜, 從兩手下也『說文』拜, 服也, 稽首服之甚也『禮·郊特牲』拜者, 是服順也『疏』-『康熙』]	金文	歲拜(세배) 參拜(참배) 崇拜(숭배) 拜謁(배알)
湃	湃	1급 水 총12	물결 일 **배**, 물결 소리 **배** '水+拜(배)'로 물결이 일며 물[水]소리가 남[澎湃, 水勢『玉篇』洶涌澎湃『司馬相如·上林賦』澎湃, 波相戾也『註』-『康熙』]		澎湃(팽배)
援	援	4급 手 총12	끌 **원**, 도울 **원** '扌+爰(원)'으로 손[扌]으로 도구[干]를 이용하여 견인(牽引)함[引也 從手爰聲] 無然畔援『詩·大雅』畔是違道, 援是引取『疏』又以爾鉤援. 鉤, 鉤梯也. 所以鉤引上城者『傳』援卽引也『疏』擧賢援能『禮·儒行』又牽也『廣雅』拔也『增韻』在下位不援上『禮·中庸』援謂牽持之也『註』-『康熙』		援助(원조) 後援(후원) 援護(원호) 應援(응원)
媛	媛	2급 女 총12	미인 **원** '女+爰(원)'으로 남자들의 눈길을 끌어 모으는 여인[女] [美女也 人所欲援也 從女爰聲]		才媛(재원) 李媛(이원) : 조선의 여류시인

字	篆	級/部首/總劃	訓音 및 풀이	用例
瑗	瓊	2급 / 玉 / 총13	도리옥 원 '玉+爰(원)'으로 고리 모양의 큰 옥[玉] [大孔璧 人君上除陛以相引 從玉爰聲] ※구멍의 직경이 옷의 갓살의 갑절이 되는 것. 사람을 초청할 때 씀. ※조선시대 정일품이나 종일품 벼슬아치들이 관모에 붙이던 옥.	趙瑗(조원 : 조선의 문신)
暖	煖	4급 / 日 / 총13	따뜻할 난 '日+爰(원)'으로 '煖'과 동자. 햇빛[日]이 비춰 따뜻함[字亦作煖, 作暖 煖 溫也 從火爰聲『說文』同暵『廣韻』行春令則暖風來至『禮·月令』-『康熙』]	暖房(난방) 暖流(난류) 溫暖(온난) 暖帶(난대)
緩	緩	3급 / 糸 / 총15	너그러울 완, 느릴 완, 늦출 완 '糸+爰(원)'으로 실[糸]을 느슨하게 풀어 놓음[繠, 或省作緩 綽也『說文』遲緩也『玉篇』舒也『廣韻』緩, 浣也, 斷也 持之不急則動搖, 浣斷自放縱也『釋名』-『康熙』]	緩急(완급) 緩行(완행) 緩和(완화) 緩衝(완충)
煖	煖	1급 / 火 / 총13	따뜻할 난 '火+爰(원)'으로 '暖'과 동자. 불[火]이나 햇빛에 의해 따뜻해짐[溫也 從火爰聲]	煖爐(난로) 煖房(난방)
承	承	4급 / 手 / 총8	받들 승, 이을 승 '卩+手+収'으로 손[手]으로 부절[卩]을 주면 두 손[収]으로 공손히 받음[奉也 受也 從手從卩從収 [注] 臣鉉等曰 : 謹節其事, 承奉之義也, 故從卩 [注] 丞, 俗字] 甲骨文 金文	繼承(계승) 承認(승인) 承諾(승낙) 承服(승복)
探	探	4급 / 手 / 총11	찾을 탐 '扌+罙(미)'로 본자는 '撢'. 먼 곳까지 더 깊이 들어가 손[扌]으로 더듬어 취함[遠取之也 從手罙聲] 遠取之也 探之言深也 易曰探賾索隱『段注』 ※罙 : 깊이 들어갈 미.	探究(탐구) 探査(탐사) 探險(탐험) 探訪(탐방)
深	深	4급 / 水 / 총11	물 이름 심, 깊을 심 '氵+罙(미)'로 호남성(湖南省) 남산현(藍山縣)의 강물[水] 이름[水. 出桂陽南平 西入營道. 從水罙聲] ※桂陽은 漢의 郡名, 南平은 縣名으로 지금의 호남성 남산현 동쪽에 있음.	深夜(심야) 深慮(심려) 深遠(심원) 深淺(심천)
撤	撤	2급 / 手 / 총15	그만둘 철, 거둘 철 '扌+[育+攴]←徹(철)'로 지금까지 했던 일에서 손[扌]을 놓음[除去也『集韻, 韻會』食不撤薑『論語』發也『正韻』又抽也 剝也 -『康熙』] ※轍 : 車迹也. 從車徹省聲	撤收(철수) 撤軍(철군) 不撤晝夜(불철주야)
徹	徹	3급 / 彳 / 총12	통할 철, 뚫을 철, 다스릴 철 '彳+攴+育'으로 세상 사람 모두가 통하고 법으로 삼는 길로 채찍하고[攴] 길러[育] 감[彳] [通也 從彳從攴從育. 徹, 古文徹] 通也 : 孟子曰徹者, 徹也, 鄭注論語曰徹, 通也. 爲天下通法也『段注』	徹底(철저) 透徹(투철) 徹頭徹尾(철두철미)
澈	澈	2급 / 水 / 총12	맑을 철 '氵+[育+攴]←徹(철)'로 속이 훤히 보이는 깨끗한 물[氵] [水澄也『玉篇』論道者或曰澄澈『關尹子·九藥篇』-『康熙』]	澈底(철저) 澄澈(징철) 鄭澈(정철 : 조선의 문신)
轍	轍	1급 / 車 / 총19	바퀴 자국 철 '車+徹(철)'로 수레[車]바퀴가 땅에 닿아서 생긴 자국[車迹也 從車徹省聲 本通用徹 後人所加]	前轍(전철) 轍迹(철적)
把	把	2급 / 手 / 총7	잡을 파 '扌+巴(파)'로 손[手]으로 물건이나 대상을 잡음[握也 從手巴聲] 握也 : 握者, 搤持也 孟子注曰拱, 合兩手也. 把, 以一手把之也『段注』	把持(파지) 把握(파악) 把守兵(파수병)

I. 인간

한자	전서	급수/부수/총획	훈음 및 설명	용례
肥	肥	2급 肉 총8	살찔 **비** '月+巴←卩'로 몸[卩]에 살[肉]이 찜[多肉也 從肉從卩] 從肉卩: 鉉等曰肉不可過多. 故從卩『段注』	肥大(비대) 肥滿(비만) 肥肉(비육) 肥沃(비옥)
拔	拔	3급 手 총8	뽑을 **발**, 가릴 **발** '扌+犮(발)'로 필요한 것을 손[扌]으로 가려 뽑음[擢也 從手犮聲] 抽也『增韻』確乎其不可拔『易·乾·文言』又殲拔疹, 盡也『爾雅·釋詁』又攻而擧之也『增韻』-『康熙』	拔群(발군) 拔劍(발검) 選拔(선발) 拔本(발본)
跋	跋	1급 足 총12	밟을 **발**, 넘어질 **발** '足+犮(발)'로 발[足]로 짓밟거나 발부리가 무엇에 걸려 넘어짐[蹎也 從足犮聲]	跋涉(발섭) 跋文(발문)
魃	魃	1급 鬼 총15	가물 귀신 **발** '鬼+犮(발)'로 가뭄을 맡은 신[鬼] [旱鬼也 從鬼犮聲.『周禮』有赤魃氏 除牆屋之物也. 詩曰: 旱魃爲虐 大雅雲漢曰 旱魃爲虐 傳曰魃 旱神也 此言旱鬼 以字從鬼也『段注』	旱魃(한발) 耐旱魃性(내한발성)
撐	撐	1급 手 총15	버틸 **탱**, 버팀목 **탱** '手+掌(탱)'으로 물건을 받치고 있는 기둥처럼, 손[手]으로 괴거나 받침[與樘同『集韻』樘衺柱也『說文』撥也『廣韻』-『康熙』]	支撐(지탱) 撐石(탱석)
捷	捷	1급 手 총11	노획물 **첩**, 이길 **첩**, 빠를 **첩** '手+疌(섭)'으로 사냥이나 전쟁에서 얻은 물품을 손[手]으로 빨리 소유함[獵也 軍獲得也 從手疌聲『春秋傳』曰 齊人來獻戎捷]	敏捷(민첩) 捷徑(첩경) 大捷(대첩)
折	折	4급 手 총7	꺾을 **절**, 끊을 **절**, 부러질 **절**, 타협할 **절** '手+斤'으로 '斯'와 동자. 손[手]으로 도끼[斤]를 잡고 풀[艸]이나 나무를 꺾음[斷也 從手從斤] 斤斷艸, 小篆文也. 艸在仌中 籒文也. 從手從斤, 隸字也. 九經字樣云. 說文作斯. 隸省作折『段注』	折價(절가) 折骨(절골) 折半(절반) 折傷(절상) 折腰(절요) 折衷(절충)
哲	哲	3급 口 총10	밝을 **철** '口+折(절)'로 시비(是非)를 알아 명백히 분별하여 말함[口] [知也 從口折聲]	哲理(철리) 哲人(철인) 哲學(철학) 聖哲(성철)
逝	逝	3급 辵 총11	갈 **서**, 죽을 **서** '辶+折(절)'로 어느 곳을 향해 가서[辶] 영원히 돌아오지 않음[往也 從辵折聲 讀若誓] 行也, 去也『增韻』逝將去女『詩·魏風』又亡也『正韻』長逝者魂魄『前漢·司馬遷傳』-『康熙』	逝去(서거) 逝景(서경) 逝世(서세) 逝者(서자) 逝川(서천) 永逝(영서)
誓	誓	2급 言 총14	맹세할 **서** '言+折(절)'로 굳게 약속하여 다짐함[言] [約束也 從言折聲] 約束也: 周禮五戒. 一曰誓. 用之於軍旅. 按凡自表不食言之辭, 皆曰誓. 亦約束之意也『段注』	盟誓(맹서) 誓約(서약) 宣誓(선서) 誓言(서언)
擊	擊	4급 手 총17	칠 **격** '手+毄(격)'으로 손[手]으로 쳐서 공격함[支也 從手毄聲] ※支也: 小擊也. 從又卜聲『說文』	攻擊(공격) 進擊(진격) 擊退(격퇴) 擊破(격파)
繫	繫	2급 糸 총19	맬 **계** '糸+毄(격)'으로 견고하게 끈[糸]으로 묶음[繫繛也 一曰惡絮 從糸毄聲]	連繫(연계) 繫留(계류) 繫累(계루) 繫辭(계사)
插	插	2급 手 총12	꽂을 **삽** '扌+臿(삽)'으로 절굿공이로 절구질을 하듯, 손[扌]으로 물체를 잡고 안을 찌름[古同插. 刺內也 從手從臿] 插: 刺內也. 內各本作肉. 今正. 內者, 入也. 刺內者, 刺入也『段注』	插花(삽화) 插話(삽화) 插畵(삽화) 插木(삽목)

漢字	篆文	급수/부수/총획	훈음 및 자해	용례
鑿	鑿	1급 金 총28	끌 **착**, 뚫을 **착** '金+鑿(착)'으로 쇠[金]로 만든 나무를 뚫는 연장[所以穿木也 從金鑿省聲] ※鑿, 糠米一斛舂爲九斗曰鑿 從毇丵聲 (甲骨文)	掘鑿(굴착) 穿鑿(천착) 鑿巖機(착암기)
搖	搖	3급 手 총13	흔들 **요**, 움직일 **요** '扌+䍃(요)'로 손[手]이 움직이듯, 마음이 쉽게 흔들림[動也 從手䍃聲] 中心搖搖『詩·王風』心憂無所附著之意『疏』又作『爾雅·釋詁』將搖擧, 誰與期『前漢·禮樂志』言當奮搖高擧, 不可與期也『註』-『康熙』	搖動(요동) 搖籃(요람) 動搖(동요)
謠	謠	4급 言 총17	노래 **요** '言+䍃(요)'로 여러 사람이 함께 노래함[言] [與䚿同 謠歌也 『正韻』徒歌謂之謠『爾雅·釋樂』我歌且謠『詩·魏風』曲合樂曰歌, 徒歌曰謠『傳』-『康熙』]	童謠(동요) 民謠(민요) 俗謠(속요) 風謠(풍요)
遙	遙	3급 辵 총14	노닐 **요**, 멀 **요**, 거닐 **요** '辶+䍃(요)'로 멀리 슬슬 거닐며[辶] 돌아다님[逍遙也 又遠也 從辵䍃聲『說文』千里而遙『禮·王制』遠哉遙遙 又逍遙, 徜徉也『左傳·昭二十五年』-『康熙』]	遙望(요망) 遙拜(요배) 遙遠(요원) 逍遙(소요)
搜	搜	2급 手 총13	찾을 **수** '扌+叟(수)'로 손[扌]으로 불을 잡고[叟] 물건을 찾음[閉城門大搜『漢書』搜搜, 動貌 亦省作叟『集韻』-『康熙』]	搜査(수사) 搜索(수색) 搜檢(수검) 搜得(수득)
嫂	嫂	1급 女 총13	노부인 **수**, 형수 **수** '女+叟(수)'로 늙은 부인이나 형의 아내[女] [兄妻也『集韻』. 嫂, 叟也. 叟 老者稱也『釋名』-『康熙』]	兄嫂(형수) 弟嫂(제수)
瘦	瘦	1급 疒 총15	파리할 **수** '疒+叟(수)'로 瘠와 동자. 늙고 야위어 병[疒]든 사람[臞也 從疒叜聲]	瘦瘠(수척) 瘦肥(수비)
携	携	3급 手 총13	가질 **휴**, 끌 **휴** '扌+巂(휴)'로 攜와 동자. 손[扌]에 어떤 것을 가지고 있음[提也 從手巂聲 如取如携『詩經』]	携帶(휴대) 提携(제휴) 携手(휴수) 必携(필휴)
捏	捏	1급 手 총10	이길 **날** '手+土+日(왈)'로 흙[土]을 손[手]으로 반죽하여 물건을 만듦[捺也 搦也捻也 捻聚也 -『康熙』] 從手從土日聲 本義：用手指將軟的東西捻成一定形狀 -『漢典』	捏和(날화) 捏造(날조)
涅	涅	1급 水 총10	개흙 **녈**, 검은 물들일 **녈** '水+土+日(왈)'로 물[水] 속에 있는 염료(染料)로 쓰이는 고운 검은 흙[土] [黑土在水中也 從水從土日聲]	涅槃(열반)
拐	拐	1급 手 총8	가지 **괴**, 지팡이 **괴**(=杖), 속일 **괴**, 유인할 **괴** '手+另(령)'으로 손[手]과 다리는 물체의 가지에 해당[手脚物枝也『唐韻』俗謂拐騙『正字通』-『康熙』]	拐引(괴인) 誘拐(유괴) 誘拐犯(유괴범)

❈ 爪 부

漢字	篆文	부수/총획	훈음 및 자해	
爪	爪	爪 총4	손톱 **조** 손을 뒤집은 것으로, 손가락으로 아래쪽에 놓인 물건을 잡으려는 모양[持也. 覆手曰爪. 象形 丮也：丮, 持也. 覆手曰爪, 仰手曰掌. 覆手曰爪『段注』 (甲骨文) (金文)	

I. 인간 103

字	篆	級/部/劃	訓音 및 字源	用例
爭	爭	5급 爪 총8	다툴 쟁 '受+亅←厂'로 사람이 손[爪]과 손[又]으로 서로 끌어당기며[厂] 다툼[引也 從受厂 臣鉉等曰 厂 音曳. 受 二手也 而曳之 爭之道也]	爭取(쟁취) 戰爭(전쟁) 政爭(정쟁) 抗爭(항쟁)
靜	靜	4급 靑 총16	자세할 정, 환할 정, 고요할 정 '靑+爭(쟁)'으로 사람이 법도를 잘 살펴[靑] 마땅함을 얻게 되면 분란(紛亂)이 없음[審也 從靑爭聲〖注〗徐鍇曰：丹靑，明審也] 人心審度得宜 一言一事必求理義之必然. 則雖繇勞之極而無紛亂 亦曰靜 引伸假借之義也『段注』	安靜(안정) 平靜(평정) 靜寂(정적) 靜肅(정숙)
淨	淨	3급 水 총11	깨끗할 정, 맑을 정 'シ+爭(쟁)'으로 노나라 북성문의 연못물[シ][魯北城門池也 從水爭聲]	淨水(정수) 淨潔(정결) 淸淨(청정) 淨財(정재)
錚	錚	1급 金 총16	징 쟁, 쇳소리 쟁 '金+爭(쟁)'으로 놋쇠[金]로 만든 둥근 쟁반 모양의 악기[金聲也 從金爭聲]	錚錚(쟁쟁) 錚盤(쟁반)
爵	爵	3급 爪 총18	잔 작, 벼슬 작, 참새 작 예식에 쓰는 참새 모양의 울창주가 담긴 술그릇을 손으로 잡고 있음[禮器也. 象爵之形, 中有鬯酒, 又持之也. 所以飲. 器象爵者, 取其鳴節節足足也. 㪍, 古文爵, 象形] ※爵, 飲酒 器具 三足兩柱 幷仿雀形『字源字典』	爵位(작위) 男爵(남작) 伯爵(백작) 天爵(천작) 高官大爵(고관대작) 好爵自縻(호작자미)
嚼	嚼	1급 口 총21	씹을 작, 맛볼 작, 술 강권할 작 '口+爵(작)'으로 입[口]으로 술맛을 봄[本作噍, 齧也『說文』噬嚼也『玉篇』嚼復嚼者, 京都飲酒相强之辭也『後漢·五行志』或作噍『集韻』-『康熙』]	詛嚼(저작) 嚼復嚼(작부작)
爲	爲	4급 爪 총12	원숭이 위, 할 위, 다스릴 위, 위할 위 어미원숭이 모양[母猴也 其爲禽好爪. 爪, 母猴象也. 下腹爲母猴形. 王育曰：爪, 象形也] ※사람이 코끼리 코를 잡고 끌고 가는 모양으로 보는 경우도 있음[人用手牽着大象的鼻子]『字源字典』	爲人(위인) 爲主(위주) 爲政(위정) 爲國(위국)
僞	僞	3급 人 총14	거짓 위, 속일 위 'イ+爲(위)'로 원숭이는 사람[人]과 비슷하나 실은 사람이 아님[詐也 從人爲聲]	虛僞(허위) 眞僞(진위) 僞造(위조) 僞裝(위장)

❀ 寸 부

字	篆	級/部/劃	訓音 및 字源	用例
寸	寸	8급 寸 총3	마디 촌, 치 촌, 헤아릴 촌 '又+一'로 손[又]에서 한 마디 떨어져 맥박[一]이 뛰는 곳[十分也 人手卻一寸 動脈[䘑]謂之寸口 從又從一]	寸陰(촌음) 寸刻(촌각) 寸數(촌수) 方寸(방촌)
村	村	7급 木 총7	마을 촌 '邑+屯(둔)'으로 원자는 '邨'. 사람들이 모여 사는 고을[邑] 이름[地名 從邑屯聲 墅也『廣韻』聚落也. 字從邑從屯. 經史無村字, 俗通用『增韻』-『康熙』]	村落(촌락) 農村(농촌) 僻村(벽촌) 寒村(한촌)
討	討	4급 言 총10	토론할 토, 칠 토 '言+寸'으로 어지럽게 꼬인 실을 풀 듯, 규칙[寸]을 헤아려 서로 말[言]함[治也 從言從寸 治也：發其紛糾而治之曰討『段注』	討伐(토벌) 討論(토론) 檢討(검토) 聲討(성토)
紂	紂	1급 糸 총9	껑거리끈 주, 주임금 주 '糸+肘(주)'로 껑거리막대의 양 끝에 매어 길마의 뒷가지와 연결하는 줄[糸][馬繪也 從糸 肘省聲]	桀紂(걸주)

字	篆	급/부수/총획	훈음 및 해설	용례
忖	忖	1급 心 총6	헤아릴 촌 '心+寸(촌)'으로 짐작으로 가늠하거나 미루어 생각[心]함[度也 從心寸聲]	忖度(촌탁)
寺	寺	4급 寸 총6	관청 사, 마을 사, 절 사, 내시 시 '寸+之(지)'로 관원들이 모여 나랏일[寸]을 보던 건물의 총칭[廷也 有法度者也 從寸之聲] 廷也 : 朝中也 漢書注曰 凡府庭所在皆謂之寺 釋名 寺 嗣也 治事者相嗣續於其內『段注』 金文	寺院(사원) 寺塔(사탑) 寺刹(사찰) 本寺(본사)
侍	侍	3급 人 총8	모실 시 'イ+寺(시)'로 사람[人]을 공손히 받들어 모심[承也 從人寺聲] 承也 : 承者 奉也 受也 凡言侍者皆敬恭承奉之義『段注』	內侍(내시) 侍女(시녀) 侍醫(시의) 近侍(근시)
詩	詩	4급 言 총13	시 시 '言+寺(시)'로 마음속 생각을 말[言]로 표현함[志也 從言寺聲] 志也 : 毛詩序曰 詩者 志之所也 在心爲志 發言爲詩『段注』	詩句(시구) 詩想(시상) 詩集(시집) 詩興(시흥)
時	時	7급 日 총10	때 시 '日+寺(사)'로 봄·여름·가을·겨울의 네 철[日][四時也 從日寺聲] 四時也 : 本春夏秋冬之稱 引伸之爲凡歲月日日刻之用『段注』	時間(시간) 時俗(시속) 臨時(임시) 暫時(잠시)
待	待	6급 彳 총9	기다릴 대, 대접할 대 'イ+寺(사)'로 어떤 사람이나 때가 가거나[イ] 오기를 기다림[竢也 從彳寺聲] 金文	待接(대접) 待遇(대우) 歡待(환대) 優待(우대)
等	等	6급 竹 총12	평등할 등, 가지런할 등, 등급 등 '竹+寺'로 관청[寺]의 일과 죽간(竹簡)의 대쪽[竹]은 일정한 규칙과 틀을 가짐[齊簡也 從竹從寺. 寺 官曹之等平也] 齊簡 : 齊簡者 疊簡冊齊之 如今人整齊書籍也 引伸爲凡齊之偁 凡物齊之 則高下歷歷可見 故曰等級『段注』	等級(등급) 均等(균등) 等數(등수) 差等(차등)
持	持	4급 手 총9	가질 지 '扌+寺(사)'로 손[扌]으로 어떤 대상이나 물체를 꽉 움켜 쥠[握也 從手寺聲] 執也『廣韻』持盈守成『詩·大雅·鳧鷖序』執而不釋謂之持, 是手執之也『疏』又把持也 -『康熙』	所持(소지) 持久(지구) 持論(지론) 持病(지병)
特	特	6급 牛 총10	황소 특, 수소 특, 특별 특 '牛+寺(사)'로 특별히 큰 수소[牛][特牛也 從牛寺聲] 鉉本云 朴特 牛父也『段注』	特別(특별) 特徵(특징) 特殊(특수) 特異(특이)
峙	峙	2급 山 총9	산 우뚝 솟을 치, 언덕 치 '山+寺(사)'로 우뚝 솟아 오른 산[山][峻峙 屹立也『廣韻』五山始峙『列子』-『康熙』]	峙立(치립) 對峙(대치) 大峙洞(대치동)
痔	痔	1급 疒 총11	치질 치 '疒+寺(사)'로 항문 주위 조직에 생기는 질병[疒][後病也 從疒寺聲] 隱瘡也『增韻』痔, 食也. 蟲食之也『釋名』-『康熙』	痔疾(치질)
對	對	6급 寸 총14	대답할 대, 마주볼 대 '丵+口←士+寸'으로 본자는 對. 풀이 무성하게 나듯[丵] 규칙[寸]없이 일로 인하여 대답함[口][譍無方也 從丵從口從寸. 對, 對或 從士] 應無方也. 本作對『說文』對, 遂也『爾雅·釋言』 遂者, 因事之辭『疏』答也『廣韻』揚也『增韻』-『康熙』 甲骨文 金文	對答(대답) 對決(대결) 對策(대책) 對抗(대항) 對話(대화)
尋	尋	3급 寸 총12	궁구할 심, 찾을 심 '工+口+又+寸+彡(삼)'으로 '㝷'과 동자. 복잡하고 어지러운 문제[工+口]를 원리나 규칙[寸]에 따라 처리함[又][繹理也. 本作㝷. 從工口 從又寸. 工口 亂也. 又寸 分理之也. 彡聲『說文』-『康熙』]	尋思(심사) 探尋(탐심) 尋訪(심방) 尋常(심상)

I. 인간

자	전서	급수/부수/총획	훈음 및 설명	용례
封	封	3급 寸 총9	봉지 봉, 봉할 봉 '之+土+寸'으로 천자가 제후를 봉지(封地)에 보낼[之] 때 제도[寸]에 따라 토지[土]를 줌[爵諸侯之土也 從之從土從寸 守其制度也. 公侯 百里, 伯 七十里, 子男 五十里]	封建(봉건) 封書(봉서) 封物(봉물) 封鎖(봉쇄) 封送(봉송) 封墳(봉분)
幇	幇	1급 巾 총12	곁둘 방, 도울 방 '帛+封(봉)'으로 '幫'과 동자. 곁에 두고 사용에 도움을 주는 물건[帛] [同幫『六書故』-『康熙』. 幫 : 幫衣, 治絲履 『廣韻』治履邊也『集韻』幫, 神帖也 省作幫. 凡事物旁取者皆曰幫『傳習錄』-『康熙』]	幇助(방조) 幇助犯(방조범) 幇助罪(방조죄)
將	將	4급 寸 총11	장수 장, 거느릴 장, 장차 장 '寸+牆(장)'으로 정해진 군율[寸]에 따라 먼저 솔선수범하는 사람[帥也 從寸牆省聲] 帥也: 帥當作衛 衛, 將也 儀禮, 周禮古文衛 多作率 今文多作帥. 從寸, 必有法度而後可以主之先之 故從寸『段注』	將軍(장군) 將校(장교) 將來(장래) 將次(장차)
獎	獎	4급 犬 총15	개 버릇 사납게 가르칠 장, 권면할 장, 칭찬할 장 '犬+將(장)'으로 개[犬]가 말을 잘 듣도록 매우 강하게 훈련하여 가르침[嗾犬厲之也 從犬將聲] 助也, 欲也, 譽也, 嗾犬厲之也. 今作獎『玉篇』說文本作獎『廣韻』從大作獎. 詳大部獎字註『集韻』-『康熙』	勸獎(권장) 獎勵(장려) 獎學生(장학생)
蔣	蔣	2급 艸 총15	줄 장, 성씨 장 '艸+將(장)'으로 볏과에 속하는 다년생 풀[艸] [苽 蔣也. 從艸將聲]	蔣介石(장개석 : 대만의 정치가)
醬	醬	1급 酉 총18	육장(肉醬) 장, 장 장 '肉+酉+爿(장)'으로 고기 포[肉]를 썰어 누룩 및 소금을 섞어서 술[酉]에 담근 음식[醬, 醢也 從肉酉 從肉者 醢無不用肉也 酒曰鹹醬也. 此說從酉之故 爿聲 今俗作醬『段注』]	麥醬(맥장) 豆醬(두장) 魚醬(어장) 脯醬(포장) 淸麴醬(청국장)
漿	漿	1급 水 총15	미음 장, 마실 것 장 '水+將(장)'으로 쌀을 물[水]에 끓여 마실 수 있도록 죽처럼 만든 즙(汁)[本作將 酢漿也. 一曰水米汁相將也『說文』辨四飮之物, 三曰漿『周禮』-『康熙』]	漿果(장과) 血漿(혈장)
尊	尊	4급 寸 총12	술그릇 준(=樽, 罇), 높일 존, 존중히 여길 존, 높을 존 '酋+廾'으로 '罇'와 동자. 제사나 손님을 대접할 때 적절한 술그릇[酋]을 사용하여 양손[廾]으로 공손히 받들어 올림[酒器也 從酋廾以奉之 『周禮』六尊: 犧尊 象尊 著尊 壺尊 太尊 山尊 以待祭祀賓客之禮]	尊敬(존경) 尊貴(존귀) 尊屬(존속) 尊顔(존안) 尊嚴(존엄) 尊長(존장)
遵	遵	3급 辵 총16	좇을 준, 따를 준 '辶+尊(존)'으로 대부가 백성들을 예악으로 교화하여 본받고 따르게 함[辶] [循也 從辵尊聲]	遵據(준거) 遵範(준범) 遵守(준수) 遵行(준행)
樽	樽	1급 木 총16	술통 준, 술그릇 준, 그칠 준 '木+尊(존)'으로 '尊'·'罇'과 동자. 나무[木]로 만든 술항아리[作尊『說文』酒器也『玉篇』從木者後人所加 亦作罇『正韻』-『康熙』]	金樽(금준) 樽中(준중)

專	𓎛	4급 寸 총11	오로지 전, 마음대로 할 전, 제멋대로 할 전, 전문가 전 '寸+叀(전)'으로 6치 홀(笏)[寸]과 실패[叀, 紡專=紡塼][叀]를 마음대로 가지고 놀게 함[六寸簿也 一曰專 紡專 從寸叀聲] 一曰專, 紡專 : 小雅. 乃生女子. 載弄之瓦. 毛曰瓦紡專也『段注』	甲骨文 金文	專念(전념) 專權(전권) 專賣(전매) 專攻(전공) 一心專念(일심전념) 專城之養(전성지양)
傳	𫝀	5급 人 총13	역말 전, 전할 전 'イ+專(전)'으로 사자(使者)[人]가 국가 명령을 빠르게 전하기 위해 각 역참에 갖추어 둔 말[遽也 從人專聲] 玉藻 士曰傳遽之臣. 注云. 傳遽, 以車馬給使者也『段注』		傳達(전달) 傳統(전통) 傳染(전염) 傳播(전파)
轉	𫝁	4급 車 총18	구를 전, 옮길 전 '車+專(전)'으로 수레[車]바퀴가 굴러 돌아감[運也 從車專聲] 動也, 旋也『廣韻』 輾轉反側『詩·周南』 輾者轉之半, 轉者輾之周『註』 -『康熙』		運轉(운전) 移轉(이전) 轉換(전환) 回轉(회전)
團	𱇐	5급 口 총14	둥글 단, 모일 단 '口+專(전)'으로 둥글게 빙 둘러 있는 모양[口][圜也 從口專聲]		團結(단결) 團體(단체) 集團(집단) 劇團(극단)
尉	𫝂	2급 寸 총11	다리미로 주름 펼 위, 편안할 위, 벼슬 위 '尸+又+火'로 '熨'와 동자. 화두[火]를 손으로 잡고[尸又] 주름진 비단을 폄[從上按下也. 從尸又持火 所以申繒也] 按者 抑也. 尸又 猶持手也『段注』		少尉(소위) 校尉(교위)
慰	𫝃	4급 心 총15	위로할 위, 달랠 위 '心+尉(위)'로 성난 마음[心]을 위로하여 편안히 함[安也 一曰恚怒也] ※有子七人 莫慰母心『詩經』		慰勞(위로) 慰問(위문) 慰藉料(위자료)
蔚	𫝄	2급 艸 총15	제비쑥 위, 성할 위, 아름다울 위, 고을 이름 울 '艸+尉(위)'로 잎의 크기는 충위(充位 : 익모초)와 같고 세상 사람들이 호마(胡麻)라 말하는 제비쑥[艸][牡蒿也. 從艸尉聲] ※薈兮蔚兮『詩經』		蔚山(울산) 森蔚(삼울)

❀ 父 부

父	𠫓	8급 父 총4	아버지 부 '八←丨+又'로 가장(家長)으로서 손[又]에 지팡이[丨←杖]를 들고 가족을 선도하는 사람[矩也 家長率教者 從又舉杖] 家長率教者 : 率同遒. 先導也. 經傳亦借父爲甫『段注』	甲骨文 金文	父親(부친) 祖父(조부) 父子有親(부자유친)
釜	𨥏	2급 金 총10	가마 부 '金+父(부)'로 쇠[金]로 만든 발 없는 큰 가마솥[䥪 或作釜 俗省作釜 從金父聲 今經典多作釜 惟周禮作䥪] ※䥪, 鍑屬 從鬲甫聲		釜山(부산) 釜庾(부유) 釜中生魚(부중생어)
斧	𣂑	1급 斤 총8	도끼 부 '斤+父(부)'로 나무를 찍거나 패는 연장[斤] [斫也 從斤父聲]		斧鉞(부월) 斧柯(부가)
爺	爺	1급 父 총13	아비 야 '父+耶(야)'로 아버지[父]의 속어(俗語). 또는 웃어른을 뜻함[爺『玉篇』 軍書三十卷 卷卷有爺名『古木蘭詩』-『康熙』]		老爺(노야) 好好爺(호호야)

攴 부

攴	攴 총4	두드릴 복, 등글월문 손[又]으로 연장이나 채찍을 잡고 '두드림', '침'[小擊也. 從又卜聲]	
敎	8급 攴 총11	가르칠 교 '攵+孝'로 윗사람이 바른 행실을 보여 아랫사람이 본받도록[孝] 가르침[攵] [上所施 下所效也. 從攴從孝] 從攴孝 孝見子部 效也. 上施故從攵 下效故從孝 『段注』	敎育(교육) 敎師(교사) 敎學相長(교학상장)
散	4급 攴 총12	흩어질 산, 한가로울 산 '攴+㪔'으로 '㪔'과 통용. 삼[㪔]을 두들겨[攴] 삼대와 껍질을 분리함[㪔, 通作散 『集韻』 散舍諸宮中 『公羊傳·莊十二年』 散, 放也 『註』 又布也 『博雅』 散, 誕也 『廣韻』 不自檢束爲散 『韻會』 - 『康熙』] ※㪔: 分離也. 從攴從㯒. 㯒, 分㪔之意也 『說文』	散在(산재) 分散(분산) 閑散(한산) 散文(산문) 散漫(산만)
撒	1급 手 총15	헤칠 살, 헤쳐 벌릴 살, 뿌릴 살, 놓을 살 '手+散(산)'으로 손[手]으로 삼대와 껍질을 잘 분리하여 놓음[散之也. 一曰放也『集韻』 -『康熙』]	撒布(살포) 撒水車(살수차)
敬	5급 攴 총13	엄숙할 경, 삼갈 경, 공경할 경 '攵+苟'로 항상 스스로 삼가고[苟] 조심하도록 다그침[攵] [肅也. 從攴苟] 從攴苟: 攴猶迫也. 迫而苟也『段注』 /敬, 警也. 恆自肅警也『釋名』 恭也, 愼也『玉篇』 君子敬以直內, 義以方外『易·坤卦』 三曰廉敬『周禮·天官·小宰』 敬, 不解於位也『註』 - 『康熙』	敬天(경천) 敬畏(경외) 恭敬(공경) 敬意(경의) 敬而遠之(경이원지) 敬天愛人(경천애인)
警	4급 言 총20	경계할 경, 깨우칠 경 '言+敬(경)'으로 어떤 일에 대해 경계하는 말[言] [言之戒也. 從言敬 敬亦聲]	警戒(경계) 警備(경비) 警察(경찰) 警覺(경각)
驚	4급 馬 총23	말이 놀랄 경, 놀랄 경 '馬+敬(경)'으로 말[馬]이 갑자기 깜짝 놀람[馬駭也. 從馬敬聲] 馬駭也 驚與警義別 小雅 徒御不驚 傳曰 不警 警也 俗多譌驚 從馬敬聲『段注』	驚異(경이) 驚歎(경탄) 驚動(경동) 驚風(경풍)
儆	2급 人 총15	경계할 경 'イ+敬(경)'으로 사람[人]이 경계하고 조심함[戒也. 從人敬聲. 儆宮『春秋傳』]	趙儆(조경: 조선의 장군)
故	4급 攴 총9	연고 고, 옛일 고, 죽을 고 '攵+古(고)'로 어떤 일을 하도록 강요함[攵]은 반드시 그 까닭이 있음. [예전에 성공한 일] [使爲之也. 從攵古聲] 使爲之也: 今俗云原故是也 凡爲之 必有使之者 使之而爲之則成故事矣 引伸之爲故舊 故曰古, 故也. 墨子經上曰 故, 所得而後成也 許本之. 從攴 取使之之意『段注』	緣故(연고) 故友(고우) 故宅(고택) 故人(고인)
做	1급 人 총11	지을 주 '人+故'로 '作과 뜻이 같음. 사람[人]이 옛것[故]에서 새 것을 만들어 냄[俗作字 『正字通』 -『康熙』] 作, 起也. 從人從乍『說文』	做錯(주착) 看做(간주)
敢 (叡)	4급 攴 총12	결단성이 있을 감, 감히 감, 용감할 감 '受+古(고)'로 고자는 叡. 결단성 있게 용감히 앞으로 나아가 윗사람과 주고받음[攵] [進取也. 從受古聲. 叡 籒文叡. 敢 古文叡『說文』 敢, 勇也『廣雅』 -『康熙』] 叡, 敢本字. 從受 受 上下相付持也 隸變作敢『說文』	敢行(감행) 果敢(과감) 勇敢(용감) 敢鬪(감투)

字	篆	級/部/畫	訓音・解說	用例
瞰	瞰	1급 目 총17	볼 **감** '目+敢(감)'으로 위에서 아래쪽을 향해 내려다봄[目] [視也 『博雅』俯視曰瞰『張衡·思玄賦』– 『康熙』]	瞰視(감시) 鳥瞰圖(조감도)
敞	敞	2급 攴 총12	시원할 **창**, 넓을 **창**, 드러날 **창**, 높을 **창** '攵+尙(상)'으로 높은 지대를 잘 다듬어[攵] 멀리 바라볼 수 있도록 함[平治高土 可以遠望也 從攴尙聲]	高敞(고창 : 전라북도 군의 이름)
廠	廠	1급 广 총15	헛간 **창**, 마구간 **창**, 공장 **창** '广+敞(창)'으로 벽이 없는 허름한 집[广] [露舍也『廣韻』屋無壁也『集韻』枳籬茅廠共桑麻『韓握』– 『康熙』]	工廠(공창) 造兵廠(조병창)
數	數	7급 攴 총15	셈할 **수**, 자주 **삭** '攵+婁(루)'로 산술(算術)의 바탕이 된 옛 계산법에 따라 헤아림[攵] [計也 從攴婁聲] 計也 : 六藝六曰九數 今九章算術是也『段注』 ※九數 : 九章 算術의 바탕이 된 옛 계산법의 이름.	數學(수학) 數爻(수효) 實數(실수) 虛數(허수) 數數(삭삭)
樓	樓	3급 木 총15	다락 **루**, 봉우리 **루** '木+婁(루)'로 나무[木]로 쌓아 올려 지은 2층집[重屋也 從木婁聲]	樓閣(누각) 望樓(망루) 沙上樓閣(사상누각)
屢	屢	3급 尸 총14	여러 **루**, 자주 **루**, 빠를 **루** '尸+婁(루)'로 한 일을 여러 번 자주 함[數也 案 : 今之婁字本是屢空字 此字後人所加 從尸 未詳] 古文. 婁 數也『韻會』煩數『增韻』又疾也。屢豐年『詩·周頌』屢省乃成『書·益稷』屢,數也,當數顧省汝成功也. 或作婁『註』– 『康熙』	屢次(누차) 屢屢(누누) 屢代(누대) 屢年(누년)
放	放	6급 攴 총8	쫓을 **방**, 놓을 **방**, 내칠 **방** '攵+方(방)'으로 채찍질[攵]하여 먼 곳으로 내쫓음[逐也 從攴方聲.『說文』 棄也『小爾雅』– 『康熙』] 金文	放歌(방가) 放棄(방기) 放念(방념) 放談(방담) 放浪(방랑) 放賣(방매)
倣	倣	3급 人 총10	본뜰 **방** 'イ+放(방)'으로 '仿과 통용. 남[人]의 것을 본보기로 하여 그대로 따라함[倣也 依也 通作仿 亦作放『正韻』– 『康熙』 ※仿, 相似也. 從人方聲『說文』	倣古(방고) 倣似(방사) 模倣(모방) 寫倣(사방)

❀ 支 부

字	篆	級/部/畫	訓音・解說	用例
支	支	4급 支 총4	대가지 칠 **지**, 가지 **지**, 지탱할 **지** '十+又'로 대가지를 친 얼룩무늬 대나무[十 : 半竹]를 손[又]으로 잡고 있음[去竹之枝也. 從手持半竹] 金文支字, 象人手持一條小樹枝的形狀『字源字典』	支柱(지주) 支店(지점) 支配(지배) 支援(지원)
枝	枝	3급 木 총8	가지 **지**, 가지 칠 **지** '木+支(지)'로 나무[木]의 줄기에서 새 가지가 남[木別生條也 從木支聲]	枝節(지절) 枝葉(지엽) 金枝玉葉(금지옥엽)
技	技	5급 手 총7	재주 **기** '扌+支(지)'로 손[扌] 재예(才藝)가 뛰어남[巧也 從手支聲] 巧也 : 工部曰巧者, 技也. 二篆爲轉注. 古多叚伎爲技能字. 人部曰 伎, 與也 『段注』	技巧(기교) 技能(기능) 技術(기술) 技藝(기예)
岐	岐	2급 山 총7	산 이름 **기**, 갈림길 **기** '山+支(지)'로 산[山] 이름[或從山支聲 因岐山以名之也 郊或者 岐之或字 謂岐卽郊邑之或體也 又云因岐山以名之]	岐路(기로) 多岐亡羊(다기망양)

I. 인간 109

字	篆	級/部/총획	訓音 및 해설	用例
妓	妓	1급 女 총7	기생 기, 미녀 기 '女+支(지)'로 노래나 춤 또는 풍류로 흥 돋우는 일을 업으로 삼는 여자[女] [婦人小物也 從女支聲] ※本義: 古代歌舞的女子 -『漢典』	妓生(기생) 名妓(명기)
伎	伎	1급 人 총6	함께 기, 동아리 기, 재주 기, 기생 기 '人+支(지)'로 남[人]과 함께 잘 어울림[與也 從人支聲 『詩』曰: 籧人伎忒]	伎倆(기량) 雜伎(잡기)
肢	肢	1급 肉 총8	팔다리 지, 가지 지 '肉+支(지)'로 '肢와 통용. 두 팔과 두 다리[肉] [肢或從支 只支同部. 體四肢也 或作胑骸 通作支 『集韻』骸體『廣韻』-『康熙』]	下肢(하지) 肢體(지체)

殳 부

字	篆	級/部/총획	訓音 및 해설	用例
殳	殳	殳 총4	창 수, 갖은등글월문 창을 손으로 잡고 사람을 찌름[以殳殊人也. 『禮』: 殳以積竹, 八觚, 長丈二尺, 建於兵車, 車旅賁以先驅. 從又几聲]	
殺	殺	4급 殳 총11	죽일 살, 덜 쇄 '殳+朮(살)'로 몽둥이나 창[殳]으로 죽임[戮也 從殳朮聲 古文殺 㩒, 布]	殺生(살생) 自殺(자살) 毒殺(독살) 殺到(쇄도)
刹	刹	2급 刀 총8	기둥 찰, 절 찰, 짧은 시간 찰 '刂+朮←殺(살)'로 칼[刀]로 나무를 잘라[殺] 만든 기둥[柱也 從刀 未詳. 殺省聲] 刹, 柱也『玉篇』又僧寺 又釋家上立柱 中藏舍利子 亦曰刹『增韻』-『康熙』 ※『北史』抱刹仰頭: 고승이 있음을 알리는 절 앞에 세우는 깃대 모양의 기둥.	寺刹(사찰) 刹那(찰나) 刹土(찰토) 刹海(찰해)
煞	煞	1급 火 총13	죽일 살 '殺의 속자[俗殺字『廣韻』五祀春木主煞上 故以所勝祭之也 又金味所以辛何 西方煞傷成物 辛所以煞傷之也. 猶五味得辛乃委煞也『白虎通』-『康熙』]	凶煞(흉살) 驛馬煞(역마살)
段	段	4급 殳 총9	단련할 단, 칠 단, 층계 단, 구분 단, 조각 단 '殳+耑(단)'으로 쇠붙이[殳]를 불에 달군 후 두드려서 단단하게 함[椎物也 從殳耑省聲] 椎物也: 用椎曰椎. 考工記. 段氏爲鎛器『段注』	段階(단계) 段落(단락) 段氏(단씨) 分段(분단)
鍛	鍛	2급 金 총17	쇠 불릴 단, 두드릴 단, 얽을 단 '金+段(단)'으로 쇠붙이[金]를 조금씩 불에 달구어 두드림[小冶也 從金段聲] 小冶也 小冶謂小作鑪韛以冶金 如嵇康之鍛竈是也 冶之則必椎之 故曰鍛鐵 殳部曰 段 椎物也 鍛從段金 會意兼形聲『段注』	鍛金(단금) 鍛鍊(단련) 鍛石(단석)
緞	緞	1급 糸 총15	비단 단 '糸+段(단)'으로 '毈과 통용. 좋은 실[糸]로 짠 바탕이 곱고 광택이 나는 두꺼운 비단[毈或從糸 今俗以爲錦繡段之段] 今厚繒曰緞『正字通』-『康熙』	綢緞(주단) 紬緞(주단)
殿	殿	3급 殳 총13	궁전 전, 큰 집 전, 전각 전 '殳+屍(둔)'으로 쇠붙이[殳] 등이 부딪쳐 나는 소리[擊聲也 從殳屍聲] 擊聲也: 此字本義未見 假借爲宮殿字. 燕禮注. 人君爲殿屋 疏云 漢時殿屋四向流水『段注』	宮殿(궁전) 殿閣(전각) 殿堂(전당) 殿試(전시)
澱	澱	1급 水 총16	앙금 전, 찌끼 전 '水+殿(전)'으로 액체[水]가 다 빠진 뒤 밑에 가라앉은 물질이나 찌끼[滓滓也 從水殿聲]	澱粉(전분) 沈澱(침전)

한자	전서	급수/부수/총획	뜻과 풀이	용례
殷	殷	2급 / 殳 / 총10	성할 **은**, 은나라 **은** '月+殳'로 탕왕이 신하의 위치에서 몸을 돌려[月] 창[殳]으로 걸왕을 내쳐 즐거움이 성대함[作樂之盛侒殷 從月從殳 『易』曰:殷薦之上帝] ※月 歸也 從反身 『說文』 金文	殷盛(은성) 殷昌(은창) 殷富(은부) 殷憂(은우) 殷栗(은율)
設	設	4급 / 言 / 총11	베풀 **설**, 진열할 **설**, 만들 **설**, 가령 **설** '言+殳'로 제사나 잔치 때, 음식을 법식에 따라 상 위에 차려 놓도록[殳] 말함[言] [施也 從言殳 殳, 使人也] 施陳也 : 設施雙聲. 认部曰施旗旖施也. 有布列之義. 自部曰陳, 列也. 然則凡言陳設者, 陳之假借字. 陳行而陳廢矣『段注』	設計(설계) 設立(설립) 設問(설문) 設備(설비) 設置(설치) 設令(설령)
役	役	3급 / 彳 / 총7	국경 지킬 **역**, 병역 **역**, 일 **역**, 부릴 **역** '彳+殳'로 창[殳]을 들고 변방을 순행(循行)하며[彳] 지킴[戍邊也 從殳從彳]	使役(사역) 役事(역사) 役員(역원) 役割(역할)
疫	疫	3급 / 疒 / 총9	전염병 **역**, 돌림병 **역** '疒+殳←役(역)'으로 백성 모두가 전염되어 걸리는 병[疒] [民皆疾也 從疒役省聲]	疫疾(역질) 免疫(면역) 防疫(방역) 惡疫(악역)
投	投	4급 / 手 / 총7	던질 **투**, 보낼 **투** '扌+殳'로 무기[殳]를 손[扌]으로 던져 다른 곳에 다다르게 함[擿也 從手從殳]	投稿(투고) 投機(투기) 投網(투망) 投賣(투매) 投降(투항) 投資(투자)
股	股	1급 / 肉 / 총8	넓적다리 **고** '肉+殳(수)'로 오금 윗마디의 다리[肉] [髀也 從肉殳聲] 髀也 : 髀, 股外也 言股則統髀 故曰髀也 『段注』	股關節(고관절) 股肱之臣(고굉지신)
毁	毁	3급 / 殳 / 총13	이지러질 **훼**, 헐 **훼**, 비방할 **훼** '土+毇(훼)'로 흙[土]을 구워 만든 그릇이 깨짐[缺也 從土毇省聲 毁, 古文毁從壬] 缺也 : 缺者, 器破也. 因爲凡破之偁『段注』	毁損(훼손) 毁傷(훼상) 破毁(파훼) 毁謗(훼방)
毅	毅	1급 / 殳 / 총15	성 발끈 낼 **의**, 굳셀 **의** '殳+豙(의)'로 창[殳]을 들고 성을 발끈 냄[妄怒也 一日有決也 從殳豙聲] 妄怒也 : 𡴐下曰 妄生也. 凡氣盛曰妄. 一曰毅, 有決也. 左傳曰殺敵爲果. 致果爲毅『段注』	毅然(의연) 豪毅(호의)
殼	殼	1급 / 殳 / 총12	칠 **각**, 껍질 **각**, 씨 **각** '殳+㱿(각)'으로 '殼'과 동자. 몽둥이[殳]로 위에서 아래로 내리침[與殼同 - 『康熙』] 殼 : 從上擊下也 一曰素也 從殳青聲]	地殼(지각) 甲殼類(갑각류)

隶 부

한자	전서	급수/부수/총획	뜻과 풀이	용례
隶	隶	/ 隶 / 총8	미칠 **이** '又+尾'로 손[又]으로 뒤에서 짐승의 꼬리[尾]를 잡고 있는 것[及也 從又從尾省 又持尾者, 從後及之也]	
逮	逮	2급 / 辶 / 총12	미칠 **태**, 따라갈 **태**, 잡을 **체**, 단아할 **체** '辶+隶(이)'로 짐승의 꼬리를 잡듯, 천천히 가[辶] 어떤 것에 미침[及也 從辶隶聲]	逮捕(체포) 連逮(연체) 逮繫(체계) 未逮(미체)
隷	隷	3급 / 隶 / 총16	붙을 **례**, 종속할 **례**, 따를 **례**, 살필 **례**, 종 **례** '隶+柰(내)'로 짐승의 꼬리를 손으로 잡듯[隶], 서로 마주 닿아 있음[同隷『玉篇』 - 『康熙』 隷, 附箸也. 從隶柰聲. 隸, 篆文隷從古文之體]	奴隷(노예) 隷屬(예속) 隷僕(예복) 隷人(예인)

廾 부

字	篆	部首/획수	급수/훈음/설명	金文	예시
廾	肖	廾 총3	손 맞잡을 공 손에 손을 맞잡고 있는 모양[竦手也. 從ナ從又. 今變作廾. 揚雄說, 廾, 從兩手『說文』-『康熙』]		
弄	弄	廾 총7	3급 희롱할 롱, 가지고 놀 롱 '玉+廾'으로 옥구슬[玉]을 양손[廾]으로 가지고 노는 모양[玩也 從廾持玉] 玩也『爾雅·釋言』謂玩好也『疏』又戲也 -『康熙』 ※兩手捧着一塊玉璧『字源字典』	金文	弄談(농담) 戲弄(희롱) 弄璋之慶(농장지경)
弁	肖	廾 총5	2급 고깔 변 'ㅿ+廾'으로 양손[廾]으로 고깔[ㅿ]을 잡고 있는 모양. 남자가 예복을 착용할 때 쓰는 모자의 일종[本作覍. 冕也. 象形. 或作弁『說文』覍, 弁也, 攀也, 所以攀持髮也『玉篇』-『康熙』] 男子穿禮服時所戴的一種帽子『字源字典』	金文	弁冕(변면) 弁目(변목) 弁言(변언) 武弁(무변)
弊	弊	廾 총15	3급 넘어질 폐, 곤란할 폐, 나쁠 폐, 죽을 폐 '犬+敝(폐)'로 본자는 '獘'. 개[犬]에게 물려 쓰러짐[頓仆也 從犬敝聲] 與獘同『韻會』惡也『廣韻』又困也『廣韻』軍士疲弊『後漢』又壞也, 敗也, 頓仆也『玉篇』-『康熙』/ 字本作獘 從犬敝聲. 從犬, 表示被狗扑倒或遭狗咬而倒下. 訛變爲'弊'. 本義: 仆, 向前倒下 -『漢典』 ※敝 敗衣也. 從巾 象衣敗之形		弊家(폐가) 弊端(폐단) 弊習(폐습) 弊害(폐해)
蔽	蔽	艸 총16	3급 가릴 폐, 덮을 폐 '艹+敝(폐)'로 작은 풀[艹]로 가리어 덮음[蔽蔽, 小草也. 從艸敝聲] 掩也『廣韻』是察阿黨則罪, 無有掩蔽『禮·月令』又微也. 蔽者, 覆障使微也『爾雅·釋詁疏』又三百, 一言以蔽之『論語, 詩』猶當也『何晏註』-『漢典』		掩蔽(엄폐) 隱蔽(은폐) 欺蔽(기폐) 蔽塞(폐색)
幣	幣	巾 총15	3급 비단 폐, 돈 폐 '巾+敝(폐)'로 실로 짠 비단[巾]을 총칭함[帛也 從巾敝聲] 帛也: 帛者, 繒也. 聘禮注曰幣, 人所造成以自覆蔽. 作幣者誤謂束帛也. 愛之斯欲飮食之. 君子之情也. 是以享用幣. 所以副忠信『段注』		幣帛(폐백) 幣物(폐물) 紙幣(지폐) 貨幣(화폐)
瞥	瞥	目 총17	1급 언뜻 볼 별 '目+敝(폐)'로 지나가는 눈[目]으로 언뜻 봄[過目也 又目翳也. 從目敝聲 一曰財見也]		瞥見(별견) 瞥眼間(별안간)
斃	斃	攴 총18	1급 넘어질 폐, 넘어져 죽을 폐 '死+敝(폐)'로 앞으로 넘어져 크게 다치거나 넘어져 죽음[死] [斃, 踣也『爾雅·釋言』前覆『註』射之, 斃一人『禮·檀弓』斃, 仆也『註』斃, 亦作弊『釋文』-『康熙』] 獘或從死 經書頓仆皆作此字 如左傳斃於車中 與一人俱斃是也. 今左傳犬獘亦作犬斃. 蓋許時經書斃多作獘『段注』		斃死率(폐사율)
鼈	鼈	黽 총25	1급 자라 별 '黽+敝(폐)'로 '鱉'과 동자. 하천에서 사는 동물[黽]로 거북과 비슷하고 꼬리는 짧고 발과 발톱이 세 개씩 있는 동물[甲蟲也 從黽敝聲 [注] 俗作鱉, 鷩, 鼈, 同鱉]		鼈甲(별갑) 魚鼈(어별)

 인간

한발 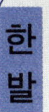 止疋足

 止
企
肯
址
祉
澁

 歲
濊
穢

 正
政
征
整
症

 步
涉
陟

 此
紫
雌
柴
些
疵

 武
賦

 歷
曆
瀝

 歸
婦
掃

 疋
蛋
胥
壻

 疑
凝
礙
擬
癡

 足
促
捉

 路
露
鷺

 踏

 蹣

踐
賤
淺
殘
錢
箋
棧
盞
餞

발+추가

夂	夏	彳	後	得	德 惪 聽 廳	復 履 覆	從 縱 聳 慫	徽	徙	微 薇	徵 懲
御 禦	夊	延 誕 筵	建 健 鍵 腱	廷 庭 艇 珽 挺	辶	道 導	通 痛 誦 勇 踊 涌 桶	邊	述 術	還 環	進 遑
遇 偶 愚 隅 寓 嵎	適 敵 滴 摘 謫 嫡	送 朕	達 撻	遣 譴	退 腿 褪	追 鎚 槌	逢 蓬 縫	遞	遷 饌 撰	選	行
街	衡	衒	衍	衢 懼	癶	登 燈 證 鄧 橙 澄	癸 揆 葵	發 廢 撥 潑 醱	舛	舞 桀 傑 杰	舜 瞬
韋 偉 衛 圍 緯 違 諱	韓										

止 부

자		급수/부수/총획	뜻풀이	용례
止	止	5급 止 총4	터 지, 근본 지, 발 지, 그칠 지 초목이 나오는 데 터가 있음[下基也. 象艸木出有址 故以止爲足] 故以止爲足: 此引伸假借之法 凡以韋爲皮韋 以朋爲朋黨 以來爲行來之來 以西爲東西之西 以子爲人之偁皆是也. 許書無趾字 止卽趾也『段注』 (甲骨文 金文)	停止(정지) 禁止(금지) 廢止(폐지) 止血(지혈) 明鏡止水(명경지수) 望梅止渴(망매지갈)
企	企	3급 人 총6	발돋음하고 바랄 기, 꾀할 기 '人+止(지)'로 사람[人]이 발뒤꿈치[止]를 들고 멀리 바라봄[擧踵也 從人止聲] (甲骨文 金文)	企待(기대) 企劃(기획) 企業(기업) 企望(기망)
肯	肯	3급 肉 총8	즐길 긍, 긍정할 긍 '月+止←冎'로 뼈[骨]에 살코기[月]가 붙어 있음[肯, 可也『爾雅』 著骨肉也『字林』 -『康熙』] 小篆字形 從肉從冎 從肉骨省 本義: 着骨之肉 -『漢典』	首肯(수긍) 肯定(긍정) 肯諾(긍낙)
址	址	2급 土 총7	터 지 '土+止(지)'로 '阯'와 통용. 집이나 건물을 지었거나 지을 자리[土] [阯或從土 左傳曰 略基址『段注』/ 基也『廣韻, 集韻, 正韻』太平基址千年永, 混一車書萬古存『劉兼·長春節詩』與阯同 -『康熙』]	寺址(사지) 遺址(유지) 址臺(지대)
祉	祉	1급 示 총9	복 지 '示+止(지)'로 하늘이 내린[示] 복이 오래도록 지속됨[福也 從示止聲] 徐曰 祉之言止也, 福所止不移也 -『康熙』]	福祉(복지) 祥祉(상지)
澁	澁	1급 水 총15	껄끄러울 삽, 막힐 삽 '水+歰(삽)'으로 '澀'과 동자. 윤활유[水]가 적어 미끄럽지 못하고 껄껄함[同澀『玉篇』-『康熙』] 澀: 與歰同『正韻』不滑也『說文』-『康熙』]	澁味(삽미) 難澁(난삽)
歲	歲	5급 止 총13	별 이름 세, 해 세, 나이 세 '步+戌(술)'로 세성(歲星)[목성(木星)]이 운행하여[步] 제 위치로 돌아오는 데 1년이 걸림[木星也 越歷二十八宿 宣徧陰陽 十二月一次 從步戌聲 律歷名五星爲五步] (甲骨文 金文)	年歲(연세) 歲拜(세배) 歲暮(세모) 萬歲(만세)
濊	濊	2급 水 총16	물 깊을 예, 더러울 예, 종족 이름 예 'ㅣ+歲(세)'로 못에 물[ㅣ]이 많은 모양[水多皃 從水歲聲]	濊貊(예맥: 우리 민족의 조상이 되는 종족)
穢	穢	1급 禾 총18	거칠 예, 잡초 예, 더러울 예 '禾+歲(세)'로 곡식[禾] 밭에 잡초가 무성히 남[蕪也『說文』徐曰 田中雜草也. 蕪穢不治 又惡也 汙也『前漢』-『康熙』]	汚穢(오예) 醜穢(추예)
正	正	7급 止 총5	옳을 정, 바를 정, 떳떳할 정 '一+止'로 자주 옮기지 않고 한[一] 곳에 머물러 둠[止] [是也 從止, 一以止] (甲骨文 金文)	正道(정도) 正直(정직) 正統(정통) 正確(정확)
政	政	4급 攴 총8	바를 정, 정사 정 '攵+正(정)'으로 바르지 못한 것을 바르게[正] 하도록 채찍함[攵] [正也 從攵正聲] ※孔子對曰 政者 正也 子帥以正 孰敢不正『論語』. 政之爲言 正也 所以正人之不正也『論語集註』	國政(국정) 政客(정객) 政黨(정당) 政策(정책)

I. 인간

한자	전서	급수/부수/총획	훈음 및 자원	갑골문/금문	용례
征	征	3급 彳 총8	칠 **정** '彳+正(정)'으로 잘못이 있는 적이나 무리를 바로[正]잡기 위해 쳐러 감[彳] [正行也 從彳正聲] 延或從彳 引伸爲征伐 孟子曰 征之 爲言正也『段注』		征伐(정벌) 征服(정복) 遠征(원정) 長征(장정)
整	整	4급 攴 총16	가지런할 **정**, 정돈할 **정**, 바로잡을 **정** '束+攴+正(정)'으로 바르게[正] 묶도록[束] 지도하여[攴] 가지런히 정돈함[齊也 從攴從束從正 正亦聲]		整頓(정돈) 整理(정리) 端整(단정) 調整(조정)
症	癥	3급 疒 총10	증세 **증**, 병 증세 **증** '疒+正(정)'으로 배에 병[疒]이 생김[腹結病 也『玉篇』 腹病『廣韻』 - 『康熙』]		症狀(증상) 炎症(염증) 痛症(통증) 渴症(갈증)
步	步	4급 止 총7	걸음 **보** '止+止'로 두 발[止]로 번갈아 앞으로 걸어감[行也 從止少相背]	甲骨文 金文	步行(보행) 步幅(보폭) 散步(산보) 獨步(독보)
涉	涉	3급 水 총10	건널 **섭**, 거칠 **섭**, 지나쳐 볼 **섭**, 찾아다닐 **섭**, 관계할 **섭** '氵+步'로 걸어서[步] 강물[氵]을 건넘[徒行濿水也『說文』 繇膝以上爲涉『爾雅』 又經也 -『康熙』]	甲骨文 金文	涉水(섭수) 交涉(교섭) 干涉(간섭) 涉外(섭외)
陟	陟	2급 阜 총10	오를 **척** '阝+步'로 걸어서[步] 언덕[阜]을 올라감[登也 從阜從步]		進陟(진척) 陟降(척강) 昇陟(승척)
此	此	3급 止 총6	그칠 **차**, 이 **차** '止+匕'로 멈추고[止] 서로 다음 순차를 견줌[匕] [止也 從止匕. 匕 相比次也]	甲骨文 金文	如此(여차) 彼此(피차) 此日彼日(차일피일)
紫	紫	3급 糸 총11	자줏빛 **자** '糸+此(차)'로 적색과 청색이 혼합된 직물[糸] [帛靑赤 色也 從糸此聲]		紫色(자색) 紫煙(자연) 紫外線(자외선) 千紫萬紅(천자만홍)
雌	雌	3급 隹 총13	암컷 **자**, 약할 **자** '隹+此(차)'로 알을 낳고 부화하기 위해 둥지에 머물러 있는 어미새[隹] [鳥母也 從隹此聲] 形聲. 從隹此聲. 從隹, 表示與鳥有關. 本義 : 母鳥. 引申爲母的 -『漢典』		雌性(자성) 雌蜂(자봉) 雌花(자화) 雌伏(자복)
柴	柴	2급 木 총9	섶 나무 **시**, 울장 **채** '木+此(차)'로 쓸모없는 작은 잡목[木] [小木 散材 從木此聲 臣鉉等曰: … 豎散木爲區落, 名曰柴籬]		柴奴(시노) 柴門(시문) 柴草(시초) 鹿柴(녹채)
些	些	1급 二 총7	어조사 **사**, 적을 **사** '此+二'로 어조사로 쓰이며, 그 의미는 자세하지 않음[語辭也 見『楚辭』 從此從二 其義未詳『說文』 少也『廣韻』 或 作尖『集韻』 -『康熙』]		些事(사사) 些少(사소)
疵	疵	1급 疒 총7	병 **자**, 흠 **자**, 흉볼 **자** '疒+此(차)'로 인색한 사람은 남의 작은 결점도 말하는 병통[疒]이 있음[病也 從疒此聲] 悔吝者 言乎其小疵也 『易·繫辭』 言說此卦爻有小疵病也『疏』 予取予求 不女疵瑕也『左傳』 不以 女爲罪釁『注』 -『康熙』		疵痕(자흔) 瑕疵(하자)

한자	전서	급수/부수/획수	훈음 및 설명	갑골문/금문	용례
武	耂	4급 / 止 / 8획	날랠 **무**, 무사 **무**, 굳셀 **무** '戈+止'로 창[戈]을 들고 나아가[止] 용감히 싸움[楚莊王曰 夫武定功戢兵 故止戈爲武] 宣十二年左傳文 此蘖楛楚莊王語以解武義 莊王曰 於文止戈爲武 是倉頡所造古文也 祇取定功戢兵者 以合於止戈之義也 文之會意已明 故不言從止戈『段注』從止從戈. 据甲骨文, 人持戈行進, 表示要動武. 本義: 勇猛, 猛烈 - 『漢典』	甲骨文 金文	武士(무사) 武勇(무용) 武裝(무장) 武器(무기) 武陵桃源(무릉도원) 武裝蜂起(무장봉기) 文武百官(문무백관)
賦	賻	3급 / 貝 / 총14	세금 거둘 **부**, 줄 **부**, 구실 **부** '貝+武(무)'로 국가에서 세금[貝]을 거두고 또 이를 백성에게 나누어 줌[斂也 從貝武聲 斂也: 周禮大宰. 以九賦斂財賄. 斂之曰賦. 班之亦曰賦. 經傳中凡言以物班布與人曰賦『段注』]		賦課(부과) 賦稅(부세) 賦與(부여) 詩賦(시부)
歷	歷	5급 / 止 / 총16	역사 **력**, 지낼 **력** '止+厤(력)'으로 지나간 발[止]자취를 기록함[過也 從止厤聲] ※厤(다스릴 력)[治也] = 曆의 古字	金文	歷史(역사) 經歷(경력) 學歷(학력) 歷任(역임)
曆	曆	3급 / 日 / 총16	책력 **력** '日+厤(력)'으로 천체(天體) 중심의 해[日]와 달의 돌아님과 절기를 다룬[厤] 책[厤象也 從日厤聲『說文』通用歷『史記』- 『康熙』]		曆法(역법) 冊曆(책력) 曆數(역수) 陰曆(음력)
瀝	瀝	1급 / 水 / 총19	물방울 **력**, 쏟을 **력** '水+歷(력)'으로 물방울[水]이 아래 깊은 곳으로 떨어짐[浚也 從水歷聲 一曰水下滴瀝]		瀝血(역혈) 瀝滴(역적)
歸	歸	4급 / 止 / 총18	시집갈 **귀**, 돌아갈 **귀** '止+帚←婦+自(퇴)'로 여자가 시집을 가면[止] 부인[婦]이 됨[女嫁也 從止從婦省自聲 婦 籒文省]	甲骨文 金文	歸家(귀가) 歸國(귀국) 歸順(귀순) 歸鄕(귀향)
婦	婦	4급 / 女 / 총11	아내 **부**, 며느리 **부** '女+帚'로 비[帚]를 잡고 물뿌리며 쓸고 복종하며 따르는 여자[女] [服也 從女持帚灑掃也] 子之妻爲婦『爾雅』. 又女子已嫁曰婦 婦之言服也 服事於夫也『禮』婦人先嫁 三月教以婦德 婦言 婦容 婦功 - 『康熙』	甲骨文 金文	夫婦(부부) 寡婦(과부) 姙婦(임부) 賢婦(현부)
掃	掃	4급 / 手 / 총11	쓸 **소**, 없앨 **소** '扌+帚(추)'로 손[手]으로 비를 잡고 쓸어냄[棄也, 拚除也.『唐韻』,『集韻』,『韻會』,『正韻』洒掃廷內『詩』- 『康熙』]		淸掃(청소) 掃地(소지) 掃滅(소멸) 掃射(소사)

✤ 疋 부

한자	전서	급수/부수/획수	훈음 및 설명	갑골문/금문	용례
疋	疋	1급 / 疋 / 총5	발 **소**, 짝 **필** 위는 장단지[腓腸], 아래는 발[止] 모양[足也 上象腓腸 下從止] 上象腓腸 肉部曰腨 腓腸也 下從止 止 下基也『段注』	甲骨文 金文	疋緞(필단) 疋木(필목)
蛋	蜑	1급 / 虫 / 총11	오랑캐 이름 **단** '虫+延(연)'으로 '蜑'과 동자. 중국 남방의 종족 이름[古作蜑『字彙補』胡夷蛋蠻『柳宗元』- 『康熙』] ※蜑 南方夷也 從虫延聲『說文』		蛋黃(단황) 蛋白質(단백질)

I. 인간

字	篆	級/部/總	訓音 및 해설	用例
胥		1급 肉 총9	게장 서, 게젓 서, 서로 서 '肉+疋(소)'로 끓여 식힌 간장이나 소금물에 산 게[肉]를 담아 만든 음식[蟹醢也 從肉疋聲]	胥失(서실) 胥吏(서리)
壻		1급 士 총12	사위 서 '士+胥(서)'로 시집간 딸의 남편[士] [夫也 從士胥聲] 夫也 : 夫者 丈夫也 然則壻爲男子之美稱 因以爲女夫之稱 『段注』	壻郞(서랑) 翁壻(옹서)
疑		4급 疋 총14	의심할 의 '子+止+匕+矢(시)'로 어린아이[子]가 뜻을 이해하지 못하여[止] 옆을 자주 보며 의심함[匕] [惑也 從子止匕矢聲 『注』徐鍇曰 : 止 不通也 矣 古矢字 反匕之幼子多惑也] ※羅辰玉은 갑골문에 '사람이 머리를 들어 옆을 자주 보는 것'이라 했음 『字源字典』 (甲骨文)	疑心(의심) 疑問(의문) 半信半疑(반신반의)
凝		3급 冫 총16	물 얼 응, 엉길 응, 이룰 응, 정할 응 '冫+疑(의)'로 물이 얼어[冫] 단단해짐[水堅也 本作冰 從水从冫 『説文』.『徐曰』俗作凝 今文從俗.『易』履霜堅冰 陰始凝也 – 『康熙』]	凝固(응고) 凝視(응시) 凝結(응결) 凝集(응집)
礙		2급 石 총19	그칠 애, 막을 애, 거리낄 애, 방해할 애, 한정할 애 '石+疑(의)'로 硋, ·閡와 통용. 앞에 돌[石]이 있음[止也 從石疑聲] 或作硋 通作閡. 南史引浮屠書作导 『韻會』又距也, 妨也, 阻也, 陂也. 又聖人之治天下, 礙諸以禮樂『揚子·法言』– 『康熙』	障礙(장애) 拘礙(구애) 沮礙(저애) 礙滯(애체)
擬		1급 手 총17	헤아릴 의, 비교할 의, 비슷할 의 '手+疑(의)'로 손[手]으로 헤아리거나 가늠하여 비교함[度也 從手疑聲]	模擬(모의) 擬人法(의인법)
癡		1급 疒 총19	어리석을 치 '疒+疑(의)'로 지혜롭지 못하여 어리석게[疒] 행동함 [不慧也 從疒疑聲]	癡呆(치매) 天痴·天癡(천치)

足 부

字	篆	級/部/總	訓音 및 해설	用例
足		7급 足 총7	발 족, 넉넉할 족 '口+止'로 사람의 신체 아랫부분으로 정강이[口]와 발[止] 모양[人之足也 在體下 從止口 『注』徐鍇曰 : 口象股脛之形] (金文)	手足(수족) 長足(장족) 滿足(만족) 豊足(풍족)
促		3급 人 총9	핍박할 촉, 재촉할 촉, 가까울 촉, 은밀할 촉 '人+足(족)'으로 가까이 또는 은밀히 사람[人]을 다그침[迫也 從人足聲]. 迫也 近也 密也 『唐韻, 韻會』– 『康熙』	督促(독촉) 促急(촉급) 促迫(촉박) 促進(촉진)
捉		3급 手 총10	잡을 착 '扌+足(족)'으로 손[手]으로 꽉 잡음[搤也 從手足聲 一曰握也] 一曰握也 : 搤持也 『段注』	捕捉(포착) 捉囚(착수) 捉送(착송) 捉來(착래)
路		6급 足 총13	길 로 '足+各'으로 길 위를 사람들이 제각각[各] 걸어[足] 다님[道也 從足從各 『注』臣鉉等曰 : 言道路人各有適也] (金文)	道路(도로) 歸路(귀로) 旅路(여로) 進路(진로)
露		3급 雨 총20	젖을 로, 이슬 로, 드러날 로 '雨+路(로)'로 공기가 식어서 이슬점(點) 이하로 내려갈 때, 수증기가 작은 물방울[雨]이 되어 물체의 표면에 부착된 것[潤澤也 從雨路聲] 潤澤也 : 五經通義曰 和氣津凝爲露. 蔡邕月令曰 露者 陰之液也. 按露之言臚也 故凡陳列表見於外曰露. 亦叚路爲之 『段注』	露宿(노숙) 露店(노점) 露出(노출) 露積(노적)

字	篆	級/部/총획	뜻풀이	단어
鷺	鷺	2급 鳥 총23	해오라기 로, 백로 로 '鳥+路(로)'로 밤에 주로 활동하며 물고기 따위를 잡아먹고 사는 새[鳥] [白鷺也 從鳥路聲]	鷺鷗(노구) 白鷺(백로)
踏	蹋	3급 足 총15	밟을 답, 걸을 답 '足+沓(답)'으로 본자는 '蹋'. 발[足]로 땅을 밟거나 땅 위를 걸음[足著地也『玉篇』踐也『集韻, 韻會, 正韻』本作蹋 今文作踏 或作蹹『說文』-『康熙』]	踏步(답보) 踏査(답사) 踏襲(답습)
蹂	蹂	1급 足 총27	짓밟을 린, 유린할 린 '足+藺(린)'으로 '躪과 동자. 발[足]로 마구 밟아 짓이김[同藺『字彙補』奔走相蹂躙『前漢』躪 轢也『註』-『康熙』]	蹂躪(유린) 征躪(정린)
踐	踐	3급 足 총15	밟을 천, 행할 천 '足+戔(전/잔)'으로 발[足]로 땅을 밟음[履也 從足戔聲] 履也: 履之箸地曰履 履 足所依也『段注』	實踐(실천) 踐歷(천력) 踐約(천약) 踐言(천언)
賤	賤	3급 貝 총15	천할 천, 업신여길 천 '貝+戔(전/잔)'으로 값[貝]이 적게[戔] 나감[賈少也 從貝戔聲]	賤待(천대) 賤視(천시) 賤業(천업) 賤妾(천첩)
淺	淺	3급 水 총11	얕을 천, 배움이 얕을 천 'Ỉ+戔(전/잔)'으로 물[Ỉ]이 깊지 않음[戔] [不深也 從水戔聲] 按不深曰淺. 不廣亦曰淺. 故考工記曰以博爲帴. 帴者, 淺之假借『段注』 ※深則厲 淺則揭『詩經』	淺見(천견) 淺薄(천박) 淺學非才(천학비재)
殘	殘	4급 歹 총12	해칠 잔, 잔인할 잔, 나머지 잔 '歹+戔(잔/전)'으로 '戔'과 통용. 남의 해침을 받아 뼈만 앙상히 남음[歹] [賊也. 從歹戔聲] 又與戔通 束帛戔戔『易·賁卦』. 引子夏『註』. 束帛殘殘『易』-『康熙』 ※戔: 賊也. 從二戈『注』 徐鍇曰: 兵多則殘也. 故從二戈『說文』	相殘(상잔) 殘忍(잔인) 殘金(잔금) 殘額(잔액)
錢	錢	4급 金 총16	가래 전, 돈 전 '金+戔(전/잔)'으로 쇠로 만든 농기구인 가래[銚] 따위[銚也 古田器 從金戔聲『詩』曰庤乃錢鎛 一曰貨也] 古者田器: 詩毛傳云你 見上文銚字下 云古田器者 古謂之錢 今則但謂之銚 謂之畚 不謂之錢 而錢以爲貨泉之名『段注』	銅錢(동전) 金錢(금전) 葉錢(엽전) 換錢(환전)
箋	箋	1급 竹 총14	부전 전, 문서 전, 편지 전 '竹+戔(전/잔)'으로 자기의 의견을 기록하는 작은 쪽지[竹] [表識書也 從竹戔聲]	附箋(부전) 箋註(전주)
棧	棧	1급 木 총12	시렁 잔, 대나무 수레 잔, 잔도 잔 '木+戔(전/잔)'으로 물건을 얹기 위해 방이나 마루의 벽에 가로지른 두 개의 긴 막대[木]나, 대나무로 엮어 만든 수레[棚也 竹木之車曰棧 從木戔聲]	棧道(잔도)
盞	盞	1급 皿 총13	잔 잔 '皿+戔(전/잔)'으로 술을 마실 때 쓰는 작은 그릇[皿] [杯也『博雅』趙魏之間或曰盞『揚子·方言』酒盞 最小杯也『註』-『康熙』]	茶盞(차잔) 添盞(첨잔)
餞	餞	1급 食 총17	전송할 전 '食+戔(전/잔)'으로 떠나는 사람에게 주식(酒食)[食]을 대접하거나 선물을 주어 보냄[送去 從食戔聲『詩』曰 顯父餞之] 送去食也 : 各本少食字 今依左傳音義補 毛傳曰 祖而舍軷 飮酒於其側曰餞『段注』	餞別(전별) 餞送(전송)

夂 부

字		部/總	설명	예
夂	尺	夂 총3	뒤져서 올 **치** 양쪽 정강이 뒤에 따라오는 자가 있는 모양[從後至也 象人兩脛後有致之者] 按與夊字不同, 夂右畫長出于外, 夊右畫短縮于中 -『康熙』	
降	間	4급 阜 총9	낮은 데로 옮길 **강**, 내릴 **강**, 떨어질 **강**, 항복할 **항** 'β+夅(강)'으로 '夅'은 고문. 높은 언덕[阜]에서 낮은 데로 내려옴[下也 從𨸏夅聲 〖注〗夅 古文]	降伏(항복) 投降(투항) 降雨(강우) 降臨(강림)

夊 부

字		部/總	설명	예
夊	ᅕ	夊 총3	천천히 걸을 **쇠** 사람의 두 정강이가 신발을 끌며 더디게 가는 모양[行遲曳夊夊 象人兩脛有所躧也]	
夏	𦥑	7급 夊 총10	중국 **하**, 나라 이름 **하**, 여름 **하** '頁+𦥑+夊'로 머리[頁], 양손[𦥑], 발[夊] 모두를 잘 사용하는 쌍수만능(雙手萬能)의 중국인[中國之人也 從夊從頁從𦥑 𦥑 兩手 夊兩足也 𦥑 古文夏 〖注〗𩖾, 昰, 㥑, 亦古文夏]	中夏(중하) 孟夏(맹하) 冬蟲夏草(동충하초) 冬扇夏爐(동선하로)

彳 부

字		部/總	설명	예
彳	彳	彳 총3	작은 걸음 **척** 다리, 정강이, 발이 서로 연결되어 있는 모양으로 잔걸음으로 걸어감[小步也 象人脛三屬相連也] 小步也 : 象人脛三屬相連也. 三屬者, 上爲股, 中爲脛, 下爲足也. 單擧脛者, 擧中以該上下也. 脛動而股與足隨之『段注』	
後	後	7급 彳 총9	뒤 **후**, 늦을 **후**, 뒤질 **후** '彳+幺+夂'로 뒤처져[幺+夂] 잔걸음[彳]으로 감[遲也 從彳幺夂 幺夂者 後也] 遲也 : 從彳幺夂. 幺夂者 後也. 各本奪二字. 今補. 幺者小也. 小而行遲. 後可知矣. 故從幺夂 會意『段注』	後見(후견) 後嗣(후사) 後援(후원) 落後(낙후) 背後(배후) 病後(병후)
得	得	4급 彳 총11	얻을 **득** '彳+寻←得(득)'으로 '㝵'과 동자. 가다[彳]가 얻은 바가 있음[行有所得也 從彳㝵聲 㝵 古文省彳] ※甲骨文得字象一只手抓住一只海貝的樣子 表示有所獲得的意思『字源字典』	得勢(득세) 得失(득실) 得意(득의) 得票(득표) 納得(납득) 晩得(만득)
德	德	5급 彳 총15	덕 **덕**, 큰 **덕** '彳+悳(덕)'으로 도(道)[悳]를 조금씩 실천하여[彳] 깨달음의 단계로 올라감[升也 從彳悳聲] ※德之爲言 得也 行道而有得於心也『論語集註』	德量(덕량) 德望(덕망) 德業(덕업) 德育(덕육) 德澤(덕택) 福德(복덕)
悳	悳	2급 心 총12	덕 **덕**, 큰 **덕** '直+心'으로 德의 고자. 정직한[直] 마음[心]을 실천하여, 혜택은 남이 받고, 내적 수양은 자기가 쌓음[外得於人 內得於己也 從直從心 悳 古文] 外得於人. 內得於己, 謂身心所自得也. 外得於人, 謂惠澤使人得之也	

한자	급수/부수/총획	훈음 및 설명	예
聽 聽	4급 耳 총22	들을 **청** '耳+悳+壬(정)'으로 귀[耳]를 통해 듣고 깨달음[悳=得也] [聆也 從耳悳壬聲] 從耳悳 : 會意 悳者 耳有所得也 『段注』	聽覺(청각) 聽講(청강) 聽訟(청송) 聽衆(청중)
廳 廳	4급 广 총25	관청 **청** '广+聽(청)'으로 백성의 소리를 듣는 큰 집[广] [廳, 屋也 『集韻』 古者治官處, 謂之聽『集韻』 聽事, 言受事察訟 於是. 漢晉皆作聽, 六朝以來, 乃始加广『增韻』 - 『康熙』]	廳舍(청사) 公廳(공청) 官廳(관청) 區廳(구청)
復 復	4급 彳 총12	다시 **부**, 돌아올 **복** '彳+夏(복)'으로 걸어서 간[彳] 길을 다시 돌아옴[往來也 從彳夏聲] 夏 : 行故道也 - 『康熙』	復舊(복구) 復權(복권) 復習(복습) 復活(부활)
履 履	3급 尸 총15	신 **리**, 밟을 **리** '尸+彳+夂+舟'로 배[舟]처럼 생긴 신을 신고[尸] 천천히 걸어[彳] 다님[夂] [足所依也 從尸, 服履者也 從彳從夂 舟象履形. 一曰尸聲]	履行(이행) 木履(목리) 履歷書(이력서)
覆 覆	2급 襾 총18	덮을 **부**, 엎어질 **복**, 뒤집을 **복** '襾+復(복)'으로 열어 놓은 뚜껑 을 다시 뒤집어 덮음[襾] [蓋也, 一曰蓋也 從襾復聲]	反覆(반복) 覆船(복선) 覆試(복시) 覆檢(복검)
從 從	4급 彳 총11	따를 **종** '辵+從(종)'으로 사람의 뒤를 따라감[辵] [隨行也 從辵從, 從亦聲]	從軍(종군) 從弟(종제) 盲從(맹종) 服從(복종)
縱 縱	3급 糸 총17	놓을 **종**, 세로 **종** '糸+從(종)'으로 실[糸]을 풀어 느슨하게 놓음 [緩也 一曰舍也 從糸從聲] 古文. 縱. 置也『博雅』恣也, 放也『玉篇』縱敗 禮『書·太甲』無縱詭隨『詩·大雅』-『康熙』	縱斷(종단) 縱覽(종람) 縱列(종렬) 縱書(종서)
聳 聳	1급 耳 총17	귀먹을 **용**, 세울 **용**, 솟을 **용**, 두려워할 **송**, 공경할 **송** '耳+從(종)'으로 귀[耳]를 쫑긋 세우고 들으려 하나 귀가 먹어 듣지 못 함[聳 聾也 又聳 欲也, 悚也『揚子·方言』昔殷武丁, 能聳其德『楚語』 聳, 敬也『註』-『康熙』]	聳立(용립) 聳然(용연) 聳空(용공) 聳起(용기) 聳耳(용이) 斗聳(두용) 森聳(삼용) 聳擢(용탁)
慫 慫	1급 心 총15	놀랄 **종**, 권할 **종** '心+從(종)'으로 뜻밖의 일이나 두려운 상황에 가슴[心]이 두근거림[驚也 從心從聲 悚當作悚 許書有悚無悚『段注』 又慫 慂, 勸也. 又 音縱. 義同『正韻』-『康熙』]	慫慂(종용)
徽 徽	2급 彳 총17	행전 **휘**, 아름다울 **휘**, 탈 **휘**, 성 **휘** '糸+微(미)'로 행전(行纏) [糸]이 아름답게 보임[裘幅也 一曰三糾繩也 從糸微省聲] 裘幅也 : 卽詩 之邪幅也. 傳曰邪幅, 偪也. 所以自偪束也. 箋云. 邪幅, 如今行縢也. 偪束其 脛. 自足至却. 按內則謂之偪. 許云謂之徽. 未見所出. 蓋猶蔽却謂之褘與. 釋 詁曰徽, 善也. 止也. 大雅箋云. 美也. 自偪束之義之引申也『段注』	宏徽(굉휘) 嗣徽(사휘) 徽琴(휘금) 徽陵(휘릉) 琴徽(금휘) 徽纆(휘묵)
徙 徙	1급 彳 총11	옮길 **사** '辵+止(지)'로 어떤 것을 옮기거나 피하기 위해 돌아다님[辵] [本作徙 迻也『說文』遷也, 避也『玉 篇』遷運 徙也『爾雅』-『康熙』]	徙食(사식) 移徙(이사)

I. 인간 121

한자	전서	급수/부수/총획	뜻풀이	용례
微	微	3급 彳 총13	은밀할 미, 정묘할 미, 작을 미 '彳+散(미)'로 사람의 눈에 띄지 않게 은밀히 걸어감[彳] [隱行也. 從彳散聲『春秋傳』曰白公其徒微之] 幽微也『爾雅·釋詁』知微知彰『易·繫辭』道心惟微『書·大禹謨』又微, 妙也『廣韻』德産之致也精微『禮·禮運』又細也『廣韻』乃孔子, 則欲以微罪行『孟子』又不明也『玉篇』彼月而微, 此日而微『詩·小雅』-『康熙』	微動(미동) 微力(미력) 微妙(미묘) 微物(미물) 微微(미미) 微服(미복) 微細(미세) 微笑(미소)
薇	薇	1급 艸 총17	고비 미 '艸+微(미)'로 양치류의 다년생 식물로 산과 들에 나며 어린잎은 식용하는 풀[艸] [菜也. 似藿 從艸微聲]	薔薇(장미) 薇菜(미채)
徵	徵	1급 彳 총15	부를 징, 물을 징, 증명할 징, 거둘 징, 징험할 징, 이룰 징, 음률 이름 치 '微+壬'으로 선행[壬]을 은미하게[微] 행했지만 후에 이름이 세상에 알려져 부름을 받음[召也. 從微省, 壬微爲徵. 行於微而聞達者 卽徵也『注』數, 壬, 徵, 古文徵] 召也 : 召者, 評也. 周禮司市典祀注, 鄕飮酒禮注, 鄕射禮注皆曰徵, 召也. 按徵者, 證也. 驗也. 有證驗, 斯有感召. 有感召, 而事以成. 故士昏禮注, 禮運注又曰徵, 成也. 依文各解. 義則相通『段注』	徵募(징모) 徵發(징발) 徵兵(징병) 徵稅(징세) 徵收(징수) 懲役(징역) 白骨徵布(백골징포) 亡徵敗兆(망징패조)
懲	懲	3급 心 총19	징계할 징, 혼날 징 '心+徵(징)'으로 허물이나 잘못을 마음[心]속으로 뉘우치도록 나무라며 경계함[忿也. 從心徵聲]	懲戒(징계) 懲罰(징벌) 懲惡(징악) 懲役(징역)
御	御	3급 彳 총11	마부 어, 어거할 어, 임금 어 '彳+卸'로 수레를 멈추고 말을 풀어 놓았다가[卸] 다시 부리어 감[彳] [使馬也 從彳從卸] ※卸 : 舍車解馬也 從卩止午 [注] 臣鉉等曰: 午, 馬也. 故從午『說文』 金文	御駕(어가) 御命(어명) 御使(어사) 御用(어용) 御製(어제) 御前(어전)
禦	禦	1급 示 총16	제사 어, 막을 어, 방어 어, 말할 어 '示+御(어)'로 제사를 지내어[示] 재앙을 막음[祀也. 從示御聲] 後人用此爲禁禦字. 古只用御字『段注』/ 扞也, 拒也『正韻』 又止也. 以言乎遠, 則不禦『易·繫辭』 謂無所止息也『疏』又古通御. 亦以御冬『詩·邶風』 御, 禦也. 亦通語『毛傳』-『康熙』	禦敵(어적) 防禦(방어) 防禦陣(방어진) 外禦其侮(외어기모)

❈ 廴 부

한자	전서	급수/부수/총획	뜻풀이	용례
廴	廴	廴 총3	길게 걸을 인 긴 걸음으로 조금씩 걸어감[彳] [長行也. 從彳引之] 從彳引之 : 引長也『段注』	
延	延	4급 廴 총7	뻗칠 연, 끌 연, 이끌 연, 인도할 연 '廴+丿(별)'로 산맥이 길게 뻗은 것처럼, 길게 늘어져 감[廷] [長行也 從廴丿聲] 進也『廣韻』 擯者延之升『儀禮·覲禮』 從後詔謂曰延. 延, 進也『註』 又長也『爾雅·釋詁』 延永, 長也『揚子·方言』 凡施于年者謂之延, 施於衆長謂之永 -『康熙』	延期(연기) 延年(연년) 延長(연장) 延命(연명)
誕	誕	2급 言 총14	거짓 탄, 방종할 탄, 날 탄 '言+延(연)'으로 실제보다 과장하여 하는 말[言] [詞誕也. 從言延聲] 徐曰 : 妄爲大言也. 欺也『廣韻』 乃逸乃諺旣誕『書·無逸』 誕妄『蔡傳』 欺誕『孔傳』 又放也『正韻』 伯州犁曰 : 子姑憂子晳之欲背誕也『左傳·昭元年』 放誕也『註』 阮孚爲誕伯『晋書·羊曼傳』 又 大也『爾雅·釋詁』 帝乃誕敷文德『書·大禹謨』 大也『傳』 發語辭『朱傳』-『康熙』	誕生(탄생) 聖誕(성탄) 荒誕無稽(황탄무계) 釋迦誕辰日(석가탄신일)

筵	筳	1급 竹 총13	대자리 연 '竹+延(연)'으로 대[竹]로 엮어 만든 자리[竹席也 從竹延 聲『周禮』曰 : 度堂以筵, 筵一丈]	筵席(연석) 經筵(경연)
建	建	5급 廴 총9	법 건, 세울 건, 둘 건 '廴+聿←律로 조정이 법도[聿]를 수립하여 백성을 끌고 감[廴] [立朝律也 從聿從廴 [注] 臣鉉 等曰 : 聿, 律省也] 立朝律也 : 今謂凡豎立爲建, 許云. 立朝律也 : 此必古義. 今未攷出. 從聿. 律省也. 從廴. 廷省也.『段注』	建國(건국) 建立(건립) 建物(건물) 建設(건설)
健	健	5급 人 총11	굳셀 건, 튼튼할 건 '亻+建(건)'으로 의지가 굳세고 강건한 사람 [人] [伉也 從人建聲] 伉也 : 伉下曰人名 而不言其義. 以此云伉也證之則知 人名二字 非許之舊矣 周易曰 乾 健也『段注』	健康(건강) 健剛(건강) 健脚(건각) 健勝(건승) 健鬪(건투) 健全(건전)
鍵	鍵	2급 金 총17	솥귀 건, 수레 굴대 비녀장 건, 열쇠 건, 문빗장 건 '金+建(건)'으로 솥[金]의 운두 위로 두 귀처럼 뾰족하고 튼튼하게 돋친 부분[鉉也 一曰車轄 從金建聲]	關鍵(관건) 鍵盤(건반)
腱	腱	1급 肉 총13	힘줄 건, 큰 힘줄 건 '肉+建(건)'으로 근육[肉]의 밑바탕이 되는 희고 질긴 살의 줄 [筋或從肉建 建聲也 今字多作此『段注』]	아킬레스腱(건)
廷	廷	3급 廴 총7	조정 정 '廴+壬(정)'으로 임금이 나라의 정치를 의논 또는 집행하는[廴] 곳[朝中也 從廴壬聲 [注] 壬, 壬形近易混]	廷論(정론) 法廷(법정) 廷辱(정욕) 廷爭(정쟁)
庭	庭	6급 广 총10	조정 정, 뜰 정 '广+廷(정)'으로 궁궐[广] 안[宮中也 從广廷聲]	庭球(정구) 庭試(정시) 庭園(정원) 家庭(가정)
艇	艇	2급 舟 총13	거룻배 정 '舟+廷(정)'으로 돛이 없는 작고 긴 배[舟] [小舟也 從舟 廷聲] 船小而長『增韻』小艒艑謂之艇『揚子·方言』蜀艇, 一版之舟, 若今 豫章是也『淮南子·俶眞訓』- 『康熙』	艦艇(함정) 救命艇(구명정)
珽	珽	2급 玉 총11	옥홀 정, 옥 이름 정 '玉+廷(정)'으로 천자가 소지했던 길이가 석 자 되는 큰 옥(玉)홀[大圭 長三尺 抒上 終葵首. 從玉廷聲] 古代天子 所持的玉笏, 其形制因時而異 - 『漢典』	珽水植物(정수식물) 李珽誣告獄(이정무고 옥)
挺	挺	1급 手 총10	빼어날 정, 곧을 정, 너그러울 정 '手+廷(정)'으로 손[手]재주가 매우 뛰어남[拔也 從手廷聲] 挺出也 『廣韻』 挺力田『前漢·師丹傳』特拔 異力田之人, 優寵之也『註』又直持 又寬也. 仲夏挺重, 囚益其食『禮·月 令』- 『康熙』	挺立(정립) 挺身(정신)

❋ 辵부

辵	辵	辵 총7	쉬엄쉬엄 갈 착, 갖은책받침 잠시 쉬고[止] 감[彳] [乍行乍止也. 從彳從止]	
道	道	7급 辵 총13	길 도, 도리 도, 방법 도 '辶+首(수)'로 사람이 걸어 다 니는[辶] 길. 하나로 통하는 길[所行道也 從辵從首 一達謂之 道 䇘, 古文道 從首寸 [注] 衜 道, 亦古文道 首亦聲『段注』	道路(도로) 道理(도리) 師道(사도) 步道(보도)

I. 인간 123

한자	전서	급수/부수/총획	뜻풀이	용례
導	䆃	4급 寸 총16	인도할 도, 다스릴 도, 통할 도, 열 도 '寸+道(도)'로 법도[寸]에 따라 인도함[引也 從寸道聲] 徐曰：以寸引之也. 君使人導之出疆『孟子』-『康熙』	導入(도입) 先導(선도) 誘導(유도) 導出(도출)
通	通	6급 辵 총11	통할 통, 다닐 통 '辶+甬(용)'으로 가는[辶] 길이 막힘없이 통함[達也 從辵甬聲] ※甬은 고대 중요 예기(禮器) 또는 악기(樂器)로, 통상 시렁에 매달아 소리를 냄『字源字典』 金文	通俗(통속) 通例(통례) 通路(통로) 開通(개통)
痛	痛	4급 疒 총12	아플 통 '疒+甬(용)'으로 병[疒]으로 몸이 아픔[病也 從疒甬聲]	痛症(통증) 痛哭(통곡) 痛歎(통탄) 腹痛(복통)
誦	誦	3급 言 총14	외울 송, 소리 내어 읽을 송 '言+甬(용)'으로 소리[言]내어 읽으며 욈[諷也 從言甬聲] 徐曰：臨文爲誦. 誦, 從也. 以口從其文也. 讀誦也『廣韻』以樂語敎國子：興, 道, 諷, 誦, 言, 語『周禮·春官·大司樂』倍文曰諷, 以聲節之曰誦『註』-『康熙』	誦讀(송독) 誦經(송경) 暗誦(암송) 誦詠(송영)
勇	勈	6급 力 총9	굳셀 용, 날랠 용, 용감할 용 '力+甬(용)'으로 씩씩하고 기운[力] 참[气也 從力甬聲. 䟽, 勇或從戈用. 恿, 古文勇從心. 『注』篆文作恿. 䟽：同勇『正字通』] 气也：气, 雲气也. 引申爲人充體之气之偁『力者, 筋也. 勇者, 气也. 气之所至. 力亦至焉. 心之所至. 气乃至焉 故古文勇從心. 左傳曰共用之謂勇『段注』	勇敢(용감) 勇氣(용기) 勇斷(용단) 勇猛(용맹)
踊	踊	1급 足 총14	뛸 용, 오를 용, 춤출 용 '足+甬(용)'으로 발[足]로 뛰어 위로 올라감[跳也 從足甬聲]	踊躍(용약) 舞踊(무용)
涌	湧	1급 水 총10	샘솟을 용, 물 끓어오를 용 '水+甬(용)'으로 물[水]이 위로 솟아오름, 또는 초나라에 있는 강물 이름[滕也 從水甬聲 一曰涌水, 在楚國]	涌沫(용말) 涌溢(용일)
桶	桶	1급 木 총11	엿되들이 통 통, 휘(=斛) 용 '木+甬(용)'으로 곡식·액체 등의 분량을 헤아리는 데 쓰는 나무[木]로 만든 엿되들이 네모진 용기[木方 受六升 從木甬聲]	洋鐵桶(양철통) 休紙桶(휴지통)
邊	邊	4급 辵 총19	가 변, 국경 변, 성 변 '辶+臱(변)'으로 수(垂)와 애(崖)의 변경에 감[辶] [行垂崖也. 從辵臱聲] 行垂崖也：釋詁曰邊垂也. 土部曰垂, 遠邊也. 厂部曰厓, 山邊也. 戶部曰崖, 高邊也. 行於垂崖曰邊『段注』/ 古文. 䢌. 畔也, 邊境也『玉篇』其在邊邑『禮·玉藻』邊邑, 九州邊鄙之邑『註』又旁近也『正韻』齊邊楚『前漢·高帝紀』又姓. 周大夫邊伯之後. 南唐有邊鎬. 作邊『說文』-『康熙』 金文	邊境(변경) 邊方(변방) 川邊(천변) 海邊(해변) 廣大無邊(광대무변) 萬里邊城(만리변성)
述	述	3급 辵 총9	좇을 술, 이을 술, 설명할 술, 지을 술 '辶+朮(출)'로 남이 이룬 일을 좇아[辶] 설명하고 기술함[循也 從辵朮聲 述 籒文從秫] 子曰 述而不作『論語』又 著述也『廣韻』修也, 纘也, 譔也. 凡終人之事, 纂人之言, 皆曰述『正韻』-『康熙』 金文	論述(논술) 述懷(술회) 述語(술어) 陳述(진술)
術	術	6급 行 총11	마을 안길 술, 자취 술, 꾀 술, 재주 술 '行+朮(출)'로 사람들이 다니는[行] 고을 안길[邑中道也 從行朮聲] 邑中道也：邑, 國也. 引伸爲技術『段注』	技術(기술) 術策(술책) 術數(술수) 術法(술법)

한자	전서	급수/부수/총획	훈음 및 해설	용례
還	還	3급 辶 총17	돌아갈 환, 돌아올 환 '辶+睘(환)'으로 왔던 길로 다시 감[辶] [復也 從辵睘聲] 復也：釋言. 還復返也. 今人還繞字用環『段注』 金文	還元(환원) 還給(환급) 還鄕(환향) 還甲(환갑)
環	環	4급 玉 총17	둥근 구슬 환, 고리 환, 두를 환 '玉+睘(환)'으로 고리처럼 생긴 둥근 옥(玉) [璧也 肉好若一謂之環 從玉睘聲]	環境(환경) 循環(순환) 花環(화환) 環形(환형)
進	進	4급 辶 총12	오를 진, 나아갈 진, 발전할 진 '辶+隹←閵(린)'으로 새가 나는[辶] 것을 연습하여 날아오름[登也 從辵閵省聲]『注』邁 䢀 古文進 金文	進步(진보) 進級(진급) 進路(진로) 進陟(진척)
暹	暹	2급 日 총16	햇살 오를 섬, 나라 이름 섬 '日+進'으로 해[日]가 막 떠올라[進] 빛남[日光升也『集韻』-『康熙』]	暹羅(섬라：태국의 옛 이름)
遇	遇	4급 辶 총13	만날 우, 접대할 우 '辶+禺(우)'로 길을 가다[辶] 서로 만남[逢也 從辵禺聲] 『注』䢕, 古文遇	不遇(불우) 待遇(대우) 禮遇(예우) 遇待(우대)
偶	偶	3급 人 총11	허수아비 우, 제웅 우, 짝 우, 합할 우, 우연 우 '亻+禺(우)'로 죽은 사람과 함께 넣는 오동나무로 만든 인형[人] [桐人也 從人禺聲] 合也『爾雅·釋詁』謂對合也『註』又牉合也. 言偶人無時『賈誼·五餌』又儕輩曰偶. 率其曹偶, 亡之江中『前漢·黥布傳』又俑也. 象人曰偶, 木土像亦曰偶. 木偶人謂土偶人『史記·孟嘗君傳』一作寓禺 -『康熙』	偶發(우발) 偶然(우연) 偶像(우상) 對偶(대우) 偶人(우인)
愚	愚	3급 心 총13	어리석을 우 '心+禺'로 마음[心]씀이 긴꼬리원숭이[禺]처럼 우둔함[戇也 從心禺. 禺 母猴屬, 獸之愚者] 金文	愚鈍(우둔) 愚昧(우매) 愚劣(우열) 愚弄(우롱)
隅	隅	1급 阜 총12	구석 우, 모퉁이 우, 언덕 우 '阜+禺(우)'로 언덕[阜] 부근의 구부러지거나 꺾어 돌아간 곳[陬也 從阜禺聲] 陬也：隅與陬爲轉注. 廣雅曰 隅, 角也. 小雅箋曰 丘隅 丘角也『段注』	隅坐(우좌) 一隅(일우)
寓	寓	1급 宀 총12	부쳐 살 우, 머무를 우, 우거 우 '宀+禺(우)'로 남의 집[宀]에 잠시 의지하여 삶[寄也 從宀禺聲]	寓居(우거) 寓話(우화)
嵎	嵎	1급 山 총12	나라 이름 우, 산모퉁이 우, 가파를 우 '山+禺(우)'로 우산[山]을 봉하여 세운 왕망의 나라[封嵎之山 在吳楚之間 汪芒之國 從山禺聲]	嵎夷(우이) 嵎嵎(우우)
適	適	4급 辶 총15	갈 적, 맞을 적 '辶+啇←啻(제)'로 서로 생각이 같은 곳으로 감[之也 從辵啇聲 適, 宋魯語]	適歸(적귀) 適當(적당) 適格(적격) 適量(적량)
敵	敵	4급 攴 총15	원수 적, 대적할 적 '攵+啇←啻(제)'로 원수와 대적하며 다툼[攵] [仇也 從攴啇聲]	敵對(적대) 敵手(적수) 衆寡不敵(중과부적)
滴	滴	3급 氵 총14	물방울 적 '氵+啇←啻(제)'로 물방울[氵]이 아래로 뚝뚝 떨어짐[水注也 從水啇聲] 涓滴, 水點『增韻』又瀝下也 -『康熙』	滴露(적로) 餘滴(여적) 硯滴(연적) 滴水(적수)
摘	摘	3급 手 총14	딸 적, 요점만 가릴 적, 지적할 적 '扌+啇←啻(제)'로 손[手]으로 과일나무의 열매를 땀[拓果樹實也 從手啇聲 一曰指近之也]	摘果(적과) 指摘(지적) 摘要(적요) 摘發(적발)

자	전서	급수/부수/총획	훈음 및 설명	용례
謫	讁	1급 言 총18	죄 줄 적, 꾸짖을 적, 귀양 갈 적 '言+啇(제)'로 죄(罪)의 형량을 말함[言] [罰也 從言啇聲]	謫居(적거) 謫所(적소)
嫡	孎	1급 女 총14	여자 순진할 적, 아내 적, 맏아들 적 '女+啇(제)'로 마음이 꾸밈이 없고 순박한 여자[女] [孎也 從女啇聲] 正室曰嫡, 正室所生之子曰嫡子. 一曰嫡, 敵也, 言無與敵也『增韻』又嫡母曰民母. 見『前漢·衛靑傳註』通作適. 別作的. 又孎也『集韻』-『康熙』	嫡庶(적서) 嫡子(적자) 嫡妾(적첩) 嫡家(적가) 嫡後嗣續(적후사속)
送	䢠	4급 辶 총10	재물을 보낼 송, 보낼 송, 전송할 송 '辶+关←㑒'으로 시집가거[辶]나 돌아갈 때 예물을 함께 보냄[㑒] [遣也 從辵㑒省] ※㑒 送行也『說文』/使者歸, 則必拜送于門外『禮·曲禮』又將也『增韻』寅再拜稽首, 送幣. 又 公拜送禮『儀禮·聘禮』又贈行曰送『正韻』-『康熙』 金文	送別(송별) 送金(송금) 發送(발송) 送還(송환) 送舊迎新(송구영신) 虛送歲月(허송세월)
朕	朕	1급 月 총10	가죽으로 만들 진, 조짐 짐, 나 짐 '舟+关←关(선)'으로 배[舟]의 수리는 가죽으로 함[我也 闕] ※按朕在舟部 其解當曰舟縫也 從舟关聲 按朕在舟部 其解當曰舟縫也 從舟关聲 何以知爲舟縫也 考工記函人曰 視其朕 欲其直也, 戴先生曰 舟之縫理曰朕 / 眠其朕, 欲其直也『周禮·冬官考工記函人』謂革制『註』-『康熙』 甲骨文	兆朕(조짐) 朕言不再(짐언부재)
達	達	4급 辶 총13	가서 만나지 못할 달, 이를 달, 통달할 달 '辶+羍(달)'로 어느 곳에 가서[辶] 서로 만나지 못함[行不相遇也 從辵羍聲『詩』曰: 挑兮達兮] 通也『玉篇』其後必有達人『左傳』知能通達之人『註』又通顯也『左傳』達不離道 又達則兼善天下『孟子』-『康熙』 金文	達辯(달변) 達成(달성) 達人(달인) 達筆(달필) 到達(도달) 未達(미달) 發達(발달) 配達(배달)
撻	撻	1급 手 총16	매질할 달, 칠 달, 빠를 달 '手+達(달)'로 향음주례(鄕飮酒禮) 때 불경죄(不敬罪)를 범한 사람에 대해 손[手]으로 채찍을 잡아 그 등을 때림[鄕飮酒 罰不敬 撻其背 從手達聲]	撻楚(달초) 指導鞭撻(지도편달)
遣	遣	3급 辶 총14	보낼 견 '辶+𠳿(견)'으로 사람이나 물건 따위를 다른 곳으로 가게[辶] 함[縱也 從辵𠳿聲] 送也『廣韻』書遣于策『儀禮』遣, 猶送也『註』祛也 逐也 發也『正韻』-『康熙』	派遣(파견) 遣外(견외) 消遣(소견)
譴	譴	1급 言 총21	꾸짖을 견, 꾸짖어 관계를 떨어뜨릴 견, 허물 견 '言+遣(견)'으로 잘못을 꾸짖[言]거나 책망하여 관계를 떨어뜨림[謫問也 從言遣聲]	譴怒(견노) 譴責(견책)
退	退	4급 辶 총10	물러날 퇴 '彳+日+夊'으로 행하되[彳] 그 일이 날마다[日] 더디고 늦음[夊] [復: 卻也. 一日行遲也. 從彳從日從夊. 㐆, 復或從內. 退, 古文從辵.『註』㾂, 邊, 迡, 亦古文退] 卻也 : 從彳日夊. 彳, 行也. 行而日日遲曳. 是退也. 夊, 行遲曳夊夊也『段注』 金文	退却(퇴각) 退治(퇴치) 退步(퇴보) 退場(퇴장) 退職(퇴직)
腿	腿	1급 肉 총14	정강이 퇴, 넓적다리 퇴 '肉+退(퇴)'로 다리에서, 무릎 관절 위의 살[肉]이 있는 부분[腿脛也『玉篇』脛股後肉也, 俗謂股大腿 胖小腿『正字通』本作骽『集韻』-『康熙』]	腿骨(퇴골) 大腿(대퇴)
褪	褪	1급 衣 총15	바랠 퇴, 벗을 퇴, 물러날 퇴 '衣+退(퇴)'로 옷[衣]이 오래되어 색이 변하거나 꽃이 시듦[卸衣也 又花謝也『韻會』-『康熙』]	褪色(퇴색)

字	篆文	급수/부수/총획	訓音 및 풀이	용례
追	追	3급 辵 총10	쫓을 추, 구할 추 '辶+自(퇴/추)'로 뒤를 밟아 따라감[辶] [逐也 從辵自聲] 隨也『廣韻』逮也『增韻』送也『玉篇』-『康熙』	追放(추방) 追窮(추궁) 追悼(추도) 追慕(추모)
鎚	鎚	1급 金 총18	저울추 추, 쇠몽둥이 추, 칠 추 '金+追(추)'로, '錘'와 동자. 쇠[金]로 만든 두드리는 망치나 저울추 등[鐵鎚也『玉篇』金鎚『廣韻』權也『廣韻』與錘同『正韻』-『康熙』]	鐵鎚(철추) 空氣鎚(공기추)
槌	槌	1급 木 총14	몽둥이 추/퇴, 망치 추/퇴, 칠 추/퇴 '木+追(추)'로 관동 지방에서는 나무[木]망치나 몽둥이라 하며, 관서 지방에서는 누에시렁을 받치는 기둥[木]이라 말하는 한자[關東謂之槌 關西謂之㭜 從木追聲]	鐵槌(철퇴) 紙槌(지추) 剝膚槌髓(박부추수)
逢	逢	3급 辵 총11	만날 봉 '辶+夆(봉)'으로 길을 가다가[辶] 우연히 만남[遇也 從辵夆聲]	逢變(봉변) 逢辱(봉욕) 逢着(봉착) 相逢(상봉)
蓬	蓬	2급 艸 총15	쑥 봉 '艸+逢(봉)'으로 봄에 어린잎을 뜯어 국을 끓이거나 떡을 만들어 먹는 쑥[艹] [蒿也 從艸逢聲]	蓬頭亂髮(봉두난발)
縫	縫	2급 糸 총17	꿰맬 봉 '糸+逢(봉)'으로 바늘을 사용하여 실[糸]로 해진 옷을 꿰매고 기움[以鍼紩衣也 從糸逢聲]	天衣無縫(천의무봉)
遞	遞	3급 辵 총14	갈마들 체, 번갈아 체, 교대로 체 '辶+虒(사/치)'로 어떤 생각이나 감정이 엇갈려 일어남[辶] [更易也 從辵虒聲] 遞, 代也『廣韻』更迭也『正韻』遞, 迭也『爾雅·釋詁』又迢遞, 遠也『正韻』又傳遞, 驛遞也『增韻』-『康熙』	遞送(체송) 遞信(체신) 交遞(교체) 郵遞局(우체국)
遷	遷	3급 辵 총16	올라 앉을 천, 옮길 천, 귀양 보낼 천 '辶+䙴(선)'으로 고자는 '拪, 迁, 㩹'. 지위나 직급이 올라서 이전보다 더 높은 자리를 차지함[辶] [登也 從辵䙴聲. 拪, 古文遷從手西 [注] 迁, 㩹, 揊, 抌, 亦古文遷]	遷善(천선) 遷都(천도) 左遷(좌천) 變遷(변천)
選	選	5급 辵 총16	가릴 선, 뽑을 선 '辶+巽(손)'으로 가리어 뽑아 보냄[辶] [遣也 從辵巽. 巽 遣之. 巽亦聲 一曰選 擇也]	選擧(선거) 選拔(선발) 選別(선별) 選定(선정)
饌	饌	1급 食 총21	차려놓을 찬, 반찬 찬, 음식 찬 '食+巽(손)'으로 먹을 수 있도록 음식[食]을 차려 놓음[飯食也『玉篇』具食也『說文』以共王之四飮三酒之饌『周禮』謂饌陳具設之也『疏』-『康熙』]	飯饌(반찬) 盛饌(성찬)
撰	撰	1급 手 총15	지을 찬, 적을 찬, 가릴 선 '手+巽(손)'으로 손[手]으로 시문 따위를 엄선하여 씀[具也, 通作譔 又作僎 又持也『正韻』造也 又則也『增韻』撰猶事也『朱子·本義』異乎三子者之撰 又撰, 述也『論語』-『康熙』]	撰述(찬술) 新撰(신찬) 杜撰(두찬) 撰修(찬수)

✤ 行 부

字	篆文	급수/부수/총획	訓音 및 풀이	甲骨文 / 金文	용례
行	行	6급 行 총6	다닐 행, 거닐 행, 갈 행, 항렬 항 '彳+亍'으로 조금 걸어가고[彳] 그치고[亍] 또 성큼성큼 걸어감 [人之步趨也 從彳從亍] 人之步趨也 : 步, 行也. 趨, 走也. 二者一徐一疾. 皆謂之行. 統言之也『段注』	行 / 行	行樂(행락) 行路(행로) 行方(행방) 行商(행상) 行書(행서) 行實(행실) 行列(항렬) 行伍(항오)

I. 인간　127

자	전서	급수/부수/총획	훈음 및 설명	용례
街	𧗳	4급 行 총12	거리 **가** '行+圭(규)'로 동서남북 사방으로 통[行]하는 길[四通道也 從行圭聲]	街道(가도) 街路(가로) 商街(상가) 市街(시가)
衡	𧗬	2급 行 총16	쇠뿔에 가로댄 막대 **형**, 저울 **형**, 저울대 **형**, 저울에 달 **형** '角+大+行(행)'으로 소가 뿔[角]로 부딪치는 가로 놓인 큰[大] 나무 [牛觸 橫大木 從角從大行聲 『詩』曰 設其楅衡] ※금문에는 '大+𤴓+行(행)'	均衡(균형) 衡平(형평) 銓衡(전형) 平衡(평형)
銜	𧗟	1급 金 총14	재갈 **함** '金+行으로 말을 부려 가게[行] 하기 위하여 입안에 가로 물리는 쇠[金]토막[馬勒口中 從金從行 銜 行馬者也]	銜勒(함륵) 職銜(직함) 名銜(명함)
衍	𧗐	2급 行 총9	넘칠 **연**, 흐를 **연** 'γ+行으로 물[γ]이 넘쳐흘러 바다로 감[行] [水朝宗于海也 從水從行 從水行：衍字水在旁. 衍字水在中. 在中者, 盛也. 會意『段注』※江漢朝宗于海『書經』	蔓衍(만연) 敷衍(부연)
衢	𧗽	1급 行 총24	네거리 **구**, 갈림길 **구** '行+瞿(구)'로 사방으로 통행[行]이 가능한 길[四達謂之衢 從行瞿聲]	衢路(구로) 康衢煙月(강구연월)
懼	懼	3급 心 총21	두려워할 **구**, 근심할 **구** '忄+瞿(구)'로 두려움을 느껴 놀란 새처럼, 마음[忄]에 두려움을 느낌[恐也 從心瞿聲]	敬懼(경구) 恐懼(공구) 悚懼(송구) 疑懼(의구)

✽ 癶 부

자	전서	급수/부수/총획	훈음 및 설명	용례
癶	𣥠	癶 총5	팔자걸음 **발**, 필발머리 두 발이 서로 등져 있는 모양[足剌癶也. 從止屮]	
登	豋	7급 癶 총12	오를 **등**, 나갈 **등** '癶+豆'로 두 발[癶]로 수레에 오르는[豆] 모양[上車也 從癶豆 象登車形 奔 籒文登從収 〖注〗𤼪 古文登] 甲骨文 金文	登山(등산) 登極(등극) 登科(등과) 登校(등교)
燈	燈	4급 火 총16	등불 **등** '火+登(등)'으로 어둠을 밝히는 등불[火] [燈火也『玉篇』上元然燈 自昏至晝『春明退朝錄』-『康熙』]	燈臺(등대) 電燈(전등) 街路燈(가로등)
證	證	4급 言 총19	증거 **증**, 증험 **증** '言+登(등)'으로 꾸미지 않고 있는 그대로 말함[言] [告也 從言登聲] 驗也『玉篇』候也, 質也『增韻』其父攘羊而子證之『論語』-『康熙』	證明(증명) 證據(증거) 證驗(증험) 確證(확증)
鄧	鄧	2급 邑 총15	나라 이름 **등**, 성씨 **등** 'ß+登(등)'으로 남양현 고을[邑] 이름[曼姓之國 今屬南陽 從邑登聲] 曼姓之國：左傳, 武王夫人曰鄧曼 則知鄧國曼姓也 前志曰 鄧縣故城. 今屬南陽：南陽郡鄧『段注』	鄧小平(등소평：중국의 정치가)
橙	橙	1급 木 총16	등자나무 **등** '木+登(등)'으로 운향과에 속하는 작은 상록교목으로, 귤과 비슷한 누런 열매를 약재로 쓰는 나무[木] [橘屬 從木登聲]	橙子(등자) 橙色(등색)
澄	澄	1급 水 총15	맑을 **징** '水+登(등)'으로 고요하고 깨끗한 물[水] [古文. 泟. 水靜而清也『增韻』明月澄清景『曹植詩』澄, 湛也, 『註』-『康熙』]	明澄(명징) 澄高(징고)

字	篆	級/部/總	뜻/풀이	용례
癸	※	3급 癶 총9	열째 천간 **계** 사방의 물이 땅 안으로 흘러 들어가는 모양[冬時 水土平 可揆度也 象水從四方流入地中之形. 癸承壬, 象人足] ※甲骨, 金文의 癸字 象一種可以旋轉的紡紗 治絲工具之形『字源字典』 甲骨文 金文	癸酉(계유) 癸丑(계축)
揆	揆	2급 手 총12	헤아릴 **규**, 법도 **규** '扌+癸(계)'로 손[手]으로 길이를 헤아림[度也 從手癸聲]	一揆(일규) 揆策(규책) 揆度(규탁) 百揆(백규)
葵	葵	1급 艸 총13	아욱 **규**, 해바라기 **규**, 헤아릴 **규**(=揆) '艸+癸(규)'로 아욱과에 속하는 일년생 나물[艸] 또는 관상용 향일화(向日花)[葵也 從艸癸聲]	葵花(규화) 葵傾(규경)
發	發	6급 癶 총12	쏠 **발**, 밝힐 **발**, 갈 **발**, 필 **발** '弓+癹(발)'로 활[弓]을 당겨 화살을 쏨[躲發也 從弓癹聲] ※癹, 以足蹋夷艸 從癶從殳『春秋傳』曰:癹夷蘊崇之『注』『正字通』:癹, 俗癹字. 登字之譌『說文』從癶從殳:從癶, 謂以足蹋夷也. 從殳, 殺之省也. 艸部芟亦從殳. 癹亦聲『段注』 金文	發砲(발포) 發射(발사) 發表(발표) 出發(출발) 始發(시발) 滿發(만발) 發見(발견)
廢	廢	3급 广 총15	집 쏠릴 **폐**, 부서질 **폐**, 버릴 **폐** '广+發(발)'로 부서져서 쓰러져 가는 집[广] [屋頓也 從广發聲]	廢棄(폐기) 廢刊(폐간) 廢業(폐업) 廢品(폐품)
撥	撥	1급 手 총15	다스릴 **발** '手+發(발)'로 어지러운 세상을 잘 다스림[手] [治也 從手發聲] 治也:公羊傳. 撥亂世. 反諸正. 何注曰 撥猶治也『段注』	撥亂(발란) 反撥(반발)
潑	潑	1급 水 총15	물 샐 **발**, 물 버릴 **발**, 물 뿌릴 **발** '水+發(발)'로 그릇의 물[水]이 새거나 물을 버림[水漏也 一曰棄水也『玉篇』或省作潑『集韻』-『康熙』]	活潑(활발) 潑剌(발랄) 潑墨(발묵)
醱	醱	1급 酉 총19	술 거듭 빚을 **발** '酉+發(발)'로 술[酉]을 두 번 빚어 진하게 함 [酘謂之醱『韻會』恰似葡萄初醱醅『李白詩』作醱『類篇』-『康熙』]	醱酵(발효)

舛 부

字	篆	級/部/總	뜻/풀이	용례
舛	舛	舛 총6	어그러질 **천** 두 발이 서로 등져 있는 모양[對臥也. 從夂干相背. 踳, 楊雄說:舛從足春].	
舞	舞	4급 舛 총14	춤출 **무** '舛+無(무)'로 음악에 맞춰 두 발이 서로 어그러져[舛] 춤을 춤[樂也 用足相背, 從舛無聲]	歌舞(가무) 舞踊(무용) 舞臺(무대) 舞姬(무희)
桀	桀	2급 木 총10	닭의 홰 **걸**, 사나울 **걸**, 뛰어날 **걸**, 임금 이름 **걸** '舛+木'으로 닭이 올라앉게[舛] 닭장에 가로질러 놓은 나무막대[木] [磔也 從舛在木上也] 從舛在木上也:通俗文曰 張申曰磔. 舛在木上, 張伸之意也. 毛詩 雞棲於杙爲桀. 其引伸之義『段注』	桀惡(걸악) 姦桀(간걸) 夏桀(하걸) 桀紂(걸주)
傑	傑	4급 人 총12	거만할 **걸**, 뛰어날 **걸** '亻+桀(걸)'로 지혜가 십여 명을 능가하는 사람[人] [傲也 從人桀聲] 知過萬人者謂之英, 千人者謂之俊, 百人者謂之豪, 十人者謂之傑『淮南子·泰族訓』-『康熙』	傑出(걸출) 豪傑(호걸) 傑作(걸작) 英傑(영걸)

I. 인간 129

자	전서	급수/부수/총획	뜻과 풀이	용례
杰	㯫	2급 木 총8	뛰어날 걸 '木+灬'로 '傑'의 속자(俗字)[人名 梁四公子 其一嚮杰 『玉篇』周世宗鎭澶淵 辟魏杰爲司法叅軍 俗借作豪傑傑字 『五代史』-『康熙』]	
舜	䑞	2급 舛 총12	무궁화 순, 임금 이름 순 덩굴져 땅에서 자라며 꽃이 지면 또 연이어 꽃이 피는[초(楚)에서는 복(葍), 진(秦)에서는 경(藑)] 식물 [舜 艸也 楚謂之葍 秦謂之藑 蔓地生而連華]	舜英(순영) 堯舜(요순)
瞬	瞚	3급 目 총17	눈 깜짝할 순 '目+舜(순)'으로 눈[目]이 자동으로 떴다 감기는 지극히 빠른 순간[目自動也 『正韻』目瞚如電 『宋史』-『康熙』]	瞬間(순간) 瞬息間(순식간)

❋ 韋 부

자	전서	급수/부수/총획	뜻과 풀이	용례
韋	韋	2급 韋 총9	어길 위, 다룸가죽 위, 둘레 위 '舛+囗(위)'로 발을 서로 엇갈리게[舛] 하여 짐승 가죽의 둘레를 밟아 다룸[相背也 從舛囗聲 獸皮之韋 可以束枉戾相韋背 故借以爲皮韋] 甲骨文 金文	韋衣(위의) 韋帶(위대) 韋編三絶(위편삼절)
偉	偉	5급 人 총11	기특할 위, 훌륭할 위 '亻+韋(위)'로 위대하고 훌륭하며 기특한 조물주(造物主)[亻] [奇也 從人韋聲] 奇也 : 莊子曰 偉哉夫造物者 『段注』	偉大(위대) 偉人(위인) 偉容(위용) 偉力(위력)
衛	衞	4급 行 총16	지킬 위 '行+韋+帀'로 衞와 동자. 북두칠성이 제자리에 있으면, 뭇 별들이 열[行]을 지어 호위하며 그 둘레[韋]를 돎[帀] [俗衛字 『正字通』-『康熙』 衞 : 宿衛也. 從韋帀從行. 行 列衞也] 韋者 囗之省 囗守也 『段注』	護衛(호위) 衛星(위성) 衛生(위생) 防衛(방위)
圍	圍	4급 囗 총12	지킬 위, 두를 위, 둘레 위 '囗+韋(위)'로 경계의 둘레[囗]를 지킴[守也 從囗韋聲] 金文	包圍(포위) 範圍(범위) 周圍(주위)
緯	緯	3급 糸 총15	씨줄 위, 씨 위 '糸+韋(위)'로 베의 날실과 어긋난[韋] 씨실[糸] [織衡絲也 從糸韋聲]	緯度(위도) 緯經(위경) 緯世(위세) 緯書(위서)
違	違	3급 辶 총13	어길 위, 잘못 위 '辶+韋(위)'로 법도와 거리가 먼[법도를 어김][韋] 행위[辶]를 함[離也 從辵韋聲]	違反(위반) 違法(위법) 非違(비위) 違和(위화)
諱	諱	1급 言 총16	경계할 휘, 꺼릴 휘, 피할 휘, 숨길 휘, 휘 휘 '言+韋(위)'로 자기 일에 대해 말하기[言]를 경계함[誋也 從言韋聲]	忌諱(기휘) 諱字(휘자)
韓	韓	8급 韋<
총17	우물 담 한, 나라 한 '韋+倝(간)'으로 우물 위에 서로 엇갈려 놓여 있는[韋] 가름대 나무[井垣也 從韋 取其帀也 倝聲 『說文』 又國名. 三韓 國名 辰韓弁韓馬韓也 『韻會』-『康熙』]	韓國(한국) 韓服(한복) 馬韓(마한) 弁韓(변한)

Ⅰ 인간

털

 毛彡而髟長老

毛 耗
毫
彡
形 刑型邢荊
彦 顔諺
彭 澎膨
而 耐
髟
髮
長 脹套
老 耆嗜

者 都緒暑諸屠奢煮賭堵睹箸
考 拷

뼈

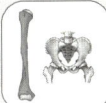 歹骨

歹
死 葬屍
骨 滑猾

배

 己

己 記改紀起妃忌杞
已
巳 祀
巴 爬琶芭

근육

  力

- ㉠ 力 協脅
- ㉠ 加 架迦賀伽駕袈嘉
- ㉠ 勞 撈
- ㉠ 動 慟
- ㉠ 勤 槿謹瑾僅饉觀
- ㉠ 勢 熱藝

마음

 心 厶

- ㉠ 心
- ㉠ 意 億噫臆
- ㉠ 思 偲
- ㉠ 慮 濾攄
- ㉠ 愛 曖
- ㉠ 必 密祕蜜泌毖謐
- ㉠ 惠 穗
- ㉠ 慶
- ㉠ 憩
- ㉠ 息 熄
- ㉠ 惟 羅
- ㉠ 憂 優擾

- ㉠ 恐 鞏
- ㉠ 慕 添
- ㉠ 恥
- ㉠ 怪
- ㉠ 忽 惚
- ㉠ 憤 墳噴
- ㉠ 忍 認
- ㉠ 慢 漫蔓饅鰻
- ㉠ 慧
- ㉠ 悉
- ㉠ 悠 修
- ㉠ 惰 楕

- ㉠ 厶 私
- ㉠ 去 法怯劫蓋

毛 부

자형	전서	급수/부수/총획	훈음 및 설명	용례
毛	毛	4급 / 毛 / 총4	털 모 짐승의 털 또는 눈 위의 털이나 머리털을 상형함 [眉髮之屬及獸毛也] 眉者, 目上毛也 髮者, 首上毛也 而者, 須也『段注』 金文	毛髮(모발) 毛皮(모피) 毛細血管(모세혈관)
耗	耗	1급 / 耒 / 총10	벼 모, 덜 모, 소모할 모 '耒+毛(모)'로 본자는 '秏'. 맛이 좋은 벼[禾] 이름[本作秏 稻屬『說文』飯之美者 玄山之禾 南海之秏『呂氏春秋』耗, 減也『正韻』虛也『博雅』 -『康熙』]	磨耗(마모) 消耗(소모) 息耗(식모) 消耗的(소모적)
毫	毫	3급 / 毛 / 총11	가는 털 호, 붓 호 '毛+高(고)'로 가을철에 털갈이하여 새로 돋아난 짐승의 가는 털[毛] [古文. 毫. 從毛高省聲 長銳毛也『廣韻, 集韻』有益毫毛 又言物細曰秋毫 言毫至秋極纖細也『前漢』-『康熙』]	毫髮(호발) 毫端(호단) 秋毫(추호) 揮毫(휘호) 秋毫之末(추호지말)

彡 부

자형	전서	급수/부수/총획	훈음 및 설명	용례
彡	彡	彡 / 총3	터럭 삼 털로 장식한 무늬. 길게 자란 털[毛飾畫文也. 象形]	
形	形	6급 / 彡 / 총7	형상 형, 모양 형 '彡+幵(견)'으로 붓[彡]을 사용하여 실제 형상과 유사하게 그림[像也. 從彡幵聲] 象也：各本作象形也 今依韻會本正 象當作像 謂像似可見者也 人部曰 像 似也 似 像也『段注』	形象(형상) 形勢(형세) 形容(형용) 形體(형체)
刑	刑	4급 / 刀 / 총6	형벌 형 '刀+井(정)'으로 법을 어긴 죄로 칼[刀]로 베는 형벌을 받음[罰辠也. 從井從刀『易』曰：井, 法也, 井亦聲] ※古代制度 同鄉里以八家共井『字源字典』 金文	刑法(형법) 刑罰(형벌) 刑獄(형옥) 刑場(형장)
型	型	2급 / 土 / 총9	거푸집 형, 본보기 형 '土+刑(형)'으로 주물을 부어 물건을 만드는 거푸집[土] [鑄器之法也 從土刑聲]	模型(모형) 原型(원형) 類型(유형) 典型(전형)
邢	邢	2급 / 邑 / 총7	나라 이름 형, 성 형 '阝+幵(견)'으로 주공의 아들을 봉한 제후국[邑] [周公子所封國 地近河內懷縣『說文』鄭人邢人伐翼『左傳』邢國, 在廣平襄國縣『註』-『康熙』] 古國名. 姬姓. 周公之子所封的諸侯國. 在今河北省邢台市境 -『漢典』	邢臺縣(형대현：중국 주공의 아들을 봉한 땅)
荊	荊	1급 / 艸 / 총10	가시나무 형, 모형[木名] 형, 아내 형 '艸+刑(형)'으로 '荊과 동자. 가시가 있는 작은 관목(灌木)[艸]의 총칭[楚木也 從艸刑聲] ※후한 양홍(梁鴻)의 아내 맹광(孟光)이 가시나무 비녀를 꽂은 고사에서 아내의 겸칭.	荊棘(형극) 荊路(형로) 負荊請罪(부형청죄) 肉袒負荊(육단부형)
彦	彦	2급 / 彡 / 총9	선비 언 '妟+厂(엄)'으로 훌륭한 선비는 풍도와 풍채[妟]가 있어 사람들의 칭송을 받음[美士有妟 人所言也 從妟厂聲] 美士有妟：妟作文. 非是. 今正『段注』	彦士(언사) 彦聖(언성) 才彦(재언) 諸彦(제언)
顔	顔	3급 / 頁 / 총18	얼굴 안 '頁+彦(언)'으로 눈썹과 눈 사이, 이마 등 머리[頁] 부위 [眉目之間也 從頁彦聲 顏 籒文] 子之清揚, 揚且之顏也『詩·鄘風』顏, 額角豐滿也『毛傳』-『康熙』	顔料(안료) 顔面(안면) 顔貌(안모) 顔色(안색) 童顔(동안) 笑顔(소안)

I. 인간

諺	1급 言 총16	상말 언, 조문할 언, 자랑할 안 '言+彦(언)'으로 말로 전해진 저속(低俗)한 말[言] [傳言也 從言彦聲 俗言也『廣韻』乃逸乃諺『書·無逸』俚語曰諺『傳』 - 『康熙』]	諺文(언문) 諺解(언해)
彭	2급 彡 총12	북치는 소리 팽, 방패 팽, 나라 이름 팽, 성 팽, 많은 모양 방, 장할 방, 억센 모양 방, 가까울 방, 곁 방 '壴+彡(삼)'으로 적의 공격을 막기 위해 놓은 북[壴] [鼓聲也 從壴彡聲 又軍器. 彭排, 軍器也『釋名』彭, 旁也, 在旁排禦敵攻也 - 『康熙』]	彭排(팽배) 彭祖(팽조 : 중국 전설 속의 인물)
澎	1급 水 총15	땅 이름 팽, 물 부딪는 소리 팽 '水+彭(팽)'으로 팽현(澎縣) 주변에 흐르는 물[水]소리나 물 모양[澎濞, 水貌. 一曰水聲『廣韻』集韻』縣名 在東海 一曰擊水聲『集韻』- 『康熙』]	彭排·澎湃(팽배)
膨	1급 肉 총16	배 부를 팽, 큰 배 팽 '肉+彭(팽)'으로 몸[肉]의 길이나 외형이 더 커짐[脹也『集韻』膨脝, 脹貌『廣韻』膨脝, 大腹『集韻』- 『康熙』] 從肉彭聲. 本義：脹大. 體積或長度增大 如：膨張, 膨漲, 膨膨 - 『漢典』	膨膨(팽팽) 膨脹(팽창)

❀ 而 부

而	3급 而 총6	어조사 이 턱수염의 모양[頰毛也 象毛之形]	而立(이립) 而已(이이)
耐	3급 而 총9	수염 깎는 형벌 내, 견딜 내 '而+寸' 또는 '而+彡'으로 수염[而]이나 털[彡]을 깎는 형벌[與耏同『韻會』耏, 或從寸『說文』令郞中有罪耐以上請之『前漢·高帝紀』應劭曰：輕罪不至于髡, 完其耏, 故曰耏, 古耐字. 從彡, 髮膚之首也『註』- 『康熙』] 或從寸 諸法度字從寸 此爲罪名法度之類 故或從寸也 應仲遠高帝紀注意謂耏卽而鬚字 用爲耏罪字『段注』	耐久(내구) 忍耐(인내) 耐寒(내한) 耐旱(내한)

❀ 髟 부

髟	髟 총10	머리카락 날릴 표, 터럭발 늘어뜨린 긴[長] 머리카락[彡]이 바람에 나부끼는 모양[長髮猋猋也. 從長從彡]	
髮	4급 髟 총15	터럭 발 '髟+犮(발)'로 머리 위에 길게[長] 자란 머리털[彡] [頭上毛也. 從髟犮聲]	毛髮(모발) 身體髮膚(신체발부)

❀ 長 부

| 長 | 8급 長 총8 | 나이가 많을 장, 길 장, 오래 장, 우두머리 장, 어른 장 '兀+匕+亾(망)'으로 오래 살아 머리털이 다 빠져 대머리[兀]로 변한[匕] 사람[久遠也 從兀從匕亾聲 兀者 高遠也 久則變匕 ※兀 高而上平也 從一 在人上『說文』 | 長劍(장검) 長髮(장발) 院長(원장) 年長(연장) 絶長補短(절장보단) 教學相長(교학상장) |

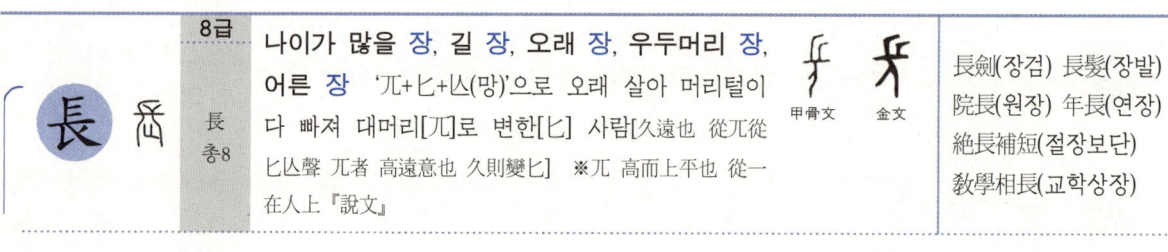

한자	전서	급수/부수/총획	훈·음 및 해설	용례
脹	脹	1급 肉 총12	배 불룩할 창, 창자 창 '肉+長(장)'으로 배[肉]가 꽉 차 부어오름[腹滿也『廣韻, 集韻, 韻會, 正韻』痛也『玉篇』臚脹, 謂腹鼓脹也『通雅』 - 『康熙』]	脹症(창증)
套	套	1급 大 총10	클 투, 덮개 투, 겹칠 투, 한 벌 투 '大+長'으로 베갯잇이나 장갑처럼 안에 있는 것보다 밖에 있는 것이 더 크고[大] 깊[長] [長大也『集韻』] 會意. 從大從長. 套在外面的東西比被套者要大, 長. 本義 : 罩在外面的東西. 如 : 枕套, 書套, 手套 - 『漢典』	外套(외투) 常套(상투)

老 부

한자	전서	급수/부수/총획	훈·음 및 해설		용례
老	耂	7급 老 총6	늙을 로 오래 살아 수염과 머리털이 흰색으로 변한 사람의 모습[考也. 七十日老. 從人毛匕 言須髮變白也 『注』囟, 古文老]	甲骨文 金文	孀老(상로) 黎老(여로) 佚老(일로) 偕老(해로) 朽老(후로) 老齡(노령) 哥老會(가로회)
耆	耆	2급 老 총10	늙은이 기 '老+旨(지)'로 예순 또는 일흔 이상의 노인[老] [老也 從老省 旨聲] 曲禮 六十日耆 許不言者 許以耆爲七十已上之通偁也『段注』		耆儒(기유) 耆老(기로) 耆宿(기숙) 耆舊(기구)
嗜	嗜	1급 口 총13	즐길 기, 좋아할 기 '口+耆(기)'로 입[口]으로 즐기고 싶어 함[嗜欲喜之也. 從口耆聲]		嗜好(기호) 嗜酒(기주)
者	者	6급 老 총9	어조사 자, 놈 자, 사람 자 '白+炊[朱]←旅(여)'로 사람이나 사물을 말할[白] 때 사용하는 어조사 [別事詞也 從白炊聲 炊 古文旅字 『注』者或白朱聲. 朱, 因字古文] 語助也『玉篇』又卽物之辭, 如彼者, 如此者『增韻』元者, 善之長也『易·乾卦』 - 『康熙』	甲骨文 金文	記者(기자) 識者(식자) 筆者(필자) 患者(환자) 結者解之(결자해지) 近墨者黑(근묵자흑) 會者定離(회자정리)
都	都	5급 邑 총12	도읍 도, 모두 도 '邑+者(자)'로, 천자의 궁이나 선군의 옛 종묘가 있는 고을[邑] [有先君之舊宗廟日都 從邑者聲 周禮 : 距國五百里爲都] 天子所宮曰都『廣韻』四縣爲都『周禮·地官·小司徒』又諸侯子弟封邑亦曰都 - 『康熙』	金文	都邑(도읍) 遷都(천도) 都賣(도매) 都合(도합)
緖	緒	3급 糸 총15	실마리 서, 처음 서 '糸+者(자)'로 헝클어진 실[糸]의 첫머리[絲頭] [絲耑也 從糸者聲『說文』又緒, 事也『爾雅·釋詁』事業也『疏』基緒『廣韻』- 『康熙』]		端緖(단서) 緖論(서론) 頭緖(두서) 緖業(서업)
暑	暑	3급 日 총13	더울 서 '日+者(자)'로 뜨거운 햇살[日]이 내려쪼임[熱也. 從日者聲]		大暑(대서) 酷暑(혹서) 寒暑(한서) 避暑(피서)
諸	諸	3급 言 총16	모두 제, 여러 제 '言+者(자)'로 여러 사람이 말한 모든 것이나 그 차이를 분별하는 말[言] [辯也 從言者聲] 徐曰別異之辭. 諸諸, 便便, 辯也『爾雅·釋訓』皆言辭辯辯也『註』又非一也. 皆言也『玉篇』凡衆也『正韻』- 『康熙』		諸君(제군) 諸般(제반) 諸行(제행) 諸侯(제후)

I. 인간 135

屠	屠	1급 尸 총12	죽일 도, 잡을 도, 무찌를 도 '尸+者(자)'로 제사에 쓰일 희생을 죽여[尸] 제물로 바침[割也 從尸者聲. 尸, 祭祀時代表死者受祭的活人, 與人有關. 本義：宰殺牲畜 - 『漢典』]	屠殺(도살) 浮屠(부도)
奢	奢	1급 大 총12	사치할 사, 자랑할 사 '大+者(자)'로 필요 이상의 돈 또는 물건을 쓰거나 분수에 지나친[大] 생활을 함[張也 從大者聲]	奢侈(사치) 豪奢(호사)
煮	煮	1급 火 총13	삶을 자 '火+者(자)'로 물이 있는 솥에 물건을 넣고 불[火]을 지펴 익게 함[煮豆持作羹 曹植] 從火者聲. 本義：把東西放在有水的鍋里加熱使熟 -『漢典』]	煮沸(자비) 煮醬(자장)
賭	賭	1급 貝 총16	노름 도, 걸 도 '貝+者(자)'로 장기나 바둑 등에서 돈[貝]을 걸고 내기를 함[博簺也. 從貝者聲『說文』突取也『博雅』戲賭『廣韻』-『康熙』]	賭博(도박) 定賭(정도)
堵	堵	1급 土 총12	담 도 '土+者(자)'로 집 둘레나 공간을 흙[土] 따위로 둘러막음[垣也 五版爲一堵 從土者聲]	堵列(도열) 安堵(안도)
睹	睹	1급 目 총14	볼 도 '目+者(자)'로 覩와 통용. 눈[目]으로 사물을 자세히 봄[見也 從目者聲. 覩 古文從見]	睹聞(도문) 目睹(목도)
箸	箸	1급 竹 총15	젓가락 저, 나타날 저, 붙을 착 '竹+者(자)'로 음식을 집어먹거나, 물건을 집는 데 쓰는 나무[竹] 따위로 만든 것[飯攲也. 從竹者聲] ※攲: 持去也	箸筒(저통) 木箸(목저)
考	考	5급 老 총6	죽은 아버지 고, 상고할 고 '老+丂(고)'로 돌아가신 아버지[老] [老也 從老省丂聲 [注] 攷 古文考] 又父爲考 『爾雅·釋親』父死曰考. 考, 成也 『釋名』死曰考『禮·曲禮』又考, 問也『廣雅』-『康熙』/ 形聲. 從老省, 丂聲. 按甲骨文, 金文均象傴背老人扶杖而行之狀, 與老同義 -『漢典』	考案(고안) 考證(고증) 考察(고찰) 考査(고사) 先考(선고) 祖考(조고)
拷	拷	1급 手 총9	빼앗을 고, 칠 고 '手+考(고)'로 떼를 지어 돌아다니며 손[手]으로 사람을 해치거나 재물을 강제로 빼앗음[掠也 打也『集韻』]	拷問(고문) 拷打(고타)

歹 부

歹	歹	歹 총4	뼈 앙상할 앙 앙상한 뼈만 남아있는 모양[隷作歹.『俗書正誤』. 歹. 徐鍇曰冎剔肉置骨也. 歹, 殘骨也. 故從半冎 -『康熙』]	
死	死	6급 歹 총6	죽을 사 '歹+人'으로 사람[人]이 삶을 다하여 죽음[歹] [澌也 人所離也 從歹從人 兇 古文死如此 [注] 薨, 兇. 亦古文死] 澌也：水部曰澌, 水索也. 方言. 澌, 索也. 盡也. 是澌爲凡盡之偁. 人盡曰死『段注』	死別(사별) 死刑(사형) 戰死(전사) 死體(사체)

한자	전서	급수/부수/총획	훈음 및 자원	용례
葬	茻	3급 艸 총13	장사 지낼 **장** '死+茻+一'로 사람이 죽으면[死] 무덤을 파 섶풀[艸]로 풀자리[一]를 만들고 시체를 다시 섶풀[艸]로 두둑하게 덮음 [藏也 從死在茻中 一其中 所以荐之]	葬禮(장례) 葬送(장송) 葬儀(장의) 葬地(장지) 埋葬(매장) 水葬(수장)
屍	屍	2급 尸 총9	주검 **시** '死+尸'로 사람[尸]이 죽어[死] 아무것도 할 수 없음[終主也 從尸從死] 終主者：方死無所主 以是爲主也『段注』	檢屍(검시) 屍體(시체) 屍班(시반)

❈ 骨 부

한자	전서	급수/부수/총획	훈음 및 자원	갑골문	용례
骨	骨	4급 骨 총10	뼈 **골** '冎+肉'으로 뼈에 고기가 붙어 있는 모양[肉之覈也 從冎有肉]	𩰫 甲骨文	白骨(백골) 弱骨(약골) 遺骨(유골) 骨折(골절)
滑	滑	2급 水 총13	미끄러울 **활**, 교활할 **활**(=猾), 어지러울 **골**, 다스릴 **골** 'ㆍ+骨(골)'로 다섯 가지 맛이 입에 잘 맞으면 침[ㆍ]이 나와 미끄러워 음식물이 목을 통과하는 데 이로움[利也 從水骨聲] 調으로 滑甘『周禮·天官·食醫』滑者, 通利往來 所以調和五味 又達也『疏』-『康熙』		滑降(활강) 滑空(활공) 滑走路(활주로)
猾	猾	1급 犬 총13	어지러울 **활**, 교활할 **활** '犬+骨(골)'로 교활한 개[犬]가 어떤 대상을 괴롭히거나 어지럽힘[亂也『玉篇』蠻夷猾夏『書·舜典』猾, 亂也『傳』又黠也『玉篇』-『康熙』		猾智(활지) 狡猾(교활)

❈ 己 부

한자	전서	급수/부수/총획	훈음 및 자원	금문	용례
己	己	5급 己 총3	자기 **기**, 몸 **기** 사람의 배 모양[己 中宮也 象萬物辟藏詘形也 己承戊 象人腹]	己 金文	克己(극기) 知己(지기) 利己的(이기적)
記	記	7급 言 총10	주낼 **기**, 기록할 **기**, 적을 **기** '言+己(기)'로 각기 주(註)를 내어 설명함[言] [疋也 從言己聲] 疋, 疏也 疋今字作疏 謂分疏而識之也『段注』/『徐』曰謂一一分別記之也. 識也『博雅』紀也『釋名』錄也『玉篇』志也『廣韻』-『康熙』		記憶(기억) 暗記(암기) 筆記(필기) 誤記(오기)
改	改	5급 攴 총7	고칠 **개** '攵+己(기)'로 자기의 잘못을 반성하여[攴] 고침[更也 從攴己聲] 李陽冰曰：己有過 攴之卽改		改嫁(개가) 改過(개과) 改修(개수) 改良(개량)
紀	紀	4급 糸 총9	실마리 **기**, 법 **기**, 도리 **기**, 벼리 **기**, 적을 **기**, 해 **기** '糸+己(기)'로 물레 따위로 섬유에서 실[糸]을 뽑을 때, 그 첫머리를 얻음[絲別也 從糸己聲] 別絲者, 一絲必有其首, 別之是爲紀 衆絲皆有其首, 是爲統. 統與紀義互相足也. 故許不析言之『段注』		紀行(기행) 紀念(기념) 紀綱(기강) 檀紀(단기)
起	起	4급 走 총10	일어날 **기** '走+己(기)'로 걸어가기[走] 위해 몸을 일으켜 세움[能立也 從走己聲] 能立也：起本發步之偁, 引伸之訓爲立. 又引伸之爲凡始事, 凡興作之偁『段注』		起源(기원) 起動(기동) 起案(기안) 蜂起(봉기)

Ⅰ. 인간 137

字	篆	級/部/총	뜻·풀이	古文	용례
妃	妃	3급 女 총6	짝 비, 왕비 비 '女+己(기)'로 왕자의 짝이 되는 여자 [女] [匹也 從女己聲] 匹也：匹者, 四丈也. 禮記. 納幣一束. 束五兩. 兩五尋. 注云. 十箇爲束. 兩兩合其卷, 是謂五兩. 八尺曰尋. 按四丈而兩之, 各得五丈. 夫婦之片合如帛之判合矣. 故帛四丈曰兩, 曰匹. 人之配耦亦曰匹『段注』	妃 金文	王妃(왕비) 后妃(후비) 太子妃(태자비)
忌	忌	3급 心 총7	꺼릴 기, 피할 기 '心+己(기)'로 미워하고 싫어하여 꺼리는 마음 [心] [憎惡也 從心己聲] 嫉也『增韻』又忌諱也『廣韻』又憚也 又怨也 -『康熙』		忌日(기일) 忌避(기피) 忌祭(기제) 禁忌(금기)
杞	杞	1급 木 총7	나무 이름 기 '木+己(기)'로 호깨나무, 구기자나무, 소태나무, 고리버드나무 등[枸杞也 從木己聲]		枸杞子(구기자) 杞憂(기우)
已	𢀒	3급 己 총3	그칠 이, 마칠 이, 이미 이 이미 일을 다하여 그침[止也, 畢也, 訖也『玉篇』成也『廣韻』鷄鳴不已『詩經』又過事語辭『廣韻』又語已也『類篇』語終辭『增韻』 -『康熙』] 象形. 象蛇形. 一說原與'子'同字. 本義：停止 -『漢典』		已往(이왕) 已來(이래) 不得已(부득이)
巳	𢀒	3급 己 총3	뱀 사, 태아 사, 자식 사, 여섯째 지지 사 뱀의 모양[巳]이나 태아의 모양[巳 四月陽气已出 陰气已藏 萬物見 成文彰 故巳爲蛇 象形] 象形. 甲骨文字形, 像在胎包中生長的小儿. 本義：在胎包中成長的小儿 -『漢典』	𢀒 𢀒 甲骨文 金文	巳時(사시) 巳初(사초) 己巳年(기사년)
祀	祀	3급 示 총8	제사 사 '示+巳(사)'로 제사를 정성스럽게 지내니 하늘의 신령스러움이 나타남[示] [祭無已也 從示巳聲] 從示巳聲. '示'常與祭祀有關. 本義：祭祀天神 -『漢典』		祭祀(제사) 祀孫(사손) 合祀(합사) 享祀(향사)
巴	巴	1급 己 총4	큰 뱀 파, 땅 이름 파 코끼리도 잡아먹는다는 큰 뱀[蟲] 모양 [蟲也 或曰食象蛇 象形 [注] 徐鍇曰：一, 所呑也. 指事] 山海經曰巴蛇食象 三歲而出其骨. 按不言從己者 取己形似而輒之 非從己也『段注』		巴人(파인)
爬	爬	1급 爪 총8	긁을 파 '爪+巴(파)'로 가려운 곳을 손톱[爪]으로 긁음[搔也『正韻』殷羅剔抉『韓愈·進學解』 -『康熙』]		爬痒(파양) 爬蟲類(파충류)
琶	琶	1급 玉 총12	비파 파 '珡+巴(파)'로 둥글고 긴 타원형의 몸체에 자루는 곧고 짧으며, 4현과 5현의 비파[珡] [琵琶也 從珡巴聲 義當用枇杷]		琵琶(비파)
芭	芭	1급 艸 총8	파초 파, 풀이름 파, 꽃 파(=葩) '艸+巴(파)'로 파초과에 속하는 열대산의 다년초[艸] [芭 芭蕉『廣韻』芭蕉 見蕉字註 又香草『玉篇』 -『康熙』]		芭蕉(파초) 芭椒(파초)

力 부

字	篆	級/部/총	뜻·풀이	古文	용례
力	力	7급 力 총2	힘 력 사람의 근육(筋肉) 모양으로, 나라를 다스리는 공이나 큰 재앙을 막는 힘 따위[筋也 象人筋之形 治功曰力 能禦大災 凡力之屬]	力 力 甲骨文 金文	力强(역강) 力量(역량) 力說(역설) 力作(역작)

字	篆	級/部/劃	訓·音·解說	用例
協	協	4급 十 총8	화할 협, 도울 협 '十+劦'으로 많은 사람[十]이 같은 마음으로 힘을 합함[劦] [同衆之龢也 從劦從十]	協同(협동) 協力(협력) 協商(협상) 協議(협의)
脅	脅	3급 肉 총10	옆구리 협, 갈빗대 협, 으르다 협 '肉+劦(협)'으로 사람의 겨드랑이 아래 양 옆구리[肉] [兩膀也 從肉劦聲] 身左右兩膀『玉篇』胸脅『廣韻』腋下也『增韻』拍爲膊, 謂脅也『周禮·天官·醢豚拍魚醢註』-『康熙』	脅迫(협박) 脅杖(협장) 脅奪(협탈) 脇痛(협통)
加	加	5급 力 총5	더할 가 '力+口'로 말[口]로 서로 더 힘[力]을 보탬[語相譄加也 從力從口]	加減(가감) 加工(가공) 加擔(가담) 加盟(가맹)
架	架	3급 木 총9	시렁 가, 건너지를 가 '木+加(가)'로 물건을 얹어 놓기 위하여 방 등에 긴 막대[木]를 가로질러 선반처럼 만든 것[與椽同 亦作枷 杙也 所以擧物 又衣架也 『類篇』凡以竿爲衣架者名箷.『爾雅·釋器疏』屋架也.『正韻』-『康熙』]	架空(가공) 架橋(가교) 書架(서가) 十字架(십자가)
迦	迦	2급 辶 총9	만날 가, 막을 가, 부처 이름 가 '辶+加(가)'로 邂와 통용. 가다가[辶] 우연히 만남[與邂通『廣韻』迎父迦迨『揚子·太玄經』齋戒修而梁國亡 非釋迦之罪也『文中子·周公篇』-『康熙』]	釋迦牟尼(석가모니)
賀	賀	3급 貝 총12	하례할 하, 축하할 하 '貝+加(가)'로 예물[貝]을 보내어 경사를 축하함[以禮物相奉慶也 從貝加聲]	賀客(하객) 賀禮(하례) 賀壽(하수) 賀正(하정)
伽	伽	2급 人 총7	절 가 '亻+加(가)'로 불상을 모시고 불도를 수행하는 중들[人]이 생활하는 집[伽藍 神名『正韻』那伽 龍也. 竭伽 犀也. 僧伽藍 衆園也 譯云園 取生植義 今浮屠所居是也 凡稱釋氏曰僧伽『梵書』-『康熙』]	伽藍(가람) 伽倻山(가야산)
駕	駕	1급 馬 총15	말에 멍에 맬 가, 수레 탈 가, 탈것 가 '馬+加(가)'로 말[馬]로 끄는 수레에 멍에를 맴[馬在軛中 從馬加聲 輅, 籀文駕]	駕士(가사) 駕御(가어) 凌駕(능가)
袈	袈	1급 衣 총11	가사 가 '衣+加(가)'로 장삼 위에 왼쪽 어깨에서 오른쪽 겨드랑이 밑으로 걸쳐 입는 승려의 옷[衣] [袈裟 胡衣也『廣韻』袈裟『楞嚴經』作毠『玉篇』本作裂『類篇』-『康熙』]	袈裟(가사) 滿繡袈裟(만수가사)
嘉	嘉	1급 口 총14	아름다울 가 '豆+加(가)'로 진열하여 놓은 악기[豆]의 아름다운 모습[美也 從豆加聲] 從豆 : 豆者, 陳樂也 故嘉從豆『段注』	嘉禮(가례) 嘉尙(가상) 珍嘉(진가) 休嘉(휴가)
勞	勞	5급 力 총12	수고로울 로, 일할 로, 힘쓸 로 '力+熒'로 집[冖]에 불[火] 지피는 일을 힘써[力] 함[劇也 從力 熒省. 熒 火燒冖 用力者勞] 勴各本從刀作劇. 今訂從力. 焱舊作熒. 今正. 此析熒字而釋之. 燒冖, 謂燒屋也. 斯時用力者取勞矣	勞苦(노고) 勞困(노곤) 勞動(노동) 勞務(노무) 勞心(노심) 功勞(공로)
撈	撈	1급 手 총15	잡을 로 '手+勞(로)'로 물속으로 들어가 물체를 손[手]으로 취함[沈取曰撈, 言沒入水中取物也『正韻』取也『揚子·方言』]	漁撈(어로) 撈採(노채)
動	動	7급 力 총11	지을 동, 일어날 동, 움직일 동 '力+重(중)'으로 노력이나 기술 따위를 들여 목적하는 사물을 힘써[力] 이룸[作也 從力重聲『注』 㣫, 古文 作也 : 作者, 起也『段注』	動機(동기) 動亂(동란) 動脈(동맥) 動搖(동요)

I. 인간 139

한자	이체	급수/부수/총획	뜻풀이	예
慟	慟	1급 / 心 / 총14	큰 소리로 울 통 '心+動(동)'으로 지나친 슬픔이 마음[心]을 자극하여 소리 높여 욺[大哭也 從心動聲 『說文』 哀過也『正韻』 – 『康熙』]	慟哭(통곡) 慟泣(통읍)
勤	懃	4급 / 力 / 총13	부지런할 근 '力+堇(근)'으로 일을 하는 데 있어 꾸물대지 않고 성실하게 노력[力]함[勞也 從力堇聲] 勞也 : 慰其勤 亦曰勤『段注』/勤者, 勞力也『爾雅疏』恩斯勤斯『詩』 勤, 篤厚也『註』 – 『康熙』 金文	勤勞(근로) 勤務(근무) 勤續(근속) 勤實(근실) 勤怠(근태) 皆勤(개근)
槿	槿	2급 / 木 / 총15	무궁화나무 근 '木+堇(근)'으로 아욱과에 속하는 낙엽관목[木][木槿, 櫬也『韻會』木槿, 朝生夕隕, 可食 亦作蓳『玉篇』 – 『康熙』]	槿域(근역) 槿花(근화) 槿花鄕(근화향)
謹	謹	3급 / 言 / 총18	삼갈 근, 공경할 근, 오로지 근 '言+堇(근)'으로 삼가 신중히 행동하고 말[言]함[愼也 從言堇聲『說文』敬也『玉篇』緊也『廣韻』悉也, 專也, 重也『增韻』 – 『康熙』]	謹身(근신) 謹愼(근신) 謹弔(근조)
瑾	瑾	2급 / 玉 / 총15	아름다운 옥 근, 붉은 옥 근 '玉+堇(근)'으로 광채가 나는 아름다운 옥(玉) [瑾瑜 美玉也 從玉堇聲]	瑾瑜匿瑕(근유익하)
僅	僅	3급 / 人 / 총13	겨우 근, 적을 근 'イ+堇(근)'으로 어떤 사람[イ]이 맡은 일을 어렵게 힘들여 함[材能也 從人堇聲] 材能也 : 材今俗用之纔字也『段注』	僅少(근소) 幾死僅生(기사근생) 僅具人形(근구인형)
饉	饉	1급 / 食 / 총20	흉년들 근, 흉년 근 '食+堇(근)'으로, 수해(水害) 등으로 농작물[食]이 잘 익지 않은 해[蔬不熟爲饉 從食堇聲]	饑饉(기근) 凶饉(흉근)
覲	覲	1급 / 見 / 총18	알현할 근, 뵐 근, 만날 근 '見+堇(근)'으로 제후가 가을에 천자를 뵙고[見] 조회하는 것[諸侯秋朝曰覲, 勞王事 從見堇聲] 春見曰朝, 秋見曰覲. 鄭曰覲之言勤也. 欲其勤王之事『段注』	覲親(근친) 覲光(근광) 覲見(근현)
勢	勢	4급 / 力 / 총13	기세 세, 형세 세 '力+埶(세)'로 남에게 영향을 끼칠 성대한 기운[力]이나 권세[盛力權也 從力埶聲 經典通用埶] ※埶(심을 예, 권세 세) : 坴同藝『正韻』種也『說文』又音世. 與勢同『廣韻, 韻會』 – 『康熙』	勢家(세가) 勢道(세도) 勢力(세력) 攻勢(공세) 權勢(권세) 優勢(우세)
熱	熱	5급 / 火 / 총15	따뜻할 열, 더울 열, 뜨거울 열, 정성 열, 쏠릴 열 '灬+埶(예)'로 봄은 음양이 바뀌면서 차가운 기운이 물러가고 따뜻하지만 뜨겁지[灬]는 않음[𥁕也 從火埶聲] 𥁕 各本作溫 今正 許意溫爲水名 凡𥁕煖字皆當作𥁕 𥁕, 仁也 從皿飼囚 引申之則爲𥁕煖『段注』/ 三春之初, 陰陽交際, 寒氣旣除, 溫不至熱『餠賦』 – 『康熙』	熱狂(열광) 熱氣(열기) 熱烈(열렬) 熱望(열망) 熱辯(열변) 熱血(열혈)
藝	藝	4급 / 艸 / 총19	재주 예, 기술 예 '芸+埶(예)'로 고자는 '秇'. 육예[禮·樂·射·御·書·數][芸]를 잘 하는 재주[古文. 秇. 才能也『韻會』月以爲量 故功有藝也『禮·禮運』藝猶才也『註』 – 『康熙』] ※갑골에는 땅 위[坴]에 손으로 나무를 잡고 있는[丸←丮] 형상인 '埶'자만 있음.	藝能(예능) 藝術(예술) 曲藝(곡예) 技藝(기예) 武藝(무예) 演藝(연예)

心 부

字	篆	級/部/劃	訓音 · 解說	例
心	ψ	7급 心 총4	심장 심, 마음 심 사람 몸속에 있는 심장 모양을 본뜬 것[人心 土臟也 在身之中 象形] 甲骨文 金文	心臟(심장) 心境(심경) 心琴(심금) 心亂(심란)
意	意	6급 心 총13	뜻 의, 생각 의 '音+心'으로 속마음[心]의 뜻을 소리[音]내어 말함[志也 從心音 察言而知意也]	意見(의견) 意味(의미) 意識(의식) 意志(의지)
憶	憶	3급 心 총16	기억할 억 '心+意(의)'로 마음[心]속에 새겨 잊지 아니함[念也, 思也, 記也『正韻』下有長相憶『古詩』-『康熙』]	記憶(기억) 追憶(추억) 舊憶(구억) 憶念(억념)
噫	噫	3급 口 총16	트림 희, 탄식할 희 '口+意(의)'로 밥을 배불리 먹고 입[口]으로 하품이나 트림 등을 함[飽食息也 從口意聲] 飽出息也 : 各本作飽食. 今依玉篇, 衆經音義訂. 息也, 鼻息也, 內則. 在父母舅姑之所. 不敢噦噫『段注』	噫嗚(희오) 噫氣(희기)
臆	臆	1급 肉 총17	안심 억, 가슴 억, 생각할 억 '肉+意(의)'로 갈비 안쪽 채끝에 붙은 연하고 부드러운 고기[肉][胸肉也『說文』胸臆『廣韻』匈也『廣雅』又滿也. 臆, 滿也『揚子·方言』愊臆, 氣滿之也『註』-『康熙』]	臆說(억설) 臆測(억측)
思	思	5급 心 총9	생각할 사 '田←囟+心'으로 마음[心]과 뇌[囟]에서 지혜를 생각함[睿也 從心囟]	思考(사고) 思想(사상) 思慮(사려) 思索(사색)
媤	媤	1급 女 총12	여자 이름 시, 시집 시 '女+思(사)'로 姼와 동자. 자(字)는 성인이 될 때 본명(本名) 외에 또 지어주는 부명(副名)으로, 옛날 여자[女]에게 사용된 자(字)[古女子人名用字] [同姼『集韻』-『康熙』]	媤家(시가) 媤父母(시부모)
慮	慮	4급 心 총15	염려할 려, 생각할 려 '思+虍(호)'로 어려운 문제를 해결하려고 항상 고민하고 생각함[思][謀思也 從思虍聲] 謀思也 : 心部曰念, 常思也. 惟, 凡思也. 懷, 念思也. 想, 覬思也. 慂, 同思之和也. 同一思而分別如此. 言部曰慮難曰謀. 與此爲轉注『段注』	考慮(고려) 深慮(심려) 念慮(염려) 憂慮(우려)
濾	濾	1급 水 총18	거를 려 '水+慮(려)'로 물[水]을 걸러 찌끼 등을 받쳐냄[濾水也 一曰洗也. 澄也『玉篇』-『康熙』]	濾過(여과) 壓濾器(압려기)
攄	攄	1급 手 총18	펼 터, 베풀 터, 흩을 터 '手+慮'로 손[手]을 펴듯 자기의 생각[慮]을 감추지 않고 드러냄[舒也『正韻』獨攄意乎宇宙之外 又布也. 攄之無窮『司馬相如·封禪書』又散也. 奮六經以攄頌『揚雄·河東賦』又猶騰也, 又擬也. 或作捈. 通作攎『玉篇』-『康熙』]	攄得(터득) 攄破(터파) 攄竹(터죽) 攄抱(터포)
愛	愛	6급 心 총13	사랑 애, 은혜 애, 친할 애, 즐길 애 '夊+㤅(애)'로 은혜를 베풀어 행하는[夊] 모양[行兒也 從夊㤅聲] 行兒也 : 心部曰 : 㤅, 惠也. 今字假㤅爲愛, 而㤅廢矣. 愛, 行兒也, 故從夊『段注』	愛讀(애독) 愛煙(애연) 博愛(박애) 熱愛(열애)
曖	曖	1급 日 총17	가릴 애, 흐릴 애 '日+愛(애)'로 해[日]가 가려져 밝지 않음[晻曖暗貌『玉篇』又豐其蔀『易·豐卦』蔀, 覆暧鄣光明之物也『註』甘是埋曖『後漢·申屠蟠傳』曖猶翳也『註』-『康熙』]	曖昧模糊(애매모호)

I. 인간 141

字	篆	級/部/劃	訓音 및 字源	單語
必		5급 / 心 / 총5	경계 **필**, 반드시 **필**, 오로지 **필**, 꼭 **필** '八+弋(익)'으로 땅을 나눌[八] 때 반드시 그 경계에 푯말[弋]을 세움[分極也 從八弋 弋亦聲] 分極也. 極猶準也. 木部棟極二字互訓. 橦字下云. 帳極也. 凡高處謂之極. 立表爲分判之準 故云分極. 引伸爲罟之必然. 從八弋. 樹臬而分也. 弋今字作杙『段注』	必讀(필독) 必修(필수) 必然(필연) 期必(기필) 事必歸正(사필귀정) 生者必滅(생자필멸) 女必從夫(여필종부)
密		4급 / 宀 / 총11	은밀할 **밀**, 조용할 **밀**, 남몰래 **밀**, 숨길 **밀**, 빽빽할 **밀** '山+宓(밀)'로 집 모양의 빽빽한 나무 산[山] [山如堂者 從山宓聲] 山如堂者 : 土部曰堂, 殿也. 釋山曰山如堂者, 密. 郭引尸子. 松栢之鼠不知堂密之有美樅. 按密主謂山. 假爲精密字而本義廢矣『段注』	密談(밀담) 密會(밀회) 密告(밀고) 密接(밀접)
祕		4급 / 示 / 총10	신비로울 **비**, 숨길 **비**(=秘) '示+必(필)'로 신이 하는 일[示]은 은미(隱微)하여 헤아리기 어려움[神也 從示必聲] 神也 : 魯頌閟宮有侐 箋曰. 閟, 神也. 此謂假借閟爲祕也『段注』 ※子曰 鬼神之爲德 其盛矣乎 視之而弗見 聽之而弗聞 體物而不可遺『中庸』	祕密(비밀) 祕訣(비결) 祕錄(비록)
蜜		3급 / 虫 / 총14	꿀 **밀** '虫+宓'로 벌[虫]이 꽃의 꿀샘에서 채집하여 남몰래[宓] 먹이로 저장해둔 것[蜂甘飴也 從虫宓] 䗪或從䖵. 宓聲. 今通用此體『段注』	蜜蜂(밀봉) 蜜語(밀어) 蜜柑(밀감)
泌		2급 / 水 / 총8	물 졸졸 흐를 **비**, 스며 흐를 **필** '氵+必(필)'로 가는 물줄기[氵]가 경쾌히 졸졸 흘러감[俠流也 從水必聲] 俠流者 輕快之流『段注』	分泌物(분비물) 泌尿器科(비뇨기과)
毖		2급 / 比 / 총9	삼갈 **비**, 고달플 **비** '比+必(필)'로 서로 견주어[比] 행동을 삼감[愼也. 從比必聲『周書』曰 無毖于卹] 愼也 : 釋詁曰毖, 愼也. 大雅. 爲謀爲毖. 傳曰毖, 愼也. 周書曰無毖于卹. 大誥文. 某氏傳云. 無勞於憂『段注』	懲毖錄(징비록)
謐		1급 / 言 / 총17	조용히 말할 **밀**, 소리 없을 **밀**, 고요할 **밀** '言+謐(밀)'로 삼가 조심하며 은밀히 하는 말[言] [靜語也. 從言謐聲 一曰無聲也]	靜謐(정밀) 安謐(안밀)
惠		4급 / 心 / 총12	은혜 **혜** '心+叀'로 어진 마음[心]으로 삼가[叀] 베푸는 사랑[仁也 從心從叀 [注] 徐鍇曰 : 爲惠者, 心專也 仁也 : 人部曰仁, 親也. 經傳或假惠爲慧. 從心叀. 爲惠者必謹也『段注』	受惠(수혜) 施惠(시혜) 天惠(천혜) 惠澤(혜택)
穗		1급 / 禾 / 총17	벼이삭 **수**, 이삭 **수** '禾+惠(혜)'로 벼[禾]나 보리 등 곡식의 이삭이 패는 것[禾成秀也 本作采 或從惠『說文』彼稷之穗『詩·王風』穗, 秀也『傳』古文 𥞤 -『康熙』]	落穗(낙수) 揷穗(삽수)
慶		4급 / 心 / 총15	경사 **경** '鹿+心+夊'로 경사스런 행사에 사슴[鹿] 가죽을 폐백으로 준비하여 가서[夊] 진심[心]으로 예를 표함[行賀人也. 從心從夊 吉禮以鹿皮爲贄 故從鹿省]	慶事(경사) 慶祝(경축) 慶賀(경하) 慶福(경복)
憩		3급 / 心 / 총16	쉴 **게** '舌+息'으로 동자는 '愒, 憇, 愒, 憇'. 혀[舌], 코, 귀, 마음 등의 활동을 중지함[息] [本作愒 或作憇 亦書作愒『集韻』召伯所憩『詩·召南』-『康熙』]	休憩所(휴게소)

漢字	篆文	級/部首/총획	訓音과 字源	單語
息	息	4급 心 총10	숨 쉴 식, 쉴 식, 번식할 식, 자식 식 '心+自(자)'로 코[自]를 통해 공기를 흡입하여 이를 심장[心]에 공급함[喘也 從心從自 自亦聲]	休息(휴식) 歎息(탄식) 子息(자식) 女息(여식)
熄	熄	1급 火 총14	불 묻어둘 식, 불 담을 식, 꺼질 식 '火+息(식)'으로 꺼진 불[火]을 화덕 같은 곳에 담아 둠[畜火也 從火息聲 亦曰滅火] 畜火也 : 畜當從艸 積也. 熄取滋息之意 亦曰滅火. 小徐無此四字. 滅與蓄義似相反而實相成. 止息卽滋息也. 孟子曰 王者之迹熄而詩亡. 詩亡然後春秋作『段注』	熄滅(식멸) 終熄(종식)
惟	惟	3급 心 총11	생각할 유, 오직 유 '忄+隹(추)'로 오로지 할 일을 마음[忄]으로 생각함[凡思也 從心隹聲『說文』 有也 爲也 謀也 伊也 又語辭也『玉篇』-『康熙』]	思惟(사유) 伏惟(복유) 惟獨(유독) 惟精(유정) 唯一·惟一(유일)
罹	罹	1급 网 총16	근심할 리, 걸릴 리 '网+心+隹'로 '離와 통용. 새[隹]가 그물[网]에 걸려 근심하듯, 병 따위에 걸려 근심하는 마음[心] [心憂也 從网 未詳 古多通用離『說文』罹, 憂也『爾雅·釋詁』逢此百罹『詩·王風』罹, 本又作離『釋文』-『康熙』]	罹病(이병) 罹災民(이재민)
憂	憂	3급 心 총15	근심 우 '夊+息(우)'로 정사(政事)에 대해 근심하고 걱정하듯, 어떤 것을 조화롭게 하지[夊] 못해 애를 태우거나 불안해하는 마음 [和之行也 從夊息聲『詩』曰 布政憂憂]	憂慮(우려) 憂愁(우수) 憂鬱(우울) 憂患(우환)
優	優	4급 人 총17	광대 우, 넉넉할 우, 화할 우, 부드러울 우, 많을 우, 희롱할 우, 뛰어날 우 '亻+憂(우)'로 광대처럼 여러 가지 재능을 가진 넉넉한 사람[亻] [饒也 從人憂聲 一日倡也]	優待(우대) 優秀(우수) 優劣(우열) 俳優(배우)
擾	擾	1급 手 총18	길들일 요, 번거로울 요, 어지러울 요, 순할 요, 편안히 할 요 '手+憂(우)'로 짐승을 손[手]으로 잡고 길들임[煩也『說文』亂也『廣韻』以齊獄市爲寄, 愼勿擾也 又馴也, 順也, 安也『前漢·曹參傳』又河南曰豫州, 其畜宜六擾『夏官·職方氏』馬牛羊豕犬雞『註』六擾, 與爾雅六畜, 周禮六牲, 一也『疏』-『康熙』]	騷擾(소요) 擾亂(요란) 丙寅洋擾(병인양요)
恐	恐	3급 心 총10	두려울 공 '心+巩(공)'으로 어떤 대상을 무서워하여 마음[心]이 불안함[懼也 從心巩聲 忎, 古文] 『徐』曰恐, 猶兇也. 腎在志爲恐『黃帝素問』恐, 所以懼惡也『註』恐有驚惶之意. 懼乃畏怕之實, 恐在懼前也『正韻箋』-『康熙』	恐怖(공포) 恐懼(공구) 恐喝(공갈) 恐縮(공축)
鞏	鞏	1급 革 총15	묶을 공, 굳을 공 '革+巩(공)'으로 다룬 가죽[革]으로 단단히 묶음[以韋束也『易』曰 : 鞏用黃牛之革 從革巩聲]	鞏固(공고) 鞏膜(공막)
慕	慕	3급 心 총15	그리워할 모, 바랄 모 '心+莫(막)'으로 어떤 일을 열심히 하는 사람은 반드시 마음[心]속으로 그 일을 좋아함[習也 從心莫聲] 習也 : 習其事者, 必中心好之『段注』	思慕(사모) 愛慕(애모) 戀慕(연모) 追慕(추모)
添	添	3급 水 총11	더할 첨, 맛 더할 첨 '氵+忝(첨)'으로 물[氵]을 더 부어 보탬[益也 通作沾酟『玉篇』又味益也『集韻』-『康熙』]	添加(첨가) 添削(첨삭) 添附(첨부) 別添(별첨)

I. 인간 143

楷書	篆書	級/部首/획수	訓音 및 해설	用例
恥	耻	3급 心 총10	부끄러울 **치** '心+耳(이)'로 사람이 지닌 부끄러운 마음[心] [辱也 從心耳聲] 又慙也『廣韻』人不可以無恥『孟子』人不可以無所羞恥也『註』或作誀. 從心耳會意. 取聞過自愧之義. 凡人心慙, 則耳熱面赤, 是其驗也. 俗譌作耻『六書總要』 -『康熙』	恥辱(치욕) 恥事(치사) 破廉恥(파렴치)
怪	怪	3급 心 총8	괴이할 **괴**, 기이할 **괴**, 의심할 **괴** 'ㅏ+圣(골)'로 마음[心]속으로 느끼는 이상야릇함[異也 從心圣聲『說文』奇也『增韻』怪者, 疑也.『風俗通』異之言怪也『白虎通』-『康熙』]	怪狀(괴상) 怪傑(괴걸) 怪談(괴담) 奇怪(기괴)
忽	忽	3급 心 총8	잊을 **홀**, 소홀할 **홀**, 갑자기 **홀** '心+勿(물)'로 예사롭게 여겨서 정성이나 조심함[心]을 잊음[忘也 從心勿聲] 金文	忽待(홀대) 忽然(홀연) 疏忽(소홀)
惚	惚	1급 心 총11	황홀할 **홀** 'ㅏ+忽(홀)'로 미묘하여 헤아리기 어려운 마음[心] [音忽. 悅惚, 微妙不測貌 又心懒懰也『正韻』惟恍惟惚 又通作㫚『老子·道德經』-『康熙』]	恍惚(황홀) 恍惚境(황홀경)
憤	憤	4급 心 총15	분할 **분**, 성낼 **분** 'ㅏ+賁(분)'으로 억울하고 원통한 일로 화가 난 마음[ㅏ] [懣也 從心賁聲]	憤慨(분개) 憤怒(분노) 激憤(격분) 鬱憤(울분)
墳	墳	3급 土 총15	무덤 **분**, 언덕 **분** '土+賁(분)'으로 흙[土]으로 높게 봉분한 무덤 [墓也 從土賁聲]	墳墓(분묘) 古墳(고분) 封墳(봉분)
噴	噴	1급 口 총15	뿜어낼 **분**, 재채기할 **분**, 숨 내불 **분**, 물 뿜을 **분**, 꾸짖을 **분** '口+賁(분)'으로 속에 있는 것을 뿜어서 입[口]밖으로 나오게 함[吒也 從口賁聲 一曰鼓鼻] 吐氣『廣韻』俛而噴, 仰而鳴『戰國策』噴則大者如珠, 小者如霧, 雜而下者, 不可勝數也『莊子·秋水篇』疾言噴噴, 口沸目赤『韓詩外傳』與歕同『廣韻』-『康熙』	噴水(분수) 噴出(분출) 噴火口(분화구) 含血噴人(함혈분인)
忍	忍	3급 心 총7	참을 **인**, 강할 **인**, 차마 못할 **인** '心+刃(인)'으로 곰처럼 마음[心]씀이 굳건하고 인내심이 있음[能也 從心刃聲] 能也 : 能者, 熊屬. 能獸堅中. 故賢者偁能. 而彊壯偁能傑. 凡敢於行曰能. 今俗所謂能餖也. 敢於止亦曰能. 今俗所謂能耐也. 能耐本一字. 俗殊其音. 忍之義亦兼行止『段注』 金文	忍苦(인고) 忍耐(인내) 忍辱(인욕) 忍從(인종) 堅忍(견인) 不忍(불인)
認	認	4급 言 총14	알 **인**, 분별하여 알 **인**, 인정할 **인**, 허락할 **인**, 기록할 **인** '言+忍(인)'으로 말[言]을 분별하여 앎[識認也『玉篇』辨識也『增韻』誌也『集韻』-『康熙』]	認可(인가) 認識(인식) 認定(인정) 認知(인지)
慢	慢	3급 心 총14	게으를 **만**, 두려워하지 않을 **만**, 거만할 **만**, 느릴 **만**, 방종할 **만** 'ㅏ+曼(만)'으로 행동이 느리고 움직이거나 일하기를 싫어하는 성미[心]나 버릇[惰也 從心曼聲 一曰慢 不畏也] 怠也, 倨也 緩也『廣韻』『朱子』曰慢, 放肆也 -『康熙』	慢性(만성) 倨慢(거만) 驕慢(교만) 傲慢(오만) 自慢(자만) 怠慢(태만)
漫	漫	3급 水 총14	큰물 **만**, 물 터질 **만**, 물 질펀할 **만**, 부질없을 **만**, 방종할 **만** 'シ+曼(만)'으로 큰물[シ]이 넘쳐 밖으로 흐름[水過滿向外流] [大水也 一曰水浸淫敗物『正韻』淫敝爲漫 又水名『揚子·方言』成皋有漫水 又漫漫 長遠貌『水經注』-『康熙』] ※曼 : 引也. 從又冒聲『說問』從又與手的 動作有關『漢典』	漫談(만담) 漫然(만연) 漫評(만평) 漫畫(만화)

字	篆	級/部/총획	訓音 및 해설	예
蔓	蔓	1급 / 艸 / 총15	덩굴 만 '艸+曼(만)'으로 칡덩굴[艸]류가 덩굴져 길게 뻗음[葛屬 從艸曼聲]	蔓性(만성) 蔓延(만연)
饅	饅	1급 / 食 / 총20	만두 만 '食+曼(만)'으로 제갈량이 밀가루로 사람 머리 모양을 만들어 제사하고 먹은[食] 음식[諸葛亮南征 將渡瀘水 土俗殺人首以祭神 亮令以羊豕代 取麵畫人頭祭之 饅頭名始此『事物紀原』饅頭, 餠也『集韻』-『康熙』]	饅頭(만두) 素饅頭(소만두)
鰻	鰻	1급 / 魚 / 총22	뱀장어 만 '魚+曼(만)'으로 참장어과에 속하는 바닷물고기[魚] [魚名 從魚曼聲]	海鰻(해만) 養鰻(양만)
慧	慧	3급 / 心 / 총15	지혜 혜 '心+彗(혜)'로 사물의 이치를 빨리 깨닫고 정확하게 처리하는 정신적[心] 능력[儇也 從心彗聲] 『徐』曰儇, 敏也. 解也『廣韻』性解也. 姸黠也『增韻』又智也 又柔質受諫曰慧『諡法』-『康熙』	慧眼(혜안) 智慧(지혜) 聰慧(총혜)
悉	悉	1급 / 心 / 총11	다할 실, 궁구할 실, 알 실, 다 실 '心+釆'으로 사물의 이치를 마음[心]으로 깨달아[釆] 모든 것을 앎[詳盡也 從心從釆] 詳盡也, 諸究也. 知也『正韻』-『康熙』	悉心(실심) 知悉(지실)
悠	悠	3급 / 心 / 총11	근심할 유, 멀 유, 생각할 유, 한가할 유 '心+攸(유)'로 원대한 뜻을 이루기 위해 근심하고[心] 걱정함[憂也 從心攸聲]	悠長(유장) 悠久(유구) 悠悠自適(유유자적)
修	修	4급 / 人 / 총10	꾸밀 수, 닦을 수, 다스릴 수, 배울 수, 고칠 수 '彡+攸(유)'로 사람이 머리카락[彡]을 정결하게 꾸밈[飾也 從彡攸聲]	修練(수련) 修養(수양) 修飾(수식) 修業(수업)
惰	惰	1급 / 心 / 총12	게으를 타, 공손치 못할 타 '心+隋(수/타)'로 '憜'와 동자. 어떤 일에 마음[心]을 다하지 않고 게을러 쉽게 처리함[憜或省自 今俗皆如此作『段注』] 不敬也. 本作憜, 從心隋聲. 或作惰『說文』怠也, 易也『玉篇』臨祭不惰『禮·曲禮』爲無神也『註』今成子惰『左傳·成十三年』惰則失中和之氣『註』-『康熙』	惰性(타성) 惰弱(타약) 懶惰(나타) 惰怠(타태)
楕	楕	1급 / 木 / 총13	좁고 긴 모양을 한 그릇 타, 목 달린 걸상 타, 수레통 가운데 그릇 타 '木+隋(수/타)'로 '橢'와 동자. 가늘고 길쭉하게 생긴 나무[木]그릇[木器『字彙』橢省『正字通』-『康熙』]	楕圓(타원) 楕圓形(타원형)

❈ 厶 부

字	篆	部/총획	訓音 및 해설	예
厶	厶	厶 / 총2	사사로울 사 창힐이 글자를 만든 것은, 개인의 사사로움[厶]임 [姦衺也, 韓非曰倉頡作字 自營爲厶] 姦衺也：衺字淺人所增. 當刪. 女部曰 姦者, 厶也『段注』. 通作私『集韻』-『康熙』 ※'보퉁이 모양', '손이 안으로 굽어진 모양', '보습의 모양' 등 의견이 있음.	
私	私	4급 / 禾 / 총7	나 사, 사사로울 사, 은혜 사 '禾+厶(사)'로 중국 북방에서는 '화주인(禾主人=농부)[禾]'을 '사주인(私主人)'이라 함[禾也 從禾厶聲 北道名禾主人曰私主人] 北道名禾主人曰私主人：北道蓋許時語. 立乎南以言北之辭. 周頌. 駿發爾私. 毛曰 私, 民田也『段注』	私感(사감) 私見(사견) 私利(사리) 私服(사복)

I. 인간 145

去	壵 甲骨文 大 金文	5급 厶 총5	갈 거 '土←大+厶(거)'로 사람[大]이 서로 길을 달리하여 감[人相違也 從大厶聲] 人相違也 : 違, 離也. 人離故從大. 大者, 人也『段注』 ※厶 : 厶盧, 飯器, 以柳爲之. 象形『說文』 ※갑골, 금문에는 '土←大+厶'로 사람[大]이 자기가 살던 혈거(穴居)[口]를 떠나 다른 곳으로 감.		去聲(거성) 去勢(거세) 去就(거취) 過去(과거) 逝去(서거) 除去(제거) 七去之惡(칠거지악)
法	灋	5급 水 총8	형벌 법, 법 법, 떳떳할 법, 제도 법, 예의 법 '氵+去'로 古字는 '金, 灋, 㳌. 물[氵]이 평평하게 흐르고, 해태[廌]가 정직하지 못한 사람을 뿔로 받고 감[去] [灋, 刑也 平之如水 從水 廌所以觸不直者去之 從去廌 法 今文省] 法, 古文. 金灋㳌. 法, 常也『爾雅』法, 偪也『釋名』又制度也, 又禮法也, 又刑法也 - 『康熙』		法度(법도) 法律(법률) 法網(법망) 法悅(법열) 法廷(법정) 犯法(범법)
怯	忓	1급 心 총8	겁낼 겁, 겁 많을 겁 '心/犬+去(거)'에서 본자는 㹇. 개의 성질은 쉽게 두려움을 느낌[多畏也 本作㹇, 從犬去聲 犬性易法 今作怯 杜林說 : 從心, 怯主於心也『說文』怯, 脅也 見敵恐脅也『釋名』見小敵怯『後漢·光武帝紀』又懦也, 慵也『增韻』- 『康熙』]		怯弱(겁약) 卑怯(비겁) 怯懦(겁나) 食怯(식겁)
劫	劮	1급 力 총7	위협할 겁 '去+力'으로 가려고[去] 하는 사람을 힘[力]으로 위협하여 가지 못하게 함[人欲去 以力脅止曰劫 或曰以力止去曰劫]		劫奪(겁탈) 永劫(영겁)
蓋	盇	3급 艸 총14	이엉 개, 덮을 개, 대개 개, 이엉 덮을 개, 어찌 아니할 합 '艸+盍'으로 흰 띠나 짚 따위의 풀[艸]로 엮어 짠 거적이나 이엉[古文. 盇. 苫『韻會』乃祖吾離被苫蓋『左傳·襄十四年』白茅 苫也 今江東呼爲蓋 又掩也『註』- 『康熙』	盇 金文	蓋石(개석) 蓋世(개세) 蓋然(개연) 蓋草(개초) 覆蓋(복개) 天蓋(천개)

고사성어 이야기

[拔山蓋世 발산개세]

'힘은 산을 뽑고 기운은 세상을 덮을 만큼 용장한 기상'을 뜻함. 역발산개세(力拔山蓋世)라고도 한다. 출전은 ≪사기(史記)≫ <항우본기(項羽本紀)>이다.

초(楚)나라를 일으킨 항우(項羽)와 한(漢)나라를 일으킨 유방(劉邦)은 중원을 두고 다투던 당대 최고의 장수들이었다. 초나라와 한나라의 전세가 엎치락뒤치락하다가 드디어 해하(垓下)에서 최후의 결전을 맞게 되었다. 이때 항우는 군사도 적고 식량도 부족했을 뿐 아니라 한나라 병사들이 사방에서 초가(楚歌)까지 부르자 향수에 젖은 초나라 병사들은 대다수가 전의를 잃고 도망갔다. 자신의 운명이 다했다고 판단한 항우는 최후의 만찬을 벌였다. 술 몇 잔을 단숨에 들이킨 항우는 초라해진 자신을 바라보며 비분한 심정으로 노래하였다.

"힘은 산을 뽑을 만하고 기운은 세상을 덮을 만하도다.
力拔山兮氣蓋世(역발산혜기개세)
때가 불리하니 오추마마저 가지 않는구나.
時不利兮騅不逝(시불리혜추불서)
추마저 가지 않으니 난들 어찌 하리.
騅不逝兮可奈何(추불서혜가내하)
우미인아! 우미인아! 너를 어찌 하리."
虞兮虞兮奈若何(우혜우혜내약하)

'역발산혜기개세'는 항우가 스스로 자신을 평가한 것으로, 한 시대를 풍미했던 영웅의 대담한 기개를 뜻하는 말이다. 이를 줄여 발산개세(拔山蓋世)라고 하며, 여기서 파생된 말로 개세지재(蓋世之才)가 있다.

Ⅱ 문화

문자·악기

文 鼓 龠

- 文: 汶 旼 紊 旻 玟 紋 虔 吝 蚊
- 鼓:
- 龠:

수·양

一 二 八 十 小

- 一: 壹
- 丁: 頂 訂 汀 打 貯 寧 釘 町 酊
- 三: 參 慘 蔘 滲
- 七: 切 叱
- 丘: 邱
- 不: 否 歪 杯
- 世: 貰 泄
- 丕: 胚
- 丙: 炳 昞 柄 陋
- 上:
- 下:
- 丈: 仗 杖

- 丑: 紐
- 丞:
- 且: 助 查 祖 沮 組 租 粗 咀 狙 詛 阻
- 二: 貳
- 五: 伍
- 亞: 惡 啞 堊
- 于: 宇 迂
- 井: 穽
- 云: 魂 芸 耘
- 互: 恒 桓
- 亘:
- 八:

Ⅱ. 문화 147

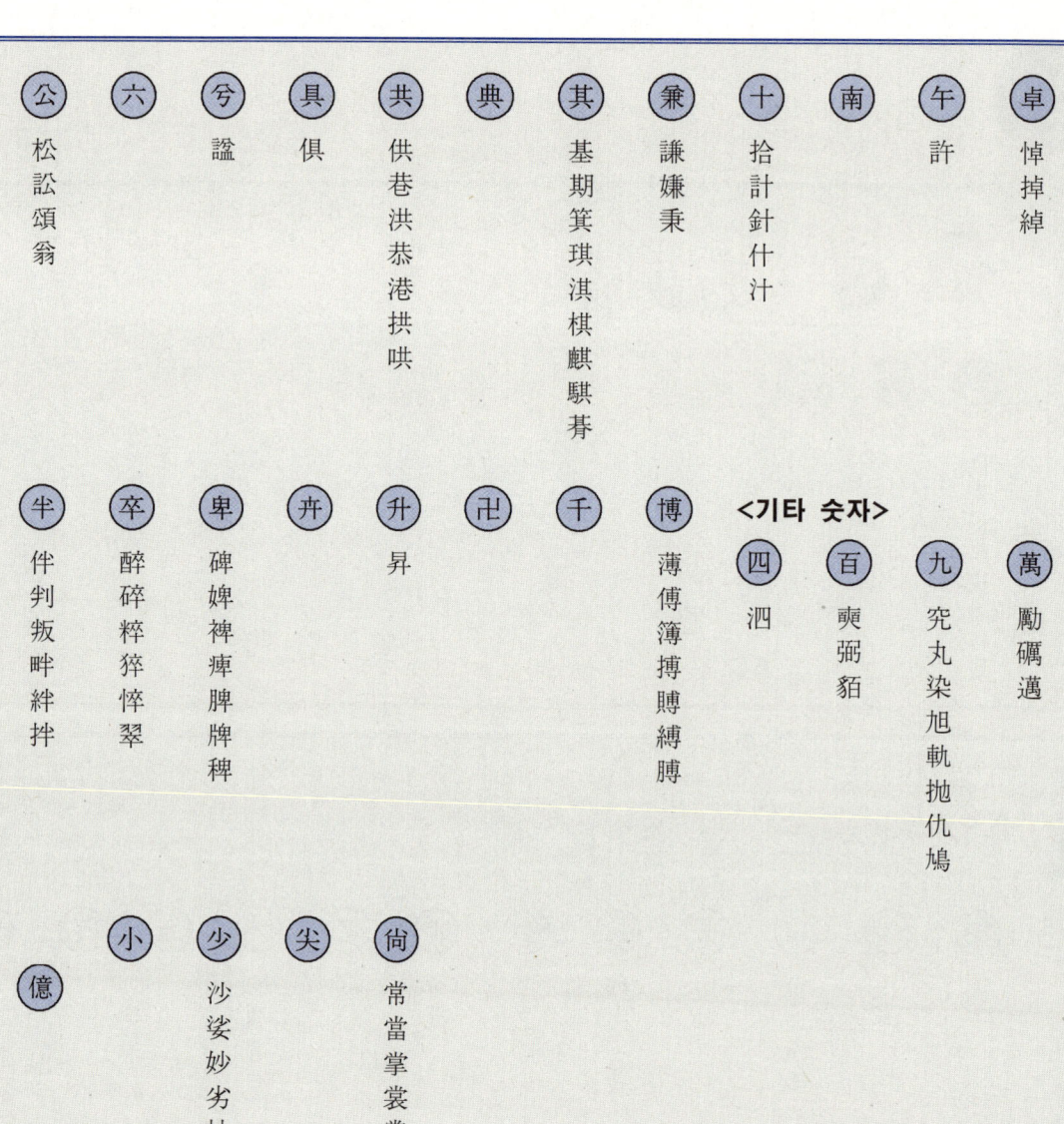

文 부

字	古字	級/部/總	뜻과 풀이	용례
文	夨 夨 甲骨文 金文	7급 文 총4	무늬 문, 글월 문, 문자 문 사람의 몸에 교차하여 새겨진 문신[錯畫也 象交文] 錯畫也 : 錯當作逪, 逪畫者逪逪之畫也. 象交文, 像兩紋交互也 紋者, 文之俗字 『段注』	文樣(문양) 文章(문장) 文段(문단) 文字(문자)
汶	𣱵	2급 水 총7	강 이름 문, 성씨 문 'ㅣ+文(문)'으로 산동성(山東省)에 있는 강[ㅣ] 이름[水 出琅邪朱虛東泰山 東入濰 從水文聲]	汶山(문산 : 경기도 파주시의 읍 이름)
旼	旼	2급 日 총8	화락할 민 '日+文(문)'으로 햇살[日]이 비춰 화락함[旼旼, 和也 『韻會』旼旼穆穆, 君子之能 『史記·司馬相如傳』 徐廣曰 : 和貌 『註』 - 『康熙』]	洪吉旼(홍길민 : 조선의 문신)
紊	紊	2급 糸 총10	무늬 문, 어지러울 문 '糸+文(문)'으로 직물[糸]의 무늬가 어지러움[亂也 從糸文聲 『商書』曰 : 有條而不紊]	紊亂(문란) 紊棄(문기) 紊隆(문추)
旻	旻	2급 日 총8	가을 하늘 민, 불쌍히 여길 민 '日+文(문)'으로 가을[日]은 만물이 결실을 거두고 조락(凋落)하는 계절임[秋天也 從日文聲 『虞書』曰: 仁閔覆下則稱旻天] 秋爲旻天 『爾雅·釋天』旻猶愍也, 愍萬物彫落 『註』秋, 萬物成熟, 皆有文章, 故曰旻天 『疏』旻, 閔也. 物就枯落, 可閔傷也 『釋名』 - 『康熙』	高旻(고민) 旻天(민천) 秋旻(추민)
玟	玟	2급 玉 총8	옥돌 민 '玉+文(문)'으로 중국 남방에서 나는 붉은 옥 화제(火齊)처럼, 아름다운 옥(玉)돌[火齊 玟瑰也 一曰石之美者 從玉文聲] ※玟瑰(민괴) : 미옥(美玉)의 이름. 중국 남방에서 나는 붉은색의 구슬.	安玟英(안민영 : 조선의 가객)
紋	紋	3급 糸 총10	직능 무늬 문, 무늬 문, 주름 문 '糸+文(문)'으로 비단에 실[糸]로 수를 놓음[綾紋也 『玉篇』織紋 『類篇』凡錦綺繡繡之文皆曰紋 『篇海』 - 『康熙』]	渦紋(와문) 繡紋(수문) 哥擾紋(가요문) 橘皮紋(귤피문)
虔	虔	1급 虍 총10	범이 가는 모양 건, 굳을 건, 정성 건, 공경할 건, 죽일 건, 빼앗을 건 '虍+文(문)'으로 호랑이[虍]가 걸어가는 모양[虎行皃 從虍文聲] 虎行皃 : 釋詁, 大雅商頌傳皆曰虔, 固也. 商頌傳, 魯語注皆曰虔, 敬也. 左傳虔劉我邊陲注. 虔劉皆殺也. 方言, 虔, 慧也. 虔, 殺也. 虔, 謾也. 按方言不可盡知其說. 糾虔, 虔劉皆卽釋詁虔固之義. 堅固者必敬. 堅固者乃能殺也. 堅固者虎行之皃也. 商頌箋. 虔, 椹也. 亦取堅固之意 『段注』	敬虔(경건) 恭虔(공건) 恪虔(각건) 虔恭(건공)
吝	吝 甲骨文	1급 口 총7	한탄할 린, 아낄 린, 탐할 린, 부끄러워할 린 '口+文(문)'으로 원통하고 애석한 것을 말[口]로 표현함[文] [恨惜也 從口文聲 『易』曰 : 以往吝] 從口文聲 : 按此字蓋從口文會意 凡恨惜者 多文之以口 非文聲也 『段注』	吝嗇(인색) 改過不吝(개과불린)
蚊	蚊	1급 虫 총10	모기 문 '蟲+民(민)'으로 본자는 䖟. 사람이나 짐승의 피를 빨아먹는 날아다니는 벌레[蟲] [䖟, 齧人飛蟲 從蟲民聲] 秦晉謂之䖟 楚謂之蚊 『段注』	見蚊拔劍(견문발검)

Ⅱ. 문화 149

✤ 鼓 부

| 鼓 | 鼓 | 3급
鼓
총13 | 북 고, 두드릴 고 '壴+攴'로 손으로 북채를 들고[支] 북[壴]을 두드림[擊鼓也 從攴從壴 壴亦聲] |  甲骨文 金文 | 鼓角(고각) 鼓舞(고무)
鼓手(고수) 鼓膜(고막) |

✤ 龠 부

| 龠 | 龠 | 1급
龠
총17 | 피리 약 '品+侖'으로 황죽(黃竹)으로 만든 고대의 악기. 단소 모양으로 생겼으며 구멍이 3개[品]로 여러 소리를 조화[侖]하는 악기[樂之竹管 三孔 以和衆聲也 從品侖 侖 理也] | | |

✤ 一 부

一	一	8급 一 총1	한 일, 첫째 일, 온통 일 고자는 '弌'. 태초에는 태극뿐이었고, 일(一)에서 도(道)가 성립되고, 천지가 분리되고, 만물이 변화되어 완성됨[惟初太極 道立於一 造分天地 化成萬物 古文. 弌. 數之始也, 物之極也『廣韻』天一地二『易·繫辭』-『康熙』		一級(일급) 一等(일등) 一念(일념) 一色(일색)
壹	壺	3급 士 총12	전일할 일, 통일할 일, 오직 일, 갖은자 하나 일 '壺+豆←吉(길)'로 술이나 약 등을 호리병[壺]에 담음[專壹也 從壺吉聲] 專一也『正韻』又合也 又誠也, 醇也 -『康熙』		壹萬(일만) 壹意(일의) 壹兆(일조)
丁	个	4급 一 총2	고무래 정, 말 박는 소리 정, 벌목 소리 정, 장정 정, 넷째 천간 정 곡식을 모으거나 펴거나, 밭의 흙을 고르는 데나, 아궁이의 재를 긁어내는 데 쓰는 '丁'자 모양의 기구[夏時萬物皆丁實. 象形 丁承丙 象人心]	甲骨文 金文	壯丁(장정) 丁男(정남) 兵丁(병정) 園丁(원정) 丁丁(정정) 丁卯(정묘)
頂	頂	3급 頁 총11	꼭대기 정, 정수리 정, 머리 정 '頁+丁(정)'으로 머리[頁]의 맨 위 꼭대기[顚也 從頁丁聲]		頂上(정상) 頂點(정점) 絶頂(절정) 頂拜(정배)
訂	訂	3급 言 총9	의논할 정, 고칠 정, 바로잡을 정 '言+丁(정)'으로 공평하게 논의[言]하여 잘못을 바로잡음[平議也 從言丁聲] 平議也 : 考工記注. 參訂之而平『段注』		訂正(정정) 訂定(정정) 改訂(개정) 再訂(재정)
汀	汀	2급 水 총5	물가 정, 작은 시내 정, 모래섬 정 '氵+丁(정)'으로 잔잔한 수면[氵]처럼 평평함[平也 從水丁聲] 平也 : 謂水之平也. 水平謂之汀. 因之洲渚之平謂之汀. 李善引文字集略云. 水際平沙也『段注』		汀曲(정곡) 長汀(장정) 江汀(강정)
打	打	5급 手 총5	칠 타, 공 채색 이름 타 '扌+丁(정)'으로 손[扌]으로 어떤 것을 침[擊也 從手丁聲] 按打與撻同義 又白打, 毬采名 -『康熙』		打者(타자) 强打(강타) 亂打(난타) 打開(타개)
貯	貯	5급 貝 총12	쌓을 저 '貝+宁(저)'로 재물[貝]을 집에 쌓아 둠[積也 從貝宁聲] 積也 : 此與宁音義皆同. 今字專用貯矣『段注』		貯金(저금) 貯藏(저장) 貯蓄(저축)

자	전서	급수/부수/총획	훈음 및 설명	용례
寧	寧	3급 宀 총14	차라리 녕, 편안할 녕, 어찌 녕 '丁←丂+盗(녕)'으로 저렇게 하는 것보다 이렇게 하는 것이 나음[丂] [願詞也 從丂盗聲] 願詞也: 其意爲願則其言爲寧 是曰意內言外 盗部曰 盗 安也. 今字多假寧爲盗. 寧行而盗廢矣『段注』	安寧(안녕) 寧日(영일) 寧親(영친) 康寧(강녕)
釘	釘	1급 金 총10	금 불리어 넓힐 정, 창 정, 못 정, 박을 정 '金+丁(정)'으로 황금[金]을 불에 불리어 넓힘[鍊餠黃金 從金丁聲]	押釘(압정) 竹釘(죽정)
町	町	1급 田 총7	밭두둑 정, 밭 지경 정 '田+丁(정)'으로 밭[田]에서 발로 밟고 다닐 수 있는 곳[田踐處曰町 從田丁聲]	町步(정보)
酊	酊	1급 酉 총9	술 취할 정 '酉+丁(정)'으로 술[酉]기운이 온 몸에 퍼져 취함[酩酊也, 從酉丁聲]	酩酊(명정) 酒酊(주정)
三	三	8급 一 총3	석 삼, 셋째 삼 숫자 삼이나 삼재(三才)를 이루는 하늘, 땅, 사람을 일컫는 말[數名. 天地人之道也 從三數] 甲骨文 金文	三綱(삼강) 三顧(삼고) 三面(삼면) 三等(삼등)
參	參	5급 厶 총11	별이름 삼, 갖은자 석 삼, 참여할 참, 참작할 참, 받들 참 '晶+㐱(진)'으로 삼성(參星)과 상성(商星)을 말함. 이 두 별[晶]은 각각 28수(宿)의 하나인데, 동서로 서로 멀리 떨어져 있어 만나기 어려움[又星名. 參爲白虎三星, 直者是爲衡石『前漢·天文志』參三星者, 白虎宿中, 東西直似稱衡也『註』商星也. 本作曑, 從晶㐱聲『說文』『徐曰』其上晶與星同義也. 今文作參 -『康熙』] 金文	參千(삼천) 參拜(참배) 參與(참여) 參考(참고) 參加(참가) 參席(참석) 情狀參酌(정상참작) 曾參殺人(증삼살인)
慘	慘	3급 心 총14	혹독할 참, 근심할 참, 괴로울 참, 쓸쓸할 참 '忄+參(참)'으로 불행한 일로 마음[忄]에 상처를 입음[毒也 從心參聲] 毒也: 毒 害也『段注』	慘死(참사) 慘敗(참패) 慘酷(참혹) 悲慘(비참)
蔘	蔘	2급 艸 총15	인삼 삼, 우뚝할 삼, 쓸쓸할 삼 '艹+參(삼)'으로 薓과 동자. 약초로 뿌리가 사람 모양과 같은 식물[艹+同薓『玉篇』人薓, 藥草『說文』一名神草 一名人銜 一名地精. 年深漸漸長成者 根如人形 故謂之人薓『本草』-『康熙』]	蔘毒(삼독) 乾蔘(건삼) 山蔘(산삼) 紅蔘(홍삼)
滲	滲	1급 水 총14	거를 삼, 샐 삼, 적실 침 '水+參(삼)'으로 물[水]이 아래로 조금씩 새어 나옴[下漉也 從水參聲]	滲透壓(삼투압)
七	七	8급 一 총2	일곱 칠 '切'의 본자. 물건을 둘로 자름[刀] [七爲切의 본자. 表示划物爲二 從中切斷之意『字源字典』] 陽之正也 從一, 微陰從中衺出也『說文』又三七, 藥名 又姓. 明七希賢. 人名 -『康熙』 甲骨文 金文	七星(칠성) 七夕(칠석) 七顚八起(칠전팔기)
切	切	5급 刀 총4	끊을 절, 정성스러울 절, 모두 체 '刀+七(칠)'로 칼[刀]로 물건을 잘게 자름[刌也 從刀七聲]	切斷(절단) 切開(절개) 親切(친절) 一切(일체) 切齒腐心(절치부심)
叱	叱	1급 口 총5	꾸짖을 질 '口+七(칠)'로 성이 나서 큰 소리[口]로 호되게 꾸짖음[訶也 從口七聲] 訶, 大言而怒也 -『段注』	叱責(질책) 叱咤(질타)

Ⅱ. 문화

자	전서	급수/부수/총획	훈음 및 자원	용례
丘	坴	3급 一 총5	언덕 **구** '北+一'로 자연적으로 형성된 지형으로 사방이 높고 가운데가 낮은 작은 산[土之高也, 非人所爲也. 從北從一. 一, 地也, 人居在丘南, 故從北. 中邦之居, 在崐崙東南. 一曰四方高, 中央下爲丘. 象形] 阜也, 高也. 四方高, 中央下曰丘.『正韻』非人爲之曰丘『爾雅·釋丘』又前高後下曰旄丘. 小陵曰丘『博雅』–『康熙』 甲骨文 金文	丘陵(구릉) 丘墓(구묘) 比丘(비구) 砂丘(사구) 首丘初心(수구초심)
邱	𨜏	2급 邑 총8	땅 이름 **구** '邑+丘(구)'로 땅[阝] 이름[地名 從邑丘聲] 今制, 諱孔子名之字曰邱『段注』	靑邱(청구) 大邱(대구 : 광역시의 하나)
不	不	7급 一 총4	아닐 **부/불** 새가 하늘[一]로 날아올라 내려오지 않음[鳥飛上翔 不下來也 從一 一猶天也 象形] ※본자는 '胚'자로 보기도 함. 지면[一] 아래에서 종자가 배아(胚芽)되어 뿌리가 자람[甲骨文的不字 上面的一橫表示地面 下面的須狀曲線表示種子萌發時首先向地下生長的胚根『字源字典』] 甲骨文 金文	不斷(부단) 不進(부진) 不定(부정) 不變(불변) 不惑(불혹) 不朽(불후) 不服(불복) 不應(불응)
否	否	4급 口 총7	아닐 **부**, 나쁠 **비** '口+不'로 자기의 생각이 그렇지 않음[不]을 말[口]로 표현함[不也 從口從不『注』徐鍇曰 : 不可之意見於言, 故從口]	否決(부결) 否認(부인) 否定(부정) 否運(비운) 否掛(비괘) 否塞(비색)
歪	歪	2급 止 총9	왜곡할 **왜/외**, 삐뚤 **왜/외** '不+正'에서 사실과 다르게 해석하거나 그릇되게 하여 바르지[正] 아니함[不] [俗合不正二字 改作歪『正字通』–『康熙』]	歪曲(왜곡)
杯	桮	3급 木 총8	잔 **배**, 술잔 **배** '木+不(불)'로 나무[木]로 만든 술그릇[古文. 作桮 俗作柸 通作杯. 飮酒器『說文』又盛羹器 –『康熙』]	乾杯(건배) 祝杯(축배) 金杯(금배) 銀杯(은배)
世	世	7급 一 총5	세대 **세**, 세상 **세** '止+三'으로 30년을 1세(世)라 함[三十年爲一世 從卅而曳長之 亦取其聲也] 金文	世系(세계) 世代(세대) 世界(세계) 世襲(세습) 世態(세태)
貰	貰	2급 貝 총12	세낼 **세** '貝+世(세)'로 돈[貝]을 받고 빌려줌[貸也 從貝世聲『說文』賒也『廣雅』–『康熙』]	貰貸(세대) 貰酒(세주) 傳貰(전세) 家貰(가세)
泄	泄	1급 水 총8	강 이름 **예**, 샐 **설**, 넘칠 **설** '水+世(세)'로 박안현(博安縣)에서 출원하여 작피(芍陂)를 지나 회수(淮水)로 들어가는 강[水] [水. 受九江博安洵波, 北入氏. 從水世聲]	泄瀉(설사) 漏泄(누설)
丕	丕	2급 一 총5	클 **비** '一+不(불)'로 크기 면에서 첫째[一]이므로, 견줄 것이 없음[大也 從一不聲]	丕圖(비도) 丕揚(비양) 丕烈(비열) 丕訓(비훈) 丕休(비휴)
胚	胚	1급 肉 총9	아이 밸 **배**, 시초 **배** '肉+丕(비)'로 임신 후 1개월쯤 태아[肉]가 처음 형성됨[婦孕一月也, 或從女作妚『集韻』胚胎未成, 亦物之始也『爾雅·釋詁胎始也註』–『康熙』]	胚芽(배아) 胚胎(배태)

漢字	例	級/部/劃	뜻/풀이	용례
丙	丙	3급 一 총5	세 번째 천간 병 '一+入+冂'으로 남쪽 방위의 세 번째 천간명(天干名)[位南方 萬物成炳然 陰氣初起 陽氣將虧 從一入冂. 一者, 陽也 『注』徐鍇曰：陽功成, 入於冂. 冂, 門也, 天地陰陽之門也] 甲骨文 金文	丙夜(병야) 丙子胡亂(병자호란)
炳	炳	2급 火 총9	밝을 병 '火+丙(병)'으로 불빛[火]으로 비추어 밝음[明也 從火丙聲 『說文』明著也 『玉篇』大人虎變, 其文炳也 『易·革卦』- 『康熙』]	炳映(병영) 趙炳玉(조병옥 : 정치가)
昞	昞	2급 日 총9	밝을 병 '日+丙(병)'으로 해[日]가 떠 밝음[與炳同 亮也 『集韻』明也 『博雅』- 『康熙』] 昞亦作昺 『廣韻』- 『康熙』	
柄	柄	2급 木 총9	자루 병, 권력 병, 북두자루 병 '木+丙(병)'으로 나무[木]로 만든 도끼자루[柯也 從木丙聲 柯也：柄之本義專謂斧柄. 引伸爲凡柄之偁 『段注』	斗柄(두병) 權柄(권병) 柄臣(병신) 柄用(병용)
陋	陋	1급 阜 총9	좁을 루, 추할 루, 거칠 루, 견문이 좁을 루 '阜+㔷(루)'로 장소가 비좁고 막힌 작은 언덕[阜] [阨陜也 『說文』在陋巷 『論語』隘陋之巷 『疏』又醜猥也 『玉篇』又隱小也 『玉篇』- 『康熙』]	固陋(고루) 陋醜(누추)
上	上	7급 一 총3	위 상, 올릴 상, 오를 상 물건이 일정한 기준선[一]의 위[丶] 높은 곳에 있음[高也 指事也] 下面的'一'表示位置的界線, 線上一短橫表示在上面的意思. 本義：高處；上面 - 『漢典』 甲骨文 金文	上流(상류) 上達(상달) 上訴(상소) 上陸(상륙) 上京(상경) 上昇(상승)
下	下	7급 一 총3	아래 하, 내릴 하 물건이 일정한 기준선[一]의 아래[丶]에 있음을 뜻함[底也 『說文』後也 又賤也 『玉篇』- 『康熙』] 甲骨文 金文	下向(하향) 下端(하단) 下降(하강) 下車(하차)
丈	丈	3급 一 총3	열 자 장, 어른 장 '又+十'으로 손[又]으로 10자 되는 지팡이[十]를 잡고 있음[十尺也 從又持十] 十尺也 從又持十：夫部曰周制八寸爲尺. 十尺爲丈. 人長八尺. 故曰丈夫 『段注』/ 丈借爲扶行之杖 『正譌』老人持杖, 故曰丈人. 別作杖, 通 - 『康熙』	丈母(장모) 丈人(장인) 丈夫(장부) 丈尺(장척)
仗	仗	1급 人 총5	병장기 장, 의장 장, 의지할 장, 지팡이 장 '人+丈(장)'으로 사람[人]이 의지하는 지팡이 또는 병기의 총칭[劍戟總名 唐制, 殿下兵衛曰仗 『正韻』履危行險 無忘玄仗 『淮南子·原道訓』玄仗, 道也 又憑倚也 『註』- 『康熙』]	儀仗(의장) 儀仗隊(의장대)
杖	杖	1급 木 총7	가질 장, 지팡이 장, 짚을 장 '木+丈(장)'으로 보행을 도우려고 짚는 막대기[木]를 가짐[持也 從木丈聲]	竹杖(죽장) 棍杖(곤장)
丑	丑	3급 一 총4	수갑 축, 둘째 지지 축, 소 축, 사람 이름 추 손가락을 묶어 놓은 모양. 丑은 계절로는 12월, 시간으로는 밤 1시~3시이므로 활동하기 어려움[紐也 十二月 萬物動 用事 象手之形 手械也. 從又, 手也, 有物以繫之. 象形. 因聲借爲子丑字, 十二月之象也 『六書正譌』- 『康熙』 甲骨文 金文	乙丑(을축) 丁丑(정축) 丑時(축시)

한자	전서	부수/획수	훈음 및 설명	용례
紐	紐	1급 糸 총10	맬 **뉴**, 끈 **뉴**, 상투 맬 **뉴** '糸+丑(축)'으로 끈[糸]으로 물건을 매었다가 풀 수 있도록 함[系也 一曰結而可解 從糸丑聲] 一曰結而可解 : 結者 締也. 締者, 結不解也. 其可解者曰紐『段注』	紐帶(유대) 革紐(혁뉴)
承	丞	1급 一 총6	받들 **승**, 도울 **승**, 벼슬 이름 **승** '廾+卩+山'으로 '承'과 통용. 높은 산[山]을 두 손으로 받들듯이[廾] 함[翊也 從廾從卩從山 山高 奉承之義 翊也 : 翊當作翼. 俗書以翊爲翼. 翼猶輔也. 從廾從卩從山 : 四字當作從㕛二字. 山部曰, 高山之節『段注』/ 繼也『玉篇』佐也『廣韻』副貳也『正韻』又與承通 —『康熙』]	政丞(정승) 三政丞(삼정승)
且	且	3급 一 총5	도마 **조**, 또 **차**, 구차할 **차**, 수두룩할 **저** '俎'와 통용. 희생을 올리는 도구 모양[所以薦也 從几 足有二橫 一其下地也] 且, 古音俎. 所以承藉進物者. 引申之, 凡有藉之罿皆曰且. 凡語助云且者, 必其義有二. 有藉而加之也. 云婷且, 苟且者, 謂僅有藉而無所加. 粗略之罿也『段注』/ 古文. 且几. 又通作俎. 薦牲具. 祭祀燕饗用之 —『康熙』]	苟且(구차) 重且大(중차대) 且問且答(차문차답)
助	助	4급 力 총7	도울 **조** '力+且(조)'로 손으로 서로 힘써[力] 도움[佐也 從力且聲] 左也 左今之佐字 左下曰 手相左助也 二篆爲轉注. 右下曰 手口相助也 易傳曰 右者 助也 按左右皆爲助 左者 以ナ助又. 右者, 以手助口『段注』	助力(조력) 助言(조언) 救助(구조) 補助(보조)
査	査	5급 木 총9	뗏목 **사**, 고찰할 **사**, 사실할 **사**, 조사할 **사**, 사돈 **사** '木+且(차/조)'로 나무[木]를 엇비슷하게 잘라 만든 뗏목[古同 查『宋本廣韻』—『漢典』] 查 : 楂同樝『集韻』水中浮木『廣韻』又考察也 又與俎同, 註見俎. 又查下, 地名『正字通』—『康熙』	內査(내사) 審査(심사) 調査(조사) 探査(탐사)
祖	祖	7급 示 총10	시조 사당 **조**, 사당 **조**, 시조 **조**, 조상 **조**, 할아버지 **조** '示+且(조)'로 시조의 사당에 제물을 쌓아놓고 제사[示]를 지냄[始廟也 從示且聲] 始廟也 : 始兼兩義. 新廟爲始 遠廟亦爲始 故祔祧皆曰祖也 釋詁曰 祖 始也『段注』	祖上(조상) 祖父(조부) 祖國(조국) 祖母(조모)
沮	沮	2급 水 총8	강 이름 **저**, 막을 **저**, 그칠 **저** 'ㅣ+且(조)'로 강[ㅣ] 이름[水 出漢中房陵 東入江 從水且聲]	沮止(저지) 沮害(저해)
組	組	4급 糸 총11	끈 **조**, 인끈 **조**, 짤 **조**, 물건을 매는 끈 **조** '糸+且(조)'로 주머니를 매달아 차는 인끈, 갓을 매는 작은 끈[糸] 등[綬屬也 其小者以爲冠纓 從糸且聲] 綬屬也 : 屬當作織 淺人所改也. 組可以爲綬 組非綬類也 綬織猶冠織 織成之幘梁謂之纚 織成之綬材謂之組. 詩曰執轡如組 傳曰 組, 織組也『段注』	組成(조성) 組織(조직) 組閣(조각) 組版(조판)
租	租	3급 禾 총10	세금 **조**, 구실 **조** '禾+且(조)'로 가을에 벼[禾]를 거두어 그 수확량에 따라 국가에 세금을 냄[田賦也 從禾且聲] 且, 古祖字田賦用以宗廟, 故從且『長箋』賜天下民田租之半『史記·孝文紀』又凡稅皆曰租 又積也『廣韻』又田中禾稽也『六書故』—『康熙』	租稅(조세) 賦租(부조) 十一租(십일조)

粗 粗	1급 / 米 / 총11	추할 조, 거칠 조, 클 조, 대강 조 '米+且(조)'에서 현미 쌀[米]은 백미에 비해 곱지 않음[疏也 從米且聲] 疏也：大雅 彼疏斯粺 箋云疏, 麤. 謂糲米也. 麤卽粗. 正與許書互相證. 疏者, 通也 引伸之猶大也 故粗米曰疏 糲米與粺米校 則糲爲粗 稷與黍稻粱校 則稷爲粗『段注』 ※본음은 추.	粗鋼(조강) 粗雜(조잡) 粗惡(조악) 粗製(조제) 粗衣惡食(조의악식)
咀 咀	1급 / 口 / 총8	맛볼 저, 씹을 저 '口+且(조)'로 음식 따위를 입[口]에 넣고 이로 잘게 부수며 맛을 봄[含味也 從口且聲] 含味也：含而味之 凡湯酒膏藥 舊方皆云㕮咀 廣韻九麌云 㕮咀, 嚼也. 按㕮卽咀字『段注』	咀嚼(저작) 咀呪(저주)
狙 狙	1급 / 犬 / 총8	긴팔원숭이 저, 엿볼 저, 교활할 저 '犬+且(조)'로 원숭이 종류로 간사하고 꾀가 많은 동물[犬] [玃屬 從犬且聲 一曰犬暫齧人者 一曰犬不齧人者] 玃屬：莊子狙公賦芧. 司馬彪云 狙 一名獮猱 似猨而狗頭 喜與雌猨交. 崔譔, 向秀謂之獮狙『段注』 ※본음은 처.	狙公(저공) 狙擊(저격)
詛 詛	1급 / 言 / 총12	저주할 저, 헐뜯을 저, 맹세할 저 '言+且(조)'로 원한을 품은 사람에게 화(禍)가 내리기를 신에게 빎[言] [詶也 從言且聲] 咒詛『廣韻』厥口詛, 祝『書·無逸』詛祝, 謂告神明, 令加殃咎也. 以言告神謂之祝. 請神加殃謂之詛『疏』 – 『康熙』	詛呪(저주)
阻 阻	1급 / 阜 / 총8	험할 조 '阜+且(조)'로 형세가 험하고 가파른 언덕[阜] [險也 從阜且聲] 險也. 從𨸏且聲：大射儀. 且左還毋周. 注曰古文且爲阻. 堯典古文. 黎民阻飢. 鄭注云. 阻讀曰阻. 是皆古文叚借字也『段注』	積阻(적조) 阻險(조험)

❁ 二 부

二 二	8급 / 二 / 총2	두 이 고자는 '弍'. 하늘에 짝한 땅의 수의 시작으로, 나누어 둘이 됨[地之數也 從耦一] 古文. 二. 音膩 甲骨文 金文 地數之始, 卽偶之兩畫而變之也『正韻』分而爲二, 以象兩『易·繫辭』 – 『康熙』	二等(이등) 二世(이세) 唯一無二(유일무이)
貳 貳	3급 / 貝 / 총12	둘 이, 버금 이, 두 마음 이, 배반할 이, 거듭 이, 도울 이 '貝+弍(이)'로 서열이나 차례, 재물[貝] 등에서 으뜸의 그 다음[弍] [副, 益也 從貝弍聲 弍 古文二] 副益也：當云副益也. 益也. 周禮注. 副, 貳也. 說詳刀部. 從貝弍聲. 形聲包會意『段注』	貳萬(이만) 貳心(이심) 貳車(이거) 懷貳(회이)
均 均	4급 / 土 / 총7	두루 균, 고를 균, 평평할 균 '土+勻(균)'으로 토지[土]를 두루 공평하게[勻] 분배함[平徧也 從土勻 勻亦聲] 勻 亦兼表字義 合起來指土地分配均平 本義：均勻；公平 – 『漢典』 金文	均一(균일) 均等(균등) 均割(균할) 均衡(균형)
五 五	8급 / 二 / 총4	다섯 오 '二+乂'로 천지 음양[二]의 사이에 오행이 엇갈림[乂] [五行也 從二, 陰陽天地間交午也. 乂, 古文五省] ※交午, 縱橫交錯 – 『漢典』 甲骨文 金文	五感(오감) 五倫(오륜) 五穀(오곡) 五慾(오욕)

伍 伍	1급 人 총6	섞일 오, 다섯 사람 오, 다섯 집 오, 항오 오 '人+五(오)'로 사람들[人]이 삼삼오오(三三五五) 무리지어 섞여 있음[相參伍也 從人從五] 相參伍也 : 參 三也 伍 五也 周禮曰五人爲伍 凡言參伍者 皆謂錯綜以求之 五 亦聲也『段注』	隊伍(대오) 落伍(낙오) 行伍(항오) 與噲等伍(여쾌등오)
亞 亞	3급 二 총8	곱사등이 아, 버금 아, 무리 아, 아시아 아 보기에 좋지 않은 곱사등 모양[醜也 象人局背之形 賈侍中說 以爲次弟也] 亞, 噁, 惡本一字『字彙』亞, 次也『爾雅·釋詁』-『康熙』	亞流(아류) 亞聖(아성) 亞獻(아헌) 亞熱帶(아열대)
惡 惡	5급 心 총12	싫어할 오, 악할 악 '心+亞(아)'로 사람에게 잘못이 있는 것을 '악(惡)'이라 하고, 잘못이 있으면 사람들이 그를 마음속[心]으로 미워하는 것도 '악(惡)'이라 함[過也 從心亞聲] 過也 : 人有過曰惡 有過而人憎之亦曰惡 本無去入之別 後人強分之 從心 亞聲『段注』	惡談(악담) 惡德(악덕) 惡毒(악독) 醜惡(추악) 惡寒(오한) 憎惡(증오)
啞 啞	1급 口 총11	웃음소리 액, 놀라는 소리 아, 벙어리 아 '口+亞(아)'로 기뻐 웃을 때 내는 소리[口] [笑也 從口亞聲『易』曰:笑言啞啞] 笑也 : 馬融曰啞啞, 笑聲. 鄭云. 樂也『段注』	聾啞(농아) 盲啞(맹아)
堊 堊	1급 土 총11	백토 악 '土+亞(아)'로 흰 흙[土]으로 벽을 바름[白涂也 從土亞聲] 白涂也 : 以白物涂之也 周禮曰 其祧則守祧幽堊之 注云 幽讀爲黝 黝 黑也 堊 白也. 爾雅曰地謂之黝 牆謂之堊. 郭云 黑飾地, 白飾牆也 釋名曰堊, 亞也. 亞, 次也. 先泥之 次以白灰飾之也. 按謂涂白爲堊 因謂白土爲堊 古用蜃灰『段注』	白堊館(백악관) 白堊紀(백악기)
于 于	3급 二 총3	어조사 우 '一+丂'로 본자는 '亏'. 기(氣)가 나와 고르게 퍼지는 모양[亏, 於也. 象气之舒于 從丂從一 一者 其气平也] 于, 曰也『爾雅·釋詁』又往也. 王于出征『詩·小雅』又行貌 -『康熙』	于今(우금) 于歸(우귀)
宇 宇	3급 宀 총6	집 우 '宀+于(우)'로 집[宀]의 네 모퉁이와 처마의 큰 공간. 또는 우주의 상하사방(上下四方)[屋邊也 從宀于聲『易』曰 上棟下宇. 㝢, 籒文宇從禹.『注』㝢, 古文] 屋邊也 : 陸德明曰屋四垂爲宇. 高誘注淮南曰宇, 屋簷也. 宇者, 言其邊. 故引伸之義又爲大. 文子及三蒼云. 上下四方謂之宇. 往古來今謂之宙. 上下四方者, 大之所際也『段注』	宇宙(우주) 屋宇(옥우) 宇內(우내)
迂 迂	1급 辵 총7	피할 우, 굽을 우, 멀 우 '辵+于(우)'로 길이 멀고 굽어 가기를[辵] 회피함[避也 從辵于聲] 避也 : 迂曲回避. 其義一也『段注』	迂路(우로) 迂廻(우회)
井 井	3급 二 총4	우물 정, 저자 정 우물의 가로나무[=]와 세로나무[‖] [八家爲一井 象構韓形] 風俗通曰古者二十畝爲一井. 因爲市交易. 故稱市井『段注』 ※韓 : 우물 위에 나무로 짜 얹은 틀[木欄].	井田法(정전법) 井華水(정화수) 井間紙(정간지)
穽 穽	1급 穴 총9	함정 정 '穴+井(정)'으로 짐승을 잡으려고 파 놓은 구덩이[穴] [陷也, 所以取獸者 一曰穿地陷獸也『說文』 杜乃擭 敛乃穽『書·費誓』穽以捕小獸 穿地爲深坑 入不能出 其上不設機 小異于擭『疏』-『康熙』] 阱或從穴 中庸音義曰 阱本作穽 同『段注』	陷穽(함정)

字	篆	級/部首/총획	訓音 및 해설	甲骨文/金文	예시
云	云	3급 / 二 / 총4	구름 운, 이를 운, 말할 운 강과 산 위에 움직이는 기운 모양[山川氣也 象回轉形 後人加雨作雲 而以云爲云曰之云] 古文省雨 古文上無雨 非省也 二蓋上字 象自下回轉而上也『段注』	甲骨文	云云(운운) 云謂(운위)
魂	魂	3급 / 鬼 / 총14	정신 혼, 넋 혼, 영혼 혼 '鬼+云(운)'으로 인간 정신의 양기(陽氣)의 영[鬼] [陽氣也 從鬼云聲 人生始化爲魄 旣生魄 陽曰魂『左傳·昭七年』 魂魄 神靈之名 附形之靈爲魄 附氣之神爲魂也『疏』 魄問於魂『淮南子·說山訓』魄, 人陰神. 魂, 人陽神『註』- 『康熙』]		魂靈(혼령) 招魂(초혼) 忠魂(충혼) 魂魄(혼백)
芸	芸	2급 / 艸 / 총8	향초 이름 운 '艸+云(운)'으로 '목숙(苜蓿)'과 비슷한 풀로, 죽은 사람도 다시 살릴 수 있다는 약초[艸] [艸也 似目宿 從艸云聲『淮南子』說 : 芸艸 可以死復生] ※藝의 약자로 쓰임.		芸香(운향)
耘	耘	1급 / 耒 / 총10	김맬 운, 없앨 운 '耒+云(운)'으로 농기구[耒]로 논밭의 잡초를 제거함[除田閒穢也 本作耨 今文作耘『說文』除也『博雅』今適南畝 或耘或耔『詩·小雅』耘, 除草也『傳』- 『康熙』]		耕耘機(경운기) 耕耘船(경운선)
互	笒	3급 / 二 / 총4	실 감는 얼레 호, 고기 걸이 호, 서로 호 '笒'의 원자. 실을 감거나 꼬는 기구 모양[笒 : 可以收繩者也 從竹 象形 中象人手所推握也 互, 笒或省 或字當作古文二字 故柢以爲聲 唐玄度云笒古文互『說文解字注』/ 一種絞繩的器具『字源字典』]		互惠(호혜) 互先(호선) 互選(호선) 互生(호생)
亙	回	1급 / 二 / 총6	구할 선, 굳셀 환(=桓), 뻗칠 긍(=恆) '二+回'로 위아래[二]로 돌며[回] 물건을 구함[求亙也 從二從回 回 古文回 象画回形 上下所求物也]		亙萬古(긍만고) 棉亙(면긍) 延亙(연긍)
恒	恆硘	3급 / 心 / 총9	뻗칠 긍, 두루 미칠 긍, 항상 항, 떳떳할 항 '心+月+二'로 마음[心]대로 배[舟]를 타고 위아래[二]를 왕래함[俗恆字『字彙』-『康熙』 恆 : 常也 從心舟, 在二之閒上下. 心以舟施. 恆也] 上下猶往復也『段注』		恒久(항구) 恒常(항상) 恒心(항심)
桓	桓	2급 / 木 / 총10	푯말 환, 머뭇거릴 환, 굳셀 환 '木+亙(긍)'으로 옛날 역참(驛站)의 표지로 세워 놓은 큰 나무[木] [亭郵表也 從木亙聲] 『徐』曰表雙立爲桓. 漢法, 亭表四角建大木, 貫以方板, 名曰桓表, 縣所治兩邊各一 - 『康熙』		桓因(환인) 桓雄(환웅 : 단군의 아버지)

八 부

字	篆	級/部首/총획	訓音 및 해설	甲骨文/金文	예시
八	八	8급 / 八 / 총2	여덟 팔, 나눌 팔 물체가 나누어져 서로 등져 있는 모양[別也 象分別相背之形]	甲骨文 金文	八景(팔경) 八達(팔달) 八卦(팔괘) 八字(팔자)
公	公	6급 / 八 / 총4	공평할 공, 관청 공, 경칭 공, 귀인 공 '八+厶'로 사적(私的)인[厶] 것을 버리고[八] 공평하게 처리함[平分也 從八從厶 八猶背也 『韓非』曰 : 背厶爲公]	甲骨文 金文	公平(공평) 公共(공공) 公益(공익) 公衆(공중) 官公署(관공서)

字	篆	級/部/총	해설	用例
松	松	4급 / 木 / 총8	**소나무 송** '木+公(공)'으로 겨울의 추위에도 잘 견디는 소나무[木] [松木也 從木公聲. 寀, 松或從容. 〔注〕枀, 同松] 金文	松林(송림) 松竹(송죽) 松柏(송백) 松蟲(송충)
訟	訟	3급 / 言 / 총11	**송사할 송** '言+公(공)'으로 백성끼리 분쟁이 있을 때, 관부에 호소[言]하여 판결을 구하던 일[爭也 從言公聲 曰：謂訟 諝 古文訟］ 爭也：公言之也. 漢書呂后紀. 未敢訟言誅之. 鄧展曰 訟言, 公言也. 從言公聲. 此形聲包會意『段注』	訟事(송사) 訴訟(소송) 爭訟(쟁송)
頌	頌	4급 / 頁 / 총13	**칭송할 송** '頁+公(공)'으로 어떤 사람[頁]의 공덕을 일컬어 기림 [貌也 從頁公聲] 稱述也『正韻』稱爲成功謂之頌『釋名』又頌, 容也. 敍說其成功之形容也.『徐』曰：此容儀字. 歌誦者, 美盛德之形容, 故通作頌『韻會』-『康熙』	頌祝(송축) 頌德(송덕) 頌歌(송가) 頌辭(송사)
翁	翁	3급 / 羽 / 총10	**새 목털 옹, 늙은이 옹, 할아버지 옹** '羽+公(공)'으로 검은 무늬에 붉은색 새 목털[頸毛也 從羽公聲] 頸毛也：山海經. 天帝之山有鳥 黑文而赤翁『段注』	塞翁(새옹) 漁翁(어옹) 村翁(촌옹) 醉翁(취옹)
六	六	8급 / 八 / 총4	**여섯 륙** '入+八'로 역(易)의 수에서 '六'은 음의 변수이고, '八'은 음의 정수. 음변(陰變)의 도(道)를 행하여 만물로 하여금 각각 성명(性命)을 바르게 함[易之數 陰變于六 正于八 從入八『說文』數也『玉篇』 三兩爲六 老陰數也『增韻』-『康熙』] 易之數. 陰變於六, 正於八：此謂六爲陰之變. 八爲陰之正也『段注』 ※行陰變之道 使萬物各正性命『易象講義』 甲骨文 金文	六禮(육례) 六藝(육예) 六旬(육순) 六月(유월) 五六島(오륙도)
兮	兮	3급 / 八 / 총4	**말 멈출 혜, 어조사 혜** '丂+八'로 잠깐 그칠[丂] 때 나오는 소리 [八] [語所稽也 從丂八. 象气越亏也] 語所稽也：稽部曰畱止也. 語於此少駐也. 從丂八. 象气越亏也：越亏皆揚也. 八象气分而揚也『段注』	樂兮(낙혜) 實兮歌(실혜가) 禍兮福之所倚(화혜복지소의)
謚	謚	1급 / 言 / 총16	**시호 시** '言+兮+皿'으로 원자는 '謚'. '言+益(익)'으로 생전의 공덕에 대한 행적을 임금이 추증(追贈)하여 말함[言] [行之迹也 從言兮皿. 闕. 徐鍇曰：兮, 聲也] 按各本作從言兮皿闕 此後人妄改也 攷玄應書引說文 謚 行之迹也 從言益聲『段注』	謚號(시호) 贈謚(증시) 賜謚(사시) 淸謚(청시) 東國謚號考(동국시호고)
具	具	5급 / 八 / 총8	**같이 둘 구, 갖출 구, 함께 구, 그릇 구** '目←貝+廾'으로 재화[貝]를 두 손[廾]으로 마련하여 같이 둠[共置也 從廾 從貝省 古以貝爲貨] 共置也：共供古今字. 當從人部作供『段注』 金文	具備(구비) 具色(구색) 具現(구현) 家具(가구)
俱	俱	3급 / 人 / 총10	**다 구, 함께 구, 갖출 구** '亻+具(구)'로 쓰임에 따라 여러 가지를 미리 골고루 준비한 사람[亻] [皆也 從人具聲『說文』皆也『韻會』 父母俱存『孟子』又偕 也. 其也 -『康熙』]	俱全(구전) 俱存(구존)
共	共	6급 / 八 / 총6	**함께 공, 한 가지 공** '廿+廾'으로 이십[廿] 명이 두 손을 모아[廾] 같이 행동함[同也 從廿廾. 𠔏, 古文共] 同也 從廿廾：廿, 二十幷. 二十人皆竦手是爲同也『段注』 金文	共感(공감) 共鳴(공명) 共犯(공범) 共著(공저)

한자	전서	급수/부수/총획	훈음 및 설명	용례
供	(전서)	3급 / 人 / 총8	이바지할 공, 바칠 공 'イ+共(공)'으로 마음과 몸을 아낌없이 바치는 사람[イ] [設也 從人共聲] 設也 : 設者, 施陳也. 釋詁. 供, 峙, 共, 具也『段注』	供給(공급) 供物(공물) 供養(공양) 提供(제공)
巷	(전서)	3급 / 己 / 총9	거리 항 '巳←邑+共(공)'으로 마을[巳←邑] 안에 사람들이 함께 사용하는 길[里中道也 從邑共 言在邑中所共 共亦聲]	巷間(항간) 巷說(항설) 街巷(가항)
洪	(전서)	3급 / 水 / 총9	홍수 홍, 큰물 홍, 넓을 홍 'シ+共(공)'으로 물[シ]이 많아짐으로 인해 하천이 범람하여 주변 지역에 피해를 입히는 재해[洚水也 從水共聲] 洚水也 : 釋詁曰洪, 大也. 引伸之義也『段注』	洪水(홍수) 洪福(홍복) 洪圖(홍도)
恭	(전서)	3급 / 心 / 총10	공경할 공, 공손할 공 '心+共(공)'으로 엄숙히 공경하는 마음[忄]으로 맡은 일에 임함[肅也 從心共聲]	恭順(공순) 恭遜(공손) 恭賀(공하) 溫恭(온공)
港	(전서)	4급 / 水 / 총12	항구 항, 뱃길 항 'シ+巷(항)'으로 강물[シ]이 흐르는 지류(支流)에 배가 다닐 수 있는 길[水派也 從水巷聲]	港口(항구) 港灣(항만) 軍港(군항) 空港(공항)
拱	(전서)	1급 / 手 / 총9	두 손 맞잡을 공 '手+共(공)'으로 손과 손[手]을 서로 맞잡음[斂手也 從手共聲]	拱手(공수) 拱木(공목)
哄	(전서)	1급 / 口 / 총9	시끄러울 홍 '口+共(공)'으로 떠들썩하게 여럿이 지껄이는 소리[口] [唱聲『廣韻』本作吽, 衆聲『集韻』『類篇』本作叿 詳叿字註『集韻』又聲也 或作咴『集韻』-『康熙』]	哄笑(홍소) 哄然大笑(홍연대소)
典	甲骨文 金文	5급 / 八 / 총8	경서 전, 법 전, 책 전 '冊+丌'로 책[冊]이 탁자 위[丌]에 있는 모양[五帝之書也 冊在丌上 尊閣之也 莊都說 典 大冊也]	典禮(전례) 典範(전범) 辭典(사전) 典籍(전적)
其	甲骨文 金文	3급 / 八 / 총8	그 기 대로 만든 키 모양[籒文箕『段注』箕, 所以簸者也 從竹𠀠象形 指物之辭『韻會』其旨遠 其辭文『易·繫辭』其干于今『詩·大雅』又助語辭 -『康熙』]	其他(기타) 其實(기실) 其間(기간)
基	甲骨文 金文	5급 / 土 / 총11	비롯할 기, 터 기, 자리 잡을 기 '土+其(기)'로 담장을 쌓기 위해 땅[土]을 처음 다진 터[牆始也 從土其聲.『注』丕, 古文]	基礎(기초) 基盤(기반) 基準(기준) 國基(국기)
期	金文	5급 / 月 / 총12	모을 기, 때 기, 기간 기, 기약할 기 '月+其(기)'로, 본자는 '稘. 지나간 매 달[月]을 모으니 원달로 돌아온 그 때, 즉 한 돌이 됨[會也 從月其聲. 會也 : 會者, 合也. 期者, 要約之意. 所以爲會合也. 叚借爲期年, 期月字. 其本字作稘. 期行而稘廢矣『段注』稘 : 復其時也. 從禾其聲.『虞書』曰 : 稘三百有六旬『說文』言帀也. 十二月帀爲期年. 中庸一月帀爲期月. 左傳旦至旦亦爲期『段注』	末期(말기) 期間(기간) 期約(기약) 期限(기한) 期年(기년)
箕	(전서)	2급 / 竹 / 총14	키 기 '竹+𠀠'로 대나무[竹]를 엮어 만든 곡식 따위를 까부르고 고르는 기구 모양[所以簸者也 從竹象形 其丌也]	箕子(기자 : 기자조선의 시조)
琪	(전서)	2급 / 玉 / 총12	아름다운 옥 기 '玉+其(기)'로 아름다운 옥(玉) 이름[玉也『廣韻』玉屬『集韻』東方之美者 有醫無閭之珣玗琪焉『爾雅·釋地』玉屬 又玗琪, 樹名『註』-『康熙』]	金相琪(김상기 : 언론인)

漢字	篆文	級수/부수/총획	訓音 및 풀이	例語
淇	潧	2급 水 총11	물 이름 기 '氵+其(기)'로 황하(黃河)의 지류인 강물[氵] 이름[水出河內共北山, 東入河 或曰出隆慮西山 從水其聲]	淇水(기수 : 중국 하남성의 강 이름)
棋	棊	2급 木 총12	바둑 기 '木+其(기)'로 가로 세로 각각 19줄로 그어진 나무[木]판 위에서 하는 놀이[博棊 從木其聲] 簿棊 竹部曰 簿 局戲也『段注』※ 碁와 같은 글자.	棋士(기사) 棋院(기원) 速棋(속기) 棋聖(기성)
麒	麟	2급 鹿 총19	기린 기 '鹿+其(기)'로 성인이 이 세상에 나올 징조로 나타난다고 하는 전설상의 짐승. 몸은 사슴[鹿], 꼬리는 소, 뿔은 하나인 동물 [仁獸也 麋身牛尾 一角 從鹿其聲]	麒麟(기린)
騏	騏	2급 馬 총18	검푸른 말 기, 청흑색 말 기, 천리마 기, 준마 기 '馬+其(기)'로 바둑판과 같은 무늬가 있는 검푸른 매우 날렵하고 뛰어난 말[馬] [馬青驪 文如博棊 從馬其聲]	騏驎(기린)
朞	朞	1급 月 총12	돌 기, 두루 할 기 '月+其(기)'로 달[月]이 지구를 돌고 지구가 태양을 한 바퀴 돈 1주기[稘, 或作朞 復其時也『集韻』朞三百有六旬有六日『書·堯典』四時曰朞『傳』匝時而朞, 朞卽匝也『疏』亦作期『集韻』-『康熙』	朞年(기년) 朞年祭(기년제)
兼	兼	3급 八 총10	두 이삭 가질 겸, 겸할 겸, 아우를 겸 '秝+又'로 벼 두 개[秝]를 손[又]으로 잡음[并也 從又持秝 兼持二禾 秉持一禾] ※秝:稀疏適秝也(벼를 심은 간격이 알맞고 균일함) 金文	兼務(겸무) 兼業(겸업) 兼用(겸용) 兼職(겸직)
謙	謙	3급 言 총17	공경할 겸, 겸손할 겸 '言+兼(겸)'으로 삼가 공손히 남을 섬기거나 예를 차려 높이는 태도나 말[言] [敬也 從言兼聲]	謙辭(겸사) 謙遜(겸손) 謙讓(겸양) 謙虛(겸허)
嫌	嫌	2급 女 총13	불만스러울 혐, 싫어할 혐, 의심할 혐 '女+兼(겸)'으로 마음에 들지 아니하여 못마땅하게 생각하는 사람[女] [不平於心也 一曰疑也 從女兼聲]	嫌惡(혐오) 嫌疑(혐의) 嫌氣性(혐기성)
秉	秉	2급 禾 총8	잡을 병, 벼 묶을 병, 자루 병, 성 병 '禾+又'로 하나의 벼[禾]를 손[又]으로 잡음[禾束也 從又持禾] 禾束也 : 小雅. 彼有遺秉. 毛云. 秉, 把也. 聘禮記四秉曰筥注. 此秉謂刈禾盈手之秉也. 左傳. 或取一秉秆焉『段注』 甲骨文 金文	秉權(병권) 秉燭(병촉) 秉心(병심)

十 부

漢字	篆文	級수/부수/총획	訓音 및 풀이	例語
十	十	8급 十 총2	열 십 '一+丨'으로 동서(東西)[一]와 남북(南北)[丨]이 합쳐진 것으로 사방과 중앙이 모두 갖춰진 수[數之具也 一爲東西 丨爲南北 則四方中央備矣] ※갑골문에서는 세로 선[丨]이 10을 뜻하였으나 후대에 가로 선[一]을 더함. 甲骨文 金文	十年之計(십년지계) 十中八九(십중팔구)
拾	拾	3급 手 총9	주을 습, 갖은자 열 십 '扌+合(합)'으로 손[扌]으로 물건을 주음 [掇也 從手合聲] 掇也 : 史記貨殖傳曰 俯有拾 仰有取 射有決拾 毛傳曰 決所以鉤弦也 拾 遂也『段注』/ 收也, 斂也『廣韻』 又今官文書借爲數目之十字 -『康熙』	拾得(습득) 拾遺(습유) 拾萬(십만)

160

字	篆	級/部/畫	訓音 및 字源	用例
計	計	6급 言 총9	셈 마칠 계, 셈할 계, 꾀할 계, 꾀 계 '言+十'으로 산가지로 헤아려 합산[十]하여 말함[言] [會也, 筭也 從言從十]	計算(계산) 計策(계책) 計巧(계교) 計劃(계획)
針	鍼	4급 金 총10	바늘 침, 침 침 '金+十←咸(함)'으로 '鍼의 속자. 옷을 꿰매는 쇠[金]바늘[俗鍼字 所以縫也『說文徐註』-『康熙』] 鍼 : 所以縫也. 從金咸聲『說文』縫者, 以鍼紩衣也. 竹部箴下曰綴衣箴也. 以竹爲之, 僅可聯綴衣. 以金爲之, 乃可縫衣『段注』	毒針(독침) 分針(분침) 針術・鍼術(침술) 磁針(자침) 針小棒大(침소봉대)
什	什	1급 人 총4	열 사람 십, 열 집 십, 세간 집 '人+十'으로 열[十] 사람[人]이 서로 지키고 도움[相什保也 從人十] 相什保也 : 族師職曰 五家爲比. 十家爲聯. 五人爲伍. 十人爲聯. 使之相保相受『段注』	什長(십장) 什器(집기)
汁	汁	1급 水 총5	즙 즙 '水+十(십)'으로 물체에서 배어 나오거나 짜낸 액체[水] [液也. 從水十聲]	果汁(과즙) 生汁(생즙)
南	南	8급 十 총9	남녘 남 '宋+羊(임)'으로 초목의 가지는 남쪽으로 뻗어 무성함[宋] [艸木至南方有枝任也 從宋羊聲. 峯, 古文] 『徐』曰南方主化育, 故曰主枝任也. 太陽者, 南方. 南, 任也. 陽氣任養物, 於時爲夏『前漢·律歷志』-『康熙』 ※宋: 무성할 발, 羊: 찌를 임. ※갑골에는 고대 남쪽 지방에서 사용하던 악기를 매단 모양 『字源字典』	南極(남극) 南方(남방) 江南(강남) 嶺南(영남) 南柯一夢(남가일몽) 南橘北枳(남귤북지)
午	午	7급 十 총4	낮 오, 일곱째 지지 오 5월은 음기가 양기를 거역하고 땅을 뚫고 나오는 형상[悟也 五月 陰气悟逆陽 冒地而出也 象形 此與矢同意] 此與矢同意 : 矢之首與午相似. 皆象貫之而出也『段注』	午睡(오수) 午餐(오찬) 午後(오후) 甲午(갑오)
許	許	5급 言 총11	들어줄 허, 허락할 허, 매우 허 '言+午(오)'로 상대의 말[言]을 듣고 따름[聽言也 從言午聲] 聽言也 : 聽從之言也 耳與聲相入曰聽 引伸之凡順從曰聽, 許, 或假爲所, 或假爲御『段注』	許諾(허락) 許容(허용) 免許(면허) 許多(허다)
卓	卓	5급 十 총8	뛰어날 탁, 높을 탁, 책상 탁 '匕+早'로 남보다 일찍[早] 변화[匕]를 꾀하여 뛰어남[高也 早匕爲卓 匕卩皆同義 帛, 古文卓]	卓見(탁견) 卓論(탁론) 卓越(탁월) 卓上(탁상) 食卓(식탁) 圓卓(원탁)
悼	悼	2급 心 총11	떨 도, 슬퍼할 도 '忄+卓(탁)'으로 마음[忄]에 두려움을 느껴 몸을 떪[懼也 陳楚謂懼曰悼 從心卓聲] 懼也 : 陳楚謂懼曰悼, 方言 : 悽, 憮, 矜, 悼, 憐, 哀也. 齊魯之間曰矜, 陳楚之間曰悼, 趙魏燕代之間曰悽, 自楚之北郊曰憮, 秦晉之間或曰怛矜, 或曰悼『段注』	悼歌(도가) 悼亡(도망) 悼痛(도통) 哀悼(애도)
掉	掉	1급 手 총11	흔들 도 '手+卓(탁)'으로 물체를 손[手]으로 잡고 심하게 흔듦[搖也 從手卓聲『春秋傳』曰 : 尾大不掉 掉者 搖之過也 搖者, 掉之不及也. 許渾言之『段注』	掉頭(도두) 掉尾(도미)
綽	綽	1급 糸 총14	느슨할 작, 너그러울 작, 많을 작, 얌전할 작 '糸+卓(탁)'으로 묶은 실[糸]이 늘어져 헐거움[緯也或省作綽 緩也『說文』不寬緯厥心『書·無逸』不寬緩其心『傳』-『康熙』 緯也 : 糸部曰 紓, 緩也. 然則緩, 紓也『段注』	綽綽(작작) 綽態(작태)

한자	전서	급수/부수/총획	훈음 및 설명	예시
半	半	6급 十 총5	절반 반, 가운데 반, 조금 반 '八+牛'로 소[牛]를 반으로 나눔[八] [物中分也 從八從牛 牛爲物大 可以分也]	半步(반보) 半身(반신) 半切(반절) 半額(반액)
伴	伴	2급 人 총7	한가할 반, 늘어질 반, 짝 반, 따를 반 'イ+半(반)'으로 한가롭고 여유가 있는 사람[イ] 모양[大貌 從人半聲] 大貌: 大雅 伴奐爾游矣 傳曰 伴奐 廣大有文章也 箋云 伴奐 自縱弛之意 『段注』 / 侶也, 依也, 陪也 『廣韻』又伴奐爾游矣 『詩·大雅』伴奐, 閒暇意 『註』 - 『康熙』	同伴(동반) 隨伴(수반) 伴侶(반려) 伴奏(반주)
判	判	4급 刀 총7	쪼갤 판, 나눌 판, 판단할 판, 판결할 판, 맡을 판 '刂+半(반)'으로 물건의 반을 칼[刂]로 공평하게 자름[分也 從刀半聲]	判決(판결) 判斷(판단) 判定(판정) 判異(판이)
叛	叛	3급 又 총9	배반할 반 '反+半(반)'으로 상도(常道)를 뒤집어[反] 어지럽힘[半反也 從反半 半亦聲] 半反也: 反, 覆也. 反者叛之全. 叛者反之半. 以半反釋叛. 如是少釋憝 『段注』 / 『徐』曰離叛也. 奔他國也 『廣韻』又通作畔 『韻會』漢王幷關中, 而齊梁畔之 『前漢·高帝紀』又或從火作衅 『集韻』 - 『康熙』	叛軍(반군) 叛亂(반란) 叛逆(반역) 叛旗(반기)
畔	畔	1급 田 총10	두둑 반 '田+半(반)'으로 밭[田]과 밭의 경계를 이룬 두둑[田界也 從田半聲]	湖畔(호반) 河畔(하반)
絆	絆	1급 糸 총11	말 맬 반, 줄 반 '糸+半(반)'으로 마소를 잡아매는 줄[糸] [馬縶也 從糸半聲]	脚絆(각반) 絆瘡膏(반창고)
拌	拌	1급 手 총8	버릴 반, 섞을 반, 나눌 판, 가를 판(=判) '手+半(반)'으로 물건을 손[手]으로 나누어 버림[拌棄也 『博雅』 楚人凡揮棄物謂之拌 俗誤用拚 『揚子·方言』又與判通 分也, 割也 『集韻, 韻會』 - 『康熙』]	攪拌(교반)
卒	卒	5급 十 총8	하인 졸, 병사 졸, 갑자기 졸, 마칠 졸, 죽을 졸 '衣+一'로 일정한 표시[一]를 한 옷[衣]을 입는 하인 [隸人給事者衣爲卒 古以染衣有題識 故從衣一] 故從衣一: 周禮司常注云 今亭長箸絳衣 此亭卒以染衣題識之證也. 從一者, 象題識也 『段注』	卒兵(졸병) 卒倒(졸도) 卒業(졸업) 卒年(졸년)
醉	醉	3급 酉 총15	술 취할 취 '酉+卒'로 술[酉]은 자기의 주량을 헤아려 어지럽지 않을 때 마침[卒] [卒也 卒其度量 不至於亂也 一曰潰也 從酉從卒 『注』醉, 俗字]	醉客(취객) 醉談(취담) 醉態(취태) 醉興(취흥)
碎	碎	1급 石 총13	부술 쇄, 부서질 쇄 '石+卒(졸)'로 돌[石]을 두드려 잘게 깨뜨림[糠也 從石卒聲] 糠各本作礦 其義廻殊矣. 礦所以碎物而非碎也. 今正 『段注』	粉碎(분쇄) 粉骨碎身(분골쇄신)
粹	粹	1급 米 총14	순수할 수, 정밀할 수, 완전할 수, 빻을 쇄, 싸라기 쇄 '米+卒(졸)'로 다른 잡곡이 없이 순수 쌀[米]만 있음[不雜也 從米卒聲] 不褻也, 劉逵引班固云 不變曰醇 不褻曰粹 按粹本是精米之偁 引伸爲凡純美之偁 『段注』	粹美(수미) 純粹(순수) 國粹主義(국수주의)
猝	猝	1급 犬 총11	갑자기 졸 '犬+卒(졸)'로 개[犬]가 갑자기 풀 속에서 나와 사람을 쫓음[犬從艸暴出逐人也 從犬卒聲]	猝富(졸부) 猝地(졸지)

字	篆	級/部/總	訓音 및 설명	用例
悴	悴	1급 心 총11	근심할 췌, 파리할 췌 '心+卒(졸)'로 어떤 일을 위해 애를 태우거나 불안해하는 마음[心] [憂也 從心卒聲]	憔悴(초췌) 悴容(췌용)
翠	翠	1급 羽 총14	물총새 취 '羽+卒(졸)'로 참새와 비슷한 깃[羽]이 푸른색인 새로 울창한 숲속에서 나와 물고기를 잡아먹고 사는 새[靑羽雀也 出鬱林 從羽卒聲]	翡翠(비취) 翠竹(취죽)
卑	卑	3급 十 총8	천할 비, 낮을 비 '甲+ナ'로 '우존좌비(右尊左卑)'에서 왼쪽[ナ]에 있는 사람[甲:사람 머리] [賤也 執事也 從ナ甲 〖注〗徐鍇曰:右重而左卑, 故在甲下] 甲骨文 金文	卑賤(비천) 卑屈(비굴) 卑俗(비속) 卑怯(비겁)
碑	碑	4급 石 총13	비석 비, 돌기둥 비 '石+卑(비)'로 공적을 기리기 위해 돌[石]에 글을 새기어 세움[豎石也 從石卑聲]	碑文(비문) 碑表(비표) 碑陰(비음) 碑石(비석)
婢	婢	3급 女 총11	여자종 비 '女+卑(비)'로 신분이 낮은[卑] 여자[女] [女之卑者也 從女卑聲]	婢女(비녀) 婢僕(비복) 婢妾(비첩) 侍婢(시비)
裨	裨	1급 衣 총13	보탤 비, 도울 비 '衣+卑(비)'로 옷[衣]에서 해진 곳에 조각을 대고 꿰맴[接益也 從衣卑聲] 接也. 此也字依玉篇補. 手部曰接, 交也. 益也, 會部曰䘒, 益也. 土部曰埤, 增也. 皆字異而音義同 『段注』/『徐』曰若衣之接益也. 又與, 附也『韻會』又補也『廣韻』 所以紀綱齊國, 裨輔先君而成霸者也『晉語』又輔也. 梁爲會稽將, 籍爲裨將『前漢·項籍傳』裨, 相輔助也『註』又 補也『廣韻』 - 『康熙』 金文	裨益(비익) 裨將(비장) 補裨(보비) 裵裨將傳(배비장전)
痺	痺	1급 疒 총13	새 이름 비, 암메추리 비, 저릴 비, 마비할 비 '疒+卑(비)'로 꿩과의 새. 몸길이는 18cm 정도이고, 몸빛은 황갈색에 갈색과 흑색의 가는 세로무늬가 있으며, 몸은 병아리와 비슷한데 꽁지가 짧은 암새[疒] [鳥名『廣韻』鵪鶉, 其雄鶉, 牝痺『爾雅·釋鳥』柜山有鳥焉, 其音如痺『山海經』與痿痹字不同『字彙』-『康熙』] ※痹, 同痺『宋本廣韻』-『漢典』	痲痺(마비) 痛痺(통비) 神經痲痺(신경마비) 心臟痲痺(심장마비)
脾	脾	1급 肉 총12	비장 비 '肉+卑(비)'로 오장의 하나. 위(胃)의 뒤쪽에서 백혈구의 생성과 노폐한 적혈구를 파괴하는 기능을 가진 내장[肉] [土藏也 從肉卑聲]	脾胃(비위) 脾臟(비장)
牌	牌	1급 片 총12	패 패, 방패 패 '片+卑(비)'로 특징·이름·성분 등을 알리기 위해, 그림이나 글씨를 그리거나 쓰거나 새긴 자그마한 나뭇조각[片] [牌牓『玉篇』簰牌, 籍也『博雅』楬之若今時爲書 以著其幣『周禮·天官·職幣以書楬之註』謂府別各爲一牌 書知善惡價數多少 謂之楬『疏』-『康熙』]	門牌(문패) 紙牌(지패)
稗	稗	1급 禾 총13	피 패 '禾+卑(비)'로 볏과의 한해살이풀로 벼[禾]와 비슷하지만 벼와 다른 식물[禾別也 從禾卑聲 琅邪有稗縣]	稗飯(패반) 稗說(패설)
卉	卉	1급 十 총5	풀 훼, 초목 훼 '艸+屮'로 싹터[屮] 자라나는 식물[艸]의 총칭[艸之總名也 從艸屮]	花卉(화훼) 卉服(훼복)

Ⅱ. 문화

한자	전서	급수/부수/총획	뜻과 풀이	용례
升	𦫵	3급 / 十 / 총4	되 승, 올릴 승 십홉(十合)을 재는 도구[斗] [十合也 從斗 象形 十合各本作十龠. 誤. 今正. 律曆志曰 合龠爲合. 十合爲升. 十升爲斗. 十斗爲斛. 而五量嘉矣『段注』] 甲骨文 金文	斗升(두승) 五升(오승) 升級(승급) 升進(승진)
昇	昇	3급 / 日 / 총8	해 오를 승 '日+升(승)'으로 해[日]가 떠서 점차 올라감[升] [日上也. 從日升聲 古只用升]	昇天(승천) 昇級(승급) 昇格(승격) 昇華(승화)
卍	卍	1급 / 十 / 총6	만 만 부처의 가슴 부위에 있는 형상으로, 길함과 상서로움 그리고 모든 덕이 모인 곳[內典萬字『字彙補』蓮花卍字總由天『苑咸詩』-『康熙』/ 卍, 音之爲萬 謂吉祥萬德之所集也『華嚴經音義』]	卍巴(만파) 卍字窓(만자창)
千	𠦜	7급 / 十 / 총3	일천 천, 많을 천 '十+人(인)'으로 열[十]이 100개 [十百 從十人聲] 甲骨文 金文	千古(천고) 千金(천금) 千秋(천추) 千慮(천려)
博	博	4급 / 十 / 총12	크게 통할 박, 넓을 박, 많을 박 '十+尃'로 두루 광범위하게 걸쳐[尃] 많은[十] 것을 잘 앎[大通也. 從十從尃 尃 布也] 大通也：凡取於人易爲曰博『段注』/ 尃：布也：祭義. 溥之而橫乎四海. 釋文. 溥本或作尃『段注』 金文	博識(박식) 博覽(박람) 博愛(박애) 博學(박학)
薄	薄	3급 / 艸 / 총17	메마를 박, 엷을 박, 적을 박 '艸+溥(부)'로 나무[艸]가 무성히 우거져 들어갈 수 없는 척박한 땅[林薄也 一曰蠶薄 從艸溥聲] 林薄也：劉注曰薄, 不入之叢也. 按林木相迫不可入曰薄『段注』	薄畓(박답) 薄待(박대) 薄命(박명) 薄福(박복) 薄情(박정) 刻薄(각박)
傅	傅	2급 / 人 / 총12	스승 부 '亻+尃(부)'로 옛날 천자[人]에게는 태사, 태부, 태보의 삼공이 있어 천자의 덕의(德義)를 닦는 데 도움을 주었음[相也. 從人尃聲] 相也：左傳 鄭伯傅王. 注曰傅, 相也. 賈子曰傅, 傅之德義. 古假爲敷字『段注』/ 師傅, 官名. 古者天子有太師, 大傅, 太保, 爲三公. 傅, 傅之德義也『韻會』-『康熙』 金文	師傅(사부) 太傅(태부) 金傅(김부：신라 경순왕의 이름)
簿	簿	3급 / 竹 / 총19	장부 부, 문서 부 '竹+溥(부)'로 대[竹]를 쪼개어 그 면에 글씨를 쓸 수 있도록 만든 물건[籍也『韻會』與郡縣通姦, 多張空簿『前漢·食貨志』師古曰：簿, 計簿也 又笏也『註』秦密見太守 以簿擊頰『蜀志』簿, 手版也『註』-『康熙』]	簿記(부기) 名簿(명부) 帳簿(장부) 簿錄(부록)
搏	搏	1급 / 手 / 총13	찾아 가질 박, 잡을 박, 가질 박, 칠 박 '手+尃(부)'로 손[手]으로 찾아내어 가짐[索持也 一曰至也. 從手尃聲] 索持也：索各本作素. 今正. 入室搜曰索. 索持, 謂摸索而持之『段注』	搏殺(박살) 龍虎相搏(용호상박)
賻	賻	1급 / 貝 / 총17	부의 부 '貝+尃(부)'로 초상집에 재물[貝]을 보내어 도와주는 일 [助也. 從貝尃聲] 以財助喪也『玉篇』知死者贈 知生者賻『儀禮·旣夕』貨財曰賻『公羊傳·隱元年』賻, 猶助也『註』-『康熙』	賻儀(부의) 賜賻(사부)
縛	縛	1급 / 糸 / 총16	묶을 박 '糸+尃(부)'로 끈[糸]으로 묶어 행동을 자유롭지 못하게 함[束也. 從糸尃聲]	結縛(결박) 束縛(속박)
脯	脯	1급 / 肉 / 총14	포 박 '肉+尃(부)'로 얇게 고기[肉]를 썰어 말림[薄脯 脯之屋上 從肉尃聲]	上膊(상박) 下膊(하박)

❈ 기타 숫자

四 (四)	8급 / 口 / 총5	넉 **사** 음의 수로 사물을 넷으로 나눈 모양[陰數也 象四分之形] ※갑골문에는 네 개 선분으로, 전서에서는 콧구멍으로 숨 쉬는 모양[呬]을 나타냄[小篆的四字則是一個會意字 象人口中發出來的聲气 當時呬的木字『字源字典』]	四肢(사지) 四柱(사주) 四君子(사군자) 四書三經(사서삼경)
泗 (泗)	2급 / 水 / 총8	물 이름 **사**, 콧물 **사** 'ㅟ+四(사)'로 물 이름 또는 코[四←呬]에 흐르는 물[ㅟ] [泗水. 受沛水 東入淮 從水四聲 又涕泗也. 泗泗滂沱『詩·陳風』自鼻曰泗『傳』-『康熙』]	泗川(사천 : 경남의 시 이름)
百 (百)	7급 / 白 / 총6	일백 **백**, 많을 **백** '一+白'으로 수(數)가 일(一)부터 시작하여 백(百)보다 크면 사람에게 말함[白] [十十也. 從一白. 數, 十十爲一百. 百 白也. 十百爲一貫. 貫 章也 百白也 : 白, 告白也. 此說從白之意. 數長於百. 可以쬂言白人也『段注』]	百歲(백세) 百姓(백성) 百果(백과) 百科(백과)
奭 (奭)	2급 / 大 / 총15	클 **석**, 성할 **석** '大+皕(벽)'으로 크고[大] 성대함[盛也 從大從皕 皕亦聲 此燕召公名]	李範奭(이범석 : 독립운동가)
弼 (弼)	2급 / 弓 / 총12	도울 **필** '弜+丙(첨)'으로 수레 덧방나무처럼, 어떤 것을 견고하고[弜] 튼튼하도록 도움[輔也. 從弜丙聲] 輔者 車之輔也. 引申爲凡左右之偁. 釋詁曰弼, 俌也. 人部曰俌, 輔也. 俌輔音義皆同也『段注』	弼導(필도) 輔弼(보필) 徐載弼(서재필 : 독립운동가)
貊 (貊)	2급 / 豸 / 총13	종족 이름 **맥** '豸+百(백)'으로 요동반도(遼東半島)에서 한반도 북부에 걸쳐 살던 부족[音陌 本作貉 或作貊『正韻』華夏蠻貊『書·武成』其追其貊『詩·大雅』追, 貊, 國名『傳』-『康熙』]	濊貊(예맥 : 우리 민족의 조상이 되는 종족)
九 (九)	8급 / 乙 / 총2	아홉 **구** 굴곡(屈曲)의 다한 모양으로, '一'에서 시작하여 '九'에서 극[極]을 이룸[陽之變也 象其屈曲究盡之形] 一變而爲七, 七變而爲九, 九變者, 究也. 『列子·天瑞』又九之爲言多也. -『康熙』	九天(구천) 九曲(구곡) 九重宮闕(구중궁궐) 九死一生(구사일생)
究 (究)	4급 / 穴 / 총7	연구할 **구**, 다할 **구** '穴+九(구)'로 깊은 굴[穴]의 마지막 끝[窮也 從穴九聲] 窮也 : 釋言同. 小雅常棣傳曰究, 深也. 釋詁及大雅皇矣傳曰 究, 謀也『段注』	究明(구명) 講究(강구) 究極(구극) 究竟(구경)
丸 (丸)	3급 / ヽ / 총3	둥글 **환**, 알 **환** '反+仄'으로, 둥근 알과 같은 것은 평평하게 세울 수 없어 기울어짐[仄]이 반복됨[反] [圜也 傾側而轉者 從反仄] 圜也 : 今丸藥其一耑也. 傾側而轉者. 從反仄 : 圜則不能平立. 故從反仄以象之. 仄而反復, 是爲丸也『段注』	丸藥(환약) 丸劑(환제) 彈丸(탄환) 砲丸(포환)
染 (染)	3급 / 木 / 총9	물들 **염**, 더럽힐 **염**, 옮길 **염**, 전염할 **염** 'ㅟ+九+木'으로 식물[木]에서 채취한 염즙(染汁)[ㅟ]에 천 따위를 여러 번[九] 넣어 염색함[以繒染爲色 從水雜聲] 從水雜聲 : 此當云從水木, 從九. 裴光遠曰從木. 木者, 所以染. 梔茜之屬也. 從九. 九者, 染之數也. 按裴說近是『段注』	染料(염료) 染色(염색) 染病(염병) 感染(감염) 傳染(전염) 浸染(침염)

Ⅱ. 문화 165

자	전서	급/부수/총획	훈음 및 설명	용례
旭	旭	2급 日 총6	아침 해 **욱** '日+九(구)'로 해[日]가 아침에 떠오르는 모양[日旦出貌 從日九聲 一曰明也]	旭日昇天(욱일승천) 張旭(장욱 : 당나라의 서예가)
軌	軌	2급 車 총9	바퀴 사이 **궤**, 바퀴자국 **궤**, 법 **궤** '車+九(구)'로 수레[車]의 왼쪽 바퀴와 오른쪽 바퀴 사이의 공간[車徹也 從車九聲] 車徹也：支部曰徹者, 通也. 車徹者, 謂輿之下兩輪之閒空中可載. 故曰車徹. 是謂之車軌『段注』 ※고대에 그 넓이는 8척이 표준이었음.	軌道(궤도) 軌範(궤범) 軌跡(궤적) 挾軌(협궤)
抛	拋	2급 手 총8	던질 **포**, 버릴 **포** '扌+尤+力'으로 손[扌]으로 있는 힘[力]을 다하여 멀리[尤] 던짐[棄也 從手從尤從力 或從手尥聲]	抛棄(포기) 抛擲(포척) 抛物線(포물선)
仇	仇	1급 人 총4	원수 **구**, 짝 **구** '人+九(구)'로 원한이 맺힐 정도로 해를 끼친 사람[人]이나 집단[讎也 從人九聲『說文』 匹也『正韻』 匡衡引詩：君子好仇 同述『詩』 仇, 合也『爾雅·釋詁』 謂對合也. 又怨敵也『註』－『康熙』]	仇怨(구원) 仇恨(구한)
鳩	鳩	1급 鳥 총13	비둘기 **구**, 모일 **구**, 편안할 **구** '鳥+九(구)'로 모여 다정하게 생활하며 평화를 상징적으로 말해 주는 산비둘기와 멧비둘기[鳥][鶻鵃也 從鳥九聲]	鳩胸(구흉) 鳩首會議(구수회의)
萬	萬	8급 艸 총13	벌레 이름 **만**, 일만 **만**, 많을 **만** 전갈의 촉수[卝]·몸[田]·발[内] [蟲也 從厹, 象形『注』 萬, 舜, 命, 古文 或省作万] 蟲也：謂蟲名也. 叚借爲十千數名. 而十千無正字. 遂久叚不歸. 學者昧其本義矣. 唐人十千作万. 故廣韻万與萬別. 從厹：蓋其蟲四足像獸. 象形. 與虫部蠆同. 象形. 蓋萬亦蠆之類也『段注』 ※蠆＝蠆(전갈 채)	萬一(만일) 萬乘(만승) 萬歲(만세) 萬事(만사) 萬無(만무) 數萬(수만) 億萬(억만)
勵	勵	3급 力 총17	권장할 **려**, 힘쓸 **려** '力+厲(려)'로 어떤 일을 알아듣도록 권하고 격려하여 힘쓰게[力] 함[勉力也 從力厲聲『說文』 勸也『玉篇』 勸勉也『廣韻』 通作厲. 有修飾振起意『韻會』－『康熙』]	勵志(여지) 勵行(여행) 激勵(격려) 督勵(독려) 勉勵(면려)
礪	礪	2급 石 총20	숫돌 **려** '石+厲(려)'로 칼 따위의 연장을 가는 데 쓰는 돌[石] [礛也 從石厲聲 經典通用厲]	礪石(여석) 礪山(여산 : 전북 익산시의 면 이름)
邁	邁	1급 辵 총17	멀리 갈 **매**, 돌 **매**, 지날 **매**, 힘쓸 **매** '辵+蠆(채)', '辵+萬(만)'에서 쉬엄쉬엄 멀리 돌아감[辵][遠行也 從辵蠆省聲, 從辵萬聲]	邁進(매진) 高邁(고매)
億	憶	5급 人 총15	편안할 **억**, 생각할 **억**, 많을 **억**, 억 **억** '亻+意(의)'로 마음이 편안한 사람[亻]은 즐거움이 많음[安也 從人意聲] 安也：晉語億寧百神注. 億, 安也. 吳語億負晉衆庶注曰億, 安也. 左傳曰心億則樂『段注』	億劫(억겁) 億萬(억만) 億兆蒼生(억조창생)

✿ 小 부

자	전서	급/부수/총획	훈음 및 설명	용례
小	小	8급 小 총3	작을 **소**, 적을 **소** '八+丨'으로 물체를 반[丨]으로 나눔[八] [物之微也 從八丨 見而分之]	小說(소설) 小雪(소설) 小兒(소아) 小型(소형) 小包(소포) 小盤(소반)

한자	전서	급수/부수/획수	훈음 및 자원	용례
少	少	7급 小 총4	적을 **소** '小+ノ(별)'로 작은 것[小]을 더 쪼갬[ノ] [不多也 從小ノ聲] 甲骨文 金文	極少(극소) 少數(소수) 少年少女(소년소녀)
沙	沙	3급 水 총7	모래 **사**, 사막 **사** 'ㅊ+少'로 물[ㅊ]에 의해 잘게 부스러진[少] 돌 부스러기[水散石也 從水少 水少沙見]	沙漠(사막) 沙上(사상) 白沙(백사) 土沙(토사) 沙上樓閣(사상누각)
娑	娑	1급 女 총10	춤출 **사** '女+沙(사)'로 여자[女]가 옷자락을 날리며 사뿐사뿐 춤을 추는 모양[舞也 從女沙聲 『詩』曰:市也娑娑 又蹉跎貌 又衣揚貌 又安坐也 - 『康熙』]	娑婆(사파 →사바)
妙	妙	4급 女 총7	예쁠 **묘**, 젊을 **묘**, 묘할 **묘** '女+少'로 젊고[少] 예쁜 여자[女] [好也 從女少]	妙年(묘년) 妙態(묘태) 巧妙(교묘) 奇妙(기묘)
劣	劣	3급 力 총6	약할 **렬**, 용렬할 **렬**, 못날 **렬**, 어릴 **렬** '少+力'으로 힘[力]의 정도가 적어[少] 각오나 의지 따위가 굳지 못하고 여림[弱也 從力少] 弱也: 弱者, 橈也. 從力少. 會意『段注』	劣等(열등) 劣惡(열악) 劣勢(열세) 庸劣(용렬)
抄	抄	3급 手 총7	빼앗을 **초**, 베낄 **초** 'ㅊ+少(소)'로 폭력을 써서 남의 것을 억지로 빼앗아 취함[手] [又取也『集韻』又略取也『廣韻』抄略諸郡『魏志·太祖紀註』又謄寫也『增韻』- 『康熙』]	抄錄(초록) 抄本(초본) 抄書(초서) 抄掠(초략)
秒	秒	2급 禾 총9	까끄라기 **묘**, 미묘할 **묘**, 세미할 **묘**, 초 **초** '禾+少(소)'로 벼[禾]의 작은[少] 까끄라운 수염[禾芒也 從禾少聲]	秒忽(묘홀) 秒速(초속) 秒針(초침) 分秒(분초)
雀	雀	1급 隹 총11	참새 **작** '小+隹'로 집 처마 부근에 집을 짓고 사는 작고[小] 꽁지가 짧은 새[隹] [依人小鳥也 從小隹 讀與爵同] 甲骨文	雀羅(작라) 黃雀(황작)
炒	炒	1급 火 총8	볶을 **초**, 시끄러울 **초**, 떠들 **초** '火+少(소)'로 음식 따위를 그릇에 담아 불[火]을 피워 볶음[熬也『集韻』本作䵅『說文』徐鉉曰今俗作煼 別作炒 非是『徐鉉』本作煼『玉篇』本作䵅『廣韻』- 『康熙』]	炒麵(초면) 炒醬(초장)
紗	紗	1급 糸 총10	깁 **사**, 무명실 **사**, 작을 **묘** '糸+少(소)'로 가는 실[糸]로 만든 곱고 가벼운 견직물[紗 縠也『玉篇』絹屬 一曰紡纑也『廣韻』已紡而成謂之紗『急就篇註』充衣紗縠禪衣『前漢·江充傳』師古曰: 紗縠 紡絲而織之也 輕者爲紗 縐者爲縠 古通沙『註』- 『康熙』]	紗窓(사창) 靑紗(청사) 紗帽(사모) 毛紗(모사) 粉壁紗窓(분벽사창)
渺	渺	1급 水 총12	아득할 **묘**, 작을 **묘** '水+眇(묘)'로 물[水]이 아득히 멀리 길게 뻗어 흐르는 모양[渺溔, 水貌 一曰水長也『正韻』渺渺乎 如窮無極『管子·內業篇』- 『康熙』]	渺然(묘연) 渺遠(묘원)
尖	尖	3급 小 총6	뾰족할 **첨**, 앞장설 **첨** '小+大'로 본자는 '櫼'. 밑은 크고[大] 끝이 뾰족함[小] [楔也 本作櫼『說文』『徐』曰 謂簪也 搗也 從小下大, 爲櫼字 今作尖, 末銳也, 小也 - 『康熙』]	尖端(첨단) 尖銳(첨예) 尖兵(첨병) 尖塔(첨탑)

Ⅱ. 문화 167

字	篆	級/部首/總劃	訓音 및 해설	用例
尚	尙	3급 小 총8	높일 상, 더할 상, 숭상할 상, 바랄 상, 오히려 상 '八+向(향)'으로 거듭 쌓아 높이 올라감[八] [曾也, 庶幾也 從八向聲] 曾也 : 尙之詞亦舒. 故釋尙爲曾. 曾, 重也. 尙 上也. 皆積絫加高之意. 義亦相通也『段注』	高尙(고상) 崇尙(숭상) 尙武(상무) 尙存(상존)
常	裳	4급 巾 총11	치마 상, 관례 상, 보통 상, 항상 상, 떳떳할 상 '巾+尙(상)'으로 치마[巾←衣]로 몸의 아랫부분을 가림[下裙也 從巾尙聲 裳 常或從衣] 下裙也 : 釋名也 上曰衣 下曰裳. 裳, 障也. 以自障蔽也. 士冠禮. 爵弁. 服纁裳. 皮弁. 服素積. 玄端 玄裳 黃裳 襍裳可也. 禮記深衣. 續衽鉤邊. 要縫半下. 今字裳行而常廢矣『段注』	常例(상례) 常情(상정) 常識(상식) 常習(상습) 常住(상주) 常道(상도)
當	當	5급 田 총13	마땅 당, 당할 당, 그 당 '田+尙(상)'으로 밭[田]의 면적에 과부족(過不足)이 없이 서로 동등하게 분배함[田相値也 從田尙聲] 田相値也 : 値者 持也. 田與田相持也. 引申之, 凡相持相抵皆曰當. 報下曰當皋人也. 是其一耑也『段注』	當然(당연) 不當(부당) 適當(적당) 當面(당면) 當年(당년) 當身(당신) 該當(해당) 相當(상당)
掌	掌	3급 手 총12	손바닥 장 '手+尙(상)'으로 손을 등과 안쪽으로 구분할 때, 손 안쪽[手中也 從手尙聲] 手中也 : 手有面有背. 背在外則面在中. 故曰手中『段注』/古作爪. 覆手爲爪, 反爪爲爪『正字通』-『康熙』	合掌(합장) 掌握(장악) 管掌(관장) 分掌(분장)
裳	裳	3급 衣 총14	치마 상 '衣[巾]+尙(상)'으로 몸 아래를 가리는 옷[衣] [下裙也 從衣尙聲] 下曰裳. 裳, 障也, 所以自障蔽也『釋名』 綠衣黃裳『詩·邶風』 暑無褰裳『禮·曲禮』 本作常『集韻』-『康熙』	衣裳室(의상실) 綠衣紅裳(녹의홍상)
黨	黨	4급 黑 총20	치우칠 당, 불공평할 당, 아첨할 당, 무리 당 '黑+尙(상)'으로 해와 달이 침침하여[黑] 밝지 못함[不鮮也 從黑尙聲] 不鮮也 : 新鮮字當作鱻. 屈賦遠遊篇. 時曖曖其曭莽. 王注曰 日月晻黮而無光也. 然則黨曭古今字. 方言曰 黨, 知也. 楚謂之黨. 郭注. 黨朗, 解寤貌. 此義之相反而成者也. 釋名曰. 五百家爲黨. 黨長也. 一聚所尊長也. 此謂黨尙同『段注』/又 五家爲比, 五比爲閭, 四爲族, 五族爲黨『周禮·地官·大司徒』又朋也, 輩也. 不比周, 不朋黨『荀子·强國篇』又助也. 相助匿非曰黨. 君子不黨『論語』又偏也. 無偏無黨, 王道蕩蕩『書·洪範』又比也. 順禮義, 黨學者『荀子·非相篇』黨, 親比也『註』又頻也. 怪星之黨見『荀子·天論篇』-『康熙』	黨論(당론) 黨費(당비) 黨爭(당쟁) 黨派(당파) 公黨(공당) 徒黨(도당) 黨同伐異(당동벌이) 不偏不黨(불편부당)
嘗	嘗	3급 口 총14	맛볼 상, 일찍 상 '旨+尙(상)'으로 입으로 음식 맛[旨]을 봄[口味之也 從旨相聲] 金文	嘗膽(상담) 嘗味(상미) 未嘗不(미상불)
棠	棠	1급 木 총12	팥배나무 당 '木+尙(상)'으로 물앵두나무·산매자나무·운향나무·물방치나무라고도 하는 숫팥배나무[木] [牡曰棠 牝曰杜 從木尙聲] 牡曰棠 牝曰杜 : 艸木有牡者 謂不實者也. 小雅云 有杕之杜 有睆其實 此牝者曰杜之證也『段注』	甘棠(감당) 錦棠(금당) 落棠(낙당) 棠軒(당헌) 棠棣(당체) 棠谿(당계) 海棠花(해당화) 棠毬子(당구자)

Ⅱ 문화

점술·신

卜爻示鬼

- 卜: 訃
- 占: 店點粘霑站帖砧貼
- 下
- 卦: 掛罫
- 爻
- 爽
- 爾: 璽彌
- 示: 奈捺
- 社: 際蔡
- 祭: 際蔡
- 票: 標漂剽慓飄
- 禍: 過崗蝸渦

- 禮
- 祥: 庠
- 禁: 襟
- 祺
- 鬼: 塊愧醜槐傀蒐
- 魁
- 魏: 巍

색깔

色白赤青黃玄黑

- 色: 絶
- 白: 伯舶迫拍柏粕珀魄
- 皆: 階楷偕諧
- 皓: 澔
- 皇: 遑惶凰煌徨
- 皋
- 的: 酌釣
- 赤: 赫嚇赦
- 青: 清情請晴猜睛
- 靖
- 黃: 橫
- 玄: 絃弦炫鉉眩衒

- 玆: 慈滋磁
- 率
- 黑: 墨

卜 부

字	篆	級/部/劃	訓音 및 설명	甲骨文/金文	用例
卜	卜	3급 卜 총2	점 복 거북 등을 태워 갈라진 모양[灼剝龜也. 象灸龜之形. 一曰象龜兆之縱衡也]	卜(甲骨文) 卜(金文)	卜占(복점) 卜術(복술)
訃	訃	1급 言 총9	부고 부 '言+卜(복)'으로 '赴'와 통용. 사람의 죽음을 알림[言] [告喪也. 又至也『韻會』又通作赴『集韻』凡諸侯同盟薨則赴以名『左傳·隱七年』伯高死於衛 赴于孔子『禮·檀弓』與訃同『註』又通作報『正字通』- 『康熙』]		訃告(부고) 訃音(부음)
占	占	4급 卜 총5	물을 점, 볼 점, 점칠 점, 차지할 점 '卜+口'로 거북 등에 갈라진[卜] 모양을 보고 길흉을 물어[口] 봄[視兆問也 從卜從口]	占(甲骨文)	占有(점유) 占居(점거) 占兆(점조) 占術(점술)
店	坫	5급 广 총8	가게 점 '广+占(점)'으로 '坫과 통용. 장터 따위에서 물건을 벌여 놓고 파는 집[广] [店, 置也 所以置貨鬻物『崔豹古今注』或欲創闢田園 或勸興立邸店 又與坫通『徐勉誡子書』店, 反爵之處. 或作坫『說文』-『康熙』]		店員(점원) 商店(상점) 書店(서점) 賣店(매점) 百貨店(백화점)
點	點	4급 黑 총17	점 점, 더럽힐 점, 검사할 점, 점수 점 '黑+占(점)'으로 옥에 작은 점[黑]이 있음. 또는 물이 더럽혀짐[小點也 從黑占聲] 小黑也: 今俗所謂點漦是也. 或作玷『段注』		點線(점선) 點字(점자) 點檢(점검) 點呼(점호)
粘	黏	1급 米 총11	붙을 점, 끈끈할 점, 차질 점 '米+占(점)'으로 '黏과 동자. 기장밥[米]은 차져 끈끈함[黏, 相箸也 從黍占聲] 相著也. 同黏『說文』-『康熙』]		粘膜(점막) 粘液(점액)
霑	霑	1급 雨 총16	젖을 점, 적실 점, 은혜를 입을 점, 은혜를 베풀 점 '雨+沾(점)'으로 비[雨]에 흠뻑 젖음[雨霑也 從雨沾聲] 雨霑也: 小雅. 旣霑旣足『段注』霑, 濡也		霑潤(점윤) 均霑(균점)
站	站	1급 立 총10	우두커니 설 참, 오래 설 참, 역마을 참 '立+占(점)'으로 '詀과 뜻이 같음. 우두커니 오래도록 서있음[立] [久立也『集韻』坐立不動貌 俗言獨立也『篇海』又音詀 義同『集韻』或作岾『廣韻』亦作趈『集韻』-『康熙』]		驛站(역참) 兵站(병참) 兵站團(병참단)
帖	帖	1급 巾 총8	부전 첩, 문서 첩, 표제 첩, 패 첩, 장부 첩, 편안할 첩 '巾+占(점)'으로 서류 등에 간단한 의견을 써서 덧붙이는 비단[帛] 쪽지[帛書署也 從巾占聲] 帛書署也: 木部曰檢 書署也 木爲之謂之檢 帛爲之則謂之帖 皆謂標題 今人所謂籤也 帛署必黏黏 引伸爲帖服 爲帖妥 俗製貼字爲相附之義 製怗字爲安服之義『段注』		手帖(수첩) 畵帖(화첩) 寫眞帖(사진첩) 俛首帖耳(면수첩이)
砧	砧	1급 石 총10	다듬잇돌 침 '石+占(점)'으로 다듬이질할 때 밑에 받치는 돌[石] [石柎也 從石占聲]		砧石(침석) 砧聲(침성)
貼	貼	1급 貝 총12	전당 잡힐 첩, 붙을 첩, 붙일 첩, 편안할 첩 '貝+占(점)'으로 물건을 전당 잡히고 돈[貝]을 빌림[以物爲質也 從貝占聲]		貼付(첩부) 貼藥(첩약)

卞	弁	2급 卜 총4	성씨 변, 고을 변, 급할 변 한(漢)나라 고을 이름 또는 성씨[縣名『廣韻』兗州泗水縣, 本漢卞縣地『括地志』又躁疾也『集韻』又法也『玉篇』又姓. 出濟陰. 本周曹叔振鐸之支子, 封于卞, 遂以建族『廣韻』樂也 或作弁『爾雅·釋詁』-『康熙』]	卞季良(변계량 : 조선의 학자)
卦	卦	1급 卜 총8	점괘 괘, 괘 괘, 걸 괘, 매달 괘 '卜+圭(규)'로 한 괘의 삼효(三爻)가 팔괘(八卦)가 되고, 다시 팔괘가 거듭되어 64괘가 만들어져, 이를 통해 길흉화복을 판단하는 점[卜]을 침[筮也 從卜圭聲]	占卦(점괘) 八卦(팔괘)
掛	掛	3급 手 총11	걸 괘 '扌+卦(괘)'로 손[扌]으로 물건을 걸어 매달아 사람들에게 보임[易緯云: 卦者, 掛也 言懸掛物象以示於人『易·乾卦疏』別也 又揲筮置著小指間也『正韻』掛者, 懸於左手小指之間『朱子·本義』又與挂同『正韻』-『康熙』]	掛圖(괘도) 掛念(괘념) 掛鐘時計(괘종시계)
罫	罫	1급 网 총13	바둑판 정간 괘, 줄 괘 '网+卦(괘)'에서 '絓와 통용. 바둑판처럼 가로 세로로 교차하여 친 그물망[网]의 줄[絓或作罫 礙也 通作絓『韻會』又 罫或作罫 博局方目『集韻』-『康熙』]	罫線(괘선) 罫紙(괘지)

❋ 爻 부

爻	爻	爻 총4	점괘 효 역(易)의 육효(六爻)[一은 양, --은 음]의 머리가 교차한 것[交也 象易六爻頭交也]	六爻(육효) 數爻(수효)
爽	爽	1급 爻 총11	밝을 상, 새벽 상, 시원할 상 '㸚+大'로 크게[大] 밝은 모양[㸚] [明也 從㸚從大]	爽快(상쾌) 爽達(상달)
爾	爾	1급 爻 총14	곱고 빛날 이, 너 이, 그러할 이, 같을 이 '冂+㸚+尒(이)'로 꽃이 아래로 늘어져[冂] 아름답고 성한 모양[㸚] [麗爾 猶靡麗也 從冂從㸚 其孔㸚, 尒聲. 此與爽同意]	爾汝(이여) 爾餘(이여) 聊爾(요이) 偶爾(우이) 出爾反爾(출이반이)
璽	璽	1급 玉 총19	옥새 새, 인장 새 '玉+爾(이)'로 본자는 '壐'. 옥(玉)으로 만든 임금의 도장[王者 印也 本作壐『說文』天子諸侯 印也『玉篇』-『康熙』籀文從玉 蓋周人已刻玉爲之 曰籀從玉 則知從土者古文也『段注』]	玉璽(옥새) 國璽(국새) 御璽(어새) 靈璽(영새)
彌	彌	2급 弓 총17	활 부릴 미, 두루 미, 널리 미, 더욱 미 '弓+爾(이)'로 활[弓]을 언제든지 쓸 수 있도록 활시위를 느슨하게 풀어 놓음[古文 㢸. 弛弓也『說文』又徧也『玉篇』-『康熙』] 爾 麗爾 猶靡麗也『說文』	彌勒佛(미륵불)

示 부

示	5급 示 총5	보일 시, 알릴 시 하늘은 해, 달, 별을 통해 사람들에게 그 신령스러움, 즉 길흉의 실상을 보여줌[天垂象 見吉凶 所以示人也. 三垂 日月星也. 觀乎天文 以察時變 示神事也]	甲骨文 金文	告示(고시) 明示(명시) 暗示(암시) 提示(제시) 表示(표시) 展示(전시)
奈	3급 大 총8	어찌 내, 지옥 나 '大+示'로 '柰'와 동자. 영험(靈驗)의 큰[大] 결과를 보임[示] [同柰 詳木部柰字註 -『康熙』] ※柰, 果也 從木示聲		奈何(내하) 奈落(나락)
捺	1급 手 총11	누를 날, 삐칠 날 '手+奈(내)'로 손[手]으로 도장을 찍거나 서법의 '人, 之'자처럼 삐침[手重按也『韻會』搦搶也『字林』又書法有捺, 古名磔. 微斜曰捺, 人大等字是也. 橫過曰波, 之道等字是也『書·法離鉤』又俗作㮇『正韻』-『康熙』]		捺印(날인) 捺染(날염)
社	6급 示 총8	토지 신 사, 모일 사, 단체 사 '示+土'로 신령스러움을 보여[示]주는 땅[土]의 수호신(守護神)[地主也. 從示土.『周禮』: 二十五家爲社, 各樹其土所宜之木. 䄕, 古文社.『注』祜, 䄕, 古文 ※고대에는 천자에서 서민까지 봉토입사(封土立社)하고 복을 빎.	金文	社稷(사직) 社交(사교) 社說(사설) 社長(사장)
祭	4급 示 총11	제사 제, 행사 제 '肉+又+示'로 제물[肉]을 손[又]으로 들어 신에게 바쳐 신령스러움[示]을 빎[祭祀也 從示 以手持肉]	甲骨文 金文	祭閣(제각) 祭壇(제단) 祭需(제수) 祝祭(축제)
際	4급 阜 총14	사이 제, 사귈 제, 때 제 '阜+祭(제)'로 두 지역의 교차 지점인 언덕[阜]에 모여 제사 등 행사를 함[壁會也 從阜祭聲] 壁會也: 兩牆相合之縫也. 引申之, 凡兩合皆曰際. 際取壁之兩合, 猶閒取門之兩合也. 詩菀柳鄭箋. 瘵, 接也. 此謂叚瘵爲際『段注』		交際(교제) 國際(국제) 實際(실제) 際會(제회)
蔡	2급 艸 총15	풀떨기 채, 거북 채, 성씨 채 '艸+祭(제)'로 떨기로 난 풀[艹][艸也 從艸祭聲] 艸丰也: 丰字本無 今補 四篇曰 丰 艸蔡也 此曰 蔡 艸丰也 是爲轉注 艸生之散亂也『段注』		蔡萬植(채만식: 소설가)
票	4급 示 총11	불똥 튈 표, 쪽지 표 '火+[臼中囟]'으로 '熛'와 동자. 불꽃이 가볍게 튀어 날림[火飛也 從火[臼中囟]與熛同意] 火飛也: 此與熛音義皆同. 玉篇, 廣韻亦然. 引申爲凡輕銳之偁『段注』		票決(표결) 開票(개표) 買票(매표) 傳票(전표)
標	4급 木 총15	표시할 표, 나타낼 표 '木+票(표)'로 나무[木] 끝에 글씨나 기호를 표시[票]함[木杪末也 從木聲票] 木杪末也: 杪末, 謂末之細者也. 古謂木末曰本標. 按表剽皆同標『段注』		標榜(표방) 標語(표어) 標記(표기) 標的(표적) 標識(표지) 標準(표준)
漂	3급 水 총14	떠돌 표, 빨래할 표 '氵+票(표)'로 물체가 물[氵] 위에 떠 떠돌아 다님[浮也 從水聲票] 浮也: 謂浮於水也. 鄭風. 風其漂女. 毛曰漂猶吹也. 按上章言吹. 因吹而浮. 故曰猶吹『段注』/ 又漂漂, 高飛貌 又漂撇, 餘響少騰相擊之貌 又浮也. 本作㵆『說文』亦作㵆『廣韻』-『康熙』		漂浪(표랑) 漂客(표객) 浮漂(부표) 漂白(표백)

한자	전서	급수/부수/총획	훈음 및 설명	용례
剽	剽	1급 刀 총13	겁박할 **표**, 표독할 **표**, 빠를 **표** '刀+票(표)'로 돌침[刀]으로 찌르며 위협함[砭刺也 從刀票聲 一曰剽 劫人也] 砭刺也：謂砭之, 刺之皆曰剽. 砭者, 以石刺病. 刺者, 直傷也『段注』	剽竊(표절) 剽掠(표략)
慓	慓	1급 心 총14	날랠 **표**, 가벼울 **표** '心+票(표)'로 마음[心]씀이 급하고 사나움[疾也 從心票聲] 急也『博雅』又 通作剽『集韻』 -『康熙』	慓毒(표독) 慓悍(표한)
飄	飄	1급 風 총20	회오리바람 **표**, 질풍 **표**, 빠를 **표** '風+票(표)'로 공기의 선회운동으로 부는 회오리바람[風][回風也 從風票聲]	飄然(표연) 飄零(표령)
禍	禍	3급 示 총14	재앙 **화** '示+咼(화)'로 하늘이 복을 내리지 않고 해악을 보임[示] [害也 神不福也 從示咼聲] 金文	禍根(화근) 禍難(화난) 禍福(화복) 禍厄(화액)
過	過	5급 辵 총13	들를 **과**, 지날 **과**, 잘못 **과** '辶+咼(괘/와)'로 역참은 사람이 들러 지나가는[辶] 곳임[度也 從辵咼聲] 度也：引伸爲有過之過. 釋言. 郵, 過也. 謂郵亭是人所過. 愆郵是人之過. 皆是『段注』/ 度也, 越也『玉篇』超也『正韻』又過失也. 有過大 『書·大禹謨』 過者, 不識而誤犯也『註』又罪愆也.八柄, 八日誅, 以馭其過『周禮·天官·大宰』又責也. 聞大王有意督過之『史記·項羽紀』-『康熙』 金文	功過(공과) 謝過(사과) 罪過(죄과) 過失(과실) 過誤(과오) 經過(경과)
卨	卨	2급 卜 총11	사람 이름 **설** '离'와 동자. 은나라 탕왕의 조상인 설(契)[與离同『字彙補』-『康熙』] 离：蟲也 從厹 象形 讀與偰同 卨 古文离『說文』	李相卨(이상설：독립운동가)
蝸	蝸	1급 虫 총15	달팽이 **와** '虫+咼(와)'로 달팽잇과에 속하는 연체동물[虫]인 달팽이[蝸蠃也 從虫咼聲]	蝸屋(와옥) 蝸角之爭(와각지쟁)
渦	渦	1급 水 총12	물 이름 **과**, 소용돌이 **와** '水+咼(와)'로 하남성(河南省)에서 발원하여 영수(潁水)로 흘러들어가는 강[水] 이름[水名 與濄同『集韻』渦水首受狼湯渠 東至向入海『前漢·地理志扶溝註』渦辨回川『爾雅·釋水』旋流也 又姓『註』-『康熙』]	渦中(와중) 渦形(와형)
禮	禮	6급 示 총18	밟을 **예**, 예의 **례**, 인사 **례** '示+豊(풍/례)'로 신[示]을 섬겨 복[豊]을 비는 의식을 행함[履也 所以事神致福也 從示從豊 豊亦聲]	禮物(예물) 禮拜(예배) 禮遇(예우) 禮讚(예찬) 禮節(예절) 禮砲(예포)
祥	祥	3급 示 총11	상서로울 **상** '示+羊(양)'으로 하늘이 화복(禍福)의 징조를 보임[示] [福也 從示羊聲 一云善] 福也：凡統言則災亦謂之祥. 析言則善者謂之祥『段注』/ 又吉凶之兆皆曰祥.『徐鉉』曰 祥, 詳也. 天欲降以禍福, 先以吉凶之兆詳審告悟之也 -『康熙』 甲骨文	祥瑞(상서) 祥雲(상운) 吉祥(길상) 大祥(대상)
庠	庠	2급 广 총9	태학 **상**, 학교 **상** '广+羊(양)'으로 예관(禮官)이 효행의 근본을 교육하는 집[广] [禮官養老. 夏曰校 殷曰庠 周曰序 從广羊聲] 禮官養老. 夏曰校. 殷曰庠. 周曰序. 孟子滕文公篇曰 夏曰校. 殷曰庠. 周曰序. 史記儒林傳同. 漢書儒林傳則云. 夏曰校. 殷曰庠. 周曰序. 許同漢書. 疑今孟子, 史記有誤. 孟子曰 庠者, 養也『段注』	庠校(상교) 庠序(상서) 庠學(상학)

字	篆	部/획	訓/說明	用例
禁	禁	示 총13	4급 꺼릴 금, 금할 금 '示+林(림)'으로 다른 지역에 가면 그 지역의 꺼리는 사항, 즉 금기사항을 물어 봄[示] [吉凶之忌也 從示林聲] 吉凶之忌也 : 禁忌雙聲. 忌古亦讀如記也. 曲禮曰入竟而問禁『段注』	禁忌(금기) 禁斷(금단) 禁令(금령) 禁物(금물) 禁煙(금연) 禁止(금지)
襟	襟	衣 총18	1급 옷깃 금, 가슴 금, 합수머리 금 '衣+禁(금)'으로 옷[衣]의 목을 둘러 앞에서 여미는 부분 또는 옷깃이 서로 만나는 곳[交衽也『說文』 袍襦前袂也『廣韻』衣皆謂之襟『爾雅·釋器』霑余襟之浪浪『屈原·離騷』 襟 禁也 交于前所以禁禦風寒也 亦作衿『釋名』又作䘳『類篇』又作袊『玉篇』-『康熙』]	襟章(금장) 胸襟(흉금)
祆	祆	示 총13	1급 재앙 요 '示+芺(요)'로 '祆'는 축자, '妖'는 통용자. 땅에서 초목 등에 나타나는[示] 흉변(凶變)[地反物爲祆也 從示芺聲] 地反物爲祆也 : 左氏傳 伯宗曰 天反時爲災 地反物爲妖 民反德爲亂 亂則妖災生 釋例曰 此傳地反物惟言妖耳 洪範五行傳則妖孼禍痾眚祥六者 以積漸爲義 按虫部云 衣服歌詠艸木之怪謂之祆 禽獸蟲蝗之怪謂之蠥 此蓋統言皆謂之祆 析言則祆蠥異也 祆省作祅 經傳通作妖『段注』	

鬼 부

字	篆	部/획	訓/說明	用例
鬼	鬼	鬼 총10	3급 귀신 귀 '甶+儿+厶'로 인간[儿]이 죽으면 귀신[甶]이 되며, 귀신은 음기(陰氣)로 해를 끼치므로 사사로움[厶] [人所歸爲鬼 從人 甶象鬼頭 鬼陰气賊害 故從厶 從厶 二字今補 厶讀如私 鬼陰气賊害 故從厶 陰當作会 此說從厶之意也 神陽鬼陰 陽公陰私『段注』] 甲骨文 金文	鬼神(귀신) 鬼面(귀면) 鬼哭(귀곡) 雜鬼(잡귀)
塊	塊	土 총13	3급 덩어리 괴, 흙덩어리 괴 '土+鬼(귀)'로 흙[土]이 엉겨 덩어리짐 [俗由字 依爾雅釋文 『段注』] 凷 : 墣也 從土, 一屈象形. 塊, 凷或從鬼『說文』	塊根(괴근) 塊石(괴석) 塊炭(괴탄) 大塊(대괴)
愧	愧	心 총13	3급 부끄러워할 괴 '忄+鬼(귀)'로 본자는 '媿', '聭'. 마음[心]에 부끄러움을 느낌[媿或從恥省『說文』 慙也『爾雅·釋言』無愧於口 不若無愧於身. 無愧於身 不若無愧於心. 本作媿 從女. 或從恥省作聭. 亦作謉愧『皇極經世』-『康熙』]	愧色(괴색) 愧汗(괴한) 羞愧(수괴) 慙愧(참괴)
醜	醜	酉 총17	3급 추할 추, 보기 흉할 추, 못생길 추 '鬼+酉(유)'로 귀신[鬼]처럼 보기 흉한 모습[可惡也 從鬼酉聲] 可惡也 : 鄭風 無我魗兮 鄭云 魗亦惡也 是魗卽醜字也 凡云醜類也者 皆謂醜卽疇之假借字 疇者 今俗之儔類字也『段注』	醜惡(추악) 醜雜(추잡) 醜聞(추문) 醜漢(추한)
槐	槐	木 총14	2급 홰나무 괴 '木+鬼(귀)'로 콩과에 속하는 낙엽 교목[木] [木也 從木鬼聲] 槐木也 釋木曰 櫰槐 大葉而黑 守宮槐 葉晝聶宵炕 按此皆槐之異者『段注』	槐山(괴산 : 충북의 군 이름)
傀	傀	人 총12	2급 허수아비 괴, 클 괴/회, 귀신 괴 '亻+鬼(귀)'로 사람[亻] 모양으로 크게 만들어 논밭에 세운 물건[偉也 從人鬼聲『周禮』曰 : 大傀異]	傀然(괴연, 회연)

字	篆	급수/부수/총획	훈음 및 설명	용례
蒐	蒐	1급 艸 총14	꼭두서니 수 '艸+鬼'로 꼭두서닛과의 여러해살이 덩굴 풀[艸]로 붉은색 염료로 사용하며 어린잎은 식용으로 쓰임[茅蒐 茹藘 人血所生 可以染絳 從艸從鬼]	蒐集(수집) 蒐輯(수집)
魁	魁	1급 鬼 총14	구기 괴, 별이름 괴, 으뜸 괴, 우두머리 괴 '斗+鬼(귀)'로 '科'와 통용. 자루가 달린 술이나 국 등을 뜨는 기구[斗] [羹斗也 從斗鬼聲] 羹斗也：斗當作枓. 古斗枓通用『段注』	魁首(괴수) 功首罪魁(공수죄괴)
魏	魏	2급 鬼 총18	나라 이름 위 '鬼+委(위)'로 본자는 巍. 중국 전국시대의 나라 이름[本作巍 高也 從鬼委聲『註』徐鉉曰：今人省山以爲魏國之魏『說文』魏者, 虞舜夏禹所都之地也. 在禹貢 冀州雷首之北析城之西 周以封同姓焉『詩·魏風譜』又姓『註』-『康熙』]	魏武帝(위무제：위나라를 세운 조조)
巍	巍	1급 山 총21	높을 외/위 '鬼+委(위)'로 산이 높고 큰 모양[鬼] [高也 從鬼委聲 〖注〗臣鉉等曰：今人省山從爲魏國之魏] 高也：高者必大. 故論語注曰巍巍, 高大之稱也『段注』	巍巍(외외) 巍然(외연)

色 부

字	篆	급수/부수/총획	훈음 및 설명	용례
色	色	7급 色 총6	빛 색, 예쁜 여자 색 '人+卩'로 사람[人]의 마음속은 부절[卩]과 같아서 얼굴의 양 미간(眉間)에 나타남[顔气也 從人卩. 彡, 古文] 顔气也：顔者兩眉之閒也. 心達於气, 气達於眉閒 是之謂色. 顔气與心若合符卩 故其字從人卩『段注』	色感(색감) 色盲(색맹) 色彩(색채) 色狂(색광) 色情(색정) 色鄕(색향)
絶	絶	4급 糸 총12	끊을 절, 뛰어날 절, 힘을 다할 절 '糸+刀+卩(절)'로, 칼[刀]로 실[糸]을 자름[斷絲也 從糸刀卩聲] 斷絲也：斷之則爲二, 是曰絶. 引申之, 凡橫越之曰絶. 如絶河而渡是也. 又絶則窮. 故引申爲極. 如言絶美, 絶妙是也『段注』	絶斷(절단) 絶交(절교) 絶命(절명) 絶叫(절규) 絶景(절경) 絶好(절호)

白 부

字	篆	급수/부수/총획	훈음 및 설명	용례
白	白	8급 白 총5	흰 백, 밝을 백, 아뢸 백 '入+二'로 동방(東方)은 청색(靑色), 서방(西方)은 백색(白色)[西方色也 陰用事 物色白 從入合二 二, 陰數『說文』酒淸白『禮·內則』事酒 昔酒也. 色皆白 故以白名之. 又稻曰白, 黍曰黑『註』殷人尙白『禮·檀弓』又 素也, 潔也『增韻』-『康熙』] 從入合二 出者陽也 入者陰也 故從入『段注』	白骨(백골) 白眉(백미) 白髮(백발) 白晝(백주) 明白(명백) 潔白(결백)
伯	伯	3급 人 총7	맏 백, 높을 백 '亻+白(백)'으로 장자(長子), 장형(長兄)[亻] [長也 從人白聲] 長也：釋詁 伯, 長子也『段注』	伯父(백부) 伯兄(백형) 伯氏(백씨) 畫伯(화백)
舶	舶	2급 舟 총11	큰 배 박 '舟+白(백)'으로 '艐'과 통용. 바다를 운행하는 나무로 만든 큰 배[舟] [舟也『廣雅』海中大船『廣韻』晉曰舶『通俗文』或作艐『集韻』-『康熙』]	船舶(선박)

字	篆	級/部首/總劃	訓音 및 解說	用例
迫	(篆)	3급 辵 총9	닥칠 **박**, 다그칠 **박** '辶+白(백)'으로 가까이 다가가도록[辶] 재촉함[近也. 從辵白聲] 近也：釋言曰 逼 迫也 逼本又作偪『段注』	臨迫(임박) 迫頭(박두) 開封迫頭(개봉박두)
拍	(篆)	4급 手 총8	칠 **박**, 손뼉 칠 **박**, 허리뼈 **박** '扌+白(백)'으로 본자는 '拍'. 손[扌]으로 그 위를 침[本作拍 拊也『說文』搏也 以手搏其上也『釋名』-『康熙』]	拍手(박수) 拍車(박차) 拍掌大笑(박장대소)
柏	(篆)	2급 木 총9	측백나무 **백**, 잣나무 **백** '木+白(백)'으로 '椈'과 동자. 소나뭇과의 상록교목[木] [椈也 從木白聲] 椈也：釋木曰 柏, 椈. 禮記 鬯曰以椈 鄭曰 椈 柏也. 按椈者椈之俗『段注』	松柏(송백)
粕	(篆)	1급 米 총11	지게미 **박** '米+白(백)'으로 쌀[米]로 만든 술 재강에서 모주를 짜낸 술 찌꺼기[糟粕 酒滓也. 從米白聲]	糟粕(조박) 酒粕(주박) 沈粕(침박)
珀	(篆)	1급 玉 총9	호박 **박** '玉+白(백)'으로 지질시대의 수지(樹脂) 따위가 땅속에서 수소·산소·탄소 등과 화합하여 보석[玉]처럼 된 광물질[琥珀也]『玉篇』如石重, 色黃者, 名石珀. 文一路赤一路黃者, 名花珀. 淡者名金珀. 黑者名鷖珀. 陶弘景曰：松脂千年化爲茯苓, 又千年爲琥珀. 孫愐曰：楓脂入地爲琥珀『正字通』-『康熙』	琥珀(호박) 琥珀色(호박색)
魄	(篆)	1급 鬼 총15	넋 **백**, 몸 **백** '鬼+白(백)'으로 사람이 죽으면, 정신을 주관하는 혼(魂)은 위로 올라가고 육체를 주관하는 백(魄)[鬼]은 아래로 흩어짐[陰神也. 從鬼白聲]『說文』人之精爽也『玉篇』魄也者, 鬼之盛也『禮·祭義』耳目之聰明爲魄『註』魄, 體也『疏』-『康熙』	氣魄(기백) 魂飛魄散(혼비백산)
皆	(篆)	3급 白 총9	다 **개**, 모두 **개** '比+白'으로 안에 있는 생각을 밖으로 모두 말[白]하여 드러냄[比] [俱詞也 從比從白] 俱詞也：司部曰 詞者, 意內而言外也. 其意爲俱 其言爲皆. 以言表意, 是謂意內言外『段注』 ※比, 及也 (金文)	皆勤(개근) 皆濟(개제) 皆旣日蝕(개기일식)
階	(篆)	4급 阜 총12	섬돌 **계** '阜+皆(개)'로 높은 언덕[阜]에 오를 수 있도록 만든 계단 길[陛也. 從阜皆聲]『說文』登堂道也. 級也『玉篇』舞干羽于兩階『書·大禹謨』又 階, 梯也, 如梯之有等差也『釋名』-『康熙』	階級(계급) 階段(계단) 階次(계차) 位階(위계)
楷	(篆)	1급 木 총13	나무 이름 **해**, 곧을 **해**, 본 **해**, 본뜰 **해**, 해서(楷書) **해** '木+皆(개)'로 공자의 무덤 주위에 제자들이 각기 자기 지방의 나무[木]를 가지고 와 심음[楷木也. 孔子冢蓋樹之者 從木皆聲] 楷木也. 孔子冢蓋樹之者：皇覽云 冢塋中樹以百數 皆異種 傳言弟子各持其方樹來種之『段注』	楷書(해서) 楷式(해식) 模楷(모해) 楷條(해조)
偕	(篆)	1급 人 총11	굳셀 **해**, 함께 **해**, 함께 갈 **해** '人+皆(개)'로 굳세고 씩씩한 사람[人] [彊也 從人皆聲 『詩』曰 偕偕士子. 一曰俱也] 彊也：小雅北山. 偕偕士子. 傳曰偕偕, 强壯皃『段注』	偕樂(해락) 偕老(해로)

諧	諧	1급 言 총16	어울릴 해, 화할 해, 이룰 해 '言+皆(개)'로 악기의 여러 소리[言]가 하모니를 이루듯, 잘 조화를 이룸[詥也 從言皆聲] 又穪也『廣雅』合也, 調也『玉篇』克諧以孝『書·堯典』又八音克諧『舜典』如樂之和, 無所不諧『左傳·襄十一年』-『康熙』	諧調(해조) 諧謔(해학)
皓	皓	2급 白 총12	흴 호, 밝을 호 '白+告(고)'로 동자는 '皜'. 달이 높이 떠올라 밝음[白] [光也 『爾雅·釋詁』白也 『小爾雅』皓皓, 明也 『博雅』月出皓兮『詩·陳風』明星皓皓『揚子·淵騫篇』又潔白也『集韻』同皜『玉篇』或作皥暭皡『集韻』從日作晧『廣韻』-『康熙』]	皓然(호연) 皓月(호월) 皓齒(호치) 皓皓(호호)
浩	浩	2급 水 총15	클 호 'ㅊ+皓(호)'로 동자는 '浩'. 물[ㅊ]이 넓고 크게 흐르는 모양 [同浩『集韻』-『康熙』] 浩：澆也. 按澆當作沆 字之誤也. 澆者, 浂也. 浂非浩義. 泛浩沆同義『段注』	鄭澔(정호：조선의 문신)
皇	皇	3급 白 총9	임금 황, 황제 황 '自+王'으로 시황제와 같은 큰 임금[大也 從自王 自, 始也. 始皇者 三皇 大君也. 自 讀若鼻 今俗以始生子爲鼻子 白虎通曰三皇者何. 伏羲, 神農, 燧人. 則改燧人居第三. 恐非舊也. 鄭依春秋緯. 伏羲, 女媧, 神農爲三皇. 皇甫謐說同. 大君也. 始王天下, 是大君也. 故號之曰皇. 因以爲凡大之穪『段注』	皇室(황실) 皇城(황성) 皇恩(황은) 皇帝(황제)
遑	遑	1급 辶 총13	허둥지둥할 황, 한가할 황 '辶+皇(황)'으로 몹시 급하게 서둘러 허둥댐[辶] [急也 從辶皇聲 或從彳『說文』暇也『玉篇』莫敢或遑『詩·召南』又不遑啓處 又急也『小雅』不遑暇食『書·無逸』遑在心 暇在事 事宂曰不暇 心勤曰不遑『註』又與皇通 - 『康熙』	遑急(황급) 遑忙(황망) 奔遑(분황) 憂遑(우황)
惶	惶	1급 心 총12	두려울 황 '心+皇(황)'으로 어떤 큰 일로 인해 마음[心]에 두려움을 느낌[恐也 從心皇聲]	惶悚(황송) 驚惶(경황)
凰	凰	1급 几 총11	봉새 황 '几+皇(황)'으로 봉황새의 암컷 모양[几] [鶠鳳, 其雌皇『爾雅·釋鳥』雞頭蛇頸燕頷龜背魚尾 五采色 高六尺許『註』丹穴之山有鳥焉 其狀如鶴 首文曰德 翼文曰順 背文曰義 膺文曰仁 腹文曰信. 見則天下大安『山海經』雄曰鳳, 雌曰凰 古詩：鳳兮鳳兮求其凰『韻會』又或作鶝『集韻』-『康熙』]	鳳凰(봉황) 鷄棲鳳凰食(계서봉황식)
煌	煌	1급 火 총13	빛날 황 '火+皇(황)'으로 어둠을 밝히는 불[火]빛[煇也 從火皇聲]	煌煌(황황) 輝煌燦爛(휘황찬란)
徨	徨	1급 彳 총12	배회할 황 '彳+皇(황)'으로 목적 없이 여기저기 배회하며 돌아다님[彳] [彷徨也『玉篇』彷徨, 猶徘徊也『正韻』嫫母飾姿而矜夸 西子彷徨而無家 又徊徨『鹽鐵論』夕獨處而徊徨『梁武帝孝思賦』又彷徨, 往來『集韻』-『康熙』]	彷徨(방황) 夢中彷徨(몽중방황)
皋	皋	2급 白 총11	부르는 소리 고, 늪 고, 성씨 고 '夲+白'으로 '皐'와 동자. 사람이 죽었을 경우, "지붕 위에 올라가[夲] 혼을 불러 말하기[白]를, 아아! 아무개여 돌아오라 하고 소리침[升屋而號告曰 皐某復]." [同皐『玉篇』-『康熙』皋：气皋白之進也. 從夲從白.『禮』：祝曰皋, 登謌曰奏 故皋奏皆從夲.『周禮』曰：詔來鼓皋舞』 ※夲, 同夲. 見『漢典』'夲'字/ 夲：進趣也. 從大從十. 大十, 猶兼十人也. 凡夲之屬皆從夲	皐復(고복) 皐蘭寺(고란사：충남 부여에 있는 절)

한자	전서	급수/부수/총획	훈음 및 설명	용례
的	㫄	5급 白 총8	과녁 적, 목표 적, 접미사 적 '白←日+勺(작)'으로 정곡(正鵠)이 해[日]처럼 둥글고 명확함[明也 從日勺聲] ※예서에서 '白'으로 변함.	標的(표적) 的中(적중) 的確(적확) 公的(공적)
酌	酌	3급 酉 총10	술 작, 술 따를 작, 짐작할 작 '酉+勺(작)'으로 술[酉]을 가득 부어 잔을 보냄[盛酒行觴也 從酉勺聲]	對酌(대작) 自酌(자작) 添酌(첨작) 淸酌(청작) 參酌(참작) 酌量(작량)
釣	釣	2급 金 총11	낚시 조 '金+勺(작)'으로 굽은 쇠[金]로 물고기를 낚는 것[鉤魚也 從金勺聲] 鉤魚也 : 鉤者, 曲金也. 以曲金取魚謂之釣『段注』	釣竿(조간) 釣臺(조대) 釣絲(조사) 釣況(조황)

❈ 赤 부

한자	전서	급수/부수/총획	훈음 및 설명	용례
赤	炎	5급 赤 총7	붉을 적, 벌거벗을 적 '土←大+灬'로 붉은색의 불[火]빛이 지극히 밝음[大] [南方之色也 從大從火. 盋, 古文從炎土] 鄭注易曰 : 朱深於赤. 按赤色至明. 引申之, 凡洞然昭著皆曰赤. 赤體謂不衣也, 赤地謂不毛也. 從大者, 言大明也『段注』	赤色(적색) 赤旗(적기) 赤手(적수) 赤子(적자)
赫	爀	2급 赤 총14	붉을 혁, 빛날 혁 '赤+赤'에서 지극히 밝고[赤] 붉은[赤] 불 모양 [火赤貌 二赤]	赫赫(혁혁) 朴赫居世(박혁거세 : 신라의 시조)
爀	爀	2급 火 총18	불빛 혁 '火+赫(혁)'으로 큰 불[火]이 붉게 타오르는 모양[大赤也 從火赫聲]	鮮于爀(선우혁 : 독립운동가)
赦	赦	2급 赤 총11	용서할 사, 놓을 사, 채찍질할 책 '攵+赤(적)'으로 죄에 해당하는 형벌[攵]을 용서함[置也 從攴赤聲] 置 : 网部曰 置, 赦也 二字互訓 赦與捨音義同. 非專謂赦罪也. 後捨行而赦廢. 赦專爲赦罪矣『段注』	赦免(사면) 特赦(특사) 大赦(대사)

❈ 靑 부

한자	전서	급수/부수/총획	훈음 및 설명	용례
靑	靑	8급 靑 총8	푸를 청, 젊을 청 '丹+生'으로 정성스럽게[丹] 식물을 가꾸어 처음 땅 위로 나올[生] 때의 색[東方色也 木生火 從生丹] 靑, 生也. 象物之生時色也『釋名』靑出之藍而靑於藍『荀子·勸學篇』-『康熙』/ 草木之生, 其色靑也『字源字典』	靑色(청색) 靑史(청사) 靑銅(청동) 靑雲(청운) 靑年(청년) 靑春(청춘)
淸	淸	6급 水 총11	맑을 청, 깨끗할 청, 나라 이름 청 'ⅰ+靑(청)'으로 강물[ⅰ]이 맑고 깨끗한 모양[朗也 澂水之貌 從水靑聲]	淸潔(청결) 淸凉(청량) 淸廉(청렴) 淸貧(청빈)
情	情	5급 心 총11	뜻 정, 사랑 정, 인정 정, 사실 정 '忄+靑(청)'으로 희로애락(喜怒哀樂)의 인간의 감정[心] [人之陰氣有欲者 從心靑聲] 性之動也. 從心靑聲『正韻』喜怒哀樂愛惡, 謂六情『白虎通』何謂人情. 喜怒哀懼愛惡欲. 七者弗學而能『禮·禮運』-『康熙』	感情(감정) 多情(다정) 同情(동정) 情熱(정열)
請	請	4급 言 총15	청할 청 '言+靑(청)'으로 어떤 일을 이루기 위해 남에게 자기의 생각을 말함[言] [謁也 從言靑聲]	請求(청구) 請婚(청혼) 請託(청탁) 請願(청원)

晴	晴	3급 日 총12	갤 청 '夕+生(생)'으로 '姓, 睲과 동자. 내리던 비가 그쳐 낮에는 해[日], 밤[夕]에는 별을 볼 수 있음[姓或作晴睲『韻會』雨止也, 晴明也, 無雲也『玉篇』天晴而見景星『史記·天官書』又 姓, 雨而夜除星見也『說文』今俗作晴, 非『註』-『康熙』]	晴天(청천) 晴雨(청우) 快晴(쾌청)
猜	猜	1급 犬 총11	원망할 시, 싫어할 시, 시기할 시, 시새울 시 '犬+靑(청)'으로 개[犬]가 해치려 하니 못마땅하게 여기어 탓하거나 불평을 품고 미워함[恨賊也 從犬靑聲] 猜, 恨也『揚子·方言』又疑也, 懼也『玉篇』又 猜, 很也『小爾雅』-『康熙』	猜忌(시기) 猜謗(시방) 兩小無猜(양소무시) 猜惡之心(시오지심)
睛	睛	1급 目 총13	눈알 정 '目+靑(청)'으로 눈[目]구멍 안에 박힌 공 모양의 기관[目珠子也『玉篇』略睛, 不悅目貌『字林』又與眹同『集韻』-『康熙』]	睛眸(정모) 畵龍點睛(화룡점정)
靖	靖	1급 靑 총13	편안할 정 '立+靑(청)'으로 몸과 마음이 편안히 안정됨[立] [立竫也 從立靑聲 一曰細皃]	靖國(정국) 靖難(정난)

❈ 黃 부

黃	黃	6급 黃 총12	누를 황 '田+灷(광)'으로 땅[田]의 색이 '노랗다'에서 [地之色也 從田從灷 灷亦聲 灷 古文光]	黃菊(황국) 黃鳥(황조) 黃熟(황숙) 黃泉(황천)
橫	橫	3급 木 총16	빗장 횡, 가로지를 횡, 가로 횡, 제멋대로 횡, 가로챌 횡 '木+黃(황)'으로 난간이나 문에 빗장을 치는 데 쓰는 나무[木] [闌木也 從木黃聲] 又縱橫也. 東西曰縱, 南北曰橫. 亦作從橫『唐韻』-『康熙』	橫斷(횡단) 橫貫(횡관) 橫領(횡령) 橫行(횡행)

❈ 玄 부

玄	玄	3급 玄 총5	검을 현, 검붉을 현, 그윽할 현, 오묘할 현, 현손 현 '繩'와 통칭. 한번 검게 물들인 명주[繩]에 다시 검은색으로 물들이면 은은히 붉은색이 남아 있으나 일곱 번을 반복하면 붉은색이 보이지 않게 됨[幽遠也. 黑而有赤色者爲玄. 象幽而入覆之也. 帛, 古文玄] 幽遠之 : 老子曰玄之又玄, 衆妙之門. 高注淮南子曰天也. 聖經不言玄妙. 而入覆之也. 幽遠之意. 許書作繩. 繩旣微黑. 又染則更黑. 而赤尙隱隱可見也. 故曰黑而有赤色. 至七入則赤不見矣. 繩與玄通偁. 故禮家謂繩布衣爲玄端『段注』	玄米(현미) 玄妙(현묘) 玄黃(현황) 深玄(심현) 天地玄黃(천지현황) 妙契玄化(묘계현화) 高玄墳墓(고현분묘)
絃	絃	3급 糸 총11	악기 줄 현 '糸+玄(현)'으로 실[糸]로 만든 현악기의 줄[琴瑟弦. 亦用弦字作絃者, 非『五經文字』按經典弦通作絃. 聞絃歌之聲『論語』-『康熙』	絃琴(현금) 絃樂(현악) 斷絃(단현) 彈絃(탄현)
弦	弦	3급 弓 총8	활시위 현, 악기 줄 현, 반달 현 '弓+玄(현)'으로 활[弓]대에 걸어서 켕기는 줄[弓弦也 從弓 象絲軫之形]	弦矢(현시) 弦琴(현금) 上弦(상현) 下弦(하현)
炫	炫	2급 火 총9	빛날 현, 자랑스러울 현 '火+玄(현)'으로 불꽃[火]이 밝게 빛남 [爛燿也 從火玄聲] 耀光也『玉篇』明也, 火光也『廣韻』炫熿于道『戰國策』-『康熙』	眩耀・炫耀(현요)

자	전서	급수/부수/총획	뜻풀이	용례
鉉	鉉	2급 / 金 / 총13	솥귀 **현** '金+玄(현)'으로 솥[金]을 들기 위해 만든 것으로 그 운두 위로 두 귀처럼 뾰족이 돋은 부분[所以擧鼎也 從金玄聲]	鉉席(현석) 崔鉉培(최현배 : 국어학자)
眩	眩	1급 / 目 / 총10	아찔할 **현**, 현혹할 **현**, 어두울 **현**, 요술 **환**(=幻) '目+玄(현)'으로 무엇에 정신이 흘려 제대로 보지[目] 못함[目無常主也 從目玄聲]惑也. 亂也.『博雅』敬大臣則不眩『中庸』俗儒好是古非今, 使人眩于名實『前漢·元帝紀』眩, 亂視也『師古註』又 眠眩, 亂也. 瞑眩, 劇也 -『康熙』	眩亂(현란) 眩氣症(현기증)
衒	衒	1급 / 行 / 총11	자랑할 **현**, 팔 **현** '行+玄(현)'으로 스스로 자랑하고 다니면서[行] 물건을 팖[賣也『廣雅』自矜也『韻會』自媒也『廣韻』武帝初卽位 方士多上書言得失 衒鬻者以千數『前漢·東方朔傳』衒, 行賣也『師古註』作衒『說文』通作眩『六書正譌』-『康熙』]	衒學(현학) 衒言(현언)
玆	玆	3급 / 玄 / 총10	검을 **현**, 이 **자** '玄+玄'으로 검게[玄] 물들인 것을 또 검게[玄] 물들임[黑也 從二玄『春秋傳』曰 何故使吾水玆 春秋傳曰 何故使吾水玆 : 見左傳哀八年 釋文曰 玆音玄 本亦作滋『段注』	今玆(금자) 來玆(내자) 在玆(재자)
慈	慈	3급 / 心 / 총13	사랑 **자**, 어머니 **자** '心+玆(자)'로 부모가 자식을 사랑하는 마음[心] [愛也 從心玆聲『說文』父母之愛子也『精薀』又慈母如母, 謂養母也『儀禮』又慈以甘旨『禮·內則』慈, 謂愛敬進之也 又慈和 服物也『註』-『康熙』]	慈悲(자비) 慈善(자선) 仁慈(인자) 慈堂(자당) 慈母(자모) 慈親(자친)
滋	滋	2급 / 水 / 총12	불을 **자**, 번식할 **자**, 더러울 **자**, 물 이름 **자** 'ㆍ+玆(자)'로 물[ㆍ]이 한꺼번에 많이 모여 불어남[益也 從水玆聲 一曰滋水 出牛飮山白陘谷 東入呼沱]	滋味(자미) 滋養分(자양분)
磁	磁	2급 / 石 / 총14	자석 **자**, 사기 그릇 **자** '石+玆(자)'로 쇠를 끌어당기는 돌[石] 이름[石名 可以引鐵『說文』本作礠 省從玆『正韻』-『康熙』]	磁極(자극) 磁氣(자기) 磁石(자석) 磁性(자성)
率	率	3급 / 玄 / 총11	새그물 **수**, 우두머리 **수**, 거느릴 **솔**, 앞장설 **솔**, 대략 **솔**, 비율 **률** '絲+网'으로 실[玄]로 짠 새를 잡는 그물[网] [捕鳥畢也 象絲网. 上下其竿柄也『說文』遵也『玉篇』循也『廣韻』率西水滸『詩·大雅』循也『註』又領也, 將也『廣韻』-『康熙』] 甲骨文 金文	率先(솔선) 率直(솔직) 引率(인솔) 輕率(경솔)

黑 부

자	전서	급수/부수/총획	뜻풀이	용례
黑	黑	5급 / 黑 / 총12	검을 **흑** '炎+囧'으로 불을 피워[炎] 굴뚝으로 나오는 검은 연기[囧]색[北方色也 火所熏之色也 從炎上出囧 古窗字] 甲骨文 金文	黑白(흑백) 黑髮(흑발) 黑鉛(흑연) 黑炭(흑탄)
墨	墨	3급 / 土 / 총15	먹 **묵** '黑+土'로 검은[黑] 흙[土]으로 만든 먹[書墨也 從土黑] 書墨也 : 聿下曰 所以書也. 楚謂之聿. 吳謂之不律. 燕謂之弗. 秦謂之筆. 此云墨, 書墨也『段注』	墨家(묵가) 墨客(묵객) 墨畵(묵화) 墨香(묵향)

Ⅲ 동물

길짐승 및 관련 부수

牛 犬 羊 虍 豕 鹿 鼠 豸 馬 角 釆 内

牛	牽	犬	狀	獄	獲	犯	獸	獵	羊	美	羨
犀遲		默			穫護	氾范		蠟臘	姜翔恙	洋詳	

群	義	羲	着	羞	犧	虍	虎	號	處	虛	虐
	議儀	窯			犧	琥				墟噓	瘧謔

虜	豕	象	豫	豚	豬	豪	鹿	麗	鼠	豸	馬
擄		像		逐遂琢啄塚		濠壕	塵麓	驪灑		貌	罵駁

驛	駝	騰	馮	駒	角	解	釆	采	内	禽	
擇譯澤釋鐸繹	陀舵	勝膽藤	憑	鉤枸		懈邂	採彩菜埰		禹	擒	

牛 부

		급수	훈·음·해설	용례
牛	半	5급 牛 총4	소 우 희생(犧牲)에 쓰는 큰 소의 머리와 뿔, 꼬리 모양[大牲也 牛, 件也 ; 件, 事理也 象角頭三, 封尾之形 徐鍇曰 : 件, 若言物一件, 二件也. 封, 高起也] 甲骨文 金文	韓牛(한우) 鬪牛(투우) 牛乳(우유) 牛步(우보) 牛耳讀經(우이독경)
犀	犀	1급 牛 총12	무소 서, 무소 뿔 서 '牛+尾(미)'로 코뿔소과에 속하는 동물로 돼지와 비슷하며 코와 이마에 뿔이 있는 소[牛] [徼外牛 一角在鼻 一角在頂 似豕 從牛尾聲] 犀, 似豕『爾雅·釋獸』 黃支國獻犀牛『前漢·平帝紀』 釐山有獸, 狀如牛, 食人, 其名犀渠『山海經』-『康熙』 金文	犀角(서각) 犀牛(서우)
遲	遲	3급 辶 총16	더딜 지, 늦을 지 '辶+犀(서)'로 서두르지 않고 천천히 감[辶] [徐行也『詩』曰 : 行道遲遲 久也, 緩也『廣韻』君子之容舒遲『禮·玉藻』又無體之禮, 威儀遲遲『孔子閒居』緩而不迫也『註』-『康熙』	遲刻(지각) 遲明(지명) 遲延(지연) 遲參(지참)
牽	牽	3급 牛 총11	끌 견, 끌어당길 견 '冂+牛+玄(현)'으로 소[牛]의 고삐[冂]를 잡고 끌며 앞으로 감[引而前也 從牛 象引牛之縻也 玄聲]	牽引(견인) 牽馬(견마) 牽制(견제) 牽牛(견우)

犬 부

		급수	훈·음·해설	용례
犬	犬	4급 犬 총4	개 견 개의 목줄과 발을 특징적으로 그린 것[狗之有縣蹄者也 象形 孔子曰 視犬之字 如畵狗也] 甲骨文 金文	軍犬(군견) 愛犬(애견) 鬪犬(투견) 犬猿(견원)
默	默	3급 黑 총16	잠잠할 묵 '犬+黑(흑)'으로 개[犬]가 소리 없이 잠시 사람을 뒤쫓아 감[犬暫逐人也 從犬黑聲] 犬暫逐人也 : 叚借爲人靜穆之偁. 亦作嘿『段注』	默過(묵과) 默殺(묵살) 默念(묵념) 默契(묵계)
狀	狀	4급 犬 총8	모양 상, 문서 장, 편지 장 '犬+爿(장)'으로 개[犬] 모양[犬形也 從犬爿聲『說文』形也『玉篇』知鬼神之情狀『易·繫辭』又形容之也, 陳也『韻會』-『康熙』]	狀態(상태) 狀況(상황) 賞狀(상장) 訴狀(소장)
獄	獄	3급 犬 총14	감옥 옥 '言+犾'로 감옥을 두 마리 개[犬, 犬]가 짖으며[言] 견고히 지킴[确也 從犾從言 二犬 所以守也] 确也 : 召南傳曰 獄, 埆也. 埆同确. 堅剛相持之意『段注』 金文	獄死(옥사) 監獄(감옥) 地獄(지옥) 刑獄(형옥)
獲	獲	3급 犬 총17	얻을 획 '犭+蒦(획)'으로 사냥개[犭]가 새[隹]를 물어와 손[又]으로 잡음[獵所獲也 從犬蒦聲]	獲得(획득) 獲利(획리) 捕獲(포획) 濫獲(남획)
穫	穫	3급 禾 총19	거둘 확, 벨 확 '禾+蒦(획)'으로 벼[禾]를 베어 거두어들임[刈穀也 從禾蒦聲]	收穫(수확) 一穫千金(일확천금)
護	護	4급 言 총21	호위할 호, 도울 호, 보호할 호 '言+蒦(획)'으로 따라다니며 곁에서 보호하고 지키며 말함[言] [救視也 從言蒦聲] 助也『廣韻』擁之也『增韻』-『康熙』	護國(호국) 護喪(호상) 護送(호송) 護衛(호위)

字	篆文	級/部首/총획	뜻과 풀이	용례
犯	犯	4급 犬 총5	범할 **범** '犭+㔾(절)'로 개[犬]가 들어가서는 안 되는 경계나 지역 따위를 넘어 들어감[侵也 從犬㔾聲] 侵也 : 本謂犬 假借之謂人『段注』/ 抵觸也『玉篇』干也, 侵也, 僭也, 勝也『廣韻』 -『康熙』	犯人(범인) 犯法(범법) 犯罪(범죄) 累犯(누범)
氾	氾	1급 水 총5	넘칠 **범** '水+㔾(절)'로 물[水]이 길게 뻗어 넘쳐남[濫也 從水㔾聲] 水延漫也『韻會』又普博也『玉篇』氾埽曰埽『禮·少儀』氾, 廣也『疏』大賓來, 主人宜廣埽之. 又與汎同 -『康熙』	氾濫·汎濫(범람) 氾溢(범일)
范	范	2급 艸 총9	풀이름 **범**, 성 **범** '艸+氾(범)'으로 풀[艸]이름[艸也 從艸氾聲] 又蠭也 又姓 -『康熙』	范仲淹(범중엄 : 중국 북송의 정치가)
獸	獸	3급 犬 총19	짐승 **수** '嘼+犬'으로 개[犬], 호랑이, 표범 등과 같이 네 발 달린 짐승[嘼] [守備也 一曰 兩足曰禽 四足曰獸 從嘼從犬] 守備者也 : 能守能備, 如虎豹在山是也『段注』 金文	獸心(수심) 獸醫(수의) 獸性(수성) 猛獸(맹수) 百獸(백수) 野獸(야수)
獵	獵	2급 犬 총18	사냥할 **렵**, 사냥 **렵** '犬+巤(렵)'으로 개[犬]를 풀어 날짐승을 쫓아 사냥함[放獵逐禽也 從犬巤聲] ※巤(갈기 렵) : 巛[머리털]+囟[머리]+ 머리털이 늘어진 모양.	狩獵(수렵) 獵奇(엽기) 獵夫(엽부) 獵場(엽장)
蠟	蠟	1급 虫 총21	밀 **랍** '虫+巤(렵)'으로 벌[虫]이 만든 꿀 찌끼를 끓여 짜낸 기름 [蜜滓也『玉篇』蜂之化蜜, 必取匿豬之水, 注之蠟房, 而後成蜜 故謂之蠟者, 蜜之蹠也『陸佃云』蟲白蠟『本草』-『康熙』]	榕蠟(접랍)
臘	臘	1급 肉 총19	납향 **랍** '肉+巤(렵)'으로 납일(臘日)에 음식[肉]을 차려 놓고 그 한 해에 지은 농사 형편과 그 밖의 일을 여러 신에게 고하는 제사 [冬至後三戌 臘祭百神 從肉巤聲]	臘享(납향) 臘月(납월) 舊臘(구랍)

✤ 羊 부

字	篆文	級/部首/총획	뜻과 풀이	용례
羊	羊	4급 羊 총6	양 **양** 순한 양의 머리, 뿔, 다리, 꼬리 모양[祥也 從丷, 象頭角足尾之形 孔子曰 牛羊之字以形擧也] 祥也 : 考工記注曰 羊, 善也『段注』 甲骨文 金文	羊腸(양장) 綿羊(면양) 牧羊(목양) 牛羊(우양)
姜	姜	2급 女 총9	성 **강**, 굳셀 **강** '女+羊(양)'으로 신농씨(神農氏) 후손의 성[神農居姜水 因水爲姓 從女羊聲] 甲骨文 金文	
翔	翔	1급 羽 총12	빙빙 돌아 날 **상**, 날 **상** '羽+羊(양)'으로 새가 날개[羽]를 펴고 빙빙 돌아 남[回飛也 從羽羊聲] 釋鳥 鳶烏醜 其飛也翔 郭云 布翅翺翔 高注淮南曰 翼上下曰翺 直刺不動曰翔. 曲禮 室中不翔. 鄭曰 行而張拱曰翔. 此引伸假借也『段注』	鳳翔(봉상) 燕翔(연상) 趨翔(추상) 沈翔(침상) 翔貴(상귀) 翔舞(상무)
恙	恙	1급 心 총10	근심 **양** '心+羊(양)'으로 애를 태워 마음[心]에 병이 생김[憂也 從心羊聲『說文』恙, 憂也『爾雅·釋詁』憂也, 病也『廣韻』-『康熙』]	恙憂(양우) 無恙(무양)
美	美	6급 羊 총9	아름다울 **미**, 맛이 좋을 **미** '羊+大'로 양[羊]이 크고[大] 살쪄 아름답고 맛이 좋음[甘也 從羊從大 羊在六畜主給膳也] 從羊大 : 羊大則肥美. 六牲馬牛羊豕犬鷄也『段注』 甲骨文 金文	美觀(미관) 美男(미남) 美談(미담) 美德(미덕) 美味(미미) 美食(미식)

字	篆	급수/부수/총획	훈음 및 해설	용례
洋	洋	6급 水 총9	큰 바다 **양**, 서양 **양** '氵+羊(양)'으로 강[氵] 이름[洋水, 出齊 臨朐 高山 東北入鉅定]	洋服(양복) 洋裝(양장) 洋夷(양이) 洋酒(양주)
詳	詳	3급 言 총13	자세할 **상** '言+羊(양)'으로 자세히 살피어 논의함[言] [審議也 從言羊聲『說文』 審也, 論也, 諟也『玉篇』 語備也『增韻』 詳乃視聽『書·蔡仲之命』 審也『傳』 - 『康熙』]	詳明(상명) 詳報(상보) 詳說(상설) 詳細(상세) 詳述(상술)
羨	羨	1급 羊 총13	부러워할 **선**, 넘칠 **선**, 넉넉할 **선**, 나머지 **선**, 묘도 **연** '次+羑'로 선(善)한 행동[羑]을 탐내어 침[次]을 흘림[貪欲也 從次從羑省 羑呼之羨 文王所拘羨里 又餘也『廣韻』 四方有羨『詩·小雅』 羨, 餘也『傳』 四方之人, 盡有饒餘『箋』- 『康熙』] ※羑里 : 은(殷)의 주(紂)가 문왕을 가둔 곳. 은대의 감옥.	羨望(선망) 欽羨(흠선) 羨餘(선여) 羨道(연도)
群	羣	4급 羊 총13	무리 **군** '羊+君(군)'으로 양[羊]은 무리지어 다니기를 좋아함[羣, 俗作群『五經文字』-『康熙』] 羣 : 輩也 從羊君聲『說文』 (金文)	群像(군상) 群衆(군중) 群雄(군웅) 群集(군집) 拔群(발군) 匹群(필군)
義	義	4급 羊 총13	옳을 **의**, 바를 **의** '我+羊'으로 선(善)한 양[羊]처럼, 나[我]를 위엄 있고 올바르게 함[己之威義也 從我從羊 (甲骨文)(金文) 〖注〗臣鉉等曰 : 此與善同意, 故從羊 己之威義也 : 義各本作儀. 今正. 古者威儀字作義. 今仁義字用之『段注』 /義, 宜也. 裁制事物, 使各宜也『釋名』 利物足以和義『易·乾卦』 又立人之道, 曰仁與義『說卦傳』 -『康熙』]	義氣(의기) 義理(의리) 義務(의무) 義憤(의분) 義絶(의절) 義俠(의협) 講義(강의)
議	議	4급 言 총20	의논할 **의** '言+義(의)'로 의견을 주고받으며 서로 마땅함을 얻기 위해 해결 방안을 말함[言] [語也. 從言義聲] 語也 : 上文云論難曰語. 又云語, 論也. 是論議語三字爲與人言之稱. 按許說未盡. 議者, 誼也. 誼者, 人所宜也. 言得其宜之謂議『段注』	議決(의결) 議論(의론) 議席(의석) 問議(문의)
儀	儀	4급 人 총15	법 **의**, 예의 **의**, 거동 **의** '人+義(의)'로 사람[人]이 지켜야 할 예의범절이나 법도[度也. 從人義聲] 度也 : 度, 法制也. 毛傳曰儀, 善也. 又曰儀, 宜也. 又曰儀, 匹也. 其義相引伸『段注』	儀禮(의례) 儀式(의식) 儀典(의전) 禮儀(예의)
羹	羹	1급 羊 총19	국 **갱**, 국 끓일 **갱** '羔+美'로 새끼 양[羔]고기 국물 맛이 매우 좋음[美] [小篆 從羔從美. 此是小篆則知上三字古文, 籒文也 不先小篆者『段注』] ※鬻 : 五味香羹也 或省作鬻 或省作䰼 小篆作羹『說文』	肉羹(육갱) 羊羹(양갱)
窯	窯	1급 穴 총15	가마 **요**, 오지그릇 **요**, 굽는 구멍 **요** '穴+羔(고)'로 기와·그릇 등을 굽는 집[穴] [燒瓦竈也 從穴羔聲]	窯業(요업)
着	着	5급 羊 총11	나타날 **저**, 지을 **저**, 생각할 **저**, 붙을 **착**, 입을 **착**, 손댈 **착** '羊+目'으로 본자는 '著'. 풀이 땅 위로 나와 눈에 띄듯, 양(羊)도 눈[目]에 잘 띔[明也『博雅』 形則著『中庸』 十二月一著『管子·立政篇』 著, 標著也, 使儈曹署著其名『註』 著, 俗作着『直音』 -『康熙』]	着工(착공) 着根(착근) 着陸(착륙) 着服(착복) 着想(착상) 着手(착수) 附着(부착) 發着(발착)

羞	羊 총11	1급	진헌할 수, 좋은 음식 수, 부끄러워할 수 '羊+丑(축)'으로 종묘 제사에 양[羊]고기를 올려 바침[進獻也 從羊 羊 所進也 從丑 丑亦聲] 進獻也：宗廟犬名羹獻. 犬肥者獻之. 犬羊一也. 故從羊 引申之, 凡進皆曰羞. 今文尚書 次二曰羞用五事. 羞, 進也『段注』	羞恥(수치) 珍羞盛饌(진수성찬)
羲	羊 총16	2급	숨 희, 사람 이름 희 '丂←兮+義(의)'로 사람이 내쉬는 숨[丂] [气也. 從兮義聲『說文』 乃命羲和『書·堯典』 重黎之後 羲氏 和氏 世掌天地四時之官 又姓『傳』-『康熙』] 气也：謂气之吹噓也 按气下當有奪字『段注』	伏羲(복희：중국 신화에 나오는 사람으로 처음으로 팔괘를 만든 인물)
犧	牛 총20	1급	희생 희 '牛+羲(희)'로 천지신명이나 사당에서 제사를 지낼 때 재물로 바치는 산 짐승인 희생[牛] [宗廟之牲也 從牛羲聲] 宗廟之牲也：魯頌. 享以騂犧. 毛傳. 犧, 純也. 曲禮. 天子以犧牛. 鄭云. 犧, 純毛也. 牧人. 祭祀共其犧牲. 鄭云. 犧牲, 毛羽完具也『段注』	犧牲(희생)

✤ 虍 부

虍	虍 총6		범 문채 호, 범 호 호랑이 무늬 모양[虎文也. 象形]	
虎	虍 총8	3급	범 호 '虍+儿'으로, 산짐승의 우두머리인 호랑이의 머리[虍]와 다리[儿] 모양[山獸之君. 象形. 從虍從儿 虎足象人足也]	虎口(호구) 虎班(호반) 虎皮(호피) 虎穴(호혈) 虎患(호환) 猛虎(맹호)
琥	玉 총12	1급	옥 병부 호, 옥그릇 호, 호박 호 '玉+虎(호)'로 옥(玉)으로 만든 범 모양의 홀, 즉 병사가 출병할 때 천자가 주는 단옥(端玉)[發兵瑞玉 爲虎文 從玉從虎 虎亦聲 『春秋傳』曰：賜子家雙琥]	琥珀(호박)
號	虍 총13	6급	부르짖을 호, 이름 호, 번호 호 '虎+号(호)'로 범[虎]이 포효(咆哮)하는 우렁찬 소리[嘑也 從虎從号 号亦聲]	號令(호령) 號哭(호곡) 國號(국호) 符號(부호) 別號(별호) 信號(신호)
處	虍 총11	4급	살 처, 머무를 처, 처리할 처 '処+虍(호)'로 머물러 생활하며 사는 곳[処] [處或從虍聲. 今或體獨行. 轉謂処俗字『段注』 居也『玉篇』莫或遑處『詩·王風』又止也. 其後也處『詩·召南』留也, 息也, 定也『廣韻』又居室也. 于時處處『詩·大雅』-『康熙』]	處所(처소) 定處(정처) 難處(난처) 處決(처결)
虛	虍 총12	4급	16정(井) 거, 터 허, 빌 허, 헛될 허 '丘+虍(호)'로 4개 읍(邑) 면적 정도의 큰 지역[丘] [大丘也 昆侖丘謂之崑崙虛 古者九夫爲井 四井爲邑 四邑爲丘 丘謂之虛 從丘虍聲] 空虛也『正韻』又謂土之人大『大戴禮』虛, 縱也. 又孤虛『註』-『康熙』]	虛構(허구) 虛飢(허기) 虛禮(허례) 虛想(허상) 虛勢(허세) 虛飾(허식)
墟	土 총15	1급	큰 언덕 허, 터 허, 저자 허 '土+虛(허)'로 큰 언덕이나 옛 성터[土] [大丘也『說文』又故城. 又大壑 又商賈貨物輻湊處, 古謂之務, 今謂之集, 又謂之墟 -『康熙』]	墟墓(허묘) 廢墟(폐허)

Ⅲ. 동물 185

자	전서	급수/부수/총획	훈음 및 설명	갑골문/금문	용례
噓	噓	1급 / 口 / 총14	불 허 '口+虛(허)'로 입[口]으로 입김을 내뿜음[吹也 從口虛聲『說文』吹噓『玉篇』出氣急曰吹, 緩曰噓『聲類』嚱唇吐氣曰吹, 虛口出氣曰噓『正韻』-『康熙』]		吹噓(취허)
虐	虐	2급 / 虍 / 총9	해롭게 할 학, 사나울 학 '虍+爪+人'으로 범[虎]이 사나운 발톱[爪]으로 사람[人]을 해침[殘也 從虍爪人 虎足反爪人也. 𧆨, 古文虐如此『注』𧆨, 亦古文虐. 虎足反爪人也 : 覆手曰爪. 虎反爪鄕外攫人是曰虐『段注』/ 苛也『增韻』又災也 -『康熙』]	甲骨文	虐待(학대) 虐殺(학살) 虐政(학정) 自虐(자학)
瘧	瘧	1급 / 疒 / 총15	학질 학 '疒+虐(학)'으로 모기가 매개하는 말라리아 원충에 의한 전염병[疒]으로, 고열과 한기를 나게 하고 적혈구의 파괴로 빈혈 및 황달을 일으키는 질병[熱寒休作 從疒從虐 虐亦聲 寒勢休作病 : 謂寒與熱一休一作相代也. 釋名曰 瘧, 酷虐也『段注』]		瘧疾(학질)
謔	謔	1급 / 言 / 총17	희롱할 학, 농 학 '言+虐(학)'으로 점잖지 않게 마구 하는 농담[言][戲也 從言虐聲 『詩』曰 : 善戲謔兮]		謔笑(학소) 諧謔(해학)
虜	虜	1급 / 虍 / 총12	포로 로 '毌+力+虍(호)'로 체포되어 있어 힘[力]을 쓰지 못하는 [毌] 사람[獲也 從毌從力虍聲 獲也 : 公羊傳. 爾虜焉 故凡虜囚亦曰纍臣. 謂拘之以索也. 於毌義相近. 故從毌『段注』]		虜獲(노획) 捕虜(포로)
擄	擄	1급 / 手 / 총16	노략질할 로(=鹵), 사로잡을 로(=虜) '手+虜(로)'로 떼를 지어 돌아다니며 사람을 해치거나 재물을 빼앗아 감[手][掠也, 獲也 通作鹵『集韻, 韻會』-『康熙』]		擄掠(노략)

❀ 豕 부

자	전서	급수/부수/총획	훈음 및 설명	갑골문/금문	용례
豕	豕	/ 豕 / 총7	돼지 시 돼지의 털, 발, 꼬리의 모습[彘也 竭其尾故謂之豕 象毛足而後有尾]	甲骨文 金文	
象	象	4급 / 豕 / 총12	코끼리 상, 모양 상, 본뜰 상 긴 코와 길게 튀어 나온 엄니를 가진 남월의 큰 짐승으로, 귀·어금니·네발·꼬리를 특징적으로 그린 모양[南越大獸 長鼻牙 象耳牙四足尾之形]	甲骨文 金文	象牙(상아) 巨象(거상) 氣象(기상) 對象(대상) 印象(인상) 現象(현상)
像	像	3급 / 人 / 총14	닮을 상, 형상 상, 본뜰 상, 초상 상 'イ+象(상)'으로 실제 사람[人]의 모습과 비슷하게 그림[象也 從人從象] 似也 : 各本作象也 今依韻會所據本正. 象者, 南越大獸之名. 於義無取. 雖韓非曰 人希見生象也. 而案其圖以想其生 故諸人之所以意想者皆謂之象. 然韓非以前或祇有象字. 無像字 韓非以後小篆旣作像『段注』		銅像(동상) 佛像(불상) 想像(상상) 肖像(초상)
豫	豫	4급 / 豕 / 총16	큰 코끼리 예, 머뭇거릴 예, 미리 예 '象+予(여)'로 의심이 많은 큰 코끼리[象]는 해됨을 미리 염려하여 먹잇감을 먹지 못하고 자주 머뭇거림[象之大者. 賈侍中說, 不害於物. 從象予聲] 又猶, 豫, 二獸名, 性多疑. 凡人臨事遲疑不決者, 借以爲喩. 計猶豫未有所決『史記·呂后紀』作猶與『禮·曲禮』與, 本亦作豫『註』猶, 獸屬. 與, 象屬. 二獸皆進退多疑, 人多疑惑者似之『疏』-『康熙』		豫感(예감) 豫期(예기) 豫防(예방) 豫算(예산) 豫備(예비) 豫想(예상)

字	篆	級/部/劃	訓音·解說	用例
豚	腞	3급 豕 총11	돼지 **돈** '月+豕'로 종묘 제사에 올릴 살찐[肉] 작은 돼지[豕] [小豕也. 從古文豕 從又持肉 以給祠祀]	豚肉(돈육) 豚兒(돈아) 豚皮(돈피) 豚犬(돈견)
逐	逫	3급 辵 총11	쫓을 **축**, 다툴 **축** '辶+豕←豕(축)'으로 달아난 짐승을 잡으려고 쫓아감[辶] [追也. 從辵豕省聲]	逐出(축출) 逐鬼(축귀) 角逐(각축) 驅逐(구축)
遂	遂	3급 辵 총13	이룰 **수**, 드디어 **수** '辶+㒸(수)'로 바라거나 뜻하던 일을 실행하여[辶] 드디어 이룸[亡也. 從辵㒸聲] 亡也: 廣韻. 達也. 進也. 成也. 安也. 止也. 往也. 從志也. 按皆引伸之義也『段注』	遂行(수행) 未遂(미수) 旣遂(기수) 完遂(완수)
琢	琢	3급 玉 총12	쫄 **탁** '玉+豖(축)'으로 옥(玉)을 다듬는 데 천천히 신중히 함[治玉也. 從玉豖聲] 治玉也: 釋器. 玉謂之琢. 石謂之磨. 毛傳同. 按琢碉字謂鎬鏨之事. 理字謂分析之事『段注』	彫琢(조탁) 琢磨(탁마)
啄	啄	1급 口 총11	쫄 **탁** '口+豖(축)'으로 새가 부리[口]로 먹이를 쪼아 먹음[鳥食也 從口豖聲] 鳥食也: 鳥味銳. 食物似啄『段注』	啄木(탁목) 啄啄(탁탁)
塚	塚	1급 土 총13	무덤 **총** '土+冢(총)'으로 '冢'의 속자. 송장·유골을 묻어 높게 흙[土]을 덮어 만든 것[高墳也. 從勹豕聲]	義塚(의총) 疑塚(의총)
豬	貓	1급 豕 총16	돼지 **저** '豕+者(자)'로 한 구멍에 세 가닥의 털이 떨기로 난 돼지[豕] [豕而三毛叢居者 從豕者聲]	豬突(저돌) 豬肉(저육)
豪	豪	3급 豕 총14	호저(豪豬) **호**, 돼지 이름 **호**, 돼지 갈기 붓 같을 **호**, 호걸 **호**, 호화로울 **호** '豕+高(고)'로 가시털이 우부룩하게 난 힘센 멧돼지[豕] [豪豕. 鬣如筆管者 出南郡 從豕高聲『說文』竹山有獸, 其狀如豚, 白毛, 大如笄而黑端, 名曰豪彘『山海經』狟豬也. 夾髀有麄毫, 長數尺, 能以脊上毫射物, 吳越呼爲鸞豬『註』又俊也『玉篇』-『康熙』]	豪氣(호기) 豪奢(호사) 豪傑(호걸) 豪放(호방) 豪華(호화) 豪雨(호우)
濠	濠	2급 水 총17	물 이름 **호**, 나라 이름 **호**, 해자 **호**(＝壕) '氵+豪(호)'로 회수(淮水)[氵]의 지류(支流)인 강 이름[水名, 在鍾離『正韻』水出莫耶山東北之溪. 又州名『水經注』江南鳳陽府, 秦屬九江郡, 東漢爲鍾離侯國, 隋唐宋曰濠州. 又城下池也. 通作壕『廣輿記』-『康熙』]	濠洲(호주) 濠水(호수：중국의 호수 이름)
壕	壕	2급 土 총17	해자 **호**, 도랑 **호** '土+豪(호)'로 적의 공격에 대비한 방어시설로 성 아래 둘레에 땅[土]을 파 만든 못[城下池也『正韻』鴟鳴寒雨下空壕 又地名『柳宗元詩』石壕鎭, 在今陝州陝縣城東. 杜甫有石壕吏詩『一統志』]	塹壕(참호) 防空壕(방공호)

❈ 馬 부

字	篆	級/部/劃	訓音·解說	用例
馬	馬	5급 馬 총10	말 **마** 위풍 있는 씩씩한 말의 머리, 긴 털, 꼬리, 네 발 등을 중심으로 그린 모습[怒也. 武也. 像馬頭髦尾四足之形] 怒也. 武也: 以疊韻爲訓. 亦門聞也, 戶護之也之例也. 釋名曰 大司馬. 馬, 武也. 大揚武事也『段注』 甲骨文 金文	騎馬(기마) 軍馬(군마) 鈍馬(둔마) 肥馬(비마) 落馬(낙마) 駿馬(준마)
罵	罵	1급 网 총15	욕할 **매**, 꾸짖을 **매** '网+馬(마)'로 남의 잘못[网]을 꾸짖거나 욕하는 말[詈也 從网馬聲]『註』徐錯曰：謂以惡言加罔之也 - 『康熙』	罵倒(매도) 唾罵(타매)

字	篆	級/部首/劃	訓音·字源	用例
駁	駁	1급 馬 총14	얼룩말 박, 섞일 박 '馬+爻(효)'로 말[馬]의 색이 순수하지 못하고 여러 색이 섞여 있음[馬色不純 從馬爻聲]	駁馬(박마) 論駁(논박)
驛	驛	3급 馬 총23	역말 역 '馬+睪(역/택)'으로 관부(官府)의 공문서를 전달하기 위해 관마(官馬)[馬]를 두던 곳[置騎也 從馬睪聲] 置騎也 : 言騎以別於車也. 馴爲傳車, 驛爲置騎, 二字之別也 『段注』	驛夫(역부) 驛馬(역마) 驛館(역관) 驛長(역장)
擇	擇	4급 手 총16	고를 택, 가릴 택 '扌+睪(역/택)'으로 손[手]으로 잘 가려 좋은 것을 선택함[柬選也 從手睪聲]	擇日(택일) 擇地(택지) 擇定(택정) 簡擇(간택)
譯	譯	3급 言 총20	통역할 역 '言+睪(역/택)'으로 네 오랑캐[四夷]의 말[言]을 통역하여 전함[傳四夷之語者 從言睪聲]	譯官(역관) 譯詩(역시) 譯解(역해) 國譯(국역)
澤	澤	3급 水 총16	윤택할 택, 못 택 'ㅜ+睪(택)'으로 만물을 길러 윤택하게 하는 물[ㅜ][光潤也 從水睪聲] 水草交厝, 名之爲澤. 澤者, 言其潤澤萬物, 以阜民用也『風俗通·山澤篇』-『康熙』	澤雨(택우) 光澤(광택) 德澤(덕택) 潤澤(윤택)
釋	釋	3급 釆 총20	풀 석, 풀이할 석, 부처 석 '釆+睪(역/택)'으로 짐승 발자국[釆]을 보고 짐승을 분별함[解也 從釆睪聲]	註釋(주석) 解釋(해석) 釋放(석방) 釋迦(석가)
鐸	鐸	1급 金 총21	방울 탁 '金+睪(역/택)'으로 교령(敎令)을 선포할 때 흔들어 울리던 쇠[金]로 만든 큰 방울[大鈴也 從金睪聲 軍法:五人爲伍 五伍爲兩 兩司馬執鐸]	木鐸(목탁) 風鐸(풍탁)
繹	繹	1급 糸 총19	풀어낼 역 '糸+睪(역/택)'으로 누에고치에서 실[糸]을 뽑거나 실타래에서 실을 풀어냄[抽絲也 從糸睪聲『說文』繹, 理也. 絲曰繹之『揚子·方言』言繹理也『註』又繹, 陳也『爾雅·釋詁』庶言同則繹『書·君陳』衆言同, 則陳而布之『傳』會同有繹『詩·小雅』陳也『傳』射之爲言繹也 或曰舍也, 繹者, 各繹已之志也 -『康熙』]	尋繹(심역) 演繹(연역) 絡繹不絕(낙역부절) 人馬絡繹(인마낙역)
駝	駝	1급 馬 총15	낙타 타 '馬+它(타)'로 낙타과에 속하는 포유동물[馬] [駱駝也 一作馲駝『玉篇』鄯善國多馲駝『前漢·西域傳』師古曰:脊上肉鞍, 隆高若封上, 俗呼封牛. 或曰駝狀似馬, 頭似羊, 長項, 垂耳, 有蒼褐黃紫數色, 性耐寒惡熱, 夏至退毛至盡. 人欲載, 輒屈足受之. 自燉煌往外國, 流沙千餘里, 無水, 有伏流, 駝遇其處, 停不進, 以足跑地, 掘之, 常得水『註』-『康熙』]	駱駝(낙타) 駝鳥(타조) 駝背(타배)
陀	陀	1급 阜 총8	비탈질 타 '阜+它(타)'로 비탈진 언덕[阜]의 길[陂陀 險阻也『玉篇』陂陀, 不平『爾雅·釋地註』陂陀, 衺貌『博雅』-『康熙』]	佛陀(불타) 阿彌陀佛(아미타불)
舵	舵	1급 舟 총11	키 타 '舟+它(타)'로 '柁와 동자. 배[舟]의 방향을 조종하는 장치[正船木 一作柂『玉篇』-『康熙』]	舵手(타수) 操舵(조타)
騰	騰	3급 馬 총20	오를 등, 날 등 '馬+朕(짐)'으로 높은 곳도 잘 오르고 달리는 말[馬] [傳也 從馬朕聲 一曰騰 犗馬也『說文』上躍也. 奔也『玉篇』-『康熙』] 傳也:傳與上文傳同. 引伸爲馳也. 爲躍也『段注』	騰貴(등귀) 騰落(등락) 急騰(급등) 反騰(반등)

한자	전서	급수/부수/총획	뜻과 풀이	용례
勝	贘	6급 力 총12	맡길 승, 들 승, 견딜 승, 이길 승, 나을 승 '力+朕(짐)'으로, 자기가 맡은 책임을 힘써[力] 다함[任也 從力朕聲『注』賸, 兗, 敻, 古文任也 : 任者 保也 保者 當也 凡能擧之 能克之 皆曰勝『段注』/ 擧也『廣韻』堪也『正韻』旣克有定, 靡人弗勝『詩·小雅』-『康熙』]	勝利(승리) 勝算(승산) 勝訴(승소) 勝敗(승패) 名勝地(명승지)
謄	謄	2급 言 총17	베낄 등 '言+朕(짐)'으로 글이나 말[言]한 것 등을 그대로 옮겨씀[迻書也 從言朕聲『說文』徐曰謂移寫之也『徐』曰傳也『玉篇』移書傳鈔也『正韻』-『康熙』]	謄記(등기) 謄錄(등록) 謄本(등본) 謄寫(등사) 謄抄(등초) 謄黃(등황)
藤	藤	2급 艸 총19	등나무 등 '艸+滕(등)'으로 덩굴져 뻗은 낙엽 활엽 나무류[艸也 今總呼草蔓延如蓋者『說文』茄藤, 草名. 胡麻也. 又州名『集韻』]	藤架(등가) 藤陰(등음) 藤紙(등지) 靑藤(청등)
馮	馮	2급 馬 총12	말 빨리 달릴 빙, 업신여길 빙, 기댈 빙, 성낼 빙, 성 풍 '馬+冫(빙)'으로 말[馬]이 빨리 달림[馬行疾也 從馬冫聲] 馬行疾也. 從馬冫聲 : 六部. 按馬行疾馮馮然, 此馮之本義也. 展轉他用而馮之本義廢矣. 馮者, 馬蹄箸地堅實之貌. 因之引伸其義爲盛也, 大也, 滿也, 憑也『段注』	馮虛(빙허) 馮據(빙거)
憑	憑	1급 心 총16	기댈 빙, 의지할 빙 '心+馮(풍)'으로 물체에 몸을 의지하듯, 남에게 의지하는 마음[心] [依也, 託也『韻會』憑玉几『書經·顧命』-『康熙』]	憑藉(빙자) 信憑(신빙) 證憑(증빙)
駒	駒	1급 馬 총15	망아지 구 '馬+句(구)'로 두 살 된 말[馬] 새끼[馬二歲曰駒 三歲曰駣 從馬句聲] 周禮廋人 敎駣攻駒. 鄭司農云 馬三歲曰駣 二歲曰駒 月令 犧牲駒犢. 擧書其數. 犢爲牛子. 則駒, 馬子也. 小雅. 老馬反爲駒. 言己老矣而孩童慢之也『段注』	駒馬(구마) 白駒過隙(백구과극)
鉤	鉤	1급 金 총13	갈고리 구, 띠쇠 구 '金+句(구)'로 물건을 갚아당기는 끝이 꼬부라진 쇠[金] [曲也 從金從句 句亦聲 『詩』曰 : 鉤膺鏤鍚]	鉤曲(구곡) 鉤餌(구이)
枸	枸	1급 木 총9	호깨나무 구, 구기자나무 구 '木+句(구)'로 촉나라에서 장(醬)을 만드는 데 쓰이는 나무[木] [枸木也. 可爲醬 出蜀 從木句聲] 按小雅南山有枸. 毛曰 枸, 枳枸也. 枳枸卽禮記之棋. 許於枸下不言枳枸. 棋字亦不錄『段注』	枸櫞酸(구연산)

❈ 鹿 부

한자	전서	급수/부수/총획	뜻과 풀이		용례
鹿	鹿	3급 鹿 총11	사슴 록 사슴의 머리, 뿔, 네 다리를 특징적으로 그린 모양[獸也 象頭角四足之形]	甲骨文 金文	鹿角(녹각) 鹿血(녹혈) 白鹿潭(백록담) 指鹿爲馬(지록위마)
塵	塵	2급 土 총14	티끌 진 '麤+土'로 거친[麤] 흙[土]에서 나는 먼지[埃也『正韻』久也, 謂塵垢稽久也『爾雅·釋詁』-『康熙』]		塵土(진토) 落塵(낙진) 蒙塵(몽진) 粉塵(분진)
麓	麓	1급 鹿 총19	산감 록, 산기슭 록 '林+鹿(록)'으로 산림[林]의 감독을 맡은 관리[守山林吏也 從林鹿聲 一曰林屬於山爲麓]	甲骨文	山麓(산록) 南麓(남록)

III. 동물

한자	전서	급수/부수/총획	훈음 및 해설	갑골/금문	용례
麗	麗	4급 鹿 총19	떼 지어 갈 려, 짝 려, 서로 도울 려, 아름다울 려 '鹿+丽(려)'로 사슴[鹿]은 먹을 것을 보면 무리지어 감[旅行也. 鹿之性, 見食急則必旅行 從鹿丽聲] 旅行也:此麗之本義, 其字本作丽, 旅行之象也. 後乃加鹿耳.『說文』之驪駕皆其義也. 两相附麗為麗. 易曰:離, 麗也. 日月麗乎天, 百穀艸木麗乎土, 是其義也. 麗則有耦可觀『段注』	金文	麗句(여구) 麗容(여용) 麗朝(여조) 高麗(고려)
驪	驪	2급 馬 총29	검은 말 려/리 '馬+麗(려)'로 천리마처럼 진한 흑색의 말[馬] [馬深黑色 從馬麗聲『說文』 盜驪, 千里馬也『玉篇』-『康熙』]		驪騾犢特(여라독특) 驪州(여주:경기도의 군 이름)
灑	灑	1급 水 총22	뿌릴 쇄, 청소할 쇄, 가를 쇄 '水+麗(려)'로 물[水]이 흩어져 날려 떨어짐[汛也 從水麗聲]		灑掃(쇄소) 灑落(쇄락)

❀ 鼠 부

한자	전서	급수/부수/총획	훈음 및 해설	갑골/금문	용례
鼠	鼠	1급 鼠 총13	쥐 서 갑골에서는 쌀과 보리 등 곡식을 먹고 있는 쥐 모양을, 금문에서는 쥐의 이빨과 크게 벌린 입을 나타냄 [穴蟲之總名也, 象形]	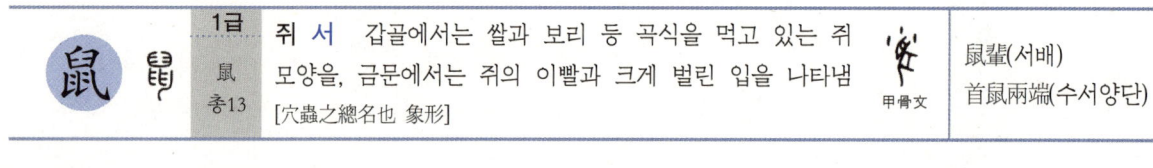甲骨文	鼠輩(서배) 首鼠兩端(수서양단)

❀ 豸 부

한자	전서	급수/부수/총획	훈음 및 해설	갑골/금문	용례
豸	豸	豸 총7	해태 치(=廌) 짐승이 먹잇감을 잡으려고 웅숭그려 노리는 모양[獸 長脊 行豸豸然 欲有所司殺形] 古多叚豸為解廌之廌, 以二字古同音也. 廌與解古音同部. 是以廌訓解. 方言曰:廌, 解也. 左傳:庶有豸乎. 釋文作廌引方言:廌, 解也. 正義作豸『段注』	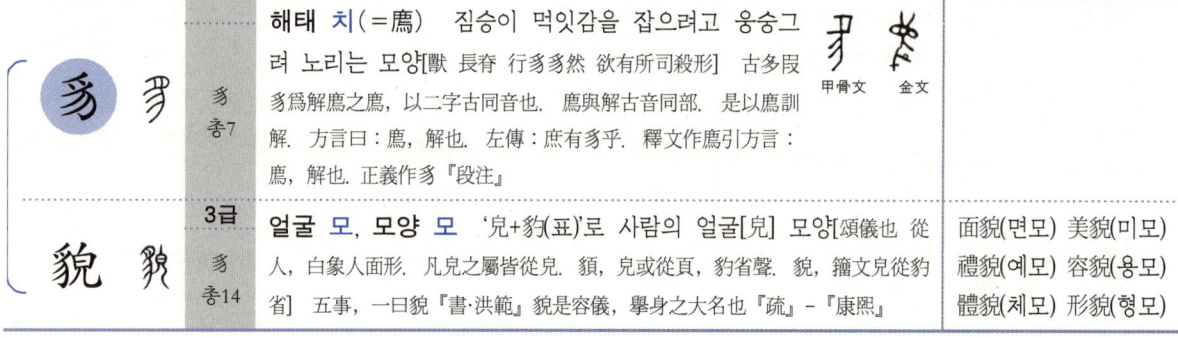甲骨文 金文	
貌	貌	3급 豸 총14	얼굴 모, 모양 모 '皃+豸(표)'로 사람의 얼굴[皃] 모양[頌儀也 從人, 白象人面形. 凡皃之屬皆從皃. 貇, 皃或從頁, 豹省聲. 貌, 籒文皃從豹省] 五事, 一曰貌『書·洪範』貌是容儀, 舉身之大名也『疏』-『康熙』		面貌(면모) 美貌(미모) 禮貌(예모) 容貌(용모) 體貌(체모) 形貌(형모)

❀ 角 부

한자	전서	급수/부수/총획	훈음 및 해설	갑골/금문	용례
角	角	6급 角 총7	뿔 각, 상투 각, 다툴 각, 모날 각 짐승의 뿔 모양[獸角也 象形 角與刀魚相似]	甲骨文 金文	角弓(각궁) 鹿角(녹각) 頭角(두각) 觸角(촉각) 總角(총각) 角逐(각축) 角度(각도) 四角(사각)
解	解	4급 角 총13	쪼갤 해, 풀 해, 해부할 해, 화해할 해 '角+刀+牛'로 칼[刀]로 소[牛]의 뿔[角]을 잡고 가름[判也 從刀判牛角]	甲骨文 金文	解渴(해갈) 解決(해결) 解雇(해고) 解禁(해금) 解讀(해독) 解放(해방)
懈	懈	1급 心 총16	게으름 해, 게으를 해 '心+解(해)'로 '解'와 통용. 행동이 느리고 움직이기 싫어하는 성미[心]와 버릇[怠也 從心解聲] 怠也:古多叚解為之『段注』/ 又或作解. 夙夜匪解『詩·大雅』-『康熙』		解弛・懈弛(해이) 懈慢(해만)

邂 邂	1급 辶 총17	만날 해 '辶+解(해)'로 뜻하지 않게 우연히 가다가[辶] 만남[邂逅 不期而遇也 從辶解聲]		邂逅(해후)

❈ 采 부

采 釆	釆 총7	분별할 변 땅에 찍힌 짐승 발자국 모양으로, 옛 사람들은 이를 보고 사냥할 동물을 분별함[辨別也 象獸指爪分別也]	甲骨文 金文	
采 采	2급 采 총8	캘 채, 가릴 채, 풍채 채 '爪+木'으로 손[爪]으로 나무[木]의 열매를 따거나 뿌리에 열린 것을 캠[捋取也 從木從爪]	甲骨文 金文	風采(풍채) 玄采(현채 : 사상가)
採 採	4급 手 총11	캘 채, 가릴 채 '扌+采(채)'로 손[手]으로 작은 열매를 따거나 캠[摘也 取也 攬也 『正韻』 芻牧薪採 莫敢闚東門『戰國策』 大者薪, 小者採 『註』-『康熙』]		採根(채근) 採鑛(채광) 採油(채유) 採用(채용)
彩 彩	3급 彡 총11	채색 채, 빛날 채, 무늬 채 '彡+采(채)'로 붓[彡]으로 그림에 색칠을 하거나 그림[文章也 從彡采聲]		彩文(채문) 彩色(채색) 彩度(채도) 彩飾(채식)
菜 菜	3급 艸 총12	나물 채, 채소 채 '艸+采(채)'로 밭에서 가꾸는 온갖 푸성귀로 잎이나 줄기, 열매 따위를 식용으로 하는 식물[艹] [艸之可食者 從艸采聲]		菜食(채식) 野菜(야채) 菜毒(채독) 菜根(채근)
埰 埰	2급 土 총11	식읍 채 '土+采(채)'로 국가에서 공신에게 내리어 조세를 개인이 받아쓰게 한 땅[土] [臣食邑謂之埰『集韻』冢, 或謂之埰『揚子·方言』古者卿大夫有采地, 死葬之, 因名『郭璞註』采官也 因官食地 故曰采地『正字通』-『康熙』]		朴玄埰(박현채 : 경제학자)

❈ 内 부

内 内	内 총5	짐승 발자국 유 짐승 발자국을 그린 것[獸足蹂地也, 象形]		
禹 禹	2급 内 총9	벌레 우, 사람 이름 우 네발 달린 벌레의 모양[蟲也 從厹 象形『說文』夏王號『韻會』淵源流通曰禹『書疏』又舒也『玉篇』-『康熙』] 從厹 : 蓋亦四足『段注』	金文	禹王(우왕 : 중국 고대 하나라의 제왕)
禽 禽	3급 内 총13	날짐승 금, 사로잡을 금 '厹+今(금)'으로 발자국을 내며 걸어 다니는[厹] 짐승의 총칭[走獸總名 從厹 象形 今聲] 走獸總名 : 釋鳥曰二足而羽謂之禽 四足而毛謂之獸 許不同者 其字從厹 厹謂獸迹 鳥迹不云厹也 然則倉頡造字之本意謂四足而走者明矣『段注』 ※厹 : 獸足蹂地也	金文	禽獸(금수) 禽鳥(금조) 禽語(금어) 嘉禽(가금)
擒 擒	1급 手 총16	사로잡을 금, 포로 금 '手+禽(금)'으로 '捦'과 동자. 짐승을 죽이지 않고 손[手]으로 산 채로 잡음[與捦同. 詳捦字註『正韻』禽者, 擒也. 言鳥力小, 可擒捉而取之. 通作『禮·曲禮·不離禽獸疏』-『康熙』] 捦, 急持衣袴也. 從手金聲. 擒, 捦或從禁		擒生(금생) 七縱七擒(칠종칠금)

Ⅲ 동물

날짐승 및 관련 부수

乙 佳 鳥 羽 非 飛 至

乙	乞	乾	也	亂	乳	佳	集	雇	雅	隻	雙
		幹翰斡澣	他地池弛馳	辭	札軋	推維錐椎堆	唯	顧	稚誰		雛

雛	雄	難	離	雜	雁	雍	鳥	鳴	鴻	鳳	鶴
		灘儺	籬	淮	應鷹膺	擁甕壅	烏嗚			凤	確

羽	耀	習	翊	翼	非	靡	飛	至	致	臺
	躍濯曜擢				悲排匪俳輩徘翡扉緋蜚誹裵	麾		室到桎	倒緻	擡

어패・곤충

貝 魚 辰 虫

- 貝
  - 敗 唄
- 買
  - 讀 續 瀆 贖
- 賣
  - 遺 櫃 潰
- 貿
- 貴
  - 債 積 績 蹟
- 責
- 貫
  - 慣 實
- 賈
  - 價
- 貞
  - 偵 禎 楨 幀
- 贊
  - 讚 鑽 瓚
- 負
- 質

- 賞
  - 償
- 賓
  - 殯 嬪 濱
- 賴
  - 懶 癩
- 魚
  - 漁
- 鮮
- 鮑
- 魯
- 鱷
  - 遲
- 辰
  - 振 晨 脣 娠 宸 蜃
- 辱
- 農
  - 濃 膿
- 虫

- 蟲
- 蠶
  - 潛 簪 僭
- 螢
  - 營 榮 鶯
- 蛇
- 蝶
  - 諜 葉 渫 牒
- 蜀
  - 獨 燭 觸 濁

양서・파충

龍 龜 黽

- 龍
  - 襲 聾 壟 瓏 寵
- 龐
  - 籠
- 龜
- 黽
  - 繩

III. 동물 193

乙 부

자	전서	부수/총획	급수	뜻풀이	용례
乙	㇠	乙 총1	3급	새 을, 둘째 천간 을 새의 머리, 목, 몸, 꼬리를 그린 새의 옆모습 또는 초목이 굽어 나오는 모양[象春艸木冤曲而出『說文』 金文의 乙字 象一只鳥的頭, 頸, 身, 尾的簡單輪郭之形『字源字典』] ※乙本是一種鳥的名稱卽乙鳥.	乙夜(을야) 乙酉(을유) 甲男乙女(갑남을녀)
乞	气	乙 총3	2급	구할 걸, 빌 걸 '气'의 '음'을 빌린 자로 '남에게 도움을 구하는 것'[求也. 凡與人物, 亦曰乞『正韻』 气, 氣也. 因聲借爲與人之乞. 音氣 因與人之義, 借爲求人之乞 此因借而借也『鄭樵·通志』-『康熙』/ 象形.『說文』本作'气', 借云气字表示乞求義. 本義: 向人求討 -『漢典』] ※气-一 = 乞	乞客(걸객) 乞食(걸식) 求乞(구걸) 哀乞(애걸) 行乞(행걸) 乞神(걸신)
乾	乾	乙 총11	3급	하늘 건, 굳셀 건, 마를 건, 괘 이름 건 '乙+倝(간)'으로 새싹이 힘차게 땅을 뚫고 위로 나와[乙] 하늘로 향함[上出也 從乙 乙 物之達也 倝聲『說文』 易卦名『正韻』乾, 健也『本義』乾, 進也. 行不息也『釋名』-『康熙』]	乾坤(건곤) 乾杯(건배) 乾畓(건답) 乾濕(건습) 乾材(건재) 乾燥(건조)
幹	幹	干 총13	3급	일에 능할 간, 담틀 간, 몸 간, 줄기 간, 기둥 간, 간부 간, 등뼈 간 '干←木+倝(간)'으로 본자는 '榦'. 담을 쌓을 때 처음 세우는 나무[木] 기둥[能事也『類篇』體也『玉篇』貞者 事之幹也 又草木莖曰幹『易·乾卦』木旁生者爲枝 正出者爲幹 又凡器之本曰幹『詩詁』-『康熙』] ※榦: 築牆耑木也 從木倝聲『說文』 從木倝聲: 按詩多以翰爲榦. 故爾雅毛傳曰翰, 榦也. 榦俗作幹『段注』	根幹(근간) 幹部(간부) 幹事(간사) 骨幹(골간) 幹國之器(간국지기) 能手能幹(능수능간)
翰	翰	羽 총16	2급	천계 한, 깃 한, 붓 한, 글 한, 줄기 간 '羽+倝(간)'으로 깃[羽]이 붉은 하늘을 나는 닭[天雞也 赤羽 從羽倝聲『逸周書』曰: 大翰 若翬雉 一名鷸風 周成王時蜀人獻之]	翰鳥(한조) 翰飛(한비) 翰林(한림) 書翰(서한) 手翰(수한) 貴翰(귀한)
斡	斡	斗 총14	1급	주장할 알, 굴대 알, 자루 알, 돌 알 '斗+倝(간)'으로 표주박·말[斗] 등으로 곡식이나 액체 따위의 분량을 내가 주관하여 잼[蠡柄也 從斗倝聲 楊雄杜林說: 皆以爲軺車輪斡] 蠡柄也 : 此蠡非蟲齧木中, 乃本無其字依聲借之字. 見瓢字下. 又見蠡字下. 方言則從瓜作螷矣. 楊雄瓢也. 郭云. 瓠勺也. 判瓠爲瓢以爲勺. 必執其柄而後可以把物. 執其柄則運旋在我. 故謂之斡. 引申之, 凡執柄樞轉運皆謂之斡『段注』	斡流(알류) 斡旋(알선) 璇璣懸斡(선기현알)
澣	澣	水 총16	1급	씻을 한, 빨 한, 열흘 한 '水+幹(간)'으로 본자는 '灘'. 당대(唐代)에 관리들에게 열흘마다 휴목(休沐)[水]을 허락함[本作灘『說文』濯衣垢也『韻會』足曰澣. 又俗以上澣, 中澣, 下澣爲上旬, 中旬, 下旬『鄭康成·內則註』本唐官制, 十日一休沐, 今襲用之. 或省作浣『楊愼曰』又同瀚『集韻』-『康熙』]	澣滌(한척) 上澣(상한)
也	也	乙 총3	3급	어조사 야 여자의 음부를 상형한 것[女陰也 象形. 卄, 秦刻石也字] 女会也 : 此篆女陰是本義. 叚借爲語䛐『段注』 ※기다란 뱀이 구불구불 사린 모양으로 보기도 함.	及其也(급기야)

194

한자	전서	급수/부수/총획	훈음 및 설명	용례
他	佗	5급 人 총5	남 타, 다를 타 'イ+也←它(타)'로 '佗, 它와 통용. 이 사람이 아닌 저 사람[イ] [與佗它通. 彼之稱也 此之別也『正韻』誰也『玉篇』-『康熙』]	他人(타인) 他鄉(타향) 他界(타계) 他關(타관)
地	墬	7급 土 총6	땅 지 '土+也(야)'로 만물이 길러지고 또 의지하는 땅[土] [元气初分 輕清陽爲天 重濁陰爲地 萬物所陳列也 從土也聲『說文』地, 底也, 其體底下, 載萬物也『釋名』坤爲地『易·說卦傳』-『康熙』]	地理(지리) 地利(지리) 地籍(지적) 地形(지형) 地域(지역) 着地(착지)
池	池	3급 水 총6	연못 지 '氵+也(야)'로 인위적으로 둑을 쌓아 물[氵]길을 막음[陂也. 從水也聲 孔安國曰: 停水曰池『說文』雍氏掌溝瀆澮池之禁『周禮』謂陂障之水道也『註』母漉陂池『禮·月令』畜水曰陂, 穿地通水曰池 又城塹曰溝池『註』-『康熙』]	天池(천지) 貯水池(저수지) 池魚之殃(지어지앙)
弛	弛	1급 弓 총6	활 부릴〔활시위를 벗김〕이, 느슨할 이, 풀릴 이 '弓+也'로 활[弓]시위를 벗기거나 팽팽하지 않게 느슨히 함[弓解弦也 從弓也聲]	弛緩(이완) 解弛(해이)
馳	馳	1급 馬 총13	달릴 치 '馬+也(야)'로 말[馬]을 채찍질하여 매우 빨리 달리게 함[大驅也 從馬也聲]	馳突(치돌) 相馳(상치)
亂	亂	4급 乙 총13	어지러울 란, 다스릴 란 '乙+𤔔'으로 어린 사람[幺+子]이 어떤 일의 경계[冂]를 다투었으나 서로 양보하도록 하여[爻] 이를 잘 다스림[乙] [治也. 從乙, 乙, 治之也. 從𤔔 ※𤔔: 治也. 幺子相亂 受治也. 讀若亂同. 一曰理也. 爰, 古文𤔔.『注』徐鍇曰: 曰冂, 坰也 界也『說文』/ 古文 𤔔爰 -『康熙』]	亂國(난국) 亂局(난국) 亂離(난리) 亂動(난동) 亂鬪(난투) 亂筆(난필)
辭	辭	4급 辛 총19	말씀 사, 사양할 사 '𤔲+辛'으로 죄인[辛]의 송사(訟事)를 다스림[𤔲] [訟也. 從𤔲辛 𤔲辛猶理辜也]	辭令(사령) 辭讓(사양) 修辭(수사) 辭說(사설) 辭意(사의) 辭表(사표)
乳	乳	4급 乙 총8	젖 유, 젖통 유 '孚+乙'로 어머니가 어린아이[子]를 손[爪]으로 안고 젖[乙]을 먹임[人及鳥生子曰乳 獸曰産 從孚乙, 乙者 玄鳥也] 人及鳥生子曰乳. 獸曰産: 生部曰生, 進也. 産, 生也. 渾言之. 此復析言之. 孺下曰乳子也. 按古書之文多通俙『段注』 ※從孚. 甲骨文中象手抱嬰兒哺乳形. '孚'是以爪抱子哺乳 -『漢典』	乳房(유방) 乳臭(유취) 粉乳(분유) 乳母車(유모차)
札	札	2급 木 총5	패 찰, 편지 찰 '木+乙(을)'로 글이 쓰여진 나뭇조각[木] [牒也. 從木乙聲『說文』徐曰牒亦木牘也『徐曰』古未有紙, 載文於簡, 謂之簡札『爾雅·釋器疏』-『康熙』]	改札(개찰) 落札(낙찰) 名札(명찰) 書札(서찰)
軋	軋	1급 車 총8	삐걱거릴 알 '車+乙(을)'로 수레[車]가 물체에 닿아 마찰되어 나는 소리[輾也 從車乙聲] 輾: 轢也 從車反聲『說文』	軋弓(알궁) 軋轢(알력)

隹 부

한자	전서	급수/부수/총획	훈음 및 설명	갑골문/금문
隹	雀	1급 隹 총8	새 추 꽁지 짧은 새의 모습[鳥之短尾 總名也 象形]	甲骨文 金文

III. 동물

漢字	篆	급수/부수/총획	훈음 및 설명	용례
推	推	4급 手 총11	밀 추/퇴, 천거할 추 '才+隹(추)'로 손[才]으로 어떤 것을 끌거나 밀어냄 또는 옮김[排也 從手佳聲『說文』 或戟之 或推之『左傳』 前牽爲戟 後送爲推 又移也『註』-『康熙』]	推想(추상) 推理(추리) 推仰(추앙) 推薦(추천) 推敲(퇴고)
維	維	3급 糸 총14	맬 유, 지탱할 유, 벼리 유 '糸+隹(추)'로 수레 덮개를 매는 밧줄[糸] [車蓋維也 從糸佳聲] 車蓋維也 : 車蓋之制, 詳於考工記. 而其維無考. 許以此篆專系之車蓋. 蓋必有所受矣. 引申之, 凡相系者曰維. 敳維, 綏維是也. 管子曰 禮義廉恥. 國之四維『段注』	維舟(유주) 維持(유지) 纖維(섬유) 維新(유신)
錐	錐	1급 金 총16	송곳 추 '金+隹(추)'로 끝이 뽀족하고 날카로운 쇠[金]로 만든 도구[銳也 從金佳聲]	試錐(시추) 囊中之錐(낭중지추)
椎	椎	1급 木 총12	몽치 추, 칠 추, 상투 추 '木+隹(추)'로 때리는 데 쓰는 나무[木] 방망이[擊也, 齊謂之終葵 從木佳聲]	脊椎(척추) 椎骨(추골)
堆	堆	1급 土 총11	쌓을 퇴, 흙무더기 퇴, 놓을 퇴 '土+隹(추)'로 흙[土]을 쌓아 만든 무더기[聚土也『正韻』 鍾期堆琴『戰國策』 猶論語舍瑟也 又地名『註』-『康熙』]	堆肥(퇴비) 堆積(퇴적)
集	集	6급 隹 총12	모일 집 '隹+木'으로 '雧'와 동자. 여러 마리 새[隹]들이 나무[木] 위에 모여 있음[羣鳥在木上也. 從雥從木. 集, 雧或省『說文』又 衆也, 安也『廣韻』又合也『玉篇』 聚也, 會也, 同也『廣韻』-『康熙』] 雧或省 今字作此『段注』	集結(집결) 集團(집단) 集散(집산) 集合(집합)
唯	唯	3급 口 총11	대답할 유, 오직 유 '口+隹(유)'로 어른이 부르면 빨리 대답[口]함[諾也 從口佳聲『說文』 唯, 獨也『玉篇』 專辭『集韻』-『康熙』]	唯物(유물) 唯我獨尊(유아독존)
雇	雇	2급 隹 총12	고용살이할 고, 품 팔 고 '隹+戶(호)'로 철따라 변하는 구호(九雇) 새[隹] [九雇 從佳戶聲『說文』 作鳸『爾雅·釋鳥』-『康熙』] ※農桑候鳥 扈民不婬者也 ※九雇(구호): 農桑候鳥, 扈民不婬者也. 從佳戶聲. 春雇, 鳻盾 ; 夏雇, 竊玄 ; 秋雇, 竊藍 ; 冬雇, 竊黃 ; 棘雇, 竊丹 ; 行雇, 唶唶 ; 宵雇, 嘖嘖 ; 桑雇, 竊脂 ; 老雇, 鷃也. 鷃, 雇或從鳥. 鳸, 籒文雇從鳥.『注』 鳸, 玄, 玄『說文』	解雇(해고) 雇用(고용) 雇傭(고용) 雇工(고공) 雇傭保險(고용보험)
顧	顧	3급 頁 총21	돌아볼 고, 생각할 고 '頁+雇(고)'로 철새[雇]가 돌아오면 농부는 머리[頁]속으로 할 일을 생각해 봄[還視也 從頁雇聲] 還視也 : 還視者, 返而視也. 檜風箋云. 迴首曰顧. 析言之爲凡視之偁『段注』	顧慮(고려) 顧見(고견) 顧問(고문) 顧客(고객) 顧復(고복) 回顧(회고)
雅	雅	3급 隹 총12	아담할 아, 아름다울 아, 바를 아 '隹+牙(아)'로 까마귀의 일종인 '초오(楚烏)'[隹] [楚烏也 一名鸒 一名卑居 秦謂之雅 從佳牙聲]	雅淡(아담) 雅言(아언) 雅趣(아취) 雅麗(아려)
稚	稚	3급 禾 총13	어릴 치 '禾+隹(추)'로 꽁지 짧은 새[隹]만큼 자란 벼[禾] [幼稚, 亦小也, 晚也 同穉『廣韻』-『康熙』]	稚拙(치졸) 稚魚(치어) 幼稚園(유치원)
誰	誰	3급 言 총15	누구 수 '言+隹(추)'로 이름을 모를 때 물어보는 말[言] [何也 從言佳聲『說文』 不知其名也『玉篇』-『康熙』]	誰何(수하) 誰知(수지) 誰怨(수원)

字	篆	級/部首/劃	訓音 및 字源	甲骨文/金文	用例
隻	隻	2급 隹 총10	새 한 마리 척 '隹+又'로 사람의 손[又] 위에 새[隹] 한 마리가 있음[鳥一枚也 從又持隹 持一隹曰隻 二隹曰雙]	甲骨文 金文	隻劍(척검) 隻手(척수) 隻日(척일) 形單影隻(형단영척)
雙	雙	3급 隹 총18	두 쌍, 쌍 쌍 '雔+又'로 손[又] 위에 한 쌍의 새[雔]가 있음[隹二枚也 從雔 又持之]		雙璧(쌍벽) 雙淚(쌍루) 雙眼鏡(쌍안경) 雙曲線(쌍곡선)
讎	讎	1급 言 총23	짝 수, 원수 수 '言+雔(수)'로 새 두 마리가 서로 짝하여 지저귐[言-선과 악을 모두 말함] [猶䜭也 從言雔聲] 猶䜭也 : 心部曰 應 當也 雔者 以言對之 人部曰仇 讎也 仇讎本皆兼善惡言之『段注』	金文	復讎(복수) 怨讎(원수) 恩讎分明(은수분명)
雖	雖	3급 隹 총17	벌레 이름 수, 비록 수 '虫+唯(유)'로 도마뱀[蜥蜴]과 비슷하게 생겼으며, 몸집이 약간 큰 파충류[虫] [似蜥易而大 從虫唯聲『說文』 助語也『廣韻』 不定也 況辭也『集韻』 - 『康熙』]	金文	雖然(수연)
雄	雄	5급 隹 총12	수컷 웅, 씩씩할 웅, 뛰어날 웅 '隹+厷(굉)'으로 어미 새[隹]의 수컷[鳥父也 從隹厷聲]		雌雄(자웅) 雄壯(웅장) 雄飛(웅비) 雄辯(웅변)
難	難	4급 隹 총19	어려울 난 '鳥+堇(근)'으로 鸛과 동자. 진흙[堇]에 빠진 새[鳥] [鸛或從隹 今難易字皆作此『段注』 鸛: 同難『集韻』 鳥也 又姓『說文』 又鳥名『集韻』 阻也『類篇』 - 『康熙』]	金文	難易(난이) 難攻(난공) 難關(난관) 難局(난국)
灘	灘 灘	2급 水 총22	여울 탄, 물가 탄 'シ+難(난)'으로 강이나 바다의 바닥이 얕거나 폭이 좁아 물살[シ]이 빠른 곳[俗灘從隹『段注』 水濡也『正韻』 瀨也『增韻』 又 太歲在申曰涒灘『爾雅·釋天』 - 『康熙』] ※灘 : 水濡而乾也 從水鸛聲 詩曰: 灘其乾矣. 灘, 俗灘從隹『說文』		灘聲(탄성) 玄海灘(현해탄 : 우리 나라와 일본 사이의 바다)
儺	儺	1급 人 총21	점잖이 걸을 나, 구나 나, 구나할 나, 유순할 나 '人+難(난)'으로 보행하는데 절도가 있는 사람[人]의 모양[行人節也 從人難聲『詩』曰 : 佩玉之儺 行有節也 : 衛風竹竿曰 佩玉之儺. 傳曰儺, 行有節度. 按此字之本義也. 其歐疫字本作難, 自假儺爲驅疫字. 而儺之本義廢矣. 其曹風之猗儺. 則說文之旖施也『段注』		儺禮(나례) 儺禮都監(나례도감)
離	離	4급 隹 총19	꾀꼬리 리, 떠날 리, 흩어질 리 '隹+离(리)'로 꾀꼬리[隹 : 離黃, 倉庚也]가 울면 부인들이 북쪽 교(郊)에 누에를 치러 감[黃倉庚也 鳴則蠶生 從隹离聲] 鳴則蠶生 : 月令 仲春倉庚鳴 內宰職曰仲春詔后帥外內命婦始蠶于北郊『段注』		離間(이간) 離淚(이루) 離陸(이륙) 離散(이산) 離別(이별) 隔離(격리)
籬	籬	1급 竹 총25	울타리 리 '竹+離(리)'로 섶이나 대[竹]로 나란히 엮어 만든 울타리[藩籬也. 亦作蘺, 欏『正韻』 籬, 離也. 以柴竹作之. 疏離, 離也『釋名』 - 『康熙』]		籬國(이국) 籬窺(이규)
雜	雜	6급 隹 총12	섞일 잡, 꾸밀 잡, 모일 잡 '衣+集(집)'으로 다섯 가지 색과 무늬가 섞여 있는 옷[衣] [五彩相會. 從衣集聲] 五采相合也 : 所謂五采彰施於五色作服也. 引伸爲凡參錯之偁. 亦借爲聚集字『段注』		雜家(잡가) 雜歌(잡가) 雜考(잡고) 雜穀(잡곡) 雜種(잡종) 雜學(잡학)

Ⅲ. 동물 197

淮	淮	2급 水 총11	물 이름 회 'ʔ+隹(추)'로 강소성(江蘇省)을 거쳐 황하(黃河)로 흘러들어가는 큰 강물[ʔ] [水 出南陽平氏桐柏大復山 東南入海 從水隹聲]	淮水(회수) 淮南子(회남자)
雁	雁	3급 隹 총12	기러기 안 '人+隹+厂(엄)'으로 사람[人]에게 계절을 알려주는 기러기[隹] [鳥. 從隹從人 厂聲.『注』臣鉉等曰: 雁, 知時鳥. 大夫以爲摯, 昏禮用之故從人]	雁堂(안당) 雁書(안서) 雁行(안행·안항) 歸雁(귀안) 飛雁(비안)
應	應	4급 心 총17	당할 응, 응당 응, 꼭 응, 응답할 응 '心+雁(응)'으로 밭과 밭이 서로 만나듯, 사람의 마음[心]은 반드시 어떤 형편이나 때에 이르거나 처함[當也 從心雁聲『說文』『徐』曰: 雁, 鷹字也. 本作應, 今作應 又料度辭也 又其叔父實應且憎『周語』猶受也『註』又國名. 又姓. 又通作鷹. 誕膺天命『書·武成』當也『註』- 『康熙』] 當也: 當, 田相値也. 引伸爲凡相對之偁. 凡言語應對之字卽用此『段注』	應當(응당) 應答(응답) 應諾(응낙) 應急(응급) 應待(응대) 應對(응대) 應用(응용) 應援(응원)
鷹	鷹	2급 鳥 총24	매 응 '鳥+應(응)'으로 이마에 털과 뿔이 있는 사나운 매[鳥] [鷙鳥. 李時珍曰: 鷹以膺擊, 故謂之鷹. 陸佃云: 三歲曰鶬鷹 今通謂之角鷹. 頂有毛角微起『玉篇』爽鳩氏『左傳』鷹也, 一作鶬鳩『註』鷹鶬鳩『爾雅·釋鳥』- 『康熙』]	鷹視(응시) 鷹犬(응견) 鷹岩洞(응암동 : 서울 은평구의 동 이름)
膺	膺	1급 肉 총17	가슴 응, 친할 응, 당할 응, 응할 응, 받을 응 '肉+雁(응)'으로 그 사건에 직접 관여해서는 가슴[肉]으로 하고, 사무를 맡았을 때는 어깨로 함[匈也 從肉雁聲] 勹部曰匈, 膺也. 魯頌. 戎狄是膺. 釋詁, 毛傳曰膺, 當也. 此引伸之義. 凡當事以膺. 任事以肩『段注』	膺懲(응징) 膺受(응수) 簡膺(간응) 服膺(복응)
雍	雍	2급 隹 총13	물 이름 옹, 화할 옹 '隹+邕(옹)'으로 새[隹]가 물이 사방으로 빙 두른 곳에 한가롭게 날고 있음[古文. 邕. 𡿧於容切, 音廱『正韻』和也『玉篇』黎民於變時雍『書·堯典』水名『爾雅·釋天』四方有水曰雍 又縣名『水經』-『康熙』] ※振鷺于飛 于彼西雍『詩·周頌·振鷺』	雍正帝(옹정제 : 중국 청나라의 제3대 황제)
擁	擁	2급 手 총16	안을 옹, 막을 옹 '手+雍(옹)'으로 '抱'와 동자. 사람이나 사물을 손[手]으로 끌어 당겨 안음 또는 막음[本作 抱也『說文』邕, 又作擁. 擁護支持 皆載任之義『爾雅』又遮也『集韻』女子出門 必擁蔽其面『禮·內則』擁 猶障也. 或作𢪏. 亦作𢹎『註』-『康熙』]	擁立(옹립) 擁衛(옹위) 擁護(옹호) 抱擁(포옹) 擁壁(옹벽)
甕	甕	2급 瓦 총18	독 옹, 단지 옹 '瓦+雍(옹)'으로 흙 따위로 구워 만든 항아리나 기와[瓦] [同瓮『正韻』甖也『玉篇』沒瓶也『韻會』-『康熙』]	甕器(옹기) 甕津(옹진) 甕棺墓(옹관묘) 鐵甕城(철옹성)
壅	壅	1급 土 총16	막을 옹, 북돋울 옹, 막힐 옹 '土+雍(옹)'으로 서로 통하지 못하게 흙[土]을 쌓아 막음[塞也『正韻』河決不可復壅 一曰加土封也, 培也, 大江南道方語. 凡培覆根土澆灌花草𦺇曰壅. 又草名『史記·秦本紀』-『康熙』] 壅: 本義. 塞 阻塞; 阻擋 -『漢典』	壅塞(옹색) 壅拙(옹졸) 壅固執(옹고집)

鳥 부

字	篆	급수/부수/총획	訓音 및 풀이	用例
鳥	鳥	4급 鳥 총11	새 **조** 긴 꼬리를 가진 새의 총칭[長尾禽總名也 象形 鳥之足似匕 從匕]	鳥路(조로) 鳥面(조면) 鳥獸(조수) 鳥散(조산) 鳥葬(조장) 瑞鳥(서조)
烏	烏	3급 火 총10	까마귀 **오**, 검을 **오** '鳥-一'로 효조(孝鳥)인 까마귀[孝鳥也 象形 孔子曰烏 盱呼也. 取其助气 故以爲烏呼] ※까마귀는 검기 때문에, 멀리서 보면 눈동자가 잘 보이지 않음. ※反哺之孝	烏竹(오죽) 烏鵲(오작) 烏飛梨落(오비이락) 烏合之卒(오합지졸)
嗚	嗚	3급 口 총13	탄식할 **오**, 노랫소리 **오** '口+烏(오)'로 까마귀의 우는 소리[口] [嗚呼, 歎辭也『玉篇』嗚呼曷歸『書·五子之歌』亦作歔. 又與烏通『集韻』歌呼嗚嗚 快耳目者 眞秦之聲也. 亦作烏烏『史記·李斯傳』又歎傷也『集韻』-『康熙』]	嗚咽(오열) 嗚嗚(오오) 嗚呼(오호) 噫嗚(희오)
鳴	鳴	4급 鳥 총14	울 **명** '口+鳥'로 새[鳥]의 울음소리[口] [鳥聲也 從鳥從口]	鳴鼓(명고) 鳴禽(명금) 鳴動(명동) 鳴雁(명안)
鴻	鴻	3급 鳥 총17	큰 기러기 **홍**, 클 **홍** '鳥+江(강)'으로 강물 위를 떼 지어 날아다니는 큰 새[鳥] [鴻鵠也 從鳥江聲]	鴻鵠(홍곡) 鴻毛(홍모) 鴻大(홍대) 鴻圖(홍도)
鳳	鳳	3급 鳥 총14	봉황 **봉**, 임금 **봉** '鳥+凡(범)'으로 상상의 상서로운 새[鳥]로 수컷을 '봉', 암컷을 '황'이라 함[神鳥也 天老曰: 鳳之像也 麐前鹿後 蛇頸魚尾 龍文龜背 燕頷雞喙 五色備擧. 出於東方君子之國 翶翔四海之外 過崑崙 飮砥柱 濯羽弱水 莫宿風穴. 見則天下大安寧. 從鳥凡聲] ※四靈: 麒麟, 鳳凰, 龍, 龜	鳳毛(봉모) 鳳雛(봉추) 飛鳳(비봉) 鳳凰(봉황) 鳳德(봉덕) 鳳輦(봉련) 鳳姿(봉자)
夙	夙	1급 夕 총6	일찍 **숙**, 공경할 **숙**, 삼갈 **숙** '丮+夕'으로 일을 하는데[丮] 새벽 일찍부터 저녁[夕] 늦게까지 쉬지 않고 함[早敬也 從丮夕 持事雖夕不休 早敬者也. 召南毛傳曰 夙 早也 此言早敬者 以字從丮 故晨下曰辰 丮夕爲夙 皆同意 是也『段注』]	夙成(숙성) 夙興夜寐(숙흥야매)
鶴	鶴	3급 鳥 총21	학 **학**, 두루미 **학** '鳥+隺(확/학)'으로 으슥한 깊은 못에 살며, 그 소리가 하늘에도 들리는 새[鳥] [鶴鳴九皐 聲聞于天 從鳥隺聲]	鶴望(학망) 鶴髮(학발) 鶴首(학수) 鶴壽(학수)
確	確	4급 石 총15	굳을 **확**, 확실 **확** '石+隺(확/학)'으로 돌[石]처럼 단단함[堅也, 靳固也『韻會』確乎其事『莊子·應帝王』堅貌『註』又剛也-『康熙』]	確實(확실) 確立(확립) 確固(확고) 確率(확률)

羽 부

字	篆	급수/부수/총획	訓音 및 풀이	用例
羽	羽	3급 羽 총6	깃 **우** 새의 긴 깃털 모양[鳥長毛也 象形]	羽扇(우선) 羽翼(우익) 羽化登仙(우화등선)
耀	耀	2급 羽 총20	빛날 **요**, 빛 **요** '光+翟(적)'으로 빛[光]의 위력이 강하여 멀리까지 빛남[光耀也 曜 或作耀『正韻』光遠而自他有耀者也『左傳』-『康熙』]	朱耀翰(주요한 : 시인)
躍	躍	3급 足 총21	뛸 **약** '足+翟(적)'으로 달음박질[足]로 빨리 감[迅也 從足翟聲]	跳躍(도약) 躍進(약진) 躍動(약동)

III. 동물

字	篆	級/部/劃	訓音 및 解說	用例
濯	濯	3급 水 총17	씻을 **탁**, 빨 **탁** 'ㅊ+翟(적/탁)'으로 물[ㅊ]로 씻거나 빨음[瀚也 從水翟聲『說文』可以濯罍『詩』濯, 滌也『傳』反告濯具『儀禮』濯, 溉也 又洗心亦曰洒濯『註』-『康熙』]	洗濯(세탁) 濯足(탁족)
曜	曜	5급 日 총18	빛날 **요**, 요일 **요** '日+翟(적)'으로 해[日]가 떠 밝게 비침[日光也『正韻』光明照耀也『釋名』日出有曜『詩』光曜晻而不宣『前漢·韋玄成傳』亦作燿『玉篇』-『康熙』]	曜曜(요요) 曜日(요일) 月曜日(월요일)
擢	擢	1급 手 총17	이끌 **탁**, 뽑을 **탁**, 빼어날 **탁** '手+翟(적)'으로 사람·사물·현상 따위를 인도하여 어떤 방향으로 나가게 손[手]으로 가려서 뽑음[引也 從手翟聲『說文』拔也. 自關而西, 或曰拔, 或曰擢『揚子·方言』抽也, 出也『廣韻』-『康熙』]	擢第(탁제) 擢昇(탁승) 擢用(탁용) 擢秀(탁수)
習	習	6급 羽 총11	익힐 **습** '羽+白'으로 새끼 새[白]가 날마다 또는 자주 날기 위해 날갯짓[羽]을 되풀이함[數飛也 從羽從白] ※갑골: '羽+日'	習慣(습관) 習得(습득) 習性(습성) 講習(강습)
翊	翊	2급 羽 총11	새 날 **익**, 도울 **익**, 다음날 **익** '羽+立(립)'으로 새가 날개[羽]를 세우고[立] 퍼덕이며 나는 모양[飛貌 從羽立聲『說文』翊曰輔也『集韻』-『康熙』]	翊日(익일) 閔泳翊(민영익: 조선 말기의 정치가)
翼	翼	3급 羽 총17	날개 **익**, 도울 **익** '羽+異(이)'로 새나 곤충이 날 때에 펴는 날개[羽][篆文翼 從羽『段注』 炗音弋『韻會』作翼, 敬也. 篆文從羽『說文』羽翼『廣韻』明夷于飛, 垂其翼『易·明夷』-『康熙』]	羽翼(우익) 翼戴(익대) 翼亮(익량) 輔翼(보익)

✣ 非 부

字	篆	級/部/劃	訓音 및 解說	用例
非	非	4급 非 총8	그를 **비**, 아닐 **비** 새의 날개가 서로 어긋나 등져 있는 모양[違也 從飛下翅 取其相背也]	非難(비난) 非禮(비례) 非情(비정) 非違(비위) 似而非(사이비)
悲	悲	4급 心 총12	슬플 **비**, 염려할 **비**, 동정 **비** '心+非(비)'로 어떤 일을 마음[心] 속으로 아파하거나 가엾게 여김[痛也 從心非聲『說文』女心傷悲『詩·豳風』春女悲, 秋士悲 感其物化也『毛傳』-『康熙』]	悲劇(비극) 悲觀(비관) 悲鳴(비명) 悲慘(비참) 悲運(비운) 悲感(비감)
排	排	3급 手 총11	물리칠 **배**, 밀 **배** '扌+非(비)'로 손[扌]으로 거절하거나 물리침[擠也 從手非聲]	排擊(배격) 排球(배구) 排佛(배불) 排泄(배설)
匪	匪	2급 匸 총10	상자 **비**, 담을 **비**, 아닐 **비** '匸+非(비)'로 대 상자[匸]에 물건을 담음[器 似竹筐 從匸非聲『逸周書』曰: 實玄黃于匪 器似竹医 小徐祇云 如篋. 小雅. 承筐是將. 傳曰 筐, 篚屬也. 所以行幣帛也. 按此筐與飯器之筐. 異名同實. 故毛訓之曰 匪也. 小雅言匡, 禹貢, 禮記言匪『段注』]	匪賊(비적) 共匪(공비) 匪徒(비도) 匪石(비석)
俳	俳	2급 人 총10	배우 **배**, 광대 **배** '亻+非(비)'로 자기 본 모습과 다르게[非] 연기하는 사람[亻][戲也 從人非聲『說文』俳優, 雜戲『韻會』-『康熙』]	俳優(배우) 嘉俳(가배)

輩	輩	3급 車 총15	무리 배, 떼 지을 배 '車+非(비)'로 백량(百兩)의 수레[車]가 줄지어 있는 모양[若軍發車百兩爲一輩 從車非聲] ※一輩는 군거(軍車) 백량을 가리킴.	先輩(선배) 輩出(배출) 同年輩(동년배)
徘	徘	1급 彳 총11	노닐 배 '彳+非(비)'로 천천히 잔걸음으로[彳] 이리저리 돌아다니며 서성임[同俳 『集韻』本作裴 『說文』-『康熙』] 表示小步行走 -『漢典』	徘徊(배회) 徘徊顧眄(배회고면)
翡	翡	1급 羽 총14	물총새 비, 비취옥 비 '羽+非(비)'로 숲의 물가에 살며 물고기를 잘 잡아먹고 붉은 깃[羽]을 가진 참새 모양의 새[赤羽雀也 出鬱林 從羽非聲]	翡翠(비취)
扉	扉	1급 戶 총12	문짝 비, 집 비 '戶+非(비)'로 나무로 만든 외문짝[戶] [戶扇也 從戶非聲『說文』閨謂之扉 又 以木曰扉, 以葦曰扇『爾雅·釋宮』]	柴扉(시비) 竹扉(죽비)
緋	緋	1급 糸 총14	붉은 비단 비, 붉은빛 비 '糸+非(비)'로 붉은색 비단[糸] [帛赤色也 從糸非聲]	緋緞(비단) 緋玉(비옥)
蜚	蜚	1급 虫 총14	바퀴 비, 메뚜기 비, 날 비 '虫+非(비)'로 바퀴과에 속하는 몸빛이 갈색인 곤충[虫] [蜚, 蠦蜰『爾雅』蜚 越之所生 其爲蟲臭惡 南方淫氣之所生也『疏』-『康熙』]	流言蜚語(유언비어) 三年不蜚(삼년불비)
誹	誹	1급 言 총15	비방할 비, 헐뜯을 비 '言+非(비)'로 남을 헐뜯어 말[言]함[謗也 從言非聲『說文』訾也『博雅』-『康熙』]	誹謗(비방) 誹笑(비소)
裵	裵	2급 衣 총14	옷 치렁치렁할 배, 성씨 배, 노닐 배 '衣+非(비)'로 치렁치렁한 긴 옷[衣] 모양[長衣貌 從衣非聲]	裵裨將傳(배비장전)
靡	靡	1급 非 총19	쓰러질 미, 쏠릴 미, 없을 미 '非+麻(마)'로 초목 또는 기(旗) 따위가 바람에 쓰러지거나 쏠지지 아니함[非]이 없음[披靡也 從非麻聲. 披靡也: 披各本作披. 今正. 披靡, 旂下曰 旌旗披靡也. 項羽傳 漢軍, 皆披靡. 披靡, 分散下垂之貌. 又與亡字, 無字皆雙聲. 故謂無曰靡『段注』	風靡(풍미) 從風而靡(종풍이미)
麾	麾	1급 麻 총15	대장 기 휘, 가리킬 휘, 부를 휘 '手+靡(미)'로 장수가 대장 기(旗)를 손[手]으로 잡고 군대를 지휘함[旌旗 所以指麾也 從手靡聲]	麾旗(휘기) 麾下(휘하)

❋ 飛 부

飛	飛	4급 飛 총9	날 비, 빠를 비, 높을 비 새가 날개를 펴고 날아오르는 모양[鳥翥也 象形]	飛閣(비각) 飛報(비보) 飛散(비산) 飛躍(비약)

III. 동물　201

至 부

한자	급수/부수/총획	뜻풀이	용례
至	4급 / 至 / 총6	이를 지 나는 새가 높은 곳에서 땅으로 내려옴[古文. 至坙초坙. 鳥飛從高下至地也. 從一 一猶地也 象形『說文』來也『玉篇』物至知知, 然後好惡形焉『禮·樂記』至, 來也『註』又達也, 由此達彼也『玉篇』-『康熙』] ※갑골, 금문은 화살이 땅에 박혀 있는 모양[上面是一倒矢之形. 下面一横代表地面, 象一枝箭射落到地面之形]	至極(지극) 至今(지금) 至難(지난) 至當(지당) 止於至善(지어지선) 談虎虎至(담호호지)
室	8급 / 宀 / 총9	아내 실, 집 실 '宀+至(지)'로 안채의 집[宀]에 있음[實也. 從宀至聲] 實也 : 古者前堂後室 釋名曰 室, 實也. 人物實滿其中也. 引伸之則凡所居皆曰室『段注』	居室(거실) 教室(교실) 産室(산실) 書室(서실) 小室(소실) 暗室(암실)
到	5급 / 刀 / 총8	이를 도 '至+刂(도)'로 먼 곳으로부터 도착 지점에 이름[至也 從至刀聲『說文』到, 至也『爾雅·釋詁』到者, 自遠而至也『疏』-『康熙』]	到來(도래) 到任(도임) 到底(도저) 到着(도착) 到處(도처) 周到(주도)
桎	1급 / 木 / 총10	족쇄 질, 막을 질, 쐐기 질 '木+至(질)'로 죄인의 발목에 채우던 나무[木]로 만든 사슬[足械也. 從木至聲]	桎梏(질곡)
致	5급 / 至 / 총10	이를 치, 보낼 치 '夊+至'로 어떤 것을 보내어 목표 지점에 이르도록 함[夊] 送詣也 從夊從至] 送詣也 : 言部曰詣, 候至也. 送詣者, 送而必至其處也. 引伸爲召致之致. 又爲精致之致. 月令工致爲上是也. 精致, 漢人祇作致. 糸部緻字, 徐鉉所增. 凡鄭注俗本乃有緻. 從夊. 從至 夊猶送也『段注』	致命(치명) 致富(치부) 致死(치사) 致謝(치사)
倒	3급 / 人 / 총10	넘어질 도, 거꾸로 도 'イ+到(도)'로 사람[人]이 넘어져 거꾸로 됨[仆也. 從人到聲]	倒壞(도괴) 倒立(도립) 倒産(도산) 倒影(도영)
緻	1급 / 糸 / 총15	고울 치, 촘촘할 치 '糸+致(치)'로 옷[糸]의 결이 곱고 촘촘함[密也. 從糸致聲]	緻密(치밀) 緻巧(치교)
臺	3급 / 至 / 총14	누각 대, 관청 대 '高+至'로 사방을 바라볼 수 있게[至] 높이[高] 지은 다락집[觀四方而高者 從至從高省 與室屋同意]	樓臺(누대) 展望臺(전망대) 青瓦臺(청와대)
擡	1급 / 手 / 총17	들 대 '手+臺(대)'로 손[手]으로 물건을 들어 움직임[擡抶, 動也『博雅』又 擡, 擧也『廣韻』-『康熙』]	擡頭(대두)

貝 부

貝	3급 / 貝 / 총7	조개 패, 돈 패 조개의 모양[海介蟲也 居陸名猋 在水名蜬 象形. 古者貨貝而寶龜 周而有泉 至秦廢貝行錢]	貝貨(패화) 貝類(패류) 貝物(패물) 貝玉(패옥)
敗	5급 / 攴 / 총11	허물어질 패, 패할 패, 부서질 패 '攴+貝'로 돈[貝] 때문에 [攴] 쌓인 명성 등이 무너짐[毀也 從支從貝, 會意] 毀也. 從支從貝. 會意. 貝亦聲. 賊敗皆從貝. 二字同意. 古者貨貝. 故從貝會意. 戈部云. 賊從戈則聲『段注』	敗家(패가) 敗勢(패세) 敗北(패배) 敗退(패퇴)

唄 唄		1급 口 총10	찬불(讚佛) **패** '口+貝(패)'로 부처의 공덕을 기리는 노래[口] [西域謂誦曰唄『玉篇』西方之有唄, 猶東國之有讚. 讚者, 從文以結章. 唄者, 短偈以流頌. 比其事義, 名異實同『法苑』-『康熙』]	梵唄(범패)
買	甲骨文 金文	5급 貝 총12	살 **매** '网+貝'로 장사하는 사람이 재물[貝]이 될 만한 것을 마치 그물[网]로 고기를 잡듯이 사들임[買市也. 從网貝『孟子』曰: 登壟斷而网市利]	買收(매수) 買食(매식) 買票(매표) 競買(경매) 購買(구매) 買上(매상)
賣	金文	5급 貝 총15	팔 **매** '士←出+買'로 재물[貝]을 내서[出] 팖[出物貨也. 從出從買]	賣却(매각) 賣官(매관) 賣國(매국) 賣盡(매진) 競賣(경매) 販賣(판매)
讀		6급 言 총22	읽을 **독**, 구절 **두**, 이두 **두** '言+賣(속)'으로 책을 소리[言]내어 읽음[誦書也. 從言賣聲 徒谷切] 籒書也: 籒各本作誦. 此淺人改也. 今正. 竹部曰籒, 讀書也『段注』	讀經(독경) 讀書(독서) 讀破(독파) 講讀(강독)
續		4급 糸 총21	이을 **속** '糸+賣(속)'으로 끊어진 실[糸]을 이음[連也. 從糸賣聲 似足切]	續刊(속간) 續開(속개) 續之(속보) 續出(속출)
瀆		1급 水 총18	도랑 **독** '水+賣(속)'으로 봇물[水]을 대거나 빼게 만든 도랑[溝也. 從水賣聲 一曰邑中溝 徒谷切]	溝瀆(구독) 瀆職(독직) 冒瀆(모독)
贖		1급 貝 총22	속 바칠 **속**, 바꿀 **속** '貝+賣(속)'으로 금품[貝]을 내고 죄(罪)와 바꿈[貿也. 從貝賣聲 殊六切]	贖罪(속죄) 代贖(대속)
貿	金文	3급 貝 총12	바꿀 **무** '貝+卯(묘)'로 물건을 돈[貝]으로 바꿈[易財也. 從貝卯聲 莫候切]	貿易(무역) 交貿(교무)
貴		5급 貝 총12	귀할 **귀**, 신분 높을 **귀**, 값비쌀 **귀** '貝+臾←蕢(괴)'로 값비싼 재화[貝] [物不賤也. 從臾聲. 臾古文蕢 居胃切]	貴賓(귀빈) 貴賤(귀천) 富貴(부귀) 尊貴(존귀)
遺	金文	4급 辵 총16	없앨 **유**, 버릴 **유**, 잃을 **유**, 남을 **유**, 남길 **유** '辵+貴(귀)'로 물건을 내버리고 돌아보지 않고 감[辵] [亡也. 從辵貴聲 以追切]	遺憾(유감) 遺稿(유고) 遺棄(유기) 遺訓(유훈)
櫃		1급 木 총18	함 **궤** '木+匚+貴(귀)'로 나무[木]로 만든 궤[匚] [匱也. 亦作匱『正韻』納冊于金縢之匱中. 又山名『書·金縢』大荒之中有山, 名曰北極天櫃『山海經』-『康熙』]	櫃封(궤봉) 玉石同櫃(옥석동궤) 米櫃大監(미궤대감)
潰		1급 水 총15	무너질 **궤**, 성낼 **궤** '水+貴(귀)'로 물[水]이 새어 제방 따위가 무너짐[漏也. 從水貴聲]	潰滅(궤멸) 潰瘍(궤양)
責	甲骨文 金文	5급 貝 총11	꾸짖을 **책**, 책임 **책** '貝+束(자)'로 빌린 돈[貝] 갚기를 강요함[求也. 從貝束聲]	責望(책망) 責務(책무) 責善(책선) 責任(책임) 問責(문책) 叱責(질책)
債		3급 人 총13	빚 **채** '亻+責(책)'으로 빚을 진 사람[亻] [債負也. 從人責聲]	債券(채권) 債權(채권) 債務(채무) 公債(공채)

漢字	篆書	級/部首/總劃	訓音 및 解說	用例
積	積	4급 / 禾 / 총16	쌓을 적, 거듭할 적 '禾+責(책)'으로 벼[禾]를 베어 쌓아 둠[聚也 從禾責聲]	積金(적금) 積善(적선) 積立(적립) 積載(적재)
績	績	4급 / 糸 / 총17	길쌈 적, 공적 적 '糸+責(책)'으로 실[糸]로 길쌈을 함[緝也 從糸責聲]	功績(공적) 紡績(방적) 成績(성적) 實績(실적)
蹟	蹟	3급 / 足 / 총18	발자취 적, 행적 적 '足+責(책)'으로 사람이 걸어 다닌 발[足]자국[步處也 從足責聲]	古蹟(고적) 行蹟(행적) 遺蹟(유적) 史蹟(사적)
貫	貫	3급 / 貝 / 총11	꿸 관, 관향 관 '毌+貝'로 엽전[貝] 꾸러미를 꿴[毌] [錢貝之毌也 從毌貝] 錢貝之毌. 故其字從毌貝會意也. 齊風. 射則貫兮. 傳云. 貫, 中也. 其字皆可作毌. 叚借爲摜字. 習也. 毛詩串夷傳云. 串, 習也. 串卽毌之隸變. 傳謂卽慣字『段注』	貫流(관류) 貫珠(관주) 貫通(관통) 貫鄕(관향)
慣	慣	3급 / 心 / 총14	버릇 관, 익숙할 관 '忄+貫(관)'으로 '摜과 동자. 구습(舊習)에 익숙해진 마음[忄] [習也 又通作貫『廣韻, 集韻, 韻會, 正韻』三歲貫女. 本作摜. 從手貫聲. 今文作慣『詩·魏風』-『康熙』]	慣例(관례) 慣性(관성) 慣習(관습) 慣用(관용)
實	實	5급 / 宀 / 총14	넉넉할 실, 찰 실, 열매 실, 사실 실, 참 실, 성실할 실 '宀+貫'으로 부유하여 집[宀]에 돈 꾸러미[貫]가 가득함[富也 引伸之爲艸木之實 從宀貫 會意] 金文	實感(실감) 實果(실과) 實科(실과) 實權(실권)
賈	賈	2급 / 貝 / 총13	장사 고, 앉아서 장사할 고, 상인 고, 값 가, 성 가 '貝+两(아)'로 시장에서 돈[貝]으로 물건을 사고파는 일을 함[市也 從貝两聲 一曰坐賣售也]	賈人(고인) 賈島(가도 : 중국 당나라의 시인)
價	價	5급 / 人 / 총15	값 가, 가치 가 '亻+賈(가/고)'로 물건의 값은 장사하는 사람[人]이 매김[物直也 從人賈 賈亦聲]	價格(가격) 價値(가치) 廉價(염가) 原價(원가)
貞	貞	3급 / 貝 / 총9	점칠 정, 곧을 정, 정할 정, 정조 정 '卜+貝←鼎(정)'으로 돈[貝]을 지불하고 길흉의 묻는 점[卜]침[卜問也 從卜 貝以爲贄 一曰鼎省聲 京房所說] ※'鼎'은 고대에 왕이나 제후의 상징물이었으며, '卜' 역시 신성시되었음. 甲骨文 金文	貞潔(정결) 貞烈(정렬) 貞淑(정숙) 貞操(정조) 童貞(동정) 忠貞(충정)
偵	偵	2급 / 人 / 총11	물을 정, 정탐할 정, 엿볼 정 '亻+貞(정)'으로 점친 것에 대해 사람[亻]에게 물어봄[問也 從人貞聲『說文』候也, 探伺也『正韻』諜者曰游偵, 亦謂之閒諜『杜預·左傳註』內使御者, 偵伺得失『後漢·淸河孝王傳』-『康熙』]	偵探(정탐) 偵察(정찰) 探偵(탐정) 密偵(밀정)
禎	禎	2급 / 示 / 총14	상서 정, 복 정 '示+貞(정)'으로 하늘이 내려준[示] 아름답고 상서로움[祥也 休也 從示貞聲『說文』『徐』曰禎者, 貞也. 貞, 正也. 人有善, 天以符端正告之-『康熙』]	孫基禎(손기정 : 베를린 올림픽 마라톤 우승자)
楨	楨	2급 / 木 / 총13	단단한 나무 정, 광나무 정, 담을 치는 나무 정, 근본 정 '木+貞(정)'으로 상록교목에 속하는 단단한 나무[木] [剛木也 從木貞聲 上郡有楨林縣 剛木也 : 此謂木之剛者曰楨. 非謂木名也. 上郡有楨林縣 : 地理, 郡國二志同『段注』]	楨幹(정간) 盧啓楨(노계정 : 조선의 문신)

幀	幀	1급 巾 총12	그림 족자 **정** '巾+貞(정)'으로 비단[巾]에 그린 그림[張畫繒也 一作幢『類篇』-『康熙』] 幢, 開張畫繪也『廣韻』-『康熙』	影幀(영정) 裝幀(장정)
贊	贊	3급 貝 총19	나타날 **찬**, 밝을 **찬**, 날 **찬**, 도울 **찬**, 이끌 **찬**, 찬성할 **찬** '貝+兟'으로 재물[貝]을 가지고 앞에 나아가[兟] 알현(謁見)함[見也 從貝從兟 『注』臣鉉等曰: 兟, 進也. 執贄而進, 有司贊相之] 見也: 疑當作所以見也. 謂彼此相見必資贊者. 士冠禮贊冠者, 士昏禮贊者, 注皆曰贊, 佐也. 周禮大宰注曰贊, 助也. 錯曰進見以貝爲禮也『段注』	贊襄(찬양) 協贊(협찬) 贊助(찬조) 贊成(찬성)
讚	讚	4급 言 총26	기릴 **찬**, 칭찬할 **찬** '言+贊(찬)'으로 사람의 좋은 점을 모아서 기술하여 밝힘[言] 明也『小爾雅』稱『類篇』稱人之美曰讚. 讚, 纂也. 纂集其美而敘之也. 又錄也, 省錄之也『釋名』-『康熙』	讚美(찬미) 讚頌(찬송) 讚揚(찬양) 禮讚(예찬)
鑽	鑽	2급 金 총27	끌 **찬**, 뚫을 **찬**, 연구할 **찬** '金+贊(찬)'으로 구멍 뚫는 데 쓰는 쇠[金]로 만든 도구[所以穿也 從金贊聲] 所以穿也: 本是器名. 因之謂穿亦曰鑽『段注』	鑽具(찬구) 鑽石(찬석) 硏鑽會(연찬회)
瓚	瓚	2급 玉 총23	옥잔 **찬**, 제기 **찬** '玉+贊(찬)'으로 제후가 사용하는 옥(玉)으로 만든 그릇[三玉二石也 從玉贊聲]. 『禮記』: 天子用全 純玉也. 上公用駹 四玉一石 侯用瓚 伯用埒 玉石半相埒也	崔瓚植(최찬식 : 신소설 작가)
負	負	4급 貝 총9	믿을 **부**, 질 **부**, 빚질 **부** '人+貝'로 재물[貝]에 의지하여 믿는 바가 있는 사람[亻] 또는 빌린 것을 아직 갚지 않음[恃也 人守貝 有所恃也 一曰 受貸不償]	負擔(부담) 負傷(부상) 負債(부채) 勝負(승부) 自負(자부) 抱負(포부)
質	質	5급 貝 총15	저당물 **질**, 저당 잡힐 **질**, 모탕 **질**, 바탕 **질**, 물을 **질** '貝+斦'로 저당 잡힌 물건[貝]이나 나무를 패는 데 받치는 나무토막[斦] [以物相贅 從貝從斦] 以物相贅: 以物相贅, 如春秋交質子是也. 引伸其義爲樸也, 地也. 如有質有文是『段注』 ※斦: 두 도끼 은, 밝을 은, 모탕 질 ※모탕: 나무를 패거나 쪼갤 때에 받치는 나무토막. 곡식이나 물건을 땅바닥에 쌓을 때 밑에 괴는 나무토막.	質量(질량) 質問(질문) 質朴(질박) 質疑(질의) 質責(질책) 物質(물질) 本質(본질) 性質(성질)
賞	賞	5급 貝 총15	상 줄 **상**, 구경할 **상** '貝+尙(상)'으로 공이 있어 재화[貝]를 내려줌[賜有功也 從貝尙聲] 賜有功也: 錯曰賞之言尙也. 尙其功也『段注』	賞品(상품) 賞罰(상벌) 賞狀(상장) 賞賜(상사)
償	償	3급 人 총17	갚을 **상** '亻+賞(상)'으로 남[亻]에게 진 빚을 갚음[還也 從人賞聲 『說文』還所値也『集韻』-『康熙』]	償金(상금) 償還(상환) 償債(상채) 補償(보상)
賓	賓	3급 貝 총14	손님 **빈** '貝+宀(면)'으로 귀한 물건[貝]처럼 공경히 대하는 사람[所敬也 從貝宷聲] 所敬也: 賔謂所敬之人. 因之敬其人亦曰賔. 又君爲主. 臣爲賔. 從貝: 貝者, 敬之物也『段注』	賓客(빈객) 賓服(빈복) 賓主(빈주) 國賓(국빈)
殯	殯	1급 歹 총18	초빈할 **빈**, 염할 **빈** '歹+賓(빈)'으로 시신[歹]을 관에 넣은 후 장사 지낼 때까지 일정한 곳에 안치하여 손님을 맞음[死在棺 將遷葬柩賓遇之 從歹從賓 賓亦聲]	殯禮(빈례) 殯所(빈소)

III. 동물

字	篆	급수/부수/총획	훈음 및 설명	예시
嬪	嬪	1급 女 총17	아내 **빈** '女+賓(빈)'으로 결혼하여 남편을 따르는 사람[女] [服也 從女賓聲] 服也 : 堯典曰釐降二女于嬀汭. 嬪于虞. 大雅曰嬪于京. 傳曰. 嬪, 婦也. 按婦者, 服也. 故釋嬪亦曰服也『段注』	嬪宮(빈궁) 嬪妾(빈첩)
濱	濱	1급 水 총17	물가 **빈** '水+賓(빈)'으로 바다·못·강 따위의 물[水]이 있는 곳의 가장자리[水際也『正韻』海濱廣斥『書·禹貢』又地近亦曰濱. 鄒魯濱洙泗『史記·貨殖傳』又與頻通『韻會』池之竭矣, 不云自頻『詩·大雅』頻作濱, 厓也『箋』-『康熙』]	海濱(해빈) 瀕死·濱死(빈사)
賴	賴	3급 貝 총16	이득 **뢰**, 교활한 사람 **뢰**, 의지할 **뢰**, 힘입을 **뢰** '貝+剌(랄)'로 재물[貝]이 광주리에 있음[贏也 從貝剌聲] 一日恃也『類篇』萬世永賴『書·大禹謨』萬代所恃賴『疏』又大人常以臣無賴『史記·高祖』-『康熙』	依賴(의뢰) 無賴漢(무뢰한)
懶	懶	1급 心 총19	게으를 **라** '心+賴(뢰)'로 나태하고 게으른 마음[心]을 가짐[懈也, 怠也. 日臥也『說文』憎懶, 嫌惡也『集韻』-『康熙』]	懶惰(나타) 懶怠(나태)
癩	癩	1급 疒 총21	문둥병 **라**, 약물 중독 **라** '疒+賴(뢰)'로 나균(癩菌)에 의해 생기는 만성 전염병[疒] [惡疾也『說文』伯牛有疾『論語』先儒以爲癩也. 本作癘『註』與癘同『集韻』-『康熙』]	癩病(나병) 癩患者(나환자)

❀ 魚 부

字	篆	급수/부수/총획	훈음 및 설명	갑골문/금문	예시
魚	魚	5급 魚 총11	물고기 **어** 물고기 모양[水蟲也 象形 魚尾與燕尾相似]	甲骨文 金文	魚網(어망) 魚肉(어육) 魚貝(어패) 乾魚(건어)
漁	漁	5급 水 총14	고기 잡을 **어** '氵+鮺'로 물[氵]에서 물고기를 잡음[鮺] [篆文瀺 從魚. 後篆文者, 亦先口後上之例也『段注』瀺 : 捕魚也. 從鱟從水. 漁, 篆文瀺從魚 『注』金文漁從魚從丌『說文』]	甲骨文 金文	漁具(어구) 漁獵(어렵) 漁翁(어옹) 漁笛(어적)
鮮	鮮	5급 魚 총17	생선 **선**, 고울 **선**, 싱싱할 **선** '魚+羊←羴(전)'으로 맥국에서 나는 싱싱한 생선[魚] [鮮魚也 出貉國 從魚羴省聲]	金文	鮮明(선명) 鮮民(선민) 鮮魚(선어) 朝鮮(조선) 鮮血(선혈) 新鮮(신선)
鮑	鮑	2급 魚 총16	절인 어물 **포** '魚+包(포)'에서 물고기[魚]가 썩지 않도록 소금에 절임[饐魚也 從魚包聲]		鮑尺(포척) 鮑魚之肆(포어지사)
魯	魯	2급 魚 총15	노둔할 **로**, 나라 이름 **로** '日←白+魚(어)'로 말[白]이 어눌함[鈍詞也 從白魚聲『論語』日 : 參也 魯 各本作羹省聲] ※갑골, 금문에는 '魚+日(←口)'로 삶은 물고기[魚]를 그릇에 놓은 모양.	甲骨文 金文	魯鈍(노둔) 魯迅(노신 : 중국의 근대문학가)

字	篆文	級/部首/總劃	訓音 및 풀이	예
鰥	鰥	1급 魚 총21	환어 환, 홀아비 환 '魚+眔(답)'으로 근심으로 밤잠을 자지 못하는 환어[魚] [魚也 從魚眔聲 李陽冰曰:當從𡨋省. 〖注〗𩵋, 古文鰥〗 鰥魚也:見齊風 毛傳曰 大魚也 謂鰥與鮦皆大魚之名也『段注』/ 老而無妻曰鰥『禮·王制』鰥, 昆也. 昆, 明也. 愁悃不寐, 目恆鰥鰥然也. 故其字從魚, 魚目不閉者也『釋名』鰥之言鰥鰥無所親, 則寡者少也『白虎通』-『康熙』	鰥居(환거) 鰥寡孤獨(환과고독)
遝	遝	1급 辵 총14	따라붙을 답, 미칠 답, 뒤섞일 답 '辵+眔(답)'으로 쉬엄쉬엄 걸어가[辵] 뒤쫓아 따라붙음[迨也 從辵眔聲]	遝至(답지)

✽ 辰 부

字	篆文	級/部首/總劃	訓音 및 풀이	예
辰	辰	3급 辰 총7	별 신/진, 태어날 신, 때 신, 다섯째 지지 진 '乙+匕+二+厂(엄)'으로 만물이 소생하여 위[二]로 나오는[乙+匕] 때[震也 三月 陽气動 雷電振 民農時也. 物皆生 從乙匕 匕 象芒達 厂聲 辰 房星 天時也 從二 二 古文上字] ※금문에 '辰+虫'으로 큰 조개 모양[辰, 蜄屬蛤蚌類]으로 봄.	辰方(진방) 辰宿(진수) 辰時(진시) 甲辰(갑진) 生辰(생신) 日辰(일진) 誕辰(탄신)
振	振	3급 手 총10	구원할 진, 건질 진, 떨칠 진, 진동할 진, 정돈할 진 '扌+辰(진)'으로, 어려움에 처한 자를 손[扌]으로 들어 구원해 줌[舉救之也 從手辰聲 一曰奮也]	振作(진작) 振動(진동) 振旅(진려) 振撫(진무) 振興(진흥) 不振(부진)
晨	晨	3급 日 총11	새벽 신 '日+辰(진)'으로, 28수(宿)의 하나인 방성(房星)[日]의 다른 이름[曟, 或省作晨. 房星爲民田時者. 曟或省 今之晨字作此] ※'晨'은 진시(辰時)가 되면 동이 터 밭갈이 나갈 시간임을 앎.	晨省(신성) 晨星(신성) 晨鐘(신종) 早晨(조신) 淸晨(청신)
脣	脣	3급 肉 총11	입술 순 '月+辰(진)'으로, 䫃과 동자. 입 가장자리 위아래에 도도록이 붙어 있는 얇고 부드러운 살[肉] [口耑也 從肉辰聲. 䫃, 古文脣從頁〗 口耑也:口之厓也 假借爲水垠之字. 鄭注乾鑿度引詩置之河之脣『段注』	脣舌(순설) 脣音(순음) 脣齒(순치) 缺脣(결순) 脣亡齒寒(순망치한)
娠	娠	1급 女 총10	애 밸 신 '女+辰(신)'으로 여자[女]가 임신하여 태아의 움직임을 느낌[女妊身動也. 從女辰聲 『春秋傳』曰:后緡方娠. 一曰宮婢女隷謂之娠〗 女妊身動也:詩. 大任有身. 生此文王. 傳曰身, 重也. 蓋妊而後重. 重而後動. 動而後生『段注』	姙娠(임신) 姙娠婦(임신부)
宸	宸	1급 宀 총10	집 신 '宀+辰(신)'으로 비바람 따위를 막는 지붕[宀]과 그 주변 즉 집채[棟宇] [屋宇也 從宀辰聲〗 屋宇也:屋者, 以宮室上覆言之. 宸謂屋邊 故古書言柍桭者, 卽棟宇也『段注』	宸襟(신금) 宸筆(신필)
蜃	蜃	1급 虫 총13	무명조개 신 '虫+辰(신)'으로 대표적인 쌍패류로서 조가비는 둥근 세모꼴이며, 빛은 보통 회백갈색에 적갈색의 세로무늬가 있는 조개류[虫] [雉入大水爲蜃 『禮·月令』大蛤曰蜃 『註』黃雀秋化爲蛤, 春復爲黃雀, 五百年爲蜃蛤『述異記』蜃, 一名蚌, 一名含漿『山海經註』-『康熙』]	蜃氣樓(신기루)

字	篆	級/部/劃	訓音 解說	甲骨/金文	單語
辱	辱	3급 辰 총10	욕될 욕 '辰+寸'으로 농사 지을 때[辰]를 놓친 사람에 대해 법[寸]에 따라 욕을 보임[恥也 從寸在辰下. 失耕時 於封疆上戮之也. 辰者 農之時也 故房星爲辰 田候也]	甲骨文 金文	辱說(욕설) 恥辱(치욕) 困辱(곤욕) 屈辱(굴욕) 凌辱(능욕) 侮辱(모욕)
農	農	7급 辰 총13	농사 농 '曲+辰'으로, 농부가 동이 틀 때[辰] 일어나 밭 갈고 씨 뿌리는[曲] 일을 함[耕也, 種也『說文』農用八政『書·洪範』農者, 所以厚生也『註』其庶人力于農穡『左傳·襄九年』種曰農, 斂曰穡『註』-『康熙』] ※甲骨·金文的農字 象以蜃耨苗之形 以耕作之意『字源字典』	金文	農耕(농경) 農業(농업) 農場(농장) 農政(농정)
濃	濃	3급 水 총16	진할 농, 무성할 농 '氵+農(농)'으로, 이슬[氵]의 양이 많아 진함[露多也 從水農聲]		濃淡(농담) 濃度(농도) 濃霧(농무) 濃縮(농축)
膿	膿	1급 肉 총17	고름 농, 국물 농 '血+農(농)'으로 부스럼이나 혹에서 피[血]와 함께 나오는 농(膿) [俗鹽, 從肉農聲 周禮注如此作. 腫血也 從血 農省聲]		燭膿(촉농) 蓄膿症(축농증)

❈ 虫 부

字	篆	級/部/劃	訓音 解說	甲骨/金文	單語
虫	虫	虫 총6	벌레 훼 큰 뱀 모양[一名蝮. 博三寸 首大如擘指 象其臥形. 物之微細 或行 或毛 或羸 或介 或鱗 以虫爲象] ※갑골, 금문에는 몸이 쟁반처럼 굽었으며 세 개의 촉각이 있고 기어 다니는 벌레 모양[象一種長身盤曲 三角頭的虫形. 고대에는 '它[뱀 사]'와 통용. ※벌레 충(蟲)의 약자로 쓰임.	甲骨文 金文	
蟲	蟲	4급 虫 총18	벌레 충 발이 있는 벌레들[三虫]이 꾸물거리고 있는 모양[有足謂之蟲 無足謂之豸 從三虫 有足謂之蟲. 無足謂之豸 : 有擧渾言以包析言者. 有擧析言以包渾言者. 此蟲豸析言以包渾言也『段注』]		蟲氣(충기) 蟲類(충류) 蟲齒(충치) 蟲害(충해)
蠶	蠶	3급 虫 총24	누에 잠 '蚰+朁(참)'으로 애벌레[蚰]가 자란 다음에 실을 토하여 고치를 만드는 벌레[任絲蟲也 從蚰朁聲]		蠶室(잠실) 蠶食(잠식) 養蠶(양잠) 農蠶(농잠)
潛	潛	3급 水 총15	잠길 잠, 감출 잠 'ㅊ+朁(참)'으로 물[氵]속을 수영으로 잠행하여 건너감[涉水也 一曰藏也 一曰漢水爲潛 從水朁聲] 邶風傳云. 由厀以上爲涉. 然則言潛者, 自其厀以下沒於水言之. 所謂泳也.『段注』		潛水(잠수) 潛跡(잠적) 潛伏(잠복) 潛水艦(잠수함)
簪	簪	1급 竹 총18	비녀 잠, 꽂을 잠 '竹+朁(참)'으로 대[竹]로 만든 머리에 꽂는 물건[首笄也 『正韻』簪, 筓也, 連冠於髮也. 又枝也, 因形名之也『釋名』-『康熙』]		簪纓(잠영) 玉簪(옥잠)
僭	僭	1급 人 총14	거짓 참, 참소 참, 어그러질 참, 참람할 참 '人+朁(참)'으로 남[人]을 헐뜯어 없는 죄를 있는 것처럼 거짓으로 꾸며서 고해바침 [假也 從人朁聲]		僭濫(참람) 僭稱(참칭)

한자	전서	급수/부수/총획	뜻과 풀이	용례
螢	螢	3급 虫 총16	반딧불 형, 개똥벌레 형 '虫+熒(형)'으로 밤에 날아다니며 배 아래에서 빛을 내는 벌레[虫] [𧒒音熒. 火蟲名『韻會』腐草爲螢『禮·月令』螢火卽炤『爾雅·釋蟲』夜飛, 腹下有火『註』螢, 一名耀夜, 一名景天, 一名熠燿, 一名丹良, 一名燐, 一名丹鳥, 一名夜光, 一名宵燭『古今注』- 『康熙』]	螢光(형광) 螢雪(형설) 螢案(형안) 螢窓(형창) 群螢(군형) 飛螢(비형)
營	營	4급 火 총17	경영할 영, 다스릴 영, 진 영 '呂←宮+熒(형)'으로 집[宮]들이 즐비한 시장에서 삶[市居也 從宮熒省聲]	經營(경영) 營利(영리) 營繕(영선) 營養(영양)
榮	榮	4급 木 총14	오동나무 영, 꽃 영, 영화로울 영, 성할 영 '木+熒(형)'으로 자줏빛 꽃잎이 등촉(鐙燭)처럼 빛나는 오동나무[木] [桐木也 從木熒省聲 一曰屋梠之兩頭起者爲榮]	榮光(영광) 榮譽(영예) 榮辱(영욕) 榮轉(영전) 榮華(영화) 繁榮(번영)
鶯	鶯	1급 鳥 총21	꾀꼬리 앵 '鳥+榮(영)'으로 앵무샛과의 새로 부리가 굵고 두꺼우며 끝이 굽어있고 사람이나 동물의 소리를 잘 내는 새[鳥] [鳥也 從鳥, 榮省聲 『詩』曰: 有鶯其羽]	鶯聲(앵성) 鶯遷(앵천)
蛇	蛇	3급 虫 총11	뱀 사 '虫+它(사)'로, 겨울에는 겨울잠을 자고 봄에는 밖으로 나와 생활하는 독이 있는 파충류[毒蟲也『韻會』內蛇與外蛇鬭『左傳·莊十四年』蛇, 北方水物『疏』蛇, 有水, 草, 木, 土四種『酉陽雜組』蛇, 草居, 常飢, 每得食稍飽, 輒復蛻殼, 冬輒含土入蟄, 及春出蟄則吐之『爾雅翼』- 『康熙』] ※뱀의 뜻으로 사용되던 '它'가 '다르다'의 뜻으로 쓰이자 '虫'이 더해져 '뱀'의 뜻이 됨.	蛇心(사심) 蛇足(사족) 蛇行(사행) 毒蛇(독사) 白蛇(백사)
蝶	蝶	3급 虫 총15	나비 접 '虫+枼(엽)'으로 나뭇잎처럼 생긴 날개 달린 곤충[虫] [蜨, 蟲名 或作蝶『集韻』蝴蝶『玉篇』烏足之根爲蛴螬, 其葉爲胡蝶『莊子·至樂篇』- 『康熙』]	胡蝶(호접) 蝶夢(접몽) 狂蝶(광접)
諜	諜	2급 言 총16	염탐할 첩 '言+枼(엽)'으로 적지에 들어가 몰래 사정을 조사하여 말[言]함[軍中反閒也 從言枼聲] ※反閒: ①적국에 들어가 적정을 탐지하거나 민심을 교란시키는 일. 또는 그 사람 ②적의 간첩을 역이용하여 적의 계획을 알아내는 일.	諜報(첩보) 間諜(간첩) 諜者(첩자)
葉	葉	5급 艸 총13	잎사귀 엽, 세대 엽 '艸+枼(엽)'으로 풀이나 나무[艹]의 잎[艸木之葉也 從艸枼聲]	落葉(낙엽) 枝葉(지엽) 中葉(중엽) 末葉(말엽)
渫	渫	1급 水 총12	칠 설, 더러울 설, 통할 첩, 출렁출렁할 첩 '水+枼(엽)'으로 물[水] 밑의 토사(土砂)를 제거함[除去也 從水枼聲]	浚渫(준설) 浚渫船(준설선)
牒	牒	1급 片 총13	서찰 첩, 문서 첩, 사령 첩, 송사 첩 '片+枼(엽)'으로 나뭇조각[片] 등에 글을 써 뜻을 표시함[札也 從片枼聲]	通牒(통첩) 請牒狀(청첩장)
蜀	蜀	2급 虫 총13	나비애벌레 촉, 나라 이름 촉 '蠋'의 본자. 뽕잎에 있는 누에[虫] 모양을 본뜬 글자[葵中蠶也 從虫 上目象蜀頭形 中象其身蜎蜎『詩』曰: 蜎蜎者蜀] ※虫, 上目象蜀頭形, 中象其身蜎蜎	蜀漢(촉한: 유비가 세운 나라)
獨	獨	5급 犬 총16	홀로 독 '犭+蜀(촉)'으로, 개[犭]처럼 서로 먹으려고 싸우면 홀로 됨[犬相得而鬭也 從犬蜀聲 羊爲羣 犬爲獨也]	獨居(독거) 獨斷(독단) 獨房(독방) 獨裁(독재)

III. 동물

字	篆	級/部首/총획	訓音과 해설	용례
燭	燭	3급 火 총17	뜰불 촉, 촛불 촉, 비칠 촉, 밝을 촉 '火+蜀(촉)'으로, 집안 뜰이나 문 밖에 놓는 등불[火] [庭燎大燭也 從火蜀聲] ※불을 밝힘이 문 안에 있는 것을 '庭燎'라 하고, 문 밖에 있는 것을 '大燭'이라 함.	燭光(촉광) 燭淚(촉루) 燭數(촉수) 燈燭(등촉) 紙燭(지촉) 洞燭(통촉)
觸	觸	3급 角 총20	받을 촉, 닿을 촉, 범할 촉 '角+蜀(촉)'으로, 짐승이 뿔[角]로 사물을 찌름[牴也 從角蜀聲]	觸角(촉각) 觸覺(촉각) 一觸卽發(일촉즉발)
濁	濁	3급 水 총16	물 이름 탁, 흐릴 탁 'シ+蜀(촉)'으로, 촉(蜀)나라에 흐르는 강물[シ] 이름[濁水. 出齊郡嬀嬴山 東北入鉅定 從水蜀聲] 金文	濁亂(탁란) 濁浪(탁랑) 濁世(탁세) 濁酒(탁주) 淸濁(청탁) 混濁(혼탁)

龍 부

字	篆	級/部首/총획	訓音과 해설	용례
龍	龍	4급 龍 총16	용 룡 '肉+夗+童(동)'으로 머리를 치켜세우고 몸[肉]을 꿈틀거리며 하늘로 솟구쳐 날아오르는[夗] 용 모양[鱗蟲之長. 能幽, 能明, 能細, 能巨, 能短, 能長; 春分而登天, 秋分而潛淵. 從肉, 飛之形, 童省聲. 凡龍之屬皆從龍. 〖注〗臣鉉等曰:象夗轉飛動之貌] 甲骨文 金文	龍宮(용궁) 龍旗(용기) 龍馬(용마) 龍鳳(용봉) 龍床(용상) 龍顔(용안) 龍頭蛇尾(용두사미)
襲	襲	3급 衣 총22	염습할 습, 엄습할 습, 이을 습 '衣+龍←龖(삽/답)'으로 죽은 사람에게 입히는 옷[衣] [左衽袍 從衣龖省聲] ※凡衣死者 左衽不紐. 袍, 褻衣也.	襲擊(습격) 襲衣(습의) 襲爵(습작) 攻襲(공습) 急襲(급습) 踏襲(답습)
聾	聾	1급 耳 총22	귀머거리 롱 '耳+龍(룡)'으로 귀[耳]에 소리가 들리지 않음[無聞也 從耳龍聲] 金文	聾啞(농아) 全聾(전롱)
壟	壟	1급 土 총19	언덕 롱 '土+龍(룡)'으로 땅[土]이 비탈지고 높은 언덕[丘壟也 從土龍聲]	壟斷(농단) 丘壟(구롱)
瓏	瓏	1급 玉 총20	옥 소리 롱 '玉+龍(룡)'으로 가뭄 때 하늘에 기도를 드리는 데 쓰는 용 그림이 있는 옥구슬[玉] [禱旱玉. 龍文. 從玉從龍 龍亦聲]	五色玲瓏(오색영롱)
寵	寵	1급 宀 총19	총애 총, 영화 총, 숭상할 총 '宀+龍(용)'으로 좋은 집[宀]에 살며 남달리 귀엽게 사랑을 받고 생활함[尊居也 從宀龍聲]	寵愛(총애) 恩寵(은총)
龐	龐	2급 龍 총19	높은 집 방, 클 방, 성 방, 알찰 롱 '广+龍(용)'으로 높고 큰 위엄 있는 집[广] [高屋也 從广龍聲] 高屋也 : 謂屋之高者也. 故字從广. 引伸之爲凡高大之偁. 小雅. 四牡龐龐. 傳曰 龐龐, 充實也『段注』 甲骨文	龐錯(방착) 龐涓(방연 : 춘추시대 위나라 장수)
籠	籠	2급 竹 총22	대그릇 롱, 삼태기 롱 '竹+龍(용)'으로 대[竹]로 엮어 만든 흙을 나르는 물건[擧土器也 一曰笭也 從竹龍聲]	籠球(농구) 籠絡(농락) 籠城(농성) 鳥籠(조롱)

龜 부

龜	龜 총16	3급	거북 귀, 땅 이름 구, 터질 균 십장생 중의 하나로, 용이나 봉황과 함께 상서로운 동물로 알려진 거북의 다리, 등, 꼬리의 모양[舊也. 外骨內肉者也. 從它, 龜頭與蛇頭同. 天地之性, 廣肩無雄; 龜鼈之類, 以蛇爲雄. 象足甲尾之形. 龟, 古文龜.『注』龟, 𪓑, 亦古文龜]	甲骨文 金文	龜尾(구미) 龜鑑(귀감) 龜甲(귀갑) 龜裂(균열)

黽 부

黽	黽 총13		맹꽁이 맹 뱀과 머리가 같고, 두꺼비와 비슷한 몸을 가진 맹꽁이[䵷黽也. 從它. 象形. 黽頭與它頭同『說文』蠅𪓿蟾諸, 在水者黽『爾雅·釋魚』蠅𪓿, 一名蟾諸, 似蝦蟆, 居陸地, 其居水者名黽. 一名耿黽. 一名土鴨. 狀似靑蛙, 而腹大『疏』-『康熙』]	甲骨文 金文	
繩	糸 총19	2급	줄 승, 법 승, 바로잡을 승, 없을 민 '糸+黽←蠅(승)'으로 실[糸] 따위를 여러 겹으로 꼰 동아줄[索也. 從糸蠅省聲]		捕繩(포승) 自繩自縛(자승자박)

고사성어 이야기

[龜兔之說 귀토지설]

꾀 많은 토끼가 거북이에게 속아서 용궁(龍宮)에 갔다가 재치로 위기를 면하고 살아 돌아왔다는 이야기. 고구려 때의 설화(說話)로 ≪삼국사기(三國史記)≫ <김유신전>에 수록되어 전한다.
고구려 보장왕 때 신라 김춘추가 고구려에 청군(請軍)하러 갔다가 고구려의 땅을 돌려주지 않은 연고로 투옥되었을 때, 고구려의 총신 선도해(先道解)에게 청포 300보(步)를 주고 내통하여 얻어들은 탈신지계(脫身之計) 이야기이다.
이와 같은 이야기는 불경이나 외국 설화에도 있는 것으로 고구려 고유의 설화라 보기는 어렵고 상고시대의 여러 나라에 널리 전해진 원시 설화로 보인다. 이 설화가 국문학에 끼친 영향은 크다. 후에 ≪토끼전≫·≪토의 간≫ 등으로 전해지는 귀토지설의 내용은 다음과 같다.

옛날 동해 용왕의 딸이 병 들었는데 의사가 이르기를 토끼의 간을 구해서 생약과 함께 써야 나을 수 있다 하였다. 이에 거북이가 토끼를 잡아오는 사명을 띠고 육지로 올라왔다. 마침내 토끼를 교묘히 속여 등에 태워 바다로 향했다. 한 2, 3리쯤 가다가 거북이가 토끼에게 사실을 털어놓았다. 그 말을 들은 토끼가 말했다. "나는 본시 신령의 후예인지라 간을 꺼내어 깨끗이 씻어서는 다시 집어넣고 하는데 마침 오기 전에 그것을 씻어서 바위 위에 널어두었다. 나는 간이 없어도 충분히 살아갈 수 있으니 기꺼이 그것을 줄 수 있다. 왜 출발하기 전에 그런 얘길 하지 않았나? 내 가서 그것을 가져오리라."
거북이 이 말을 참말로 듣고 토끼를 놓아주었더니 토끼는 거북의 어리석음을 욕하고 달아나 버렸다.

Ⅳ 식물

식물류 및 관련 부수

木 竹 瓜 禾 黍 麥 齊 麻 韭 艸 生 屮 入 无

木	林	森	柔	本	楞	東	果	朴	栗	樂		末
沐床閑	彬淋焚		蹂	鉢		凍棟陳	課裸菓巢顆		慄	藥礫		靺沫抹

束	李	橋	構	條	業	未	朱	梁	樑	某	樹
速辣剌悚疎勅		僑矯轎驕嬌	購講溝	滌		味妹魅昧	株珠洙殊銖誅	粱		謀媒煤	

桑	杏	枚	朽	極	楚	析	橘	杳	樸	橄	竹
					礎	晳			撲僕	邀	

節	築	篤	籍	算	筆	策	筋	瓜	禾	穆	秦
櫛			藉	篡篹	津畫律畵劃	刺棘棗		呱狐弧			泰

秋	稱	秀	稻	穀	稷	稟	禿	黍	黎	麥	麵
愁楸鰍		透誘	蹈滔			凜鄙	頹				眄

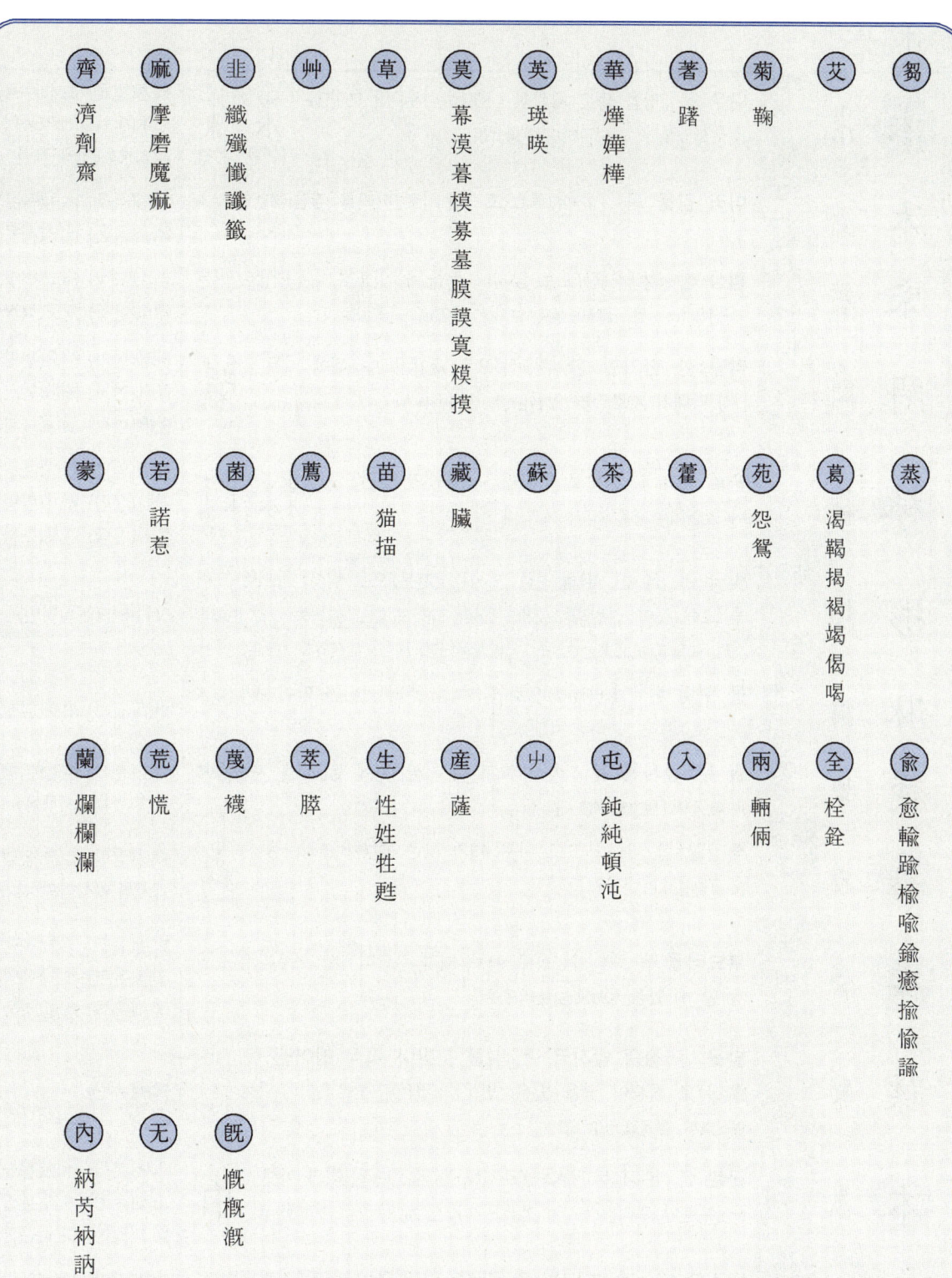

IV. 식물

木 부

木	8급 / 木 / 총4	나무 목 땅을 뚫고 새싹이 나오는 나무[木] 모양[冒也. 冒地而生 東方之行 從屮 下象其根] 甲骨文 金文	伐木(벌목) 樹木(수목) 植木(식목) 木鐸(목탁) 緣木求魚(연목구어)
沐	3급 / 水 / 총7	머리 감을 목 '氵+木(목)'으로 물[氵]로 머리를 감음[濯髮也. 從水 木聲]	沐浴(목욕) 沐雨(목우) 沐恩(목은) 洗沐(세목)
床	4급 / 广 / 총7	평상 상 '木+爿(장)'으로 앉거나 누울 수 있도록 나무[木]로 만든 기구[從木, 爿聲. 坐臥的器具. 俗牀字 『玉篇』-『康熙』]	苗床(묘상) 病床(병상) 溫床(온상) 冊床(책상)
閑	4급 / 門 / 총12	막을 한, 한가할 한 '門+木'으로, 문[門] 가운데에 나무[木] 막대가 가로질러 있음[闌也 從門中有木] 金文	閑暇(한가) 閑良(한량) 閑邪(한사) 閑散(한산) 閑寂(한적) 農閑(농한)
林	7급 / 木 / 총8	수풀 림 '木+木'으로 평지에 나무[木]가 집단으로 나 있음[平土有叢木曰林 從二木] 甲骨文 金文	林業(임업) 鷄林(계림) 茂林(무림) 密林(밀림) 儒林(유림) 造林(조림)
彬	2급 / 彡 / 총11	빛날 빈, 성 빈, 밝을 반 '彡+林←焚(분)'으로 털붓[彡]으로 그림을 그린 것이 찬란함[古文份. 今論語作彬. 古文也. 從彡林 彡者 毛飾畫文也. 飾畫者 拭而畫之也. 從彡, 與彰同意. 林者, 從焚省聲『段注』]	文質彬彬(문질빈빈)
淋	1급 / 水 / 총11	물 뿌릴 림 '水+林(림)'으로 물[水]을 뿌리듯 비가 많이 내림[以水洓也 從水林聲 一曰淋淋 山下水貌]	淋漓(임리) 淋疾(임질)
焚	1급 / 火 / 총12	탈 분, 불사를 분 '火+林'으로 나무 숲[林]에 불[火]을 사름[燒田也 從火林『說文解字注』]	焚身(분신) 焚香(분향) 焚書坑儒(분서갱유)
森	3급 / 木 / 총12	빽빽할 삼 '木+林'으로 나무[木]가 많은 숲[林] 모양[木多貌 從林從木] 甲骨文	森林(삼림) 森嚴(삼엄) 森羅萬象(삼라만상)
柔	3급 / 木 / 총9	부드러울 유 '木+矛(모)'로 나무[木]가 부드러워서 구부리거나 곧게 할 수 있음[木曲直也 從木矛聲]	柔道(유도) 柔順(유순) 柔軟(유연) 柔弱(유약) 柔和(유화) 剛柔(강유)
蹂	1급 / 足 / 총16	밟을 유, 짐승 발자국 유, 벼를 짓밟아 곡식 떨어질 유 '足+柔(유)'로 짐승이 땅을 밟은 발[足]자국[從足 柔聲『段注』. 厹, 篆文從足柔聲. 獸足蹂地也『說文』]	蹂躪(유린)
本	6급 / 木 / 총5	근본 본, 본디 본 '木+一'로 고자는 '夲'. 나무[木]의 아랫[一]부분인 뿌리[木下曰本 從木 一在其下. 夲 古文] 金文	本格(본격) 本能(본능) 本業(본업) 本質(본질) 脚本(각본) 根本(근본)
鉢	2급 / 金 / 총13	바리때 발 '金+本(본)'으로 적당한 양을 담는 밥그릇이란 뜻으로 절에서 부처 또는 승려들이 소지하는 밥그릇[音撥『韻會』 器也『玉篇』 作盋『廣韻』-『康熙』]	沙鉢(사발) 托鉢(탁발) 夫鉢(부발 : 경기도 부천시의 읍 이름)

楷	篆	급수/부수/총획	훈음 및 자해	갑골/금문	용례
楞	㮫	2급 木 총13	모 릉 '木+四+方'으로 '棱과 동자. 네[四] 구석이 모[方]가 난 나무[木] [與棱同. 又楞嚴, 浮屠書名. 四方木 -『康熙』]		楞嚴經(능엄경) 楞伽經(능가경)
東	東	8급 木 총8	동녘 동 '日+木'으로 해가 움직여 전설상의 신목(神木) 안에 있음[動也 從木 官溥說：從日在木中] 從木 官溥說 從日在木中：木, 槫木也 日在木中曰東. 在木上曰杲. 在木下曰杳『段注』 ※束의 이체자로 어떤 물건의 양쪽 끝을 묶은 모양으로 보기도 함.	甲骨文 金文	東洋(동양) 關東(관동) 河東(하동) 極東(극동) 海東(해동) 近東(근동)
凍	㴸	3급 冫 총10	얼 동 '冫+東(동)'으로 차가워 물이 얾[冫] [冰也 從冫東聲] 冫也 初凝曰冫 冫壯曰凍 又於水曰冰 於他物曰凍 故月令 水始冰 地始凍『段注』		凍結(동결) 凍傷(동상) 凍太(동태) 冷凍(냉동)
棟	㯠	2급 木 총12	마룻대 동, 기둥 동 '木+東(동)'으로 건물의 가장 위쪽 부분을 받치기 위해 땅이나 바닥에 곧게 세운 나무[木] [極也 從木東聲] 極者, 謂屋至高之處. 繫辭曰上棟下字. 五架之屋, 正中曰棟. 釋名曰棟, 中也. 居屋之中『段注』		棟梁(동량) 病棟(병동) 汗牛充棟(한우충동)
陳	陳	3급 阜 총11	펼 진, 진술할 진, 오래 묵을 진, 나라 이름 진 '阝+木+日←申(신)'으로 지명인 하남성(河南省) 회양현(淮陽縣)의 완구(宛丘)[宛丘也. 舜後嬀滿之所封 從阜從木 申聲. 陣, 古文陳]	金文	陳述(진술) 陳設(진설) 陳列(진열) 陳腐(진부) 新陳(신진) 陳情(진정)
果	果	6급 木 총8	과실 과, 결과 과, 결단 과 '田+木'으로 나무[木]에 과실[田]이 매달려 있는 모양[木實也 從木 象果形在木之上]	甲骨文 金文	果敢(과감) 果斷(과단) 結果(결과) 果樹(과수)
課	課	5급 言 총15	과목 과, 과정 과, 매길 과 '言+果(과)'로 시험[言] 등 사람들이 해야 할 과제[試也 從言果聲] 第也. 稅也. 皆課試引伸之義『段注』 ※課試：일정한 때에 보이는 시험. 시험을 과함.		課外(과외) 課稅(과세) 課業(과업) 課程(과정)
裸	裸	2급 衣 총13	벌거벗을 라 '衣+果(과)'로 옷[衣]을 입지 않은 맨몸[赤體『集韻』 祖也『說文』 從衣 果聲. 本義 赤身露體 -『康熙』]		裸體(나체) 裸出(나출) 裸身(나신) 全裸(전라)
菓	菓	2급 艸 총12	열매 과, 과자 과 '艸+果(과)'로 나무[艹]의 열매[音裹 木實. 本作果『唐韻』作菓『漢書』-『康熙』]		菓子(과자) 茶菓(다과) 名菓(명과) 製菓(제과)
巢	巢	2급 巛 총11	둥지 소 '甾+木'으로 나무[木] 위에 있는 새[甾]집[鳥在木上曰巢 在穴曰窠 從木 象形]		巢窟(소굴) 巢林一枝(소림일지)
顆	顆	1급 頁 총17	작은 머리 과, 낱알 과 '頁+果(과)'로 머리가 작은 것 또는 작고 둥근 물건 등을 세는 낱개 단위[小頭也 從頁果聲] 引伸爲凡小物一枚之偁. 珠子曰顆, 米粒曰顆是也『段注』		一顆(일과) 顆粒(과립)
朴	朴	6급 木 총6	나무껍질 박, 순박할 박, 성씨 박 '木+卜(복)'으로 후박(厚朴)나무[木]의 껍질[木皮也 從木卜聲]『徐曰』藥有厚朴, 一名厚皮, 木皮也. 其樹名榛, 其子名逐折『本草別錄』-『康熙』 ※20년 이상 된 후박나무를 하지 전에 채취하여 그늘에 말려 겉껍질을 제거하고 그대로 썰어서 사용하거나 생강탕에 담가 약재로 사용함. 건위, 소화, 정장, 소염에 효과가 있음.		朴實(박실) 朴氏(박씨) 素朴(소박) 淳朴(순박) 質朴(질박) 厚朴(후박)

字	篆	급수/부수/획수	설명	古字	용례
栗	桌	3급 木 총10	밤 률, 무서울 률 '西+木'으로 栗이 본자. 밤송이[西]가 붙어 있는 나무[木] [作桌, 從木. 其實下垂, 故從卤]	甲骨文	栗殼(율각) 栗列(율렬) 栗然(율연) 生栗(생률) 戰栗(전율) 棗栗(조율)
慄	慄	1급 心 총13	두려워할 률 '心+栗(률)'로 마음[心]속으로 두려움을 느낌[懼也『爾雅·釋詁』諫縮也『增韻』-『康熙』]		戰慄(전율) 慄然(율연)
樂	樂	6급 木 총15	풍류 악, 음악 악, 즐길 락, 좋아할 요 북[兹]을 나무 받침틀[木] 위에 올려놓은 모양[五聲八音總名 象鼓鞞 木 虡也]. 象鼓鞞. 鞞當作兹, 俗人所改也. 象鼓鼙, 謂兹也. 鼓大鼙小. 中象鼓. 兩旁象鼙也. 樂器多矣. 獨像此者. 鼓者春分之音『段注』 ※鼓鼙는 적이 쳐들어올 때 신호로 치는 북. 전하여 전쟁 또는 군사(軍事)를 뜻함.	甲骨文 金文	快樂(쾌락) 樂觀(낙관) 樂園(낙원) 樂天(낙천) 樂器(악기) 樂譜(악보) 樂山樂水(요산요수)
藥	藥	6급 艸 총19	약초 약, 약 약 '艸+樂(악)'으로 병을 치료하는 풀[艹] [治病艸 從艸樂聲]	金文	藥房(약방) 藥草(약초) 藥效(약효) 劇藥(극약)
礫	礫	1급 石 총20	자갈 력, 모래 력 '石+樂(락)'으로 잘게 부서진 돌 부스러기 또는 작은 돌[石] [小石也 從石樂聲]		礫巖(역암) 瓦礫(와력)
末	末	5급 木 총5	끝 말 '木+一'로 나무[木]의 윗[一]부분을 나타냄[木上曰末 從木 一在其上]	金文	末世(말세) 末期(말기) 末端(말단) 末尾(말미)
靺	靺	2급 革 총14	오랑캐 이름 말 '革+末(말)'로 함경도 이북 흑룡강(黑龍江) 일대에 살던 부족 이름[靺鞨 著人 出北土『玉篇』-『康熙』]		靺鞨(말갈)
沫	沫	1급 水 총8	물 이름 말, 거품 말, 땀 흘릴 말 '水+末(말)'로 촉나라 사천성(四川省)에서 발원한 강[水] 이름[水 出蜀西徼外 東南入江 從水末聲]		泡沫(포말) 飛沫(비말)
抹	抹	1급 手 총8	바를 말, 지울 말 '手+末(말)'로 손[手]으로 문질러 형적(形迹)을 없앰[摩也『廣韻』. 抹搬, 滅也『字林』. 塗抹也. 亂曰塗 長曰抹『增韻』-『康熙』]		一抹(일말) 抹殺(말살) 淡粧濃抹(담장농말)
束	束	5급 木 총7	묶을 속, 약속할 속, 단속할 속 '木+口'로 나무[木]다발을 끈으로 잘 묶은 모양[口] [縛也 從口木 從口木. 口音韋, 回也. 詩言束薪, 束楚, 束蒲, 皆口木也『段注』	甲骨文 金文	束縛(속박) 檢束(검속) 結束(결속) 拘束(구속)
速	速	6급 辵 총11	서두를 속, 빠를 속 '辶+束(속)'으로 묶는 일 따위의 처리[辶]를 민첩히 함[疾也 從辵束聲 邀, 籀文從欶. 警, 古文從欶從言]		速度(속도) 速記(속기) 速斷(속단) 速算(속산)
辣	辣	1급 辛 총14	매울 랄 '辛+束(←刺(자)'로 맛이 매우 매움[辛] [同辢『字彙補』-『康熙』. 辢 : 辛刺『正韻』辛甚曰辢『說文』 俗作辣, 亦作辢 -『康熙』. 從辛 刺省聲. 本義 辛味 -『漢典』]		辛辣(신랄) 惡辣(악랄)

한자	전서	급수/부수/총획	뜻과 풀이	용례
刺	刺	1급 刀 총9	어그러질 랄, 수라 라 '束+刀'로 맞물려 있는 물체[束]가 칼[刀]로 자르니 틀어져서 맞지 아니함[戾也 從束從刀 刀者 刺之也] 戾也：戾者, 韋背之意. 凡言乖剌, 剌謬字如此. 諡法愎佷遂過曰剌. 剌之也：既束之則當藏棄之矣. 而又以刀毁之. 是乖剌也『段注』 ※剌는 別字	潑剌(발랄) 跋剌(발랄) 水剌(수라)
悚	悚	1급 心 총10	두려워할 송 '心+束(속)'으로 어떤 것을 마음[心]속으로 꺼려하거나 무서워함[古文 㥦. 懼也 本作愯 從心 雙省聲 今作悚『說文』或作㥦 通作聳『集韻』-『康熙』]	悚懼(송구) 罪悚(죄송) 毛骨悚然(모골송연) 罪悚萬萬(죄송만만)
疎	疎	1급 疋 총12	틀 소, 통할 소 '束+疋(소)'로 疏와 동자. 태아(胎兒)가 갑자기 거꾸로 나올[㐬] 때 잘 출산할 수 있도록 함[同疏『正韻』-『康熙』. 疏：通也 從㐬從疋 疋亦聲] ※㐬 = 去：不順忽出. 從倒子『說文』凡孕胎, 男背女向. 臨産, 腹痛, 子轉, 身首向下, 始分免也『精蘊』又不孝之子『廣韻』如不孝子突出, 不容於内, 即易突字『集韻』-『康熙』	疎漏(소루) 疎密(소밀) 疎薄(소박) 疎遠(소원)
勅	勅	1급 力 총9	조서 칙, 삼갈 칙 '束+力'으로 임금의 선지(宣旨)[束]를 힘써[力] 삼가 행함[音敕. 誠也 本作勅 或作飭『集韻』-『康熙』]	勅書(칙서) 勅令(칙령)
李	李	6급 木 총7	오얏 리, 성씨 리 '木+子(자)'로 오얏나무[木] 열매 [果也 從木子聲. 杍, 古文] 東方木也『素問』李, 木之多子者『爾雅翼』-『康熙』 甲骨文 金文	李氏(이씨) 李下(이하) 李花(이화) 桃李(도리) 張三李四(장삼이사)
橋	橋	5급 木 총16	다리 교 '木+喬(교)'로 물 위를 걸을 수 있도록 만든 나무[木] 다리[水梁也 從木喬聲] 水梁也：水梁者, 水中之梁也. 梁者, 宫室所以關擧南北者也. 然其字本從水 則橋梁其本義而棟梁之假借也. 凡獨木者曰杠. 駢木者曰橋 大而爲陂陀者曰橋『段注』	橋架(교가) 橋脚(교각) 橋梁(교량) 踏橋(답교)
僑	僑	2급 人 총14	높을 교, 더부살이 교 '亻+喬(교)'로 높이 우뚝 서 끝이 갈고리처럼 굽은 창을 가지고 있는 사람[亻] [高也 從人喬聲] 高也：僑與喬義略同. 喬者, 高而曲也. 自用爲寓寓字. 而僑之本義廢矣. 字林始有寓字. 云寄客爲寓. 按春秋有叔孫僑如, 有公孫僑字子産, 皆取高之義也『段注』	僑民(교민) 僑胞(교포) 華僑(화교)
矯	矯	3급 矢 총17	화살 바로잡을 교, 거짓 교, 굳셀 교 '矢+喬(교)'로 화살[矢] 끼우는 곳을 부드럽게 함[揉箭箝也 從矢喬聲] 揉箭箝也：揉當作柔. 許無揉有柔煣也. 箭者, 矢竹所爲矢也. 不言矢言箭者. 矯施於笴, 不施於鏑羽也. 箝, 籋也. 柔箭之箝曰矯. 引伸之爲凡矯枉之偁『段注』	矯正(교정) 矯僞(교위) 矯殺(교살) 矯矯(교교) 矯角殺牛(교각살우)
轎	轎	1급 車 총19	가마 교 '車+喬(교)'로 사람이 타거나 짐을 싣기 위해 대로 만든 작은 수레[車] [小車也『玉篇』竹輿也『韻會』-『康熙』]	轎軍(교군) 轎子(교자)
驕	驕	1급 馬 총22	씩씩할 교, 교만할 교 '馬+喬(교)'로 키가 육척인 말[馬]의 기운 찬 모양[馬高六尺爲驕 從馬喬聲. 『詩』曰：我馬唯驕. 一曰野馬]	驕慢(교만) 驕態(교태)
喬	喬	1급 口 총12	창끝 갈고리 교, 높을 교, 교만할 교 '夭+高(고)'로 높이 우뚝 서 끝이 갈고리처럼 굽은[夭] 창[高而曲也 從夭從高省『詩』曰：南有喬木] 金文	喬林(교림) 喬木(교목)

한자	전서	급수/부수/총획	훈음 및 설명	용례
嬌	嬌	1급 女 총15	아리따울 교, 미녀 교 '女+喬(교)'로 맵시 있는 아름다운 여자[女] [姿也 從女喬聲]	嬌態(교태) 愛嬌(애교)
構	構	4급 木 총14	덮을 구, 얽을 구, 맺을 구, 건물 구 '木+冓(구)'로 나무[木]를 종횡으로 엇걸어 만든 덮개[蓋也 從木冓聲 杜林以爲椽榱字] 蓋也：此與冓音同義近. 冓, 交積材也. 凡覆蓋必交積材. 從木冓聲 以形聲包會意	構想(구상) 構成(구성) 構築(구축) 構造(구조)
購	購	2급 貝 총17	살 구 '貝+冓(구)'로 재물[貝]로 물건을 구입함[以財有所求也 從貝冓聲] 以財有所求也：縣重價以求得其物也. 漢律. 能捕豺貂 購錢百『段注』	購讀(구독) 購買(구매) 購入(구입) 購販場(구판장)
講	講	4급 言 총17	화해할 강/구, 담론할 강, 강론할 강, 익힐 강 '言+冓(구)'로 말[言]로써 얽히고 뒤섞인 문제를 해결함[和解也 從言冓聲] 和解也：和當作龢. 不合者調龢之 紛糾者解釋之是曰講『段注』	講究(강구) 講堂(강당) 講讀(강독) 講誦(강송)
溝	溝	1급 水 총13	봇도랑 구 '水+冓(구)'로 봇물을 대거나 빼기 위해 만든 넓이가 4척, 깊이가 4척인 물도랑[水瀆 廣四尺 深四尺 從水冓聲]	溝壑(구학) 怨溝(원구)
條	條	4급 木 총11	가지 조, 조리 조, 조목 조 '木+攸(유)'로 나무[木]의 잔가지[小枝也 從木攸聲] 小枝也：毛傳曰枝曰條. 渾言之也. 條爲枝之小者. 析言之也『段注』	枝條(지조) 條理(조리) 條目(조목) 條件(조건)
滌	滌	1급 水 총14	씻을 척, 청소할 척, 우리 척 '水+條(조)'로 물[水]로 그릇을 씻음[洒也 從水條聲] 洒也：皿部曰盪, 滌器也. 引伸爲凡淸瀞之詞 如七月傳曰滌場, 埽地. 雲漢傳曰滌滌, 旱氣也. 山無木 川無水是.『段注』	滌暑(척서) 洗滌(세척)
業	業	6급 木 총13	악기 매단 장식용 큰 판 업, 업 업, 일 업, 학업 업 '丵+巾'으로 종과 북과 같은 악기를 매달아 놓는 장식용 큰 판[大版也 所以飾縣鍾鼓 捷業如鋸齒 以白畫之 象其鉏鋙相承也. 從丵從巾 巾象版『詩』曰：巨業維樅] 金文	業界(업계) 業務(업무) 業之(업보) 業績(업적) 營業(영업) 授業(수업) 操業(조업) 職業(직업)
未	未	4급 木 총5	가지 잎 우거질 미, 아닐 미, 아직 미, 여덟째 지지 미 '木+一'로 6월에 나무[木]의 가지와 잎[一]이 무성함[味也 六月 滋味也 五行 木老於未 象木重枝葉也] 六月滋味也：韻會引作六月之辰也. 律書曰 未者, 言萬物皆成. 有滋味也. 淮南天文訓曰未者, 昧也. 律曆志曰昧薆於未. 釋名曰未, 昧也『段注』	未開(미개) 未決(미결) 未納(미납) 未達(미달) 未滿(미만) 未備(미비)
味	味	4급 口 총8	맛 미, 뜻 미 '口+未(미)'로 입[口]으로 오미(五味)의 맛을 봄[滋味也 從口未聲] 五味, 金辛木酸水鹹火苦土甘『玉篇』-『康熙』	妙味(묘미) 無味(무미) 別味(별미) 吟味(음미)
妹	妹	4급 女 총8	손아래 누이 매 '女+未(미)'로 형(兄)이나 자(姉)보다 나이 어린 여동생[女] [女弟也 從女未聲]	姉妹(자매) 妹夫(매부) 妹兄(매형) 男妹(남매)
魅	魅	2급 鬼 총15	도깨비 매, 홀릴 매 '鬼+未(미)'로 사람을 홀리게 하는 잡귀[鬼][彰, 或作魅『說文』螭魅罔兩『宣三年』怪物『註』螭魅, 人面獸身四足 好惑人『史記·五帝紀註』-『康熙』]	魅力(매력) 魅惑(매혹) 魅了(매료)

한자	전서	급수/부수/총획	훈음 및 해설	용례
昧	昧	1급 / 日 / 총9	새벽 매 '日+未(미)'로 날[日]이 밝을 녘[爽, 旦明也 從日未聲 一曰闇也] 金文	曖昧(애매) 無知蒙昧(무지몽매)
朱	朱	4급 / 木 / 총6	붉을 주 '一+木'으로 소나무·잣나무[木] 단면의 가운데 심이 붉음[一] [赤心木 松柏屬. 從木 一在其中] 甲骨文 金文	朱雀(주작) 印朱(인주) 朱丹(주단) 朱墨(주묵) 朱印(주인) 朱紅(주홍)
株	株	3급 / 木 / 총10	그루터기 주, 그루 주, 주식 주 '木+朱(주)'로 나무[木]를 베어 내고 난 뒤 땅 위에 남아 있는 뿌리[木根也. 從木朱聲]	株價(주가) 株式(주식) 株主(주주)
珠	珠	2급 / 玉 / 총10	구슬 주, 진주 주 '玉+朱(주)'로 조개에서 나온 진주[玉] 구슬[蚌之陰精 從玉朱聲『春秋國語』曰：珠以禦火灾. 是也]	珠簾(주렴) 珠玉(주옥) 珠算(주산) 珠板(주판)
洙	洙	2급 / 水 / 총9	강 이름 수, 물가 수 'ㅣ+朱(주)'로 사수(泗水)의 지류인 강물[ㅣ] 이름[水 出泰山蓋臨樂山 北入泗 從水朱聲]	洙泗學(수사학)
殊	殊	3급 / 歹 / 총10	벨 수, 죽일 수, 다를 수 '歹+朱(주)'로 죄인의 머리를 베어 죽임[歹] [死也. 從歹朱聲 漢令曰：蠻夷長有罪 當殊之] 死也：凡漢詔云殊死者, 皆謂死罪也. 死罪者首身分離 故曰殊死. 引伸爲殊異.	殊死(수사) 殊常(수상) 殊遇(수우) 殊異(수이)
銖	銖	2급 / 金 / 총14	무게 단위 수, 저울눈 수 '金+朱(주)'로 쇠[金]로 만든 저울의 무게 단위[權十絫黍之重也 從金朱聲] 權十絫黍之重也：權, 五權也. 五權, 銖兩斤鈞秬也. ㅼ部曰絫, 十黍之重也. 此云銖, 權十絫黍之重也『段注』	銖積寸累(수적촌루)
誅	誅	1급 / 言 / 총13	칠 주, 벨 주, 멸할 주, 책할 주 '言+朱(주)'로 적을 비난[言]하거나 공격하여 침[討也. 從言朱聲] 討也：凡殺戮 糾責皆是『段注』	誅殺(주살) 誅責(주책)
梁	梁	3급 / 木 / 총11	다리 량, 들보 량 'ㅣ+木+刃(인)'으로 물[ㅣ]을 건너기 위해 만든 나무[木] 다리[水橋也. 從木從水刃聲]	橋梁(교량) 棟梁(동량) 梁上君子(양상군자)
粱	粱	2급 / 米 / 총15	기장 량 '米+梁(량)'으로 벼과에 속하는 일년생 초본 식물인 기장[米] [米名也 從米梁省聲] 金文	粱肉(양육) 膏粱珍味(고량진미)
樑	樑	2급 / 木 / 총15	들보 량, 대들보 량 '木+梁(량)'으로 '梁'의 속자. 나무[木]를 잘라 만든 대들보[音梁『字彙』. 見『釋藏』○按 淮南子·主術訓 大者以爲舟航柱樑. 不獨見『釋藏』-『康熙』] 建築物的橫樑 故賢主之用人也 猶巧工之制木也, 大者以爲舟航, 柱樑 小者以爲楫, 楔『淮南子·主術訓』-『漢典』	棟樑(동량) 棟樑之材(동량지재) 泰山樑木(태산양목)
某	某	3급 / 木 / 총9	매실나무 매, 아무 모 '木+甘'으로 본자는 '梅'. 신맛이 나는 매실나무[酸果也. 從木從甘] ※酸果=梅花 金文	某年(모년) 某某(모모) 某種(모종) 某處(모처)
謀	謀	3급 / 言 / 총16	꾀할 모, 술책 모 '言+某(모)'로 어려운 문제를 심사숙고하여 말[言]함[慮難曰謀 從言某聲. 㥾, 古文謀. 譬, 亦古文]	謀略(모략) 謀反(모반) 謀議(모의) 謀陷(모함)
媒	媒	3급 / 女 / 총12	중매 매, 중개할 매 '女+某(모)'로 남자와 여자[女]가 합하도록 중매함[謀也. 謀合二姓 從女某聲]	媒介(매개) 媒質(매질) 媒體(매체) 媒婆(매파)

IV. 식물 219

자	전서	급수/부수/총획	훈음 및 자원	용례
煤	煤	1급 火 총13	그을음 **매**, 먹 **매** '火+某(모)'에서 불[火]에 탈 때 불꽃과 함께 연기에 섞여 나오는 검은 먼지 같은 가루[從火某聲. 本義 烟塵 -『漢典』/ 炱煤『玉篇』炱煤, 灰集屋也『廣韻』煙墨『正韻』-『康熙』]	煤煙(매연) 煤炭(매탄)
樹	樹	6급 木 총16	나무 **수**, 심을 **수** '木+尌(주)'로 초목[木]을 심어 자라게 하는 것 [木生植之總名也 從木尌聲. 尌, 籀文]	樹林(수림) 樹種(수종) 樹齡(수령) 樹液(수액)
桑	桑	3급 木 총10	뽕나무 **상** '叒+木'으로 누에가 먹는 뽕나무[木] 잎[叒] [蠶所食葉木 從叒木] 甲骨文	桑門(상문) 桑葉(상엽) 桑田碧海(상전벽해)
杏	杏	2급 木 총7	살구나무 **행**, 살구 **행** '木+口←向(향)'으로 살구가 달린 나무[木] [杏果也 從木 向省聲] 從木向省聲：向各本作可. 誤 今正. 苔以杏爲聲『段注』 甲骨文	銀杏(은행) 杏仁(행인) 杏堂洞(행당동 : 서울 성동구의 동 이름)
枚	枚	2급 木 총8	줄기 **매**, 낱 **매**, 낱낱이 **매**, 채찍 **매** '木+攴'로 가지를 친[攴] 나무[木]의 줄기[榦也 可爲杖 從木從支『詩』曰：施于條枚]	枚擧(매거) 枚數(매수) 銜枚(함매)
朽	朽	1급 木 총6	썩을 **후**, 썩은 냄새 **후** '木+丂(교)'로 나무[木]가 썩음[從木丂聲. 本義：腐爛 -『漢典』/ 木腐也『正韻』-『康熙』]	老朽(노후) 不朽(불후)
極	極	4급 木 총13	용마루 **극**, 다할 **극**, 지극할 **극** '木+亟(극)'으로 집의 정상(頂上) 중앙에 있는 대마루[棟也 從木亟聲] 徐曰 極者 屋脊之棟 今人謂高及甚爲極 義出於此 -『康熙』	太極(태극) 極口(극구) 極難(극난) 極端(극단) 極樂(극락) 極烈(극렬) 極甚(극심) 極致(극치)
楚	楚	2급 木 총13	가시나무 **초**, 회초리 **초**, 괴로울 **초**, 고울 **초**, 나라 이름 **초** '林+疋(소)'로 가시나무가 무성하게 자란 숲[林] [叢木 一名荊也 從林疋聲] 甲骨文 金文	苦楚(고초) 淸楚(청초) 楚漢(초한) 楚撻(초달) 四面楚歌(사면초가)
礎	礎	3급 石 총18	주춧돌 **초** '石+楚(초)'로 기둥 밑에 괴는 돌[石] [礩也 柱下石也 從石楚聲]	礎石(초석) 基礎(기초) 定礎(정초) 柱礎(주초)
析	析	3급 木 총8	가를 **석**, 쪼갤 **석**, 풀이할 **석** '木+斤'으로 도끼[斤]로 나무[木]를 쪼갬[破木也 一曰折也 從木從斤] 甲骨文 金文	析薪(석신) 析出(석출) 分析(분석) 解析(해석)
晳	晳	2급 日 총12	밝을 **석** '日+析(석)'으로 해[日]가 떠서 환히 비침[曾點字晳, 本從白,《論》《孟》《史記》皆譌從日. 今不可改, 故收入『正韻』按從白者爲白色之晳. 從日者爲明辨之晳. 二字義各異也『正字通』-『康熙』]	明晳(명석) 白晳(백석)
橘	橘	1급 木 총16	귤 **귤** '木+矞(귤)'로 강남에서 잘 자라는 귤나무[木] [果 出江南 從木矞聲]	柑橘(감귤) 橘化爲枳(귤화위지)
杳	杳	1급 木 총8	어두울 **묘** '木+日'로 해[日]가 나무[木] 아래로 떨어져 어두움[冥也 從日在木下]	杳冥(묘명) 杳然(묘연)
樸	樸	1급 木 총16	통나무 **박**, 순박할 **박** '木+菐(복)'으로 자르기만 하고 아직 다듬지 않은 나무[木] [木素也 從木菐聲] 木素也：素猶質也. 以木爲質. 未彫飾. 瓦器之坯然『段注』	樸直(박직) 質朴・質樸(질박)

漢字	篆文	급수/부수/총획	훈음 및 자원	갑골문/금문	용례
撲	牒	1급 手 총15	칠 박, 때릴 박 '手+業(복)'으로 손[手]으로 서로 침[挨也 從手業聲] 相撲也『廣韻』踏也『增韻』－『康熙』		撲滅(박멸) 撲殺(박살)
僕	牒	1급 人 총14	종 복, 저 복 '人+業(복)'으로 잡일이나 천역에 종사하는 사람[人][給事者 從人從業 業亦聲]	甲骨文 金文	公僕(공복) 忠僕(충복)
檄	檄	1급 木 총17	격문 격, 편지 격 '木+敫(교)'로 2척 크기의 나무[木]에 적은 글로, 급히 군사·동지(同志) 등을 모으거나 널리 일반인에게 알려 부추기기 위한 것[二尺書 從木敫聲] 李賢注光武紀曰 說文以木簡爲書. 長尺二寸 謂之檄. 以徵召也『段注』		檄文(격문) 檄召(격소) 毛義奉檄(모의봉격) 奉檄之喜(봉격지희)
邀	邀	1급 辵 총17	맞을 요 '辵+敫(교)'로 초대 등으로 오는 사람을 나아가서[辵] 기다림[遮也『廣韻』招也『正韻』舉杯邀明月『李白詩』求也 通作徼『集韻』－『康熙』]		邀擊(요격) 邀招(요초)

✱ 竹 부

漢字	篆文	급수/부수/총획	훈음 및 자원	갑골문/금문	용례
竹	竹	4급 竹 총6	대 죽, 글씨 죽 겨울에 사는 식물인 죽순의 모양[冬生艸也 象形. 下垂者, 箁箬也] 冬生艸也 : 云冬生者 謂竹胎生於冬 且枝葉不凋也『段注』	甲骨文 金文	竹簡(죽간) 竹帛(죽백) 竹筍(죽순) 竹杖(죽장) 竹馬故友(죽마고우)
節	節	5급 竹 총15	마디 절, 절개 절, 예절 절, 절약할 절 '竹+卽(즉)'으로 대나무[竹]의 마디는 마치 물체를 묶은 것과 유사함[竹約也 從竹卽聲] 竹約也 : 約, 纏束也. 竹節如纏束之狀. 吳都賦曰苞筍抽節. 引伸爲節省, 節制, 節義字『段注』	金文	關節(관절) 節度(절도) 節槪(절개) 節操(절조)
櫛	櫛	1급 木 총19	빗 즐, 늘어설 즐 '木+節(절)'로 나무[木]로 만든 빗살처럼, 가지런하고 빽빽하게 늘어섬[梳比之總名也 從木節聲]		櫛比(즐비) 櫛風沐雨(즐풍목우)
築	築	4급 竹 총16	다질 축, 쌓을 축, 지을 축 '木+筑(축)'으로 나무공이[木]로 땅을 단단하게 다짐[所以擣也 從木筑聲]	金文	築臺(축대) 築城(축성) 築造(축조) 增築(증축)
篤	篤	3급 竹 총16	천천히 걸을 독, 돈독할 독, 병 심할 독 '馬+竹(죽)'으로 말[馬]이 고개를 숙이고 느릿느릿 걸어감[馬行頓遲也 從馬竹聲]		篤信(독신) 篤實(독실) 篤志(독지) 敦篤(돈독)
籍	籍	4급 竹 총20	서적 적, 문서 적, 호적 적 '竹+耤(적)'으로 대쪽[竹]에 글씨를 써서 엮은 책[簿也 從竹耤聲]		國籍(국적) 軍籍(군적) 兵籍(병적) 符籍(부적)
藉	藉	1급 艸 총18	깔 자, 빌릴 자, 도울 자, 밟을 적, 업신여길 적 '艸+耤(적)'으로 하늘에 제사를 지내기 위해 풀[艸]을 깔음[祭藉也 一曰艸不編 狼藉 從艸耤聲] 祭藉也 : 祭天以爲藉也. 引伸爲凡承藉, 蘊藉之義, 又爲假借之義『段注』 ※狼藉(낭자) : 이리가 풀을 깔고 자고 난 뒤의 자리가 몹시 난잡함에서 온 말.		憑藉(빙자) 藉藉(자자) 慰藉料(위자료)

字	篆	級/部/총획	뜻풀이	예시
算	算	7급 竹 총14	셈할 산, 산가지 산, 꾀 산 '竹+具'로 대나무[竹]로 만든 산가지[筭]를 잡고 계산함[數也 從竹具] 鄭曰算, 數也. 古假選爲算. 如邶風不可選也. 車攻序因田獵而選車徒. 選皆訓數是也. 又假撰爲算. 如大司馬羣吏撰車徒. 鄭曰 撰讀曰算. 謂數擇之也是也. 筭爲算之器. 算爲筭之用. 二字音同而義別『段注』	算數(산수) 算術(산술) 減算(감산) 電算(전산)
篡	篡	1급 糸 총20	붉은 끈 찬, 이을 찬, 모을 찬 '糸+算(산)'으로 붉은 실[糸]로 짠 끈[似組而赤 從糸算聲] 佀組而赤：漢景帝紀曰錦繡篡組, 害女紅者也. 臣瓚引此爲注. 按組之色不同. 似組而赤者, 則謂之篡. 釋詁曰篡, 繼也. 此謂篡卽纘之叚借也. 近人用爲撰集之偁『段注』	篡修(찬수) 編纂(편찬) 耳談續篡(이담속찬)
簒	簒	1급 竹 총16	빼앗을 찬 'ム+算(산)'으로 남의 것을 억지로 빼앗아 취함[ム][逆而奪取曰簒 從ム算聲] 古同 篡『說文』	簒位(찬위) 簒奪(찬탈)
筆	筆	5급 竹 총12	붓 필, 쓸 필 '竹+聿'로 대나무[竹]로 만든 붓[聿][秦謂之筆 從聿從竹]『注』徐鍇曰 筆尙便走, 故從聿] ※붓을 '聿'로 쓰다가 진나라 때부터 '筆'로 씀.	筆記(필기) 筆答(필답) 筆法(필법) 筆勢(필세) 筆跡(필적) 筆陣(필진)
津	津	2급 水 총9	나루 진 'ㅣ+聿←𦘒(진)'으로 강[淮]을 배를 타고 건너감[水渡也 從水𦘒聲. 𦘒, 古文津從舟從淮] ※금문에 '舟+淮'. 淮는 강 이름.	津軍(진군) 津船(진선) 津液(진액) 津津(진진)
晝	晝	6급 日 총11	낮 주 '聿←畫+日'로 해[日]가 떠서 들어가 밤이 되는 분계(分界)까지[日之出入 與夜爲介 從畫省從日]	晝間(주간) 晝夜(주야) 白晝(백주) 晝耕夜讀(주경야독)
律	律	4급 彳 총9	풍류 률, 가락 율, 법 률 '彳+聿(률)'로 '균(均)'이라는 악기를 연주함[均布也 從彳聿聲] 均布也：易曰師出以律. 尙書. 正曰. 同律度量衡. 爾雅. 坎律銓也. 律者所以范天下之不一而歸於一. 故曰均布也『段注』 ※均은 현(弦)을 튕어 六律五聲을 내는 악기. 악음(樂音)의 양(陽)을 '律'이라 하고, 음을 '呂'라 했으나 '律'로 통칭함. 甲骨文	規律(규율) 法律(법률) 律令(율령) 律格(율격) 韻律(운율) 律動(율동)
畫	畫	6급 田 총13	그림 화, 그을 획, 꾀할 획 '聿+田+一'로 붓[聿]으로 밭[田]의 네 경계를 표시함[一][介也 象田四界 聿 所以畫之] 俗畫字『正字通』-『康熙』介也：介各本作畍. 此不識字義者所改. 今正. 八部曰介, 畫也『段注』	畫家(화가) 畫之(화보) 畫題(화제) 繪畫(회화)
劃	劃	3급 刀 총14	그을 획, 꾀할 획 'ㅣ+畫(획)'으로 송곳이나 칼[ㅣ]로 그어[畫] 표기함[錐刀畫曰劃 從刀畫 畫亦聲]	劃數(획수) 劃然(획연) 劃策(획책) 劃一(획일)
策	策	3급 竹 총12	채찍 책, 꾀 책 '竹+朿(자)'로 대[竹]로 만든 말채찍[馬箠也 從竹朿聲] 馬箠也：馬箠曰策, 以策擊馬曰敇. 經傳多假策爲冊. 又計謀曰籌策者, 策猶籌. 籌猶筭, 筭所以計曆數. 謀而得之, 猶用筭而得之也. 故曰筭, 曰籌, 曰策, 一也. 張良借箸爲籌『段注』	策勵(책려) 策動(책동) 策略(책략) 策命(책명)
刺	刺	3급 刀 총8	찌를 자/척, 가시 자, 헐뜯을 자 'ㅣ+朿(자)'로 칼[ㅣ]로 찔러 직접 상처를 입힘[君殺大夫曰刺 刺 直傷也 從刀從朿 朿亦聲]	刺客(자객) 刺戟(자극) 刺繡(자수) 謁刺(알자)

字	篆	級/部/총	뜻풀이	용례
棘	棘	1급 木 총12	대추나무 극, 가시나무 극, 가시 극 '束+束'으로 작은 대추나무[束]가 떨기로 난 것[小棗叢生者 從並束]	荊棘(형극) 加棘(가극)
棗	棗	1급 木 총12	대추나무 조 '束+束'로 갈매나뭇과의 낙엽교목으로 익으면 빛이 붉고 맛이 달며 속에 단단한 씨가 있는 식물[棗] [羊棗也 從重束] 羊蓋衍文 羊棗 卽木部之樲 爾雅諸棗中之一. 與常棗絶殊. 不當專取以爲訓. 蓋此當云棗木也『段注』 金文	棗木(조목) 棗栗梨柿(조율이시)
筋	筋	4급 竹 총12	힘줄 근 '竹+肉+力'으로 근육[肉]에 힘[力]을 주면 그 표면에 대[竹]처럼 나타나는 힘줄[肉之力也 從力從肉從竹 竹, 物之多筋者]	筋肉(근육) 筋骨(근골) 筋力(근력) 鐵筋(철근)

瓜 부

字	篆	級/部/총	뜻풀이	용례
瓜	瓜	3급 瓜 총5	오이 과 박과의 한해살이 덩굴풀로 여름에 통꽃이 잎겨드랑이에서 피고 열매는 긴 타원형의 장과로 누런 갈색으로 익는 식물[㼌也 象形] 㼌也 : 㼌大徐作瓜. 誤. 艸部曰 在木曰果. 在地曰㼌. 瓜者, 縢生布於地者也. 象形. 徐鍇曰外象其蔓 中象其實『段注』 金文	瓜年(과년) 瓜時(과시) 甘瓜(감과) 木瓜(목과) 瓜田不納履(과전불납리)
呱	呱	1급 口 총8	울 고 '口+瓜(과)'로 어린아이가 우는 소리[口] [小兒嗁聲 從口瓜聲 『詩』曰 后稷呱矣]	呱呱(고고) 呱呱之聲(고고지성)
狐	狐	1급 犬 총8	여우 호 '犬+瓜(과)'로 재앙을 주는 짐승이라 불리며, 앞이 작고 뒷부분이 큰 동물로 개[犬]와 비슷한 것[祅獸也 鬼所乘之 有三德: 其色中和, 小前大後, 死則丘首. 從犬瓜聲]	九尾狐(구미호) 狐假虎威(호가호위)
弧	弧	1급 弓 총8	활 호 '弓+瓜(과)'로 나무로 만든 활[弓] [木弓也 從弓瓜聲 一曰往體寡 來體多曰弧] 木弓也 : 易曰弦木爲弧. 考工記. 凡爲弓 冬析榦 凡榦 柘爲上. 檍次之. 檿桑次之. 橘次之. 木瓜次之. 荊次之. 竹爲下. 按木弓, 謂弓之不傅以角者也. 弓有專用木不傅角者. 後世聖人初造弓矢之遺法也. 引申之爲凡果曲之稱『段注』	弧狀(호상) 括弧(괄호) 桑弧蓬矢(상호봉시)

禾 부

字	篆	級/部/총	뜻풀이	용례
禾	禾	3급 禾 총5	벼 화 벼이삭[/←巫]이 패어 드리워진 벼포기[木] [嘉穀也 象其穗] 嘉穀也 : 二月始生 八月而孰 得時之中故謂之禾. 禾, 木也. 木王而生 金王而死. 從木, 從巫省 巫 象其穗『段注』 甲骨文 金文	禾穀(화곡) 禾苗(화묘) 禾本科(화본과)
穆	穆	2급 禾 총16	아름다울 목, 화목할 목, 기뻐할 목 '禾+㣎(목)'으로 벼[禾]가 익어 잔무늬[㣎]가 있음[禾也 從禾㣎聲] 禾也 : 蓋禾有名穆者也 凡經傳所用穆字 皆叚穆爲㣎. 㣎者, 細文也. 從彡, 㝮省. 彡言文. 㝮言細『段注』 甲骨文 金文	和穆(화목) 仁穆大妃(인목대비 : 조선 선조의 계비)

秦	篆	2급 禾 총10	벼 이름 진, 나라 이름 진, 진나라 진 '禾+舂'으로 두 손으로 절굿공이를 들고 벼[禾]를 찧고 있는 모습[舂] [伯益之後所封國 地宜禾 從禾舂省. 一日秦 禾名] ※'秦'자는 갑골문에서 벼를 수확하여 도정하는 모습을 그렸는데, 중국의 서부 섬서 지역에 위치하여 예로부터 곡식이 풍부한 지역으로 알려짐. (甲骨文 / 金文)	秦鏡(진경) 秦聲(진성) 秦越(진월) 秦火(진화) 劇秦美新(극진미신) 秦始皇帝(진시황제)
泰	篆	3급 水 총10	클 태, 편안할 태 '廾+水+大(대)'로 물[水]이 수중(手中)[廾]에 있으니 메마른 땅에 물을 대기가 이로움[滑也 從廾從水大聲] 滑也:此以曡韻爲訓. 字從収水. 水在手中, 下溜甚利也『段注』	泰山(태산) 泰然(태연) 泰平(태평) 國泰民安(국태민안)
秋	篆	7급 禾 총9	가을 추, 세월 추 '禾+𤈦(초)'로 벼[禾] 등 온갖 곡식이 익는 때[禾穀孰也 從禾𤈦省聲. 穐, 籒文不省] 禾穀孰也:其時萬物皆老. 而莫貴於禾穀. 故從禾. 言禾復言穀者, 晐百穀也『段注』※갑골문에는 메뚜기[蟋蟀]를 그렸음. (甲骨文)	秋景(추경) 秋耕(추경) 秋光(추광) 秋思(추사) 秋霜(추상) 秋收(추수)
愁	篆	3급 心 총13	근심 수 '心+秋(추)'로 마음[心]에 근심이 있음[憂也 從心秋聲]	愁色(수색) 愁心(수심) 愁雲(수운) 哀愁(애수)
楸	篆	2급 木 총13	개오동나무 추, 가래나무 추 '木+秋(추)'로 정원수로 나막신 재료로 사용되며, 과실과 나무껍질은 약용으로 쓰는 나무[木] [梓也 從木秋聲]	楸木(추목) 楸子(추자)
鰍	篆	1급 魚 총20	미꾸라지 추 '魚+秋(추)'로 '鰌'와 동자. 논·개천 등의 흙바닥 속에 사는 가늘고 길며 미끄러운 암록색의 검은 점이 산재한 민물고기[魚]의 일종[鰌, 鰌也 從魚酋聲]	鰍魚(추어) 鰍湯(추탕)
稱	篆	4급 禾 총14	헤아릴 칭, 일컬을 칭, 칭찬할 칭 '禾+爯(칭)'으로 물건의 등급(等級)을 벼[禾]를 기준으로 잼[銓也 從禾爯聲 春分而禾生 日夏至 晷景可度 禾有秒 秋分而秒定 律數十二 十二秒而當一分 十分而寸 其以爲重 十二粟爲一分 十二分爲一銖 故諸程品皆從禾]	稱病(칭병) 稱量(칭량) 稱頌(칭송) 稱讚(칭찬) 敬稱(경칭) 美稱(미칭) 詐稱(사칭) 指稱(지칭)
秀	篆	4급 禾 총7	빼어날 수 '禾+乃'로 벼[禾]가 자라 이삭이 패어 잘 여물어 아래로 드리워진 모양[乃] [上諱 漢光武帝名也. 『注』徐鍇曰:禾, 實也. 有實之象, 下垂也]	秀麗(수려) 秀穎(수영) 秀才(수재) 秀絶(수절)
透	篆	3급 辵 총11	뛸 투, 통할 투, 투명할 투 '辶+秀(수)'로 보통보다 높이 뛰어오름[辶] [跳也 過也 從辵秀聲] 徹也, 通也『增韻』宋, 衛, 南楚凡相驚曰獢, 或曰透『揚子·方言』皆驚貌『註』-『康熙』	透明(투명) 透視(투시) 透徹(투철) 浸透(침투) 滲透(삼투)
誘	篆	3급 言 총14	꾈 유, 유혹할 유 '言+秀(수)'로 그럴듯한 말[言]로 꾀어냄[或從言秀. 秀聲也. 召南曰 有女懷春. 吉士誘之. 傳曰 誘, 道也『註』]	誘導(유도) 誘因(유인) 誘致(유치) 誘惑(유혹)
稻	篆	3급 禾 총15	벼 도 '禾+舀(요)'로 화본과에 속하는 오곡의 하나인 벼[禾] [稌也 從禾舀聲] 稌也:今俗緊謂黏者不黏者. 未去穗曰稻. 稬稻, 秈稻, 秔稻皆未去穗之偁也. 旣去穗則曰稬米, 曰秈, 曰秔米. 古謂黏者爲稻. 謂黏米爲稻『段注』(金文)	稻熱病(도열병)

字	篆	級/部首/총획	훈음 및 풀이	예시
蹈	蹈	1급 足 총17	밟을 도 '足+舀(요)'로 발[足]로 밟으면서 걸음[踐也 從足舀聲] 踐也：釋名. 蹈, 道也. 以足踐之如道『段注』	舞蹈(무도) 足蹈(족도)
滔	滔	1급 水 총13	물 넘칠 도 '水+舀(요)'로 물이 크게 넘쳐흐르는 모양[水漫漫大皃 從水舀聲] 水漫漫大貌：堯典：浩浩滔天. 按漫漫當作曼曼. 許書無漫字『段注』	滔滔(도도) 滔天(도천)
穀	穀	4급 禾 총14	곡식 곡, 낟알 곡 '禾+殼(각)'으로 식용의 모든 곡식[禾]을 통칭함[續也 百穀之總名也 從禾殼聲]	嘉穀(가곡) 綺穀(기곡) 蓮穀(연곡) 芒穀(망곡) 蓮穀下(연곡하)
稷	稷	2급 禾 총15	기장 직, 기울 측 '禾+畟(측)'으로 벼[禾]는 오곡(五穀)의 으뜸[五穀之長 從禾畟聲. 稙, 古文稷省] 又地名. 又與昃通 -『康熙』 神(金文)	黍稷(서직) 稷祠(직사) 稷狐(직호)
稟	稟	1급 禾 총13	녹미 름, 곳집 름, 받을 품, 사뢸 품 '亩+禾'로 국가의 창고[亩]에 있는 곡식[禾]을 임금이 줌[賜穀也 從亩從禾] 賜穀也：賜穀曰稟. 中庸 旣稟稱事. 從亩禾：禾猶穀也. 穀左於亩. 周禮所謂以待賙賜, 稍食也. 凡賜穀曰稟. 受賜亦曰稟. 引伸之凡上所賦, 下所受皆曰稟『段注』 金文	稟性(품성) 稟議(품의) 氣稟(기품) 天稟(천품)
凜	凜	1급 冫 총15	찰 름 '冫+稟(름)'으로 '凛과 동자. 대기나 물체의 온도가 낮아 차가움[冫] [寒也『說文』凜凜, 寒也『玉篇』凄淸也『韻會』或作癛『集韻』-『康熙』]	凜烈(늠렬) 凜凜(늠름)
鄙	鄙	1급 邑 총14	마을 비, 식읍 비, 두메 비, 인색할 비 '邑+啚(비)'로 주대(周代)의 행정구역의 하나로 500집 정도가 모여 사는 작은 도시[邑][五鄙爲鄙 從邑啚聲] ※鄰(마을 린)：주대의 행정구역의 하나로 100집이 사는 구역.	鄙劣(비열) 貪鄙(탐비)
禿	禿	1급 禾 총7	대머리 독 '禾+儿'으로 벼[禾]나 곡식의 낟알처럼, 사람[儿]의 머리에 머리카락이 없는 모양[無髮也 從人 上象禾粟之形 取其聲 王育說：蒼頡出見禿人伏禾中, 因以制字 未知其審]	禿頭(독두) 禿山(독산)
頹	頹	1급 頁 총16	쇠할 퇴, 쓰러질 퇴, 무너질 퇴 '禿+頁'로 머리[頁]가 대머리[禿]가 되어 늙음[從禿頁, 人頭. 本義 頭禿. 原作穨]	頹落(퇴락) 頹廢(퇴폐)

❀ 黍 부

字	篆	級/部首/총획	훈음 및 풀이	예시
黍	黍	1급 黍 총12	기장 서 '禾+雨(우)', '禾+水'로 볏과[禾]의 한해살이풀로 찰기가 많아 술[水] 담기에 좋은 곡식[禾屬而黏者也 以大暑而種 故謂之黍 從禾 雨省聲. 孔子曰：黍可爲酒 禾入水也] 甲骨文 金文	黍穀(서곡) 黍粟(서속)
黎	黎	1급 黍 총15	검을 려, 많을 려 '黍+利(리)'로 차져서 술 담기에 좋은 검은 기장[黍] 쌀[履黏也 從黍秒省聲. 秒, 古文利. 作履黏以黍米] 履黏也：釋詁曰：黎, 衆也. 衆之義行而履黏之義廢矣. 古亦以爲鬠黑字『段注』	黎明(여명) 黎民(여민)

麥 부

한자	전서	급수/부수/총획	뜻풀이	용례
麥	麥	3급 麥 총11	보리 **맥** '來+夊'로 '麥'은 까끄라기가 있는 곡식[來]으로 가을에 씨 뿌려 두텁게 덮어 다음해에 수확하므로, '뒤에 천천히 오다'[夊]의 뜻을 갖게 됨[芒穀 秋穜厚薶 故謂之麥. 從來, 有穗者 ; 從夊. 凡麥之屬皆從麥.〖注〗臣鉉等曰 : 夊, 足也. 周受瑞麥來麰 如行來 故從夊]	麥農(맥농) 麥浪(맥랑) 麥嶺(맥령) 麥飯(맥반)
麵	麵	1급 麥 총15	밀가루 **면** '麥+丏(면)'으로 '麵과 동자. 밀이나 보리[麥]를 빻아 만든 가루 즉 맥분(麥粉)[麥末也 從麥丏聲] 重羅之麪, 塵飛雪白『束析麪賦』蜀以桄榔木屑爲麪『玉篇』糗, 謂之麪. 別作麵, 非是『廣雅』-『康熙』	冷麪・冷麵(냉면) 素麪・素麵(소면)
眄	眄	1급 目 총9	곁눈질할 **면**, 흘길 **면** '目+丏(면)'으로 곁눈[目]으로 바라보거나 눈동자를 옆으로 굴려 노려봄[目偏合也 一曰袤視也 秦語 從目丏聲]	顧眄(고면) 左顧右眄(좌고우면)

齊 부

한자	전서	급수/부수/총획	뜻풀이	용례
齊	齊	3급 齊 총14	가지런할 **제**, 재최 **재/자** 벼나 보리 이삭의 머리가 가지런히 팸[禾麥吐穗上平也, 象形]	齊家(제가) 齊等(제등) 齊唱(제창) 一齊(일제) 齊衰・齋衰(자최, 재최)
濟	濟	4급 水 총17	강 이름 **제**, 건널 **제**, 구제할 **제** '氵+齊(제)'로 찬황현(贊皇縣) 산곡(山谷)에서 출원하여 저수(泜水)로 유입하는 강[氵] 이름[水. 出常山房子贊皇山 東入泜 從水齊聲]	濟度(제도) 濟民(제민) 濟世(제세) 濟衆(제중) 經濟(경제) 救濟(구제)
劑	劑	2급 刀 총16	벨 **제**, 조절할 **제** '刂+齊(제)'로 칼[刂]로 사물을 가지런히 자름[齊也 從刀從齊 齊亦聲] 從刀 : 齊者, 齊之如用刀也『段注』	調劑(조제) 助劑(조제)
齋	齋	1급 齊 총17	재계 **재**, 재계할 **재**, 집 **재**, 상복 **자** '示+齊(제)'로 제사[示]를 모실 때는, 며칠 동안 심신을 깨끗이 하며 부정한 일을 가까이하지 않음[戒, 潔也. 從示 齊省聲. 齋, 籒文齋從籀省]	齋戒(재계) 齋室(재실) 書齋(서재)

麻 부

한자	전서	급수/부수/총획	뜻풀이	용례
麻	麻	3급 麻 총11	삼 **마**, 마비할 **마** '广+朩'으로 집[广]에서 삼실[朩]로 삼베를 삼음[古文 撫 與朩同. 人所治 在屋下. 從广從朩] 朩 : 葩之總名也. 朩之爲言微也, 微纖爲功 象形『說文』	麻痺(마비) 麻藥(마약) 麻衣(마의) 麻布(마포) 麻醉(마취) 亞麻(아마)
摩	摩	2급 手 총15	비빌 **마**, 갈 **마** '手+麻(마)'로 고문은 '撫. 껍질 벗긴 삼[麻]을 손[手]으로 비빔[研也 從手麻聲] 古文. 撫 迫也『廣韻』揩也『增韻』剛柔相摩『易・繫辭』相切磋也『註』相觀而善之謂摩『禮・學記』相切磋也『註』-『康熙』	摩天(마천) 摩切(마절) 摩旨(마지) 按摩(안마)

磨	礦	3급 广 총16	갈 마, 문지를 마 '石+靡(미)'로 돌[石]로 만든 맷돌에 곡식을 갊 [本作礦. 石磑也 從石靡聲]	磨滅(마멸) 磨石(마석) 磨擦(마찰) 磨崖(마애)
魔	魔	2급 鬼 총21	마귀 마 '鬼+麻(마)'로 인간이 아닌 귀신[鬼] [鬼也 從鬼麻聲] 降服諸魔『楞嚴經』又天魔舞. 子大夫魔舞袖長『王建宮詞』譯經論曰: 魔, 古從石作磨, 礦省也. 梁武帝改從鬼『正字通』-『康熙』	魔鬼(마귀) 惡魔(악마) 魔法(마법)
痲	痲	2급 疒 총13	마비 마, 저릴 마 '疒+林'로 나병(癩病)이나 열병 등으로 신체가 마비되는 병[疒] [瘋風, 熱病. 本作痲『正字通』-『康熙』]	痲痺(마비) 痲醉(마취)

❀ 韭 부

韭	韭	韭 총9	부추 구 땅 위에 부추가 많이 나 있는 모양을 그린 것[菜名. 一種而久者, 故謂之韭. 象形, 在一之上. 一, 地也. 與耑同意]	
纖	纖	2급 糸 총23	가늘 섬, 고운 비단 섬 '糸+韱(섬)'으로 부추처럼 가는 실[糸] [細也. 從糸韱聲]	纖細(섬세) 纖維(섬유) 纖羅(섬라) 纖網(섬망)
殲	殲	1급 歹 총21	다 죽일 섬 '歹+韱(섬)'으로 남김없이 모두 다 죽임[歹] [微盡也 從歹韱聲 『春秋傳』曰 齊人殲于遂] ※微盡也: 殲之言纖也. 纖細而盡之也『段注』	殲滅(섬멸) 殲撲(섬박)
懺	懺	1급 心 총20	뉘우칠 참 '心+韱(섬)'으로 잘못을 스스로 깨닫고[心] 후회함[悔也 或從言『集韻』又自陳悔也. 懺悔. 見釋典『韻補』-『康熙』]	懺悔(참회) 懺洗(참세)
讖	讖	1급 言 총24	참서 참 '言+韱(섬)'으로 미래 예언[言]을 적은 책[驗也 有徵驗之書. 河雒所出書曰讖. 釋名. 讖, 纖也. 其義纖微也. 從言韱聲]	讖書(참서) 讖言(참언)
籤	籤	1급 竹 총23	예언기 첨, 산가지 첨, 증험할 첨, 제비 첨 '竹+韱(섬)'으로 산가지[竹]로 점을 치는 것은 일관된 증험을 토대로 예언함[驗也 一曰銳也. 貫也. 從竹韱聲] 驗也: 驗當作譣. 占譣然不也. 小徐曰籤出其處爲驗也. 一曰銳也. 貫也. 銳貫二義相成. 與占譣意相足『段注』	抽籤(추첨) 當籤(당첨)

❀ 艸 부

艸	艸	艸 총6	풀 초, 초두 두 포기의 풀 모양으로, 모든 풀의 총칭[百芔也. 從二屮] 百芔也: 卉下曰: 艸之總名也『段注』	
草	草	7급 艸 총10	상수리 조, 풀 초, 시작할 초 '艸+早(조)'로 상수리나무[++] 열매로 '상무' 또는 '초두'라 함[艸斗, 櫟實也 一曰象斗子 從艸早聲 [注] 臣鉉等曰: 今俗以此爲艸木之艸, 別作皁字, 爲黑色之皁] 作艸, 百卉也. 經典相承作草『說文』-『康熙』	草家(초가) 草稿(초고) 草露(초로) 草書(초서) 草案(초안) 草創(초창)
莫	莫	3급 艸 총11	없을 막 '艸+日+大←艸'로 서쪽 지평선 풀숲[艸] 사이로 해[日]가 떨어져 점차 어두워짐[日且冥也 從日在艸中]	莫强(막강) 莫大(막대) 莫論(막론) 莫逆(막역) 莫上莫下(막상막하)

幕		3급 巾 총14	휘장 막, 막 막 '巾+莫(막)'으로 위쪽 공간을 휘장[巾]으로 막거나 가림[帷在上曰幕 覆食案亦曰幕 從巾莫聲]	幕僚(막료) 幕府(막부) 幕賓(막빈) 幕舍(막사)
漠		3급 水 총14	사막 막, 아득할 막 'ㅜ+莫(막)'으로 북방으로부터 물살[ㅜ]에 떠내려온 모래[北方流沙也 一曰淸也 從水莫聲 與幕通]	沙漠·砂漠(사막) 寂漠(적막) 漠漠(막막)
暮		3급 日 총15	저물 모 '日+茻(망)'으로 해[日]가 서쪽 지평선 숲 사이로 떨어져 점차 어두워짐[日且冥也 從日在茻中 茻亦聲] 音慕 本作莫『正韻』-『康熙』 ※莫이 '없다'의 뜻으로 가차되자 '日'을 추가하여 '暮'자를 만듦.	暮景(모경) 暮境(모경) 暮色(모색) 暮雲(모운) 暮春(모춘) 歲暮(세모)
模		4급 木 총15	거푸집 모, 본보기 모, 본뜰 모, 무늬 모, 모양 모 '木+莫(모)'로 물건을 만드는 데 쓰는 목형(木型)[木] [法也 從木莫聲] 法也：以木曰模. 以金曰鎔. 以土曰型. 以竹曰範. 皆法也『段注』	模倣(모방) 模範(모범) 模寫(모사) 模擬(모의)
募		3급 力 총13	모을 모, 부를 모 '力+莫(모)'로 널리 흩어져 있는 것을 한데 모이도록 힘씀[力] [廣求之也 從力莫聲] 召也『廣韻』招也『增韻』	募金(모금) 募兵(모병) 募集(모집) 公募(공모)
墓		4급 土 총14	무덤 묘 '土+莫(모)'로 죽은 사람을 땅[土]에 묻어 놓은 곳[丘墓也 從土莫聲]	墓碑(묘비) 墓祀(묘사) 墓所(묘소) 墓地(묘지)
膜		2급 肉 총15	막 막, 꺼풀 막 '月+莫(막)'으로 고기 살[肉]의 껍질층[肉閒胲膜也 從肉莫聲] 肉閒胲膜也：釋名. 膜, 幕也. 幕絡一體也. 廣雅. 膍朒膜也. 膍與膜爲一. 許意爲二. 膜在肉裏也. 許爲長. 胲膜者, 累呼之. 胲之言該也『段注』	鼓膜(고막) 網膜(망막) 眼膜(안막)
謨		2급 言 총18	꾀 모, 꾀할 모, 속일 모 '言+莫(모)'로 어떤 일을 이루거나 꾸미려고 힘써 말[言]함[議謀也 從言莫聲 『虞書』曰：咎繇謨 議謀也：釋詁曰謨. 謀也. 許於雙聲釋爲議謀. 詩巧言假莫爲謨『段注』	謨敎(모교) 謨慮(모려) 謨信(모신) 謨訓(모훈)
寞		1급 宀 총14	쓸쓸할 막 '宀+莫(막)'으로 본자는 '嗼'. 어떤 소리도 들리지 않는 적막한 집[宀] [寂寞, 無聲也 本作嗼 今文作寞] 嗼：啾嗼也 從口莫聲『說文』	寂寞(적막) 索寞(삭막)
糢	糢	1급 米 총17	수 단위 모, 법 모, 모호할 모, 흐릴 모 '米+莫(막)'으로 '模'와 동자. 막(漠)의 10분의 1. 준순(逡巡)의 10배. 쌀[米]을 작게 나누니 너무 미미해서 무엇인지 모호함[糢糊, 古同模糊-『漢典』] 又模糊, 漫貌. 杜甫詩. 駝背錦模糊 -『康熙』	模範·糢範(모범) 曖昧模[糢]糊(애매모호)
摸		1급 手 총14	찾을 모, 본뜰 모(=摹) '手+莫(막)'으로 손[手]으로 어루만지며 찾아 잡음[摸 索也 捫也, 手捉也『正韻』-『康熙』]	摸索(모색) 暗中摸索(암중모색)
英		6급 艸 총9	나무 이름 앙, 꽃부리 영, 뛰어날 영 '艸+央(앙)'으로 꽃은 피나 열매를 맺지 않는 난초[艸] [艸榮而不實也 一曰黃英 從艸央聲] 華而不實者謂之英『爾雅·釋木』又木名. 權, 黃英『爾雅·釋木』又葉亦謂之英. 沈約云：英, 葉也『西溪叢語』又大道之行也, 與三代之英『禮·禮運』倍選曰俊, 千人曰英『註』得天下英才而敎育之『孟子』-『康熙』	英才(영재) 英雄(영웅) 英特(영특) 英斷(영단)

한자	전서	급수/부수/총획	훈음 및 설명	용례
瑛	瑛	2급 玉 총13	옥빛 영 '玉+英(영)'으로 광택이 나는 반질반질한 옥(玉) [玉光也 從玉英聲] 玉光也：山海經言玉榮. 離騷. 孝經. 援神契. 緯書皆言玉英. 淮南鴻烈曰 龍淵有玉英. 高注. 英, 精光也 『段注』	文瑛(문영·문익점(文益漸)의 아들)
暎	暎	2급 日 총13	비칠 영 '日+英(영)'으로 映과 동자. 햇빛[日]이 잘 비침[與映同 『正韻』雙情交暎『陸機·贈馮文熊詩』暎猶照也『註』 - 『康熙』]	彪暎(표영) 暎虛(영허)
華	華	4급 艸 총12	꽃 화, 빛날 화, 중국 화 '艸+䔢'로 초목[艹]의 꽃이 활짝 피어 드리워진[䔢] 모양[榮也 從艸從䔢. 凡華之屬皆從華] 按釋艸曰蕍芛葟華榮. 渾言之也. 又曰木謂之華. 艸謂之榮. 榮而實者謂之秀. 榮而不實者謂之英. 析言之也.『段注』 金文	華僑(화교) 華麗(화려) 華商(화상) 華實(화실) 華顔(화안) 華燭(화촉)
燁	燁	2급 火 총16	빛날 엽 '火+華←曄(엽)'으로 성대히 타오르는 불[火]이 밝게 빛나는 모양[火盛 明亮 引伸爲輝燦爛]	白善燁(백선엽 : 군인)
嬅	嬅	2급 女 총15	탐스러울 화, 여자 이름 화 '女+華(화)'로 여자[女]의 용모가 아름다움[嬅, 女容 麗也『正字通』女名. 一曰女容 俊麗. 與華同『集韻』 - 『康熙』]	
樺	樺	2급 木 총16	피나무 화, 자작나무 화, 벚나무 화 '木+華(화)'로 나무껍질을 화톳불용으로 사용하는 피나무[木] 등의 나무[木名『廣韻』木皮可以爲燭 或作檴, 通作華『玉篇』 - 『康熙』]	樺太(화태 : 사할린의 한자음 표기)
著	著	3급 艸 총13	나타낼 저, 책 지을 저 '艸+者(자)'로 풀[艸]이 자라서 땅 위로 드러남[明也『廣雅』形則著『中庸』君之德著而彰『晏子·諫上篇』 - 『康熙』] 艸長在地面上, 表示顯露. 本義：明顯, 顯著；突出 - 『漢典』	著述(저술) 著作(저작) 共著(공저) 編著(편저)
躇	躇	1급 足 총20	머뭇거릴 저, 밟을 저, 뛰어 건널 착 '足+著(저)'로 발[足]을 멈추고 갈까 말까 망설임[與躅同『正韻』躊躇 猶豫也『博雅』哀裹回以躊躇『前漢·李夫人傳』師古曰：躊躇, 住足也『註』 - 『康熙』]	躊躇(주저) 躇階(착계)
菊	菊	3급 艸 총12	국화 국 '艸+匊(국)'으로 국화과에 속하는 여러해살이 초본 식물[艹]인 큰 국화[大菊 蘧麥 從艸匊聲]	菊月(국월) 菊版(국판) 菊花(국화) 芳菊(방국) 白菊(백국) 霜菊(상국)
鞠	鞠	2급 革 총17	공 국, 기를 국, 국문할 국 '革+匊(국)'으로 던지거나 차며 노는 가죽[革]으로 만든 구형의 물건[蹋鞠也 從革匊聲] 蹋鞠也：劉向別錄曰蹵鞠者, 傳言黃帝所作. 或曰起戰國之時. 蹋鞠, 兵勢也. 所以練武士, 知有材也. 皆因嬉戲而講練之『段注』	蹴鞠(축국) 鞠養(국양) 鞠罪(국죄)
艾	艾	2급 艸 총6	쑥 애, 예쁠 애, 늙은이 애 '艸+乂(예/애)'로 국화과에 속하는 다년생 풀인 쑥[艹] [冰臺也 從艸乂聲] ※冰臺：쑥의 딴 이름.	艾人(애인) 艾色(애색) 艾年(애년) 艾老(애로)
芻	芻	1급 艸 총10	꼴 추, 꼴꾼 추, 풀 먹는 짐승 추 마소의 먹이로 베어 말린 풀을 묶어 놓은 모양[刈艸也, 象包束艸之形] 甲骨文 金文	反芻(반추) 芻糧(추량)

IV. 식물

漢字	篆文	級수/部首/획수	訓音 및 字源	用例
蒙	蒙	1급 / 艸 / 총14	새삼 몽, 풀이름 몽, 입을 몽, 덮을 몽 '艸+冢(몽)'으로 이끼 식물에 딸린 이끼의 한 가지로 나무 위에 나며, 암수딴그루로 광택이 나고, 줄기가 실과 같이 가늘고 긴 식물인 여라(女蘿)[王女也 從艸冢聲] 王女也：王或作玉. 誤. 釋艸云. 蒙, 王女. 又云 唐蒙, 女蘿. 女蘿, 兔絲. 孫炎曰別三名. 按衛風爰采唐矣傳云 唐蒙, 菜名. 小雅蔦與女蘿傳云 女蘿, 兔絲松蘿也. 疑爾雅, 毛傳此二條皆不謂一物『段注』 / 蒙, 王女也『爾雅·釋草』女蘿別名《註》-『康熙』	蒙戎(몽용) 蒙茸(몽용) 蒙辜(몽고) 蒙鳩(몽구) 蒙棘(몽극) 蒙昧(몽매) 無知蒙昧(무지몽매) 吳下阿蒙(오하아몽)
若	𦰩	3급 / 艸 / 총9	향초 약, 같을 약, 만약 약, 반야 야 '艸+右←手'로 손[手]으로 채소나 향초[艸] 따위를 캠[擇菜也 從艸右. 右 手也 一曰杜若, 香艸]	萬若(만약) 若干(약간) 泰然自若(태연자약)
諾	諾	3급 / 言 / 총16	대답할 낙, 허락할 낙 '言+若(약)'으로 남의 말[言]에 응하여 답함[䕺也 從言若聲] 䕺也：䕺者, 應之俗字. 口部曰唯, 諾也. 唯諾有急緩之別. 統言之則皆應也『段注』	承諾(승낙) 許諾(허락) 應諾(응낙) 快諾(쾌락)
惹	惹	2급 / 心 / 총13	어지러울 야, 이끌 야, 속일 야 '心+若(약)'으로 마음[心]이 혼란스러워 안정치 못함[亂也 從心若聲] 引著也『增韻』又詭也, 誣也, 絓也『韻會』-『康熙』	惹起(야기) 惹端(야단)
菌	菌	3급 / 艸 / 총12	버섯 균, 세균 균 '艸+囷(균)'으로 독이 있는 버섯[艸] [地蕈也 從艸囷聲] ※뽕밭에서 나는 버섯을 심(蕈)이라 하고, 기타 밭에서 나는 것을 균(菌)이라 함. 菌, 食之有味而常毒殺人『博物志』	菌絲(균사) 菌根(균근) 菌傘(균산) 病菌(병균) 殺菌(살균) 細菌(세균)
薦	薦	3급 / 艸 / 총17	꼴 천, 천거할 천, 드릴 천, 자리 천 '艸+廌'로 전설상의 동물인 해태[廌]가 먹는 풀[艸] [獸之所食艸 從廌艸 古者神人以廌遺黃帝 帝曰：何食何處 曰：食薦 夏處水澤 冬處松柏]	薦擧(천거) 薦新(천신) 自薦(자천) 推薦(추천) 追薦(추천) 他薦(타천)
苗	苗	3급 / 艸 / 총9	싹 묘, 자손 묘 '艸+田'으로 밭[田]에 식물[艸]이 남[艸生於田者 從艸從田]	苗木(묘목) 苗床(묘상) 苗裔(묘예) 苗族(묘족)
猫	貓	1급 / 犬 / 총12	고양이 묘 '犬+苗(묘)'로 '貓'의 속자. 고양잇과의 짐승으로 어두운 곳에서도 잘 볼 수 있고, 특히 쥐를 잘 잡는 동물[犬] [貍屬. 從豸苗聲] 俗貓字. 詳豸部貓字註『廣韻』-『康熙』	猫睛(묘정) 猫項懸鈴(묘항현령)
描	描	1급 / 手 / 총12	그릴 묘 '手+苗(묘)'로 사물의 모양을 본떠 손[手]으로 그림[摹畫也『正韻』描摹聲相近, 描輕而摹重『六書故』打也『集韻』擲也『集韻』-『康熙』]	描寫(묘사) 素描(소묘)
藏	藏	3급 / 艸 / 총18	감출 장, 간직할 장, 창고 창 '艸+臧(장)'으로 풀[艸]로 물건을 덮어서 감춤[匿也 [注] 臣鉉等案：『漢書』通用臧字. 從艸, 後人所加]	藏府(장부) 藏書(장서) 藏中(장중) 埋藏(매장)
臟	臟	3급 / 肉 / 총22	오장 장 '月+藏(장)'으로 몸[月]속에 있는 내장[腑也『集韻』五臟也『正字通』臟者, 藏也. 精藏於腎, 神藏於心, 魂獲於肺, 志藏於脾『字彙』-『康熙』]	臟器(장기) 臟腑(장부) 肝臟(간장) 內臟(내장)

한자	전서	급수/부수/총획	훈음 및 해설	용례
蘇	蘇	3급 艹 총20	**차조기 소, 깰 소, 나라 이름 소** '艸+穌(소)'로 어린잎과 종자는 식용·향료로 사용하는 식물 차조기[艸] [桂荏也. 從艸穌聲] 桂荏也: 蘇, 桂荏. 釋艸文. 內則注曰薌蘇, 桂之屬也. 方言曰蘇亦荏也. 金文	蘇葉(소엽) 紫蘇(자소) 蘇生(소생) 蘇復(소복) 蘇聯(소련) 耶蘇(야소)
茶	茶	3급 艹 총10	**차 다, 차 차** '人+艹+木'으로 사람[人]이 풀[艹]과 나무[木]에서 채취하는 차[茶陵之類. 惟陸羽, 盧仝以後則逕易荼爲茶. 其字從艹從人從木『漢志』-『康熙』] 俗檟字. 春藏葉, 可以爲飮『廣韻』茗也. 本作荼, 或作檟, 今作茶『韻會』-『康熙』.	茶房(다방) 茶菓(다과) 綠茶(녹차) 紅茶(홍차)
藿	藿	1급 艹 총20	**푸른 콩 곽, 풀이름 곽, 미역 곽** '艹+霍(곽)'으로 푸른 콩이나 향초[艹] [作藿, 尗之少也『說文』皎皎白駒, 食我場藿『詩·小雅』牛藿『儀禮·公食大夫禮』藿, 豆葉『註』-『康熙』]	藿羹(곽갱) 藿湯(곽탕)
苑	苑	2급 艹 총9	**나라 동산 원** '艹+夗(원)'으로 국가에서 짐승을 기르기 위해 만들어 놓은 동산[艹] [所以養禽獸, 從艹夗聲] 所以養禽獸 周禮地官囿人注. 囿, 今之苑. 是古謂之囿, 漢謂之苑也『段注』	苑池(원지) 鹿苑(녹원) 文苑(문원)
怨	怨	4급 心 총9	**원망할 원** '心+夗(원)'으로 어떤 일로 인해 마음[心]에 성이 남[恚也. 從心夗聲] 恨也 『廣韻』仇也, 讎也『增韻』又讎也, 恚也『集韻』-『康熙』※夗: 轉臥也. 從夕從卪. 臥有卪也『說文』 轉臥也. 謂轉身臥也. 詩曰展轉反側『段注』 ※正臥(반듯이 눕기), 側臥(옆으로 눕기), 轉臥(훌러덩 뒤집어 눕기).	怨望(원망) 怨聲(원성) 怨恨(원한) 怨讐(원수) 恩怨(은원)
鴛	鴛	1급 鳥 총16	**원앙 원** '鳥+夗(원)'으로 오릿과의 물새로 암수가 서로 의좋고 늘 함께 있는 새[鳥] [鴛鴦也. 從鳥夗聲] 鴛鴦也: 小雅傳曰鴛鴦, 匹鳥也. 古今注曰雌雄未嘗相離. 按鸂鶒者, 鴛鴦屬也『段注』	鴛鴦(원앙) 鴛鴦舞(원앙무)
葛	葛	2급 艹 총13	**칡 갈, 덩굴 갈** '艹+曷(갈)'로 속이 비어 있는 덩굴식물[艹]인 칡 [絺綌艸也. 從艸曷聲] 絺綌艸也: 周南. 葛之覃兮 爲絺爲綌『段注』	葛根(갈근) 葛藤(갈등) 葛布(갈포) 葛巾野服(갈건야복)
渴	渴	3급 水 총12	**목마를 갈** '氵+曷(갈)'로 물[氵]을 마시고 싶은 느낌[盡也. 從水曷聲] 盡也: 渴竭古今字. 古水竭字多用渴. 今則用渴爲濈字矣『段注』	渴求(갈구) 渴望(갈망) 渴水(갈수) 渴睡(갈수)
靺	靺	2급 革 총18	**말갈 갈, 두건 말** '革+曷(갈)'로 종족 이름[靺鞨『玉篇』靺鞨, 蕃人名『廣韻』黑水靺鞨, 居肅愼地, 亦曰挹婁. 元魏時曰勿吉『唐書·北狄傳』-『康熙』] ※말갈: 중국 수·당 시대 동북 지방에 살며 가죽[革]옷을 즐겨 입던 종족.	靺鞨(말갈: 종족 이름)
揭	揭	2급 手 총12	**들 게, 걸 게, 걸을 게, 질 게** '扌+曷(갈)'로 손[扌]으로 어떤 것을 높이 들어 제시하거나, 등에 물건을 지거나, 치마를 들어 올리거나 나무뿌리가 드러남 등[高擧也. 從手曷聲] 高擧也: 見於詩者, 匏有苦葉傳曰揭, 褰裳也. 碩人傳曰揭揭, 長也. 蕩曰揭, 見根貌『段注』	揭示(게시) 揭揚(게양) 揭載(게재)
褐	褐	1급 衣 총14	**베옷 갈, 천인 갈** '衣+曷(갈)'로 삼으로 엮어 만든 버선이나 굵은 베로 만든 옷[衣] [編枲韤 一曰粗衣 從衣曷聲] 編枲韤: 取未績之麻編之爲足衣. 如今艸鞵之類『段注』	褐色(갈색) 灰褐色(회갈색)

漢字	篆文	級/部首/總劃	訓音과 字源	用例
竭	竭	1급 立 총14	등에 질 갈, 다할 갈 '立+曷(갈)'로 손으로 들 수 없는 것은 등에 짊[立] [負擧也 從立曷聲] 負擧也：凡手不能擧者, 負而擧之『注』盡也『正韻』君子不盡人之歡, 不竭人之忠『禮·曲禮』－『康熙』	竭力(갈력) 竭忠報國(갈충보국)
偈	偈	1급 人 총11	헌걸찰 걸, 힘쓸 걸, 쉴 게 '人+曷(갈)'로 어려움을 무릅쓰고 용감하게 힘써 행동하는 사람[人] [武也. 又偈偈, 用力貌『集韻』息也『韻會』度三巒兮偈棠梨.『揚雄·甘泉賦』偈與憩通. 又偈句. 釋氏詩詞也『師古曰』又疾也『正韻』－『康熙』	偈頌(게송) 佛偈(불게)
喝	喝	1급 口 총12	목멜 애, 큰 소리 갈, 꾸짖을 갈 '口+曷(갈)'로 성이 나거나 설움 따위가 북받쳐 목구멍[口]이 막힘[澈也 從口曷聲]	喝破(갈파) 拍手喝采(박수갈채)
蒸	蒸	3급 艸 총14	땔나무 증, 찔 증 '艸+烝(증)'으로 삼나무[++]의 줄기를 쪼갬 또는 꺾음 [析麻中榦也 從艸烝聲] 析麻中榦也：析各本作折. 誤. 毛詩傳曰 粗曰薪, 細曰蒸. 周禮甸師注云, 大曰薪, 小曰蒸. 是凡言薪蒸者, 皆不必專謂麻骨『段注』 ※큰 나무를 쪼갠 것을 '薪', 가는 가지 같은 것을 '蒸'이라 함.	蒸氣(증기) 蒸溜(증류) 蒸發(증발) 水蒸氣(수증기) 汗蒸幕(한증막)
蘭	蘭	3급 艸 총21	난초 란 '艸+闌(란)'으로 택란(澤蘭)[++]처럼 향기가 좋은 난초[香艸也 從艸闌聲] 香艸也：易曰其臭如蘭. 左傳曰蘭有國香. 說者謂似澤蘭也『段注』	蘭客(난객) 蘭交(난교) 蘭草(난초) 墨蘭(묵란)
爛	爛	3급 火 총21	문드러질 란, 무르익을 란, 빛날 란 '火+闌(란)'으로 너무 불[火]을 때 물러서 힘없이 처져 떨어짐[火熟也, 明也『廣韻』自河以北, 趙魏之閒, 火熟曰爛『揚子·方言』明星有爛『詩·鄭風』－『康熙』	爛漫(난만) 爛發(난발) 爛死(난사) 爛熟(난숙)
欄	欄	3급 木 총21	난간 란 '木+闌(란)'으로 우마(牛馬)가 밖으로 나가지 못하도록 나무[木]로 만든 난간[欄木也 從木闌聲]	欄干(난간) 空欄(공란) 石欄(석란) 玉欄(옥란)
瀾	瀾	1급 水 총20	물결 란 '水+闌(란)'으로 강이나 바다에 이는 큰 물결[水] [大波爲瀾 從水闌聲] 大波爲瀾：魏風. 河水清且漣猗. 釋水引作瀾, 云大波爲瀾. 毛傳云. 風行水成文曰漣. 按傳下文云. 淪, 小風水成文. 則瀾爲大可知. 與爾雅無二義也『段注』	狂瀾(광란) 波瀾萬丈(파란만장)
荒	荒	3급 艸 총10	거칠 황, 흉년들 황 '艸+巟(황)'으로 잡풀[++]이 우거진 거친 땅[蕪也 從艸巟聲 一曰艸淹地也] 蕪也：荒之言尨也. 故爲蕪薉『段注』	荒年(황년) 荒凉(황량) 荒野(황야) 荒廢(황폐)
慌	慌	1급 心 총13	허겁지겁할 황, 황홀할 황 '心+荒(황)'으로 '恍, 愰과 동자. 마음[心]이 혼미(昏迷)하여 어찌할 바를 모름[昏也. 從心荒聲. 本作怳, 或作怳恍『集韻』－『康熙』	慌忙(황망) 唐慌(당황)
蔑	蔑	2급 艸 총15	어두울 멸, 업신여길 멸 '苜+戍'로 거여목[苜]이 수자리[戍] 서는 사람의 눈을 어둡게 함[勞目無精也 從苜從戍 人勞則蔑然] 勞目無精也：目勞則精光茫然 通作昧. 如左傳公及邾儀父盟于蔑, 晉先蔑, 公穀皆作昧是也. 引伸之義爲細. 如木細枝謂之蔑是也. 又引伸之義爲無. 如亡之命矣夫, 亦作蔑之命矣夫是也『段注』 ※精：밝을 정. ※目勞則精光茫然 通作昧 ※苜, 目不正也	蔑視(멸시)

襪	襪	1급 衣 총20	버선 말 '衣+蔑(멸)'로 발에 신는 족의(足衣)[衣] [足衣『類篇』襪, 末也, 在脚末也『釋名』衣故短繡裾, 小袖, 李文襪『飛燕外傳』-『康熙』]	洋襪(양말) 木洋襪(목양말)
萃	萃	1급 艸 총12	모일 췌, 야윌 췌 '艸+卒(졸)'로 잡초[艸]가 많이 남[艸皃 從艸卒聲] ※易象傳曰 萃 聚也, 此引伸之義也	拔萃(발췌)
膵	膵	1급 肉 총16	이자 췌 '肉+萃(췌)'로 위 뒤쪽에 있는 소화액을 분비하는 삼각주 모양의 기관[肉] [胰也, 亦謂之䑓肉『漢語大字典』]	膵臟(췌장) 膵液(췌액)

❀ 生 부

生	生	8급 生 총5	날 생, 살 생, 자랄 생 초목[屮]이 땅[土] 위로 나오는 모양[進也 草木生出土上] 甲骨文 金文	生長(생장) 生日(생일) 生氣(생기) 生産(생산) 發生(발생) 野生(야생)
性	性	5급 心 총8	성품 성, 성별 성, 바탕 성 '忄+生(생)'으로 인간이 본래 가지고 있는 착한 마음씨[心] [人之陽氣性 善者也 從心生聲] 善者也 : 論語曰 性相近也. 孟子曰人性之善也. 猶水之就下也. 董仲舒曰性者, 生之質也. 質樸之謂性『段注』	性格(성격) 性別(성별) 性情(성정) 性質(성질) 性品(성품) 性行(성행)
姓	姓	7급 女 총8	성씨 성, 겨레 성 '女+生(생)'으로 사람이 모체(母體)[女]를 통해 태어남[人所生也 古之神聖人 母感天而生子 故稱天子. 因生以爲姓 從女生 生亦聲. 『春秋傳』曰 : 天子因生以賜姓] 人所生也 : 白虎通曰姓者, 生也. 人所稟天氣所以生者也『段注』 甲骨文	姓名(성명) 姓氏(성씨) 姓銜(성함) 同姓(동성) 百姓(백성) 本姓(본성)
牲	牲	1급 牛 총9	희생 생 '牛+生(생)'으로 기를 때는 '축(畜)'이고 제사 지낼 때는 '생(牲- 희생)'[牛-통째로 제사 지내는 소] [牛完全 從牛生聲] 牛完全也. 引伸爲凡畜之偁. 周禮庖人注. 始養之曰畜. 將用之曰牲『段注』	犧牲(희생) 犧牲打(희생타)
甦	甦	1급 生 총12	소생할 소, 긁어모을 소 '更+生'으로 '穌'과 동자. 거의 죽어가다가 다시[更] 살아남[生] [俗穌字『正字通』-『康熙』]	回甦(회소)
産	産	5급 生 총11	낳을 산, 생산 산, 재산 산 '生+彦(언)'으로 초목의 떡잎이 땅 위로 나오는[生] 형상[生也 從生彦省聲]	産苦(산고) 産卵(산란) 産業(산업) 難産(난산)
薩	薩	1급 艸 총18	보살 살 '艸+薛(설)'로 범어의 음역으로, 불도를 닦아 뭇 중생을 교화하는 지혜로운 사람[菩, 普也. 薩, 濟也. 能普濟衆生『釋典』菩之爲言了也, 薩之爲言見也, 謂智慧了見也『綱目集覽』-『康熙』]	菩薩(보살)

❀ 屮 부

屮	屮	屮 총3	싹 날 철, 왼손 좌 식물의 줄기가 처음 나오는 모양[艸木初生也. 象丨出形, 有枝莖也] 甲骨文 金文	

IV. 식물 233

屯	屯	2급 屮 총4	어려울 준, 진칠 둔, 무리 둔 '屮+一'로 초목의 새싹[屮]이 땅[一]을 어렵게 뚫고 돋아남[難也 象屮木之初生 屯然而難 從屮貫一. 一, 地也. 尾曲] 象草木初生的艱難. 本義 : 艱難. 引申義 : 聚集 -『漢典』	甲骨文 金文	屯田(둔전) 屯兵(둔병) 屯營(둔영) 駐屯(주둔)
鈍	鈍	3급 金 총12	둔할 둔 '金+屯(둔)'으로 쇠[金]칼이 무뎌져 새기는 일을 하는 데 어려움[屯]이 있음[鋼也 從金屯聲] 頑鈍也『玉篇』又凡質魯者曰鈍『正字通』又不利也『廣韻』-『康熙』		鈍器(둔기) 鈍才(둔재) 鈍濁(둔탁) 愚鈍(우둔)
純	純	4급 糸 총10	생사 순, 순수할 순 '糸+屯(둔)'으로 누에고치에서 막 뽑아낸 실[糸] [絲也 從糸屯聲] 絲也 : 論語. 麻冕, 禮也. 今也純. 孔安國曰純, 絲也, 此純之本義也. 故其字從糸. 按純與醇音同. 醇者, 不澆酒也. 叚純爲醇字. 故班固曰不變曰醇. 不襍曰粹『段注』		純金(순금) 純眞(순진) 溫純(온순) 淸純(청순)
頓	頓	2급 頁 총13	조아릴 돈 '頁+屯(둔)'으로 황송하여 이마가 바닥에 닿을 정도로 머리[頁]를 자꾸 숙임[下首也 從糸屯聲]		頓頭(돈두) 査頓(사돈) 頓首再拜(돈수재배)
沌	沌	1급 水 총7	막힐 돈, 어리석을 돈 '水+屯(둔)'으로 물[水]이 통하지 않고 막혀 있음[水不通『集韻』從水屯聲]		混沌(혼돈) 混沌酒(혼돈주)

入 부

入	入	7급 入 총2	들 입 초목의 뿌리가 위에서 땅 밑으로 들어감[內也 象從上俱下也] 內也 : 自外而中也. 象從上俱下也 : 上下者, 外中之象『段注』	甲骨文 金文	入閣(입각) 入納(입납) 入選(입선) 入荷(입하) 輸入(수입) 侵入(침입)
兩	兩	4급 入 총8	양 량, 수레 량, 두 량 '一+兩(량)'으로 24수(銖)가 1량(兩)인 중량명(重量名)[二十四銖爲一兩 從一兩 兩, 平分 亦聲] ※'輛'의 본자로, 금문에서는 마차의 앞부분에 두 멍에를 묶은 모양[象馬車前部的衡上有雙軶之形] ※漢代부터 唐代까지의 중량명은 銖, 兩(24銖), 斤(16兩), 鈞(30斤), 石(4鈞)의 순이다.	金文	兩家(양가) 兩極(양극) 兩難(양난) 兩斷(양단) 兩班(양반) 兩便(양편) 兩側(양측) 兩親(양친)
輛	輛	2급 車 총15	수레 량, 짝 량 '車+兩(량)'으로 바퀴가 두 개 달린 수레[車]란 뜻[與兩同『正韻』車輛『字彙』乘也, 匹也, 又車數『韻會』車一乘曰一兩, 言其輪轅兩兩而耦也『漢書註』百兩御之『詩·周南』百兩, 百乘也『註』-『康熙』]		車輛(차량) 車輛稅(차량세)
倆	倆	1급 人 총10	재주 량, 두 량(=兩) '人+兩(량)'으로 재능 있고 솜씨 좋은 사람[人] [伎倆, 巧也『集韻』-『康熙』]		技倆(기량)
全	全	7급 入 총6	온전 전, 모두 전 '入+工←玉'으로 순전(純全)히 옥(玉)으로 만들어짐[入] [仝 : 完也 從入從工 篆文仝 從玉 純玉曰全]		全國(전국) 全權(전권) 全體(전체) 全滅(전멸) 全敗(전패) 全圖(전도)
栓	栓	1급 木 총10	나무 못 전, 평미레 전 '木+全'으로 나무[木]로 만든 못[木釘也 『廣韻』貫物也『類篇』栓檴, 木釘也『博雅』-『康熙』]		給水栓(급수전) 消火栓(소화전)

字	篆	級/部首/획수	訓音과 解說	用例
銓	銓	1급 金 총14	저울 전, 저울질할 전 '金+全(전)'으로 물건의 무게를 다는 쇠[金]로 만든 제구[衡也 從金全聲] 稱也：稱各本作衡. 今正. 禾部稱, 銓也. 與此爲轉注『段注』	銓考(전고) 銓衡(전형)
兪	兪	2급 入 총9	마상이 유, 점점 유, 더욱 유, 성씨 유 '厶+舟+巜'로 '兪'와 동자. 여러 사람이 힘을 합하여[厶] 만든 불[巜] 위에 뜨는 통나무배[月←舟] [兪同字. 空中木爲舟也. 從人從舟從巜. 巜 水也] ※金文的兪字 左邊爲舟 右邊象一把尖銳的木鑿 象人用鑿把一棵大木挖空而成舟形 旁邊的一點表示挖鑿的木屑『字源字典』 ※마상이：통나무를 파서 만든 작은 배.	兪應孚(유응부：조선 단종 때의 충신)
愈	愈	3급 心 총13	더욱 유, 병 나을 유 '心+兪(유)'로 어떤 일이 전보다 더 좋아짐을 마음[心]으로 느낌[勝也『玉篇』 賢也『廣韻』 過也『增韻』 丹之治水也, 愈於禹. 又進也, 益也『孟子』憂心愈愈『詩·小雅』愈愈, 益甚之意『蘇氏曰』-『康熙』]	愈愈(유유) 快愈(쾌유) 愈出愈怪(유출유괴)
輸	輸	3급 車 총16	실어 낼 수, 실어 보낼 수 '車+兪(유)'로 수레[車]로 짐을 실어 나름[委輸也 從車兪聲] 委輸也：委者, 委隨也. 委輸者, 委隨輸寫也. 以車遷賄曰委輸. 亦單言曰輸. 引申之, 凡傾寫皆曰輸. 輸於彼, 則彼贏而此不足. 故勝負曰贏輸. 不足則如墮壞然. 故春秋鄭人來輸平. 公羊, 穀梁皆曰輸者, 墮也. 左傳作渝. 渝, 變也『段注』	輸送(수송) 輸入(수입) 輸出(수출) 輸血(수혈)
踰	踰	2급 足 총16	넘을 유, 멀 요 '足+兪(유)'로 높고 먼 곳을 지나 가거[足]나 정한 범위·수량·정도를 초월함[越也 從足兪聲] 遠也, 渡也『博雅』畢而不可踰『易·謙卦』無敢寇攘踰垣牆『書·費誓』禮不踰節『禮·曲禮』士踰月外姻至『左傳·隱元年』踰月, 度月也『註』又與遙同『集韻』-『康熙』	踰月節(유월절) 水踰洞(수유동：서울 강북구의 동 이름)
楡	楡	2급 木 총13	느릅나무 유 '木+兪(유)'로 개울가나 습한 곳에서 자라는 나무[木]로 약용 또는 식용으로 사용하는 나무[楡, 白枌『説文』-『康熙』] 楡有十種, 葉皆相似, 皮及木理異『陸璣·草木疏』釋楡者三：一曰蕪荑『爾雅』郭註：今之刺楡. 疏：『詩·唐風』山有樞是也. 一曰無姑, 其實夷. 郭註：無姑, 姑楡也, 生山中, 葉圓而厚, 所謂蕪荑是也. 一曰楡白枌. 疏：『詩·陳風』東門之枌是也 -『康熙』	楡皮(유피) 楡莢錢(유협전) 楡岾寺(유점사：금강산에 있는 절)
喩	喩	1급 口 총12	깨우칠 유, 비유할 유, 좋아할 유 '口+兪(유)'로 가르치고 타일러 이해시키기 위해 말[口]함[曉也『玉篇』本作諭. 譬諭也, 諫也『廣韻』-『康熙』]	比喩(비유) 直喩(직유)
鍮	鍮	1급 金 총17	자연동 유, 놋쇠 유 '金+兪(유)'로 동(銅) 중에서 질이 좋은 금빛[金] 나는 자연동(自然銅)[鍮石似金『玉篇』苔兒密, 古之丹眉流國, 産鍮石『一統志』鍮石, 自然銅之精也. 今爐甘石煉成者, 假鍮也. 崔昉曰：銅一斤, 爐甘石一斤, 煉之成鍮石『格古要論』-『康熙』]	鍮器(유기) 鍮刀(유도)
癒	癒	1급 疒 총18	앓을 유, 나을 유, 남보다 나을 유 '疒+愈(유)'로 '瘉'의 속자. 앓았던 병[疒]이 나음[病瘉也. 與瘉同『韻會』-『康熙』]	快瘉·快癒(쾌유) 治瘉·治癒(치유)

字	篆	部/획	訓音/字源	用例
揄	揄	1급 手 총12	끌 유, 빈정거릴 유 '手+俞(유)'로 긴 소매 등을 손[手]으로 끌어 당김[引也 從手俞聲] 引也:漢郊祀歌曰神之揄. 臨壇宇. 師古云. 揄, 引也. 史記. 揄長袂. 廣韻. 揄揚, 詭言也. 皆其引申之義. 大雅 或舂或揄 段揄爲舀也『段注』	揶揄(야유)
愉	愉	1급 心 총12	구차할 투, 즐거울 유 '心+俞(유)'로 살림이 몹시 가난하고 어렵지만 마음[心]속으로 이를 기쁘게 여김[薄也 從心俞聲『論語』曰:私覿 愉愉如也]	愉快(유쾌) 愉愉(유유)
諭	諭	1급 言 총16	말할 유, 깨우칠 유, 간할 유, 비유할 유 '言+俞(유)'로 쉬운 예를 들어 말[言]하여 깨우쳐 줌[告也 從言俞聲] 告也:凡曉諭人者, 皆舉其所易明也. 周禮掌交注曰諭, 告曉也. 曉之曰諭. 其人因言而曉亦曰諭. 諭或作喩『段注』	誨諭(회유) 諭示(유시)
內	內	7급 入 총4	안 내 '冂+入'으로 밖의 덮개[冂]를 걷고 안으로 들어감[入也 從冂入, 自外而入也] 冂者 覆也. 覆在外『段注』 ※覆:엎어질 복/덮개 부. 裏也『玉篇』中也『增韻』君子敬以直內, 義以方外『易·坤卦』 -『康熙』 甲骨文 金文	內閣(내각) 內規(내규) 內亂(내란) 內殿(내전)
納	納	4급 糸 총10	실 눅눅할 납, 들일 납, 바칠 납 '糸+內(내)'로 실[糸]이 점점 습기(濕氣)에 젖어 축축함[絲濕納納也 從糸內聲] 絲濕納納也:納納, 濕意. 劉向九歎. 衣納納而掩露. 王逸注. 納納, 濡濕貌『段注』	納付(납부) 納入(납입) 納品(납품) 納稅(납세)
芮	芮	2급 艸 총8	작고 연할 예, 작은 모양 예, 성씨 예, 나라 이름 열 '艸+內(내)'로 나긋나긋한 풀싹[艹]이 막 나온 모양[芮芮 艸生貌 從艸內聲] 艸生貌:柔細之狀『段注』	芮芮①예예:싹이 나긋나긋하게 돋아나는 모양. ②열열:오랑캐 나라 이름)
衲	衲	1급 衣 총9	기울 납, 승복 납 '衣+內(내)'로 스님이 해진 옷[衣]에 조각을 대고 꿰맴[補衲, 紩也 又僧衣曰衲『廣韻』或作納『玉篇』-『康熙』]	衲衣(납의) 靑衲(청납)
訥	訥	1급 言 총11	말 어눌할 눌 '言+內(내)'로 말[言]을 더듬어 잘하지 못함[言難也 從言內] 言難也:與訒義同. 與肭音義皆同. 論語. 君子欲訥於言而敏於行. 苞曰訥, 遲鈍也. 內 亦聲也『段注』	訥辯(눌변) 語訥(어눌)

❀ 无 부

字	篆	部/획	訓音/字源	用例
无	橆	无 총4	없을 무 숲에 나무가 무성하여 사용할 땅이 없음[豐也 從林奭 或說規模字. 從大, 冊, 數之積也; 林者, 木之多也. 與庶同意. 『商書』曰:庶草繁無].	无名子(무명자) 无灰酒(무회주)
旣	旣	3급 无 총11	적게 먹을 기, 이미 기, 쌀 희 '皀+旡(기)'로 고기는 밥[皀] 기운을 이기지 못하도록 적게 먹음[小食也 從皀旡聲『論語』曰:不使勝食旣] 論語曰 不使勝食旣:鄉黨篇文. 此引經說假借也. 論語以旣爲气. 如商書以叙爲好, 詩以及爲姑之類. 今論語作氣. 气氣古今字. 作氣, 蓋魯論也. 許偁, 蓋古文論語也. 或云. 謂不使肉勝於食. 但小小食之. 說固可通. 然古人之文. 云不使勝則已足. 不必贅此字『段注』 ※皀:穀之馨香也. 象嘉穀在裹中之形. 匕, 所以扱之. 或說皀, 一粒也『說文』	旣得(기득) 旣成(기성) 旣定(기정) 旣婚(기혼) 旣廩稱事(희름칭사) -『中庸』)

236

慨 憭	3급 心 총14	슬퍼할 개, 분개할 개 '忄+旣(기)'로 억울함을 당하여 슬퍼하고 분한 마음[忄]이 생김[忼慨也 從心旣聲]	慨歎(개탄) 慨世(개세) 感慨(감개)
槪 㮣	3급 木 총15	평미레 개, 대개 개, 절개 개 '木+旣(기)'로 말[斗, 斛] 등을 평평하게 미는 나무[木]로 만든 평미레[所以扢斗斛也 從木旣聲]	大槪(대개) 節槪(절개)
漑 漑	1급 水 총14	물 이름 개, 물댈 개, 이미 기(=旣) '水+旣(기)'로 강 이름 또는 농사에 필요한 물[水]을 논밭에 대는 일[水 出東海桑瀆覆甑山 東北入海 從水旣聲 一日灌注也]	漑灌(개관) 灌漑(관개)

[瓜田不納履 과전불납리]

'오이 밭에서는 신을 고쳐 신지 않는다'는 뜻으로, 의심받을 짓은 처음부터 하지 말라는 말. 《문선(文選)》에 있는 이야기이다.

제(齊)나라 위왕(威王)은 간신(奸臣)인 주파호(周破胡)의 옳지 않은 말만 믿고 나라를 잘못 다스렸다. 위왕의 후궁인 우희(虞姬)가 보다 못해서 왕에게 간했다.
"파호(破胡)는 속이 검은 사람이니 등용해서는 안 되며, 북곽(北郭) 선생은 현명하고 덕행이 있는 분이라 등용하시옵소서."
이 말을 전해들은 파호는 도리어 우희와 북곽 선생 사이가 수상쩍다고 모함했다. 이에 위왕이 우희를 국문하자, 우희가 아뢰었다.
"간사한 무리가 모함하고 있을 뿐 소첩은 결백하옵니다. 만약 죄가 있다면 '오이 밭에서 신을 고쳐 신지 않고, 이원(李園)을 지날 때에 갓을 고쳐 쓰지 않는다'는 가르침에 따르지 않고 의심받을 만한 행위를 한 것뿐이옵니다. 하오나 설사 죽음을 당한다 할지라도 소첩은 더 이상 변명하지 않겠습니다. 다시 한 번 말씀드리거니와 파호에게 국정을 맡기심은 나라의 장래를 위해 매우 위태로운 일입니다."
위왕은 우희의 말에 잘못을 깨닫고 간신 아대부(阿大夫)와 파호를 삶아 죽이게 했으며, 그 후 제나라는 잘 다스려졌다고 한다.

[慷慨之士 강개지사]

세상의 문란과 불의(不義)를 참지 못하여 개탄하고 울분을 느끼는 선비.

일제 강점기 경상북도 의성군 안계면 교촌리 출신 우용택(禹龍澤:1868~1940)은 한말 일제의 침략 행위를 규탄하고 친일 매국노를 직접 찾아가 그들의 매국 행위를 질타한 강개지사(慷慨之士)로 널리 알려져 있다. 고종은 그의 의로운 행실을 듣고 참봉(參奉)을 제수하기도 했다.
그는 을사늑약 전후 김천 출신 강원형·여중룡 등과 일본의 침략 행위를 규탄하는 공개서한을 각국 공사관에 발송하고 친일 매국단체인 일진회를 규탄하다 1905년 5월 일제 헌병대에 연행 구금되었다. 석방된 뒤에는 일제의 침략 행위에 순응·동조한 매국 대신을 찾아 질타하였다.
외부대신 이하영이 1905년 연해하천항행무역권(沿海河川航行貿易權)을 일제에 양도한 사실에 분노하여, 그를 찾아가 얼굴에 침을 뱉고 "너의 매국 행위는 끝날 줄을 모르더니 이제는 하천까지 팔아먹고 장차는 또 무엇을 일본 놈에게 팔 작정인가? 이 역적 놈아." 하고 뺨을 후려갈기며 호통을 쳤다고 한다. 이 사건으로 일본 헌병대에 끌려가 한동안 고초를 겪었으며, 출옥 후 국권 회복을 위해 수립된 대한자강회(大韓自强會)와 대한협회(大韓協會)에 가입하여 애국 계몽활동을 전개하였다.

Ⅴ 자연물

하늘 공간

日 月 夕 气 雨 火 風

日	明	暇	是	春	早	昭	普	晋	暴	晶	易
汨	盟 萌	假	堤 提 堤 題 匙	椿 蠢		照	譜 潽		爆 曝 瀑		錫 賜

旦	昔	昌	旬	晃	星	旨	昆	昱	景	月	有
但 疸 坦	惜 錯 借 措 鵲 醋	唱 倡 猖 娼 菖	殉 洵 珣 荀 絢 筍	滉	醒	指 脂 詣	混 棍	煜	影 環 憬		郁 宥 賄

服	朝	朋	朔	夕	多	外	夜	夢	气	氣	雨
報	潮 廟 嘲	鵬 硼 棚	逆 遡 塑		移 侈		液 腋			汽 愾	

雪	霞	雷	雲	需	震	靈	霜	火	炎	災	灰
漏	蝦 遐 瑕		曇	儒 懦			孀	炙 狄	淡 談 痰	巡	恢

炭	焉	燕	然	煥	煙	薰	無	灵	炯	變	焦
			燃 撚	換 喚	甄 湮	勳 薰 壎	蕪 撫 憮				樵 礁 憔 蕉

風
楓 諷

日 부

자	전서	급수/부수/총획	훈음 및 설명	갑골문/금문	용례
日	日	8급 / 日 / 총4	해 일, 날 일 일그러지지 않은 둥글고 밝게 빛나는 태양의 모양[實也 大陽之精 不虧 從○一 象形 從○一 象形 : ○象其輪郭, 一象其中不虧 『段注』]	甲骨文 金文	日課(일과) 日光(일광) 日沒(일몰) 日蝕(일식) 連日(연일) 祭日(제일) 日就月將(일취월장)
汨	汨	1급 / 水 / 총7	물 이름 멱, 다스릴 골, 통할 골 '水+日←冥(명)'으로 초나라 굴원이 투신자살하였다는 장사(長沙)의 멱라연(汨羅淵)[長沙汨羅淵也 屈平所沈水 從水冥省聲]		汨沒(골몰) 汨羅水(멱라수)
明	明	6급 / 日 / 총8	밝을 명, 내일 명, 이승 명 '月+日←冏(들창)'으로 달[月]빛이 들창[冏]에 밝게 비춤[照也 從月冏 古文從日. 云古文作明 則朙非古文也. 蓋籀作朙. 而小篆隸從之. 干祿字書曰明通, 朙正. 顏魯公書無不作朙者 『段注』]	甲骨文 金文	明月(명월) 明年(명년) 明日(명일) 明確(명확)
盟	盟	3급 / 皿 / 총13	맹세할 맹, 맹세 맹 '皿←血+明(명)'으로 소의 귀를 베어 그릇에 담아 그 피[血]를 나누어 마시거나 입가에 바름[割牛耳盛朱盤, 取其血歃于玉敦] 各本下從血. 今正. 古文. 從明. 明者, 朙之古文也『段注』 ※夷槃, 珠槃, 玉敦 : 피를 담는 옥기(玉器).	甲骨文 金文	盟誓(맹서) 盟約(맹약) 盟主(맹주) 盟友(맹우)
萌	萌	1급 / 艸 / 총12	싹 맹 '艸+明(명)'으로 씨앗에서 처음 나오는 어린잎이나 줄기[艸] [艸芽也 從艸朙聲]		萌動(맹동) 萌芽(맹아)
暇	暇	4급 / 日 / 총13	틈 가, 겨를 가 '日+叚(가)'로 여유 있는 한가한 시간[日] [閒也 從日叚聲] 閒也 : 各本作閑, 俗字也, 今正. 誥曰 : 不敢自暇自逸. 古多借假爲暇『段注』		暇日(가일) 公暇(공가) 病暇(병가) 賜暇(사가)
假	假	4급 / 人 / 총11	거짓 가, 빌릴 가, 임시 가 '人+叚(가)'로 진실이 아닌 임시변통으로 행동하는 사람[人] [非眞也 從人叚聲]		假裝(가장) 假借(가차) 假稱(가칭) 假納(가납)
是	是	4급 / 日 / 총9	옳을 시 '日+疋←正'으로 우주 만물 중에 해[日]만큼 바른 것[正]이 없음[直也 從日正] 直也 : 直部曰正見也. 以日爲正則曰是. 從日正會意. 天下之物莫正於日也『段注』	金文	是非(시비) 是認(시인) 是日(시일) 是正(시정)
堤	堤	3급 / 土 / 총12	막을 제, 둑 제 '土+是(시)'로 물이 얼어 움직이지 않듯이 흙[土]으로 물길을 막음[滯也 從土是聲] 滯也 : 滯者 冰也. 按此篆與坁篆音義皆同. 國語曰戾久將底. 底箸滯淫『段注』		堤防(제방) 堤堰(제언) 防波堤(방파제)
提	提	4급 / 手 / 총12	끌 제, 드러낼 제 '扌+是(시)'로 손[扌]으로 물건을 위로 들어 그 높고 낮음을 가림[挈也 從手是聲] 挈也 : 挈者, 縣持也. 攜則相竝. 提則有高下. 而互相訓者, 渾言之也『段注』		提高(제고) 提案(제안) 提示(제시) 提供(제공)
湜	湜	2급 / 水 / 총12	맑을 식 'ʔ+是(시)'로 물[ʔ]이 맑아 밑이 보임[水清底見也. 從水是聲『詩』曰 : 湜湜其止] 詩曰湜湜其止 : 古今各本及玉篇, 集韻, 類篇皆作止. 毛詩舊文也. 傳於蒹葭云. 小渚曰沚. 於此無文. 可以證矣. 鄭箋當有止讀爲沚之文. 淺人刪之. 而竝改經文『段注』		湜湜(식식)

V. 자연물

字	篆	급수/部/총획	訓音 및 해설	용례
題	題	6급 頁 총18	이마 제, 제목 제, 머리 제 '頁+是(시)'로 머리[頁] 중 눈에 잘 띠는 이마[額也 從頁是聲] 頭也『小爾雅』南方曰蠻, 雕題交阯『禮·王制』頌, 題也『爾雅·釋言』題, 額也『註』-『康熙』	題目(제목) 題字(제자) 題材(제재) 課題(과제)
匙	匙	1급 匕 총11	숟가락 시 '匕+是(시)'로 밥이나 국을 떠먹는 식사용 기구인 숟가락[匕] [匕也 從匕是聲] 匕也 : 方言曰匙謂之匙. 蘇林注漢書曰北方人名匕曰匙. 玄應曰匕或謂之匙『段注』	匙箸(시저) 十匙一飯(십시일반)
春	春	7급 日 총9	봄 춘 '日+屯(둔)'으로 만물이 움터 나오는 시기[日] [推也 從日從屯 屯亦聲] 春爲靑陽『爾雅·釋天』氣淸而溫陽『註』春者出生萬物『周禮·春官·宗伯疏』春者何, 歲之始也『公羊傳·隱元年』春者, 天地開闢之端, 養生之首, 法象所出. 昏斗指東方曰春『註』東方木主春『史記·天官書』-『康熙』 甲骨文 金文	春秋(춘추) 春情(춘정) 春耕(춘경) 晩春(만춘)
椿	椿	2급 木 총13	참죽나무 춘, 아버지 춘 '木+春(춘)'으로 '杶, 櫄, 櫄은 동자. 어린 싹은 식용, 줄기와 뿌리의 껍질은 약용으로 쓰는 나무[木] [『禹貢』作杶, 『左傳』作櫄, 『說文』作櫄, 皆一物也 -『康熙』]	椿府丈(춘부장) 林椿(임춘 : 고려의 문인)
蠢	蠢	1급 虫 총21	꿈틀거릴 준 '蚰+春(춘)'으로 벌레[蚰]가 꿈틀거리며 움직임[蟲動也 從蚰春聲] 蟲動也 : 此與蠓義同. 以轉注之法言之. 可云蠓也. 引申爲凡動之偁『段注』	蠢動(준동) 蠢愚(준우)
早	早	4급 日 총6	해 돋아오를 조, 일찍 조, 서두를 조 '日+十←甲'으로 새싹이 땅을 뚫고 나오듯[甲] 해[日]가 지평선 위로 막 나옴[晨也 從日在甲上] 甲 : 從木戴孚甲之象. 一曰人頭空爲甲, 甲象人頭『說文』從木戴孚甲之象. 孚者, 卵孚也. 孚甲猶今言穀也『段注』	早期(조기) 早起(조기) 早達(조달) 早漏(조루) 早晩(조만) 早熟(조숙)
昭	昭	3급 日 총9	밝을 소, 명백할 소 '日+召(소)'로 햇살[日]이 밝게 비침[日明也 從日召聲]	昭詳(소상) 昭明(소명) 昭憲(소헌) 昭代(소대)
照	照	3급 火 총13	비출 조, 대조할 조 '灬+昭(소)'로 불빛[灬]이 사물을 밝게 비춤[明也 從火昭聲]	照明(조명) 照準(조준) 照會(조회) 對照(대조)
普	普	4급 日 총12	넓을 보, 두루 보 '日+並(병)'으로 해[日]는 색이 없지만 널리 두루두루 비춤[日無色也 從日從並聲 [注] 徐鍇曰 : 日無光則遠近皆同, 故從並] 又博也, 大也, 偏也『廣韻』-『康熙』	普及(보급) 普通(보통) 普遍(보편)
譜	譜	3급 言 총19	계보 보, 악보 보 '言+普(보)'로, 글이나 말[言] 등을 두루 모아 정리하여 기록함[籍錄也 從言普聲]	族譜(족보) 譜牒(보첩) 譜學(보학) 系譜(계보)
潽	潽	2급 水 총15	물 이름 보 '氵+普(보)'로 물[氵] 이름[水也『集韻』-『康熙』	尹潽善(윤보선 : 우리나라 제4대 대통령)
晋	晋	2급 日 총10	나아갈 진, 꽂을 진, 진나라 진 '日+臸'로 '晉'의 속자. 햇빛[日]을 받아 만물이 자람[臸] [進也 日出萬物進 從日從臸『易』曰 : 明出地上 晉. [注] 臣鉉等案 : 臸, 到也. 會意] ※두 개의 화살이 화살통에 꽂혀 있는 모습(上象二矢 下爲挿矢之器『字源字典』)으로 보기도 함. 甲骨文	晋州(진주 : 경남의 시 이름)

字	篆	級/部/劃	풀이	예
暴	曓	4급 日 총15	햇볕 쬐일 **폭**, 사나울 **폭/포** '日+出+廾+米'로 두 손[廾]으로 쌀[米]을 내놓아[出] 햇볕[日]에 말림[晞也『說文』終風且暴『詩·邶風』暴, 疾也『傳』大風暴起也『疏』- 『康熙』]	暴惡(포악) 暴虐(포학) 暴君(폭군) 暴徒(폭도) 暴騰(폭등) 暴露(폭로)
爆	爗	4급 火 총19	폭발할 **폭**, 터질 **폭** '火+暴(폭)'으로 불을 붙이자 불꽃[火]을 내며 맹렬히 터짐[灼也 從火暴聲]	爆擊(폭격) 爆發(폭발) 爆死(폭사) 爆笑(폭소)
曝	曝	1급 日 총19	쬘 **폭**, 쪼일 **포** '日+暴(폭)'으로 본자는 暴. 햇볕[日]에 벼를 말림[俗暴字『集韻』暴曬與暴疾字相似, 唯下少異, 後人輒加旁日耳『顏氏家訓』- 『康熙』]	曝陽(폭양) 曝曬(포쇄)
瀑	瀑	1급 水 총18	소나기 **포**, 폭포 **폭** '水+暴(폭)'으로 갑자기 세차게 쏟아지는 비[水] [疾雨也 一曰沫也 一曰瀑 資也 從水暴聲 『詩』曰：終風且瀑]	瀑布(폭포)
晶	晶	2급 日 총12	밝을 **정**, 맑을 **정**, 수정 **정** '三日'로 별[日] 무리를 나타냄[精光也 從三日. 徐灝曰 晶卽日星之象形文] ※精光(해는 사해를 덮어 만물을 기른다. …… 만약 만리에 두루 비치는 빛을 거두어, 좁은 틈으로 빛을 받아 모아, 둥근 유리알에 이를 받아 그 정제로운 빛을 콩알만 하게 만들면, 처음에는 내리쬐어 반짝반짝하다가 갑자기 불꽃이 일어나 타오른다. 어째서일까? 빛이 전일하여 흩어지지 않고, 정기가 한데 모여 하나가 되기 때문이다. - 朴趾源, 菱陽詩集序)	水晶(수정) 結晶(결정) 晶形(정형) 晶光(정광) 紫水晶(자수정) 水晶凝視(수정응시) 隱微晶質(은미정질)
易	易	4급 日 총8	도마뱀 **역**, 바꿀 **역**, 쉬울 **이** 도롱뇽 또는 도마뱀과 비슷한 동물의 모양을 본뜬 것[蜥易 蝘蜓 守宮也 象形] ※갑골문에는 물그릇을 손으로 잡고 다른 그릇에 물을 따르는 모양[象用手把一個器皿中的水注入另一個器皿之形『字源字典』]	易經(역경) 易姓(역성) 易數(역수) 易簡(이간) 易與(이여) 易怠(이태)
錫	錫	2급 金 총16	주석 **석** '金+易(역)'으로 은(銀)과 납[鉛]의 중간 정도의 쇠[金] [銀鉛之間也 從金易聲]	錫杖(석장) 巡錫(순석) 朱錫(주석)
賜	賜	3급 貝 총15	줄 **사** '貝+易(역)'으로 재화[貝]를 남에게 줌[予也 從貝易聲] ※주고 나면 그 소유권이 바뀌므로 '易'을 소리로 취함.	賜暇(사가) 賜死(사사) 賜藥(사약) 賜額(사액)
旦	旦	3급 日 총5	아침 **단** '日+一'로 해[日]가 땅[一] 위로 떠올라 밝음[明也 從日見一上 一 地也]	旦夕(단석) 旦暮(단모) 吉旦(길단) 明旦(명단)
但	佀	3급 人 총7	벗어 맬 **단**, 부질없을 **단**, 다만 **단**, 오직 **단** 'イ+旦(단)'으로 사람[イ]이 옷을 벗어 몸을 노출함[裼也 從人旦聲]	但書(단서) 但只(단지) 非但(비단)
疸	疸	1급 疒 총10	황달 **달** '疒+旦(단)'으로 눈동자가 누렇게 되고 누른 오줌이 나오며 오한이 나는 병[疒] [黃病也 從疒旦聲] 黃病也：素問曰溺黃赤安臥者黃疸. 目黃者曰黃疸『段注』	黃疸(황달) 穀疸(곡달)
坦	坦	1급 土 총8	평탄할 **탄**, 너그러울 **탄** '土+旦(단)'으로 지면[土]이 굴곡 없이 평평함 또는 마음이 편하고 고요함[安也 從土旦聲] 安也：論語曰君子坦蕩蕩. 按魯讀爲坦湯湯. 此如陳風子之湯兮 傳曰湯, 蕩也 謂湯爲之叚借字也『段注』	坦坦(탄탄) 坦坦大路(탄탄대로)

V. 자연물 241

자	전서	급수/부수/총획	훈음 및 설명	용례
昔	瞢	3급 日 총8	말린 고기 석, 옛 석, 오랠 석, 어제 석 고기를 썰어 햇볕에 쬐이어 말림[乾肉也. 殘肉 日以晞之 與俎同意]. ※갑골문 : '水+日'로 홍수에 의해 재앙이 발생한 날[日].	昔年(석년) 昔人(석인) 昔時(석시) 今昔之感(금석지감)
惜	惸	3급 心 총11	아낄 석, 가엾을 석 '忄+昔(석)'으로 지나간 일을 마음[忄]속으로 애상(哀傷)히 여김[痛也. 從心昔聲] 恪也.『廣韻』憐也. 愛也. 一曰貪也『增韻』-『康熙』	惜別(석별) 惜敗(석패) 哀惜(애석) 痛惜(통석)
錯	鐥	3급 金 총16	꾸밀 착, 어긋날 착, 섞일 착, 둘 조 '金+昔(석)'으로 금[金]으로 겉을 바름[金涂也. 從金昔聲] 金涂也 : 涂俗作塗 謂以金措其上也. 或借爲措字. 措者, 置也. 或借爲摩厝字. 厝者, 厲石也『段注』	錯覺(착각) 錯亂(착란) 錯視(착시) 錯誤(착오)
借	㑢	3급 人 총10	빌릴 차 '亻+昔(석)'으로 다른 사람[亻]의 물건이나 힘 등을 일시적으로 빌림[假也. 從人昔聲]	借款(차관) 借力(차력) 借用(차용) 假借(가차)
措	㩟	2급 手 총11	그만둘 조, 베풀 조, 섞을 조 '扌+昔(석)'으로 하던 일에서 손[扌]을 놓음[置也. 從手昔聲]	措辭(조사) 措置(조치) 措處(조처)
鵲	鵲	1급 鳥 총19	까치 작 '鳥+昔(석)'으로 까마귓과에 속하며 '희조(喜鳥)'라 하여 기쁜 소식을 전하는 새[鳥] [鳥名. 喜鵲也. 一名乾鵲, 一名鳩鵲, 陶弘景謂之飛駁鳥『韻會』-『康熙』]	鵲語(작어) 烏鵲橋(오작교)
醋	醋	1급 酉 총15	술 권할 작, 초 초 '酉+昔(석)'으로 손님이 주인에게 술[酉]을 따르며 권함[客酌主人也. 從酉昔聲] 客酌主人也 : 瓠葉傳曰酢, 報也. 彤弓箋曰主人獻賓. 賓酢主人. 主人又飮而酢賓. 謂之酬『段注』	醋酸(초산) 食醋(식초)
昌	唱	3급 日 총8	아름다운 말 창, 창성할 창 '日+曰'로 햇빛[日]이 만물을 기르듯, 사람들에게 감명을 주는 좋은 말[曰] [美言也. 從日從曰. 一曰日光也『詩』曰 : 東方昌矣] 美言也 : 咎繇謨曰禹拜昌言. 今文尙書作黨. 趙注孟子引尙書. 禹拜黨言. 逸周書祭公解. 拜手稽首黨言『段注』	昌盛(창성) 繁昌(번창) 昌運(창운) 昌平(창평) 碧昌牛(벽창우) 昌言正論(창언정론) 恃德者昌(시덕자창)
唱	唱	5급 口 총11	인도할 창, 노래 부를 창 '口+昌(창)'으로 말하여[口] 화답하도록 이끌음[導也. 從口昌聲] 導也 : 鄭風曰唱予和女『段注』	唱歌(창가) 唱劇(창극) 獨唱(독창) 齊唱(제창) 唱導(창도)
倡	倡	1급 人 총10	광대 창, 갈보 창, 미칠 창 '人+昌(창)'으로 가무(歌舞)·잡희(雜戲)를 하거나 악기 따위를 다루는 일을 직업으로 하는 사람[人] [樂也. 從人昌聲]	倡道(창도) 倡優(창우)
猖	猖	1급 犬 총11	미쳐 날뜀 창 '犬+昌(창)'으로 개[犬]가 미쳐 날뛰듯 망령되이 행동함[狂駭也.『玉篇』猖狂『廣韻』猖狂妄行 乃蹈乎大方『莊子·山木篇』-『康熙』]	猖獗(창궐) 猖披(창피)
娼	娼	1급 女 총11	창기 창 '女+昌(창)'으로 '倡'의 속자. 노래하고 춤을 추는 일을 전문으로 하는 여자[女] [俗倡字 -『康熙』] 指從事歌舞的女藝人. 娼, 本作倡. 如娼女 -『漢典』	娼女(창녀) 娼家責禮(창가책례)

한자	전서	급수/부수/획수	훈음 및 설명	용례
菖	菖	1급 / 艸 / 총12	창포 창 '艸+昌(창)'으로 단오에 창포물을 만들어 쓰는 여러해살이풀[艸] [冬至後五旬七日菖始生. 菖者, 百草之先, 于是生者也『呂氏春秋』 番禺澗中生菖蒲, 一寸九節『南方草木狀』]	菖蒲(창포) 菖蒲簪(창포잠)
旬	旬	3급 / 日 / 총6	열흘 순 'ㄅ+日'로 십간(十干:천간)을 한 단위로 묶은[ㄅ] 총 날수[日] [徧也 十日爲旬 從ㄅ日 十日爲旬: 此徧中之一義也. 而必言之者, 說以篆從ㄅ日之意也. 日之數十, 自甲至癸而一徧. 從ㄅ日: ㄅ日猶ㄅ十也『段注』]	旬刊(순간) 旬宣(순선) 初旬(초순) 七旬(칠순) 旬望間(순망간)
殉	殉	3급 / 歹 / 총10	따라 죽을 순 '歹+旬(순)'으로 고대에 임금이나 호족이 죽으면[歹] 처첩이나 종이 그 뒤를 따라 죽음[用人送死也『玉篇』子亢曰: 以殉葬, 非禮也『禮·檀弓』秦伯任好卒, 以子車氏之三子爲殉. 國人哀之, 爲之賦『左傳·文六年』-『康熙』]	殉敎(순교) 殉國(순국) 殉死(순사) 殉職(순직) 殉葬(순장)
洵	洵	2급 / 水 / 총9	강 이름 순, 참으로 순, 눈물 흘릴 순 'ㅣ+旬(순)'으로 강물[ㅣ]이름[過水中也 從水旬聲] 過水出也: 各本誤作過水中也. 今正. 釋曰日水自過出爲洵. 大水溢出別與小水之名也. 水經注引字林曰洵, 過水也『段注』又無聲出涕爲洵涕. 無洵涕『魯語』-『康熙』	洵涕(순체)
珣	珣	2급 / 玉 / 총10	옥 이름 순 '玉+旬(순)'으로 의무려(醫無閭)의 산에서 난 옥(玉)[醫無閭之珣玗琪,『周書』所謂夷玉也. 從玉旬聲 一曰器] 醫無閭之珣玗琪: 爾雅曰東北之美者, 有醫無閭之珣玗琪焉. 琪琪同. 醫無閭, 山名. 在今盛京錦州府廣寧縣西十里. 屈原賦謂之於微閭. 珣玗琪合三字爲玉名『段注』	李珣(이순:고려의 무신)
荀	荀	2급 / 艸 / 총10	풀이름 순, 성씨 순 '艸+旬(순)'으로 꽃은 노랗고 열매가 붉은 풀[艸] [艸也. 從艸旬聲] 靑要之山有草焉, 黃華赤實, 名曰荀草『山海經』荀草赤實, 厥狀如菟『郭璞·圖詠』-『康熙』	荀子(순자:성악설을 주장한 중국 전국시대 학자)
絢	絢	1급 / 糸 / 총12	무늬 현, 문채 현 '糸+旬(순)'으로 여러 무늬로 짠 직물[糸] [『詩』云:素以爲絢兮. 從糸旬聲 [注] 臣鉉等案:『論語』注:絢, 文貌]	絢爛(현란)
筍	筍	1급 / 竹 / 총12	죽순 순 '竹+旬(순)'으로, 땅속줄기에서 돋아나는 어리고 연한 대[竹] [竹胎也 從竹旬聲] 竹胎也:醢人注曰筍, 竹萌. 按許與鄭稍異. 胎言其含苞. 萌言其已擢也『段注』	竹筍(죽순)
晃	晃	2급 / 日 / 총10	밝을 황 '日+光(광)'으로 햇빛[日]이 밝음[明也 從日光聲] 同晄『廣韻』 明也, 暉也『博雅』光, 晃也, 晃晃然也『釋名』-『康熙』	晃朗(황랑) 晃曜(황요) 晃晃(황황)
滉	滉	2급 / 水 / 총13	물 깊고 넓을 황 'ㅣ+晃(황)'으로 강물[ㅣ]이 깊고 넓음[水深廣貌] 『正韻』瀇滉困泫『郭璞·江賦』或作潢瀇『集韻』-『康熙』	李滉(이황:조선의 학자)
星	星	4급 / 日 / 총9	별 성, 세월 성 '日←晶+生(생)'으로 하늘에 뭇 별[日]들이 반짝임[萬物之精 上爲列星 從晶生聲 一曰象形 從口, 古口復注中 故與日同]	星霜(성상) 星宿(성수) 星辰(성신) 星座(성좌) 星火(성화) 衛星(위성)
醒	醒	1급 / 酉 / 총16	술 깰 성 '酉+星(성)'으로 술[酉]에서 깨어 정신이 맑아짐[醉解也 從酉星聲 按 醒字注云:一曰醉而覺也 則古醒 亦音醒也]	覺醒(각성) 醒酒湯(성주탕)

V. 자연물

한자	전서	급수/부수/총획	훈음 및 설명	용례
旨	旨	2급 / 日 / 총6	아름다울 지, 맛있을 지, 생각 지 '日←甘+匕(비)'로 보기 좋고 맛이 좋은[甘] 것[美也 從甘匕聲 吾, 古文旨] 王曰旨哉『書·說命』旨, 美也『傳』我有旨蓄『詩·邶風』旨, 美也『傳』-『康熙』	趣旨(취지) 敎旨(교지) 甘旨(감지) 密旨(밀지) 本旨(본지) 聖旨(성지)
指	指	4급 / 手 / 총9	손가락 지, 가리킬 지 '扌+旨(지)'로 손가락[手]으로 가리킴[手指也 從手旨聲] 手指也: 手非指不爲用. 大指曰巨指, 曰巨擘. 次曰食指. 曰啑鹽指. 中曰將指. 次曰無名指. 次曰小指. 段借爲恉心部曰恉, 意也『段注』	指南(지남) 指令(지령) 指紋(지문) 指壓(지압)
脂	脂	2급 / 肉 / 총10	기름 지 '月+旨(지)'로 뿔이 있는 짐승의 기름진 고기[肉] [戴角者脂 無角者膏 從肉旨聲]	脂肪(지방) 牛脂(우지) 乳脂(유지) 油脂(유지)
詣	詣	1급 / 言 / 총13	이를 예, 나아갈 예 '言+旨(지)'로 학문[言]이나 기예 따위가 깊은 경지에 이름[至也 從言旨聲] 候至也 : 候至者, 節候所至也. 致下云 : 送詣也, 凡謹畏精微深造以道而至曰詣『段注』	詣闕(예궐) 造詣(조예)
昆	昆	1급 / 日 / 총8	같을 곤, 많을 곤, 자손 곤, 형 곤 '日+比'로 해[日]는 만물을 똑같이 공평하게[比] 고루 비침[同也 從日從比] 從日者 明之義也 亦同之義也, 從比者 同之義 今俗謂合同曰渾. 其實當用昆『段注』	昆季(곤계) 昆蟲(곤충)
混	混	4급 / 水 / 총11	물 풍부히 흐를 혼, 섞을 혼 '氵+昆(곤)'으로 강물[氵]이 가득차 성대히 흐름[豊流也 從水昆聲] 豊流也 : 盛滿之流也. 孟子曰源泉混混. 古音讀如袞. 俗字作滾『段注』	混合(혼합) 混亂(혼란) 混線(혼선) 混雜(혼잡)
棍	棍	1급 / 木 / 총12	몽둥이 곤, 나무 묶을 혼 '木+昆(곤)'으로 죄인의 볼기를 치는 나무[木]로 만든 형구[刑具棍杖. 束木『玉篇』-『康熙』]	棍杖(곤장) 棍棒(곤봉)
昱	昱	2급 / 日 / 총9	햇빛 밝을 욱 '日+立(립)'으로 해[日]가 떠서 밝게 비침[日明也 從日立聲]	昱昱(욱욱) 昱耀(욱요)
煜	煜	2급 / 火 / 총13	빛날 욱 '火+昱(욱)'으로 불꽃[火]이 성대히 밝게 빛남[燿也 從火昱聲] 煜雪其閒者, 蓋不可勝載『前漢·班固敍傳』師古曰 : 煜雪, 光貌『註』又火焰也『玉篇』火光『廣韻』又盛貌『玉篇』-『康熙』	李煜(이욱 : 중국 남당의 왕 이름)
景	景	5급 / 日 / 총12	볕 경 '日+京(경)'으로 해[日]가 높이 솟아 빛남[日光也 從日京聲]	景槪(경개) 景光(경광) 景福(경복) 景仰(경앙)
影	影	3급 / 彡 / 총15	그림자 영 '彡←形+景(경)'으로 햇볕[景]에 비친 사물의 그림자[形] [物之陰影『集韻』從形省 景 景亦聲]	影堂(영당) 影像(영상) 影印(영인) 影幀(영정)
璟	璟	2급 / 玉 / 총16	옥 광채 날 경 '玉+景(경)'으로 광채가 나는 옥(玉) [與璄同『集韻』玉光彩『玉篇』-『康熙』]	宋璟(송경 : 중국 당(唐)나라의 재상)
憬	憬	1급 / 心 / 총15	깨달을 경 '心+景(경)'으로 진리나 이치 따위를 마음[心]으로 깨달음[覺寤也 從心景聲『詩』曰 : 憬彼淮夷]	憧憬(동경) 憧憬心(동경심)

月 부

漢字	급수/부수/총획	訓音 및 해설	용례
月	8급 / 月 / 총4	달 **월** 이지러진 반달 모양[闕也. 大陰之精 象形] 闕也. 大陰之精 : 月闕屢韵. 釋名曰月, 缺也 滿則缺也象形 『段注』 ※달은 모양이 변하지만 해는 변하지 않아 구분함.	月刊(월간) 月曆(월력) 月石(월석) 月蝕(월식) 月賦(월부) 隔月(격월)
有	7급 / 月 / 총6	있을 **유** '月+又(우)'로 해가 달[月]에게 먹힘을 당하는 마땅하지 않은 일이 있음[不宜有也『春秋傳』曰 : 日月有食之. 從月又聲] 釋從月之意也 日不當見食也 而有食之者 孰食之 月食之 『段注』	有故(유고) 有無(유무) 領有(영유) 有夫女(유부녀)
郁	2급 / 邑 / 총9	땅 이름 **욱**, 성할 **욱** 'ß+有(유)'로 중국 섬서성(陝西省)의 고을[ß] 이름[右扶風郁夷也 從邑有聲] ※郁夷 : 섬서성에 있는 지명.	郁郁(욱욱) 馥郁(복욱)
宥	1급 / 宀 / 총9	넓을 **유**, 도울 **유**, 권유할 **유**, 용서할 **유** '宀+有(유)'에서 넓은 집[宀]처럼 너그러이 마음을 씀[寬也 從宀有聲] 寬也 : 周頌. 夙夜基命宥密. 叔向, 毛公皆曰宥, 寬也. 宥爲寬 『段注』	宥恕(유서) 宥和政策(유화정책)
賄	1급 / 貝 / 총13	뇌물 **회**, 재물 **회**, 예물 **회**, 선사할 **회** '貝+有(유)'로 남에게 재물[貝]을 제공함[財也. 從貝有聲] 財也 : 周禮注曰金玉曰貨. 布帛曰賄. 析言之也. 許渾言之. 貨賄皆釋曰財『段注』	賄賂(회뢰) 收賄(수회)
服	6급 / 月 / 총8	말 **복**, 복종 **복**, 옷 **복** '月←舟+丮(복)'으로 네 필의 말이 끄는 마차에서 양옆의 곁말이 복종하고 따르듯, 배[舟]의 움직임도 같음[用也 一曰車右騑 所以舟旋 從舟丮聲] 用也 : 關睢箋曰服, 事也. 一曰車右騑所以舟旋. 騑毛刻作騎. 誤. 馬部曰騑, 驂也. 帝馬也. 古者夾轅曰服馬. 其旁曰驂馬. 此析言之. <생략> 舟當作周. 馬之周旋如舟之旋『段注』	服務(복무) 服藥(복약) 服役(복역) 服裝(복장) 上命下服(상명하복) 素服丹粧(소복단장) 寤寐思服(오매사복)
報	4급 / 土 / 총12	알릴 **보**, 갚을 **보** '幸+卩'으로 계속하여 도둑질을 하면[幸] 그에 적당한 형량을 내림[卩] [當罪人也 從幸從卩, 服罪也] 當辜人也 : 司馬彪百官志曰廷尉掌平獄. 奏當所應. 凡郡國讞疑罪. 皆處當以報『段注』	報告(보고) 報國(보국) 報答(보답) 報道(보도) 報復(보복) 急報(급보)
朝	6급 / 月 / 총12	아침 **조** '倝+月←舟(주)'로 해 뜨는 아침의 찬란한 모양[倝] [旦也. 從倝舟聲] 晁. 古文. 朝, 早也『爾雅·釋詁』 - 『康熙』	朝刊(조간) 朝露(조로) 朝暮(조모) 朝禮(조례)
潮	4급 / 水 / 총15	조수 **조**, 조정 **조** '氵+朝(조)'로 해와 달, 특히 달의 인력에 의해 일정한 시간을 두고 주기적으로 들어왔다 나갔다 하는 바닷물[氵] [水朝宗於海『說文』水者, 地之血脈, 隨氣進退而爲潮『王充·論衡』水朝夕而至曰潮『初學記』- 『康熙』]	潮流(조류) 潮水(조수) 潮熱(조열) 潮紅(조홍)
廟	3급 / 广 / 총15	사당 **묘** '广+朝(조)'로 선조(先祖)의 신주(神主)를 존엄하게 모신 집[广] [尊先祖皃也. 從广朝聲]	廟堂(묘당) 廟謁(묘알) 廟議(묘의) 廟見(묘현) 文廟(문묘) 宗廟(종묘)

V. 자연물 245

字	篆	級/部/劃	字義 및 說明	用例
嘲	嘲	1급 口 총15	새 지저귈 조, 비웃을 조, 조롱할 조 '口+朝(조)'로 '啁, 謿와 통용. 새가 입[口]으로 지저귀듯 업신여기는 태도로 말하거나 비웃음[謔也 從口朝聲. 『漢書』通用啁』 言相調也『玉篇』通作啁『說文』或作謿『集韻』-『康熙』]	嘲弄(조롱) 嘲笑(조소)
朋	多	3급 月 총8	벗 붕 붕새[朋]가 나니 수많은 새들이 따름[古文. 鳳. 象形 鳳飛群鳥從以萬數 故以爲朋黨字 按《說文》古鳳字, 註：羽, 古文鳳. 象形. 鳳飛, 羣鳥從以萬數, 故以爲朋黨字 -『康熙』 ※朋, 鵬, 鳳은 同種의 鳥.	朋黨(붕당) 朋友(붕우) 交朋(교붕) 好朋(호붕) 朋友有信(붕우유신)
鵬	鵬	2급 鳥 총19	붕새 붕 '鳥+朋(붕)'으로 상상의 새[鳥]인 붕새[大鵬鳥也『玉篇』大鵬, 鷗屬『集韻』鯤之大, 不知其幾千里也, 化而爲鳥, 其名爲鵬『莊子·逍遙遊』-『康熙』]	鵬鳥(붕조) 鵬程萬里(붕정만리)
硼	硼	1급 石 총13	붕산 붕, 돌 소리 평 '石+朋(붕)'으로 '磞와 통용. 흰 빛깔의 굳고 단단한 단사정계(單斜晶系) 결정[石]으로, 천연으로는 고체로 산출되고, 인공적으로는 붕산에 탄산소다를 가(加)하여 만듦[石名. 亦作磞『廣韻』或 硼砂, 藥石『廣韻』-『康熙』]	硼砂(붕사) 硼素(붕소)
棚	棚	1급 木 총12	잔교 붕, 시렁 붕 '木+朋(붕)'으로 나무[木]를 건너질러 만든 다리[棧也 從木朋聲] 棧也：通俗文曰板閣曰棧. 連閣曰棚. 析言之也. 許云棚. 棧也. 渾言之也. 今人謂架上以蔽下者皆曰棚『段注』	大陸棚(대륙붕)
朔	朔	3급 月 총10	초하루 삭 '月+屰(역)'에서 달[月]이 처음 거슬러 차오르기 시작하는 날[月一日始蘇也 從月屰聲] 月一日始蘇也：日部曰晦者, 月盡也. 盡而蘇矣. 樂記注曰更息曰蘇. 息, 止也 生也. 止而生矣. 引伸爲凡始之偁. 北方曰朔方. 亦始之義也. 朔方始萬物者也『段注』	朔望(삭망) 朔方(삭방) 朔北(삭북) 朔日(삭일)
逆	逆	4급 辵 총10	맞이할 역, 거스릴 역, 어긋날 역 '辶+屰(역)'으로 오는 사람을 마중 나가[辶] 맞음[迎也 從辵屰聲 關東曰逆, 關西曰迎』 關東曰逆, 關西曰迎：方言. 逢逆迎也. 自關而西或曰迎. 或曰逢. 自關而東曰逆『段注』	逆境(역경) 逆旅(역려) 逆流(역류) 逆謀(역모)
遡	遡	1급 辵 총14	거슬러 올라갈 소, 거스를 소, 따라 내려갈 소 '辵+朔(삭)'으로 흐르는 물을 위로 거슬러 올라가고 또 내려감[辵] [同泝 溯或從辵朔 朔亦聲也『段注』] 遡洄從之『詩·秦風』逆流而上也『註』《又》遡遊從之. 順流而下也『註』-『康熙』	遡及(소급)
塑	塑	1급 土 총13	토우 소, 흙 이겨 만들 소 '土+朔(삭)'으로 '塐와 동자. 흙[土]으로 만든 우상(偶像) [同塐. 宋謝顯道曰 明道如泥, 塑人及接人, 渾是一團和氣 -『康熙』	塑造(소조) 塑像(소상)

❈ 夕 부

字	篆	級/부수/총획	훈음 및 설명	갑골문/금문	예시
夕	ㄗ	7급 夕 총3	저녁 **석** '月-丶'로, 해가 진 뒤 달[月]이 희미하게 반만[丶] 보임[莫也. 從月半見] 莫也：莫者, 日且冥也. 日且冥而月且生矣. 故字從月半見. 且者, 日全見地上. 莫者, 日在茻中. 夕者, 月半見. 皆會意象形也『段注』	甲骨文 金文	夕刊(석간) 夕景(석경) 夕陽(석양) 夕煙(석연)
多	多	6급 夕 총6	많을 **다** '夕+夕'으로, 저녁[夕]이 매일 온다는 뜻[種也. 從重夕. 夕者 相繹也. 故爲多. 種夕爲多 種日爲疊]	甲骨文 金文	多感(다감) 多難(다난) 多端(다단) 多忙(다망)
移	移	4급 禾 총11	옮길 **이**, 모 심을 **이** '禾+多(다)'로 모판의 모[禾]를 논에 옮겨 심음[禾相倚移也 從禾多聲 一曰禾名.『注』臣鉉等曰：多與移聲不相近, 蓋古有此音]		移管(이관) 移動(이동) 移徙(이사) 移秧(이앙)
侈	侈	1급 人 총8	오만할 **치**, 방자할 **치**, 사치할 **치** '人+多(다)'로 스스로 많다고 자만하여 남[人]을 업신여김[掩脅也. 從人多聲 一曰奢泰也] 掩者 掩蓋其上 脅者 脅制其旁 凡自多以陵人曰侈『段注』		奢侈(사치) 侈心(치심)
外	外	8급 夕 총5	바깥 **외**, 외국 **외** '夕+卜'으로 평일 아침에 점을 치는데, 저녁[夕]에 점[卜]을 치는 일은 현실과 동떨어진 의외의 일[遠也. 從夕卜尙平旦. 今若夕卜於事外矣]	金文	外界(외계) 外廓(외곽) 外觀(외관) 外泊(외박) 外資(외자) 外戚(외척)
夜	夜	6급 夕 총8	밤 **야** '夕+亦(역)'으로 저녁[夕]이 되면 모든 것은 활동을 중지하고 쉼[舍也. 天下休舍也. 從夕 亦省聲]	金文	夜景(야경) 夜警(야경) 夜勤(야근) 夜影(야영) 夜營(야영) 晝夜(주야)
液	液	4급 水 총11	진 **액**, 액체 **액** 'ㆍ+夜(야)'로 물[ㆍ]처럼 일정한 부피는 있으나, 일정한 형상이 없는 유동성 물질[盡也. 從水夜聲] 盡：氣液也, 從血聿聲		液化(액화) 液體(액체) 樹液(수액) 粘液(점액)
腋	腋	1급 肉 총12	겨드랑이 **액** '肉+夜(야)'로 어깨 밑의 팔과 옆구리 사이의 부분[肉] [胳謂之腋『廣雅』肘腋, 胳也, 在肘後 『廣韻』左右脅之閒曰腋『增韻』胳謂之腋『博雅』-『康熙』]		腋氣(액기) 扶腋(부액)
夢	夢	3급 夕 총14	꿈 **몽**, 꿈꿀 **몽** '夕+瞢(몽)'으로 어두운[瞢] 저녁[夕]에 꿈을 꿈[不明也. 從夕瞢聲]	甲骨文	夢裏(몽리) 夢寐(몽매) 夢想(몽상) 夢兆(몽조) 夢幻(몽환) 瑞夢(서몽)

❈ 气 부

字	篆	級/부수/총획	훈음 및 설명	예시
气	气	气 총4	기운 **기** 피어나는 구름 모양[雲气也. 象形]	
氣	氣	7급 气 총10	냄새 맡을 **기**, 기운 **기**, 기체 **기**, 공기 **기**, 날씨 **기** '米+气(기)'로 손님에게 대접하는 음식[米] [饋客之芻米也. 從米气聲] 饋客之芻米也：聘禮殺曰饔. 生曰餼. 餼有牛羊豕黍粱稻稷禾薪芻等. 不言牛羊豕者, 以其字從米也. 言芻米不言禾者, 擧芻米可以該禾也. 經典謂生物曰餼『段注』	氣管(기관) 氣象(기상) 氣壓(기압) 氣運(기운)

한자	전서	급수/부수/총획	훈음 및 해설	용례
汽	汽	5급 水 총7	물 마를 기, 김 기, 수증기 기 'ⅰ+气(기)'로 밥을 짓는 물[ⅰ]이 김으로 변하여 마름[水涸也 從水气聲] 又气也. 又水涸也. 今謂去飯水爲汽『集韻』-『康熙』	汽船(기선) 汽笛(기적) 汽車(기차)
愾	愾	1급 心 총13	한숨 희, 성낼 개 '心+氣(기)'에서 마음[心]에 근심이 있어 한탄하며 한숨을 쉼[大息也 從心從氣 氣亦聲 『詩』曰：愾我寤歎] 口部嘆下曰大息也. 大息者, 呼吸之大者也. 呼, 外息也. 吸, 內息也. 曹風下泉. 愾我寤嘆. 嘆或作歎者, 誤. 箋云. 愾, 嘆息之意『段注』	愾憤(개분) 敵愾心(적개심)

✽ 雨 부

한자	전서	급수/부수/총획	훈음 및 해설	용례
雨	雨	5급 雨 총8	비 우 하늘에 있는 구름이 비로 변하여 떨어짐[水從雲下也 一象天 冂象雲 水霝其間也 〚注〛冧, 冈, 矞, 宋, 古文雨] 甲骨文 金文	雨露(우로) 雨備(우비) 雨傘(우산) 穀雨(곡우) 雨後竹筍(우후죽순)
雪	雪	6급 雨 총11	눈 설, 씻을 설 '雨+又←彗(혜/수)'로, 본자는 '䨮'. 비[雨]가 얼어서 눈으로 됨[本作䨮 凝雨 說物者 從雨彗聲] ※彗는 본음이 수.	雪客(설객) 雪嶺(설령) 雪膚(설부) 雪案(설안) 雪辱(설욕) 降雪(강설)
漏	漏	3급 水 총14	샐 루, 물시계 루 'ⅰ+屚(루)'로 집이 새어 빗물[ⅰ]이 떨어짐[以銅受水. 刻節, 晝夜百節 從水屚 取屚下之義 屚亦聲] 屚：屋穿水下也. 故云取屚下之義『段注』	漏刻(누각) 漏落(누락) 漏泄(누설) 漏水(누수)
霞	霞	1급 雨 총17	노을 하, 멀 하(=遐), 새우 하(=鰕) '雨+叚(가)'로 해가 뜨거나 질 무렵에, 하늘의 구름[雨] 등이 햇빛에 물들어 벌겋게 보이는 현상[赤雲气也 從雨叚聲]	霞彩(하채) 煙霞日輝(연하일휘)
蝦	蝦	1급 虫 총15	새우 하, 두꺼비 하 '虫+叚(가)'로 몸은 머리와 가슴·배로 나뉘며 머리와 가슴은 한 장의 딱지로 덮여 있고, 다섯 쌍의 걷는 다리와 헤엄다리를 가지고 있으며, 배는 창자가 없고 일곱 마디로 자유로이 구부릴 수 있는 절지동물[虫] [蝦蟆也. 從虫叚聲] 蟆無腸『酉陽雜組』又蝦蟆護, 鳥名. 山下有鳥, 名蝦蟆護, 多在田中, 頭有冠, 色蒼足赤, 形似鷺『酉陽雜組』又與鰕通『篇海』蝦多鬚, 善游而好躍『爾雅翼』-『康熙』	大蝦(대하) 蝦灸(하구) 鯨戰蝦死(경전하사) 以蝦釣鯉(이하조리)
遐	遐	1급 辵 총13	멀 하, 어찌 하 '辵+叚(가)'로 가는[辵] 길이 아득히 멀거나 이루려는 목표가 요원(遙遠)함[遠也 從辵叚聲 〚注〛臣鉉等曰：或通用徦字]	遐鄕(하향) 昇遐(승하)
瑕	瑕	1급 玉 총13	옥 티 하, 티 하 '玉+叚(가)'로 옥(玉)에 박힌 작은 붉은 반점[玉小赤也. 從玉叚聲]	瑕疵(하자) 瑕跡(하적)
雷	雷	3급 雨 총13	우레 뢰 '雨+田←畾(뢰)'로 본자는 '靁'. 큰 소리와 회오리바람을 일으키며 비[雨]가 내림[本作靁. 陰陽薄動靁雨生物者也. 從雨畾聲. 象回轉形] 甲骨文 金文	地雷(지뢰) 魚雷(어뢰) 雷鼓(뇌고) 雷管(뇌관) 附和雷同(부화뇌동)

字		級/部/總	訓音 및 해설	用例
雲	雲	5급 雨 총12	구름 운 '雨+云'으로 하늘에 떠있는 비[雨]를 내리게 하는 구름[云] 덩어리[山川气也 從雨云 象雲回轉形]	雲雨(운우) 雲霧(운무) 雲集(운집) 雲海(운해)
曇	曇	1급 日 총16	흐릴 담 '日+雲'으로 구름[雲]이 해[日]를 가리어 덮음[雲布也 從日雲 會意]	曇天(담천) 晴曇(청담)
需	需	1급 雨 총14	기다릴 수, 구할 수, 쓸 수 '雨+而'로 비[雨]를 만나 가지 못하고 기다리고[而] 있음[𢔖也 遇雨不進 止𢔖也. 從雨而. 『易』曰 : 雲上於天, 需. 從雨而 : 遇雨不進, 說從雨之意. 而者, 𢔖之意. 此字爲會意. 各本而聲者, 非也『段注』]	必需(필수) 需要(수요) 需用(수용) 軍需(군수)
儒	儒	4급 人 총16	약할 유, 선비 유, 유교 유 'イ+需(수)'로 육예(六藝)로 향리 사람들을 가르치는 사람[イ] [柔也 術士之偁 從人需聲] 術士之偁 : 術, 邑中也. 因以爲道之偁. 周禮. 儒以道得民. 注曰儒有六藝以敎民者. 大司徒. 以本俗六. 安萬民. 四曰聯師儒. 注云. 師儒, 鄕里敎以道藝者. 按六藝者, 禮樂射御書數也『段注』	儒家(유가) 儒敎(유교) 儒林(유림) 儒生(유생)
懦	懦	1급 心 총17	나약할 유/나, 겁쟁이 유/나 '心+需(수)'로 마음[心]이 우둔하고 나약한 사람[駑弱者也 從心需聲] 儒夫有立志『孟子』	懦夫(나부) 懦弱(나약)
震	震	2급 雨 총15	벼락 진 '雨+辰(진)'으로, 비[雨]가 내릴 때 치는 천둥 벼락[劈歷, 振物者. 從雨辰聲. 『春秋傳』曰 : 震夷伯之廟. 𩇢, 籒文震]	震動(진동) 震怒(진노) 强震(강진) 雷震(뇌진) 餘震(여진) 地震(지진)
靈	靈	3급 雨 총24	무당 령, 신령 령, 신령스러울 령 '巫+霝(령)', '玉+霝(령)'으로 옥(玉)으로 점을 치는 무당[巫] [巫也 以玉事神 從玉霝聲. 靈, 靈或從巫 巫能以玉事神, 故其字從玉『段注』 / 神靈也『玉篇』惟人萬物之靈『書·泰誓』靈, 神也『傳』 – 『康熙』]	靈感(영감) 靈妙(영묘) 神靈(신령) 魂靈(혼령)
霜	霜	3급 雨 총17	서리 상, 세월 상 '雨+相(상)'으로 쌀쌀한 가을 기운으로 공기 중의 수증기[雨]가 얼어 서리로 변하며, 풀이나 나무를 말려 죽임[喪也 成物者 從雨相聲] 喪也 : 成物者. 豳風. 九月肅霜. 傳曰肅, 縮也. 霜降而收縮萬物. 秦風. 白露爲霜. 傳曰白露凝戾爲霜. 然後歲事成. 按雷, 雨, 露皆所以生物. 雪亦所以生物而非殺物者. 故其用在霜殺物之後『段注』	霜降(상강) 霜露(상로) 霜葉(상엽) 星霜(성상) 秋霜(추상)
孀	孀	1급 女 총20	홀어미 상, 과부 상 '女+霜(상)'으로 남편이 죽고 홀로 된 여자[女] [嫠婦曰孀『正韻』惠于嫠孀『崔瑗淸·河王誄』- 『康熙』]	靑孀(청상) 孀婦(상부)

❋ 火 부

字		級/部/總	訓音 및 해설	用例
火	火	8급 火 총4	불 화, 급할 화 불꽃이 위로 치솟는 모양[燬也 炎而上 象形]	火急(화급) 火傷(화상) 火葬(화장) 火災(화재) 燈火(등화) 鎭火(진화)
炙	炙	1급 火 총8	고기 구울 자/적 '肉+火'로 불[火]에 고기[肉]를 구움[炮肉也 從肉在火上] 小雅楚茨傳曰 : 炙, 炙肉也. 瓠葉傳曰 : 炕火曰炙. 正義云 : 炕, 擧也. 謂以物貫之而擧於火上以炙之『段注』	膾炙(회자)

V. 자연물 249

한자	전서	급수/부수/총획	훈음 및 설명	용례
狄	秋	1급 犬 총7	오랑캐 적, 악공 적, 아전 적 '犬+亦(역)'으로 개[犬]처럼 음란하고 편벽된 행동을 하는 사람[赤狄, 本犬種 狄之爲言淫辟也, 從犬亦省聲] 北狄也 : 北各本作赤. 誤. 今正. 赤狄乃錯居中國狄之一種耳. 許書蟲部曰南蠻, 曰東南閩越. 大部曰東方夷. 羊部曰西方羌. 豸部曰北方貉. 則此必言北狄. 狄與貉皆在北. 而貉在東北. 狄在正北『段注』	狄人(적인) 夷蠻戎狄(이만융적)
炎	炎	3급 火 총8	불꽃 염, 더울 염 '火+火'로 불[火]꽃이 위로 치솟아 올라감[火光上也 從重火]	炎凉(염량) 炎症(염증) 老炎(노염) 炎夏(염하) 三伏炎天(삼복염천)
淡	淡	3급 水 총11	묽을 담, 질펀히 흐를 염 '氵+炎(염)'으로 후주(厚酒)에 물[氵]을 섞어 술맛이 담박함[薄味也. 從水炎聲] 薄味也 : 釀之反也. 酉部曰釀, 厚酒也. 又澹淡亦作淊淡. 水滿貌『段注』	淡交(담교) 淡漠(담막) 淡墨(담묵) 淡泊(담박) 淡雅(담아) 淡粧(담장)
談	談	5급 言 총15	이야기 담 '言+炎(염)'으로 서로 주고받는 이런저런 말[言] [語也 從言炎聲]	談論(담론) 談笑(담소) 談議(담의) 談判(담판)
痰	痰	1급 疒 총13	가래 담 '疒+炎(염)'으로 목구멍이나 기관에서 끈적끈적한 분비물이 나오는 병[疒] [胸上水病『廣韻』病液『類篇』液所以養筋血, 溢不行, 則痰聚於鬲上, 而手足弱『正韻』-『康熙』]	血痰(혈담) 祛痰劑(거담제)
災	恭	5급 火 총7	재앙 재 '巛+火'로 '灾'·'烖'와 동자. 물[巛]과 불[火], 가뭄 등에 의한 재앙[天火也. 本作烖. 或作灾. 籀文作災『說文』-『康熙』] 籀文從巛. 亦會意. 亦形聲『段注』	災難(재난) 災殃(재앙) 災變(재변) 災異(재이)
巡	訓	3급 巛 총7	순행할 순, 두루 돌 순 '辶+巛(천)'으로 두루 보면서 쉬엄쉬엄 지나감[辶] [視行也 從辵巛聲]	巡檢(순검) 巡禮(순례) 巡杯(순배) 巡狩(순수) 巡視(순시) 巡察(순찰)
灰	灭	4급 火 총6	재 회, 석회 회 '又+火'로 불[火]에 타고 남은 가루 모양의 물질로 손[又]으로 잡을 수 있는 것[死火餘燼也 從火從又 又, 手也. 火旣滅, 可以執持 火旣滅可以執持 : 說從又之意『段注』	灰滅(회멸) 灰壁(회벽) 灰色(회색) 冷灰(냉회)
恢	愀	1급 心 총9	넓을 회, 넓힐 회 '心+灰(회)'에서 뜻이 크거나 원대한 마음[心]을 가짐[大也 從心灰聲] 謂志大也『韻會』又大之也『增韻』-『康熙』	恢宏(회굉) 恢奇(회기) 恢復(회복) 恢然(회연) 恢闡(회천) 恢弘(회홍)
炭	炭	5급 火 총9	숯 탄, 석탄 탄 '火+岸(안)'으로 나무를 불[火]에 태운 나머지[燒木餘也 從火岸省聲]	炭坑(탄갱) 炭坑(탄갱) 炭鑛(탄광) 炭素(탄소)
焉	焉	3급 火 총11	노란 새 언, 어찌 언 회수(淮水) 주변에서 사는 황색(黃色)의 새 모양[焉鳥 黃色 出於江淮 象形 鳥雜色『廣韻』黃鳳謂之焉『禽經』又安也, 疑也『玉篇』何也『廣韻』語已之辭也 是也『玉篇』-『康熙』	焉敢(언감) 終焉(종언)
燕	燕	3급 火 총16	제비 연, 편안할 연, 잔치 연 검은색의 제비 모양[玄鳥也 籋口 布翄 枝尾. 象形	燕京(연경) 燕息(연식) 燕雀(연작) 燕尾服(연미복)

字	篆	級/部首/획수	훈음 및 설명	용례
然	㸐	7급 火 총12	불사를 연, 그러할 연 'ᄽ+肰(연)'으로 속자는 '燃'. 섶나무를 묶어 불[ᄽ]을 사름[燒也 從火肰聲. 難, 或從艸難. 『注』臣鉉等曰：今俗別作燃, 蓋後人增加. 臣鉉等案：艸部有難, 注云艸也. 此重出] 蒸閒容蒸, 然者處下『管子·弟子職』. 文劉績曰古者, 束薪蒸以爲燭. 蒸, 細薪也. 稍寬其束, 使其蒸閒可各容一蒸, 以通火氣 -『康熙』 (金文)	然後(연후) 然則(연즉) 果然(과연) 偶然(우연)
燃	燚	4급 火 총16	불태울 연, 불탈 연 '火+然(연)'으로 '然'의 속자. 섶나무에 불[ᄽ]을 사름[俗然字. 詳然字註『廣韻』-『康熙』]	燃料(연료) 燃燒(연소) 可燃(가연) 再燃(재연)
撚	㨰	1급 手 총15	비틀 년, 꼴 년, 밟을 년, 탈 년 '手+然(연)'으로 손[手]으로 죄인을 잡듯이 물건을 잘 묶어 취함[執也 從手然聲 一曰蹂也] 朝也：執者, 捕罪人也. 引申爲凡持取之偁. 廣韻曰撚者, 以手撚物也. 從手然聲：一曰蹂也. 蹂者, 獸足蹂地也『段注』	撚絲(연사) 撚斷(연단)
煥	煥	2급 火 총13	불빛 환, 밝을 환, 빛날 환 '火+奐(환)'으로 밝게 빛나는 불빛[火] [火光也 從火奐聲]	煥然(환연)
換	換	3급 手 총12	바꿀 환, 교역할 환 '扌+奐(환)'으로 손[扌]으로 물건과 물건을 서로 바꿈[易也 從手奐聲] 嘗以金貂換酒『晉書·阮孚傳』 又項氏畔換『前漢·敘傳』 孟康曰：畔, 反也. 換, 易也『註』-『康熙』	換氣(환기) 換算(환산) 換言(환언) 換形(환형)
喚	㖕	1급 口 총12	부를 환 '口+奐(환)'으로 남이 들을 수 있도록 큰 소리로 부름[口] [呼也 從口奐聲 古通用奐] 哮呷吆喚『王褒·洞簫賦』 大聲也『註』古通作奐『說文』本作嚾『玉篇』亦作讙『集韻』-『康熙』	喚起(환기) 召喚(소환)
煙	煙	4급 火 총13	연기 연 '火+垔(인)'으로 '烟'과 동자. 불[火]을 피울 때 나는 연기 [火气也 從火垔聲 烟, 或從因. 室, 古文. 籀文從宀] 火气也：陸璣連珠曰火壯則煙微『段注』	煙幕(연막) 煙越(연월) 煙草(연초) 煙波(연파)
甄	甄	2급 瓦 총14	질그릇 견, 살필 견 '瓦+垔(인)'으로 진흙만으로 구워 만든 질그릇[瓦] [匋也 從瓦垔聲]	甄拔(견발) 甄萱(견훤：후백제의 시조)
湮	湮	1급 水 총12	잠길 인 '水+垔(인)'으로 물[水]속에 빠져 잠김[沒也 從水垔聲] 沒也：釋詁. 湮, 落也. 落與沒義相近『段注』	湮滅(인멸) 湮沒(인몰)
熏	熏	2급 火 총14	연기 낄 훈, 태울 훈, 취할 훈 '屮+黑'으로 불을 피울 때 검은[黑] 연기가 위로 올라감[屮] [火煙上出也 從屮從黑 屮黑 熏黑也] (金文)	熏胥(훈서) 熏煮(훈자)
勳	勳	2급 力 총16	공 훈 '力+熏(훈)'으로 고자는 '勛'. 주공이 성왕을 도왔듯이, 국가 또는 왕사(王事)를 위해 힘써[力] 세운 공[能成王功也 從力熏聲 勛, 古文勳從員] 能成王功也：鄭云. 輔成王業若周公『段注』	勳功(훈공) 勳舊(훈구) 勳位(훈위) 勳章(훈장)
薰	薰	2급 艸 총18	향풀 훈 '艸+熏(훈)'으로 향기를 내는 풀[艹] [香艸也 從艸熏聲] 香艸也：左傳曰一薰一蕕. 蜀都賦劉注曰葉曰薰. 根曰薰. 張揖注上林賦曰蕙, 薰艸也. 陳藏器曰薰卽是零陵香也. 郭注西山經曰蕙, 蘭屬也. 非薰葉『段注』	麝薰(사훈) 薰炙(훈자) 薰灼(훈작)

字	古字	級/部/총획	訓音 및 字源	單語
壎	壞	2급 / 土 / 총17	질나팔 **훈** '土+熏(훈)'으로 흙[土]을 구워서 만든 여섯 개의 구멍이 뚫려 있는 난형(卵形)의 악기[樂器也. 以土爲之 六孔 從土熏聲]	
無	霖 金文	5급 / 火 / 총12	없을 **무** '林+聚'으로, 고자는 '霖'. 숲이 무성히 우거져 사람이 살 공간이 없음[豐也. 從林聚. 或說規模字. 從大, 卌, 數之積也 ; 林者, 木之多也. 卌與庶同意. 商書曰 : 庶草繁無」 豐也 : 釋詁曰蕪茂豐也. 釋文云 蕪, 古本作霖. 從林聚. 會意. 聚, 逗. 此字今補『段注』/ 不有也『玉篇』剛而無虐, 簡而無傲『書·舜典』又無易之道也『禮·三年問』無, 猶不也『註』-『康熙』	無難(무난) 無窮(무궁) 無料(무료) 無敵(무적)
蕪	蕪	1급 / 艸 / 총16	거칠어질 **무**, 잡초 우거질 **무** '艸+無(무)'로 거친 잡초[艸]가 우거져 땅이 비옥하지 못함[薉也. 從艸無聲] 蕪豐也『爾雅·釋詁』豐盛也 又逋也『註』孰兩東門之可蕪『楚辭·哀郢』又草也『小爾雅』苞蕪茂『爾雅·釋草』蕪, 豐也『註』-『康熙』	蕪繁(무번) 荒蕪地(황무지)
撫	撫	1급 / 手 / 총15	어루만질 **무**, 좇을 **무** '手+無(무)'로 손[手]으로 어루만지며 위로하고 격려함[安也. 從手無聲 一曰循也] 慰勉也『增韻』西方有九國焉, 君王其終撫諸『禮·文王世子』撫猶有之『註』-『康熙』	撫摩(무마) 愛撫(애무)
憮	憮	1급 / 心 / 총15	어루만질 **무**, 멍할 **무**, 놀랄 **무** '心+無(무)'로 이성을 사랑하여 어루만지니 제정신[心]이 아님[愛也. 韓鄭曰無 一曰不動. 從心無聲] 韓鄭曰憮. 方言. 亟憐憮俺爱也. 宋衛邠陶之閒曰憮. 或曰俺. 一曰不動 : 別一義. 論語. 夫子憮然. 孟子. 夷子憮然. 三蒼曰. 憮然, 失意兒也. 趙岐曰憮然猶悵然也. 皆於此義近『段注』	懷憮(회무) 憮然(무연)
炅	炅	2급 / 火 / 총8	빛날 **경** '日+火'로 햇빛[日]과 불빛[火]으로 사물이 잘 보임[見也 從火日] 光也『廣韻』或作昋『集韻』光也, 或作耿『集韻』又煙出貌『五音集韻』-『康熙』	
炯	炯	2급 / 火 / 총9	살필 **형**, 빛날 **형**, 밝을 **형** '火+冏(경)'으로 불빛[火]이 밝거나 밝히 살피는 모양[炯炯, 明察也『玉篇』光也『說文』火明貌『廣韻』或作耿『集韻』-『康熙』	炯炯(형형) 炯然(형연)
燮	燮 甲骨文	2급 / 火 / 총17	화할 **섭**, 불꽃 **섭** '言+又+炎(염)'으로 말[言]과 행동[又]이 조화를 이룸[和也 從言從又炎聲] 和也 : 見釋詁. 從言又. 會意也. 言與手皆所以和之『段注』	燮理(섭리) 燮友(섭우) 燮和(섭화)
焦	蠢 羕 金文	2급 / 火 / 총12	그을 **초**, 탈 **초** '灬+隹(추)'로 불[灬]에 그을려 검게 됨[本作㸌. 火所傷也『說文』] 火燒黑也 又炙也『玉篇』-『康熙』/ 㸌 : 火所傷也. 從火蠢聲. 焦, 或省『說文』	焦心(초심) 焦眉(초미) 焦燥(초조) 憔悴(초췌)
樵	樵	1급 / 木 / 총16	땔나무 **초**, 나무할 **초**, 나무꾼 **초**, 불사를 **초** '木+焦(초)'로 산에 여기저기 흩어져 있는 땔나무[木] [散也 從木焦聲] 散木也 : 小雅. 樵彼桑薪. 列子書以蕉爲樵. 按上下文皆木名也『段注』	樵夫(초부) 樵童汲婦(초동급부)
礁	礁	1급 / 石 / 총17	암초 **초** '石+焦(초)'로 바위[石]가 물속에 잠겨 보이지 않음[從石焦聲. 本義 : 江海中隱現于水面上下的岩石. 如暗礁『漢典』]	暗礁(암초) 礁標(초표)

憔	1급 心 총15	탈 초, 파리할 초, 시달릴 초 '心+焦(초)'로 괴로움을 당하여 마음[心]속으로 애를 태움[顏色憔悴『楚辭』] 憔悴, 瘦也『廣韻』民人離落, 而日以憔悴. 與顦通『吳語』-『康熙』	憔悴(초췌) 憔容(초용)
蕉	1급 艸 총16	생마(生麻) 초, 파초(芭蕉) 초 '艸+焦(초)'로 삶지 않은 날삼[艸] [生枲也 從艸焦聲] 生枲也 : 枲麻也. 生枲謂未漚治者. 今俗以此爲芭蕉字『段注』	芭蕉(파초) 芭蕉扇(파초선)

❀ 風부

風	風 총9	6급 바람 풍, 경치 풍, 풍속 풍, 질병 풍 '虫+凡(범)'으로 색도 없고 모형도 없지만[無色無形] 외형의 물체를 보고 바람의 유동현상을 알 수 있음[八風也. 東方曰明庶風, 東南曰淸明風, 南方曰景風, 西南曰涼風, 西方曰閶闔風, 西北曰不周風, 北方曰廣莫風, 東北曰融風. 風動蟲生. 故蟲八日而化. 從虫凡聲]	風浪(풍랑) 風霜(풍상) 風景(풍경) 風致(풍치)
楓	3급 木 총13	단풍나무 풍 '木+風(풍)'으로 키가 잘 크며 잎이 두텁고 가지가 약한 단풍이 잘 드는 나무[木] [楓木也 從木風聲] 楓木也 : 厚葉弱枝善搖. 一名㯉㯉. 各本㯉作搖. 今正. 少一㯉字. 今依韻會補. 釋木曰楓, 欇欇. 犍爲舍人曰楓爲樹. 厚葉弱莖. 大風則鳴. 故曰欇欇. 按㯉, 木葉搖白也. 橒, 樹動也. 厚葉弱枝故善搖. 善搖故名㯉㯉. 嵇含南方艸木狀. 分楓人楓香爲二條. 實一木也『段注』	楓葉(풍엽) 丹楓(단풍) 霜楓(상풍) 錦楓(금풍)
諷	1급 言 총16	욀 풍, 풍자할 풍 '言+風(풍)'으로 어떤 사실이나 글 따위를 기억하여 말함[言] [誦也 從言風聲] 誦也 : 大司樂. 以樂語敎國子. 興道諷誦言語. 注. 倍文曰諷. 以聲節之曰誦. 倍同背. 謂不開讀也. 誦則非直背文. 又爲吟詠以聲節之. 周禮經注析言之. 諷誦是二. 許統言之. 諷誦是一也『段注』	諷諭(풍유) 諷刺(풍자) 諷讀(풍독)

고사성어 이야기

[馬耳東風 마이동풍]

'말의 귀에 동풍'이라는 뜻으로, 남의 비평이나 의견을 조금도 귀담아 듣지 아니하고 흘려버림을 이르는 말.

당(唐)나라의 대시인(大詩人) 이백(李白)이 벗 왕십이(王十二)로부터 '한야독작유회(寒夜獨酌有懷)'라는 시를 받자 이에 답하여 '답왕십이한야독작유회(答王十二寒夜獨酌有懷)'라는 시를 보냈다. 마이동풍은 장시(長詩)인 이 시 마지막 구절에 나온다. 이백은 "우리네 시인이 아무리 좋은 시를 짓더라도 이 세상 속물들은 그것을 알아주지 않는다."며 울분을 터뜨리고 다음과 같이 맺었다.
"세인은 이 말을 듣고 모두 머리를 흔드네.
(世人聞此皆掉頭세인문차개도두)
마치 동풍에 쏘인 말의 귀처럼."
(有如東風射馬耳유여동풍사마이)

Ⅴ 자연물

물·돌·쇠

冫 川 水 玉 石 金

| 冫 | 冬 終 疼 牢 | 淮 | 川 順 訓 釧 馴 | 州 洲 酬 | 水 | 氷 | 永 | 泳 詠 樣 昶 | 潭 譚 | 活 闊 | 派 脈 |

| 流 硫 疏 蔬 梳 琉 | 激 | 浦 蒲 | 求 球 救 | 波 婆 | 準 | 浮 孵 | 泉 線 腺 | 漆 膝 | 沒 歿 | 湯 蕩 | 汚 |

| 泊 箔 | 洒 | 滿 瞞 | 渤 勃 悖 | 玉 鈺 | 王 旺 汪 狂 枉 匡 | 瑩 瀅 | 珏 | 班 | 琴 | 瑟 斑 | 瓊 |

| 珍 診 疹 | 石 拓 宕 妬 | 磊 | 硏 姸 | 碧 | 碩 顽 | 攀 攀 | 金 | 錄 綠 祿 碌 剝 | 鎖 |

254

산·마을·지역

厂 氏 谷 山 阜 田 土 里 口 邑 冂

厂	厚	原	厭	厥	厄	氏	民	谷	山	岳	峯
		源	壓	闕	扼	昏	珉	俗	疝		蜂
		願		蹶		婚	眠	浴			烽
						紙		裕			鋒

島	崔	峻	峽	岡	崗	崩	阜	陸	陰	陵	陽
搗	催	俊	陜	剛		繃		逵	蔭	菱	楊
		晙	陝	鋼						稜	場 腸
		埈		綱						綾	揚 暢
		酸								凌	瘍
		浚									
		唆									
		駿									
		悛									
		竣									

隨	隋	隊	隱	陶	隣	陛	隆	陷	隙	田	畜
髓	墮	墜	穩	淘	麟			閻			蓄
				萄	憐			焰			
					燐			諂			
					鱗						

男	畓	由	留	甲	申	畏	畢	旬	異	番	土
舅		油	溜	岬	伸	猥			冀	播	杜
甥		抽	瘤	押	神				驥	潘	牡
		笛		鴨	坤				糞	飜	
		宙		鉀	紳					磻	
		軸		匣	電					蕃	
		柚		閘	呻					蟠	
		袖								藩	
		冑									
		胄									
		紬									

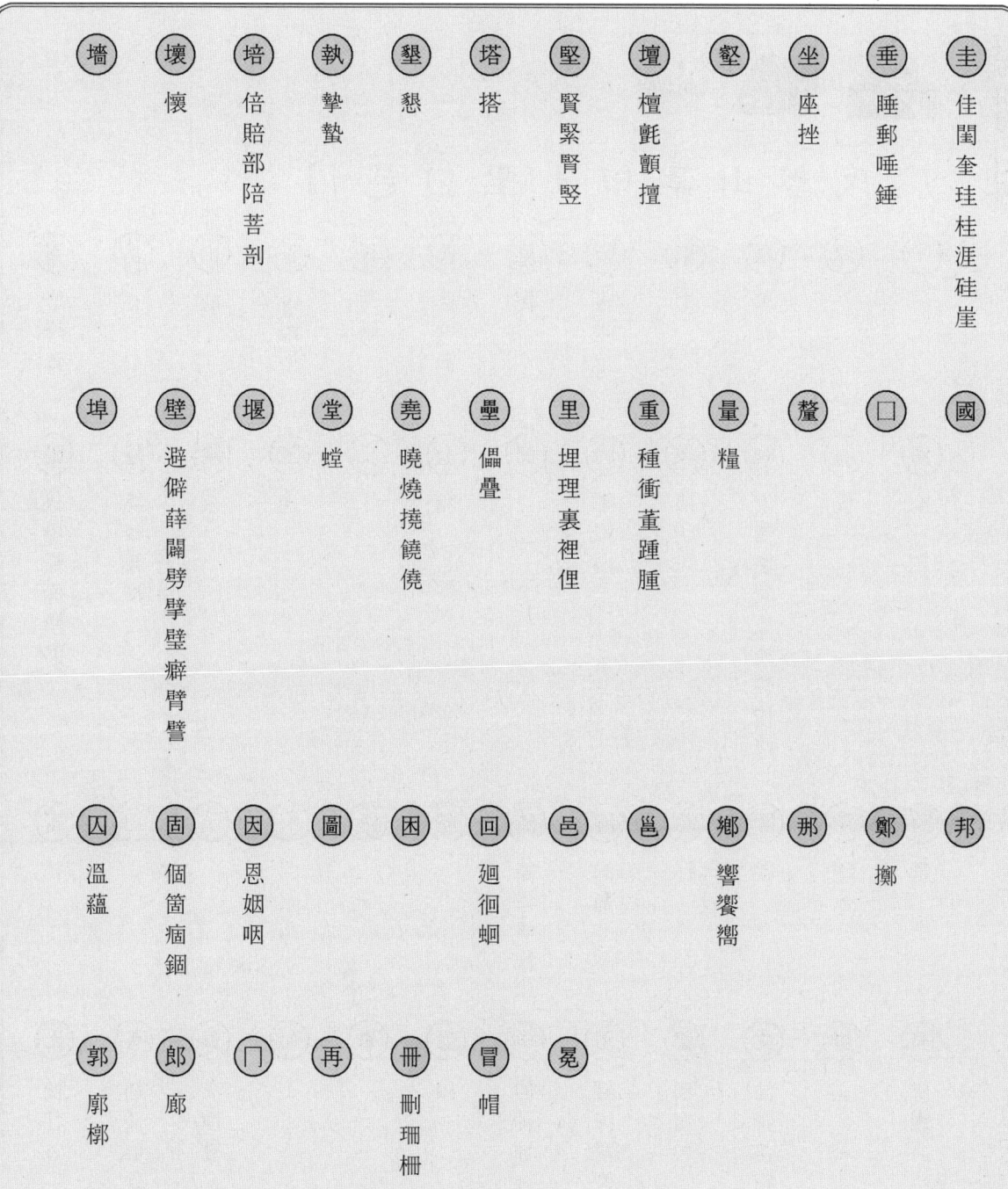

❈ 冫 부

자		급수/부수/총획	훈음 및 설명	용례
冫	仌	冫 총2	얼음 빙 얼음이 언 모양[也『說文』冬寒水結也『玉篇』-『康熙』]	
冬	冬	7급 冫 총5	겨울 동 '冫+夂←終(종)'으로 고드름[冫]이 어는 사계절의 끝[四時盡也 從夂 從丹 丹, 古文終字] 四時盡：冬之爲言終也. 考工記曰水有時而凝. 有時而釋. 故冬從夂. 從夂從丹 會意. 丹亦聲. 丹, 古文終字. 見糸部『段注』	冬期(동기) 冬眠(동면) 冬服(동복) 冬節(동절)
終	綊	5급 糸 총11	마칠 종 '糸+冬(동)'으로 실[糸]의 끝매듭을 함[絿絲也 從糸冬聲〔注〕㚆, 躳, 殍, 丹, 羿, 㚆, 夂, 古文終] 絿絲也：按絿字恐誤. 疑下文繹字之譌. 取其相屬也. 廣韻云. 終, 極也. 窮也. 竟也. 其義皆當作冬. 冬者, 四時盡也. 乃使冬失其引申之義, 終失其本義矣『段注』 ※絿：急也. 毛詩傳曰絿, 急也. 左傳杜注從之. 後儒好異乃以緩釋絿. 字義於字音不洽矣. 絿之言糾也『段注』-『康熙』	終結(종결) 終末(종말) 終身(종신) 終焉(종언) 始終一貫(시종일관) 自初至終(자초지종) 凶終隙末(흉종극말)
疼	懞	1급 疒 총10	아플 동 '疒+冬(동)'으로 병[疒]으로 몸이 쑤시고 아픔[痛也『博雅』 或作胨『集韻』-『康熙』]	疼痛(동통)
牢	牢	1급 牛 총7	우리 뢰 '牛+冬'으로 소[牛]나 말을 가두어 기르기 위해 사방을 견고하게[冬] 막음[閑也, 養牛馬圈也 從牛冬省 取其四周帀] 從牛冬省：從古文冬省也. 冬取完固之意. 亦取四周象形. 引伸之爲牢不可破『段注』	牢却(뇌각) 牢獄(뇌옥) 亡羊補牢(망양보뢰)
准	潍	2급 冫 총10	법도 준, 허가할 준 '冫+隹(추)'로 '準'의 속자. 새가 나는 수면이 평면의 기준이 됨[準, 平也 從水隹聲] 平也：謂水之平也. 天下莫平於水. 水平謂之準. 因之製平物之器亦謂之準『段注』	批准(비준) 准將(준장) 准尉(준위) 准據(준거)

❈ 巛 부

자		급수/부수/총획	훈음 및 설명	용례
川	巛	7급 巛 총3	내 천, 민물 천 '〈'는 가느다랗게 흐르는 물결, '巜'은 조금 큰 것, '巛'은 가장 큰 물결 모양[貫穿通流水也. 虞書曰 濬〈, 巜 距川. 言深〈巜之水會爲川也]	川獵(천렵) 川流(천류) 川魚(천어) 川邊(천변) 大川(대천) 淸川(청천)
順	䪨	5급 頁 총12	순할 순, 좇을 순, 즐길 순, 차례 순 '川+頁'로 냇물[川]이 흐르듯, 이마[頁]부터 발꿈치에 이르기까지 위에서 아래로 자연스럽게 흘러내림[理也 從頁從巛] 從頁川：人自頂以至於踵, 順之至也. 川之流, 順之至也. 故字從頁川會意. 而取川聲. 小徐作川聲. 則擧形聲包會意『段注』	順理(순리) 順番(순번) 順産(순산) 順序(순서)
訓	訓	7급 言 총10	가르칠 훈 '言+川(천)'으로 말[言]로 풀어서 설명하여 가르쳐 알게 함[說敎也 從言川聲] 說敎也：說敎者, 說釋而敎之. 必順其理. 引伸之凡順皆曰訓『段注』	訓戒(훈계) 訓讀(훈독) 訓練(훈련) 訓令(훈령)

한자	전서	급수/부수/총획	뜻풀이	갑골문/금문	단어
釧	釧	2급 金 총11	팔찌 천 '金+川(천)'으로 여자들이 사용하는 쇠[金]로 만든 고리 모양의 장식품[臂環也 從金川聲] 釵釧『玉篇』古男女同用, 今惟女飾有之『正字通』珍玉名釧, 因物寄情『尙書』-『康熙』		寶釧(보천)
馴	馴	1급 馬 총13	길들일 순, 따를 순, 순종할 순 '馬+川(천)'으로 짐승[馬]을 가르쳐 사람의 말을 잘 듣고 부리기 좋게 만듦[馬順也 從馬川聲]		馴致(순치) 馴化(순화)
州	巛	5급 巛 총6	고을 주 '川+川'으로 물로 둘러싸인 지역에 사람이 살만한 곳[水中可居曰州, 周遶其傍, 從重川. 昔堯遭洪水, 民居水中高土, 或曰九州. 詩曰：在河之州. 一曰州, 疇也. 各疇其土而生之川, 古文州]	甲骨文 金文	州郡(주군) 州縣(주현) 慶州(경주) 光州(광주)
洲	洲	3급 水 총9	섬 주, 대륙 주 'ㆍ+州(주)'로 주변이 물[氵]로 싸인 고을[在河之洲『詩經』水渚也『說文』水中可居曰洲 爾雅·釋水』 又聚也. 人及鳥物所聚息之處也『釋名』在河之洲『詩·周南』-『康熙』]		歐洲(구주) 美洲(미주) 阿洲(아주) 濠洲(호주)
酬	酬	1급 酉 총13	술잔을 돌릴 수, 보낼 수, 갚을 수 '酉+州(주)'로 주인이 손님에게 술[酉]잔을 돌리며 권함[主人實觶酬賓『儀禮·鄕飮酒禮』酬, 勸酒也. 酬之言周. 忠信爲周『註』又主人酬賓, 束帛儷皮『士冠禮』飮賓客而從之以財貨曰酬『註』-『康熙』]		酬酌(수작) 報酬(보수)

❀ 水 부

한자	전서	급수/부수/총획	뜻풀이	갑골문/금문	단어
水	水	8급 水 총4	물 수 많은 물이 평평하게 흐르는 모양[準也 北方之行 象衆水並流 中有微陽之气也] 準也 ：釋名曰水, 準也. 準, 平也. 天下莫平於水. 故匠人建國必水地『段注』	甲骨文 金文	水國(수국) 水路(수로) 水魔(수마) 水葬(수장)
氷	氷	5급 水 총5	얼음 빙 '丶←夂+水'로 물[水]이 얼어 단단한 얼음[冫]이 됨[水堅也. 從夂從水. 凝, 俗冰從疑 『注』氷, 俗冰字 俗冰字『康熙』]		氷庫(빙고) 氷點(빙점) 結氷(결빙) 薄氷(박빙)
永	永	6급 水 총5	길 영, 오래 영 물줄기가 끝없이 길게 흘러가는 모양[水長也, 象水巠理之長永也] 水長也 ：引申之, 凡長皆曰永. 釋詁, 毛傳曰永, 長也. 方言曰施於衆長謂之永. 象水巠理之長永也. 巠者, 水脈. 理者, 水文『段注』	甲骨文 金文	永劫(영겁) 永久(영구) 永眠(영면) 永世(영세)
泳	泳	3급 水 총8	헤엄칠 영 '氵+永(영)'으로 물속에 잠기어 앞으로 나아가려고 팔다리를 놀려 움직이는 일[潛行水中也 從水永聲]		競泳(경영) 繼泳(계영) 背泳(배영) 水泳(수영)
詠	詠	3급 言 총12	읊을 영, 노래할 영 '言+永(영)'으로 가락[言]을 붙여 길게 말함[歌也 從言永聲 咏, 詠或從口] 歌也 ：堯典曰歌永言. 樂記曰歌之爲言也. 長言之也. 說之, 故言之. 言之不足 故長言之『段注』		詠歌(영가) 詠春(영춘) 詠歎(영탄) 朗詠(낭영)
樣	樣	4급 木 총15	모양 양, 본보기 양 '木+羕(양)'으로 일명 상두(橡斗)라 하는 상수리나무의 열매 모양[栩實也. 從木羕聲] 栩實. 橡或作樣. 詳橡字註『集韻』法也『韻會』作㨾『廣韻』-『康熙』		樣式(양식) 樣態(양태) 各樣(각양) 多樣(다양)

한자	전서	급수/부수/총획	훈음 및 설명	용례
昶	昶	2급 日 총9	해 길 **창**, 밝을 **창** '永+日'로 해[日]가 오랫동안[永] 떠 있음[日長也 從日永 會意] 通也『博雅』固以和昶而足耽矣『嵇康·琴賦』昶, 通也『註』又明久也『玉篇』舒也『廣韻』-『康熙』 (金文)	
潭	潭	3급 水 총15	물 이름 **담**, 못 **담**, 깊은 못 **담** 'シ+覃(담)'으로 연못[シ]의 이름[水. 出武陵 鐔成玉山 東入鬱林. 從水覃聲]	潭水(담수) 潭淵(담연) 江潭(강담) 碧潭(벽담)
譚	譚	1급 言 총19	이야기 **담**, 편안할 **담**, 클 **담** '言+覃(담)'으로 편안히 자연스럽게 크게 드러내어 이야기[言]함[大也, 誕也, 著也『玉篇』修業居久而譚『大戴禮·子張問入官』謂安縱也『註』參譚雲屬『成公綏·嘯賦』譚, 猶著也『註』. 參譚, 不絶 -『康熙』]	談論·譚論(담론) 民譚(민담)
活	活	7급 水 총9	물 콸콸 흐르는 소리 **괄**, 살 **활** 'シ+舌←昏(괄)'로 물[シ]이 콸콸 흐르는 소리[水流聲也 從水昏聲] 流聲也: 衛風. 北流活活. 毛傳曰活活, 流也. 按傳當作流貌『段注』	活氣(활기) 活劇(활극) 活動(활동) 活潑(활발)
闊	闊	1급 門 총17	넓을 **활**, 멀 **활**, 성길 **활**, 거칠 **활** '門+活(활)'로 문[門]의 간격을 넓히어 서로 통할 수 있도록 함[疏也 從門活聲] 疏也: 云部曰疏, 通也. 闊之本義如是. 不若今義訓爲廣也『段注』	闊達(활달) 迂闊(우활)
派	派	4급 水 총9	물갈래 **파**, 보낼 **파** 'シ+辰(파)'로 강물[シ]이 여러 갈래로 나뉘어 흐르는 모양[別水也. 從水從辰 辰亦聲]	流派(유파) 派閥(파벌) 派譜(파보) 派生(파생)
脈	脈	4급 肉 총10	혈관 **맥**, 줄기 **맥**, 잇달 **맥** '辰+血'로 인체 속의 피[血]가 물줄기처럼 갈라져 몸에 흐름[脈: 衇或從肉『段注』 / 衇: 血理分衺行體者. 從辰從血. 脈, 衇或從肉. 衇, 籒文 ※衇: 與脈同『字彙補』-『康熙』	血脈(혈맥) 脈管(맥관) 脈搏(맥박) 脈絡(맥락) 動脈(동맥) 診脈(진맥)
流	流	3급 水 총9	흐를 **류**, 귀양 보낼 **류** '氵+㐬'로 㳅와 동자. 폭우 등으로 갑작스럽게[㐬] 물[氵]이 흘러감[流爲小篆 則㳅爲古文 籒文可知『段注』] 㳅: 水行也. 從林充. 會意. 充, 突忽也. 充之本義謂不順忽出也『段注』 / 同流『集韻』-『康熙』 (金文)	流水(유수) 流動(유동) 流浪(유랑) 流通(유통)
硫	硫	2급 石 총12	유황 **류** '石+㐬(류)'로 수정처럼 빛나는 푸른색 또는 황색의 광물질[石] [石硫黃, 藥名『集韻』淮南子, 夏至硫黃澤, 蓋陽入地, 遇陰而成者, 舶硫似蜜, 黃中有金紅處, 擊開如水晶有光, 今靑硫不佳. 本作流, 因其似石, 故唐韻從石. 亦作磂. 俗又作磠. 磠字從磂『正字通』-『康熙』]	硫黃(유황) 脫硫(탈류)
疏	疏	3급 疋 총11	통할 **소** '㐬+疋(소)'로 막힌 것이 통하거나 막힌 것을 치워 통하게 함[㐬] [通也. 從㐬從疋. 疋亦聲] ※㐬: 本作去 『說文』-『康熙』 ※去: 不順忽出. 從倒子『說文』凡孕胎, 男背女向. 臨産, 腹痛, 子轉, 身首向下, 始分免也『精蘊』又不孝之子『廣韻』如不孝子突出, 不容於內, 卽易突字『集韻』或作㐬『集韻』-『康熙』	疏密(소밀) 疏外(소외) 疏通(소통) 疏闊(소활)
蔬	蔬	3급 艸 총15	나물 **소**, 채소 **소** '艸+疏(소)'로 벼, 향초, 푸성귀 등 식물[艹]류[菜也. 從艸疏聲] 稻曰嘉蔬『禮·曲禮』稻, 菰蔬之屬也『註』又藘蔬『爾雅·釋草』似土菌, 生菰草中『註』-『康熙』	蔬飯(소반) 蔬食(소사) 菜蔬(채소)

V. 자연물 259

梳	1급 木 총11	빗 소, 얼레빗 소 '木+疏(소)'로 나무[木]로 만든 머리털을 빗는 데 쓰는 도구[理髮也 從木 疏省聲]	梳沐(소목) 梳洗(소세)
琉	1급 玉 총10	유리 류 '玉+流(류)'로 '瑠'와 동자. 황금색의 작은 점이 있고 야청 빛이 나는 구슬[玉] [與瑠同. 瑠璃, 珠也『集韻』移我琉璃榻, 出置前牕下. 又國名『古詩』國有大琉球, 小琉球, 在泉州之東, 王姓歡斯, 所居多聚髑髏. 其人黥手去髭, 毛衣羽冠, 無禮節, 有壽安鎭國山, 永樂初御製碑文賜之『正字通』-『康熙』]	琉璃(유리)
激	4급 水 총16	부딪칠 격, 빠를 격, 심할 격, 분발할 격 'ㅋ+敫(격)'으로 빠른 물살[水]이 장애물에 부딪혀 생기는 물결[水礙衺疾波也. 從水敫聲 一曰半遮也]	激減(격감) 激怒(격노) 激動(격동) 激浪(격랑) 激勵(격려) 激烈(격렬)
浦	3급 水 총10	물가 포, 개 포 'ㅋ+甫(보)'로 못이나 강물[ㅋ] 따위의 가장자리 [水濱也. 從水甫聲]	浦口(포구) 浦村(포촌)
蒲	1급 艸 총14	부들 포, 왕골 포 '艸+浦(포)'로 부들과에 속하는 다년초로 못·늪 같은 데서 자라며 줄기와 잎으로 자리를 만드는 물풀[艸] [水艸也. 可以作席 從艸浦聲]	蒲團(포단) 菖蒲(창포)
求	4급 水 총7	갖옷 구, 구할 구, 탐낼 구 고자는 '裘'. 털가죽으로 만든 옷 모양[古文裘. 此本古文裘字. 後加衣爲裘. 而求專爲干請之用『段注』] 索也『說文』覓也, 乞也『增韻』同氣相求『易·乾卦』世德作求『詩·大雅』又招來也 -『康熙』] 金文	求乞(구걸) 求道(구도) 求愛(구애) 求職(구직)
球	6급 玉 총11	옥 경쇠 구, 구슬 구, 공 구 '玉+求(구)'로 옥[玉]으로 만든 경쇠[玉磬] [玉也. 從玉求聲. 璆, 球或從翏』 美玉也. 商頌小球大球傳曰球, 玉也『段注』	球根(구근) 球技(구기) 球狀(구상) 球形(구형)
救	5급 攴 총11	구원할 구, 도울 구, 막을 구 '攴+求(구)'로 나무 등 도구를 사용하여 어려움에서 구제함[攵] [止也 從攴求聲] 止也：論語. 子謂冉有曰女弗能救與. 馬曰救猶止也『段注』/助也『博雅』護也『廣韻』-『康熙』	救急(구급) 救命(구명) 救援(구원) 救濟(구제)
波	4급 水 총8	쏟아져 흐를 파, 물결 파, 흔들릴 파 'ㅋ+皮(피)'로 물[ㅋ]이 솟구쳐 흘러감[水涌流也. 從水皮聲] 水涌流也：左傳. 其波及晉國者. 莊子. 夫孰能不波. 皆引伸之義也. 又假借爲陂字『段注』	波及(파급) 波濤(파도) 波動(파동) 波紋(파문)
婆	1급 女 총11	할미 파 '女+波(파)'로 늙은 부인[女]을 좋게 부르는 말[奢也. 一曰老母稱 方俗稱舅姑曰公婆. 又廣西猺俗, 男子老者, 一寨呼之曰婆, 其老婦則呼之曰公. 又黃婆, 脾神也. 養生家以脾能母養餘臟, 名曰黃婆 -『康熙』]	老婆(노파) 産婆(산파)
準	4급 水 총13	평평할 준, 법도 준 'ㅋ+隼(준)'으로 물[ㅋ]이 평평하게 흐름[平也 從水隼聲] 平也：謂水之平也. 天下莫平於水. 水平謂之準. 因之製平物之器亦謂之準. 漢志. 繩直生準. 準者, 所以揆平取正是也. 因之凡平均皆謂之準『段注』	平準(평준) 水準(수준) 準據(준거) 準則(준칙)

字	篆文	級/部/획	訓音 및 字源	용례
浮	浮	3급 水 총10	뜰 부, 덧없을 부 '氵+孚(부)'로 한 물체가 물[氵] 위에 떠 자연스럽게 내려감[汎也 從水孚聲] 論語. 乘桴浮於海 又順流曰浮. 書·禹貢. 浮于濟漯. 又濟涉腰瓠曰浮 -『康熙』 金文	浮動(부동) 浮力(부력) 浮沈(부침) 浮生(부생)
孵	孵	1급 子 총14	부화 부, 자랄 부 '卵+孚(부)'로 동물의 알[卵] 껍질 속에서 자란 새끼가 밖으로 나옴[孵, 卵化『廣韻』 孵化也. 陸續曰:自孵而轂. 又育也. 或作䀴『集韻』-『康熙』	孵卵(부란) 孵化(부화)
泉	泉	4급 水 총9	샘 천 땅속 깊은 데에서 솟아나온 물이 흘러 내려가 내[川]를 이룬 모양[水原也. 象水流出成川形] 水原也:釋水曰. 濫泉正出. 正出, 涌出也. 沃泉縣出. 縣出, 下出也『段注』 甲骨文	泉布(천포) 甘泉(감천) 鑛泉(광천) 冷泉(냉천)
線	線	6급 糸 총15	줄 선 '糸+泉(천)'으로 가늘고 길긴 실[糸]을 꼰 것[線, 古文作線『說文』縫人掌王宮縫線之事『周禮·天官』線, 縷也『註』]	線路(선로) 經線(경선) 稜線(능선) 單線(단선)
腺	腺	1급 肉 총13	샘 선 '肉+泉(천)'으로 생물체 속에서, 액체 물질을 분비하거나 배설하는 상피(上皮) 조직성의 기관[肉] [生物體內能分泌某些化學物質的組織. 由腺細胞組成, 如人體內的唾液腺, 汗腺, 胰腺, 甲狀腺, 腎上腺等『漢典』]	淚腺(누선) 前立腺(전립선)
漆	漆	3급 水 총14	옻칠할 칠 '氵+桼(칠)'로 기산(岐山)에서 발원하여 동쪽으로 흘러 위(渭)로 들어가는 강[氵] 이름[漆水. 出右扶風杜陵岐山 東入渭. 一曰入洛. 從水桼聲]	漆工(칠공) 漆器(칠기) 漆室(칠실) 漆板(칠판) 漆黑(칠흑)
膝	膝	1급 肉 총15	무릎 슬 '肉+桼(칠)'로 정강이와 넓적다리 사이에 있는 관절의 앞쪽 부분[肉] [脛頭卪也. 本作厀『說文』今俗作膝. 膝, 人之節卪『徐曰』膝, 伸也, 可屈伸也『釋名』袂屬, 幅長下膝『儀禮·既夕』-『康熙』] 大腿與小腿相連關節的前部『漢語大字典』	偏母膝下(편모슬하)
沒	沒	3급 水 총7	빠질 몰, 죽을 몰, 없을 몰 '氵+夒(몰)'로 수심(水深)이 깊은 물[氵]에 완전히 빠져 보이지 않음[湛也 從水夒聲『注』歿, 殂, 畢, 古文] 湛也:沒者全入於水. 故引伸之義訓盡. 小雅. 曷其沒矣. 傳云 沒, 盡也. 論語沒階 孔安國曰沒, 盡也『段注』	沒頭(몰두) 沈沒(침몰) 陷沒(함몰) 沒年(몰년)
歿	歿	1급 歹 총8	죽을 몰 '歹+夒(몰)'로 '沒'과 동자. 물에 빠져 죽음[歹] [同殁. 古文沒字 又盈歿, 舒緩貌『玉篇』超趨鳥集, 縱弛歿歿『傅毅·舞賦』-『康熙』] 夒, 入水有所取也 從又在回下 回 古文回 淵水也.	戰歿(전몰) 歿後(몰후)
湯	湯	3급 水 총12	끓을 탕, 국물 탕 '水+昜(양)'으로 물[氵]을 뜨겁게 함[熱水也 從水昜聲] 金文	湯藥(탕약) 湯劑(탕제) 湯池(탕지) 溫湯(온탕) 補身湯(보신탕)
蕩	蕩	1급 艸 총16	물 이름 탕, 쓸어버릴 탕, 움직일 탕 '艹←水+湯(탕)'으로 하내 탕음에서 동쪽 황택으로 물이 들어감[蕩水. 出河內蕩陰. 東入黃澤 從水蕩聲]	放蕩(방탕) 掃蕩(소탕) 浩蕩(호탕)

V. 자연물 261

漢字	篆文	급수/부수/총획	뜻풀이	갑골/금문	용례
汚	㶇	3급 水 총6	더러울 오 '氵+于(우)'로 汙와 동자. 정지되어 흐르지 않는 더러운 물[氵] [從水于聲 本義 : 停積不流之水 - 『漢典』] 同汙. 從㐬者古文, 於于者今文『玉篇』. 歐陽氏曰 : 污汙本一字, 今經傳皆以今文書之, 蓋俗從簡 -『康熙』		污吏(오리) 污名(오명) 污物(오물) 污損(오손)
泊	粕	3급 水 총8	배 댈 박, 머무를 박 '氵+白(백)'으로 배가 물[氵]에서 항행(航行)을 정지하고 언덕에 정박해 있음[止也. 舟附岸曰泊『韻會』 -『康熙』]. 從水白聲. 本義 : 停船 -『漢典』.	甲骨文	宿泊(숙박) 漂泊(표박) 船泊(선박)
箔	箔	1급 竹 총14	발 박 '竹+泊(박)'으로 대오리[竹]나 갈대 같은 것으로 엮어 만든 물건[簾也. 通作薄, 薄『韻會』 -『康熙』]. 從竹泊聲. 本義 : 竹帘子 -『漢典』.		蠶箔(잠박) 金箔(금박)
沔	㴐	2급 水 총7	물 이름 면, 물 흐를 면, 빠질 면 '氵+丏(면)'으로 섬서성(陝西省)의 한수(漢水) 지류인 강[氵] 이름[水. 出武都沮縣東狼谷 東南入江 或曰入夏水 從水丏聲]		
滿	滿	4급 水 총14	가득 찰 만, 풍족할 만 '氵+㒼(만)'으로 그릇에 물[氵]이 가득 차 넘침[盈溢也 從水㒼聲]		滿開(만개) 滿足(만족) 滿期(만기) 滿面(만면)
矃	矃	1급 目 총16	눈 게슴츠레할 만, 흐릴 만, 속일 만 '目+㒼(만)'으로 졸리거나 술에 취해서 눈[目]이 정기가 풀리고 흐리멍덩하며 거의 감길 듯함[平目也 『說文』 徐曰日瞼低也. 杜林曰目目皆平貌. 又目不明也『廣韻』 酒食聲色之中, 則矃矃然『荀子·非十二子篇』閉目貌『註』 -『康熙』]		矃過(만과) 欺矃(기만)
渤	㵗	2급 水 총12	바다 이름 발, 땅 이름 발 '氵+勃(발)'로 요동과 산동 반도 사이의 바다[氵] 이름[渤澥海別支名『正韻』 浮渤澥. 亦作勃『司馬相如·子虛賦』 -『康熙』]		渤海(발해)
勃	㪍	1급 力 총9	우쩍 일어날 발, 갑작스러울 발 '力+孛(패)'로 일이나 행동[力] 따위가 중간에 걸리거나 막힘이 없이 단번에 거침없이 일어나는 모양[排也. 從力孛聲]		勃起(발기) 勃發(발발)
悖	㦄	1급 心 총10	어그러질 패 '心+孛(패)'로 도리(道理)에 거슬린 행동이나 마음[心] [亂也『說文』 逆也『玉篇』 其興也悖焉『左傳·莊十一年』 悖, 盛貌. 一作勃『註』 -『康熙』]		悖倫(패륜) 行悖(행패)

❀ 玉부

漢字	篆文	급수/부수/총획	뜻풀이	갑골/금문	용례
玉	王	4급 玉 총5	구슬 옥 아름다운 돌인 옥 세 개를 끈에 꿰어 놓은 모양[石之美. 象三玉之連丨, 其貫也. 玊, 古文玉]	甲骨文 金文	玉觴(옥상) 玉璽(옥새) 玉牲(옥생) 玉膳(옥선)
鈺	鈺	2급 金 총13	보배 옥, 쇠 옥 '金+玉(옥)'으로 단단한 쇠[金]로 만든 보배로운 물건[寶也『五音集韻』 堅金『字彙』 -『康熙』]		

한자	전서	급수/부수/총획	뜻과 음, 자원 설명	용례
王	王	8급 玉 총4	**임금 왕** 천하의 모든 일을 주관하는 사람[天下所歸 往也. 董仲舒曰：古之造文者 三畫而連其中謂之王 三者 天 地人也 而參通之者王也. 孔子曰：一貫三爲王] ※갑골, 금 문에는 큰 도끼 모양을 나타냈으나 후에 도끼를 잡은 사 람에서 '왕'의 뜻이 됨[一種斧狀的兵器, 鉞的形象『字源字典』] 甲骨文 金文	王家(왕가) 王權(왕권) 王妃(왕비) 王政(왕정) 聖王(성왕) 帝王(제왕)
旺	暀	2급 日 총8	**빛 고울 왕, 왕성할 왕, 성 왕** '日+王(왕)'으로 햇빛[日]이 강렬 하고 아름다움[同睡. 或作旺. 光美也『正韻』日暈『玉篇』-『康熙』]	火旺之節(화왕지절)
汪	汪	2급 水 총7	**넓을 왕, 못 왕, 바다 왕, 성 왕** '氵+王(왕)'으로 깊고 넓은 강 물[氵] [深廣也. 從水王聲 一曰汪 池也]	汪淚(왕루) 汪洋(왕양)
狂	狂	2급 犬 총7	**미칠 광** '犭+㞷(왕)'으로 미친 개[犬]가 이리저리 날뜀[狾犬也. 從犬 㞷聲. 忹, 古文從心]	狂犬(광견) 狂氣(광기) 狂奔(광분) 熱狂(열광)
枉	枉	1급 木 총8	**굽을 왕** '木+㞷(왕)'으로 나무[木]가 휘어 굽어짐[褱曲也. 從木㞷聲] 褱曲也：本謂木褱曲. 因以爲凡褱曲之偁『段注』	枉臨(왕림) 枉法(왕법)
匡	匡	1급 匸 총6	**밥그릇 광, 바를 광, 구제할 광** '匚+㞷(왕)'으로 대로 만든 네모진 음식 그릇[匚] [飮器 筥也 從匚㞷聲 筐, 匡或從 竹] 金文	匡困(광곤) 匡正(광정)
瑩	瑩	2급 玉 총15	**옥돌 영, 밝을 영, 의혹할 형**(=熒) '玉+熒(영/형)'으로 깨끗한 물처럼 맑은 옥(玉) [如玉之瑩『法言』此人之水鏡 見之瑩然『晉書』-『康熙』]	瑩鏡(영경) 瑩澈(형철)
瀅	瀅	1급 水 총18	**시내 형, 맑을 형** '水+瑩(형)'으로 맑고 깨끗한 작은 물[水]줄기 [曲江汀瀅水平盃『韓愈詩』汀瀅, 小水. 一曰水澄也『正韻』又與濴同『玉 篇, 集韻』又水名, 在襄陽『集韻』-『康熙』]	瀅澈(형철)
珏	珏	2급 玉 총9	**쌍옥 각** '玉+玉'으로 옥 두 개를 서로 합하여 만든 쌍옥[二玉相合 爲一珏. 穀, 珏或從殼]	
班	班	6급 玉 총10	**나눌 반** '珏+刂'로 한 쌍의 옥[珏] 중 단옥을 칼[刂]로 갈라냄[分 端玉 從珏從刀] 分瑞玉：堯典曰班瑞于羣后. 從珏刀. 會意. 刀所以分也 『段注』	班給(반급) 班常(반상) 班列(반열) 兩班(양반)
琴	琹	3급 玉 총12	**거문고 금** '珏+今'으로 기러기발이 있는 거문고의 주감이[珏]와 몸통[今]의 단면을 본뜬 모양[禁也. 神農所作 洞越 練朱五弦 周加二弦. 象形] 禁也：禁者, 吉凶之忌也. 引申爲禁止. 白虎通曰琴, 禁也. 以禁止淫 邪, 正人心也. 洞當作迵 迵者通達也 越謂琴瑟底之孔 迵孔者 琴服中空而爲 二孔通達也. 練者 其質 朱者 其色『段注』	琴道(금도) 琴譜(금보) 琴書(금서) 琴心(금심) 大琴(대금) 風琴(풍금) 奚琴(해금)
瑟	瑟	2급 玉 총13	**거문고 슬** '琴+必(필)'로 거문고의 주감이[珏]와 몸통 모양[庖犧所 作弦樂也. 從琴必聲. 奭, 古文瑟. 『注』奭, 憲, 奭, 古文] 庖犧所作弦樂也： 弦樂, 猶磬曰石樂. 清廟之瑟亦練朱弦. 凡弦樂以絲爲之. 象弓弦, 故曰弦. 淇 奧傳曰瑟, 矜莊貌. 旱麓箋曰瑟, 絜鮮貌. 皆因聲叚借也. 瑟之言肅也. 楚辭言 秋氣蕭瑟『段注』	鼓瑟(고슬) 琴瑟(금슬) 蕭瑟(소슬)

漢字	이체자	급수/부수/총획	訓音 및 설명	용례
斑	辬	1급 文 총12	얼룩 반 '文+辡(변)'으로 '辬'과 동자. 여러 색이 뒤섞여 얼룩얼룩함[文] [辬 駁文也 從文辡聲』 辬, 或作斑. 駁文也『韻會』 雜色曰斑『韻會』 貍首之斑然『禮·檀弓』-『康熙』	斑點(반점) 白斑(백반)
瓊	璚	2급 玉 총19	붉은 옥 경, 아름다운 옥 경 '玉+夐(경)'으로 붉은 빛깔을 가진 아름다운 옥(玉) [赤玉也 從玉夐聲 璚, 瓊或從矞. 瑱, 瓊或從嗇. 琁, 瓊或從旋省.『注』臣鉉等曰：今與璿同]	瓊玉(경옥) 瓊團(경단)
珍	珎	4급 玉 총9	보배 진, 희귀할 진 '玉+㐱(진)'으로 귀한 보옥[玉] [寶也 從玉㐱聲] 寶也：宀部曰寶, 珍也. 是爲轉注『段注』 ※갑골에서는 '勹+貝'로 보배를 싸고 있는 형상.	珍貴(진귀) 珍奇(진기) 珍味(진미) 珍寶(진보)
診	訉	2급 言 총12	병상을 살필 진, 볼 진, 증거 진, 점칠 진 '言+㐱(진)'으로 의사가 먼저 묻고 진맥을 하고 상태를 보고 말함[言] [視也 從言㐱聲] 視也：倉公傳診脈, 視脈也. 從言者, 醫家先問而後切也『段注』	診斷(진단) 診療(진료) 診察(진찰)
疹	㾙	1급 疒 총10	홍역 진 '疒+㐱(진)'으로 여과성 병원체에 의하여 발생하는 급성 발진성 전염병으로 어린아이들에게 많이 전염되는 질병[疒] [屑瘍也『說文』又疹, 診也. 有結氣可得診見也『釋名』癮疹, 皮外小起也『玉篇』俗呼痘瘡曰疹.『正字通』又同疢. 熱病『集韻』令狐子寡婦疾疹貧病者納宦其子『越語』思百憂以自疹『張衡·思玄賦』疹, 疾也『注』-『康熙』]	發疹(발진) 濕疹(습진)

❀ 石 부

漢字	이체자	급수/부수/총획	訓音 및 설명	갑골문/금문	용례
石	𥐒	6급 石 총5	돌 석 산언덕[厂] 아래에 있는 돌[口] 모양[山石也 在厂之下口 象形 『注』后, 古文]	甲骨文 金文	石窟(석굴) 石柱(석주) 鑛石(광석) 礎石(초석) 巖石(암석) 碑石(비석)
拓	𢪽	3급 手 총8	개척할 척, 박아낼 탁 '扌+石(석)'으로 손[扌]으로 돌땅을 일구어 넓힘[拾也 陳, 宋語 從手石聲 摭, 拓或從庶] 拾也：有司徹篇. 乃摭于魚腊俎, 組釋三個. 其餘皆取. 摘下云. 拓果樹實也. 陳宋語：方言. 摭, 取也. 陳宋之間曰摭『段注』		開拓(개척) 干拓(간척) 拓植(척식) 拓本(탁본)
宕	㝐	1급 宀 총8	지나칠 탕, 방탕할 탕, 동굴 탕 '宀+碭(탕)'으로 '蕩'과 동자. 도가(道家)의 집[宀]인 신선이 사는 곳은 사방에 벽이나 가리는 곳이 없음[過也 一曰洞屋 從宀碭省聲 汝南項有宕鄕] 過也：宕之言放蕩也. 穀梁傳引傳曰長狄兄弟三人. 佚宕中國. 一曰洞屋：洞屋謂通迥之屋 四圍無障蔽也 凡道家言洞天者 謂無所不通『段注』		跌宕(질탕) 豪宕(호탕) 宕巾(탕건)
妬	妒	1급 女 총8	시샘할 투 '女+石(석)'으로 '妒'와 동자. 자기보다 나은 사람[女]을 미워하고 싫어함[婦妬夫也. 從女石聲. 各本作戶聲. 篆亦作妒, 今正『段注』] 同妒『集韻』-『康熙』		妬忌(투기) 嫉妬(질투)
磊	𥐫	1급 石 총15	돌무더기 뢰 '石+石+石'으로 여러 개의 돌[石]이 쌓인 무더기 모양[衆石也 從三石] 衆石貌. 貌各本作也. 今依廣韻訂. 石三爲磊, 猶人三爲衆. 磊之言㠑也『段注』		磊落(뇌락) 豪放磊落(호방뇌락)

字	篆	級/部/劃	訓音 및 解說	用例
硏	研	4급 石 총11	갈 연, 연구할 연 '石+幵(견)'으로 돌[石]로 물체를 평평하게 갊 [䃺也, 從石幵聲] 䃺也：亦謂以石䃺物曰硏也『段注』	硏究(연구) 硏磨(연마) 硏修(연수) 硏鑽(연찬)
姸	姸	2급 女 총9	고울 연 '女+幵(견)'으로 꾸미어 예쁘게 단장한 사람[女] [技也 一曰不省錄事也 一曰難侵也 一曰慧也 一曰安也 從女幵聲] 技也：技者, 巧也. 釋名曰姸, 研也. 硏精於事宜則無蚩繆也. 蚩, 癡也. 按此爲今用姸媸字所本『段注』	姸雅(연아) 金姸兒(김연아)
碧	碧	3급 石 총14	푸를 벽 '玉+石+白(백)'으로 푸른 아름다운 옥(玉)돌[石] [石之靑美者 從玉石白聲] 石之靑美者：西山經. 高山其下多靑碧. 傳. 碧亦玉類也. 淮南書. 崑崙有碧樹. 注碧. 靑石也『段注』	碧溪(벽계) 碧海(벽해)
碩	碩	2급 石 총14	클 석, 찰 석 '頁+石(석)'으로 큰 덕이 있는 사람[頁] [頭大也 從頁石聲] 頭大也：引伸爲凡大之偁. 釋詁, 毛傳皆曰碩, 大也. 簡兮傳曰碩人, 大德也『段注』	碩學(석학) 碩士(석사)
乭	乭	2급 乙 총6	돌 돌 한국식 한자로 '돌[石]'에 음 '을[乙]'을 결합한 것『韓』人名用字. 例：李乭大, 乭合, 乭今, 乭介.『韓』地名用字. 例：曲乭(江原道 淮陽) -『漢典』	乭丁(돌정) 乭五目(돌오목)
礬	礬	1급 石 총20	명반(明礬) 반 '石+樊(번)'으로 황산(黃酸)을 함유한 광물질[石] [礬石『韻會』女牀山, 其陰多涅石『山海經』礬石也. 楚人名涅石, 秦人名羽涅『郭註』一名羽澤, 有靑白黃黑絳五種. 又山礬, 花名『韻會』明礬, 綠礬, 白礬『玉篇』-『康熙』]	礬水(반수)
攀	攀	1급 手 총19	더 위 잡고 오를 반, 당길 반 '手+樊(번)'으로 더 높은 곳을 오르기 위해 손[手]으로 위쪽을 잡고 당기며 오름[引也『正韻』攀輦卽利而舍 又自下援上也『晉語』-『康熙』]	攀登(반등) 登攀(등반)

❋ 金 부

字	篆	級/部/劃	訓音 및 解說	用例
金	金	8급 金 총8	쇠 금, 금 금, 돈 금, 성씨 김 '土+[ノ+又]+今(금)'으로 땅[土]속에 오색의 쇳덩어리가 묻혀 있는 모양[ノ+又] [五色金也 西方之行 生於土. 從土 ノ又注, 象金在土中形. 今聲] ノ又注, 象金在土中形：謂土旁二筆也『段注』 金文	金屬(금속) 金冠(금관) 金石(금석) 黃金(황금)
錄	錄	4급 金 총16	금빛 록, 기록할 록, 역사 록 '金+彔(록)'으로 금색[金]을 띠는 쇠붙이에 글씨를 새김[金色也 從金彔聲] 金色也：錄與綠同音. 金色在靑黃之閒也. 叚借爲省錄字. 慮之叚借『段注』	錄音(녹음) 錄畵(녹화) 記錄(기록) 登錄(등록)
綠	綠	6급 糸 총14	푸를 록, 초록빛 록 '糸+彔(록)'으로 비단[糸]의 색이 푸르거나 황색인 것[帛靑黃色也 從糸彔聲] 帛靑黃色也：綠衣毛傳曰綠, 閒色. 玉藻正義曰五方閒色. 綠, 紅, 碧, 紫, 騮黃是也. 木靑剋土黃. 東方閒色爲綠. 綠色靑黃也『段注』	綠色(녹색) 綠髮(녹발) 綠藻(녹조) 綠翠(녹취)

字	篆	部首/획수	급수/훈음/설명	갑골/금문	용례
祿	祿	示 총13	**3급** 복 **록**, 녹 **록**, 급료 **록** '示+彔(록)'으로 하늘이 내린 복[示]이나 관원에게 1년 또는 계절 단위로 나누어 주던 금품이나 급료[福也 從示彔聲] 福也 : 詩言福祿多不別. 商頌五篇. 兩言福, 三言祿. 大恉不殊. 釋詁, 毛詩傳皆曰祿, 福也. 此古義也『段注』		福祿(복록) 祿米(녹미) 祿俸(녹봉) 祿爵(녹작)
磟	磟	石 총13	**1급** 돌 모양 **록**, 푸른빛 **록**, 용렬할 **록** '石+彔(록)'으로 평평하지 않은 돌땅 또는 푸른빛을 띤 돌[石] [石貌 從石彔聲] 磟磝, 石地不平也. 又石靑色. 又與錄通. 磟磝, 隨從之貌『集韻』九卿磟磝奉其官『史記·酷吏傳贊』磟磝, 庸人『論語註』又不欲磟磝如玉『老子·道德經』喩少也『註』-『康熙』		磟磝(녹록) 勞磟(노록)
剝	剝	刀 총10	**1급** 벗길 **박**, 찢을 **박** '刀+彔'으로 칼[刀]로 나무껍질을 벗기거나 깎아 새김[彔] [裂也 從刀從彔 彔, 刻割也 彔亦聲 一曰 剝, 割也]	甲骨文	剝皮(박피) 剝奪(박탈)
鎖	鎖	金 총18	**3급** 쇠사슬 **쇄**, 자물쇠 **쇄**, 잠글 **쇄** '金+貨(쇄)'로 쇠[金]로 만든 사슬이나 문 열쇠[鐵鎖, 門鍵也. 從金貨聲] 銀鐺也『集韻』以鐵鎖琅當其頸『前漢·王莽傳』琅當, 長鏁也『註』繫名聲之鞴鎖『班固·敘傳』屈龍淵爲錐鎖之用『抱朴子·逸民卷』-『康熙』		鎖國(쇄국) 鎖骨(쇄골) 鎖門(쇄문) 封鎖(봉쇄)

❋ 厂 부

字	篆	部首/획수	급수/훈음/설명	갑골/금문	용례
厂	厂	厂 총2	바위굴 **엄**, 민엄호 돌산의 언덕 바위 아래 사람이 살만한 곳[山石之厓巖, 人可居. 象形]	甲骨文 金文	
厚	厚	厂 총9	**4급** 두터울 **후**, 짙을 **후** '厂+旱(후)'로 '𠩺'와 동자. 땅이 두텁듯이 산언덕[厂]이 두터움[山陵之旱也 從厂從旱 古文厚 從后土] 山陵之旱也 : 山陵之厚故其字從厂. 今字凡旱薄字皆作此『段注』	甲骨文 金文	厚待(후대) 厚德(후덕) 厚薄(후박) 厚顔(후안)
原	原	厂 총10	**5급** 근원 **원**, 들판 **원** '厂+泉'으로 굴 바위[厂]의 샘물[泉] [小篆字形. 象泉水從山崖里涌出來. 從厂 象山崖石穴形. 從泉. 本義 : 水源, 源泉『漢典』高平曰原, 人所登『說文』大野曰平, 廣平曰原『爾雅·釋地』 道之大, 原出於天『董仲舒傳』-『康熙』	金文	原價(원가) 原告(원고) 原稿(원고) 原理(원리)
源	源	水 총13	**4급** 근원 **원**, 샘 **원** 'シ+原(원)'으로 물[シ]이 처음 나오는 발원지[水泉本也『說文』爲民祈祀山川百源『禮·月令』衆水始出爲百源『註』又水名『註』-『康熙』]		源流(원류) 源泉(원천) 根源(근원) 起源(기원)
願	願	頁 총19	**5급** 바랄 **원**, 소원 **원** '頁+原(원)'으로 마음이나 머리[頁]속에 항상 떠올라 생각나는 것[大頭也 從頁原聲] 邶風. 願言思子. 中心養養. 傳曰 願, 每也. 釋詁曰願, 思也. 方言曰願, 欲思也『段注』		願望(원망) 願書(원서) 祈願(기원) 悲願(비원)
厭	厭	厂 총14	**2급** 좁을 **염**, 싫을 **염**, 누를 **염**, 진압할 **염**, 만족할 **염** '厂+猒(염)'으로 굴 바위[厂]의 면이나 면적 등이 좁음[笮也 從厂猒聲『說文』徐曰笮, 鎭也. 壓也. 一曰伏也 -『康熙』]		厭世(염세) 厭症(염증)

壓	4급 土 총17	무너질 압, 틈 막을 압, 누를 압, 진압할 압 '土+厭(염)'으로 흙[土]더미가 무너져 내림[壞也 一曰塞補 從土厭聲] 壞也: 此與厂部厭義絶不同. 而學者多不能辨. 廣韻壓下云, 鎭也, 降也, 笮也, 乃皆厭之訓也『段注』	壓卷(압권) 壓倒(압도) 壓力(압력) 壓迫(압박)
厥	3급 厂 총12	그 궐, 오랑캐 이름 궐 '厂+欮(궐)'로 돌을 발사하는 기구[厂][發石也 從厂欮聲] 一種發射石塊的器具『字源字典』	厥角(궐각) 厥女(궐녀) 厥尾(궐미) 突厥(돌궐)
闕	2급 門 총18	대궐 궐, 빠질 궐 '門+欮(궐)'로 대궐의 관문[門][門, 觀也 從門欮聲] 凡觀與臺在於平地, 則四方而高者曰臺. 不必四方者曰觀. 其在門上者, 則中央闕然, 左右爲觀曰兩觀『段注』	闕內(궐내) 入闕(입궐) 宮闕(궁궐) 禁闕(금궐)
蹶	1급 足 총19	넘어질 궐, 엎어질 궐, 일어날 궐/궤 '足+厥(궐)'로 발[足]을 헛디디거나 발이 걸려 넘어짐[僵也 從足厥聲 一曰跳也]	蹶起(궐기) 蹶趾(궐지)
厄	3급 厂 총4	옹이 와, 재앙 액 '卩+厂(염)'으로 나무 마디[卩]에 생긴 옹이[科厄 木卩也 從卩厂聲 賈侍中說 以爲厄 裹也 一曰厄 蓋也] 木卩也: 卩各本作節. 誤. 今正.凡可表識者皆曰卩, 竹之卩曰節. 木之卩曰科厄『段注』	厄運(액운) 厄禍(액화) 厄難(액난) 橫厄(횡액)
扼	1급 手 총7	누를 액, 잡을 액 '手+厄(액)'으로 '搤'과 동자. 손[手]으로 꼭 눌러 꼼짝 못함[同搤『正韻』力扼虎, 射命中『前漢·李陵傳』又與軶通『正韻』-『康熙』]	扼腕(액완) 扼喉(액후)

❀ 氏 부

氏	4급 氏 총4	무너질 씨, 성씨 씨, 각시 씨 파촉(巴蜀)의 산 곁 언덕이 무너지려는 모양[巴蜀名山岸脅之堆旁箸欲落墮者曰氏 氏崩 聲聞數百里 象形 乁聲] ※氏=坁, 阺 『字源字典』	氏族(씨족) 氏名(씨명) 無名氏(무명씨)
昏	3급 日 총8	어두울 혼 '氏←氐+日'로 해[日]가 지므로[氐] 날이 어두워짐[日冥也 從日氐省 氏者 下也 一曰民聲. 『注』: 旹, 百, 古文]	昏亂(혼란) 昏迷(혼미) 昏睡(혼수) 黃昏(황혼)
婚	6급 女 총11	혼인할 혼 '女+昏(혼)'으로 남자는 신부[女]가 해가 저물어[昏] 도착하여 혼례를 올리고 장가를 듦[婦家也『禮』: 娶婦以昏時, 婦人陰也 故曰婚 從女從昏 昏亦聲]	婚禮(혼례) 婚約(혼약) 婚需(혼수) 離婚(이혼)
紙	7급 糸 총10	종이 지, 편지 지 '糸+氏(씨)'로 솜[糸]을 바랠 때 깔고 솜을 너는 대발[竹簾] [絮一箈也 從糸氏聲] 絮一箈也: 各本譌笘. 今正. 箈下曰澈絮簀也. 澈下曰 於水中擊絮也『段注』	紙幣(지폐) 便紙(편지) 紙面(지면) 韓紙(한지)
民	8급 氏 총5	백성 민 갑골, 금문에는 송곳으로 사람의 눈을 찌르는 모양. 눈의 기능이 마비되어 사리판단에 어두움[衆萌也 從古文之象] 衆萌也: 萌, 毛本作氓 非. 古謂民曰萌『段注』 ※甲骨, 金文的民字 正象以錐刺眼之形『字源字典』	民俗(민속) 民族(민족) 賤民(천민) 移民(이민)

| 珉 珉 | 2급 玉 총9 | 옥돌 민 '玉+民(민)'으로 임금 등 존귀한 사람들이 허리에 차는 삼채[朱·白·蒼] 옥(玉) [石之美者 從玉民聲 石之美者：弁飾. 珉玉三采 『段注』 | 徐珉鎬(서민호 : 정치가) |
| 眠 瞑 | 3급 目 총10 | 잠잘 면 '目+民(민)'으로 사람이 눈[目]꺼풀을 내리감고 잠을 잠 [翕目也『說文』泯也. 無知泯泯也『釋名』瞑也『玉篇』竟夕不眠『後漢·第五倫傳』先主與雲同牀眠臥『三國志·趙雲傳』-『康熙』] | 不眠(불면) 睡眠(수면) 冬眠(동면) 永眠(영면) |

谷 부

谷	3급 谷 총7	골짜기 곡 산속에서 나온 물이 내가 되어 계곡을 흐르는 물길의 입구[口] [泉出通川爲谷 從水半見, 出於口. 兩山閒流水之道也『韻會』水注谿曰谷『爾雅·釋水』謂山谷中水註入溪谿也『疏』-『康熙』]	谷口(곡구) 谷水(곡수) 谷泉(곡천) 谷風(곡풍)
俗	4급 人 총9	익힐 속, 풍속 속, 속될 속, 세상 속 '人+谷(곡)'으로 사람들[亻]의 습속에서 만들어진 것[習也 從人谷聲 習也：習者, 數飛也. 引伸之凡相效謂之習. 大司徒. 以俗敎安. 注. 俗謂土地所生習也.『段注』	俗界(속계) 俗談(속담) 俗物(속물) 俗語(속어)
浴	5급 水 총10	목욕할 욕, 미역 감을 욕 'ㅣ+谷(곡)'으로 물[ㅣ]로 몸을 씻음[洒身也 從水谷聲] 洒身也：老子. 浴神不死. 河上公曰浴, 養也『段注』	浴室(욕실) 浴湯(욕탕) 浴槽(욕조) 沐浴(목욕)
裕	3급 衣 총12	넉넉할 유 '衣+谷(곡)'으로 의복[衣]과 기타 일용품이 풍족함[衣物饒也 從衣谷聲] 衣物饒也：引伸爲凡寬足之偁. 方言. 裕, 道也. 東齊曰裕『段注』	裕寬(유관) 裕福(유복) 裕足(유족) 餘裕(여유)

山 부

山	8급 山 총3	뫼 산 평지보다 썩 높이 솟아 있고 바위 같은 것이 있으며, 만물을 길러내는 땅덩이의 모습[宣也 宣气散, 生萬物, 有石而高 象形. 山, 産也. 産萬物者也『釋名』-『康熙』]	山水(산수) 泰山(태산) 山紫水明(산자수명)
疝	1급 疒 총8	산증 산 '疒+山(산)'으로 마음에 상처를 입어 그로 인하여 배가 아픈 병[疒] [腹痛也 從疒山聲] 腹痛也：釋名曰. 心痛曰疝. 疝, 詵也. 氣詵詵然上而痛也. 陰腫曰隤. 氣下隤也『段注』	疝症(산증) 疝痛(산통)
岳	3급 山 총8	큰 산 악, 높은 산 악 '山+嶽(악)'으로 산[山] 위에 또 산[丘]이 높이 솟은 모양[嶽古作岳『集韻』嶽, 古篆作岳『說文』從丘, 山, 象形. 嶽, 岳經傳通用『六書正譌』-『康熙』]	岳母(악모) 岳丈(악장) 雲岳(운악) 山岳(산악)
峯	3급 山 총10	산봉우리 봉 '山+夆(봉)'으로 산[山]의 가장 높은 꼭대기[山耑也 從山夆聲]	峯頭(봉두) 峯頂(봉정) 峯尖(봉첨) 孤峯(고봉)

한자	전서	급수/부수/총획	훈음 및 설명	용례
蜂	鑫	3급 虫 총13	벌 **봉** '虫+夆(봉)'으로 날아다니며 독으로 사람을 쏘는 곤충[虫] [飛蟲螫人者 從虫夆聲] 與蠭同『唐韻』蠭通作蜂『集韻』螽蜂, 蟲名. 字或作蠭『蒼頡篇』-『康熙』]	蜂起(봉기) 蜂蠟(봉랍) 蜂蜜(봉밀) 蜂巢(봉소)
烽	赟	1급 火 총11	봉화 **봉** '火+奉(봉)'으로 병란(兵亂)을 알리는 불[火] [烽擧燧燔『史記』『註』索隱曰:纂要云:烽見敵則擧, 燧有難則焚. 烽主晝, 燧主夜 -『康熙』]	烽火(봉화) 烽燧臺(봉수대)
鋒	鑫	1급 金 총15	병기 **봉**, 끝 **봉** '金+奉(봉)'으로 쇠[金]로 만든 날이 날카로운 무기[兵器]. 本作鏠. 省作鋒『說文』刀其末曰鋒, 言若鋒刺之毒利也『釋名』-『康熙』]	先鋒(선봉) 銳鋒(예봉)
島	鳥	5급 山 총10	섬 **도** '山+鳥(조)'로 바다 가운데 사람의 왕래가 있는 산[山] [海中往往有山 可依止曰島 從山鳥聲 島, 到也. 人所奔到也『釋名』-『康熙』]	島配(도배) 島嶼(도서) 島夷(도이) 孤島(고도)
搗	搗	1급 手 총13	찧을 **도** '手+島(도)'로 擣와 동자. 곡식 등을 절구에 담아 손[手]으로 공이를 잡고 찧거나 땅을 다짐[同擣. 詳擣字註『正韻』-『康熙』]	搗精(도정) 搗砧(도침)
崔	崔	2급 山 총11	높을 **최**, 성씨 **최** '山+隹(추)'로 산[山]이 높고 큼[大高也 從山隹聲]	崔氏(최씨)
催	催	3급 人 총13	핍박할 **최**, 재촉할 **최**, 개최할 **최** 'イ+崔(최)'로 바짝 죄어서 사람[イ]을 몹시 괴롭게 함[相擣也 從人崔聲] 相擣也:猶相迫也. 邶風北門曰室人交徧摧我. 傳曰摧, 沮也『段注』	催告(최고) 催眠(최면) 催淚(최루) 催促(최촉)
峻	峻	2급 山 총10	산 높을 **준**, 준엄할 **준** '山+夋(준)'으로 본자는 '陖'. 높고 험준한 산[山] [陖或省. 今經典作此字『說文解字注』高也. 本作陖. 或省作峻『說文』又險也, 長也『廣韻』大也『集韻』-『康熙』]	峻嶺(준령) 峻嚴(준엄) 峻險(준험) 險峻(험준)
俊	倰	3급 人 총9	준걸 **준**, 뛰어날 **준** 'イ+夋(준)'으로 재주가 천 사람을 당해 낼 만큼 뛰어난 사람[イ] [材過千人也 從人夋聲] 材過千人也:尹文子曰千人才曰俊 萬人曰傑 淮南泰俗訓曰智過萬人者謂之英. 千人者謂之俊. 百人者謂之豪. 十人者謂之傑. 春秋繁露曰萬人者曰英. 千人者曰俊. 百人者曰傑. 十人者曰豪『段注』	俊傑(준걸) 俊秀(준수) 俊德(준덕) 俊逸(준일)
晙	晙	2급 日 총11	밝을 **준** '日+夋(준)'으로 이른 아침에 해[日]가 떠 밝음[明也 從日夋聲] 晙, 早也『爾雅·釋詁』晙亦明也『註』	李圭晙(이규준 : 조선의 의학자)
埈	埈	2급 土 총10	가파를 **준**, 험할 **준** '土+夋(준)'으로 험준하고 가파른 높은 산[土] [陵, 陗高也. 從土夋聲] 同陵『廣韻, 集韻』-『康熙』	李埈鎔(이준용 : 흥선대원군의 손자)
酸	酸	3급 酉 총14	실 **산**, 초 **산** '酉+夋(준)'으로 술[酉]에 신맛이 나 초가 됨[酢也 從酉夋聲 關東謂酢曰酸 酸, 籀文酸從畯 酢也『廣韻』曲直作酸『書·洪範』-『康熙』]	酸性(산성) 酸化(산화) 乳酸(유산) 黃酸(황산)

V. 자연물　269

한자	이체	급수/부수/총획	뜻과 풀이	용례
浚	濬	2급 水 총10	깊을 **준** '氵+夋(준)'으로 물[氵]이 많이 모여 수심이 깊은 곳[抒也 從水夋聲] 抒也：抒者, 挹也. 取諸水中也. 春秋經浚洙, 孟子使浚井, 左傳浚我以生, 義皆同. 浚之則深. 故小弁傳曰浚, 深也『段注』	浚渫(준설) 浚井(준정) 許浚(허준：조선의 명의)
唆	唆	2급 口 총10	아이들 이야기할 **사**, 부추길 **사** '口+夋←梭(사)'로 어린아이들끼리 서로 응하는 말[口] [嗾唆, 小兒相應也『玉篇』又與謗同. 枉也. 詳言部誘字註『集韻』-『康熙』]	示唆(시사) 敎唆(교사)
駿	駿	2급 馬 총17	준마 **준** '馬+夋(준)'으로 크고 훌륭한 좋은 말[馬] [馬之良材者 從馬夋聲] 馬之良材者：引伸爲凡大之偁. 釋詁, 毛傳皆曰駿, 大也『段注』	駿馬(준마) 駿足(준족)
悛	悛	1급 心 총10	고칠 **전**, 그칠 **전** '心+夋(준)'으로 잘못을 마음[心]속으로 뉘우쳐 고침[止也 從心夋聲] 止也：方言. 悛, 改也. 自山而東或曰悛. 或曰懌『段注』	悛心(전심) 改悛(개전)
竣	竴	1급 立 총12	웅크릴 **준**, 멈출 **준**, 마칠 **준** '立+夋(준)'으로 몹시 춥거나 겁이 나서 몸을 세우고[立] 잔뜩 웅크림[居也 從立夋聲『國語』曰：有司已事而竣] 尸部曰. 居, 蹲也. 足部曰居, 蹲也. 郭注山海經, 徐廣史記音義皆曰. 踆古蹲字. 許書之竣, 蓋與蹲義皆同也『段注』	竣工(준공) 竣事(준사)
峽	峽	2급 山 총10	산 이름 **협**, 골짜기 **협** '山+夾(협)'으로 촉나라와 초나라 사이의 산[山] 이름[巫峽, 山名. 蜀楚之交, 山有三峽『廣韻』經三峽之崢嶸『左思·蜀都賦』三峽在巴東永安縣, 謂西陵峽, 歸鄕峽, 巫峽也『註』-『康熙』]	峽谷(협곡) 峽西城(협서성)
陜	陜	2급 阜 총10	좁을 **협**, 땅 이름 **합** 'β+夾(협)'으로 동자는 '狹'. 언덕[β]과 언덕 사이에 끼어 있는 좁은 땅[隘也 從阜夾聲] 俗作陿, 峽, 狹『段注』	陜川(협천)
陝	陝	2급 阜 총10	고을 이름 **섬** 'β+夾(섬)'으로 섬서성(陝西省) 유역의 땅[β] 이름[弘農陝也 古虢國 王季之子所封也. 從阜夾聲]	陝西省(섬서성)
岡	岡	2급 山 총8	산등성이 **강** '山+网(망)'으로 산의 뼈대에 해당되는 산등성이[山] [山骨也. 從山网聲]	岡陵(강릉) 岡阜(강부) 金文
剛	剛	3급 刀 총10	굳셀 **강**, 억셀 **강** '刂+岡(강)'으로 굳세고 억센 것을 힘들여 칼[刂]로 끊음[彊斷也 從刀岡聲]. 彊斷也：彊者, 弓有力也. 有力而斷之也. 周書所謂剛剠. 引伸凡有力曰剛『段注』	剛健(강건) 剛果(강과) 剛柔(강유) 剛毅(강의)
鋼	鋼	3급 金 총16	담금질 쇠 **강**, 굳셀 **강**, 강철 **강** '金+岡(강)'으로 쇠[金]를 담금질하여 단단하게 함[鍊鐵也『玉篇』鍊鋼赤刃, 用之切玉, 如切泥焉『列子·湯問篇』羊頭之鋼『魏文帝·樂府』-『康熙』]	鋼玉(강옥) 鋼鐵(강철) 鋼筆(강필) 純鋼(순강)
綱	綱	3급 糸 총14	벼리 **강**, 대강 **강**, 다스릴 **강** '糸+岡(강)'으로 그물의 위쪽 코를 꿰어 잡아당기게 된 굵고 튼튼한 줄[糸] [維紘繩也. 從糸岡聲. 杊, 古文綱『註』棓, 古文]	紀綱(기강) 要綱(요강) 綱紀(강기) 綱領(강령) 綱目(강목) 綱常(강상)
崗	崗	2급 山 총11	산등성이 **강**, 언덕 **강** '山+岡(강)'으로 속자는 '岡'. 산[山]의 등줄기[俗岡字『正字通』-『康熙』]	花崗石(화강석) 花崗巖(화강암)

字	篆	級/部/劃	訓音 및 字源	甲骨文/金文	用例
崩	崩	3급 / 山 / 총11	산 무너질 붕, 임금 죽을 붕 '山+朋(붕)'으로 산[山]이 위로부터 아래로 무너짐[山壞也. 從山朋聲『說文』 毁也『玉篇』 邢昺曰：自上隳下曰崩『禮·曲禮·註』 -『康熙』]		崩壞(붕괴) 崩落(붕락) 崩御(붕어) 崩城之痛(붕성지통)
繃	繃	1급 / 糸 / 총17	묶을 붕 '糸+崩(붕)'으로 새끼나 실[糸] 따위로 물체를 묶음[束也. 從糸崩聲 墨子曰：禹葬會稽, 桐棺三寸, 葛以繃之]		繃帶(붕대)

❀ 阜 부

字	篆	級/部/劃	訓音 및 字源	甲骨文/金文	用例
阜	阜	阜 / 총8	언덕 부 산에 돌이 없고 높고 평평한 꼭대기[大陸曰阜『爾雅·釋地』 山無石者『說文』 土山曰阜, 言高厚也『釋名』 -『康熙』]	甲骨文	
陸	陸	5급 / 阜 / 총11	육지 륙, 뭍 륙 'ß+坴(륙)'으로 높고 평평한 땅[阜] [高平地. 從阜從坴 坴亦聲『注』畜, 古文 厚也『玉篇』 高也『廣韻』 高平曰陸『爾雅·釋地』 陸, 漉也. 水流漉而出也『釋名』 -『康熙』]		陸橋(육교) 陸軍(육군) 陸運(육운) 陸風(육풍)
逵	逵	1급 / 辵 / 총12	한길 규 '辵+坴(륙)'으로 아홉 군데로 통하는[辵] 큰 길[馗或從辵坴. 今毛詩作此字. 馗高也. 故從坴. 故字今增. 徐楚金云. 坴, 高土也. 會意. 玉裁按坴亦聲『注』]		逵路(규로) 九逵(구규)
陰	陰	4급 / 阜 / 총11	그늘 음, 음기 음, 몰래 음, 세월 음, 생식기 음 'ß+侌(음)'으로 언덕[ß]에 가려 햇볕이 들지 않음[闇也. 水之南山之北也. 從阜侌聲]	金文	陰刻(음각) 陰氣(음기) 陰德(음덕) 陰謀(음모) 陰部(음부) 陰散(음산)
蔭	蔭	1급 / 艸 / 총15	그늘 음, 해 그림자 음 '艸+陰(음)'으로 풀[艸]에 가려져서 해가 비치지 않는 곳[艸陰地. 從艸陰聲 艸陰涂：左氏傳曰 若去枝葉則本根無所庇蔭矣. 楚語. 玉足以庇蔭嘉穀. 引伸爲凡覆庇之義也. 釋言曰庇茠蔭也. 說文曰庇, 蔭也. 休, 止息也『段注』]		蔭德(음덕) 蔭官(음관)
陵	陵	3급 / 阜 / 총11	언덕 릉, 업신여길 릉 'ß+夌(릉)'으로 땅이 융기하여 높아진 언덕[阜] [大阜也. 從阜夌聲] 大自也：釋地, 毛傳皆曰 大阜曰陵. 釋名曰陵, 隆也. 體隆高也. 按引申之爲乘也, 上也, 躐也, 侵陵也, 陵夷也. 皆夌字之叚借也『段注』]	金文	陵碑(능비) 陵辱(능욕) 陵園(능원) 陵寢(능침)
菱	菱	1급 / 艸 / 총12	마름 릉 '艸+凌(릉)'으로 '薐과 동자. 바늘꽃과에 속하는 일년생의 수초[艸] [芰也. 從艸凌聲 楚謂之芰 秦謂之薜菭] 古文 薐 同菱『唐韻』		菱歌(능가)
稜	稜	1급 / 禾 / 총13	서슬 릉, 모 릉(=棱) '禾+夌(릉)'으로 '柧, 觚'는 뜻이 같음. 벼[禾]잎처럼 날카로운 물체의 날이나 모서리[威稜儋乎鄰國『前漢·李廣傳』李奇曰：神靈之威曰稜. 又稻名. 烏稜. 又藥名. 三稜『註』俗棱字. 凡物有廉角者曰觚稜『廣韻』上觚稜而棲金爵『班固·西都賦』稜, 柧也. 柧與觚同『註』 -『康熙』]		稜線(능선) 側稜(측릉) 稜角(능각) 稜威(능위)
綾	綾	1급 / 糸 / 총14	비단 릉, 평평하지 않을 릉 '糸+夌(릉)'으로 가는 실[糸]로 짠 무늬가 있는 비단[東齊謂布帛之細曰綾 從糸夌聲 文繒也『玉篇』綾紈『廣韻』 -『康熙』]		綾羅(능라) 文綾(문릉)

한자	전서	급수/부수/총획	뜻풀이	용례
凌	牍	1급 冫 총10	얼음 릉, 건널 릉, 범할 릉 '冫+夌(릉)'으로 차가운 날씨에 두꺼운 얼음[冫]이 얾[冰凌『廣韻』積冰曰凌『風俗通』三之日納于凌陰『詩·豳風』凌, 冰室也『周禮·天官·凌人註』未央宮凌室『前漢·高帝紀』師古曰：凌室, 藏冰之室『註』-『康熙』]	凌駕(능가) 凌蔑(능멸)
陽	陽	6급 阜 총12	볕 양, 양기 양, 드러낼 양 '阝+昜(양)'으로 햇볕이 잘 드는 높다란 언덕[阜] 高, 明也 従阜昜聲 〖注〗隂, 陰, 昜, 古文. 從昌 : 不言山南曰昜者, 陰之解可錯見也. 山南曰陽, 故從昌. 毛傳曰山東曰朝陽, 山西曰夕陽『段注』	陽刻(양각) 陽界(양계) 陽光(양광) 陽狂(양광)
楊	楊	3급 木 총13	버들 양 '木+昜(양)'으로 냇가에서 잘 자라는 버드나무[木] [蒲柳也 従木昜聲] 楊, 蒲柳. 詳柳字註『爾雅·釋木』又隰有楊『詩·秦風』白楊葉圓, 青楊葉長, 桬楊圓葉弱蔕, 微風大搖『崔豹·古今註』-『康熙』	楊柳(양류) 楊枝(양지) 白楊(백양)
場	場	7급 土 총12	마당 장, 곳 장 '土+昜(양)'으로 신에게 제사를 올리는 광장[土] [祭神道也 一曰田不耕 一曰治穀田 従土昜聲] 祭神道也『說文』師古曰築土爲壇, 除地爲場 -『康熙』	場內(장내) 場面(장면) 場外(장외) 科場(과장)
腸	腸	4급 肉 총13	창자 장 '月+昜(양)'으로 대장, 소장 등 우리 몸[月]의 육관(肉管) [大小腸也. 従肉昜聲]	腸壁(장벽) 腸液(장액) 灌腸(관장) 斷腸(단장)
揚	揚	3급 手 총12	날릴 양, 오를 양 '扌+昜(양)'으로 손[扌]으로 물건을 들어 날림 [飛擧也 從手昜聲] 發也, 顯也『增韻』擧也『廣韻』或以言揚『禮·文王世子』能言語應對, 亦擧用之 又稱說也『疏』-『康熙』	揚名(양명) 揚水(양수) 揚揚(양양) 揭揚(게양)
暢	暢	3급 日 총14	화창할 창, 통할 창, 펼 창 '申+昜(양)'으로 아름다운 마음을 내면에 간직하면 신체 밖에 퍼져[申=伸] 나타남[達也『集韻』美在其中而暢於四支『易·坤卦』有美在中, 必通暢於外『疏』又命之曰暢月『禮·月令』暢, 充也『註』]	暢達(창달) 暢茂(창무) 暢懷(창회) 流暢(유창)
瘍	瘍	1급 疒 총14	두창 양, 부스럼 양 '疒+昜(양)'으로 머리에 나는 부스럼 병[疒] 등의 총칭[頭創也 從疒昜聲]	腫瘍(종양) 潰瘍(궤양)
隨	隨	3급 阜 총16	따를 수 '辶+隋(수)'로 뒤에서 앞을 따르며 천천히 걸어감[辶] [從也 從辵隋聲] 從也 : 行可委曲從迹, 謂之委隨『段注』	隨伴(수반) 隨時(수시) 隨意(수의) 隨筆(수필)
髓	髓	1급 骨 총24	골수 수 '骨+隋(수)'로 본자는 '髓'. 뼈[骨] 속에 차 있는 누른빛의 기름 같은 물질[髓骨中脂也 從骨隋聲] 同髓『集韻』髓, 遺也, 遺『釋名』-『康熙』	骨髓(골수) 眞髓(진수)
隋	隋	2급 阜 총12	제사 지낸 고기 나머지 타, 떨어질 타(=墮), 게으를 타(=惰), 수나라 수 '肉+隓(수)'로 고기[肉]가 찢기어 본래 모양이 손상됨[隓] [裂肉也 從肉從隓省] ※隋 : 문제(文帝) 양견(楊堅)이 북주(北周)의 선위를 받아 세운 왕조.	隋唐(수당)

漢字	篆文	級/部首/總劃	訓音 및 解說	用例
墮	墮	3급 / 土 / 총15	무너질 타, 떨어질 타 '土+隋'로 싸움에 패하여 성[土]이 이미 무너짐[隋] [毁也『正韻』作陊. 敗城旣曰隓『說文』墮屺, 墮郟, 墮費『春秋』墮名城『賈誼·過秦論』-『康熙』]	墮落(타락) 墮淚(타루) 墮胎(타태) 怠惰(태타)
隊	隊	4급 / 阜 / 총12	떨어질 추(=墜), 무리 대, 군대 대 '阝+㒸(수)'로 '墜'와 통용. 높은 언덕[阜]에서 흙이 무너져 내림[從高隊也. 從阜㒸聲. 從高隊也: 隊墜正俗字. 古書多作隊. 今則墜行而隊廢矣. 大徐以墜附土部. 非許意. 釋詁, 隊, 落也. 釋文從隊而以墜附見. 偵矣『段注』]	隊商(대상) 隊列(대열) 隊伍(대오) 隊長(대장)
墜	墜	1급 / 土 / 총15	떨어질 추 '土+隊(대)'로 언덕의 흙[土]이 무너져 떨어짐[陊也 從土隊聲 古通用碎] 落也『爾雅·釋詁』未墜於地『論語』星墜木鳴, 國人皆恐『韓詩外傳』-『康熙』]	墜落(추락) 失墜(실추)
隱	隱	4급 / 阜 / 총17	가릴 은, 숨을 은, 은퇴할 은 '阝+㥯(은)'으로 산언덕[阝]에 가려 작은 물체가 보이지 않음[蔽也 從阜㥯聲 [注] 乚, ㄴ, 古文 蔽也 : 艸部曰蔽茀, 小貌也. 小則不可見. 故隱之訓曰蔽『段注』]	隱居(은거) 隱匿(은닉) 隱密(은밀) 隱身(은신)
穩	穩	2급 / 禾 / 총19	곡식 거둬 모을 은, 평온할 온 '禾+隱(은)'으로 벼[禾]를 짓밟아 곡식으로 잘 갈무리 해두니 마음이 평안함[蹂穀聚也 一曰安也 從禾 隱省. 古通用安隱]	穩健(온건) 安穩(안온)
陶	陶	3급 / 阜 / 총11	겹친 언덕 도, 질그릇 도, 요임금 도 '阜+匋(도)'로 요임금이 질그릇 굽고 생활하던 곳[阝] [再成丘也. 在濟陰 從阜匋聲『夏書』曰 東至于陶丘 陶丘有堯城 堯嘗所居故堯號陶唐氏 再成丘也 : 在濟陰. 釋丘曰一成爲敦丘. 再成爲陶丘. 禹貢曰道沇水東流爲濟. 入于河. 泆爲滎. 東出于陶丘北『段注』]	陶器(도기) 陶冶(도야) 陶然(도연) 陶瓦(도와) 陶醉(도취) 陶土(도토)
淘	淘	1급 / 水 / 총11	일 도, 칠 도 '水+匋(도)'로 물[水]로 쌀 등을 일거나 흐르는 물에 더러운 것을 씻어냄[淘淘, 水流也『博雅』又澄汰也, 與洮同. 又漸米也『韻會』冷水淨淘. 又淘河, 鳥名『齊民要術』-『康熙』]	淘金(도금) 淘汰(도태)
葡	葡	1급 / 艸 / 총12	포도 도 '艸+匋(도)'로 포도과의 낙엽 활엽 덩굴성 나무[艸] [艸也 從艸匋聲 艸也 : 今人爲蒲萄字. 籒文作䕡『段注』]	靑葡萄(청포도)
隣	隣	3급 / 阜 / 총15	이웃 린 '邑+粦(린)'으로 다섯 집이 모여 생활하는 다정한 마을[阝] [俗鄰字『廣韻』五家爲鄰. 從邑粦聲『說文』-『康熙』] 五家爲鄰 : 見遂人職. 按引伸爲凡親密之偁『段注』※遂人職 『周禮』	隣家(인가) 隣交(인교) 隣近(인근) 隣保(인보)
麟	麟	2급 / 鹿 / 총23	기린 린 '鹿+粦(린)'으로 큰 수컷 사슴[鹿]처럼 목과 다리가 매우 긴 동물[大牡鹿也 從鹿粦聲] 大牡鹿也 : 牡各本及集韻, 類篇皆譌牝. 今正. 玉篇曰麟, 大麚也. 是也. 子虛賦射麋脚麟, 謂此. 按許此篆爲大麚. 麐篆爲麒麐. 經典用仁獸字多作麟, 蓋同音叚借『段注』	麒麟兒(기린아) 鄭麟趾(정인지)
憐	憐	3급 / 心 / 총15	불쌍히 여길 련 '忄+粦(린)'으로 마음[忄]에 불쌍함을 느낌[哀也 從心粦聲] 同病相憐『吳越春秋河上歌』又愛也『廣韻』-『康熙』	憐憫(연민) 憐情(연정) 憐恤(연휼) 可憐(가련)

字	篆	級/部/總	훈음 및 해설	용례
燐	燐	1급 火 총16	도깨비불 **린** '火+粦(린)'으로 어두운 밤에 묘지나 습지 또는 고목(古木) 등에서 인(燐)의 작용으로 번쩍거리는 푸른 불빛[火] [本作粦. 詳粦字註『說文』老槐生火, 久血爲燐『淮南子·氾論訓』又熠燿, 燐也. 燐, 螢火也『詩·豳風·熠燿宵行傳』-『康熙』]	鬼燐(귀린) 燐火(인화)
鱗	鱗	1급 魚 총23	고기 비늘 **린** '魚+粦(린)'으로 물고기[魚]의 비늘[魚甲也 從魚粦聲] 魚甲也 : 甲者, 鎧也. 魚鱗似鎧. 亦有無鱗有甲之魚, 鱣是也 『段注』	角鱗(각린) 片鱗(편린)
陛	陛	1급 阜 총10	층계 **폐**, 섬돌 **폐** '阜+坒(비)'로 낮은 곳에서 높은 곳에 오르도록 만들어 놓은 층계[阜][升高階也 從阜坒聲] 升高陛也 : 升登古今字, 古叚升爲登也. 自卑而可以登高者, 謂之陛『段注』	陛下(폐하) 高陛(고폐)
隆	隆	3급 阜 총12	풍성하게 클 **륭**, 높을 **륭**, 성할 **륭** '生+降(강)'으로 산같이 중앙이 높게 불쑥 솟아 나옴[生] [豐大也 從生降聲 中央高也『玉篇』宛中隆『爾雅·釋山』山形中央蘊聚而高者名隆『疏』-『康熙』]	隆起(융기) 隆盛(융성) 隆崇(융숭) 隆昌(융창)
陷	陷	3급 阜 총11	빠질 **함**, 함정 **함** '阜+㘡(함)'으로 높은 곳[阜]에서 아래 구덩이로 떨어져 빠짐[高下也. 一曰陊也 從阜從㘡 㘡亦聲]	陷落(함락) 陷壘(함루) 陷沒(함몰) 陷城(함성)
閻	閻	2급 門 총16	이문 **염**, 마을 **염** '門+㘡(함)'으로 마을 가운데에 세운 문[門] [里中門也. 從門㘡聲] 里中門也 : 別於閭閉爲里外門也	閭閻(여염) 閻魔(염마)
焰	焰	1급 火 총12	불꽃 **염** '火+㘡(함)'으로 동자는 '燄', '爓'. 불[火]이 처음 붙어 타오르기 시작하는 모양[光也『玉篇』本作燄『廣韻』-『康熙』] 燄 : 火行微燄燄也. 從炎㘡聲. 爓 : 火門也. 從火閻聲『說文』	火焰(화염) 氣焰(기염)
諂	諂	1급 言 총15	아첨할 **첨** '言+㘡(함)'으로 남의 환심을 사거나 잘 보이려고 알랑거리며 하는 말[言] [同謟, 省. 諛也『說文』徐曰陷也. 一曰面從曰諛, 佞言曰諂. 稱其讐不爲諂『左傳·襄三年』諂, 媚也『註』貧而無諂『論語』佞言『邢疏』卑屈也『朱註』-『康熙』]	阿諂(아첨) 諂笑(첨소)
隙	隙	1급 阜 총13	틈 **극**, 구멍 **극** '阜+𡭴(극)'으로 벽의 벌어진 구멍 사이로 광선(光線)이 새어 들어오는 광경[壁際孔也 從𨸏從𡭴, 𡭴亦聲]	隙孔(극공) 間隙(간극)

✿ 田 부

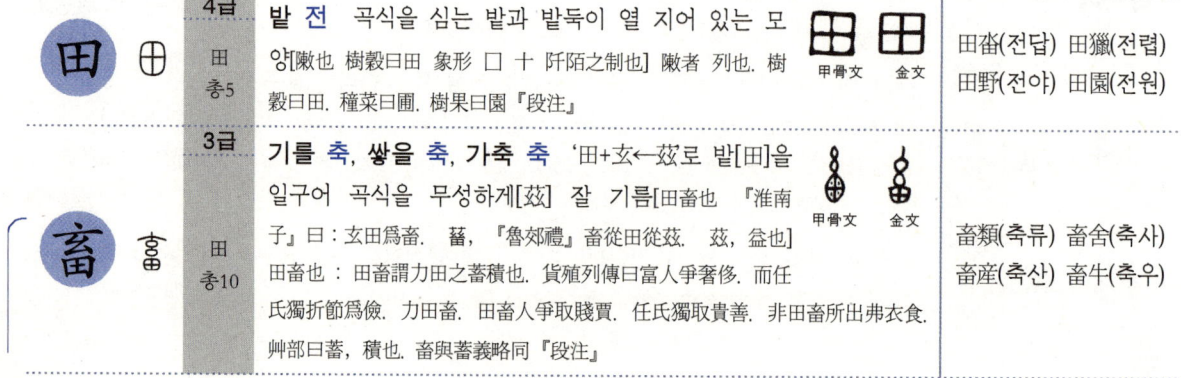

字	篆	級/部/總	훈음 및 해설	용례
田	田	4급 田 총5	밭 **전** 곡식을 심는 밭과 밭둑이 열 지어 있는 모양[陳也, 樹穀曰田 象形 口十 阡陌之制也] 陳者 列也. 樹穀曰田. 種菜曰圃. 樹果曰園『段注』	田畓(전답) 田獵(전렵) 田野(전야) 田園(전원)
畜	畜	3급 田 총10	기를 **축**, 쌓을 **축**, 가축 **축** '田+玄←茲로 밭[田]을 일구어 곡식을 무성하게[茲] 잘 기름[田畜也『淮南子』曰 : 玄田爲畜. 蓄, 『魯郊禮』畜從田從茲. 茲, 益也] 田畜也 : 田畜謂力田之蓄積也. 貨殖列傳曰富人爭奢侈. 而任氏獨折節爲儉. 力田畜. 田畜人爭取賤賈. 任氏獨取貴善. 非田畜所出弗衣食. 艸部曰蓄, 積也. 畜與蓄義略同『段注』	畜類(축류) 畜舍(축사) 畜産(축산) 畜牛(축우)

楷書	篆書	級/部首/總劃	訓音 및 字源	用例
蓄	蓄	4급 艸 총14	겨울에 쓰려고 저장한 채소 **휵**, 쌓을 **축**, 저축할 **축** '艸+畜(축)'으로 겨울에 쓰려고 쌓아 둔[畜] 채소[艹] [積也 從艸畜聲] 聚也, 藏也『篇海』我有旨蓄, 亦以禦冬『詩·邶風』蓄, 聚美菜『箋』又蓄力一紀, 可以遠矣『晉語』蓄, 養也『註』-『康熙』	蓄財(축재) 蓄積(축적) 蓄怨(축원) 蓄音機(축음기)
男	男	7급 田 총7	사내 **남**, 아들 **남** '田+力'으로 밭[田]에서 부지런히 힘써[力] 일하는 사람[丈夫也 從田從力 言男子力於田也] 丈夫也 : 夫丈曰 周制八寸爲尺. 十尺爲丈. 人長一丈. 故曰丈夫. 白虎通曰男, 任也. 任功業也. 古男與任同音. 故公侯伯子男, 王莽男作任『段注』	男妹(남매) 男爵(남작) 男裝(남장) 男便(남편)
舅	舅	1급 臼 총13	외숙 **구**, 장인 **구**, 시아버지 **구** '男+臼(구)'로 어머니의 형제나 처의 아버지[男] 등[母之兄弟爲舅 妻之父爲外舅 從男臼聲]	舅姑(구고) 舅家(구가)
甥	甥	1급 生 총18	사위 **생**, 생질 **생** '男+生(생)'으로 나를 장인이라고 부르는 사람 또는 자매의 아들[男] [謂我舅者, 吾謂之甥也. 從男生聲]	甥姪(생질) 外甥(외생)
畓	畓	3급 田 총9	논 **답** '水+田'으로 물[水]을 대어 농사를 짓는 논[田] [【韓】水田 -『漢典』]	畓穀(답곡) 乾畓(건답) 天水畓(천수답)
由	由	6급 田 총5	말미암을 **유**, 까닭 **유** '등잔불', '열매', '술단지'[由] 모양 등[從也『廣韻』因也『韻會』自也『爾雅·釋詁』猶從也『註』觀其所由『論語』經也, 言所經從『註』由衣服飮食, 由執事『禮·內則』由, 自也『註』-『康熙』	由來(유래) 由緒(유서) 由緣(유연) 經由(경유)
油	油	6급 水 총8	물 이름 **유**, 기름 **유** 'ⅰ+由(유)'로 공안현(公安縣) 서쪽에서 발원하여 장강(長江)으로 유입하는 강물[ⅰ] [油水. 出武陵孱陵西 東南入江 從水由聲]	油然(유연) 油田(유전) 油脂(유지) 油紙(유지) 油印物(유인물)
抽	抽	3급 手 총8	뽑을 **추** '扌+由←留(류)'로 어떤 것을 손으로 뽑아 올리거나 제거함[搖或從由 引也『說文』挈水若抽, 其名爲橰『莊子·天地篇』思軋軋其若抽. 又拔也, 除也『陸機·文賦』-『康熙』]	抽出(추출) 抽象(추상) 抽利(추리) 抽身(추신)
笛	笛	3급 竹 총11	피리 **적** '竹+由(유)'로 구멍이 일곱 개 뚫린 대[竹]로 만든 관악기[七孔筩 從竹由聲 羌笛三孔] 七孔筩也 : 文選李注引說文. 笛七孔. 長一尺四寸. 今人長笛是也『段注』	笛聲(적성) 警笛(경적) 汽笛(기적) 牧笛(목적)
宙	宙	3급 宀 총8	집 **주**, 때 **주**, 하늘 **주** '宀+由(유)'로 배와 수레[宀]처럼 순환 반복 왕래하는 것[舟輿所極覆也 從宀由聲] 舟輿所極覆也 : 覆者, 反也. 與復同. 往來也. 舟輿所極覆者, 謂舟車自此至彼而復還此如循環然. 故其字從由. 如軸字從由也. ※訓詁家皆言上下四方曰宇. 古往來今曰宙. 由今溯古. 復由古沿今. 此正如舟車自此至彼, 復自彼至此皆如循環然『段注』	宇宙船(우주선) 宇宙萬物(우주만물) 宇宙洪荒(우주홍황)
軸	軸	2급 車 총12	굴대 **축** '車+由(유)'로 수레[車]바퀴 한가운데의 구멍에 끼는 긴 나무나 쇠[軸 持輪也 從車由聲]	地軸(지축) 車軸(차축)

字	篆	級/部首/劃	뜻풀이	用例
柚	柚	1급 木 총9	유자나무 **유** '木+由(유)'로 운향과(芸香科)에 속하는 상록교목(常綠喬木)으로 등자나무와 비슷한 나무[木] [條也. 似橙而酢. 從木由聲『夏書』曰 厥包橘柚]	柚子(유자) 柚子花(유자화)
袖	袖	1급 衣 총10	소매 **수**, 옷 잘 입을 **유**(=褎) '衣+由(유)'로 고자는 '褎'. 윗옷[衣]의 좌우에 있는 두 팔을 꿰는 부분[字亦作褎. 作袖. 褎, 袂也] 古字作褎. 從衣由聲. 本義: 衣袖 —『漢典』	領袖(영수) 袖手傍觀(수수방관)
胄	胄	1급 肉 총9	맏아들 **주** '肉+由(유)'로 형제 중 맨 먼저 태어난 사람[肉] [胤也. 從肉由聲. 裔也. 又系也, 嗣也. 又長也『增韻』帝曰: 夔, 命汝典樂, 教胄子『書·舜典』胄, 長也『傳』— 『康熙』]	胄孫(주손) 胄裔(주예)
冑	冑	1급 冂 총9	투구 **주** '冂+由(유)'로 전쟁 때 갑옷과 함께 머리에 덮어 쓰던 쇠 모자[冂] [兜鍪也. 從冂由聲. 暈, 『司馬法』冑從革]	冑筵(주연) 介冑之士(개주지사) 三升甲冑(삼승갑주)
紬	紬	1급 糸 총11	명주 **주** '糸+由(유)'로 누에고치에서 뽑은 명주실[糸]로 짠 직물 [大絲繒也. 從糸由聲]	紬緞(주단) 明紬(명주)
留	畱	4급 田 총10	머무를 **류**, 묵을 **류** '田+丣(류)'로 도중에 멈추거나 일시적으로 어떤 곳에 묵음[田] [止也. 從田丣聲. 止也: 稽下曰稽, 畱止也. 從田丣聲 田, 所止也『段注』]	留念(유념) 留保(유보) 留宿(유숙) 留置(유치)
溜	溜	1급 水 총13	물 이름 **류**, 떨어질 **류**, 흐를 **류** '水+留(류)'로 울림군(鬱林郡)에 있는 강[水] 이름[水名『正韻, 韻會, 集韻, 唐韻』水在鬱林郡『說文』鬱林郡有中溜縣『後漢·郡國志』— 『康熙』]	溜槽(유조) 蒸溜(증류)
瘤	瘤	1급 疒 총15	혹 **류** '疒+留(류)'로 방광과 소장, 위, 대장 등에 생긴 부증(浮症) 또는 혹 종류의 병[疒] [俗瘤字『正字通』— 『康熙』] 瘤: 腫也. 從疒畱聲『說文』腫也. 釋名曰瘤, 流也. 流聚而生腫也『段注』	瘤腫(유종) 靜脈瘤(정맥류)
甲	甲	4급 田 총5	갑옷 **갑**, 첫째 **갑**, 껍질 **갑** 초목의 씨가 처음 발 아될 때 그 껍질을 이고 있는 모양[東方之孟. 陽气萌動 從木戴孚甲之象 大一經曰人頭空爲甲] 從木戴孚甲之象: 孚者, 㚻孚也. 孚甲猶今言㱿也. 凡艸木初生. 或戴穜於顚. 或先見其葉. 故其字像之. 下像木之有莖. 上像孚甲下覆也『段注』	甲冑(갑주) 甲板(갑판) 甲富(갑부) 甲殼類(갑각류) 甲論乙駁(갑론을박)
岬	岬	2급 山 총8	산허리 **갑**, 산골짜기 **갑** '山+甲(갑)'으로 산[山]과 산허리[山旁也『集韻』徘徊於山岬之旁『淮南子·原道訓』岬, 山脅也『註』傾藪薄, 倒岬岫『左思·吳都賦』兩山閒曰岬『註』— 『康熙』]	岬寺(갑사) 岬角(갑각)
押	押	2급 手 총8	수결 **압**, 찍을 **압**, 누를 **압**, 잡을 **압**, 단속할 **갑**, 겹칠 **갑** '扌+甲(갑)'으로 문서의 발송이나 권리 이동 때 책임 소재를 밝히기 위해 직접 손[手]으로 성명을 쓰고 날인하는 것[署也. 今人言文字押署是也『正韻』押字才能也『文字指歸』中書舍人謂之六押. 又歐陽脩曰: 俗以草書名爲押字『通典』又按也. 一曰管拘也『集韻』— 『康熙』]	押署(압서) 押韻(압운) 押送(압송)

字	篆	級/部/획	訓·音·解說	用例
鴨	鴨	2급 鳥 총16	오리 압 '鳥+甲(갑)'으로 오릿과 새[鳥]인 집오리[鶩也 俗謂之鴨 從鳥甲聲 小鳥也『玉篇』舒鳧, 鶩『爾雅·釋鳥』鳧也『註』-『康熙』]	鴨甃(압증) 鴨綠江(압록강)
鉀	鉀	2급 金 총13	갑옷 갑 '金+甲(갑)'으로 '甲'과 동자. 쇠[金]로 만든 갑옷[與甲同. 鎧也『韻會』今單作甲『廣韻』又鉀鑪『集韻』-『康熙』]	鐵甲[鉀](철갑)
匣	匣	1급 匚 총7	갑 갑, 우리 갑 '匚+甲(갑)'으로 나무 등으로 만든 물건을 넣기 위한 그릇[匚] [匱也 從匚甲聲] 匱也 : 廣韻曰箱, 匣也. 古亦借柙爲之. 柙, 檻也.『段注』	紙匣(지갑) 文匣(문갑)
閘	閘	1급 門 총13	물문 갑, 수문 갑 '門+甲(갑)'으로 물길을 여닫는 문[門] [開閉門也 從門甲聲] 字彙同胛. 按今漕艘往來, 甾石左右如門, 設版潴水, 時啓閉以通舟, 水門容一舟, 銜尾貫行, 門曰閘門, 河曰閘河. 設閘官司之.說文:開閉門也『正字通』-『康熙』	閘門(갑문) 閘夫(갑부)
申	毌	4급 田 총5	펼 신, 지지 신, 거듭 신 관리가 몸을 거듭 잘 단속하여 아침 정사를 폄[神也 七月陰气成 體自申束. 從臼, 自持也. 吏以餔時聽事 申旦政也] 古文 串叟. 申, 身也. 物皆成, 其身體各申束之, 使備成也『釋名』申命義叔『書·堯典』申, 重也『傳』-『康熙』	申請(신청) 申飭(신칙) 甲申(갑신) 申申當付(신신당부)
伸	伸	3급 人 총7	펼 신, 기지개 켤 신 '亻+申(신)'으로 사람[亻]이 몸을 굽히고 폄 [屈伸 從人申聲]	伸長(신장) 伸張(신장) 伸志(신지) 伸縮(신축)
神	神	6급 示 총10	하느님 신, 천신 신, 귀신 신, 정신 신, 신통할 신 '示+申(신)'으로 만물을 창조한 하느님이 위력을 보임[示] [天神 引出萬物者也 從示申聲]	鬼神(귀신) 神靈(신령) 神奇(신기) 神妙(신묘) 神聖(신성) 神仙(신선)
坤	坤	3급 土 총8	땅 곤, 여자 곤 '土+申'으로 만물이 땅[土] 위에서 정성스레 길러짐[申] [地也 易之卦也. 從土申. 土位在申也] 土位在申也 : 此說從申之意也. 說卦傳曰坤也者, 地也. 萬物皆致養焉. 故曰致役乎坤. 坤正在申位『段注』	坤德(곤덕) 坤道(곤도) 坤殿(곤전) 坤道(곤도)
紳	紳	2급 糸 총11	큰 띠 신 '糸+申(신)'으로 예복에 쓰는 큰 띠[糸] [大帶也 從糸申聲] 大帶也 : 巾部帶下曰紳也. 與此爲轉注. 革部鞶下云. 大帶也. 男子鞶鞶. 婦人帶絲『段注』	紳士(신사)
電	電	7급 雨 총13	전기 전, 번개 전 '雨+申'으로 비구름[雨] 속에 음기와 양기가 부딪쳐 나는 불빛[申] [黔陽激燿也 從雨從申 : 富自其回屈言. 電自其引申言. 申亦聲也. 小徐本作雨申聲『段注』	電擊(전격) 電氣(전기) 電機(전기) 電燈(전등) 電流(전류) 電滅(전멸)
呻	呻	1급 口 총8	신음할 신 '口+申(신)'으로 병이나 고통으로 앓는 소리[口]를 냄 [吟也 從口申聲] 吟也 : 按呻者吟之舒. 吟者呻之急. 渾言則不別也『段注』	呻吟(신음) 嚬呻(빈신)

한자	전서	급수/부수/총획	훈음 및 설명	용례
畏	贵	3급 田 총9	싫어할 외, 두려울 외 '甶+虎'로 귀신의 머리[甶]와 호랑이[虎]의 발톱은 사람들이 무서워하고 싫어함[惡也 從甶虎省. 鬼頭而虎爪 可畏也] 甲骨文 金文	畏敬(외경) 畏懼(외구) 畏友(외우) 畏怖(외포)
猥	檽	1급 犬 총12	개 짖는 소리 외, 함부로 외 '犬+畏(외)'로 개[犬]가 짖는 것처럼 함부로 지껄임[犬吠聲 從犬畏聲]	猥濫(외람) 猥褻(외설)
畢	畢	3급 田 총11	그물 필, 다할 필, 마칠 필 '田+華'로 새나 토끼를 사냥[田]할 때 쓰는 그물망[華][田网也. 從華, 象畢形. 微也. 或曰：由聲. 〖注〗臣鉉等曰：由, 音弗. 田网也. 謂田獵之网也. 必云田者, 以其字從田也. 小雅毛傳曰畢所以掩兔也. 月令注曰罔小而柄長謂之畢. 按鴛鴦傳云. 畢掩而羅之. 然則不獨掩兔. 亦可掩鳥. 皆以上覆下也. 畢星主弋獵. 故曰畢『段注』] 金文	畢竟(필경) 畢納(필납) 畢生(필생) 畢業(필업)
甸	甸	2급 田 총7	경기 전 '勹+田'으로 천자가 관리하는[勹] 500리 이내 지역의 땅[田][天子五百里內田 從勹田] 天子五百里內田：禹貢. 五百里甸服. 周語曰先王之制. 邦內甸服. 韋注云. 邦內, 謂天子畿內千里之地『段注』	畿甸(기전) 緬甸(면전)
異	畀	4급 田 총12	나눌 이, 다를 이, 이상할 이, 의심할 이 '廾+畀'로 두 손[廾]으로 물건을 들어 사람들에게 나누어 줌[畀][分也 從廾畀 予也 〖注〗徐鍇曰："將欲與物, 先分異之也. 禮曰："賜君子小人不同日"] 分也：分之則有彼此之異『段注』 甲骨文 金文	異見(이견) 異例(이례) 異變(이변) 異俗(이속)
冀	冀	2급 八 총16	땅 이름 기, 바랄 기 '北+異(이)'로 북방[北]의 고을 이름[北方州也 從北異聲] 北方州也：周禮曰河內曰冀州. 爾雅曰兩河閒曰冀州. 據許說是北方名冀. 而因以名其州也. 叚借爲望也, 幸也『段注』 金文	冀圖(기도) 冀望(기망) 冀願(기원) 幸冀(행기)
驥	驥	2급 馬 총27	천리마 기, 준마 기 '馬+冀(기)'로 하루에 천리를 달릴 수 있는 좋은 말[馬][千里馬也 孫陽所相者 從馬冀聲]	驥足(기족) 駿驥(준기)
糞	糞	1급 米 총17	쓸어버릴 분, 더러울 분, 똥 분 '釆+華+廾'으로 한 손[又]으로 비, 한 손[又]으로 키[箕]를 잡고서 분시(糞矢)[釆] 따위를 쓸어 담음[棄除也. 從収推華棄釆也 官溥說似米而非米者矢字] 穢也『正韻』又掃除也. 凡爲長者糞之禮, 必加帚于箕上『禮·曲禮』堂上不糞, 則郊草不瞻曠芸『荀子·經國篇』糞, 除也『註』作糞『玉篇』作糞『海篇』作糞. 糞字原作米下黑, 或糞字『字彙補』-『康熙』	糞尿(분뇨) 鷄糞(계분) 佛頭着糞(불두착분) 嘗糞之徒(상분지도) 朽木糞牆(후목분장)
番	番	6급 田 총12	짐승 발자국 번, 차례 번, 번들 번, 회수 번 '釆+田'으로 본자는 '蹞'. 짐승 발자국[田]을 분별[釆]함[獸足謂之番 從釆田象其掌. 或作蹞蹞『說文』-『康熙』] 獸足謂之番. 從釆, 田象其掌：下象掌. 上象指爪. 是爲象形『段注』 金文	番號(번호) 番地(번지) 當番(당번) 番卒(번졸)
播	播	3급 手 총15	뿌릴 파, 퍼뜨릴 파, 달아날 파 '扌+番(번/파)'로 손[扌]으로 씨를 뿌림[種也 一曰布也 從手番聲 敼, 古文播]	播種(파종) 傳播(전파) 播遷(파천)

潘	潘	2급 氵 총15	뜨물 반/번, 소용돌이 반, 성씨 반, 물 이름 반 '氵+番(번/반)'으로 쌀의 뜨물[氵] [淅米汁也 一曰水名 在河南滎陽]	潘沐(번목) 潘岳(반악 : 중국 서진의 문인)
飜	飜	3급 飛 총21	날 번, 뒤집힐 번, 번역할 번 '飛+番(번)'으로 '翻과 동자. 날개를 펄럭이며 날고 뒤집으며 자유롭게 활동함[飛也 『玉篇』又水之溢洄曰飜, 見『劉績·管子註』-『康熙』] ※翻 同字『宋本廣韻』	飜翔(번상) 飜覆(번복) 飜案(번안) 飜意(번의) 飜刻(번각) 飜譯(번역)
磻	磻	2급 石 총17	독 살촉 파(=砮), 땅 이름 반/번 '石+番(번/반)'으로 주살에 쓰는 돌로 만든 살촉[以石箸隹繳也 從石番聲]	磻溪(반계 : 유형원의 호)
蕃	蕃	1급 艸 총16	우거질 번 '艸+番(번)'으로 풀[艸]·나무 따위가 자라 무성해짐[艸茂也 從艸番聲] 屛也 : 屛蔽也『段注』	蕃盛(번성) 蕃國(번국)
蟠	蟠	1급 虫 총18	쥐며느리 번/반, 서릴 반 '虫+番(번)'으로 쓰레기 더미·마루 밑 따위의 습한 곳에서 사는 쥐며느릿과의 절지동물[虫]인 쥐며느리[鼠婦也 從虫番聲] 本艸經曰鼠婦, 一名蚜蝛. 以其略相似耳. 本艸經以鼠婦與䗪蟲爲二條. 分下品中品. 實則䗪卽鼠婦. 蓋一物而略有異同. 今難細別耳. 許書之蟠謂备絶非鼠婦. 大平御覽乃引說文曰蟠蟥, 鼠婦也『段注』	蟠踞(반거) 蟠龍(반룡) 蟠桃(반도) 蟠葱散(반총산) 龍蟠虎踞(용반호거)
藩	藩	1급 艸 총19	울 번, 지경 번 '艸+潘(반)'으로 담 대신에 식물[艸]로 둘러막거나 경계를 가름[屛也 從艸潘聲]	藩籬(번리)

土 부

土	土	8급 土 총3	흙 토 초목 등 만물의 싹이 돋아 나오는[丨] 땅 [二] [地之吐生萬物者也. 二象地之上 地之中 丨 物出形也]	土官(토관) 土器(토기) 土窟(토굴) 土壁(토벽) 土班(토반) 土偶(토우)
杜	杜	2급 木 총7	팥배나무 두, 막을 두, 끊을 두 '木+土(토)'로 낙엽교목인 장미과 나무[木] [甘棠也 從木土聲] 甘棠也 : 召南. 蔽芾甘棠. 毛曰甘棠, 杜也. 釋木曰. 杜, 甘棠『段注』	杜甫(두보 : 중국 당나라의 시인)
牡	牡	1급 牛 총7	수컷 모 '牛+土(토)'로 남자 또는 동물[牛]의 수컷[畜父也 從牛土聲] 畜父也 : 從牛土聲. 按土聲, 求之曡韻雙聲皆非是. 蓋當是從土. 取土爲水生之意. 或曰土當作士. 士者夫也. 之韻尤韻合音取近. 從土則爲會意兼形聲『段注』	牡瓦(모와) 牡牛(모우)
墻	墻	3급 土 총16	담 장 '土+嗇'으로 '牆'의 속자. 창고[嗇]나 집 따위를 흙[土]으로 쌓아 만든 담[俗牆字 -『康熙』甲骨文의 嗇字 從來從廩 表示收割禾麥準備入倉的意思『字源字典』]	墻內(장내) 墻垣(장원) 土墻(토장) 板墻(판장) 墻有耳(장유이)
壞	壞	3급 土 총19	무너질 괴, 병들 회 '土+褱(회)'로 흙[土]더미가 무너짐[敗也 從土褱聲 㙒, 古文壞省. 數, 籒文壞] 從土褱聲 : 按毀壞字皆謂自毀, 自壞. 而人毀之, 人壞之其義同也『段注』	壞亂(괴란) 壞滅(괴멸) 壞敗(괴패) 破壞(파괴)
懷	懷	3급 心 총19	생각할 회 '忄+褱(회)'로 마음[忄]속에 늘 생각함[念思也 從心褱聲] 念思也 : 不忘之思也. 釋詁, 方言皆曰懷, 思也『段注』	懷古(회고) 懷柔(회유) 懷誘(회유) 懷疑(회의)

字	篆	級/部/총	訓音 및 解說	用例
培	培	3급 土 총11	북돋울 배, 가꿀 배 '土+音(부)'로 제후가 봉(封)해 준 땅[土]을 잘 북돋고 가꿈[培敦 土田山川也 從土音聲] 土田山川也：左傳. 祝鮀曰 分魯土田倍敦. 釋文曰倍本亦作陪. 許所見作培爲是矣. 杜云. 倍. 增也. 敦厚 也. 左氏但言土田. 而魯頌曰錫之山川. 土田附庸. 大雅曰告于文人. 錫山土田. 毛傳曰諸侯有大功德. 賜之名山土田附庸. 魯頌箋云. 策命伯禽. 使爲君於東. 加賜之以山川土田及附庸. 令專統之『段注』	培養(배양) 栽培(재배) 肥培(비배)
倍	倍	5급 人 총10	어긋날 배, 갑절 배 'イ+音(부)'로 사람[イ]이 서로 등짐[反也 從 人音聲] 反也：此倍之本義. 中庸. 爲下不倍. 緇衣. 信以結之則民不倍. 論 語. 斯遠鄙倍. 皆是也. 引伸之爲倍文之倍『段注』	倍加(배가) 倍數(배수) 倍額(배액) 倍版(배판)
賠	賠	2급 貝 총15	배상할 배 '貝+音(부)'로 남의 재물[貝]에 피해를 입혀 이를 배상 함[補償人財物曰賠『正字通』-『康熙』] 按『正字通』俻字註：賠, 本作 俻. 楊愼曰：俻, 音賠, 義同 -『康熙』	賠償(배상) 損害賠償(손해배상)
部	部	6급 邑 총11	땅 이름 부, 무리 부, 구분 부 'ß+音(부)'로 감숙성(甘肅省) 부 근의 지명[邑] [天水狄部 從邑音聲] 天水狄部：地理志天水無狄部. 未詳. 顧氏祖禹曰 漢天水郡, 今陝西鞏昌府以東秦州之境是其地『段注』	部隊(부대) 部落(부락) 部類(부류) 部署(부서)
陪	陪	1급 阜 총11	흙 쌓아 올릴 배, 더할 배, 모실 배, 도울 배, 배신 배 '阜+ 音(부)'로 흙을 거듭 보태어 쌓아[阜] 올림[重土也 一曰滿也 從阜音聲] 重土也：左傳曰分之土田陪敦. 注曰陪. 增也. 敦. 厚也. 諸侯之臣於天子曰 陪臣. 取重土之義之引申也『段注』	陪觀(배관) 陪賓(배빈)
菩	菩	1급 艸 총11	모사(茅沙) 풀 배, 보리 보, 보살 보 '艸+音(부)'로 제사 지낼 때, 신주(神主)를 만들던 풀[艸] [艸也 從艸音聲] 艸也：周禮注. 犯軷以 菩芻棘柏爲神主. 郭樸注穆天子傳云. 黃今菩字. 按許書則菩, 黃各物各字也 『段注』	菩提樹(보리수) 上求菩提(상구보리) 彌勒菩薩(미륵보살)
剖	剖	1급 刀 총10	가를 부 '刀+音(부)'로 칼[刀]로 물건을 쪼개듯 시비를 가리거나 판단함[判也 從刀音聲] 拆也『蒼頡篇』判也. 中分爲剖『玉篇』破也『廣 韻』-『康熙』	剖檢(부검) 解剖(해부)
執	執	3급 土 총11	잡을 집 '廾+幸(행)'으로 죄인의 손에 형구를 채워 잡아둠[廾] [捕辠人也 從廾從幸 幸亦聲] 廾：持也. 象手 有所廾據也 -『說文』	執權(집권) 執念(집념) 執刀(집도) 執務(집무)
摯	摯	1급 手 총15	잡을 지, 올릴 지, 지극할 지 '手+執'으로 손[手]으로 움켜쥐고 [執] 놓지 않음[握持也 從手從執] 握持也：握持者搤持也『段注』	懇摯(간지) 眞摯(진지)
蟄	蟄	1급 虫 총17	숨을 칩 '虫+執(집)'으로 벌레[虫]가 땅속에 숨어삶[藏也 從虫執聲] 蟄, 靜也『爾雅·釋詁』藏伏靜處也『疏』龍蛇之蟄, 以存身也『易·繫辭』- 『康熙』	驚蟄(경칩) 蟄居(칩거)
墾	墾	1급 土 총16	개간할 간 '土+豤(간)'으로 버려둔 거친 땅[土]을 개척하여 경작 할 수 있는 논밭 따위를 만듦[耕也 從土豤聲]	墾田(간전) 開墾(개간)

字	篆	급수/부수/총획	훈음 및 설명	용례
懇	懇	3급 心 총17	정성 간, 노려볼 간 '心+豤(간)'으로 본자는 '懇'. 지극 정성을 다하는 마음[心] [悃也 從心豤聲 本作懇, 今作懇] 誠也『集韻』懇惻, 至誠也 又信也『廣韻』 -『康熙』	懇曲(간곡) 懇請(간청) 懇切(간절) 懇願(간원)
塔	塔	3급 土 총13	탑 탑 '土+荅(답)'으로 흙[土]으로 쌓아 만든 돌탑이나 불당[西域浮屠也 從土荅聲] 佛堂也『字苑』募建宮宇曰塔, 近稱利宇謂之塔院『魏釋老志』 -『康熙』	石塔(석탑) 佛塔(불탑) 塔頭(탑두) 塔影(탑영)
搭	搭	1급 手 총13	실을 탑, 탈 탑 '手+荅(답)'으로 수레나 배를 손[手]을 잡고 타거나 물건을 실음[擊也 又附也, 挂也, 摸搭也『韻會』冒也. 一曰摹也. 與搨揚同. 亦作搨『集韻』-『康熙』]	搭乘(탑승) 搭載(탑재)
堅	堅	4급 土 총11	견고할 견, 굳셀 견 '土+臤(간)'으로 단단하게 굳어진[臤] 흙[土] [土剛也 從土臤聲] 土剛也 : 土字今補. 周禮草人, 騂剛用牛. 九章筭術, 穿地四. 爲壤五. 爲堅三. 引伸爲凡物之剛. 如云臤堅也是也『段注』 ※臤, 堅也『說文』	堅剛(견강) 堅固(견고) 堅實(견실) 堅忍(견인)
賢	賢	4급 貝 총15	재기가 있어 재물 많을 현, 어질 현, 현명할 현 '貝+臤(현)'으로 재물[貝]의 관리를 잘하여 재화가 많음[多財也 從貝臤聲] 多財也 : 財各本作才. 今正. 賢本多財之偁. 引伸之凡皆曰賢. 人偁賢能, 因習其引伸之義而廢其本義矣『段注』/古文 臤 賢. 音弦『韻會』有善行也『玉篇』大亨, 以養聖賢 『易·鼎卦』 -『康熙』	賢君(현군) 賢明(현명) 賢聖(현성) 賢淑(현숙)
緊	緊	3급 糸 총14	단단히 맬 긴, 팽팽할 긴, 긴요할 긴 '糸←絲+臤'으로 오랏줄[糸]을 팽팽하게 당겨 견고하게 묶음[臤] [纏絲急也 從臤絲省]	緊急(긴급) 緊密(긴밀) 緊迫(긴박) 緊要(긴요)
腎	腎	2급 肉 총12	콩팥 신, 자지 신, 불알 신, 단단할 신 '肉+臤(간)'으로 물을 담당하는 장기의 하나로 단단한 고깃덩어리[肉]류[水藏也 從肉臤聲]	腎臟(신장) 腎氣(신기)
竪	竪	1급 立 총13	설 수, 세울 수, 더벅머리 수, 아이 수 '臤+豆(두)'로 속자는 '竪'. 사람이나 물건 등이 견고히[臤] 똑바로 섬[豎, 立也 從臤豆聲] 音樹. 立也. 俗豎字『廣韻』從豎『說文』童僕之未冠者曰豎『廣韻』沛公罵曰: 豎儒『史記·酈生傳』豎, 童僕之『註』 -『康熙』	竪童(수동) 橫說竪說(횡설수설)
壇	壇	5급 土 총16	제단 단, 연단 단 '土+亶(단)'으로 제사를 지내기 위해 흙[土]을 높게 쌓은 단[祭壇場也 從土亶聲] 祭壇場也 : 祭法注. 封土曰壇. 除地曰墠. 楚語. 屛攝之位. 壇場之所. 韋注. 屛攝, 爲祭祀之位也. 除地曰場『段注』	敎壇(교단) 論壇(논단) 文壇(문단) 佛壇(불단)
檀	檀	4급 木 총17	박달나무 단, 단군 단 '木+亶(단)'으로 강인하고 부드러운 가막살나무와 비슷한 나무[木] [木也 從木亶聲] 檀木也 : 鄭風傳曰 檀, 彊刃之木. 刃今靭字. 樸樕似檀. 齊人諺曰上山斫檀. 樸樕先殫『段注』	檀君(단군) 檀紀(단기) 檀木(단목) 黑檀(흑단)
氈	氈	1급 毛 총17	모전 전 '毛+亶(단/전)'으로 짐승의 털[毛]로 짠 모직물[撚毛也. 或曰撚, 執也, 蹂也. 蹂毛成片, 故謂之氈『說文』氈, 旃也. 毛相著旃旃然也『釋名』秋斂皮, 冬斂革, 共其毳毛爲氈『周禮·天官·掌皮』 -『康熙』]	氈帽(전모)

楷書	篆文	급수/부수/총획	훈음 및 자해	용례
顫	顫	1급 頁 총22	떨릴 **전** '頁+亶(단/천)'으로 추위나 두려움 따위에 떨려 머리[頁]를 바로 세우지 못함[頭不正也 從頁亶聲] 頭不正也『玉篇』 又四支寒動也『廣韻』-『康熙』	顫聲(전성) 手顫症(수전증)
擅	擅	1급 手 총16	멋대로 **천** '手+亶(단/천)'으로 오직 마음대로, 하고 싶은 대로 손[手]으로 다룸[專也 從手亶聲] 專也 : 專當作嫥. 嫥者, 壹也『段注』	擅斷(천단) 擅橫(천횡)
壑	壑	1급 土 총17	도랑 **학**, 구덩이 **학**, 골짜기 **학** '土+叡(학)'으로 동자는 '叡. 두 산 사이의 오목한 곳[土] [音脽, 溝也, 坑也, 谷也, 虛也『正韻』實埔實壑『詩·大雅』又海曰大壑, 一曰巨壑 -『康熙』]	壑谷(학곡) 萬壑千峰(만학천봉)
坐	坐	3급 土 총7	앉을 **좌**, 죄 입을 **좌** '留+土'로 사람이 일정한 지역[土]에 머물러[留] 있음[止也 從留省從土 土, 所止也] 古文坐. 今古文行而小篆廢矣. 止必非一人. 故從二人『段注』	坐禪(좌선) 坐視(좌시) 坐食(좌식) 坐罪(좌죄)
座	座	4급 广 총10	자리 **좌**, 위치 **좌**, 지위 **좌** '广+坐(좌)'로 집[广]에서 사람들이 앉는 데 쓰는 기구[牀座也『玉篇』坐具也『集韻』八座樞機, 五曹要劇『李嶠讓地官尙書表』-『康熙』]	座談(좌담) 座席(좌석) 座中(좌중) 座標(좌표)
挫	挫	1급 手 총10	꺾을 **좌** '手+坐(좌)'로 손[手]을 꺾거나 부러뜨림[摧也 從手坐聲] 摧也 : 此亦上文摧一曰折也之義. 考工記. 揉牙內不挫. 注云. 挫, 折也『段注』	挫氣(좌기) 挫折(좌절)
垂	垂	2급 土 총8	드리울 **수** 초목이 꽃과 잎을 길게 늘어뜨린 모양[草木華葉垂 象形 注]垂, 乑, 巫, 坋, 古文	垂範(수범) 垂直(수직) 垂訓(수훈) 垂成(수성)
睡	睡	3급 目 총13	졸 **수**, 잠잘 **수** '目+垂'로 앉아서 눈[目]을 감고 잠[坐寐也 從目垂] 坐寐也 : 知爲坐寐者, 以其字從垂也. 左傳曰坐而假寐 戰國策. 讀書欲睡『段注』	睡魔(수마) 睡眠(수면) 午睡(오수) 昏睡(혼수)
郵	郵	4급 邑 총11	역말 **우**, 역 **우**, 우편 **우** '阝+垂'로 나라[邑]에서 변경 지방[垂]에 공문서를 전달하기 위해 설치한 정사(亭舍)[竟上行書舍 從邑垂. 垂 邊也] 竟上行書舍 : 孟子. 德之流行. 速於置郵而傳命. 釋言. 郵, 過也. 按經過與過失, 古不分平去. 故經過曰郵. 過失亦曰郵. 爲尤訧之假借字. 從邑垂. 會意『段注』	郵官(우관) 郵送(우송) 郵政(우정) 郵票(우표) 軍郵(군우)
唾	唾	1급 口 총11	침 **타** '口+垂(수)'로 입[口]안의 침샘에서 분비되는 끈기 있는 소화액[口液也 從口垂聲] 口液也 : 曲禮. 讓食不唾. 內則. 不敢唾洟『段注』	唾罵(타매) 唾液(타액)
錘	錘	1급 金 총16	무게 단위 **추**, 저울추 **추** '金+垂(수)'로 저울대에 거는 쇠[金] [八銖也 從金垂聲] 稱錘也『玉篇』權謂之錘, 其形垂也『博雅』或作鎚『韻會』又重也『博雅』重也. 東齊之閒曰鈹. 宋魯曰錘『揚子·方言』錘, 直垂反『註』-『康熙』	秤錘(칭추) 紡錘(방추)
圭	圭	2급 土 총6	서옥 **규**, 모날 **규** '土+土'로 천자가 제후를 책봉할 때 주는 땅[土]과 그 신표로 주었던 옥[瑞玉也 上圜下方 從重土 楚爵有執圭] 從重土 : 重土者, 土其土也『段注』 圭 金文	圭璧(규벽) 刀圭(도규) 土圭(토규)

282

楷書	篆書	級수/부수/총획	訓音 및 字源	用例
佳	佳	3급 亻 총8	아름다울 가 '亻+圭(규)'로 사람[人]의 자태가 옥과 같이 착하고 고움[善也 從人圭聲] 善也 : 廣韻曰佳, 善也. 又曰好也. 又曰大也『段注』	佳境(가경) 佳景(가경) 佳期(가기) 佳氣(가기)
閨	閨	2급 門 총14	궁중 작은 문 규, 안방 규, 색시 규 '門+圭(규)'로 궁중의 위문(閨門). 궁중에 특별히 세운 홀[圭]처럼 생긴 작은 문[門] [特立之戶 上圓下方 有似圭 從門圭聲] 特立之戶 : 釋宮曰宮中門謂之閨. 其小者謂之閨『段注』	閨房(규방) 閨秀(규수) 閨怨(규원) 閨中(규중)
奎	奎	2급 大 총9	가랑이 규, 별이름 규 '大+圭(규)'로 사람[大]이 양 다리를 벌리고 있는 모양[兩髀之閒 從大圭聲] 從大 : 兩體之閒, 人身寬闊處. 故從大. 首此篆者, 蒙上人形言也『段注』 ※奎 : 28수(宿)의 하나. 백호칠수(白虎七宿)의 첫째 별로서 6별로 구성되었으며, 문운(文運)을 맡았다 함.	奎運(규운) 奎章閣(규장각) 奎章閣日記(규장각일기)
珪	珪	2급 玉 총10	홀 규 '玉+圭(규)'로 고자는 '圭'. 옥(玉)으로 만든 홀[古文圭字『玉篇』圭, 奎壁, 珪 『廣韻』-『康熙』]	珪璋(규장) 珪幣(규폐)
桂	桂	3급 木 총10	계수나무 계 '木+圭(규)'로 계피(桂皮)를 약용으로는 쓰는 나무[木] [江南木 百藥之長] 江南木 : 本艸曰桂生桂陽. 牡桂生南海山谷. 箘桂生交趾, 桂林山谷. 百藥之長『段注』	桂冠(계관) 桂輪(계륜) 桂樹(계수) 桂月(계월)
涯	涯	3급 水 총11	물가 애, 가 애, 끝 애 '氵+厓(애)'로 육지가 물[氵]과 접한 곳[水邊也 從水從厓, 厓亦聲] 水際也『玉篇』若涉大水, 其無津涯『書·微子』-『康熙』	涯限(애한) 涯岸(애안)
硅	硅	1급 石 총11	규소 규 '石+圭(규)'로 산화물(酸化物)이나 규산염(硅酸鹽)과 같은 화합물이 돌[石]이나 땅속에 있는 것[音劃. 硅破也『廣韻』砉字之譌『正字通』]	硅素(규소) 硅石(규석)
崖	崖	1급 山 총11	벼랑 애, 기슭 애 '屵+圭(규)'로 산 높은 곳[屵]이 깎아지른 듯 험하고 가파름[高邊也 從屵圭聲] 高邊也 : 辵部曰邊, 行垂崖也. 土部曰垂者, 遠邊也. 按垂爲遠邊, 崖爲高邊『段注』	斷崖(단애) 千仞斷崖(천인단애)
埠	埠	1급 土 총11	부두 부, 선창 부 '土+阜(부)'로 물가에 배를 대어 사람이 타고 내리거나 짐을 싣고 부리는 곳[土] [同步. 舶船埠頭『正字通』埠頭, 水瀕也 又籠貨物積販商泊之所『通雅』-『康熙』]	沿岸埠頭(연안부두)
壁	壁	4급 土 총16	벽 벽, 울타리 벽 '土+辟(벽)'으로 흙[土]으로 쌓은 담장[垣也 從土辟聲] 垣也 : 釋名. 壁, 辟也, 辟禦風寒也『段注』	壁報(벽보) 壁紙(벽지) 壁畵(벽화) 石壁(석벽)
避	避	4급 辵 총17	피할 피 '辶+辟(피)'로 회피하여[辟] 돌아감[辶] [回也 從辵辟聲] 回也 : 上文回辟之回訓衺, 𡈼之叚借字也. 此回依本義訓轉, 俗作迴是也. 然其義實相近『段注』	避難(피난) 避亂(피란) 避暑(피서) 忌避(기피)
僻	僻	2급 人 총15	바르지 못할 벽, 치우칠 벽, 후미질 벽, 피할 벽 '亻+辟(벽)'으로 법[辟]으로 사람[亻]을 다스리되, 편벽되게 사용함[辟也 從人辟聲『詩』曰: 宛如左僻 一曰從旁牽也] 辟也 : 辟, 大徐本作避, 非是. 辟者, 法也. 引伸爲辟人之辟. 辟人而人避之亦曰辟『段注』	僻地(벽지) 偏僻(편벽) 窮僻(궁벽)

V. 자연물 283

楷書	篆書	부수/급수/총획	훈음 및 설명	용례
薛	薛	2급 艸 총17	쑥 설, 나라 이름 설, 성 설 '艸+辥(설)'로 국화과에 속하는 다년생 풀[艸] [艸也 從艸辥聲] 莎也『玉篇』薛莎靑薠『司馬相如·子虛賦』薛, 藾蒿也 又國名 『註』夏之興, 有仕奚爲夏車正, 以封於薛『潛夫論』-『康熙』	薛聰(설총 : 신라 35대 경덕왕 때의 문신·학자) 薛仁貴傳(설인귀전)
闢	闢	1급 門 총21	열 벽 '門+辟(벽)'으로 문[門]을 열어 앞이 확 트이게 함[開也 從門辟聲] 開也 : 引申爲凡開袥之偁. 古多叚借辟字『段注』	開闢(개벽) 辟邪·闢邪(벽사)
劈	劈	1급 刀 총15	쪼갤 벽 '刀+辟(벽)'으로 칼[刀]로 물체를 조각내거나 부수어 쪼갬[破也 從刀辟聲] 破也 : 考工記假薜爲劈. 注云. 薜, 破裂也. 又或假擘爲之. 張衡賦云分肌擘理是也『段注』	劈開(벽개) 劈頭(벽두)
擘	擘	1급 手 총17	당길 벽, 쪼갤 벽, 엄지손가락 벽 '手+辟(벽)'으로 손[手]으로 물체를 끌어당겨 쪼갬[撝也 從手辟聲]	擘指(벽지) 巨擘(거벽)
璧	璧	1급 玉 총18	도리옥 벽, 옥 벽 '玉+辟(벽)'으로 둥근 고리 모양의 옥(玉)[瑞玉圜也 從玉辟聲] 瑞玉圜也 : 瑞, 以玉爲信也. 釋器. 肉倍好謂之璧, 邊大孔小也. 鄭注周禮曰 : 璧圜象天『段注』 金文	完璧(완벽) 雙璧(쌍벽)
癖	癖	1급 疒 총18	적취 벽, 버릇 벽 '疒+辟(벽)'으로 체증(滯症)이 오래되어 배 속에 덩어리가 생기는 병[疒] [食不消『玉篇』腹病『廣韻』痃癖, 腹積聚『增韻』小兒有癖疾, 始如錢大, 發熱, 漸長如龜, 如蛇, 如猪, 肝內有血孔通貫, 外有血筋盤固, 其筋直通背脊, 下與臍相對, 有動脉處, 爲癖疾之根『方書』-『康熙』]	盜癖(도벽) 性癖(성벽) 煙霞之癖(연하지벽) 自是之癖(자시지벽) 好勝之癖(호승지벽)
臂	臂	1급 肉 총17	팔 비 '肉+辟(벽)'으로 손 위 팔뚝 부분[肉] [手上也 從肉辟聲] 手上也 : 又部曰厷, 臂上也. 此皆析言之. 亦下云人之臂亦. 渾言之也. 渾言則厷臂互偁『段注』	肩臂(견비) 臂環(비환)
譬	譬	1급 言 총20	깨우칠 비, 비유할 비 '言+辟(벽)'으로 어떤 대상을 비유 설명[言]하여 깨우침[諭也 從言辟聲] 諭也 : 諭, 告也. 譬與諭非一事. 此亦統言之也『段注』	譬喩(비유) 譬曉(비효)
堰	堰	1급 土 총12	보 언, 방죽 언 '土+匽(언)'으로 논에 물을 대기 위하여 흙[土]으로 보(洑)를 쌓아 흐르는 냇물을 막아 두는 곳[音匽. 壅水爲埭曰堰. 躽. 義同『正韻』-『康熙』]	堰堤(언제) 堰塞(언색)
堂	堂	6급 土 총11	집 당, 학교 당, 친족 당 '土+尙(상)'으로 높은 터에 잘 지은 고옥(高屋)[殿也 從土尙聲 坐, 古文堂. 臺, 籒文堂從高省]	堂上(당상) 法堂(법당) 祠堂(사당) 書堂(서당)
螳	螳	1급 虫 총17	사마귀 당 '虫+堂(당)'으로 여름에 살며, 몸은 가늘고 길고, 길이는 7~8cm이며 강동에서는 석랑이라고 부르는 벌레[虫] [螳蜋也 從虫堂聲] 仲夏螳蜋生『禮·月令』螳蜋, 螵蛸母也『註』螳蜋謂之髦『揚子·方言』有斧蟲也, 江東呼爲石蜋『郭註』-『康熙』	螳螂拒轍(당랑거철)

字	篆文	급수/부수/총획	뜻풀이	甲骨文/金文	예시
堯	堯	2급 / 土 / 총12	높을 요, 요임금 요 '垚+兀'로 사람의 머리 위[兀]로 높이 우뚝 솟아 있는 흙 언덕[垚 : 土高貌] [高也 從垚在兀上 高遠也] 高也 : 堯本謂高. 陶唐氏以爲號. 白虎通曰堯猶嶢嶢. 嶢嶢, 至高之皃. 按焦嶢, 山高皃. 見山部. 堯之言至高也『段注』 ※ 表示土堆高出人頭之意『字源字典』	甲骨文	堯舜(요순) 桀犬吠堯(걸견폐요) 堯舜之節(요순지절) 見堯於墻(견요어장)
曉	曉	3급 / 日 / 총16	새벽 효, 깨달을 효 '日+堯(요)'로 해[日]가 언덕 위로 막 떠올라 밝음[明也 從日堯聲] 朙也 : 此亦謂旦也. 俗云天曉是也. 引伸爲凡明之偁『段注』		曉達(효달) 曉得(효득) 曉星(효성) 曉鐘(효종) 曉諭(효유)
燒	燒	3급 / 火 / 총16	불사를 소, 불탈 소 '火+堯(요)'로 불을 붙여 불[火]꽃이 높이 솟음[蓺也 從火堯聲] 燔也『玉篇』又燒當, 羌名. 至研十三世孫燒當立『後漢·西羌傳』放火『廣韻』野火曰燒『韻會』-『康熙』		燒却(소각) 燒失(소실) 燒酒(소주) 燒盡(소진)
撓	撓	1급 / 手 / 총15	어지러울 뇨, 휠 뇨, 꺾일 뇨 '手+堯(요)'로 손[手]으로 아름다운 것을 만지니 본심이 흐려짐[擾也 從手堯聲 一曰捄也] 擾也 : 此與女部嬈字音義皆同『段注』		撓亂(요란) 不撓不屈(불요불굴)
饒	饒	1급 / 食 / 총21	배부를 요, 넉넉할 요 '食+堯(요)'로 밥[食]을 먹어 배가 부름[飽也 從食堯聲] 飽也 : 饒者, 甚飽之詞也. 引以爲凡甚之偁. 漢謠曰今年尙可後年饒. 謂後年更甚也. 近人索爲, 討論之語. 皆謂已甚而求已也『段注』		豊饒(풍요) 饒足(요족)
僥	僥	1급 / 人 / 총14	난쟁이 요, 요행 요 '人+堯(요)'로 남방에 사는 신장이 3척가량 되는 사람[人] [南方有焦僥 人長三尺 短之極 從人堯聲] 南方有焦僥人長三尺. 短之極也: 見魯語. 焦魯語作僬. 以說文及山海經正之『段注』		僥倖數(요행수) 僥冒(요모) 僥倖壯元(요행장원)
壘	壘	1급 / 土 / 총18	진 루, 성채 루 '土+畾(뢰)'로 적의 공격을 막기 위해 흙[土]으로 높게 쌓은 성벽[軍壁也 從土畾聲] 軍壁也 : 萬二千五百人爲軍. 行軍所駐爲垣曰軍壁. 壘之言絫也, 壘與垒字音義皆別『段注』		堡壘(보루) 殘壘(잔루)
儡	儡	1급 / 人 / 총17	꼭두각시 뢰, 망칠 뢰, 야윌 뢰 '人+畾(뢰)'로 주나라 목공 때 언사(偃師)가 나무인형[人]을 만들어 노래하고 춤을 출 수 있게 함[相敗也 從人畾聲] 傀儡, 木偶戱『正韻』周穆王時巧人有偃師者, 爲木人, 能歌舞, 此傀儡之始也『列子·殷湯篇』窟礧子, 亦曰傀儡『通典』-『康熙』		儡身(뇌신) 傀儡(괴뢰)
疊	疊	1급 / 田 / 총22	겹칠 첩, 쌓을 첩 '畾+宜(의)'로 밭과 밭 사이의 땅이 서로 겹침[畾] [同疊『字彙』-『康熙』] 重也. 累也『玉篇』雖累葉百疊, 而富强相繼『左思·吳都賦』又震懼也. 薄言震之, 莫不震疊『詩·周頌』疊懼也『傳』-『康熙』		疊疊(첩첩) 重疊(중첩)

里 부

字	篆文	급수/부수/총획	뜻풀이	金文	예시
里	里	7급 / 里 / 총7	마을 리 '田+土'로 농토[田]와 기거(寄居)할 땅[土]이 있는 곳[居也 從田從土 一曰 土聲也] 尻也 : 鄭風. 無踰我里. 傳曰里, 居也. 二十五家爲里. 鄭云. 鄕里, 鄕所居也. 遂人曰五家爲鄰, 五鄰爲里. 穀梁傳曰古者三百步爲里『段注』	 金文	里門(이문) 里俗(이속) 鄕里(향리) 里程標(이정표)

자	전서	급수/부수/총획	뜻풀이	용례
埋	薶	3급 土 총10	묻을 매 '土+里←貍(매)'로 갑골문에 죽은 동물을 땅[土] 속에 보이지 않게 파묻음[本作薶. 俗作埋『說文』省作貍『周禮』-『康熙』] 象把牛羊或鹿犬等 牲畜掩埋于土坑中之形『字源字典』	埋立(매립) 埋沒(매몰) 埋伏(매복) 埋葬(매장) 埋藏(매장)
理	理	6급 玉 총11	옥 다듬을 리, 다스릴 리, 이치 리 '玉+里(리)'로, 구슬[玉]을 갈고 닦음[治玉也 從玉里聲] 治玉也 : 戰國策. 鄭人謂玉之未理者爲璞. 是理爲剖析也. 玉雖至堅. 而治之得其鰓理以成器不難. 謂之理『段注』	理念(이념) 理論(이론) 理髮(이발) 理事(이사) 理想(이상)
裏	裏	3급 衣 총13	옷 안 리, 속 리 '衣+里(리)'로 몸 안쪽에 입는 옷[衣][衣內也. 從衣里聲] 衣內也 : 引伸爲凡在內之偁『段注』	裏面(이면) 表裏(표리) 裏書(이서)
裡	裡	1급 衣 총12	옷 안 리, 속 리 '衣+里(리)'로 동자는 '裏. 물체나 옷[衣]의 안쪽 부분[同裏『漢典』]	表裏[裡]不同(표리부동)
俚	俚	1급 人 총9	하염없을 리, 속될 리, 시골 리 '人+里(리)'로 시름에 싸여 멍하니 이렇다 할 만한 아무 생각이 없이 사는 사람[人][聊也. 從人里聲] 賴也 : 賴各本作聊. 此用方言改許書也. 今依漢書季布傳晉灼注所引正. 方言. 俚, 聊也. 語之轉, 字之假借耳『段注』	俚言·俚諺(이언) 俚語(이어) 俚歌(이가) 質而不俚(질이불리)
重	重	7급 里 총9	신중할 중, 거듭 중, 중요할 중, 무거울 중, 무게 중, 심할 중 '壬+東(동)'으로 뛰어난 사람[壬]은 일을 중후(重厚)하게 처리함[厚也. 從壬東聲 [注] 徐鍇曰 : 壬者, 人在土上, 故爲厚也] 輕之對也『增韻』夫茅之爲物薄, 而用可重也『易·繫辭』輕任幷, 重任分『禮·王制』重, 再也『博雅』-『康熙』	重刊(중간) 重農(중농) 重量(중량) 重病(중병) 重複(중복) 重任(중임) 重要(중요)
種	種	5급 禾 총14	씨 종, 종자 종, 심을 종 '禾+重(중)'으로 먼저 씨를 뿌리고 늦게 익는 벼[禾]의 종자[先種後孰也. 從禾重聲] 古文. 穌穌 穀種也『韻會』又豫州, 其穀宜五種『夏官·職方氏』黍稷菽麥稻『註』-『康熙』	種豚(종돈) 種痘(종두) 種類(종류) 種別(종별) 種牛(종우)
衝	衝	3급 行 총15	부딪칠 충, 요긴할 충 '行+童(동)'으로 사통오달(四通五達)[行]하는 길[通道也. 從行童聲 春秋傳曰 衝以擊之] 夫陳留, 天下之衝, 四通五達之郊也『前漢·酈食其傳』又動也『博雅』又當也, 向也, 突也『廣韻』-『康熙』	衝擊(충격) 衝激(충격) 衝突(충돌) 衝動(충동) 衝天(충천)
董	董	2급 艸 총13	연뿌리 동, 바로잡을 동, 감독할 동, 물을 동 '艹+重(중)'으로 연뿌리[++]가 잘 자라도록 보살펴 줌[董, 督, 正也『爾雅·釋詁』董之用威 『書·大禹謨』 又固也『博雅』又深藏也. 氣當大董『史記·倉公傳』-『康熙』]	董督(동독) 董率(동솔) 董役(동역) 董正(동정)
踵	踵	1급 足 총16	뒤밟을 종, 발꿈치 종, 이를 종 '足+重(중)'으로 앞에 가는 사람의 발[足]을 좇아서 뒤따름[追也. 從足重聲 一曰往來皃]	踵接(종접) 踵至(종지)
腫	腫	1급 肉 총13	부스럼 종, 부르틀 종 '肉+重(중)'으로 피부[肉]에 생긴 부스럼이나 악창 같은 병[癰也. 從肉重聲]	腫氣(종기) 腫瘍(종양)
量	量	5급 里 총12	헤아릴 량 '重+日←曏(향)'으로 물건의 경중(輕重)을 알기 위해 무게[重]를 잼[稱輕重也 從重省 曏省聲 量, 古文量] 稱輕重也 : 稱者, 銓也. 漢志曰 量者, 所以量多少也. 衡權者, 所以物平輕重也『段注』	計量(계량) 大量(대량) 分量(분량) 容量(용량) 測量(측량)

字	篆	급수/부수/총획	뜻풀이	용례
糧	糧	4급 米 총18	양식 량 '米+量(량)'으로 먼 길을 떠날 때 준비하는 식량[米] [穀食也 從米量聲]　穀食也 : 周禮廩人. 凡邦有會同師役之事. 則治其糧與其食. 鄭云. 行道曰糧. 按詩云. 乃裹餱糧. 莊子云. 適百里者宿舂糧. 適千里者三月聚糧. 皆謂行道也『段注』	糧穀(양곡) 糧食(양식) 糧政(양정) 軍糧(군량) 絶糧(절량)
釐	釐	1급 里 총18	복 희, 다스릴 리, 수량 이름 리(소수(小數)의 단위: 1/100) '里+斄(리/희)'로 선을 쌓는 집과 마을[里]은 경사스러운 일이 있음[家福也 從里斄聲]　家福也 : 家福者, 家居獲祐也. 易曰 積善之家 必有餘慶大雅釐爾女士傳曰釐, 予也. 釐爾圭瓚傳曰釐, 賜也『段注』	釐正(이정) 毫釐之差(호리지차)

❋ 囗 부

字	篆	급수/부수/총획	뜻풀이	용례
囗	囗	囗 총3	에울 위, 나라 국 한 바퀴를 돌아 에워싼 모양[回也. 象回帀之形]	
國	國	8급 囗 총11	나라 국 '或+囗'으로 무기[戈], 백성[口], 영토[一], 국경[囗]을 뜻함[邦也 從囗從或]　或 : 邦也 從口從戈 以守一. 一 地也. 域, 或又從土『說文』 金文	國家(국가) 國歌(국가) 國交(국교) 國權(국권)
囚	囚	3급 囗 총5	가둘 수, 죄수 수 '囗+人'으로 사람[人]이 담장[囗] 안에 갇혀 있음[繫也. 從人在囗中]	獄囚(옥수) 罪囚(죄수) 無期囚(무기수)
溫	溫	6급 水 총13	물 이름 온, 따뜻할 온, 부드러울 온, 익힐 온 'ⱼ+昷(온)'으로 사천성(四川省) 합강현(合江縣)의 강[ⱼ] 이름[水. 出犍爲涪, 南入黔水. 從水昷聲]	溫暖(온난) 溫度(온도) 溫床(온상) 溫純(온순)
蘊	蘊	1급 艸 총20	마름 온, 쌓을 온, 모을 온 '艸+縕(온)'으로 마름과의 한해살이풀[艸]로 뿌리는 흙속에 내리나 잎은 물 위에 떠 여름에 흰 꽃이 피는 식물[積也, 聚也, 蓄也『玉篇』蘋蘩, 薀藻之菜『左傳·隱三年』韻會云：應作蘊, 註. 蘊藻, 聚藻, 此草好聚生也 – 『康熙』]	蘊蓄(온축) 蘊抱(온포) 餘蘊(여온) 想蘊(상온) 五蘊盛苦(오온성고)
固	固	5급 囗 총8	굳을 고, 견고할 고, 고집 고 '囗+古(고)'로 사면(四面)이 견고하게 둘러싸여[囗] 막혀 있음[四塞也. 從囗古聲]　四塞也 : 四塞者無罅漏之謂. 周禮夏官掌固注云. 固, 國所依阻者也. 國曰固. 野曰險『段注』 金文	堅固(견고) 確固(확고) 固定(고정) 固着(고착)
個	個	4급 人 총10	낱 개, 한쪽 개 'イ+固(고)'로 '箇'와 동자. 따로따로 한 사람[イ] 한 사람[與个同『字彙』俗呼个爲個『鄭康成·儀禮註』按個爲後人增加. 從个, 箇爲正 – 『康熙』]	個人(개인) 個別(개별) 個性(개성) 個體(개체)
箇	箇	1급 竹 총14	낱 개 '竹+固(고)'로 몸이 곧고, 줄기가 둥근 대나무[竹] 한 개[竹枚也. 從竹固聲]　竹枚也 : 竹梃自其徑直言之. 竹枚自其圓圍言之. 一枚謂之一箇也. 方言曰箇, 枚也『段注』	個數·箇數(개수) 個中·箇中(개중)
痼	痼	1급 疒 총13	고질 고 '疒+固(고)'로 병[疒]이 오래되어 고치기 어려움[久病也. 從疒固聲]	痼疾(고질) 煙霞痼疾(연하고질)

한자	전서	급수/부수/총획	훈음 및 해설	용례
錮	錮	1급 金 총16	가둘 고, 맬 고, 땜질할 고 '金+固(고)'로 쇠[金]로 성채(城砦)를 높게 만들어 밖에 나가지 못하도록 함[鑄塞也. 從金固聲]	禁錮(금고)
因	因	5급 囗 총6	원인 인, 인할 인 '囗+大'로 큰[大] 일은 반드시 튼튼한 기초 위에 만들어지며, 그 범위[囗]를 넓혀도 같은 원리임[就也. 從囗大. 就也 : 就下曰就高也. 爲高必因丘陵. 爲大必就基阯. 故因從囗大. 就其區域而擴充之也『段注』] 甲骨文 金文	因果(인과) 因習(인습) 因襲(인습) 因緣(인연)
恩	恩	4급 心 총10	은혜 은, 사랑 은 '心+因(인)'으로 마음[心]속으로 느끼는 고마움[惠也. 從心因聲. 徐曰因者, 有所因也. 因心爲恩] 徐曰因者, 有所因也. 因心爲恩 又愛也, 澤也 又隱也, 私也『廣韻』-『康熙』]	恩功(은공) 恩德(은덕) 恩師(은사) 恩賜(은사)
姻	姻	3급 女 총9	시집 인, 시집갈 인 '女+因(인)'으로 여자[女]가 의지하고 생활해야 하는 신랑의 집[壻家也. 女之所因, 故曰姻. 從女從因, 因亦聲. 媢, 籒文姻從閒] ※壻家 : 혼례를 치르기 전 지아비[夫]가 될 사람의 집. 혹은 사위가 될 사람의 집.	姻弟(인제) 姻戚(인척) 姻兄(인형) 戚姻(척인)
咽	咽	1급 口 총9	목구멍 인, 목멜 열, 삼킬 연 '口+因(인)'으로 입[口]안에서 기도(氣道)와 식도(食道)로 통하는 입속 깊은 곳[嗌也. 從口因聲]	嗚咽(오열) 呑咽(탄연)
圖	圖	6급 囗 총14	꾀할 도, 그림 도 '囗+啚'로 어떤 대상[囗]의 어려운 과제를 해결하려고 괴로워하고 헤아려봄[啚] [畫計難也. 從囗從啚. 啚 難意也]. 畫計難也 : 左傳曰咨難爲謀. 畫計難者, 謀之而苦其難也. 國語曰夫謀必素見成事焉而後履之 謂先規畫其事之始終曲折 歷歷可見 出於萬全 而後行之也. 故引伸之義謂繪畫爲圖『段注』 金文	圖面(도면) 圖謀(도모) 圖示(도시) 圖案(도안) 圖表(도표) 圖解(도해)
困	困	4급 囗 총7	곤란할 곤 '囗+木'으로 집 담장[囗] 둘레에 뽕나무[木]를 심음[故廬也. 從木在囗中. 朱, 古文困] 故廬也 : 廬者二畝半一家之居. 居必有木. 樹牆下以桑是也. 故字從囗木『段注』 甲骨文	困境(곤경) 困窮(곤궁) 困難(곤란) 困憊(곤비)
回	回	4급 囗 총6	돌 회, 돌아올 회 물이 소용돌이치면서 빙빙 도는 모양[轉也, 口中象回轉形]	回甲(회갑) 回歸(회귀) 回轉(회전) 回診(회진)
廻	廻	2급 廴 총9	돌 회 '廴+回(회)'로 물이 돌거나 물체를 돌려서 가게 함[廴] [同回『篇韻』. 墨子廻車 『史記·鄒陽傳』按韻書無此廻字. 據『廣韻』廻當作迴 -『康熙』]	廻廊(회랑) 廻旋(회선) 廻轉(회전) 廻折(회절)
徊	徊	1급 彳 총9	노닐 회 '彳+回(회)'로 한가히 이리저리 왔다갔다[彳] 함[徘徊, 猶彷徨也『玉篇』徘徊, 不進貌『集韻』徘徊往來『史記·呂后紀』-『康熙』]	徘徊(배회) 低徊(저회)
蛔	蛔	1급 虫 총12	거위 회 '虫+回(회)'에서 사람에게 가장 흔한 기생충[虫]의 하나 [蚘 說文 腹中長蟲 或作蛔『集韻』-『康熙』]	蛔蟲(회충) 蛔蟲藥(회충약)

邑 부

한자	전서	급수/부수/총획	훈음 및 설명	용례
邑	육서	7급 / 邑 / 총7	고을 **읍** 'ㅁ+卪'로 선왕(先王)의 제도에 벼슬의 높고 낮음[卪]에 맞춰 봉역(封域)[ㅁ]을 차등 배분함[國也 從ㅁ 先王之制 尊卑有大小 從卪 先王之制 尊卑有大小 從卪 : 尊卑謂公侯伯子男也. 大小謂方五百里, 方二百里, 方百里也. 土部曰公侯百里伯七十里, 子男五十里. 從孟子說也. 尊卑大小出於王命. 故從卪『段注』]	都邑(도읍) 邑內(읍내) 如斗小邑(여두소읍) 邑犬群吠(읍견군폐) 邑各不同(읍각부동)
邕	육서	2급 / 邑 / 총10	물이 사방으로 빙 두른 땅 **옹**, 화할 **옹**, 막을 **옹** '巛+邑'으로 물이 사면에 있는 옹성[邑]의 연못[巛] [四方有水, 自邕城池者 從川從邑] 邑四方有水自邕成池者是也『段注』]	邕睦(옹목) 邕塞(옹색)
鄕	육서	1급 / 邑 / 총13	시골 **향** 사람들이 모여 왕래하며 음식을 먹고 생활하는 2,500가(家)[鄕, 向也, 衆所向也『釋名』萬二千五百家爲鄕『廣韻』五家爲鄰, 五鄰爲里, 四里爲族, 五族爲黨, 五黨爲州, 五州爲鄕, 是萬二千五百戶也『前漢·食貨志』與饗通『字彙補』-『康熙』]	鄕歌(향가) 鄕里(향리) 鄕俗(향속) 鄕愁(향수) 鄕儒(향유) 鄕村(향촌) 錦衣還鄕(금의환향)
響	육서	3급 / 音 / 총22	울릴 **향** '音+鄕(향)'으로 큰 소리[音]가 서로 반향되어 울림[聲也 從音鄕聲] 應聲也『玉篇』惟影響『書·大禹謨』-『康熙』]	響應(향응) 交響(교향) 反響(반향) 餘響(여향)
饗	육서	1급 / 食 / 총22	잔치할 **향** '食+鄕(향)'으로 시골 사람들이 술과 음식[食]을 나누어 먹으며 잔치를 함[鄕人飮酒也 從食鄕聲]	饗宴(향연) 歆饗(흠향)
嚮	육서	1급 / 口 / 총19	향할 **향**, 접때 **향** '向+鄕(향)'으로 일정한 거리를 두고 서로 얼굴을 향[向]하여 대면함[古文. 向窻窰. 面也, 對也『集韻』爾雅, 兩階閒謂之嚮『廣韻』按今『爾雅·釋宮』作鄕 -『康熙』]	嚮導(향도) 嚮往(향왕)
那	육서	3급 / 邑 / 총7	나라 이름 **나**, 어찌 **나** '邑+冄(염)'으로 사천성(四川省) 서쪽의 나라 이름[邑] [西夷國 從邑冄聲]	那落(나락) 那邊(나변) 那何(나하) 刹那(찰나)
鄭	육서	2급 / 邑 / 총15	나라 이름 **정**, 정중할 **정** '阝+奠(전)'으로 춘추시대의 나라[邑] 이름[京兆縣 周厲王子友所封 從邑奠聲 宗周之滅 鄭徙潧洧之上]	鄭重(정중)
擲	육서	1급 / 手 / 총18	던질 **척** '手+鄭(정)'으로 물건을 손[手]으로 던져 다른 곳에 이르게 함[投也, 振也『正韻』抛也, 掉也. 與擿同『增韻』-『康熙』]	投擲(투척) 乾坤一擲(건곤일척)
邦	육서	3급 / 邑 / 총7	나라 **방** '邑+丰(봉)'으로 몇 개의 읍[邑]이 모여 나라를 이룸[國也 從邑丰聲] 國也：周禮注曰大曰邦, 小曰國. 析言之也. 許云 邦, 國也. 統言之也. 周禮注又云. 邦之所居亦曰國『段注』]	邦域(방역) 邦貨(방화) 邦畫(방화) 盟邦(맹방)
郭	육서	3급 / 邑 / 총11	성씨 **곽**, 성곽 **곽**, 나라 이름 **곽** '邑+享(향)'으로 곽씨가 생활하던 고을[邑] [齊之郭氏虛 善善不能進 惡惡不能退 是以亡國也 從邑享聲] 齊之郭氏：謂此篆乃齊郭氏虛之字也. 郭本國名. 虛墟古今字. 郭國旣亡謂之郭氏『段注』]	郭公(곽공) 內郭(내곽) 城郭(성곽) 外郭(외곽)

廓 䤲	1급 广 총14	둘레 곽, 외성 곽, 넓을 확, 클 확 '广+郭(곽)'으로 성[冂] 밖을 둘러싸고 있는 외성[大也 『爾雅·釋詁』 空也 『說文』 又開也 『集韻』張小使大, 謂之廓 『揚子·方言』 荀子狹隘褊小, 則廓之以廣大 『荀子·狹隘篇』 - 『康熙』]	輪廓(윤곽) 廓大(확대)
槨 䥯	1급 木 총15	덧널 곽 '木+郭(곽)'으로 나무[木]로 만든 관을 담는 겉궤[與椁同 『康熙』]	石槨(석곽) 木槨(목곽)
郞 䥀	3급 邑 총10	정자 이름 랑, 사내 랑, 남편 랑 '阝+良(량)'으로 춘추시대 노나라 근읍(近邑)[邑] 정자(亭子)[魯亭也 從邑良聲 鄭曰郎, 魯近邑也. 杜云. 郞, 魯邑. 高平方與縣東南有郁郞亭. 按以郎爲男子之偁及官名者, 皆良之假借字也 『段注』]	郞君(낭군) 郞徒(낭도) 郞子(낭자) 新郞(신랑)
廊 䥟	3급 广 총13	행랑 랑 '广+郞(랑)'으로 큰집 아래에 딸린 양쪽 곁채 집[冂][東西序也 從广郞聲 『漢書』 通用郞 廊, 廡下也 『玉篇』 殿下外屋也 『廣韻』 - 『康熙』]	舍廊(사랑) 行廊(행랑) 廊廟(낭묘) 畵廊(화랑)

❈ 冂 부

冂 冂	冂 총2	멀 경 읍 밖을 교(郊), 교 밖을 야(野), 야 밖을 임(林), 임 밖을 경(冂)이라 하여 '먼 곳의 경계'를 의미함[邑外謂之郊 郊外謂之野 野外謂之林 林外謂之冂 象遠界也]	
再 再	5급 冂 총6	두 재, 거듭 재 '一+冓'로 쌓아 올린 것[冓] 위에 다시 하나[一]를 더 쌓아 올림[一擧而二也 從一冓省] 一擧而二也 : 凡言二者, 對偶之詞. 凡言再者, 重複之詞. 一而又有加也. 從一冓省 : 冓者, 架也. 架, 古秖作加 『段注』 金文	再嫁(재가) 再建(재건) 再考(재고) 再發(재발) 再審(재심) 再演(재연)
冊 冊	4급 冂 총5	책 책 죽간(竹簡)을 엮어 놓은 모양으로, 제후가 왕께 나아가 받는 부명(符命)을 뜻하며, 후에 죽목간판(竹木簡版)의 문서를 지칭함[符命也 諸侯進受於王也 象其札 一長一短 中有二編之形 符命也 : 諸侯進受於王者也. 者字依韻會補. 尙書王命周公後作冊逸誥, 左傳王命尹氏及王子虎內史叔輿父策命晉侯爲侯伯, 王使劉定公賜齊侯命及三王家策文皆是也. 後人多假策爲之 『段注』 甲骨文 金文	冊曆(책력) 冊立(책립) 冊封(책봉) 冊床(책상) 高文典冊(고문전책) 冊床退物(책상퇴물) 賦役黃冊(부역황책)
刪 刪	1급 刀 총7	깎을 산 '刀+冊'으로 칼[刀]로 나무를 깎아 새기어 책[冊] 따위를 만듦[剟也 從刀冊 冊, 書也]	刪蔓(산만) 刪削(산삭)
珊 珊	1급 玉 총9	산호 산 '玉+刪(산)'으로 산호과에 속하는 자포동물로서 바다나 산에서 살며, 나뭇가지 모양의 붉은 옥(玉)처럼 생긴 것[珊瑚 色赤 生於海 或生於山 從玉 刪省聲]	珊瑚(산호)
柵 柵	1급 木 총9	울타리 책, 목책 책 '木+冊(책)'으로 말뚝[木] 따위를 나란히 박아 세운 울[編樹木也 從木從冊 冊亦聲]	鐵柵(철책) 柵門(책문)

冒 同	3급 冂 총9	무릅쓸 모 눈동자[眼睛] 위의 머리 부분에 모자(帽子)를 쓰고 앞으로 나감[冢而前也 從冃從目] 冢而前也 : 冢者, 覆也. 引伸之有所干犯而不顧亦曰冒『段注』 ※眼睛上面是一頂帽子的形象『字源字典』	冒犯(모범) 冒充(모충) 冒瀆(모독) 僭冒(참모) 蕩倚衝冒(탕의충모)
帽 帽	2급 巾 총12	모자 모 '巾+冒(모)'로 천자로부터 서민에 이르기까지 머리에 쓰는 갓[巾] [帽自天子 下及庶人 通冠之『隋書』-『康熙』] 本作冃. 徐鉉曰 今作帽. 帽名猶冠. 義取蒙覆其首, 本纚也. 古者冠無帽, 冠下有纚, 以繒爲之. 後人因之帽於冠, 或裁纚爲帽. 自乘輿宴居, 下至庶人無爵者, 皆服之『說文』-『康熙』	綾帽(능모) 笠帽(입모) 紗帽(사모) 氈帽(전모)
冕 冕	2급 冂 총11	면류관 면 '冃+免(면)'으로 대부(大夫) 이상인 사람이 쓰는 모자 [冃] [大夫以上冠也. 邃延, 垂瑬, 紞纊. 從冃免聲 古者黃帝初作冕. 絻, 冕或從糸]	冕旒冠(면류관)

고사성어 이야기

[破鏡不再照 파경부재조]

'깨진 거울은 본래대로 비출 수 없다'는 뜻으로, 한번 헤어진 부부(夫婦)는 다시 맺어지기 어려움을 이르는 말. 깨어진 거울, 이지러진 달을 비유하는 말. 부부의 금실이 좋지 않아 이혼(離婚)하게 되는 일. 아비를 잡아먹는다는 악수(惡獸)의 이름. ≪사기(史記)≫에 다음과 같은 이야기가 있다.

어떤 부부가 서로 떨어져 있게 되었는데, 애정의 증표로 거울을 쪼개어 한 조각씩 지녔다. 후에, 여자가 개가(改嫁)하게 되자 지녔던 거울 조각이 까치로 변하여 전 남편에게로 날아가 버렸다는 옛 이야기에서 연유(緣由)한다.

유사어로 복수불반분(覆水不返盆)이라는 말이 있다. '한번 엎지른 물은 다시 그릇에 담을 수 없다'는 뜻으로, 한번 떠난 아내는 다시 돌아올 수 없음, 일단 저지른 일은 되돌릴 수 없음의 비유. ≪습유기(拾遺記)≫에 다음과 같은 이야기가 전한다.

주(周)나라 시조인 무왕(武王: 발發)의 아버지 서백(西伯: 문왕文王)이 사냥을 나갔다가 위수(渭水: 황하의 큰 지류)에서 낚시하고 있는 초라한 노인을 만났다. 이야기를 나누어 보니 학식이 탁월한 사람이었다. 그래서 서백은 이 노인이야말로 아버지 태공(太公)이 '바라고 기다리던[待望]' 주나라를 일으켜 줄 바로 그 인물이라 믿고 스승이 되어 주기를 청했다. 그리하여 이 노인, 태공망(太公望: 태공이 대망하던 인물이란 뜻) 여상[呂尙: 성은 강(姜), 속칭 강태공]은 서백의 스승이 되었다가 무왕의 태부(太傅: 태자의 스승)와 재상을 역임한 뒤 제(齊)나라의 제후로 봉해졌다.

태공망 여상은 이처럼 입신출세했지만 서백을 만나기 전까지는 끼니조차 제대로 잇지 못하던 가난한 서생이었다. 그래서 결혼 초부터 굶기를 부자 밥 먹듯 하자 아내 마(馬)씨는 친정으로 도망가고 말았다. 오랜 세월이 흐른 어느 날, 마씨가 여상을 찾아와서 말했다.

"전에는 끼니를 잇지 못해 떠났지만 이젠 그런 걱정 안 해도 될 것 같아 돌아왔어요."

여상은 잠자코 곁에 있는 물그릇을 들어 마당에 쏟은 다음 마씨에게 말했다.

"저 물을 주워서 그릇에 담으시오."

이미 땅속으로 스며든 물을 어찌 주워 담을 수 있단 말인가. 마씨는 진흙만 약간 주워 담았을 뿐이었다. 그러자 여상은 조용히 말했다.

"한번 엎지른 물은 다시 그릇에 담을 수 없고[覆水不返盆]', 한번 떠난 아내는 돌아올 수 없는 법이오."

Ⅵ 인공물

의류

糸 巾 衣 皮 革 斋

糸	系	縣	絲	約	累	練	經	糾	素	綠	細
	係	懸	濕	葯	螺	鍊	輕	叫			
			顯			煉	徑	收			
			聯			揀	痙				
						諫	勁				
							脛				
							頸				
							莖				

緣	絹	綿	索	綴	巾	市	市	帶	帝	布	帥
椽	鵑	錦			佩	姉	沛	滯	締	怖	
篆	捐					肺			蹄	希	
喙						柿			啼	稀	
									諦		

師	席	帳	帛	衣	表	襄	衷	袞	袁	衰	皮
獅			棉	依		壞			遠	蓑	疲
				裔		讓			園		破
						孃			猿		彼
						攘					坡
						囊					被
						釀					頗
											跛
											披

革	斋
	繭

식
류

  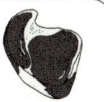

米 香 食 肉 血 鹵 酉

米	粟	精	香	馥	馨	食	飮	飢	飾	養	餐
迷						蝕				癢	燦 璨

肉	育	胤	腹	能	肖	腦	脊	胡	肋	肩	膠
	棄		複 愎 鰒	熊 態 罷	削 消 哨 趙 宵 逍 稍 屑 梢 硝	惱	瘠	湖 瑚 糊	勒		謬 寥 戮

胃	膚	血	衆	鹵	鹽	酉	鬱
謂 渭		恤					

VI. 인공물 293

糸 부

자	전서	급수/부수/총획	훈음 및 자원	용례
糸	𢆶	1급 / 糸 / 총6	실 **사** 가는 실을 꼬아 한 타래 묶어 놓은 모양[細絲也. 象束絲之形] 細絲也：絲者, 蠶所吐也. 細者, 微也. 細絲曰糸. 糸之言蔑也. 蔑之言無也『段注』	
系	𣫼	4급 / 糸 / 총7	이을 **계**, 계통 **계**, 혈통 **계** '糸+丿(별)'로 전서는 '𣫼'. 손[爪]으로 실[絲]을 이음[繫也. 從糸丿聲. 𣫼, 系或從䚇處. 𦃇, 籒文系從爪絲]	系圖(계도) 系統(계통) 系譜(계보) 系列(계열)
係	係	4급 / 人 / 총9	맬 **계**, 이을 **계**, 관계할 **계**, 조직 단위 **계** 'イ+系(계)'로 사람[イ]의 목 부위를 끈으로 묶음[絜束也 從人系 系亦聲]. 絜束也：絜者, 麻一耑也. 絜束者, 圍而束之『段注』 ※甲骨文, 象用繩索束縛人的領部之形『字源字典』	係累(계루) 關係(관계) 係員(계원) 係長(계장) 財務係(재무계)
縣	縣	3급 / 糸 / 총16	매달 **현**, 고을 **현** '𣉻+系'로 머리를 베어 거꾸로[𣉻] 나무에 끈[系]으로 매달아 놓음[繫也. 從系持𣉻. 〔注〕臣鉉等曰：此本是縣挂之縣, 借爲州縣之縣. 今俗加心, 別作懸, 義無所取]	縣監(현감) 縣令(현령) 縣治(현치) 郡縣(군현)
懸	懸	3급 / 心 / 총20	마음에 걸릴 **현**, 매달 **현**, 걸 **현** '心+縣(현)'으로 본자는 '縣'. 머리를 매달아 놓은 것을 보니 마음[心]에 걸림[音泫. 本作縣『正韻』繫也. 或從心『說文』猶解倒懸『孟子』-『康熙』]	懸隔(현격) 懸賞(현상) 懸案(현안) 懸崖(현애)
絲	絲	4급 / 糸 / 총12	실 **사**, 줄 **사** '糸+糸'로 누에고치에서 나온 가는 실[糸] [蠶所吐也 從二糸] 抽引精繭出緒曰絲『急就篇註』又掌絲入而辨其物『典絲』猶治絲而棼之也『左傳·隱四年』又皆播之以八音：金石土革絲木匏竹『周禮·春官·大師』絲, 琴瑟也『註』又王言如絲『禮·緇衣』微細如絲『疏』-『康熙』	絹絲(견사) 麻絲(마사) 綿絲(면사) 毛絲(모사)
濕	濕	3급 / 水 / 총17	물 이름 **답**, 젖을 **습**, 습기 **습** '氵+㬎(탑)'에서 산동성(山東省)의 강 이름인 습수(濕水)[濕水 出東郡 東武陽 入海 從水㬎聲] 從水㬎聲：它合切. 七部. 按日部㬎讀若唫. 此濕所以在七部也. 漢隸以濕爲燥溼字『段注』	濕氣(습기) 濕度(습도) 濕潤(습윤) 濕地(습지)
顯	顯	4급 / 頁 / 총23	나타날 **현**, 귀할 **현**, 선조 경칭 **현** '頁+㬎(현)'으로 머리[頁]에 밝은 장식품을 꽂음[頭明飾也 從頁㬎聲] 頭明飾也：故字從頁. 飾者, 㲿也. 女部曰㲿, 飾也是也. 頭明飾者, 冕弁充耳之類. 引申爲凡明之偁『段注』	顯考(현고) 顯官(현관) 顯達(현달) 顯著(현저)
聯	聯	3급 / 耳 / 총17	이을 **련** '耳+絲'로 귀[耳]가 뺨에 연이어 있듯, 실[絲]이 끊어지지 않고 이어짐[連也. 從耳, 耳連於頰也. 從絲, 絲連不絕也]	壁聯(벽련) 頸聯(경련) 柱聯(주련) 鉤聯(구련)
約	約	5급 / 糸 / 총9	묶을 **약**, 약속 **약**, 간략히 할 **약**, 절약할 **약** '糸+勺(작)'으로 실[糸]을 서로 매듭지어 묶음[纏束也 從糸勺聲] 纏束也：束者, 縛也. 引申爲儉約『段注』	約束(약속) 約分(약분) 約定(약정) 約婚(약혼)

楷書	篆書	級/部首/劃	訓音 및 字源	用例
藥	葯	1급 / 艸 / 총13	어수리 약, 약 약 '艸+約(약)'으로 향풀[艸]의 뿌리, 잎 등을 약재로 쓰는 식물[白芷, 其葉謂之葯『博雅』崃山, 其草多韭薤, 多藥『山海經』又音渥. 義同『廣韻』又音的. 纏也『集韻』首葯綠素『潘岳·射雉賦』葯, 猶纏裹也『註』-『康熙』]	葯胞(약포) 去葯(거약)
累	纍	3급 / 糸 / 총11	여러 루, 거듭 루 '糸+田←畾(뢰)'로 동자는 '纍'. 실타래[糸]가 여러 개 포개진 것[同纍『玉篇』係累其子弟『孟子』係累猶縛結也『趙註』係累吾民『戰國策』累, 纍同『註』-『康熙』]	累加(누가) 累計(누계) 累積(누적) 累增(누증)
螺	蠡	1급 / 虫 / 총17	소라 라 '虫+累(루)'로 소라고둥과의 권패(卷貝)[虫]로 껍데기는 악기로 사용하기도 하는 생물[音驟. 與蠃同『集韻』-『康熙』]	螺杯(나배) 陵螺(능라) 文螺(문라) 翠螺(취라) 陀螺(타라) 香螺(향라)
練	練	5급 / 糸 / 총15	마전할 련, 익힐 련, 단련할 련 '糸+柬(간)'으로 생피륙[糸]을 삶거나 빨아 볕에 바램[湅繒也 從糸柬聲] 湅繒也：湅繒汰諸水中. 如汰米然. 考工記所謂湅帛也. 已湅之帛曰練. 引, 申爲精簡之偁『段注』	練磨(연마) 練武(연무) 練兵(연병) 練絲(연사)
鍊	鍊	3급 / 金 / 총17	불릴 련, 단련할 련, 수련할 련 '金+柬(간)'으로 쇠[金]를 불에 달궈 두드림[冶金也 從金柬聲] 冶金也：冶大徐本譌作冶. 今正. 湅, 治絲也. 練, 治繒也. 鍊, 治金也. 皆謂滴湅欲其精『段注』	鍊金(연금) 鍊丹(연단) 鍊磨(연마) 鍊鐵(연철)
煉	煉	2급 / 火 / 총13	달굴 련, 구울 련 '火+柬(간)'으로 쇠를 불[火]에 달굼[鑠治金也 從火柬聲] 鑠治金也：治毛本作冶. 誤. 今依宋本. 鑠治者, 鑠而治之. 愈消則愈精. 高注戰國策曰練, 濯治絲也. 正與此文法同. 金部曰鍊, 治金也. 此加鑠者, 正爲字從火『段注』	煉瓦(연와) 煉炭(연탄) 煉瓦(연와) 加糖煉乳(가당연유)
揀	揀	1급 / 手 / 총12	가릴 간 '手+柬(간)'으로 사물을 손[手]으로 가리고 분별하여 택함[音簡. 與柬同. 選也, 擇也, 分別之也『正韻』博愛容衆, 無所揀擇『魏志·袁紹傳』-『康熙』]	揀擇(간택) 分揀(분간)
諫	諫	1급 / 言 / 총16	간할 간 '言+柬(간)'으로 임금이나 웃어른께 직언(直言) 등 바른 말[言]을 함[証也 從言柬聲] (金文)	諫言(간언) 司諫院(사간원)
經	經	4급 / 糸 / 총13	날실 경, 경서 경, 경영할 경 '糸+巠(경)'으로 베 짤 때 물줄기처럼 늘어진 날실[糸] [織從絲也 從糸巠聲] 韓詩作橫由其畝. 其說曰東西耕曰橫. 南北耕曰由. 由卽從也. 織之從絲謂之經. 必先有經而後有緯. 是故三綱五常六藝謂之天地之常經. 大戴禮曰南北曰經. 東西曰緯『段注』 (金文)	經過(경과) 經國(경국) 經理(경리) 經世(경세)
輕	輕	5급 / 車 / 총14	수레 가벼울 경, 가벼울 경, 업신여길 경, 경솔할 경 '車+巠(경)'으로 전쟁에 빨리 달릴 목적으로 만든 가벼운 수레[車] [輕車也 從車巠聲 『注』輕, 遄, 古文] 輕車也：三字句. 周禮. 輕車之萃. 鄭曰輕車, 所用馳敵致師之車也『段注』	輕重(경중) 輕視(경시) 輕率(경솔) 輕減(경감)
徑	徑	3급 / 彳 / 총10	지름길 경, 길 경, 빠를 경 '彳+巠(경)'으로 사람이 겨우 걸어 다닐[彳] 정도의 작은 길[步道也 從彳巠聲] 步道也：周禮. 夫閒有遂. 遂上有徑. 鄭曰 徑容牛馬. 畛容大車『段注』	直徑(직경) 半徑(반경) 周徑(주경) 捷徑(첩경)

漢字	篆文	級수	訓·音 및 字源 풀이	用例
痙	痙	1급 疒 총12	심줄 땅길 경, 경련 경 '疒+巠(경)'으로 억지로 무리하게 급히 하려다가 갑자기 심줄이 땅겨지며 경련 등을 일으키는 병[疒] [彊急也 從疒巠聲]	痙攣(경련) 胃痙攣(위경련)
勁	勁	1급 力 총9	굳셀 경 '力+巠(경)'으로 물줄기가 거침없이 힘[力]차게 내려감[彊也 從力巠聲] 彊也：廣韻. 勁, 健也『段注』	勁健(경건) 勁松(경송)
脛	脛	1급 肉 총11	정강이 경 '肉+巠(경)'으로 무릎 아래로부터 복사뼈까지의 부분[胻也 從肉巠聲] 胻也：卻下踝上曰脛. 脛之言莖也. 如莖之載物『段注』	脛骨(경골) 脛節(경절)
頸	頸	1급 頁 총16	목 경 '頁+巠(경)'으로 머리[頁]와 몸을 잇는 목 부분[頭莖也 從頁巠聲]	頸椎(경추) 刎頸之交(문경지교)
莖	莖	1급 艸 총11	버팀목 경, 줄기 경 '艸+巠(경)'으로 식물[艸]의 버팀이 되는 나무의 줄기나 기둥[枝柱也 從艸巠聲] 艸木榦也：依玉篇所引. 此言艸而兼言木. 今本作枝柱. 考字林作枝主. 謂爲衆枝之主也『段注』	陰莖(음경) 包莖(포경)
糾	糾	4급 糸 총8	얽힐 규, 살필 규, 모을 규, 탄핵할 규 '糸+丩(구)'로 새끼줄[糸]의 여러 가닥이 서로 얽혀져 있음[繩三合也 從糸丩 丩亦聲] 繩三合也：糸部曰紉, 單繩也. 劉表易章句曰网股曰纆. 按李善引字林. 糾, 两合繩. 纆, 三合繩『段注』	紛糾(분규) 糾明(규명) 糾合(규합) 糾率(규솔)
叫	叫	3급 口 총5	부르짖을 규, 울 규 '口+丩(구)'로 큰 소리[口]로 부르거나 욺[嘷也 從口丩聲]	絶叫(절규) 叫吟(규음) 阿鼻叫喚(아비규환)
收	收	4급 攴 총6	거둘 수, 잡을 수 '攴+丩(구)'로 곡식 등을 손으로 잡고 두드려[攴] 수확함[捕也 從攴丩聲] 捕也：手部曰捕, 取也『段注』	收穫(수확) 收錄(수록) 收復(수복) 收拾(수습)
素	素	4급 糸 총10	흰 빛깔의 비단 소, 흴 소, 바탕 소, 본디 소 '垂+糸'로 촘촘히 짠[垂] 광택이 나고 윤기가 있는 하얀 비단[糸] [白致繒也 從糸垂, 取其澤也] 致者 今之緻字. 澤者 光潤也『段注』 金文	素服(소복) 素因(소인) 素描(소묘) 素朴(소박) 素心(소심) 素養(소양) 素材(소재) 素質(소질)
綠	綠	4급 糸 총14	푸를 록, 초록빛 록 '糸+彔(록)'으로 푸른색과 황색을 띤 비단[糸] [帛靑黃色也 從糸彔聲]	綠豆(녹두) 綠林(녹림) 綠肥(녹비) 綠陰(녹음)
細	細	4급 糸 총11	가늘 세, 작을 세 '糸+田←囟(신)'으로 가늘고 미세한 실[糸] [微也 從糸囟聲] 散也：散者, 眇也. 眇, 今之妙字『段注』	細心(세심) 細則(세칙) 微細(미세) 詳細(상세)
緣	緣	4급 糸 총15	가선 연, 가 연, 인연 연, 연줄 연 '糸+彖(단)'으로 실[糸]로 의복의 가장자리를 싸서 돌린 선[衣純也 從糸彖聲] 衣純也：此以古釋今也. 古者曰衣純. 見經典. 今曰衣緣. 緣其本字. 純其叚借字. 緣者, 沿其邊而飾之也『段注』	緣故(연고) 緣由(연유) 緣分(연분) 奇緣(기연)
椽	椽	1급 木 총13	서까래 연 '木+彖(연)'으로 마룻대에서 도리 또는 보에 걸쳐 지른 나무[木] [榱也 從木彖聲] 榱也：左傳. 以大宮之椽歸爲盧門之椽. 釋名曰椽, 傳也. 相傳次而布列也『段注』	椽木(연목) 椽蓋板(연개판)

글자	전서	급수/부수/총획	훈음 및 설명	용례
篆	篆	1급 竹 총15	전자 전 '竹+彖(단)'으로 고대 죽간[竹]에 쓰여진 한자의 한 서체인 대전(大篆)과 소전(小篆). 대전은 주(周)나라 태사주(太史籀)의 창작으로 주문(籀文)이라 하며, 소전은 진(秦)나라 이사(李斯)가 만든 서체의 하나[引書也 從竹彖聲] 引書也：引書者, 引筆而箸於竹帛也. 因之李斯所作曰篆書. 而謂史籀所作曰大篆. 既又謂篆書曰小篆. 其字之本義爲引書. 如彫刻圭璧曰琢『段注』	篆字(전자) 篆刻(전각) 印篆(인전) 篆文(전문) 上方大篆(상방대전)
喙	喙	1급 口 총12	부리 훼, 숨쉴 훼, 성급할 훼 '口+彖(단)'으로 새나 짐승의 주둥이[口] [口也 從口彖聲] 口也：說卦傳. 爲黔喙. 左傳. 溴目而豭喙. 叚借爲困極之義. 廣韻引昆夷瘏矣. 今詩作喙矣『段注』	喙息(훼식) 容喙(용훼)
絹	絹	3급 糸 총13	명주 견 '糸+肙(연)'으로 보릿대 색을 띤 비단[糸] [繒如麥䅌色 從糸肙聲] 繒如麥䅌色：色字今補. 色譌也, 而俗刪之耳. 䅌者, 麥莖也. 繒色如麥莖青色也『段注』	絹織物(견직물) 人造絹(인조견)
鵑	鵑	1급 鳥 총18	두견이 견 '鳥+肙(연)'으로 뻐꾸기와 비슷하며 여름에 밤낮 처량하게 우는 새[鳥] [杜鵑, 鳥名『正韻』甄鵑『玉篇』鴨鴂, 一名買鵑, 一名子規, 一名杜鵑『顏師古曰』-『康熙』]	杜鵑(두견) 杜鵑花(두견화)
捐	捐	1급 手 총10	버릴 연, 덜 연, 기부할 연 '手+肙(연)'으로 손[手]에 가지고 있는 물건을 버림[棄也 從手肙聲] 棄也：華部曰棄, 捐也 -『康熙』	捐忘(연망) 義捐金(의연금)
綿	綿	3급 糸 총14	솜 면, 이어질 면, 자세할 면 '糸+帛'으로 명주실[糸]로 짠 직물[帛] [緜, 新絮也 今作綿. 同緜『玉篇, 廣韻, 集韻』-『康熙』] ※綿은 하얀 솜의 뜻을 가지게 되었으며 면서(綿絮), 속칭 면화(棉花)라 함.	綿絲(면사) 純綿(순면) 綿綿(면면) 綿密(면밀) 石綿(석면) 綿織(면직)
錦	錦	3급 金 총16	비단 금 '帛+金(금)'으로 한(漢)나라 때 하남(河南)의 양읍(襄邑)에서 짠 오색의 현란한 비단[帛] [襄邑織文也 從帛金聲]	錦囊(금낭) 錦衣還鄕(금의환향)
索	索	3급 糸 총10	동아줄 삭, 쓸쓸할 삭, 찾을 색 '朿+糸'로 무성한[朿] 잎과 줄기로 만든 굵은 동아줄[糸] [艸有莖葉, 可作繩索. 從朿糸. 杜林說：朿亦朱木字] ※朿：우거질 발.	索引(색인) 思索(사색) 索道(삭도) 索漠(삭막) 索然(삭연) 索居(삭거)
綴	綴	1급 糸 총14	꿰맬 철 '糸+叕(철)'로 실[糸]로 이어서[叕] 꿰맴[合箸也 從叕從糸 叕亦聲] 從叕糸：聯之以絲也. 會意『段注』	綴字(철자) 分綴(분철)

❋ 巾 부

글자	전서	급수/부수/총획	훈음 및 설명	용례
巾	巾	1급 巾 총3	수건 건 '冂+丨'으로 허리에 차고 다니며 닦거나 싸는 데 사용하는 물건[佩巾也 從冂丨象糸也] ※막대[丨]에 천[冂]을 걸어 아래로 늘어뜨린 모양으로 보기도 함.	手巾(수건) 頭巾(두건)
佩	佩	1급 人 총8	찰 패, 노리개 패 '人+凡+巾'으로 사람들[人]이 평소[凡] 큰 띠[巾]에 차는 장식용 옥(玉) [大帶佩也 從人從凡從巾 佩必有巾 巾謂之飾] 從人凡巾：從人者, 人所以利用也. 從凡者, 所謂無所不佩也. 從巾者, 其一耑也. 俗作珮.『段注』 ※노리개：띠에 차는 장식용 옥. 옛날에 조복에 이것을 찼는데, 천자는 백옥(白玉), 공후는 현옥(玄玉), 대부는 창옥(蒼玉) 등 계급에 따라 옥의 종류도 달랐음.	佩物(패물) 佩用(패용) 冠鷄佩猳(관계패가) 容儀帶佩(용의대패) 韋弦之佩(위현지패)

한자	전서	급수/부수/총획	훈음 및 자원	금문/갑골문	용례
市	枿	7급 巾 총5	저자 시, 도시 시 '冂+一+之(지)'로 담장[冂]이 있으며, 물건을 매매하기[一] 위해 가는 곳[買賣所之也 市有垣. 從冂 從一, 一, 古文及字. 象物相及也. 之省聲] 買賣所之也：釋詁曰 之, 往也. 古史考曰神農作市. 本《殼辭說也, 世本曰祝融作市『段注』	金文	市場(시장) 市價(시가) 盛市(성시) 市勢(시세) 市長(시장) 市政(시정)
姉	姉	4급 女 총8	손위누이 자 '女+市(불)'로 자매 중 먼저 태어난 여자[女] [女兄也 從女市聲] 男子謂女子先生爲姉『爾雅·釋親』姉, 積也, 猶曰始出, 積時多而明也『釋名』-『康熙』 ※市：'巾+一'로 제복(祭服) 앞면의 무릎 부분을 가리는 천[巾]과 허리 혁대[一] [古代祭服前面遮盖膝部的部分]		姉兄(자형) 姉妹(자매)
肺	㪱	3급 肉 총8	허파 폐 '月+市(불)'로 오장(五臟) 중 가장 크며 호흡할 때 항상 쉬지 않고 개폐(開閉)하는 장기(臟器)[金藏也. 從肉市聲] 金藏也：按各本不完. 當云火藏也, 五經異義云. 今尙書歐陽說曰. 肝, 木也. 心, 火也. 脾, 土也. 肺, 金也. 腎, 水也. 古尙書說. 脾, 木也. 肺, 火也. 心, 土也. 肝, 金也. 腎, 水也. 今醫之法. 以肝爲木. 心爲火. 脾爲土. 肺爲金. 腎爲水 則有瘳也『段注』 ※역학(易學)에서 '金, 木, 水, 火, 土'는 '肺, 肝, 腎, 心, 脾'로 '肺'는 金藏임.		肺肝(폐간) 肺腑(폐부) 肺炎(폐염→폐렴) 肺活量(폐활량)
柹	柹	1급 木 총9	감나무 시 '木+市(시)'에서 감나뭇과의 낙엽활엽 교목으로 가을에 붉은 열매를 맺는 나무[木] [赤實果 從木市聲]		柹餠(시병) 柹漆(시칠) 霜柹(상시) 紅柹(홍시)
市	市	1급 巾 총4	슬갑 불, 무성할 불 '一+巾'으로 천자, 제후들이 착용한 슬갑의 모양을 본뜬 것[韠也 上古衣蔽前而已 市以象之 天子朱市 諸侯赤市 卿大夫蔥衡 從巾 象連帶之形] 韠也：韋部曰韠, 韍也. 二字相轉注也. 鄭曰韠之言蔽也. 韍之言亦蔽也. 祭服偁韍. 玄端服偁韠『段注』	金文	
沛	㳆	1급 水 총7	강 이름 패, 고을 이름 패, 늪 패, 넉넉할 패, 많을 패 '水+市(불/패)'로 요동(遼東) 번한(番汗) 변방에서 출원하여 서남쪽 바다로 흘러가는 강[水] 이름[水 出遼東番汗塞外 西南入海 從水市聲]		沛然(패연) 沛澤(패택)
帶	帶	4급 巾 총11	띠 대, 찰 대, 데리고 대 긴 옷을 입고 허리에 띠를 겹으로 감아 맨 모양[紳也 男子鞶帶 婦人帶絲 象繫佩之形 佩必有巾 從重巾]		帶劍(대검) 帶同(대동) 帶狀(대상) 冠帶(관대)
滯	㴝	2급 水 총14	막힐 체, 쌓일 체, 머무를 체 '氵+帶(대)'로 물[氵]이 막혀 통하지 아니함[凝也. 從水帶聲]		停滯(정체) 滯留(체류) 遲滯(지체)
帝	帝	4급 巾 총9	임금 제 '二(←上)+束(자)'로 천하를 살피는 왕[上] [諦也. 王天下之號也. 從丄束聲 帝, 古文帝. 古文諸丄字皆從一, 篆文皆從二. 二, 古文上字]	甲骨文 金文	帝王(제왕) 帝位(제위) 帝威(제위) 帝政(제정)
締	締	2급 糸 총15	맺을 체, 맺힐 체 '糸+帝(제)'로 실[糸]이 매듭져 풀지 못함[結不解也. 從糸帝聲]		締結(체결) 締交(체교)
蹄	蹄	1급 足 총16	굽 제, 발 제 足+帝(제)로 고자는 '蹏. 마소 따위의 짐승의 발[足] [古文. 蹏, 蹄, 底也『釋名』獸足也『羣經音辨』-『康熙』		蹄形(제형) 鐵蹄(철제)

字	篆	級/部/총	訓音 및 해설	예
啼	㗏	1급 口 총12	울 제 '口+帝(제)'로 동자는 '嗁'. 사람이 눈물을 흘리며 소리[口] 내어 울거나 새·짐승·벌레 따위가 소리 냄[古文. 譈. 同嗁『說文』 主人啼『禮·喪大記』麗姬下堂而啼『穀梁傳·僖十年』 - 『康熙』]	啼泣(제읍) 啼血(제혈)
諦	諦	1급 言 총16	살필 체, 조사할 체, 자세히 알 체 '言+帝(제)'로 말[言]한 것을 자세히 살피고 조사함[審也. 從言帝聲] 審也 : 毛傳曰審諦如帝『段注』	諦念(체념) 要諦(요체)
布	布	4급 巾 총5	베 포, 펼 포, 보시 보 '巾+父(부)'로 모시풀로 짠 베[巾] [枲織也. 從巾父聲 枲織也 : 其艸曰枲. 曰萉. 析其皮曰 林. 曰木. 屋下治之曰麻. 緝而績之曰線. 曰縷. 曰繾. 織而成之曰 布『段注』 (金文)	布告(포고) 布教(포교) 布木(포목) 布帳(포장) 布施(보시)
怖	怖	2급 心 총8	두려워할 포 '忄+布(포)'로 동자는 '悑'. 무당이 귀신의 힘을 빌려 어리석은 백성에게 두려운 마음[忄]을 갖게 하듯, 어떤 대상을 두 려워함[與悑同『韻會』惶也『玉篇』其巫祝有依託鬼神, 詐怖愚民『後漢·第 五倫傳』 - 『康熙』]	恐怖(공포) 怖伏(포복)
希	希	4급 巾 총7	바랄 희, 드물 희 '爻+巾'으로 여러 실을 섞어 수놓은[爻] 천[巾] 으로, 그 수효가 적어 귀함[古文. 希. 寡也『集韻』罕也『爾雅·釋詁』海 內希世之流『後漢·黨錮傳』希, 望也『註』 - 『康熙』] 象倣針線. 巾, 絲織 品, 爻, 象針線交錯. 本義 : 刺繡 - 『漢典』	希求(희구) 希冀(희기) 希望(희망)
稀	稀	3급 禾 총12	드물 희, 성길 희, 적을 희 '禾+希(희)'로 벼[禾]폭을 드물게 심 음[疏也. 從禾希聲] 疏也 : 玄部曰: 疏, 通也. 稀與概爲反對之辭. 所謂立苗 欲疏也. 引伸爲凡疏之偁『段注』	稀貴(희귀) 稀代(희대) 稀微(희미) 稀薄(희박)
帥	帥	3급 巾 총9	차는 수건 솔/세, 장수 수 '巾+自'로 허리에 차는 수건 [巾] [佩巾也. 從巾. 自. 帨, 帥或從兌. 又音稅] 巾也『廣雅』將 帥也『廣韻』主也, 率也, 統也, 領也『正韻』 - 『康熙』 (金文)	元帥(원수) 將帥(장수) 統帥(통수)
師	師	4급 巾 총10	군사 사, 뭇사람 사, 스승 사 '自←堆+帀'으로 작은 언 덕[自]이 사방으로 둘러싸인[帀] 곳의 2,500인의 무리[二千 五百人爲師 從帀從自. 自, 四帀, 衆意也. 𠵀, 古文師] 自四帀衆 意也 : 自下曰. 小𠂤也. 小𠂤而四圍有之. 是衆意也. 說會意之恉『段注』 (金文)	師君(사군) 師團(사단) 師徒(사도) 師範(사범)
獅	獅	1급 犬 총13	사자 사 '犬+師(사)'로 고양잇과에 속하는 사나운 맹수[犬] [猛獸 也『玉篇』狻麑『爾雅釋獸』即師子也『註』按後漢書順帝紀作師. 獅, 牝者 有髵髯, 尾大如斗. 怒則威在齒, 喜則威在尾. 每一吼, 百獸辟易. 一名白獸 『正字通』 - 『康熙』]	獅子舞(사자무) 獅子吼(사자후)
席	席	6급 巾 총10	자리 석 '巾+庶(서)'로 앉을 때 자리 밑에 까는 좋은 비단[巾]으 로 만든 깔개[藉也. 禮. 天子諸侯席有黼繡純飾. 從巾庶省] 從巾 : 其方幅 如巾也. 庶省聲. 此形聲. 非會意『段注』 ※象屋宇下一張草席的形狀『字源 字典』	席捲(석권) 席次(석차) 客席(객석) 缺席(결석) 陪席(배석) 首席(수석)
帳	帳	4급 巾 총11	휘장 장, 장막 장, 장부 장 '巾+長(장)'으로 천[巾]으로 길게 드 리워진 막[張也. 從巾長聲]	帳幕(장막) 帳簿(장부) 揮帳(휘장) 帳記(장기)

字	篆	級/部/劃	訓音·說明	甲骨文/金文	用例
帛	帛	1급 巾 총8	**비단 백**, **명주 백** '巾+白(백)'으로 명주실로 광택이 나게 짠 피륙[巾] [繒也 從巾白聲] 繒也：糸部曰繒, 帛也. 聘禮, 大宗伯注皆云. 帛, 今之璧色繒也『段注』	甲骨文 金文	帛書(백서) 幣帛(폐백)
棉	棉	1급 木 총12	**목화 면** '木+帛'으로 씨에 붙은 면화는 피륙[帛]이나 실의 원료로 쓰이는 아욱과의 한해살이 식물[木] [同枲. 又木棉, 樹名『廣韻』古貝草也. 緝其花爲布, 麤曰貝, 精曰氎『演繁露·唐環王傳』 按『本草』木棉有草, 木二種 -『康熙』]		棉實(면실) 棉花(면화)

❀ 衣 부

字	篆	級/部/劃	訓音·說明	甲骨文/金文	用例
衣	衣	6급 衣 총6	**옷 의** 옷의 양쪽 소매와 좌우의 옷깃이 서로 덮고 있는 모양[依也. 上曰衣 下曰常 象覆二人之形]	甲骨文 金文	衣冠(의관) 衣帶(의대) 衣類(의류) 衣服(의복)
依	依	4급 人 총8	**의지할 의** 'イ+衣(의)'로 사람[イ]은 추위나 품위 등을 옷에 의지함[倚也 從人衣聲]		依據(의거) 依舊(의구) 依例(의례) 依支(의지)
裔	裔	1급 衣 총13	**옷자락 예**, **옷깃 예**, **후손 예** '衣+冏(눌)'로 옷[衣]의 아래로 드리워진 부분[衣裾也. 從衣冏聲. 㕯, 古文裔.〖注〗臣鉉等曰：冏非聲, 疑象衣裾之形.〖注〗㕯, 古文裔]		後裔(후예) 苗裔(묘예)
表	表	6급 衣 총8	**웃옷 표**, **겉 표**, **나타낼 표**, **모범 표** '衣+毛(모)'로 상의에 입는 털[毛]이나 가죽으로 만든 웃옷[衣] [上衣也 從衣毛 毛亦聲]		表決(표결) 表記(표기) 表裏(표리) 表面(표면)
襄	襄	2급 衣 총17	**옷 벗고 밭갈 양**, **도울 양**, **오를 양**, **높을 양** '衣+㐁(양)'으로 웃옷[衣]을 벗고 밭가는 일을 함[漢令. 解衣而耕謂之襄 從衣㐁聲] 又上也. 懷山襄陵『書·堯典』包山上陵也『註』 -『康熙』		襄禮(양례) 襄事(양사) 宋襄之仁(송양지인)
壤	壤	3급 土 총20	**땅 양**, **흙 양** '土+襄(양)'으로 밭을 갈아 단단한 흙[土]을 부드럽게 함[柔土也. 從土襄聲] 周禮. 辨十有二壤之名物, 而知其種. 以敎稼穡樹蓺. 注. 壤亦土也. 以萬物自生言則言土. 土猶吐也. 以人所耕而樹蓺言則言壤. 壤, 和緩之貌『段注』		土壤(토양) 擊壤(격양) 鼓腹擊壤(고복격양) 天壤之差(천양지차) 天壤之判(천양지판)
讓	讓	3급 言 총24	**사양 양**, **겸손할 양**, **꾸짖을 양** '言+襄(양)'으로 서로 겸손하게 말[言]하여 물리침[相責讓 從言襄聲] 相責讓：經傳多以爲謙攘字『段注』		讓渡(양도) 讓路(양로) 讓步(양보) 讓收(양수)
孃	孃	2급 女 총20	**여자 양**, **어머니 양** '女+襄(양)'으로 번잡하고 요란스러운 사람[女] [煩擾也 一曰肥大也. 從女襄聲] 又音囊『集韻』又音壤. 義忲同. 同娘. 不聞耶孃哭子聲『古樂府』 -『康熙』		貴孃(귀양) 令孃(영양) 金孃(김양)
攘	攘	1급 手 총20	**훔칠 양** '手+襄(양)'으로 손[手]으로 남의 물건을 슬그머니 자기 앞으로 옮김[推也 從手襄聲] 推也：推手使前也. 古推讓字如此作. 上曲禮注曰攘古讓字, 許云. 讓者, 相責讓也. 攘者, 推也『段注』		攘夷(양이) 攘奪(양탈)

字	篆	級/部/總	訓·字源	金文/甲骨文	用例
囊	囊	1급 口 총22	주머니 낭 '橐+襄(양)'으로 허리에 두르거나 어깨에 메는 자루[橐] [橐也 從橐省 襄聲] 古文. 囊. 囊也. 從橐省, 襄省聲『說文』于橐于囊『詩·大雅』小曰橐, 大曰囊『傳』一曰有底曰囊, 無底曰橐『集韻』-『康熙』		背囊(배낭) 寢囊(침낭)
釀	釀	1급 酉 총24	빚을 양, 술 양 '酉+襄(양)'으로 지에밥과 누룩을 버무려 술[酉]을 담금[醞也 作酒曰釀 從酉襄聲]		釀成(양성) 釀造(양조)
衷	衷	2급 衣 총10	속옷 충, 마음 충, 정성스러울 충 '衣+中(중)'으로 맨 속에 입는 속옷[衣] [裏褻衣 從衣中聲『春秋傳』曰皆衷其衵服]		衷情(충정) 衷誠(충성)
袞	袞	1급 衣 총11	곤룡포 곤, 클 곤 '衣+公(연)'으로 천자가 선왕에게 제사 지낼 때 입는 용무늬가 그려진 예복[衣] [天子享先王. 卷龍繡於下常. 幅一龍. 蟠阿上鄉. 從衣公聲]		袞職(곤직) 袞龍袍(곤룡포)
袁	袁	2급 衣 총10	옷 길 원 '衣+叀(전)'으로 긴 옷[衣] 모양[長衣貌 從衣叀省聲] 又州名. 漢宜春縣, 隋置袁州『篇海』又姓, 袁氏, 嬀姓, 舜後. 陳胡公之後裔『通志·氏族略』-『康熙』	甲骨文	
遠	遠	6급 辵 총14	멀 원 '辵+袁(원)'으로 일정한 거리를 두고 멀리 떨어져서 감[辵] [遼也 從辵袁聲] 遙遠也『廣韻』指遠近定體也『正韻』如『詩』其人則遠之類遠離之遠去聲, 如『論語』敬鬼神而遠之之類是也. -『康熙』	金文	遠景(원경) 遠近(원근) 遠慮(원려) 遠流(원류)
園	園	6급 口 총13	동산 원 '囗+袁(원)'으로 과일나무를 심어 놓은 지역[囗] [所以樹果也. 從囗袁聲] 所以樹果也 : 鄭風傳曰園所以樹木也. 按毛言木, 許言果者. 毛詩檀穀桃棘皆系諸園. 木可以包果. 故周禮云. 園圃毓草木. 許意凡云苑囿已必有艸木. 故以樹果系諸園『段注』		園所(원소) 園藝(원예) 公園(공원) 庭園(정원)
猿	猿	1급 犬 총13	원숭이 원 '犬+袁(원)'으로 '猨과 동자. 원숭잇과의 하나이며 사람 다음가는 고등동물[犬] [俗猨字 『玉篇』猨獼猴錯木據水則不若魚鼈『戰國策』-『康熙』]		類人猿(유인원) 犬猿之間(견원지간)
衰	衰	3급 衣 총10	도롱이 사, 쇠할 쇠, 상복 최 蓑와 동자. 풀[草]이나 종려나무[棕] 껍질로 만든 비옷[衣] [艸雨衣 秦謂之萆 從衣, 象形. 㡾, 古文衰. 〔注〕斋, 亦古文衰 ※蓑即蓑衣, 是一種用草或棕制成的防雨用具『字源字典』	金文	衰弱(쇠약) 老衰(노쇠) 衰退(쇠퇴) 衰殘(쇠잔)
蓑	蓑	1급 艸 총14	도롱이 사 '艸+衰(쇠)'로 띠·짚[艸] 따위로 엮어 만든 우의[雨衣][古文. 𦸗𦸗. 草衣也『玉篇』何蓑何笠『詩·小雅』蓑所以備雨『傳』又覆也『韻會』仲幾之罪, 何不蓑城也『公羊傳·定元年』不以蓑苫城也『註』蓑, 辟雨之衣也『郭璞·山海經註』-『康熙』]		蓑笠(사립) 蓑衣(사의) 綠蓑衣(녹사의)

❀ 皮 부

字	篆	級/部/總	訓·字源	金文	用例
皮	皮	1급 皮 총5	가죽 피, 껍질 피 '又+爲(위)'로 손[又]으로 짐승의 가죽을 벗기어 취함[剝取獸革謂之皮 從又爲省聲] 剝取獸革者謂之皮 : 剝, 裂也. 謂使革與肉分裂也. 云革者, 析言則去毛曰革. 統言則不別也『段注』	金文	皮骨(피골) 皮封(피봉) 皮膚(피부) 皮下(피하) 虎皮(호피)

漢字	篆文	級/部/總	訓·音 및 풀이	용례
疲	牌	4급 疒 총10	피곤할 피, 지칠 피 '疒+皮(피)'로 일하여 지치고 피곤함[疒] [勞也 從疒皮聲] 勞也 : 經傳多假罷爲之 『段注』 / 乏也 『玉篇』 倦也, 止也 『增韻』又諸侯以疲馬犬羊爲幣 『管子·小匡篇』疲謂瘦也 『注』 - 『康熙』	疲困(피곤) 疲勞(피로) 疲弊(피폐)
破	𥑆	4급 石 총10	깨뜨릴 파, 깨질 파, 가를 파 '石+皮(피)'로 돌[石]을 깨뜨림[石碎也 從石皮聲] 石碎也 : 瓦部曰瓯者, 破也. 然則碎瓯㼚三篆同義. 引伸爲碎之偁 『段注』	破鏡(파경) 破壞(파괴) 破産(파산) 破損(파손)
彼	𢓰	3급 彳 총8	저 피 '彳+皮(피)'로 이것의 대가 되는 것으로, 말하는 이나 듣는 이로부터 멀리 떨어져 있는[彳] 사물[往, 有所加也 從彳皮聲] 對此之稱 『玉篇』彼月而微, 此日而微 『詩·小雅』爾之愛我也, 不如彼 『禮·檀弓』 - 『康熙』	彼岸(피안) 彼處(피처) 彼此(피차) 彼我(피아)
坡	𡊅	2급 土 총8	언덕 파, 비탈 파 '土+皮(피)'로 비탈진 언덕[土] [阪也 從土皮聲] 阪也 : 自部曰坡者曰阪. 此二篆轉注也. 又曰陂, 阪也. 是坡陂二字音義皆同也. 坡謂其陂陀 『段注』	坡州(파주) 松坡區(송파구)
被	𬜼	3급 衣 총10	입을 피, 덮을 피, 이불 피, 당할 피 '衤+皮(피)'로 길이가 몸보다 큰 잠옷[衣]을 입거나 덮음[寢衣 長一身有半 從衣皮聲]	被擊(피격) 被禽(피금) 被拉(피랍) 被殺(피살)
頗	𩑯	3급 頁 총14	치우칠 파, 자못 파 '頁+皮(피)'로 머리[頁]가 한쪽으로 기울어짐[頭偏也 從頁皮聲] 頭偏也 : 引伸爲凡偏之偁. 洪範曰無偏無頗. 遵王之義. 人部曰偏者, 頗也. 以頗引伸之義釋偏也 『段注』	頗多(파다) 偏頗(편파)
跛	𨂈	1급 足 총12	절뚝발이 파, 절룩거릴 파, 기우듬히 설 피 '足+皮(피)'로 바로 가지 못하고 절뚝거리는 발[足] [行不正也 從足皮聲 一曰足排之]	跛行(파행) 跛立(파립)
披	𢪃	1급 手 총8	관줄 피, 곁부축할 피, 나눌 피, 열 피, 쓰러질 피 '手+皮(피)'로 관(棺) 곁에서 그 묶은 끈을 손[手]으로 잡고 부축함[從手持曰披 從手皮聲] 從旁持曰披 : 士喪禮設披. 注曰披絡柳棺上 貫結於戴 人君旁牽之以備傾虧 又執披者旁四人 注曰前後左右各二人 此從旁持之義也 『段注』	披見(피견) 披瀝(피력) 猖披(창피) 披露宴(피로연)

❈ 革 부

漢字	篆文	級/部/總	訓·音 및 풀이	용례
革	革	4급 革 총9	가죽 혁, 고칠 혁 짐승의 털을 제거하고 만든 가죽[獸皮治去其毛 革更之 象古文革之形 䩨, 古文革從卅. 三十年爲一世, 而道更也] 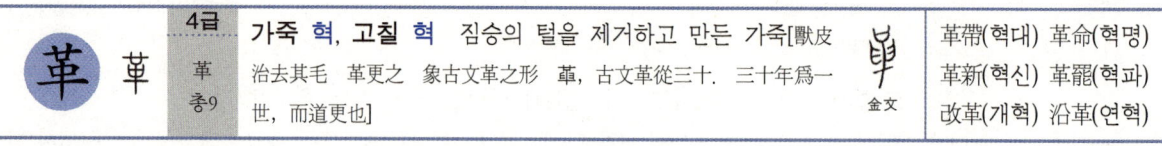 金文	革帶(혁대) 革命(혁명) 革新(혁신) 革罷(혁파) 改革(개혁) 沿革(연혁)

❈ 㡭 부

漢字	篆文	級/部/總	訓·音 및 풀이	용례
㡭	㡭	㡭 총12	바느질할 치 '㡭+帗'로 옷의 떨어진 곳[帗]을 바느질하여 수선함이 많음[㡭] [箴縷所紩衣 從帗㡭省] 從帗㡭省 : 象刺文也. 韻會有此四字. 㡭者, 叢生艸也. 鍼縷之多象之 『段注』 甲骨文 金文	
繭	繭	1급 糸 총19	누에고치 견, 옷 견 '糸+虫+㡭'로 누에고치[虫]에서 뽑은 실[糸]로 가늘고 고운 옷을 만듦[㡭] [蠶衣也 從糸從虫 㡭省]	繭絲(견사) 繭蠶(견잠)

❀ 米 부

字	篆	급수	훈음 및 해설	갑골/금문	예시
米	米	6급 米 총6	쌀 미, 곡식 미 쌀의 낟알이 사방으로 퍼지는 모양[粟實也. 象禾黍之形] 粟實也 : 鹵部曰粟, 嘉穀實也. 嘉穀者, 禾黍也. 實當作人. 粟擧連秠者言之. 米則秠中之人. 如果實之有人也. 果人之字古書皆作人『段注』	甲骨文	白米(백미) 米穀(미곡) 米粒(미립) 米粟(미속)
迷	迷	3급 辶 총10	헤맬 미, 미혹할 미 '辶+米(미)'로 혼란스러워 어디로 갈지[辶] 망설임[惑也 從辵米聲] 惑也 : 見釋言. 惑, 宋本作或. 心部曰惑亂也『段注』		迷宮(미궁) 迷路(미로) 迷信(미신)
粟	粟	3급 米 총12	조 속, 곡식 속 '覀+米'로 과일의 열매[覀]처럼 벼와 기장의 빻기 전의 곡식[米] 낟알[嘉穀實也『說文』粟爲陸種之首, 米之有甲者『韻會小補』旅師掌聚野之鋤粟, 屋粟, 閒粟『周禮·地官』鋤粟, 民相助作, 一井之中所出, 九夫之稅粟也. 屋粟, 民有田不耕, 所罰三夫之稅粟. 閒粟, 閒民無職事者所出, 一夫之征粟『註』-『康熙』] ※米 : 粟實也. 覀部曰 粟, 嘉穀實也. 嘉穀者, 禾黍也. 實當作人. 粟擧連秠者言之. 米則秠中之人. 如果實之有人也『說文』		粟米(속미) 粟膚(속부) 黍粟(서속) 滄海一粟(창해일속) 大海一粟(대해일속) 粟積如山(속적여산) 菽粟之文(숙속지문)
精	精	4급 米 총14	깨끗할 정, 정성 정, 자세할 정, 정밀할 정 '米+靑(청)'으로 쌀[米] 중 좋은 쌀만을 가려냄[擇米也 從米靑聲]		精潔(정결) 精巧(정교) 精氣(정기) 精力(정력)

❀ 香 부

字	篆	급수	훈음 및 해설	예시
香	香	4급 香 총9	향기 향 '禾←黍+日←甘'으로 기장밥[黍]의 맛[甘]이 향기로움[芳也 從黍從甘『春秋傳』曰 : 黍稷馨香]	香囊(향낭) 香爐(향로) 香料(향료) 香水(향수)
馥	馥	2급 香 총18	향기 복 '香+复(복)'으로 향기[香]가 가득한 모양[香气芬馥也 從香复聲]	
馨	馨	2급 香 총20	향기 멀리 미칠 형, 향내 날 형, 향기 형 '香+殸(성)'으로 향기로움[香]이 멀리까지 알려짐[香之遠聞者 從香殸聲]	馨氣(형기) 馨香(형향)

❀ 食 부

字	篆	급수	훈음 및 해설	갑골/금문	예시
食	食	7급 食 총9	밥 식, 먹을 식, 밥 사, 기를 사 '皀+亼(집)'으로 쌀로 밥을 지으니 고소한 냄새[皀]가 남[亼米也 從皀亼聲 或說亼皀也]	甲骨文 金文	食客(식객) 食糧(식량) 食料(식료) 食率(식솔)
蝕	蝕	1급 虫 총15	일식 식, 월식 식, 먹을 식 '虫+食(식)'으로 벌레[虫]가 갉아먹어 들어가듯, 일식과 월식이 일어남[日月虧曰蝕『釋名』]		腐蝕(부식) 侵蝕(침식) 浸蝕(침식)
飮	飮	6급 食 총13	마실 음, 물 먹을 음 '欠+酓(염)'으로 입을 벌리고[欠] 물을 마심[歠也 從欠酓聲]		飮毒(음독) 飮馬(음마) 飮食(음식) 飮泣(음읍)
飢	飢	3급 食 총11	주릴 기 '食+几(궤)'로 음식[食]을 먹지 못해 배 속이 궤처럼 비어 있음[餓也 從食几聲]		飢餓(기아) 飢寒(기한) 飢渴(기갈) 飢饉(기근)

字	篆	級/部/總	訓音 解說	用例
飾	飾	3급 食 총14	닦을 식, 꾸밀 식 '人+巾+食(식)'으로 동자는 '拭'. 사람[人]이 수건[巾]으로 겉을 닦음[厭也. 從巾從人食聲. 厭也：又部曰厭, 飾也. 二篆爲轉注. 飾拭古今字. 許有飾無拭『段注』/ 修飾也『玉篇』飾, 拭也, 物穢者拭其上使明, 由他物而後明, 猶加文于質上也『逸雅』-『康熙』	假飾(가식) 修飾(수식) 裝飾(장식) 虛飾(허식) 飾僞(식위) 粧飾(장식)
養	養	5급 食 총15	기를 양 '食+羊(양)'으로 정성을 다하여 만든 음식[食]을 바침[供養也. 從食羊聲]	養老(양로) 修養(수양) 養育(양육) 養蠶(양잠) 養親(양친) 營養(영양)
癢	癢	1급 疒 총20	가려울 양 '疒+養(양)'으로 '蛘'과 동자. 종기, 질병[疒] 따위로 피부가 가려움[蛘：搔蛘也. 從虫羊聲]. 痒：瘍也. 小雅. 瘋憂以痒. 傳曰. 瘋, 痒, 皆病也. 釋詁亦曰痒, 病也. 按今字以痒爲癢字. 非也. 癢之正字說文作蛘『段注』	伎癢(기양) 癢木(양목) 怕癢樹(파양수) 隔靴搔癢(격화소양)
餐	餐	2급 食 총16	먹을 찬 '食+奴(잔)'으로 쌀로 밥[食]을 지어 먹음[吞也. 從食奴聲. 湌, 餐或從水] 吞也：鄭風. 還, 子授子之粲兮. 釋言. 毛傳皆曰粲, 餐也. 謂粲爲餐之假借字也『段注』	晩餐(만찬) 素餐(소찬) 聖餐(성찬) 正餐(정찬)
燦	燦	2급 火 총17	빛날 찬 '火+粲(찬)'으로 불빛[火]이 영롱하고 현란한 모양[燦爛明淨貌 從火粲聲]	霞燦(하찬) 閃燦(섬찬)
璨		2급 玉 총17	빛날 찬 '玉+粲(찬)'으로 구슬[玉]이 광채가 남[玉光也. 從玉粲聲]	

肉 부

字	篆	級/部/總	訓音 解說	用例
肉		4급 肉 총6	고기 육 크게 썬 조수(鳥獸)의 고깃덩어리 모양[胾肉 象形] 胾肉：下文曰胾, 大臠也. 謂鳥獸之肉. 說文之例. 先人後物. 何以先言肉也. 曰以爲部首. 不得不首言之也. 生民之初. 食鳥獸之肉故肉字取古. 而製人體之字.用肉爲偏旁. 是亦假借也. 人曰肌. 鳥獸曰肉. 此其分別也『段注』 甲骨文 金文	肉薄(육박) 肉聲(육성) 肉眼(육안) 肉彈(육탄)
育	育	7급 肉 총8	기를 육 '去+肉(육)'으로 불순(不順)한 아이[去]를 가르쳐 착하게 기름[養子使作善也 從去肉聲『虞書』曰：敎育子. 毓, 育或從每. [注] 徐鍇曰：去, 不順子也. 不順亦敎之, 況順者乎]	育林(육림) 育苗(육묘) 育兒(육아) 體育(체육)
棄	棄	3급 木 총12	버릴 기 '廾+華+㐬'으로 정상적으로 태어나지 못한 사생아나 불효자[㐬]를 삼태기[華]에 담아 양손[廾]으로 들어다 버림[捐也. 從廾推華棄之, 從㐬. 㐬, 逆子也. 弃, 古文棄. 𠲋, 籒文棄] ※象人雙手捧箕把初生而死的嬰兒抛棄掉的樣子『字源字典』 金文	棄却(기각) 棄權(기권) 棄世(기세) 棄兒(기아) 放棄(방기) 遺棄(유기) 破棄(파기) 廢棄(폐기)
胤	胤	2급 肉 총9	이을 윤 '幺+肉+八'로 자손 대대로[幺] 혈통[肉]을 계속 전함[八] [子孫相承續也. 從肉. 從八, 象其長也. 從幺, 象重累也] 象其長也：八分也. 骨肉所傳. 支分斥別. 傳之無窮『段注』 金文	令胤(영윤) 玉胤(옥윤) 車胤盛螢(차윤성형)
腹	腹	3급 肉 총13	배 복 '月+㚆(복)'으로 사람의 배[月←肚]가 넉넉하고 큼[厚也. 從肉㚆聲] 厚也：腹厚疊韻. 此與髮拔也, 尾微也一例. 謂腹之取名. 以其厚大. 釋名曰腹, 複也. 富也. 文法同『段注』 甲骨文	腹膜(복막) 腹案(복안) 腹痛(복통) 空腹(공복) 同腹(동복) 滿腹(만복)

漢字	급수/부수/총획	訓音 및 字源	用例
複	4급 / 衣 / 총14	겹옷 **복** '衣+复(복)'으로 안팎으로 중첩되게 입은 겹옷[衣] 모양 [重衣兒 從衣复聲 一日褚衣]	複道(복도) 複利(복리) 複寫(복사) 複線(복선)
愎	1급 / 心 / 총12	괴팍할 **팍** '心+复(복)'으로 성미(性味)[心]가 까다롭고 별남[很也 『玉篇』戾也. 剛愎自用也『廣韻』愎諫違卜『左傳·僖十五年』 -『康熙』]	乖愎(괴팍 →괴팍) 愎性(팍성)
鰒	1급 / 魚 / 총20	전복 **복** '魚+复(복)'으로 바다에서 사는 전복과의 조개[魚]로 살은 먹으며 껍데기는 나전 세공의 재료로 쓰임[海魚名 從魚复聲] 海魚也: 郭注三倉曰鰒似蛤. 一偏著石『段注』	全鰒(전복) 乾鰒(건복)
能	5급 / 肉 / 총10	곰 **능**, 능할 **능** '肉+㠯(이)'로 다리가 사슴과 비슷한 곰 모양[熊屬. 足似鹿. 從肉㠯聲. 能獸堅中, 故稱賢能; 而彊壯, 稱能傑也] ※金文中的能字, 正是熊的形象特征『字源字典』	能力(능력) 能率(능률) 能辯(능변) 能熟(능숙) 能通(능통) 技能(기능)
熊	2급 / 火 / 총14	곰 **웅** '能+炎(염)'으로 본자는 '能'. 돼지와 비슷하고 산에 살며 겨울잠을 자는 맹수인 곰의 모습[熊獸似豕 山居冬蟄 從能炎省聲]	熊女(웅녀) 熊膽(웅담)
態	4급 / 心 / 총14	태도 **태** '能+心'으로 마음속[心] 생각이나 자기의 재능[能]을 밖으로 나타냄[意態也 從心從能 能, 或從人.[注] 徐鍇曰: 心能其事, 然後有態度也]	狀態(상태) 變態(변태) 世態(세태) 狂態(광태) 嬌態(교태) 舊態(구태)
罷	3급 / 网 / 총15	내쫓을 **파**, 그만둘 **파** '能+网'으로 유능한[能] 사람도 법망[网]에 걸리면 그 직책을 수행하지 못하게 됨[遣有辠也 從网能 言有賢能而入网 即貰遣之『周禮』曰: 議能之辟 是也] 遣有辠也. 引伸之爲止也. 休也. 周易. 或鼓或罷『段注』	罷免(파면) 罷市(파시) 罷業(파업) 罷場(파장) 斥罷(척파) 廢罷(폐파)
肖	3급 / 肉 / 총7	닮을 **초**, 작을 **초** '肉+小(소)'로 후손이 선조의 모습[肉]과 유사함[骨肉相似也 從肉小聲 不似其先 故曰不肖也] 骨肉相侣也: 骨肉相似者, 謂此人骨肉與彼人骨肉狀兒略同也『段注』	肖像(초상) 不肖(불초)
削	3급 / 刀 / 총9	깎을 **삭**, 빼앗을 **삭** '刂+肖(초)'로 칼집에서 칼[刂]을 빼어 물건을 깎음[鞘也 一曰析也 從刀肖聲]	削減(삭감) 削髮(삭발) 削除(삭제) 添削(첨삭)
消	6급 / 水 / 총10	사라질 **소**, 불 끌 **소**, 삭일 **소** '氵+肖(초)'로 물[氵]이 아직 바닥이 난 것은 아니지만 곧 다 없어짐[盡也 從水肖聲] 盡也: 未盡而將盡也『段注』	消滅(소멸) 消費(소비) 消息(소식) 消耗(소모)
哨	2급 / 口 / 총10	수다스러울 **초**, 망볼 **초** '口+肖(초)'로 남이 듣지 못할 만큼 조그마한 소리로 말[口]을 많이 함[不容也 從口肖聲] 不容也: 鄭注考工記曰 哨頃, 小也『段注』/ 哨, 小也 『玉篇』某有枉矢哨壺『禮·投壺』枉哨, 不正貌『註』又 多言也『韻會』禮義哨哨『揚子·法言』 -『康熙』	哨戒(초계) 哨堡(초보) 哨哨(초초) 步哨(보초)
趙	2급 / 走 / 총14	추창할 **조**, 조나라 **조** '走+肖(초)'로 발의 보폭을 작게 하여 가까이 자주 떼며 급히 걷는[走] 걸음[趨趙也 從走肖聲] 又趙, 朝也. 本小邑, 朝事于大國也『釋名』又趙, 少也, 久也『廣韻』又姓. 繆王賜造父以趙城, 由此爲趙氏『史記·趙世家』又國名 -『康熙』	趙璧(조벽) 璧趙(벽조) 完璧歸趙(완벽귀조) 竊符求趙(절부구조)

字	篆	級/部/劃	訓音 및 解說	用例
宵	宵	1급 宀 총10	밤 소 '宀+肖(초)'로 밤이 되어 집[宀] 안이 어두움[夜也. 從宀 下冥也. 肖聲]	宵行(소행) 宵火(소화)
逍	逍	1급 辵 총11	거닐 소, 노닐 소 '辵+肖(소)'로 슬슬 거닐며[辵] 돌아다님[逍遙 猶翱翔也. 從辵肖聲]	逍遙(소요) 逍風(소풍)
稍	稍	1급 禾 총12	끝 초, 점점 초, 작을 초 '禾+肖(초)'로 벼[禾] 줄기의 끝이 점차 자라 나옴[出物有漸也. 從禾肖聲]	稍稍(초초) 稍解(초해)
屑	屑	1급 尸 총10	수고할 설, 편치 않을 설, 지나칠 설 '尸+肖(흘)'로 동자는 '屑'. 시동[尸]의 편치 않음과 수고로움[屑, 動作切切也. 從尸肖聲] 動作切切 也 : 方言曰屑屑, 不安也. 秦晉謂之屑屑. 又曰屑, 勞也. 屑, 猶也『段注』	屑塵(설진) 碎屑(쇄설)
梢	梢	1급 木 총11	나무 끝 초, 끝 초, 막대기 소 '木+肖(초)'에서 나무[木]의 꼭대기[木也. 從木肖聲] 梢木也 : 未詳. 廣韻曰: 梢, 船舵尾也. 又枝梢也. 此今義也. 釋木曰: 梢, 梢擢『段注』	梢頭(초두) 末梢(말초)
硝	硝	1급 石 총12	초석 초 '石+肖(초)'로 약명. 무색의 결정체를 이룬 폭발성 있는 단단한 광물질[石] [⿰音宵.硇硝, 藥名『正韻』方書: 硝有七種: 朴硝, 芒硝, 英硝, 馬牙硝, 硝石, 風化硝, 玄明粉. 本作消, 俗譌爲硝『正字通』又 音悄. 石堅貌『集韻』-『康熙』]	硝石(초석) 硝煙(초연) 硝子(초자) 芒硝(망초) 毛硝(모초) 精硝(정초)
腦	腦	3급 肉 총13	뇌 뇌, 정신 뇌 '月+巛'로 본자는 '𢂁'. 사람의 몸[肉] 중 중추신경 계통 가운데 머리뼈 안에 있는 뇌수(腦髓)[𢂁] [本作𢂁, 頭髓也『說 文』優皮也『廣韻』濃澤也『集韻』同𢂁. 或從𢂁『廣韻』-『康熙』]	腦力(뇌력) 腦裏(뇌리) 腦髓(뇌수) 腦死(뇌사) 腦炎(뇌염) 頭腦(두뇌)
惱	惱	3급 心 총12	괴로워할 뇌, 괴로울 뇌 '忄+巛(뇌)'로 원망하는 마음[忄]으로 괴로워함[有所恨也. 本作㛴. 從女, 巛省聲. 今作惱『說文』懊惱也『廣韻』 事物撓心也『增韻』-『康熙』]	惱殺(뇌쇄) 惱解(뇌해) 苦惱(고뇌) 煩惱(번뇌)
脊	脊	1급 肉 총10	등뼈 척, 등성마루 척 '夻+肉'으로 지형 등이 척추동물 [肉]의 등뼈[夻]와 같음[背呂也. 從夻從肉] 背呂也 : 釋名曰 脊, 積也. 積續骨節脈絡上下也『段注』	脊椎(척추) 脊髓(척수)
瘠	瘠	1급 疒 총15	파리할 척, 궁핍할 척 '疒+脊(척)'으로 동자는 '瘠'. 병[疒]으로 뼈 만 남아 있고 핏기가 없는 수척한 몸[古文 瘠. 瘦也. 本作膌. 今作瘠 『說文』病也『廣韻』乾爲瘠馬『易·說卦』瘠馬, 骨多也『疏』-『康熙』]	瘠薄(척박) 瘠土(척토)
胡	胡	3급 肉 총9	턱 밑살 호, 어찌 호, 장수할 호, 오랑캐 호, 나라 이름 호, 성씨 호 '月+古(고)'로 소의 목 밑에 늘어진 살[肉] [牛顄垂也. 從肉 古聲] 牛顄𠙽也 : 玄應, 司馬貞引皆作牛領『段注』	胡馬(호마) 胡地(호지) 胡亂(호란) 胡笛(호적)
湖	湖	5급 水 총12	호수 호 '氵+胡(호)'로 관개용(灌漑用)으로 쓰기 위해 물[氵]을 막 은 큰 방죽[大陂也. 從水胡聲. 楊州浸 有五湖 浸 川澤所仰以灌漑者也]	江湖(강호) 人工湖(인공호)
瑚	瑚	1급 玉 총13	산호 호 '玉+胡(호)'로 산호충(珊瑚蟲)의 골격이 모여 나뭇가지 모양을 이룬 바다 보석[玉] [珊瑚也. 從玉胡聲]	珊瑚(산호)

字	篆	級/部/總	訓·音·解說	用例
糊	䊀	1급 米 총15	풀 호, 바를 호, 끈끈할 호 '米+胡(호)'로 바르는 데 쓰기 위해 쌀가루[米]를 끓여 끈끈하게 만든 것[黏也. 本作黏. 或作粘『說文』或作䊀. 亦作糊, 翺『集韻』-『康熙』]	糊塗(호도) 糊口之策(호구지책) 曖昧模糊(애매모호)
肋	肋	1급 肉 총6	갈비 륵 '肉+力(력)'으로 동물의 가슴통을 이루는 좌우로 굽은 뼈[肉] [脅骨也. 從肉力聲] 脅骨也 : 亦謂之幹. 幹者, 榦也. 如羽翰然也『段注』	鷄肋(계륵) 肋骨(늑골) 肋膜(늑막) 沙肋(사륵)
勒	勒	1급 力 총11	굴레 륵, 재갈 륵, 억누를 륵 '革+力(력)'으로 말을 부리기 위해 입에 가로 물리는 재갈이나 목에서 굴레의 고삐에 걸쳐 얽어매는 줄[革] [馬頭絡銜也. 從革力聲]	勒買(늑매) 勒兵(늑병)
肩	肩	3급 肉 총8	어깨 견 '戶+月'로 몸통[月]에서 팔로 이어지는 신체 부위[戶] [髆也. 從肉 象形 俗肩從戶] 髆 肩甲也. 俗肩從戶 : 從門戶於義無取 故爲俗字『段注』	肩胛(견갑) 肩骨(견골) 肩章(견장) 比肩(비견) 兩肩(양견) 雙肩(쌍견)
膠	膠	2급 肉 총15	아교풀 교, 굳을 교, 어그러질 교 '肉+翏(료, 류)'로 짐승[月] 가죽을 고아 만든 접착제[昵也. 作之以皮 從肉翏聲] ※昵: 풀 직, 아교 직	阿膠(아교) 膠着(교착) 膠柱鼓瑟(교주고슬)
謬	謬	2급 言 총18	미친 사람의 망령된 말 류, 그릇될 류, 어긋날 류 '言+翏(료/류)'로 미친 사람이 함부로 지껄이는 말[言] [狂者之妄言也. 從言翏聲]	謬見(유견) 誤謬(오류)
寥	廫	1급 宀 총14	쓸쓸할 료 '宀+翏(료)'로 집[宀]에 아무도 없어 외롭고 쓸쓸함[空虛也『說文』寂也, 廓也『玉篇』吾聞之玄冥, 玄冥聞之參寥『莊子·大宗師』莊子僞立此名『註』-『康熙』]	寥闊(요활) 寥寥無聞(요료무문)
戮	戮	1급 戈 총15	죽일 륙, 죄 륙 '戈+翏(료)'로 창[戈] 등 무기로 사람을 살해함[殺也. 從戈翏聲]	屠戮(도륙) 殺戮(살륙)
胃	胃	3급 肉 총9	밥통 위 '肉+囲'으로 먹은 밥알[囲]이 위 속[月]에 있는 모양[穀府也. 囲象形. 『注』囲, 胃] 金文	胃腸(위장) 胃臟(위장) 胃癌(위암) 胃痛(위통)
謂	謂	3급 言 총16	말할 위 '言+胃(위)'로 잘못을 하면 형벌과 죄가 있음을 알림[言] [報也. 從言胃聲] 報也 : 辛部曰報, 當罪人也. 蓋刑與罪相當謂之報『段注』	可謂(가위) 無謂(무위) 所謂(소위) 稱謂(칭위)
渭	渭	2급 水 총12	물 이름 위 'シ+胃(위)'로 감숙성(甘肅省) 위원현(渭源縣)에서 황하로 흐르는 강[シ] 이름[水. 出隴西首陽渭首亭南谷 東入河 從水胃聲]	沸渭(불위)
膚	膚	3급 肉 총15	살갗 부 '肉+盧(로)'로 臚와 동자. 식물의 껍질, 동물의 살갗[肉] [籒文作臚『說文』皮也『玉篇』皮膚『廣韻』膚, 布也. 布在表也『釋名』膚如凝脂『詩·衛風』六二噬膚『易·噬嗑』膚者, 柔脆之物『註』-『康熙』]	膚淺(부천) 膚學(부학) 身體髮膚(신체발부)

✽ 血 부

字	篆	級/部/總	訓·音·解說	用例
血	血	4급 血 총6	피 혈, 핏줄 혈 '一+皿'으로 제사상에 올린 짐승의 피[一]가 그릇[皿]에 있는 형상[祭所薦牲血也. 從皿 一 象血形] 甲骨文	血管(혈관) 血氣(혈기) 血淚(혈루) 血壓(혈압) 血緣(혈연) 血族(혈족)

		급수	훈·음 및 자원 풀이		활용 단어
	恤	1급 心 총9	구휼할 휼 '心+血(혈)'로 흉년 등으로 굶주려 근심[心]하는 사람들에게 식량이나 구호품 등을 받도록 도와줌 [憂也 收也 從心血聲]		救恤(구휼) 患難相恤(환난상휼)
衆	衆	4급 血 총12	무리 중, 많은 사람 중 '目+乑'으로 여럿이 모여 한 동아리를 이룬 사람들[三人←乑]의 눈[目] [多也 從乑目 衆意]		衆論(중론) 衆評(중평) 衆知(중지) 公衆(공중)

❀ 鹵 부

		1급 鹵 총11	소금밭 로 서쪽 지방의 소금밭[西方鹹地也 從西省 象鹽形 安定有鹵縣 東方謂之㡿 西方謂之鹵] ※'통[卣]'이나 삼태기 같은 그릇에 '소금[※]'이 담긴 모양.	金文	瀉鹵(사로) 潟鹵(석로) 粗鹵(조로) 鹹鹵(함로)
		3급 鹵 총24	소금 염 '鹵+監(감)'으로 바닷물을 끌어들여 일광과 배수를 잘 살펴[監] 만든 소금[鹵] [鹵也 天生曰鹵 人生曰鹽 從鹵監聲 古者宿沙初作鬻海鹽]		鹽飯(염반) 鹽分(염분) 鹽田(염전) 食鹽(식염)

❀ 鬯 부

	鬯	1급 鬯 총10	울창주 창 '凵+米+匕'로 술 항아리[凵]와 기장쌀의 낱알[米]과 국자[匕]가 합쳐진 것으로, 신에게 바치기 위해 빚은 술 [以秬釀鬱艸, 芬芳攸服, 以降神也. 從△, △, 器也 ; 中象米 ; 匕, 所以扱之『易』曰:不喪匕鬯] ※匕 所以扱之:士冠士昏禮皆以柶扱醴 卽匕也	甲骨文 金文	匕鬯(비창)
鬱	鬱	2급 鬯 총29	우거질 울, 막힐 울, 성할 울, 답답할 울 '林+鬱(울)'로 초목이 무성함[林] [木叢生者 從林, 鬱省聲]		鬱蒼(울창)

[拈華示衆 염화시중]

'꽃을 따서 무리에게 보인다'는 뜻으로, 말이나 글에 의하지 않고 이심전심(以心傳心)으로 뜻을 전하는 일.

송(宋)나라의 중 보제의 오등회원(五燈會元)에는 다음과 같이 적혀 있다.
어느 날 석가는 제자들을 영산에 불러 모았다. 그리고 그들 앞에서 손가락으로 연꽃 한 송이를 집어 들고[拈華] 말없이 약간 비틀어 보였다. 제자들은 석가가 왜 그러는지 그 뜻을 알 수 없었다. 그러나 가섭만은 그 뜻을 깨닫고 빙긋이 웃었다. 가섭만이 '연꽃은 진흙 속에서 살지만 꽃이나 잎에는 진흙이 묻지 않듯이 불자 역시 세속의 추함에 물들지 말고 오직 선을 행하라.'는 뜻을 이해했던 것이다. 석가는 가섭에게 말했다.
"나에게는 정법안장(正法眼藏:인간이 원래 갖추고 있는 마음의 묘덕)과 열반묘심(涅槃妙心:번뇌를 벗어나 진리에 도달한 마음), 실상무상(實相無相:불변의 진리), 미묘법문(微妙法門:진리를 아는 마음), 불립문자 교외별전(不立文字 敎外別傳:모두 언어나 경전에 의하지 않고 이심전심으로 전하는 오묘한 뜻)이 있다. 이것을 너에게 전해 주마."

Ⅵ 인공물

집

宀 穴 广 高

(宀)
- (家) 嫁 稼
- (安) 案 按 晏 鞍
- (宴)
- (守) 狩
- (客) 額 閣
- (害) 割 轄 憲
- (宿) 縮
- (審) 潘
- (官) 管 館 琯 棺
- (寶)
- (寬)

- (宣) 瑄 喧
- (寫) 瀉 潟
- (富) 副 幅 福 匐 輻 逼
- (容) 溶 鎔 瑢 熔 蓉
- (定) 碇 錠 綻
- (寒) 塞 寨
- (宋)
- (宗) 綜 崇 琮 踪
- (宜) 誼
- (宰) 滓
- (寅) 演
- (察) 擦

- (宛) 婉 腕
- (寐) 寤
- (完) 院 莞 寇
- (宏) 肱
- (穴)
- (突)
- (窓)
- (窮)
- (竊)
- (空) 腔
- (广)
- (庚)

- (度) 渡 鍍
- (殿)
- (庄) 粧
- (底) 低 抵 舐 邸
- (庸) 鏞 傭
- (庶) 遮 蔗
- (廉) 濂 簾
- (廣) 擴 鑛 壙 曠
- (康) 糠 慷
- (府) 俯 腐 腑
- (塵) 纏
- (廚)

- (高) 鎬 稿 膏 嗃 敲

宀 부

字	篆	부수/획	뜻풀이	예
宀	宀	宀 총3	집 면 집의 겉모양을 그린 것[交覆深屋也 象形] 交覆突屋也：古者屋四注. 東西與南北皆交覆也. 有堂有室是爲深屋『段注』	
家	家	7급 宀 총10	집 가 '宀+豕←豭(가)'로 자녀를 낳고 생활하며 사는 집[宀][居也 從宀豭省聲. 豕, 古文家.『注』家, 宆, 亦古文家. 家] 尻也：尻各本作居. 今正. 尻, 處也. 處, 止也. 釋宮. 牖戶之閒謂之扆. 其內謂之家『段注』 甲骨文 金文	家系(가계) 家計(가계) 家豚(가돈) 家禮(가례)
嫁	嫁	1급 女 총13	시집갈 가 '女+家(가)'로 여자[女]가 다른 사람에게 시집가는 것[女適人也 從女家聲] 女適人也：白虎通曰嫁者, 家也. 婦人外成以出適人爲家. 按自家而出謂之嫁. 至夫之家曰歸. 喪服經謂嫁於大夫曰嫁. 適士庶人曰適. 此析言之也. 渾言之皆曰適. 皆可曰嫁『段注』	轉嫁(전가) 出嫁(출가) 出嫁外人(출가외인) 嫁娶之禮(가취지례)
稼	稼	1급 禾 총15	곡식 가, 농사 가 '禾+家(가)'로 벼[禾]가 패어 알이 들어 단단하게 잘 익음[禾之秀實爲稼 莖節爲禾 從禾家聲 一曰稼 家事也 一曰在野曰稼]	稼動(가동) 稼得(가득)
安	安	7급 宀 총6	편안할 안 '宀+女'로 여자[女]가 집[宀] 안에 있음[靖也 從女在宀中] 甲骨文 金文	安價(안가) 安康(안강) 安樂(안락) 安眠(안면) 安否(안부) 安息(안식)
案	案	5급 木 총10	책상 안, 생각할 안, 계획 안 '木+安(안)'으로 나무[木]로 만든 궤 모양의 책상[几屬 從木安聲]	案席(안석) 考案(고안) 雪案(설안) 案件(안건) 案內(안내) 案出(안출)
按	按	1급 手 총9	누를 안 '手+安(안)'으로 어떤 물체에 힘이나 무게를 가하여 손[手]으로 누름[下也 從手安聲]	按摩(안마) 按舞(안무)
晏	晏	1급 日 총10	맑을 안, 화락할 안, 편안할 안, 저물 안 '日+安(안)'으로 해[日]가 떠 하늘이 밝음[天淸也 從日安聲]	晏眠(안면) 晏息(안식)
鞍	鞍	1급 革 총15	안장 안, 안장 지울 안 '革+安(안)'으로 말의 등에 얹어 앉도록 가죽[革]으로 만든 것[同鞌 『韻會』令皆下馬解鞍『前漢·李廣傳』-『康熙』]	鞍裝(안장)
宴	宴	3급 宀 총10	편안할 연, 잔치 연 '宀+妟(안)'으로 집[宀] 안에서 편안히 생활함[安也 從宀妟聲] 金文	宴樂(연락) 宴會(연회) 壽宴(수연) 饗宴(향연)
守	守	4급 宀 총6	관원 수, 지킬 수, 살필 수 '宀+寸'으로 관원(員)[宀]이 법도[寸]에 따라 일을 집행함[守官也 從宀從寸 寺府之事者 從寸 寸, 法度也] 金文	固守(고수) 守備(수비) 守錢奴(수전노)
狩	狩	1급 犬 총9	사냥 수, 사냥할 수 '犬+守(수)'로 개[犬]를 데리고 산이나 들에서 짐승 잡는 일을 함[犬田也 從犬守聲 『易』曰：明夷于南狩]	狩獵(수렵) 狩人(수인)
客	客	5급 宀 총9	손님 객, 사람 객 '宀+各(각)'으로 남의 집[宀]에 일시적으로 머무는 사람[寄也 從宀各聲] 金文	客觀(객관) 客死(객사) 客地(객지) 顧客(고객)

한자	전서	급수/부수/총획	훈음 및 설명	용례
額	額	4급 頁 총18	이마 **액**, 현판 **액**, 수량 **액** '頁+客←各(각)'으로 얼굴[頁]의 눈썹 위로부터 머리털이 난 아래까지 부분[顙也 從頁各聲]	廣額(광액) 額面(액면) 額字(액자) 金額(금액)
閣	閣	3급 門 총14	문설주 **각**, 대궐 **각**, 집 **각** '門+各(각)'으로 문짝[門]을 끼워 달기 위해 문의 양쪽에 세운 기둥[所以止扉也 從門各聲]	閣僚(각료) 內閣(내각) 閣議(각의) 樓閣(누각)
害	害	5급 宀 총10	해칠 **해**, 손해 **해** '宀+口+丯(개)'로 말[口]은 화란(禍亂)을 일으키는 실마리이며, 집[宀]의 잠자리에서도 항상 생각이 나서 해를 끼침[傷也 從宀從口. 宀口, 言從家起也 丯聲] 從宀口：言從家起也. 會意. 言爲亂階. 而言每起於衽席『段注』	害毒(해독) 害惡(해악) 害鳥(해조) 害蟲(해충) 加害(가해) 無害(무해)
割	割	3급 刀 총12	나눌 **할**, 벨 **할**, 비율 **할** 'リ+害(해)'로 칼[リ]로 물체를 베어 나눔[剝也 從刀害聲] 剝也：蒙剝之第二義互訓. 割謂殘破之. 釋言曰蓋割裂也. 尙書多假借割爲害. 古二字音同也『段注』	割據(할거) 割當(할당) 割腹(할복) 割愛(할애)
轄	轄	1급 車 총17	수레소리 **할**, 비녀장 **할**, 단속할 **할** '車+害(해)'로 수레[車]통과 굴대가 마찰하는 소리 또는 바퀴가 빠지지 않도록 굴대머리에 박는 큰 못[車聲也 從車害聲 一曰轄 鍵也]	管轄(관할) 直轄(직할)
憲	憲	4급 心 총16	민첩할 **헌**, 법 **헌**, 본뜰 **헌**, 가르칠 **헌**, 시호 **헌**, 기뻐할 **헌** '目+心+害(해)'로 민첩하게 눈[目]으로 보고 마음[心]으로 통함[敏也 從心目害省聲] 敏也：敏者, 疾也. 諡法. 博聞多能爲憲. 引申之義爲法也. 傳曰憲憲猶欣欣也. 皆叚借『段注』	憲法(헌법) 憲兵(헌병) 憲章(헌장) 憲政(헌정)
宿	宿	5급 宀 총11	잘 **숙**, 오랠 **숙**, 여관 **숙**, 별 **수** '宀+㐁(숙)'으로 오래 머물러 잠자고 생활하는 집[宀] [止也 從宀㐁聲] 㐁 古文夙. [注] 宿, 㐁, 古文宿	宿命(숙명) 宿泊(숙박) 宿所(숙소) 宿怨(숙원) 星宿(성수)
縮	縮	4급 糸 총17	오그라들 **축**, 다스릴 **축**, 바를 **축** '糸+宿(숙)'으로 오그라들어 어지럽게 헝클어진 실[糸] [亂也 從糸宿聲 一曰蹴也] 亂也：釋詁曰縮, 亂也. 通俗文云. 物不申曰縮. 不申則亂. 故曰亂也. 不申者申之則直『段注』	縮圖(축도) 縮小(축소) 縮刷(축쇄) 軍縮(군축) 緊縮(긴축) 濃縮(농축)
審	審	3급 宀 총15	살필 **심**, 밝힐 **심** '宀+釆'으로 덮어 가려져 있는 것[宀]을 모두 분별하여[釆] 자세히 밝힘[悉也. 本作宷, 從宀從釆 『說文』徐鉉曰宀, 覆也. 釆, 別也. 能包覆而深別之也. 今從篆作審. 增韻. 詳也, 熟究也. -『康熙』]	審査(심사) 豫審(예심) 再審(재심) 審問(심문) 審議(심의) 審判(심판)
瀋	瀋	2급 水 총18	즙낼 **심**, 강 이름 **심** '氵+審(심)'으로 과일이나 채소를 갈아서 짜낸 액체[氵] [汁也 從水審聲]	瀋陽(심양：중국 요녕성 심양현)
官	官	4급 宀 총8	관청 **관**, 벼슬 **관** '宀+自←堆'로 임금을 섬기는 관리들[堆]이 일하는 집[宀] [吏 事君也 從宀自 自 猶衆也 此與師同意]	官界(관계) 官權(관권) 官紀(관기) 官能(관능)
管	管	4급 竹 총14	피리 **관**, 대로 만든 악기 **관**, 대롱 **관**, 관리 **관**, 집 **관** '竹+官(관)'으로 대[竹]로 만든 길이가 1척, 둘레가 1촌인 여섯 구멍의 악기[如篪六孔 十二月之音. 物開地牙, 故謂之管. 從竹官聲]	鐵管(철관) 管區(관구) 管理(관리) 管掌(관장)

한자	전서	급수/부수/총획	뜻풀이	용례
館	館	3급 食 총17	집 관, 객사 관 '食+官(관)'으로 관청에 온 손님이 먹고[食] 자고 생활할 수 있도록 만든 집[客舍也 從食官聲 『周禮』：五十里有市 市有館 館有積 以待朝聘之客]　客舍也：鄭風, 大雅 傳曰館, 舍也『段注』	館舍(관사) 館員(관원) 公館(공관) 別館(별관)
琯	琯	2급 玉 총12	옥관 관, 옥피리 관 '王+官(관)'으로 쇠나 옥(玉)을 다듬어 광채가 나게 만든 악기[古者管曰玉 舜之時 西王母來獻其白琯 從王官聲]	玉琯(옥관)
棺	棺	1급 木 총12	널 관 '木+官(관)'으로 시체를 담는 나무[木]로 만든 관[關也 所以掩尸 從木官聲]　關也：以曡韻爲訓. 門閞, 戶護之例也『段注』	木棺(목관) 石棺(석관)
寶	寶	4급 宀 총20	보배 보 '宀+玉+貝+缶(부)'로 어느 집[宀]에서나 보배로 여기는 옥(玉)과 패물(貝) [珍也 宀從王從貝缶聲]	寶駕(보가) 寶鑑(보감) 寶劍(보검) 寶庫(보고)
寬	寬	3급 宀 총15	너그러울 관 '宀+莧(환)'으로 긴 뿔 염소[莧]가 다닐 정도로 넓고 큰 집[宀][屋寬大也 從宀莧聲 『注』 完, 古文寬]	寬大(관대) 寬待(관대) 寬容(관용) 寬厚(관후)
宣	宣	4급 宀 총9	알릴 선, 펼 선, 베풀 선 '宀+亘(선)'으로 천자가 대궐[宀]에서 하교(下教)를 내림[天子宣室也 從宀亘聲]	宣撫(선무) 宣誓(선서) 宣揚(선양) 宣言(선언) 宣傳(선전) 宣布(선포)
瑄	瑄	2급 玉 총13	도리옥 선 '玉+宣(선)'으로 크기가 여섯 치 되는 둥근 옥(玉) [璧六寸也 從玉宣聲]　有司奉瑄玉『前漢·郊祀志』璧大六寸謂之瑄『孟康註』又通作宣『集韻』璧大六寸謂之宣『爾雅·釋器』漢書所云瑄玉是也『註』-『康熙』	薛瑄(설선：중국 명(明)나라의 철학자)
喧	喧	1급 口 총12	떠들썩할 훤 '口+宣(선)'으로 어린아이가 목청껏 우는 것처럼 큰 목소리로 말[口]함[大語也『玉篇』與呵同 或作讙『集韻』又與咺同. 悲愁於邑, 喧不可止兮『漢武帝·悼李夫人賦』師古曰：朝鮮之閒, 謂小兒泣不止, 名爲喧, 音許遠反『註』-『康熙』]	喧騷(훤소) 喧譁(훤화)
寫	寫	5급 宀 총15	옮겨 놓을 사, 베낄 사 '宀+舃(석)'으로 집[宀]에서 물건을 이쪽에서 저쪽으로 옮겨 놓음[置物也 從宀舃聲]　置物也：謂去此注彼也. 曲禮曰：器之漑者不寫, 其餘皆寫. 注云：寫者, 傳己器中乃食之也『段注』	寫本(사본) 寫實(사실) 寫眞(사진) 謄寫(등사)
瀉	瀉	1급 水 총18	쏟을 사 '水+寫(사)'에서 물[水]을 기울여 쏟음[傾也. 一曰瀉水也『玉篇』謝靈運詩：石磴瀉紅泉 或作寫. 鹵也『韻會』地無毛, 則爲瀉土『王充·論衡·書解篇』又吐瀉也. 揚豫以東, 以吐爲瀉『釋名』-『康熙』]	泄瀉(설사) 止瀉劑(지사제)
潟	潟	1급 水 총15	개펄 석 '水+舃(석)'으로 조수[水]가 드나들어 염분이 많이 섞인 땅[鹵地也. 鹹土逆水之處, 水寫去, 其地爲鹹鹵『正韻』凡糞種, 鹹潟用貆『周禮·地官·草人』潟, 鹵也『註』亦作舃. 詳潟字註 -『康熙』]	潟湖(석호) 干潟地(간석지)
富	富	4급 宀 총12	부자 부, 넉넉할 부, 가멸 부 '宀+畐(복)'으로 재물이 충분히 비축되어 있는 집[宀] [備也 一曰厚也 從宀畐聲]　備也：富與福音義皆同. 釋名曰福, 富也『段注』	富强(부강) 富貴(부귀) 富商(부상) 富裕(부유)

한자	전서	급수/부수/총획	훈음 및 설명	용례
副	副	4급 / 刀 / 총11	쪼갤 복, 버금 부, 둘째 부 '刂+畐(복)'으로 물건을 칼[刂]로 나누어 쪼갬[判也. 從刀畐聲] 判也：毛詩大雅曰. 不坼不副. 曲禮曰. 爲天子削瓜者副之『段注』 ※畐, 滿也	副官(부관) 副本(부본) 副詞(부사) 副使(부사) 副署(부서) 副業(부업)
幅	幅	3급 / 巾 / 총12	너비 폭, 폭 폭 '巾+畐(복)'으로 베와 비단[巾]의 너비인 폭[布帛廣也. 從巾畐聲] 凡布帛廣二尺二寸 其邊曰幅『段注』	廣幅(광폭) 大幅(대폭) 滿幅(만폭) 半幅(반폭)
福	福	5급 / 示 / 총14	갖춰질 복, 복 복, 상서로울 복 '示+畐(복)'으로 선(善)을 행하는 사람은 복이 갖춰져[示] 모든 일이 순하게 잘됨[備也. 從示畐聲] 備也：祭統曰賢者之祭也. 必受其福. 非世所謂福也. 福者備也. 備者百順之名也. 無所不順之謂備『段注』 / 祐也, 休也, 善也, 祥也『韻會』福者, 備也『禮·祭統』又 福, 富也『釋名』又祭祀胙肉曰福. 祭祀之致福者, 受而膳之『周禮·天官·膳夫』–『康熙』 甲骨文 金文	福券(복권) 福德(복덕) 福音(복음) 福祿(복록) 轉禍爲福(전화위복) 塞翁爲福(새옹위복) 福過災生(복과재생)
匐	匐	1급 / 勹 / 총11	기어갈 복, 엎드릴 복 '勹+畐(복)'으로 몸을 구부리고[勹] 땅바닥에 엎드려 감[伏地也. 從勹畐聲] 伏地也：匍伏疊韻. 釋名曰匍匐, 小兒時也. 匐猶捕也. 藉索可執取之言也. 匐, 伏也. 伏地行也『段注』	匐枝(복지) 匍匐(포복)
輻	輻	1급 / 車 / 총16	바퀴살 복/폭 '車+畐(복)'으로 수레[車]바퀴의 뼈대가 되는 살[輪轑也. 從車畐聲]	輻輳(폭주) 輻射熱(복사열)
逼	逼	1급 / 辵 / 총13	가까이할 핍, 닥칠 핍, 핍박할 핍, 쪼그라들 핍 '辵+畐(복)'으로 목표에 근접하여 가도록[辵] 다그침[近也. 從辵畐聲] 迫也『廣韻』驅也『正韻』或作偪. 詳人部偪字註『集韻』–『康熙』	逼迫(핍박) 逼眞(핍진)
容	容	4급 / 宀 / 총10	받아들일 용, 담을 용, 용서 용, 얼굴 용 '宀+谷(곡)'으로 도량[宀]이 커 남의 어떤 말도 잘 수용함[盛也. 從宀谷. 宎, 古文容從公. 【注】臣鉉等曰：屋與谷皆所以盛受也] 受也, 包函也『增韻』必有忍其乃有濟, 有容德乃大『書·君陳』謂包之也『註』 又儀容也. 又君子之容舒遲, 見所尊者齊遬, 足容重, 手容恭, 目容端, 口容止, 聲容靜『玉藻』–『康熙』	容貌(용모) 容器(용기) 容納(용납) 容量(용량) 花容月態(화용월태) 雪膚花容(설부화용)
溶	溶	2급 / 水 / 총13	질펀히 흐를 용, 녹일 용, 녹을 용 '氵+容(용)'으로 물[氵]이 도도(滔滔)히 흐르는 모양[水盛也. 從水容聲]	溶媒(용매) 溶液(용액) 溶質(용질) 溶解(용해)
鎔	鎔	2급 / 金 / 총18	녹일 용, 거푸집 용 '金+容(용)'으로 금속[金]을 녹여 부어 어떤 물건을 만들기 위한 틀[冶器法也. 從金容聲]	鎔解(용해) 陶鎔(도용) 冶鎔(야용) 鑄鎔(주용) 鎔鑛爐(용광로)
瑢	瑢	2급 / 玉 / 총14	패옥 소리 용 '玉+容(용)'으로 옥(玉)을 차고 다닐 때 나는 소리 [瑽瑢, 佩玉行也『廣韻』佩音『集韻』佩玉行聲『正韻』–『康熙』]	瑽瑢(종용)
熔	熔	2급 / 火 / 총14	녹일 용 '火+容(용)'으로 '鎔의 속자. 높은 열[火]을 가하니 고체가 액체 상태로 됨[熔爲鎔的俗字. 形聲. 從火容聲. 本義：用高溫使固體物質轉變爲液態 –『漢典』]	熔石(용석) 熔巖(용암)
蓉	蓉	1급 / 艸 / 총14	연꽃 용 '艸+容(용)'으로 아욱과의 낙엽관목인 연꽃[艸] [芙蓉也. 從艸容聲] 集芙蓉以爲裳『屈原·離騷』芙蓉, 蓮華也『註』又木芙蓉, 一名拒霜花, 一名木蓮『韻會』–『康熙』	芙蓉堂(부용당)

字	篆	級/部首/總劃	訓音 및 解說	例
定	定	6급 宀 총8	편안할 정, 정할 정, 결정할 정 '宀+正'으로 집[宀]에서 제사 지내는 것을 바르게[正] 하니 편안함[安也. 從宀從正 『注』疋, 古文定] 安也.: 古亦叚奠字爲之 從宀正聲『段注』/靜也, 正也, 凝也, 決也『增韻』又論進士之賢者, 以告於王, 而定其論『禮·王制』謂本署其所長也『注』又奠定『儀禮·鄕飮酒禮』定猶熟也『註』熟卽止, 故以定言之『疏』又純行不差, 安民法古, 奻曰定『諡法』-『康熙』	改定(개정) 決定(결정) 定義(정의) 定員(정원)
碇	碇	1급 石 총13	닻 정, 닻 내릴 정 '石+定(정)'으로 '矴'과 동자. 배를 고정시키기 위해 줄에 돌[石] 등을 매어 물에 던지는 제구[同矴『集韻』.『唐書·孔戣傳』: 戣爲嶺南節度使, 蕃舶泊步有下碇稅, 戣禁絶之. 本作磸 -『康熙』]	碇泊(정박) 碇泊燈(정박등)
錠	錠	1급 金 총16	제기 이름 정, 은화(銀貨) 정, 정제(=알약) 정 '金+定(정)'으로 금속[金]으로 만든 제기(祭器)의 한 가지[鐙也. 從金定聲] 鐙也: 廣韻曰豆有足曰錠. 無足曰鐙. 玄應引聲類無豆字. 誤矣『段注』	錠劑(정제) 糖衣錠(당의정)
綻	綻	1급 糸 총14	솔기 터질 탄 '糸+定(정)'으로 꿰맨 실[糸]이 풀어짐[奻音祖. 衣縫『正韻』衣裳綻裂『禮·內則』綻, 猶解也『註』又音電. 義同. 亦作組『集韻』-『康熙』	破綻(파탄) 綻露(탄로)
寒	寒	5급 宀 총12	찰 한 '宀+茻+人+冫'으로 날씨가 추워 집[宀] 안에 얼음[冫]이 어는 경우, 사람들[人]은 잡풀[茻]을 깔아 덮고 생활함[凍也. 從人在宀下, 以茻薦覆之, 下有冫『注』寒, 㝓, 古文]	寒波(한파) 寒氣(한기) 寒害(한해) 寒心(한심)
塞	塞	3급 土 총13	막을 색, 변방 새, 요새 새 '土+寒'로 집의 차가운 곳[寒]을 흙[土]으로 막음[隔也. 從土從寒. 會意兼形聲. 從土寒聲. 塞同窠, 空隙之義. 本義: 阻隔; 堵住 -『漢典』	塞源(색원) 閉塞(폐색) 要塞(요새)
寨	寨	1급 宀 총14	울타리 채, 성채 채 '木+寒(색)'으로 담 대신에 풀이나 나무[木] 등을 얽어서 집 따위를 둘러막음[奻與砦同『正韻』山居以木栅『廣韻』籬落也. 或作柴, 柴栅. 通作寨塞, 羊栖宿處也『集韻』又安也『韻會』-『康熙』]	木寨(목채) 山寨(산채) 場寨(장채) 寨里(채리)
宋	宋	2급 宀 총7	나라 이름 송, 성씨 송 '宀+木'으로 노나라 정공의 이름[居也. 從宀從木 讀若送.『注』臣鉉等曰: 木者所以成室以居人也] 此義未見經傳. 名子者不以國 而魯定公名宋則必取其本義也『段注』	唐宋(당송) 南宋(남송) 北宋(북송)
宗	宗	4급 宀 총8	종묘 종, 마루 종 '宀+示'로 선조가 같은 씨족의 신주를 모시고 존숭을 보이는[示] 집[宀] [尊祖廟也. 從宀示] 尊祖廟也: 宗尊雙聲. 按當云尊也, 祖廟也. 今本奪上也字. 大雅. 公尸來燕來宗. 傳曰宗, 尊也. 凡尊者謂之宗. 尊之則曰宗之『段注』	宗家(종가) 宗廟(종묘) 宗敎(종교) 宗社(종사)
綜	綜	2급 糸 총14	모일 종, 잉아 종 '糸+宗(종)'으로 실[糸]을 모아서 베를 짜는 기계[機縷也. 從糸宗聲] ※잉아: 피륙을 짜는 제구의 하나.	綜合(종합)

楷書	篆書	급수/부수/총획	훈음 및 자해	용례
崇	崇	4급 山 총11	산 높을 숭, 높일 숭, 공경할 숭 '山+宗(종)'으로 산[山]이 크고 높음[山大而高也 從山宗聲] 山大而高也 : 各本作巍高也三字. 今正. 大雅. 崧高維嶽. 釋山, 毛傳皆曰 山大而高曰崧『段注』	崇古(숭고) 崇拜(숭배) 崇尙(숭상) 崇仰(숭앙)
琮	琮	2급 玉 총12	옥홀 종 '玉+宗(종)'으로 제후가 지니던 표지(標識) 구슬[玉]의 총칭[瑞玉. 大八寸 似車釭. 從玉宗聲] 許云瑞玉大八寸者, 謂大琮也. 其他琮不言射. 惟琮大八寸. 如車釭者, 蓋車轂空中不正圜. 爲八觚形. 琮似之. 琮釭疊韻『段注』	琮琤(종쟁)
踪	踪	1급 足 총15	발자취 종 '足+宗(종)'으로 발[足]로 밟은 흔적[跡也『玉篇』從也『釋名』人形從之也. 按『說文』無蹤字, 古皆以縱爲蹤. 詳糸部縱字註 -『康熙』]	失踪(실종) 昧踪(매종)
宜	宜	3급 宀 총8	마땅할 의, 알맞을 의 '宀+且←多'로 사당[宀] 등에서 제향을 지낼 때 그릇에 제물을 많이[多] 함[所安也 從宀之下一之上 多省] 會意. 從宀之下一之上. 甲骨文字形. 象屋里組上有肉的形狀. 本義 : 同本義 適切, 適合 -『漢典』	宜當(의당) 適宜(적의) 時宜(시의) 便宜(편의)
誼	誼	1급 言 총15	옳을 의, 의논할 의 '言+宜(의)'로 사람이 마땅히 해야 할 것에 대해 말함[言] [人所宜也 從言從宜, 宜亦聲]	友誼(우의) 好誼(호의)
宰	宰	2급 宀 총10	재상 재, 우두머리 재, 주관할 재 '宀+辛'으로 죄인[辛]의 옥사(獄舍)[宀]를 관리하는 사람[辠人在屋下執事者 從宀從辛 辛 辠也]	主宰(주재) 宰相(재상)
滓	滓	1급 水 총13	찌끼 재, 때 재 '水+宰(재)'로 액체[水]가 다 빠진 뒤 밑에 가라앉은 물질이나 좋은 것을 골라낸 나머지[澱也 從水宰聲]	去滓(거재) 殘滓(잔재)
寅	寅	3급 宀 총11	삼갈 인, 동관(同官) 인, 셋째 지지 인 종지뼈를 베는 형벌을 당함[髕也. 正月 陽氣動 去黃泉 欲上出 陰尙彊. 象宀不達 髕寅於下也] 髕也 : 髕, 字之誤也. 當作演 ※갑골문에서는 '화살이 표적에 맞는 모양'으로 보기도 함.	寅方(인방) 寅時(인시) 寅不祭祀(인부제사)
演	演	4급 水 총14	긴 물줄기 연, 설명할 연, 연습할 연 '氵+寅(인)'으로 물[氵]이 유유히 길게 흘러감[長流也 一曰水名 從水寅聲] 長流也 : 演之言引也. 故爲長遠之流. 周語注曰水土氣通爲演. 引伸之義也『段注』	演說(연설) 演習(연습) 演劇(연극) 演技(연기)
察	察	4급 宀 총14	살필 찰 '宀+祭(제)'로 제사를 지낼 때 빠진 것이 없는지 자세히 살펴봄[宀] [覆審也 從宀祭聲] 從宀祭聲 : 從宀者, 取覆而審之. 從祭爲聲, 亦取祭必詳察之意	視察(시찰) 觀察(관찰) 診察(진찰) 省察(성찰)
擦	擦	1급 手 총17	비빌 찰, 문지를 찰 '手+察(찰)'로 손[手]으로 물건을 빨리 마찰시켜 비빔[摩之急也『字彙, 篇海』-『康熙』]	摩擦(마찰) 擦過傷(찰과상)
宛	宛	1급 宀 총8	굽을 완, 완연 완 '宀+夗(원)'으로 풀이 굽어 쓰러지듯이, 집[宀]이 기울어짐[屈草自覆也 從宀夗聲] 從宀夗聲 : 夗, 轉臥也. 亦形聲包會意『段注』	宛然(완연) 宛延(완연)

字	篆	급수/부수/총획	훈음 및 해설	용례
婉	婉	1급 女 총11	순할 **완** '女+宛(완)'으로 성질이 유순한 여자[女] [順也 從女宛聲]『春秋傳』曰: 太子痤婉	婉美(완미) 婉曲(완곡)
腕	腕	1급 肉 총12	팔 **완**, 팔목 **완** '肉+宛(완)'으로 어깨에서 손목까지의 부분[肉] [本作𢯲. 手𢯲也『說文』揚雄曰𢯲, 握也. 手腕也『玉篇』腕, 宛也. 言可宛屈也『釋名』天下之游士, 莫不日夜扼腕, 瞋目切齒『戰國策』發和顔, 攘皓腕『嵇康·琴賦』又與捥同. 偏袒搤捥而進. 索隱捥, 古腕字『史記·刺客傳』- 『康熙』]	腕力(완력) 腕章(완장) 手腕(수완) 捕腕(포완) 鐵腕(철완) 鈍腕(둔완)
寐	寐	1급 宀 총12	잠잘 **매** '寢+未(미)'로 누워 잠을 자며 꿈[寢]을 꾸는 것[臥也 從寢省 未聲] 臥也: 俗所謂睡著也. 周南毛傳曰寐, 寢也.『段注』	夢寐間(몽매간)
寤	寤	1급 宀 총14	꿈 **오**, 깰 **오** '寢+吾(오)'로 잠을 자며 꿈[寢]을 꾸다가 깸[寐覺而有信曰寤 從寢省吾聲 一曰晝見而夜寢也. 𥈽, 籀文寤]	寤寐(오매) 寤寐不忘(오매불망)
完	完	5급 宀 총7	완전할 **완** '宀+元(원)'으로 필요한 것이 모두 갖추어져 모자람이나 흠이 없는 집[宀] [全也 從宀元聲]	完備(완비) 完璧(완벽) 完全(완전) 完快(완쾌)
院	院	5급 阜 총10	집 **원**, 관청 **원** '阝+完(완)'으로 사방이 담장[阝][垣牆]으로 둘러싸인 견고한 집[堅也 從阜完聲]	院內(원내) 院長(원장) 醫院(의원) 病院(병원)
莞	莞	2급 艸 총11	왕골 **완** '艸+完(완)'으로 골풀과에 속하는 풀[艸]로 껍질을 벗겨 방석 등을 만드는 식물[艸也 可以作席 從艸完聲] 艸也, 可曰作席: 小雅. 下莞上簟. 箋云. 莞, 小蒲之席也『段注』	莞爾(완이) 莞草(완초)
寇	寇	1급 宀 총11	도둑 **구**, 원수 **구**, 노략질할 **구** '攴+完'으로 필요한 것이 모두 갖추어진 집[完]의 재물을 겁탈하는[攴] 나쁜 무리[暴也 從攴從完. [注] 徐鍇曰: 當其完聚而欲寇之]	倭寇(왜구) 海寇(해구) 窮寇莫追(궁구막추) 反掖之寇(반액지구)
宏	宏	1급 宀 총7	깊을 **굉**, 클 **굉**, 넓을 **굉** '宀+厷(굉)'으로 집[宀] 안이 깊어 소리가 울림[屋深響也 從宀厷聲] 大也『玉篇』廣也『增韻』用宏茲賁『書·盤庚』宏賁皆大也, 謂宏大此大業也『註』 -『康熙』	宏達(굉달) 宏壯(굉장)
肱	肱	1급 肉 총8	팔뚝 **굉** '肉+厷(굉)'으로 팔꿈치로부터 손목까지의 부분[肉] [古文厷. 厷亦古文. 太音肱. 臂上也『集韻』臂幹也『正韻』麾之以肱『詩·小雅』肱, 臂也『傳』-『康熙』]	股肱之臣(고굉지신) 曲肱而枕之(곡굉이침지)

❁ 穴 부

字	篆	급수/부수/총획	훈음 및 해설	용례
穴	穴	3급 穴 총5	구멍 **혈** '宀+八(팔)'로 고대 원시인들이 혈거생활을 하던 집[宀] [土室也 從宀八聲]	穴居(혈거) 孔穴(공혈) 空穴(공혈) 巖穴(암혈)
突	突	3급 穴 총9	갑자기 **돌** '穴+犬'으로 개구멍[穴]에서 개[犬]가 갑자기 밖으로 뛰어나옴[犬從穴中暫出也 從犬在穴中 一曰滑也] 犬從穴中暫出也: 引伸爲凡猝乍之稱『段注』	突發(돌발) 突然(돌연) 突進(돌진) 激突(격돌)
窓	窓	6급 穴 총11	창문 **창** '穴+悤(총)'으로 바람이나 햇볕을 통하게 만든 구멍[穴] [通孔也 從穴悤聲] 俗窗字『廣韻』-『康熙』	窓口(창구) 窓門(창문) 窓戶(창호) 窓邊(창변)

字	篆	급/부/총	해설	예
窮	窮	4급 穴 총15	다할 궁 '穴+躬(궁)'으로 동굴[穴]이 다한 끝[極也 從穴躬聲] 說文本作窮. 從穴躬聲. 隸作窮『韻會小補』又音弓. 恭貌. 本作躳. 或從穴作窮『集韻』-『康熙』	窮究(궁구) 窮理(궁리) 窮僻(궁벽) 窮狀(궁상)
竊	竊	3급 穴 총22	훔칠 절 '穴+米+虫'로 굴[穴] 속에 저장해 놓은 쌀[米]을 벌레[虫]가 먹음[窃：從米，以米爲穴，意爲虫在穴中偸米吃，是會意字. 本義：偸 -『漢典』] 古文. 敢. 盜也『正韻』盜自中出曰竊『集韻』殷民攘竊神祇之犧牷牲『書·微子』往盜曰竊『傳』竊, 取也『博雅』-『康熙』	竊盜(절도) 竊取(절취) 竊念(절념)
空	空	7급 穴 총8	구멍 공, 빌 공, 하늘 공, 부질없을 공 '穴+工(공)'으로 땅을 파서 구멍을 만듦[竅也 從穴工聲] 金文	空間(공간) 空拳(공권) 空想(공상) 空席(공석) 空砲(공포) 空虛(공허)
腔	腔	1급 肉 총12	빈 속 강 '肉+空(공)'으로 먹지 않아 몸[肉]속이 비어 있음[內空也 從肉從空 空亦聲]	口腔(구강) 滿腔(만강)

广 부

字	篆	급/부/총	해설	예
广	广	广 총3	집 엄 돌산의 언덕[厂] 바위[因厂爲屋也 從厂 象對刺高屋之形] 因厂爲屋也：厂各本作广. 誤. 今正. 厂者, 山石之厓巖. 因之爲屋, 是曰广『段注』	
庚	庚	3급 广 총8	천간 경, 갚을 경, 단단할 경 '干+廾+口'로 절굿공이[干]를 두 손[廾]으로 잡고 있는 모양[位西方 象秋時萬物庚庚有實也. 庚承己 象人臍] 庚承己 象人齎：冡大一經. 按小徐駁李陽冰說. 從干, 廾象人兩手把干立. 不可從. 今各本篆皆從陽冰. 非也. 中口者, 象人齎『段注』 金文	庚辰(경진) 三庚(삼경) 長庚星(장경성) 庚加米(경가미)
度	度	6급 广 총9	법도 도, 잴 도, 정도 도, 헤아릴 탁 '又+庶(서)'로 사람들이 손[又]으로 길이 측정의 표준을 삼음[法制也 從又庶省聲] 從又：周制, 寸尺咫尋常仞皆以人之體爲法. 寸法人手之寸口. 咫法中婦人手長八寸. 仞法伸臂一尋. 皆於手取法. 故從又『段注』	制度(제도) 度量(도량) 度數(도수) 角度(각도) 度量衡(도량형)
渡	渡	3급 水 총12	건널 도, 건넬 도 '氵+度(도)'로 냇물[氵]을 건널 때 그 깊이와 넓이 등을 헤아리며 건넘[濟也 從水度聲] 濟也：上文濟篆下無此義. 此補見. 邶風傳曰濟, 渡也. 方言曰過渡謂之涉濟. 凡過其處皆曰渡『段注』	渡江(도강) 渡美(도미) 渡來(도래) 渡世(도세)
鍍	鍍	1급 金 총17	도금할 도 '金+度(도)'로 금[金] 등의 얇은 금속 막을 다른 쇠붙이에 입히는 일[金飾物也『廣韻』通作塗『正韻』-『康熙』]	眞金不鍍(진금부도)
廏	廏	1급 广 총14	마구간 구 '广+殷(구)'로 '廐'는 속자. 말이 사는 집[广] [馬舍也 從广殷聲]	廏肥(구비) 廏舍(구사)
庄	庄	2급 广 총6	농막 장 '广←艹+土←壯(장)'으로 '莊'의 속자, 간체자. 농사짓기에 편하도록 논밭 근처에 지은 집[广] [上諱. 獎, 古文莊. 〖注〗臣鉉等曰：此漢明帝名也. 從艹從壯, 未詳]	鄙庄(비장)

VI. 인공물 317

字	篆	級/部/劃	訓音 및 解說	用例
粧	粧	3급 米 총12	단장 장, 치장 장 '米+庄←壯(장)'으로 분[米]으로 곱게 모양을 내기 위해 매만져 꾸밈[音庄. 粉飾『字彙補』-『康熙』]	粧鏡(장경) 粧飾(장식) 濃粧(농장) 淡粧(담장) 新粧(신장) 華粧(화장)
底	庢	4급 广 총8	그칠 저, 밑 저, 속 저 '广+氏(저)'로 머물러 사는 집[广][山居也 一曰下也 從广氏聲] 山尻也. 尻各本譌作居. 今正. 山當作止. 字之誤也. 字從广, 故曰止尻. 玉篇曰. 底, 止也, 下也. 廣韻曰底, 下也, 止也. 皆本說文. 釋詁曰底, 止也『段注』	底力(저력) 底流(저류) 底面(저면) 底邊(저변) 底止(저지)
低	低	4급 人 총7	값쌀 저, 숙일 저, 낮을 저 '亻+氏(저)'로 값이 떨어져 사람[亻]이 머리를 아래로 숙이고 있음[下也 從人氏 氏亦聲] 高之反也, 俛也, 垂也『正韻』低回, 留之不能去『史記·孔子世家贊』-『康熙』	高低(고저) 低級(저급) 低能(저능) 低俗(저속)
抵	抵	3급 手 총8	막아낼 저, 거스를 저, 당할 저 '扌+氏(저)'로 손[扌]으로 밀어내어 서로 막음[擠也 從手氏聲] 擠: 排而相距也『段注』	抵抗(저항) 抵觸(저촉) 抵當(저당) 大抵(대저)
觝	觝	1급 角 총12	닥뜨릴 저, 이를 저, 칠 지 '角+氏(저)'로 '牴와 동자. 소가 뿔[角]로 사물을 찌름[牴, 觸也 從牛氏聲]	觝觸(저촉) 角觝圖(각저도) 蝸角觝(와각저)
邸	邸	1급 邑 총8	집 저, 묵을 저, 종친 저 '邑+氏(저)'로 국가의 주요 인사가 묵어 자는 곳[屬國舍也 從邑氏聲] 屬國舍也 : 文帝紀曰入代邸. 顔注曰郡國朝宿之舍在京師者率名邸. 邸, 至也. 言所歸至也. 按今俗謂旅舍爲邸『段注』	官邸(관저) 邸宅(저택)
庸	庸	3급 广 총11	쓸 용, 떳떳할 용, 어리석을 용, 어찌 용 '庚+用'으로 먼저 한 일을 다시 고쳐서[庚] 씀[用] [用也 從用從庚 庚 更事也『易』曰: 先庚三日 庚, 更事也: 庚更同音. 說從庚之意. 易曰先庚三日 : 巽九五爻辭. 先庚三日者, 先事而圖更也. 引以證用庚爲庸『段注』	中庸(중용) 登庸(등용) 庸劣(용렬) 庸君(용군) 庸德(용덕) 庸拙(용졸)
鏞	鏞	2급 金 총19	종 용 '金+庸(용)'으로 쇠[金]로 만든 큰 종[大鐘謂之鏞 從金庸聲]	鏞鼓(용고) 丁若鏞(정약용 : 조선의 실학자)
傭	傭	2급 人 총13	품팔이 용, 품삯 용, 고를 총 '亻+庸(용)'으로 품삯을 공정하게 받고 남[亻]의 일을 해주는 것[均也 直也 從人庸聲] 均也 直也 : 各本少上也字. 今補. 玉篇, 廣韻皆曰均也. 直也. 所據古本也. 均之義有未盡 故更言直也. 直謂無枉曲也. 小雅. 昊天不傭. 釋言, 毛傳皆曰傭, 均也. 周禮典同『段注』	傭兵(용병) 傭船(용선) 傭員(용원) 傭役(용역) 雇傭保險(고용보험)
庶	庻	3급 广 총11	여러 서, 많을 서, 첩의 아들 서 '广+炗←光'으로 집[广]에서 불빛[光]이 있는 곳에 사람이 무리지어 있음[屋下衆也 從广炗 炗 古文光字『注』臣鉉等曰 : 光亦衆盛也]	庶務(서무) 庶民(서민) 庶羞(서수) 庶政(서정) 庶子(서자) 嫡庶(적서)
遮	遮	2급 辵 총15	막을 차, 가릴 차 '辶+庶(서)'로 가는[辶] 길을 가로막거나 잘 보이지 않게 가림[遏也 從辶庶聲]	遮斷(차단) 遮陽(차양)

楷書	篆書	급수/부수/총획	훈음 및 설명	용례
蔗	蔗	1급 / 艸 / 총15	사탕수수 자 '艸+庶(서)'로 열대·아열대 지역에서 많이 재배하는 볏과의 여러해살이풀[艸]로 사탕의 원료로 사용하는 식물[諸蔗也. 從艸庶聲]	甘蔗(감자) 蔗霜(자상)
廉	廉	3급 / 广 / 총13	청렴할 렴, 값쌀 렴, 살필 렴 '广+兼(겸)'으로 청렴하고 검소하게 생활하는 집[广] [仄也. 從广兼聲] 仄也:此與廣爲對文. 謂偪仄也. 廉之言斂也. 堂之邊曰廉. 堂邊有隅有棱. 故曰廉, 隅也. 又曰廉, 棱也. 引伸之爲淸也, 儉也, 嚴利也. 許以仄晐之『段注』	廉恥(염치) 廉價(염가) 廉探(염탐) 廉問(염문)
濂	濂	2급 / 水 / 총16	내 이름 렴 'ㅜ+廉(렴)'으로 주돈이(周敦頤)의 고향인 호남성(湖南省)의 염계(濂溪)[ㅜ] [與溓同. 一曰薄也『正韻』又溪名, 在永州府道州『廣興記』又濂洌, 輕薄貌『集韻』-『康熙』]	濂溪(염계 : 중국 북송 때의 유학자 주돈이의 호)
簾	簾	1급 / 竹 / 총19	발 렴 '竹+廉(렴)'으로 집에서 사용하는 가늘게 쪼갠 대오리[竹] 따위로 엮어 만든 발[堂簾也. 從竹廉聲]	珠簾(주렴) 垂簾聽政(수렴청정)
廣	廣	5급 / 广 / 총15	큰 집 광, 넓을 광, 널리 광 '广+黃(황)'으로 궁전처럼 큰 집[广] [殿之大屋也. 從广黃聲] 殿之大屋也 : 土部曰堂, 殿也. 倉頡篇曰殿, 大堂也. 廣雅曰堂埠, 合殿也. 殿謂堂無四壁. 漢書胡建傳注無四壁曰堂皇是也. 覆乎上者曰屋. 無四壁而上有大覆蓋. 其所通者宏遠矣. 是曰廣. 引伸之爲凡大之偁. 詩六月, 離傳皆曰廣, 大也『段注』 金文	廣場(광장) 廣大(광대) 廣漠(광막) 廣告(광고)
擴	擴	3급 / 手 / 총18	넓힐 확 '扌+廣(광)'으로 손[扌]으로 작은 것을 벌려 크게 함[張小使大也『正韻』 知皆擴而充之矣『孟子』-『康熙』]	擴大(확대) 擴散(확산) 擴充(확충) 擴張(확장)
鑛	鑛	4급 / 金 / 총23	쇳돌 광, 광석 광 '金+廣(광)'으로 광산에서 캐낸 광물질[金] [古文. 鈁. 音懬. 鑛, 鐵也. 又金璞也『集韻』-『康熙』]	鑛山(광산) 鑛脈(광맥) 鑛物(광물) 鑛穴(광혈)
壙	壙	1급 / 土 / 총18	굴 광 '土+廣(광)'으로 땅[土]을 파 만든 구덩이나 굴[塹穴也. 一曰大也. 從土廣聲] 塹穴也:謂塹地爲穴也. 墓穴也. 周禮方相氏. 及墓入壙. 以戈擊四隅. 鄭曰壙, 穿地中也『段注』	壙中(광중)
曠	曠	1급 / 日 / 총19	밝을 광, 넓을 광, 빌 광 '日+廣(광)'으로 하늘에 뜬 해[日]가 널리 밝게 비침[明也. 從日廣聲] 朙也 : 廣大之明也. 會意兼形聲字也. 引伸爲虛空之偁『段注』	曠野(광야) 曠劫(광겁)
康	康	4급 / 广 / 총11	겨 강, 즐거워할 강, 편안할 강 '禾+米+庚(경)'으로 벼[禾]의 낱알[米]을 벗긴 껍질[穅或省作『段注』] 穅:穀皮也. 從禾從米, 庚聲. 康, 穅或省『說文』 金文	健康(건강) 康寧(강녕) 安康(안강) 平康(평강)
糠	糠	1급 / 米 / 총17	겨 강 '禾+米+庚(경)'으로 '穅'과 동자. 벼[禾]의 낱알[米]을 벗긴 껍질의 총칭[穀皮也『玉篇』貧者食糟糠『前漢·食貨志』又或作康『韻會小補』康謂之蠱『爾雅·釋器』康, 米皮, 一名蠱『疏』穀之飛亦爲蠱是也『左傳·昭元年』-『康熙』]	麥糠(맥강) 米糠(미강) 糟糠之妻(조강지처) 饑厭糟糠(기염조강)
慷	慷	1급 / 心 / 총14	강개할 강 '心+康(강)'으로 어떤 일로 인하여 마음[心]이 정서적으로 격앙(激昂)됨[忼與忼同. 慷慨, 激昂之意『正韻』性剛毅慷慨『後漢·齊武王縯傳』-『康熙』] 形聲 從心康聲 本義:情緒激昂 -『漢典』	慷慨之士(강개지사) 悲憤慷慨(비분강개)

字	篆	級/部/총획	訓音 및 해설	用例
府	府	4급 广 총8	관청 **부**, 창고 **부** '广+付(부)'로 문서를 보관하는 집[广] [文書藏也 從广付聲]	政府(정부) 府庫(부고) 府尹(부윤) 幕府(막부)
俯	俯	1급 人 총10	숙일 **부** 'イ+府(부)'로 사람[イ]이 머리를 숙이고 아래쪽을 봄[丛 音府. 俛也『集韻』執其干戚, 習其俯仰詘伸, 容貌得莊焉『禮·樂記』又 進 俯退俯. 曲也, 不齊一也『註』又通府. 府然若渠堰櫽括之於已也『荀子·非相 篇』府俯通『註』-『康熙』]	俯瞰(부감) 俯仰(부앙) 俯仰無愧(부앙무괴) 俯察仰觀(부찰앙관)
腐	腐	3급 肉 총14	썩을 **부** '肉+府(부)'로 고기[肉]가 창고에 오래 보관되어 있어 썩 음[爛也 從肉府聲]	腐敗(부패) 腐心(부심) 防腐(방부) 陳腐(진부)
腑	腑	1급 肉 총12	장부 **부**, 마음 **부** '肉+府(부)'로 사람 몸속의 장기(臟器)[肉] [臟腑] 『玉篇』諸侯子弟若肺腑『史記·惠景閒侯者年表』又本作府『玉篇』言人身 之藏府中陰陽, 則藏者爲陰, 府者爲陽. 肝, 心, 脾, 肺, 腎, 五藏皆爲陰. 膽, 胃, 大小腸, 膀胱, 三焦, 六府皆爲陽『金匱論』-『康熙』]	臟腑(장부) 五臟六腑(오장육부)
廛	廛	1급 广 총15	터 **전**, 가게 **전** '广+里+八+土'로 주대(周代) 도시[里]에 있는 땅 [土] 2묘 반[八]인 집터[广] [二畝半 一家之居 從广, 里, 八, 土] 二畝 半也. 一家之尻. 二各本作一. 尻各本作居. 今正『段注』]	廛房(전방) 魚物廛(어물전)
纏	纏	1급 糸 총21	얽힐 **전**, 묶일 **전** '糸+廛(전)'으로 노끈[糸]이나 새끼 따위로 이 리저리 둘러 묶음[繞也. 從糸廛聲]	纏帶(전대) 纏着(전착)
廚	廚	1급 广 총15	부엌 **주** '广+尌(주)'로 음식을 만드는 집[广] [庖屋也 從广尌聲] 庖 室也: 室各本作屋. 今依御覽『段注』]	廚房(주방) 庖廚(포주 → 푸주)

✿ 高 부

字	篆	級/部/총획	訓音 및 해설	用例
高	高	6급 高 총10	높을 **고** '合+冂+口'로 멀리까지 보기 위해 높은 지 대[冂+口]에 지은 누대[合] 모양[崇也. 象臺觀高之形. 從 冂口. 與倉, 舍同意] 崇也: 山部曰: 崇, 嵬高也. 象臺觀高 之形: 謂合也. 從冂口. 上音莫狄切, 下音圍. 與倉, 舍同意. 倉舍皆從口, 象築也『段注』	高架(고가) 高價(고가) 高尙(고상) 高揚(고양) 可高可下(가고가하) 天高馬肥(천고마비)
鎬	鎬	2급 金 총18	호경 **호**, 빛날 **호** '金+高(고)'로 주(周)나라 무왕(武王)이 도읍한 서울 이름[溫器也 從金高聲 武王所都 在長安西上林苑中 字亦如此]	鎬京(호경)
稿	稿	3급 禾 총15	볏짚 **고**, 원고 **고** '禾+高(고)'로 稾와 동자. 나무가 마르듯, 벼 [禾]가 잘 말라 익음[同稾『正字通』-『康熙』] 稾: 木枯也. 從木高聲 『説文』	稿料(고료) 稿人(고인) 稿葬(고장) 稿草(고초)
膏	膏	1급 肉 총14	기름 **고**, 기름질 **고** '肉+高(고)'로 사람의 살[肉]이 살찌고 윤기 가 흐름[肥也 從肉高聲] 肥也: 按肥當作脂. 脂字不厡於此者, 許嚴人物之 別. 自昨篆已下乃謂人所食者. 膏謂人脂. 在人者可假以名物『段注』	膏藥(고약) 軟膏(연고) 膏血(고혈)

嚆	嚆	1급 口 총17	외칠 효, 울릴 효 '口+蒿(호)'로 큰 소리[口]로 부름[音號. 同詨. 叫呼也『集韻』焉知曾史之不爲桀跖嚆矢也『莊子·在宥篇』嚆矢, 矢之鳴者『註』-『康熙』]	嚆矢(효시)
敲	敲	1급 攴 총14	두드릴 고, 칠 고 '攴+高(고)'로 옆으로 뉘어 놓고 곁에서 회초리 등으로 내리침[攴] [橫擿也. 從攴高聲] 徐鉉曰從旁橫擊也. 擊也『類篇』奪之杖以敲之『左傳·定二年』執敲扑以鞭笞天下『賈誼·過秦論』短曰敲, 長曰扑『註』-『康熙』]	敲擊(고격) 推敲(퇴고)

고사성어 이야기

[高麗公事三日 고려공사삼일]

'고려(高麗)의 정책이나 법령은 사흘 만에 바뀐다'는 뜻으로, 한 번 시작한 일이 오래 계속되지 못함을 비유하는 말. 조선시대 우리나라 사람들이 어떤 계획한 일을 끝까지 완성하지 못하고 며칠 안 가서 중도에서 포기하는 습성을 비유한 표현.
≪세종실록≫에 평안도 도절제사에게 전지하기를, "…대저 처음에는 근면하다가도 종말에 태만해지는 것이 인지상정이며 더욱이 이것은 동쪽 사람들의 깊은 병이다. 그러므로 속담에 말하기를 '고려공사삼일'이라고 하는데, 진실로 이 말은 헛된 것이 아니다.…" 하였다(傳旨平安道都節制使…大抵 始勤終怠 人之常情 尤是東人之深病 故諺曰 高麗公事三日 此語 誠不虛矣… 세종실록 권제73, 37장 뒤쪽, 세종 18년 윤6월 23일 정해)

≪어우야담≫에 조선공사삼일이라는 말이 있다.
유성룡(柳成龍)이 도체찰사(都體察使)가 되어 각 읍(邑)으로 문서를 보낼 일이 있었는데, 문서가 완성되자 역리(驛吏)에게 여러 고을에 전달되도록 맡겼다. 사흘이 지난 뒤 다시 그 문서를 거두어 그것을 고치려 하니, 역리가 그 문서를 바로 가지고 왔다.
공이 꾸짖어 말하였다.
"너는 어찌하여 글을 받은 지 사흘이 지났는데도, 아직도 각 고을에 나누어 주지 않았느냐?"
역리가 말하기를,
"속담에 '조선의 공사는 사흘 만에 바뀐다(朝鮮公事三日)'고 하니, 제가 사흘 뒤에 바뀔 것을 알고, 오늘까지 미루었습니다."

라고 하였다. 이에 공이 말하였다.
"이 말이 세상을 경계할 만하니, 내 잘못이다."

[泉石膏肓 천석고황]

자연을 사랑함이 극에 달하여 마치 불치병에 걸린 듯함.

고(膏)는 심장의 아랫부분, 황(肓)은 횡격막의 윗부분을 가리키는 말로, 고황은 사람 몸의 가장 깊은 부분을 가리킨다. 그래서 '고황에 들었다'고 하면 불치병에 걸린 것을 뜻한다. 천석(泉石)이 자연 경관을 뜻하므로, 자연이라는 불치의 병에 걸렸다는 의미이다.
그런데 이 병에 걸린 분이 있다. 바로 퇴계(退溪) 이황(李滉 : 1501~1570)이다. 〈도산십이곡(陶山十二曲)〉 중 첫 번째 곡에 천석고황(泉石膏肓)이 나온다.

"이런들 어떠하며 저런들 어떠하리
초야우생(草野愚生)이 이렇다 어떠하리
하물며 천석고황을 고쳐 무슴 하료."

이런들 어떠하며 저런들 어떠하리오. 초야우생(초야에 묻혀 사는 어리석은 자)으로 이렇게 산들 어떠하리오. 하물며 천석고황을 고쳐 무엇 하겠는가.
도산은 이황의 고향이다.

Ⅵ 인공물

나무 가공물

爿 片 豆 匕 匸 斗 弋 用 耒 几 戶 門

爿	片	豆	豈	豊	匕	北	化	匸	斗	弋	式
		頭痘	塏凱	體艶		背	貨花靴訛		科料	鳶	軾試弑拭

用	甫	耒	耕	几	凡	戶	房	戾	扈	扇	扁
備德	補鋪捕輔葡敷逋圃哺脯			肌	汎帆梵			淚		煽	篇偏遍編騙

門	閏	間	開	關	閃	閉	閔	間
悶聞問聞	潤	簡癎澗					憫	

❋ 爿 부

| | 爿 총4 | 널조각 **장** '片'자를 180°로 이동한 한자로, 나무토막의 중간을 나눈 조각[古文. 旦.『說文』牀從木爿聲.『註』徐鍇曰: 爿則牀之省. 坅當從牀省聲. 李陽冰言木右爲片, 左爲爿.『說文』無 爿字, 故知其妄.『鄭樵·六書略』爿, 叜也. 亦判木也 -『康熙』] 甲骨文 | |

❋ 片 부

| 片 | 3급 片 총4 | 조각 **편** '木'을 반으로 쪼갠 것[判木也 從半木] | 片刻(편각) 片簡(편간) 片鱗(편린) 片貌(편모) |

❋ 豆 부

豆	4급 豆 총7	제기 **두**, 콩 **두** 고대 음식을 담은 그릇으로 위는 그 뚜껑을, 가운데는 용기를, 아래는 받침을 상형[古 食肉器也. 從口 象形. 昷, 古文豆. [注] 豆, 息, 亦古文豆 從口: 音圍 象器之容也『段注』 甲骨文 金文	豆腐(두부) 豆油(두유) 豆乳(두유) 豆太(두태)
頭	6급 頁 총16	머리 **두** '頁+豆(두)'로 사람의 머리[頁] 모양[頁也 從頁豆 聲] 百也 : 百各本作䭫, 今正. 小篆作百, 說文據小篆爲書『段 注』 金文	頭角(두각) 頭巾(두건) 頭腦(두뇌) 頭領(두령) 頭緖(두서) 頭痛(두통)
痘	1급 疒 총12	마마 **두** '疒+豆(두)'로 피부에 발진이 나서 나은 뒤에도 마맛자국 이 남는 병[疒] [音豆. 痘瘡『字彙』胎毒也. 有終身不出者, 神痘法, 凡痘 汁納鼻, 呼吸卽出『方書』-『康熙』]	種痘(종두) 天然痘(천연두)
豈	3급 豆 총10	개가(凱歌)할 **개**, 즐길 **개**, 어찌 **기** '豆+微(미)'로 전쟁에서 군 사가 돌아오면 조상에게 승전을 알리는 의식[豆]의 '연주가'[還師振旅 樂也 一曰欲登也 從豆微省聲] 還師振旅樂也 : 公羊傳曰 出曰祠兵 入曰振 旅 周禮大司樂曰 王師大獻 則令奏愷樂 注曰 大獻 獻捷於祖 愷樂 獻功之樂 『段注』	豈敢(기감) 豈不(기불) 豈敢毁傷(기감훼상) 積功之塔豈毁乎(적공지탑기훼호)
塏	2급 土 총13	높은 땅 **개** '土+豈(기)'로 지대가 높아 물이 잘 빠지는 마른 땅 [土] [高燥也 從土豈聲] 高燥也 : 燥者, 乾也. 左傳, 請更諸爽塏者. 杜曰 爽, 明也. 塏, 燥也『段注』	勝塏(승개) 李塏(이개 : 사육신의 한 사람)
凱	1급 几 총12	싸움 이긴 풍류 **개**, 이길 **개**, 화할 **개** '几+豈(기)'로 전쟁의 승 리를 기리기 위해 승전(勝戰)의 악기 연주[豈]와 제물을 제향 기구 [几] 위에 올려놓고 제사를 지냄[坅同愷『正韻』凱, 樂也. 或作愷. 又善 也『玉篇』又和也. 南風謂之凱風『正韻』-『康熙』]	凱歌(개가) 凱旋將軍(개선장군)
豐	4급 豆 총13	풍년 **풍** 본자는 '豐'으로 의식행사에 음식을 풍성 히 담아 놓은 제기 모양[豐, 行禮之器也 從豆 象形] 豐, 豆之豐滿也 甲骨文 金文	豊年(풍년) 豊登(풍등) 豊滿(풍만) 豊富(풍부) 豊盛(풍성) 豊饒(풍요)

字	篆	부수/획수	훈음 및 설명	용례
體	體	骨 총23	**6급** 몸 **체** '骨+豊(풍)'으로 12개 인체[頂, 面, 頤, 肩, 脊, 腎, 肱, 手, 股, 臂, 脛, 足]의 총 명칭[總十二屬也 從骨豊聲]	體格(체격) 體系(체계) 體得(체득) 體面(체면) 體統(체통) 體驗(체험)
艶	豔 (豓)	色 총19	**1급** 고울 **염** '豊+盍(합)'으로 잘 길러 풍년[豊]이 듦[俗豔字『玉篇』-『康熙』] 豔 : 好而長也. 從豊. 豊, 大也. 盍聲『說文』	艶文(염문) 艶聞(염문) 妖艶(요염)

✿ 匕 부

字	篆	부수/획수	훈음 및 설명	용례
匕	𠤎	匕 총2	숟가락 **비**, 비수 **비** '人'을 거꾸로 한 모양이나 밥을 먹는 데 사용하는 수저[相與比敘也 從反人 匕亦所以用比取飯 一名柶] 從反人 : 今卽比飯器之義行而本義廢矣. 用比取飯, 比當作匕. 匕卽今飯匙也『段注』 ※化의 고자.	
北	𠨍	匕 총5	**8급** 배신할 **배**, 달아날 **배**, 북녘 **북** 두 사람이 서로 어그러져 등을 맞대고 있는 형상[乖也 從二人相背]	北極(북극) 北伐(북벌) 北緯(북위) 敗北(패배)
背	𦟝	肉 총9	**4급** 등 **배**, 배반할 **배** '月+北(배)'로 등뼈[脊]를 서로 맞대고 있는 사람[肉] [脊也 從肉北聲]	背景(배경) 背信(배신) 背反·背叛(배반) 背恩(배은)
化	𠤎	匕 총4	**5급** 될 **화**, 변화 **화** '亻+匕'로 가르침을 받아 변화된[匕] 사람[教行也 從匕從人 匕亦聲] 教行也 : 教行於上 則化成於下. 賈生曰此五學者旣成於上. 則百姓黎民化輯於下矣. 老子曰我無爲而民自化『段注』 ※'匕'는 '亻'이 거꾸로 된 것으로 '化'의 초기 글자. 사람이 거꾸로 뒤집혀 변한 모양[變也. 從倒人]	化石(화석) 化育(화육) 化合(화합) 感化(감화) 開化(개화) 歸化(귀화)
貨	貨	貝 총11	**4급** 재물 **화** '貝+化(화)'로 돈[貝]으로 바꿀 수 있는 재보(財寶)의 총칭[財也 從貝化聲] 財也 : 廣韻引蔡氏化清經曰貨者, 化也. 變化反易之物, 故字從化『段注』	貨物(화물) 貨視(화시) 貨主(화주) 貨車(화차)
花	芲	艸 총8	**7급** 꽃 **화** '艸+𠀾'로 본자는 '華. 나무나 풀[艸]에 꽃[𠀾]이 핌[本作華, 榮也. 從艸𠀾, 鄭氏曰 : 𠀾, 象華葉垂豢之形, 亏象蔕萼也『說文』按花字, 自南北朝以上不見于書, 晉以下書中閒用花字, 或是後人改易『唐韻古音』草木之葩也『正字通』-『康熙』]	花冠(화관) 花壇(화단) 花代(화대) 花郎(화랑) 花樹(화수) 花容(화용)
靴	鞾	革 총13	**2급** 신 **화**, 가죽신 **화** '革+化(화)'로 가죽[革]으로 만든 신[鞮屬『說文』 鞾也. 亦履也『玉篇』惟褶服以靴. 靴, 履也. 取便於事, 施於戎服『隋書·禮儀志』本作鞾『廣韻』-『康熙』]	軍靴(군화) 長靴(장화) 運動靴(운동화)
訛	訛	言 총11	**1급** 그릇될 **와**, 잘못 **와** '言+化(화)'로 문자·언어·발음[言] 등이 잘못되어 뜻이 변함[與譌同. 僞也, 謬也, 舛也『玉篇』民之訛言, 寧莫之懲『詩·小雅』訛, 僞也『傳』引『詩』民作譌言『說文』宋書·五行志』又言也『爾雅·釋詁』世以妖言爲訛『註』-『康熙』]	訛言(와언) 訛傳(와전)

✽ 匚 부

| 匚 총2 | **상자 방** 한 쪽이 트인 상자 모양으로, 대개 물건 등을 담는 그릇이나 상자[受物之器 象形] 受物之器 : 此其器蓋正方. 文如此作者, 橫視之耳. 直者其底. 橫者其四圍. 右其口也. 廣韻曰或曰受一斗曰匚 『段注』 | 甲骨文 金文 |

✽ 斗 부

斗 斗 총4	4급	**말 두** 십승(十升)의 도구로 자루가 있는 것[十升也 象形 有柄] ※금문에서는 북두형(北斗形)의 모양으로 봄.	斗星(두성) 斗牛(두우) 大斗(대두) 泰斗(태두)
科 禾 총9	6급	**과정 과, 과목 과, 조목 과, 근본 과** '禾+斗'로 말[斗]로 곡식[禾]의 양을 헤아림[程也 從禾從斗 斗者 量也] 程也 : 廣韻曰程也. 條也. 本也. 品也 又科, 斷也. 按實一義之引伸耳 『段注』	科客(과객) 科學(과학) 科目(과목) 科場(과장)
料 斗 총10	5급	**헤아릴 료, 재료 료** '米+斗'로 쌀[米]의 양을 말[斗]로 헤아림[量也 從斗 米在其中] 量也 : 量者, 稱輕重也. 稱輕重曰量. 稱其多少曰料. 其義一也. 知其多少, 斯知其輕重矣 『段注』	料金(요금) 料量(요량) 料理(요리) 稿料(고료) 給料(급료) 塗料(도료)

✽ 弋 부

弋 弋 총3		**주살 익** 오늬에 줄을 매달아 쏘는 화살의 모양[橜也 象折木衺銳者形 厂, 象物挂之也] 爾雅曰 橜謂之杙 『段注』 / 繳射也 『玉篇』 弋, 繳射飛鳥也 『韻會』 - 『康熙』	甲骨文 金文
鳶 鳥 총14	1급	**솔개 연, 연 연** '鳥+弋'으로 맷과에 속하는 새[鳥]로 공중에 떠 있다가 땅위의 작은 동물을 잡아먹는 솔개. 또는 오늬와 시위를 잡아매고 쏘는 주살[弋]처럼, 종잇조각에 가는 대쪽을 엇갈리게 대고 실로 벌이줄을 매어 날리는 연[鷙鳥也 『說文』 鴟類也 『玉篇』 鳶飛戾天 『詩·大雅』 鳶鳥醜, 其飛也翔 『爾雅·釋鳥』 鳶, 鴟也.　鴟鳥之類, 其飛也布翅翱翔 『疏』 - 『康熙』]	紙鳶(지연) 鳶色(연색) 鳶飛魚躍(연비어약) 鳶目兎耳(연목토이)
式 弋 총6	6급	**법 식, 예식 식** '工+弋(익)'으로 물체를 재는 자[工]는 그리거나 재는 것의 법이 됨[法也 從工弋聲] 法也 : 按周禮八灋八則九式異其文. 注曰則亦法也. 式謂用財之節度 『段注』	式年(식년) 式禮(식례) 式場(식장) 式辭(식사)
軾 車 총13	2급	**수레 앞턱 가로나무 식, 수레 식** '車+式(식)'으로 수레 안에서 절할 때 잡는 앞턱의 가로나무[車前也 從車式聲]	金富軾(김부식 : 고려의 학자, 정치가)
試 言 총13	4급	**쓸 시, 시험할 시, 비교할 시** '言+式(식)'으로 재능·실력·지식 따위의 수준이나 정도를 일정한 절차[言]를 사용하여 알아봄[用也 從言式聲 『虞書』曰 明試以功] 明試以功 : 堯典, 皐陶謨幷見. 傚堯典則虞. 書當爲唐書 『段注』 / 嘗也 『博雅』 探也, 較也 『增韻』 - 『康熙』	試掘(시굴) 試圖(시도) 試鍊(시련) 試寫(시사) 試驗(시험) 考試(고시)

VI. 인공물　325

한자	전서	급수/부수/총획	훈음 및 설명	용례
弑	弑	1급 / 弋 / 총12	죽일 **시** '殺+式(식)'으로 신하가 임금을 살해함, 즉 아랫사람이 윗사람을 죽임[殺] [臣殺君也 從殺省 式聲 『易』曰: 臣弑其君]	弑害(시해) 被弑(피시)
拭	拭	1급 / 手 / 총9	닦을 **식** '手+式(식)'으로 손[手]으로 더러운 것을 닦아 깨끗이 함 [淸也 『爾雅·釋詁』抆拭, 揩也 『增韻』以巾拭垢濡也 『六書故』雍人拭羊 『禮·雜記』拭, 靜也 『註』亦作覗 『釋文』-『康熙』]	拭淸(식청) 拂拭(불식)

✤ 用 부

한자	전서	급수/부수/총획	훈음 및 설명	용례
用	用	6급 / 用 / 총5	쓸 **용** 'ト+中'으로 점을 쳐서[ト] 적당한 것[中]을 시행함[可施行也 從卜中 衛宏說] 卜中則可施行 故取以會意『段注』 ※'用'은 '桶'의 본자. 나무판으로 만든 원형의 통에서 '쓰다'의 뜻이 됨[用卽桶的本字. 甲骨文金文和小篆的 用字 均象日常用器的桶形 因而引申爲施用之用『字源字典』] 甲骨文 金文	用具(용구) 用例(용례) 用務(용무) 用兵(용병) 用意(용의) 登用(등용) 藥用(약용) 採用(채용)
備	備	4급 / 人 / 총12	미리 준비할 **비**, 갖출 **비** 'イ+葡(비)'로 신중한 사람[イ]은 미리 일을 예견하여 잘 대비하여 갖춤[愼也 從人葡聲. 俻, 古文備]	備考(비고) 備忘(비망) 備置(비치) 備品(비품) 兼備(겸비) 警備(경비)
憊	憊	1급 / 心 / 총16	고달플 **비** '心+備(비)'로 본자는 '備'. 몸과 마음[心]이 매우 피곤함[懑也. 本作憊, 從心葡聲. 今作憊『說文』贏困也 『廣韻』疲極曰憊, 疲劣也. 或從疒作瘺. 知老之憊『通俗文』-『康熙』]	憊色(비색) 困憊(곤비)
甫	甫	2급 / 用 / 총7	아무개 씨 **보**, 자(字) **보**, 클 **보**, 겨우 **보** '用+父(보)'로 남자의 미칭. 훌륭한 아버지[父]의 역할[用]을 할 수 있는 사람[男子美稱也 從用父 父亦聲] 從用父: 可爲人父也『段注』 甲骨文 金文	甫田(보전) 正甫(정보) 杜甫(두보: 중국 성당 시기의 시인)
補	補	3급 / 衣 / 총12	기울 **보** 'ネ+甫(보)'로 해진 옷을 기워 완전한 옷으로 만듦[完衣也 從衣甫聲] 完衣也: 旣袒則宜補之. 故次之以補. 引伸爲凡相益之僞『段注』	補强(보강) 補講(보강) 補闕(보궐) 補給(보급) 補導(보도) 補償(보상)
鋪	鋪	2급 / 金 / 총15	문고리 **포**, 펼 **포**, 늘어놓을 **포**, 가게 **포** '金+甫(보)'로 문을 여닫는 데 쓰는 금구(金具)[金]로 만든 문고리로써, 짐승[獸]이나 용(龍)이 문고리를 입에 물고 있는 형상을 함[箸門抪首也 從金甫聲] 抪各本作鋪. 依舞賦李注正. 手部曰 抪 押持也 押持者 古者箸門爲贏形 謂之椒圖 是曰鋪首. 以金爲之, 則曰金鋪『段注』	鋪道(포도) 店鋪(점포) 商鋪(상포) 鋪裝(포장) 典當鋪(전당포)
捕	捕	3급 / 手 / 총10	잡을 **포** '扌+甫(보)'로 도망가는 사람을 손[扌]으로 붙잡음[取也 從手甫聲] 擒捉也『增韻』又其人在而直追取之曰逮. 其人亡而討捕之曰捕. 又擊取也. 與搏同『集韻』-『康熙』	捕虜(포로) 捕縛(포박) 捕繩(포승) 捕捉(포착) 逮捕(체포) 捕獲(포획)
輔	輔	2급 / 車 / 총14	바퀴덧방나무 **보**, 도울 **보**, 광대뼈 **보** '車+甫(보)'로 수레[車]의 바퀴에 묶어 바퀴를 튼튼하게 하는 나무[春秋傳曰 輔車相依 從車甫聲 人頰車也] ※小徐本箸此四字於甫聲下 與上文意不相應	輔佐(보좌) 輔弼(보필) 輔國安民(보국안민)

字	篆	級/部/總	훈·음 및 설명	용례
葡	蘮	2급 艸 총13	포도 포 '艸+匍(포)'로 덩굴져 길게 뻗으며 다른 물체를 감고 사는 식물[艸] [音蒲. 俗借葡爲蒲陶字『篇海』又音備. 隸作. 凡備, 糒字從此『集韻』-『康熙』]	葡萄(포도) 靑葡萄(청포도)
敷	𢿱	2급 攴 총15	펼 부, 나눌 부 '攵+專(부)'로 본자는 '敷'. 물체를 치거나 두드려[攵] 폄[敷, 經典相承, 隸省作敷『五經文字』敷奏以言『書·舜典』敷, 陳也.『傳』又文命敷于四海『書·大禹謨』言其外布文德教命『傳』又翕受敷施『皐陶謨』以布施政教『傳』-『康熙』]	敷設(부설) 敷衍(부연)
逋	逋	1급 辵 총11	달아날 포 '辵+甫(보)'로 빨리 내닫거나[辵] 위험을 피하여 도망침[亾也. 從辵甫聲. 逋, 籀文逋從捕] 亡也：亡部曰亡, 逃也. 訟九二曰 歸而逋『段注』	逋脫(포탈) 逋逃(포도)
圃	圃	1급 囗 총10	남새밭 포, 농사 포, 농군 포 '囗+甫(보)'로 나물류인 채소 등을 심고 가꾸는 밭[囗] [種菜曰圃 從囗甫聲] 圖 金文	圃田(포전) 藥圃(약포)
哺	哺	1급 口 총10	물 포, 먹일 포 '口+甫(보)'로 음식을 입[口] 안에 넣고 있거나 먹임[哺咀也 從口甫聲]	哺乳動物(포유동물) 反哺之孝(반포지효)
脯	脯	1급 肉 총11	포 포 '肉+甫(보)'로 얇게 저미어 말린 고기[肉] [乾肉也 從肉甫聲] 乾肉也：周禮腊人. 掌乾肉. 凡田獸之脯腊膴胖之事. 注云. 大物解肆乾之謂之乾肉『段注』	脯肉(포육) 肉脯(육포)

❀ 耒 부

字	篆	級/部/總	훈·음 및 설명	용례
耒	耒	耒 총6	쟁기 뢰 거친 땅을 갈아 일구는 데 사용하는 나무로 만든 기구[耕曲木也 從木推丯 以振民也] 耕曲木也：各本耕上有手. 今依廣韻隊韻, 周易音義正. 下文云. 耕, 犂也. 謂犂之曲木也. 禮記音義引字林亦云耕曲木『段注』 𣎳 金文	
耕	耕	3급 耒 총10	밭갈 경, 고를 경 '耒+井(정)'으로 쟁기[耒]로 밭을 갊[犁也 從耒井聲 一曰古者井田] 犂也：牛部曰犂, 耕也. 人用以發土. 亦謂之耕『段注』	耕讀(경독) 耕耘(경운) 耕作(경작) 耕地(경지)

❀ 几 부

字	篆	級/部/總	훈·음 및 설명	용례
几	几	1급 几 총2	안석 궤 '机'와 동자. 앉을 때 기대는 역할을 하는 기구인 안석 모양[居几也. 象形『周禮』五几：玉几, 雕几, 彤几, 鬃几, 素几] 凥几也：凥各本作踞. 今正. 凥几者, 謂人所凥之几也. 凥, 處也. 處, 止也. 几俗作机. 左傳設机而不倚, 周易渙奔其机皆俗字『段注』 / 案也 亦作机『玉篇』又 幾古文. 微也. 『說文』幾者, 動之微吉之先見者也『易·繫辭』又殆也, 從丝, 從戍. 戍, 兵守也. 丝而兵守者危也『說文』幾, 危也『爾雅·釋詁』幾, 猶殆也『註』-『康熙』	几席(궤석) 几案(궤안) 書几(서궤) 几直(궤직) 賜几杖(사궤장)
肌	肌	1급 肉 총6	고기 기, 살 기 '肉+几(궤)'로 사람의 사지(四肢) 뼈에 붙어 있는 살[肉] [肉也. 從肉几聲] 膚也『玉篇』膚肉『正韻』人身四支附骨者皆曰肌『正字通』肌, 懷也. 膚幕堅懷也『釋名』-『康熙』	肌膚(기부) 肌骨(기골)

凡	几 총3	3급	모두 범, 무릇 범 '二+及'으로 천지[二]의 모든 것을 포괄하여[及] 말함[最括也 從二, 二, 偶也. 從乁, 乁, 古文及. 『注』說文 今, 市從古文及, 作一] 二者 天地之大數 也. 及 逮也 從及者 取括束之意 ※'凡'은 '盤'의 초기 글자. 음식을 옮길 때 쓰는 발이 둥근 원통형 쟁반[凡是盤者之初文. 盤是侈口淺腹圈足之器具. 甲骨文, 金文的凡字卽象其形 - 『字源字典』]	凡例(범례) 凡夫(범부) 凡事(범사) 凡俗(범속) 凡庸(범용) 凡材(범재) 大凡(대범) 非凡(비범) 平凡(평범)
汎	水 총6	3급	뜰 범, 떠돌 범, 넓을 범 'ㅊ+凡(범)'으로 물[ㅊ] 위에 떠 흘러가는 모양[浮皃 從水凡聲] 浮皃 : 皃當作兒. 邶風. 汎彼栢舟. 毛曰汎, 流貌. 廣雅曰汎汎, 氾氾, 浮也『段注』	汎論(범론) 汎愛(범애) 汎舟(범주) 汎稱(범칭)
帆	巾 총6	1급	돛 범 '巾+凡(범)'으로 배 위에 세운 기둥에 높게 매달아 펼친 천[巾] 古文. 䑺. 舟上颿以承風『集韻』又하帆, 草名. 石帆水松『左思·吳都賦』劉逵曰 : 石帆生海嶼石上, 草類也『註』又船使風『廣韻』帆, 汎也『釋名』無因帆江水『韓愈·除官赴闕詩』洪興祖曰 : 船使風也『註』與䑺同. 亦作颿『玉篇』- 『康熙』]	帆船(범선) 出帆(출범) 孤帆(고범) 歸帆(귀범) 帆檣(범람) 帆程(범정)
梵	木 총11	1급	깨끗할 범, 바라문 범 '林+凡(범)'으로 범어 Brahman의 음역으로 청정의 뜻[出自西域釋書 未詳意義] 華言淸淨, 正言寂靜『韻會』又梵唄, 吟聲『字彙』- 『康熙』]	梵語(범어) 梵鐘(범종)

❋ 戶 부

戶	戶 총4	4급	지게 호 집안의 생명과 재산을 보호해 주는 역할을 하는 '문'. 외문짝 문을 상형함[護也 半門曰戶 象形. 尿, 古文戶從木〖注〗此, 古文] ※외문은 '戶', 두문은 '門'이라 함.	戶口(호구) 戶別(호별) 戶籍(호적) 戶主(호주) 鄕戶(향호) 朱戶(주호)
房	戶 총8	4급	방 방 '戶+方(방)'으로 집의 정실(正室) 좌우에 있는 작은 방[室在旁也 從戶方聲] 室在旁也 : 凡堂之內, 中爲正室. 左右爲房. 所謂東房西房也. 引申之組亦有房『段注』	房內(방내) 房貰(방세) 房錢(방전) 空房(공방) 閨房(규방) 煖房(난방)
戾	戶 총8	1급	어그러질 려 '戶+犬'으로 개[犬]가 문[戶] 밑을 통과하면서 몸이 어그러짐[曲也. 從犬出戶下 戾者 身曲戾也] 曲也 : 了戾, 乖戾, 很戾皆其義也. 引伸之訓爲罪『段注』	返戾(반려) 悖戾(패려)
淚	水 총11	3급	눈물 루 'ㅊ+戾(려)'로 감정이 북받쳐 나오는 눈물[ㅊ] [目液也『正韻』淚者, 肝之液『本草』又疾流貌『正韻』- 『康熙』]	落淚(낙루) 別淚(별루) 血淚(혈루) 燭淚(촉루)
扈	戶 총11	2급	성 호, 따를 호, 넓을 호 '邑+戶(호)'로 하후씨의 동성(同姓)에게 봉한 읍[邑] [夏后同姓所封 戰於甘者 在鄠 有扈谷 甘亭 從邑戶聲] 夏后同姓所封戰於甘者 : 尙書序曰啓與有扈戰於甘之野. 作甘誓. 馬融曰有扈, 姒姓之國. 爲無道. 又甘, 有扈南郊地名也. 左傳曰夏有觀扈. 五觀與扈皆夏同姓也『段注』	扈駕(호가) 跋扈(발호) 跋扈將軍(발호장군) 跳梁跋扈(도량발호)
扇	戶 총10	1급	사립문 선 '戶+羽'로 잡목의 가지를 사용하여 새의 날개[羽]처럼 엮어 만든 문[戶] [扉也. 從戶從翄聲] 從戶羽 : 依韻會本. 從羽者, 如翼也『段注』	扇形(선형) 扇風機(선풍기)

字		급수/부수/총획	訓音 및 해설	용례
煽	煽	1급 火 총14	부채질할 선, 불 활활 붙을 선, 성할 선 '火+扇(선)'으로 불[火]을 붙여 부채질하니 잘 탐[熾盛也 從火扇聲]	煽動(선동) 煽情(선정)
扁	扁	2급 戶 총9	현판 편, 넓적할 편, 액자 편 '戶+冊'으로 관서(官署)의 문호(門戶)[戶]에 쓴 현판 글씨[冊] [署也 從戶冊 戶冊者 署門戶之文也] 署門戶之文也 : 署門戶者, 秦書八體. 六日署書. 蕭子良云. 署書, 漢高六年蕭何所定. 以題蒼龍, 白虎二闕『段注』	扁柏(편백) 扁額(편액) 扁舟·片舟(편주) 扁平(편평) 扁桃腺(편도선)
篇	篇	4급 竹 총15	책 편 '竹+扁(편)'으로 죽간(竹簡)[竹]에 쓴 글[書也 一日關西謂榜日篇 從竹扁聲] 書也 : 書, 箸也. 箸於簡牘者也. 亦謂之篇. 古日篇. 漢人亦日卷. 卷者, 縑帛可捲也『段注』	篇首(편수) 篇次(편차) 短篇(단편) 長篇(장편)
偏	偏	2급 人 총11	치우칠 편 '亻+扁(편)'으로 한쪽으로 치우치거나 편벽된 사람[亻][頗也 從人扁聲]	偏跛(편파) 偏狹(편협) 偏諱(편휘)
遍	遍	3급 辶 총13	두루 편, 두루 미칠 편 '辶+扁(편)'으로 '徧과 동자. 한 바퀴 빙 두루두루 돎[辶] [與徧同『廣韻』詳彳部徧字註 –『康熙』] 徧 : 帀也. 從彳扁聲『說文』	遍踏(편답) 遍歷(편력) 遍在(편재) 普遍(보편)
編	編	3급 糸 총15	책 엮을 편, 차례로 엮을 편, 모을 편 '糸+扁(편)'으로 노끈[糸]으로 죽간(竹簡)을 차례로 엮어 책을 만듦[次簡也 從糸扁聲] 次簡也 : 以絲次弟竹簡而排列之日編	編物(편물) 編成(편성) 編修(편수) 編著(편저) 編輯(편집) 編纂(편찬)
騙	騙	1급 馬 총19	말에 뛰어 오를 편, 속일 편 '馬+扁(편)'으로 '騗와 동자. 말[馬] 위에 뛰어 올라 탐[同騗『集韻』今俗借爲詑騙字『正字通』–『康熙』] 騗 : 躍而乘馬也. 或作騙『集韻』–『康熙』	騙取(편취) 騙馬(편마)

✣ 門 부

字		급수/부수/총획	訓音 및 해설	용례
門	門	8급 門 총8	문 문, 문 앞 문 '戶+戶'로 두 기둥에 달린 문[門]. 문에서는 안과 밖의 소리를 모두 들을 수 있음[聞也 從二戶 象形] 聞也 : 以疊韻爲訓. 聞者, 謂外可聞於內. 內可聞於外也『段注』	門客(문객) 門徒(문도) 門樓(문루) 門閥(문벌)
悶	悶	1급 心 총12	번민할 민 '心+門(문)'으로 어떤 일로 인해 마음[心]속을 태우고 괴로워함[懣也 從心門聲]	悶默(민묵) 悶死(민사) 悶癢(민양) 悶絕(민절)
誾	誾	2급 言 총15	온화할 은 '言+門(문)'으로 부드러움과 강함이 잘 조화된 말[言] [和說而諍也 從言門聲] 和說而諍也 : 論語鄉黨孔注. 侃侃, 和樂兒. 誾誾, 中正兒. 誾誾爲中正者, 謂和悅而諍, 柔剛得中也. 言居門中. 亦有中正之意『段注』	誾誾(은은) 南誾(남은 : 고려 말 조선 초의 문신)
問	問	7급 口 총11	물을 문, 찾을 문 '口+門(문)'으로 입[口]으로 질문하거나 예를 갖추어 방문함[訊也 從口門聲] 訊也 : 言部曰訊, 問也. 引伸爲禮之聘問『段注』	問答(문답) 問病(문병) 問安(문안) 問責(문책)

해서	전서	급수/부수/총획	훈음 및 설명	용례
聞	聞	6급 耳 총14	들을 문 '耳+門(문)'으로 귀[耳]로 들어 그 소리를 알아들음[知聞也. 從耳門聲. 睧, 古文從昏] 知聲也 : 往曰聽. 來曰聞. 大學曰 心不在焉. 聽而不聞. 引申之爲令聞廣譽『段注』	見聞(견문) 探聞(탐문) 聽聞(청문) 新聞(신문)
閏	閏	3급 門 총12	윤달 윤 '門+王'으로 고대 천자[王]가 종묘에서 제사를 지낼 때 윤달에는 평달과 달리 문[門] 안에 지냄[餘之月 五歲再閏也, 告朔之禮 天子居宗廟 閏月居門中. 從王在門中.『周禮』曰 : 閏月王居門中 終月也] ※복사(卜辭) 초기에 13월이라는 윤달을 둠.	閏年(윤년) 閏月(윤월) 閏朔(윤삭) 三歲置閏(삼세치윤) 閏餘成歲(윤여성세)
潤	潤	3급 水 총15	윤택할 윤 '氵+閏(윤)'으로 물[氵]이 넉넉히 흘러 내려감[水曰潤下 從水閏聲] 水曰潤下 : 語見洪範『段注』	潤氣(윤기) 潤色(윤색) 潤澤(윤택) 潤筆(윤필)
間	間	7급 門 총12	사이 간, 동안 간 '門+月'로 '閒'과 동자. 문[門]틈으로 달빛[月]이 들어오는 것[隙也. 從門從月 [注] 徐鍇曰 : 夫門夜閉, 閉而見月光, 是有閒隙也]	間隔(간격) 間色(간색) 間言(간언) 間接(간접)
簡	簡	4급 竹 총18	대쪽 간, 책 간, 편지 간 '竹+閒(간)'으로 대쪽[竹]에 새겨 놓은 글[牒也. 從竹閒聲]	簡單(간단) 簡略(간략) 簡拔(간발) 簡素(간소)
癇	癇	1급 疒 총17	경풍 간 '疒+閒(간)'으로 소아병의 하나로 경련을 일으키고 발작할 때 몸이 뻣뻣하고 오랫동안 정신이 혼미해 있는 병[疒] [病也. 從疒閒聲]	癇疾(간질) 癇癖(간벽)
澗	澗	1급 水 총15	산골 물 간 '水+閒(간)'으로 깊은 산골짜기로부터 흘러내린 물[水] [山夾水也. 從水閒聲 一曰澗水 出弘農新安 東南入雒]	澗畔(간반) 石澗(석간)
開	開	6급 門 총12	열 개, 시작할 개 '門+幵'으로 문[門]을 거는 빗장을 평평하게[幵] 내려놓음[張也. 從門從幵] 張者 : 施弓弦也. 門之開如弓之張 門之閉如弓之弛『段注』	開墾(개간) 開刊(개간) 開國(개국) 開明(개명) 開發(개발) 開放(개방)
關	關	5급 門 총19	닫을 관, 빗장 관, 관문 관 '門+弁(관)'으로 문[門]에 빗장을 걸어 단단히 잠금[以木橫持門戶也. 從門弁聲]	關鍵(관건) 關係(관계) 關聯(관련) 關稅(관세)
閃	閃	1급 門 총10	엿볼 섬, 언뜻 보일 섬 '門+人'으로 사람[人]이 문[門] 안에 머리를 넣고 엿봄[闚頭門中也. 從人在門中]	閃光(섬광) 天閃(천섬)
閉	閉	4급 門 총11	닫을 폐 '門+才'로 문을 닫아 빗장을 걸어놓음[闔門也. 從門 才 所以歫門也] 才所曰歫門也 : 從門而又象撐歫門之形, 非才字也『段注』	閉關(폐관) 閉鎖(폐쇄) 閉店(폐점) 閉廷(폐정)
閔	閔	2급 門 총12	조상할 민, 위문할 민, 가엾게 여길 민 '門+文'으로 조문할 사람[文]이 문[門] 안에 있음[弔者在門也. 從門文聲] ※引申爲凡痛惜之辭 俗作憫. 傳曰 閔 病也 ※'文'은 옛적 죽은 사람의 가슴에 주술적 의미로 무늬를 새김에서 비롯됨. ※'閔'에서 증체하여 '憫'으로 사용함.	閔迫(민박) 閔覆(민부) 閔泳煥(민영환 : 조선 고종 때의 충신)
憫	憫	3급 心 총15	불쌍히 여길 민, 근심할 민 '忄+閔(민)'에서 불쌍한 대상을 보면 측은한 마음[忄]이 생김[憂也. 從心閔聲] 憂也『集韻』或書作閔 –『康熙』	憫恤(민휼) 憐憫(연민)
閭	閭	1급 門 총15	이문 려 '門+呂(려)'로 주대(周代)의 제도에 25가(家)를 '이(里)'라 하며, 그 마을에 있는 문[門] [里門也. 從門呂聲]	閭閻(여염) 閭巷(여항)

Ⅵ 인공물

흙、돌 가공물

缶 白 瓦 酉 皿 鬲

- 缶
- 缺 決 快 訣 袂
- 缸
- 臼 庚 諛
- 興 奮 奪
- 舊 奮 奪
- 與 擧 譽 嶼
- 瓦 餠
- 瓶 酒 醫
- 酉
- 配
- 酋 猶 奠

- 醴
- 醯
- 皿
- 益 鎰 隘 縊 溢
- 盧 蘆 爐 廬
- 監 濫 藍 鑑 艦 覽 籃 檻
- 盜 燼
- 盡
- 盈
- 鬲 隔 獻 融 膈

금속 가공물

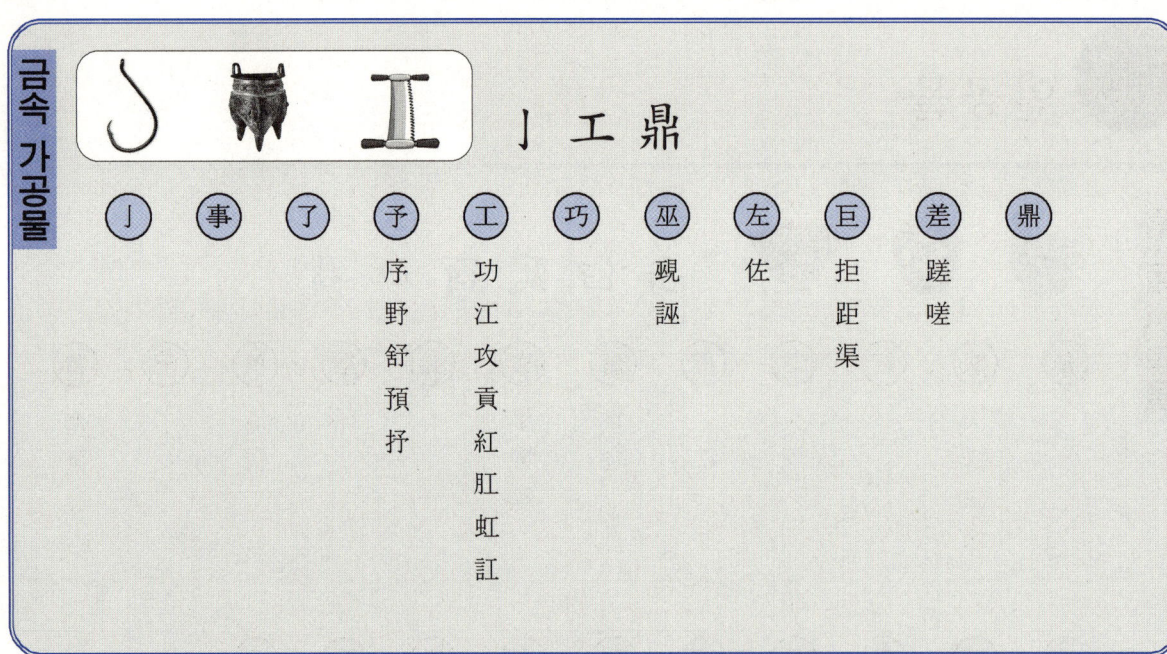

丨 工 鼎

- 丨
- 事
- 了 予 序 野 舒 預 抒
- 工 功 江 攻 貢 紅 肛 虹 訌
- 巧
- 巫 覡 誣
- 左 佐
- 巨 拒 距 渠
- 差 蹉 嗟
- 鼎

털·실 가공물

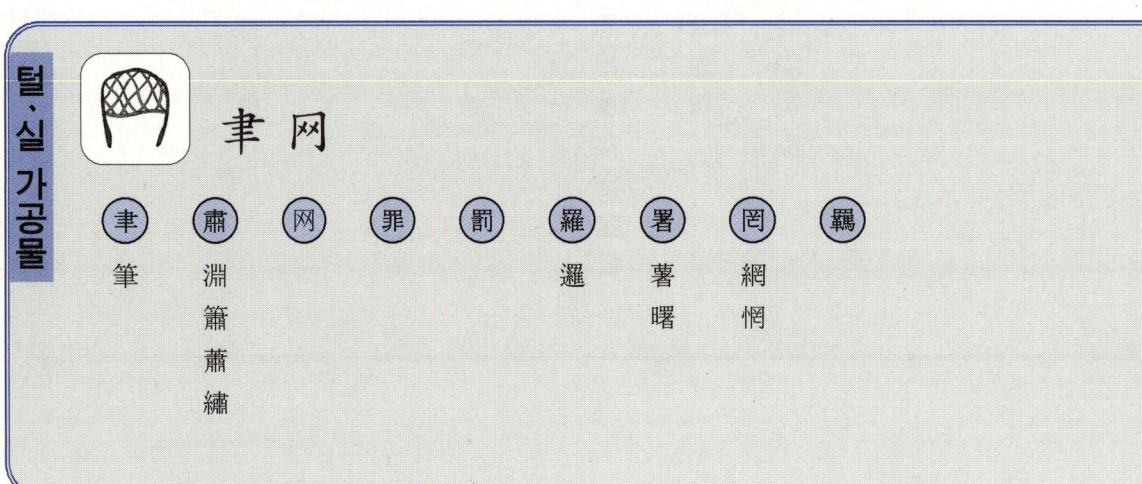

聿 网

- 聿 筆
- 肅 淵 簫 蕭 繡
- 网
- 罪
- 罰
- 羅 邏
- 署 薯 曙
- 罔 網 惘
- 羈

缶 부

자	전서	부수/총획	훈음 및 설명	용례
缶	缶	缶 총6	장군 부 술, 간장 따위의 액체를 담는 데 쓰는 사기그릇[瓦器 所以盛酒漿 秦人鼓之以節謌 象形] 甲骨文 金文	
缺	缺	缶 총10	4급 그릇 깨질 결, 이지러질 결, 모자랄 결 '缶+夬←決(결)'로 와부(瓦缶) 등의 기물(器物)이 깨짐[器破也 從缶決省聲] 從缶夬聲. 各本作決省聲. 今正『段注』	缺勤(결근) 缺席(결석) 缺損(결손) 缺食(결식) 缺如(결여) 缺員(결원)
決	決	水 총7	5급 물 이름 결, 터질 결, 끊을 결, 이별할 결 'ⅰ+夬(결)'로 여강[ⅰ]에 있는 물이 터져 대별산으로 흘러 내려감[下流也 從水從夬 廬江有決水 出於大別山] 下流也 : 各本作行流. 衆經音義三引皆作下流 『段注』	決斷(결단) 決裂(결렬) 決死(결사) 決算(결산)
快	快	心 총7	4급 쾌할 쾌, 빠를 쾌 '忄+夬(쾌)'로 몸이 건강하고 마음[忄]이 상쾌함[喜也 從心夬聲] 喜也 : 引申之義爲疾速. 俗字作駃『段注』/ 稱心也, 可也『廣韻』王允曰: 欲得快, 司隸校尉, 誰可作者『後漢·蓋勳傳』又爽快也, 急疾也『增韻』 -『康熙』	快擧(쾌거) 快刀(쾌도) 快樂(쾌락) 快諾(쾌락) 快報(쾌보) 快復(쾌복)
訣	訣	言 총11	3급 헤어질 결, 끊을 결, 비결 결 '言+決(결)'로 관계나 교제를 영원히 끊음을 말함[言] [訣別也 一曰法也 從言決省聲] 辭也『增韻』東出衛郭門, 與其母訣『史記·吳起傳』又死別也『玉篇』絶也『類篇』又通作決『韻會』李陵與武決去『前漢·蘇武傳』決, 別也『註』-『康熙』	訣別(결별) 訣要(결요) 口訣(구결) 祕訣(비결) 擊蒙要訣(격몽요결) 靑囊祕訣(청낭비결)
袂	袂	衣 총9	1급 소매 메 '衣+夬(결/쾌)'에서 윗옷[衣]의 좌우에 있는 두 팔을 꿰는 부분[袖也 從衣夬聲] 袖也『玉篇』袂, 掣也. 掣, 開也. 開張之, 以受臂屈伸也『釋名』-『康熙』	袂別(메별) 短袂(단메)
缸	缸	缶 총9	1급 항아리 항 '缶+工(공)'으로 아래위가 좁고, 배가 부른 질그릇[缶] [瓦也 從缶工聲] 項也 : 瓦部曰項似罌. 長頸. 受十斗. 缸與項音義皆同也『段注』	魚缸(어항) 酒缸(주항)

臼 부

자	전서	부수/총획	훈음 및 설명	용례
臼	臼	臼 총6	절구 구 곡식 따위를 넣고 절굿공이로 빻거나 찧을 수 있게 속이 오목한 절구통 모양[舂也 古者掘地爲臼 其後穿木石 象形 中, 米也]	臼杵(구저) 臼齒(구치)
庾	庾	广 총12	3급 곳집 유 '广+臾(유)'로 지붕이 없이 들에 곡식 단 등을 쌓아두는 곳[广] [水漕倉也 從广臾聲 一曰倉無屋者] 一曰倉無屋者 : 無屋, 無上覆者也. 小雅楚茨傳曰露積曰庾. 甫田箋云. 庾, 露積穀也. 周語. 野有庾積. 韋注. 庾, 露積穀也. 釋名說同胡廣漢官解詁云. 在邑曰倉. 在野曰庾 -『康熙』	庾積(유적) 庾廩(유름) 庾倉(유창) 金庾信傳(김유신전)
諛	諛	言 총16	1급 아첨할 유, 기꺼이 따를 유 '言+臾(유)'로 남의 환심을 사거나 잘 보이려고 일시적으로 알랑거리며 말[言]함[諂也 從言臾聲]	阿諛(아유) 諛悅(유열)

字	篆	級/部/總	訓·說明	古字	用例
興	興	4급 / 白 / 총16	**일어날 흥, 흥할 흥** '舁+同'으로 양손으로 마주 들어[舁] 힘을 합하여[同] 일어남[起也 從舁同 同 同力也] 起也: 廣韻曰 盛也. 擧也. 善也. 周禮六詩曰比. 曰興. 輿者 託事於物『段注』	甲骨文 金文	興亡(흥망) 興味(흥미) 興奮(흥분) 興盛(흥성)
舊	舊	5급 / 白 / 총18	**수리부엉이 구, 오랠 구, 옛 구** '萑+臼(구)'로 사람들이 꺼리고 업신여기는 수리부엉이[萑]가 오래 머무름[鴟舊, 舊留也 從萑臼聲] 雎舊 舊留也: 釋鳥. 怪鴟. 舍人曰謂鴟也. 南陽名鉤鵅, 一名忌欺. 按今字爲新舊字『段注』 ※'萑'는 새 머리털과 뿔을 형용.	甲骨文 金文	舊故(구고) 舊都(구도) 舊面(구면) 舊式(구식) 送舊迎新(송구영신) 傾蓋如舊(경개여구) 舊態依然(구태의연)
奮	奮	3급 / 大 / 총16	**나래 분, 떨칠 분, 힘쓸 분, 성낼 분** '萑+田'으로 밭[田]에서 새가 날개 치며[萑] 훨훨 날음[翬也 從田從萑]		奮起(분기) 奮發(분발) 奮戰(분전)
奪	奪	3급 / 大 / 총14	**떠날 탈, 빼앗을 탈, 잃을 탈** 금문은 '衣+雀+寸'이었으나 전서에 '又+萑'으로 바뀜. 손[又]에 쥐고 있던 새가 날개 치며[萑] 빠져나감[手持隹失之也 從又從萑]	金文	奪取(탈취) 奪還(탈환) 掠奪(약탈) 强奪(강탈)
與	與	4급 / 白 / 총14	**무리 여, 같은 무리 여, 좋아할 여, 친할 여, 줄 여** '舁+与(여)'로 여럿이 모여 한 동아리를 이룬 사람들이 어떤 일이나 물건을 마주 들어 줌[舁] [黨與也 從舁從与, 古文與. 〖注〗舁, 舁, 亦古文與] 黨當作攩 攩 朋群也 与 賜予也『段注』	金文	與件(여건) 與黨(여당) 與否(여부) 與信(여신) 給與(급여) 賞與(상여)
擧	擧	5급 / 手 / 총18	**들 거** '手+與(여)'로 여러 사람이 힘을 합하여 양손[手]으로 들어 올림[對擧也 從手與聲] 對擧也: 對擧謂以兩手擧之. 故其字從手與. ナ手與又手也『段注』		擧手(거수) 擧事(거사) 擧行(거행) 擧國(거국)
譽	譽	3급 / 言 / 총21	**기릴 예, 칭찬할 예, 명예 예** '言+與(여)'로 여러 사람이 한 일을 칭찬하여 말함[言] [稱也 從言與聲] 聲美也『玉篇』括囊无咎无譽『易·坤卦』譽者, 過美之名『註』以永終譽『詩·周頌』聲美也『箋』-『康熙』		譽望(예망) 譽聞(예문) 譽言(예언) 譽歎(예탄)
嶼	嶼	1급 / 山 / 총17	**섬 서** '山+與(여)'에서 사면이 물로 둘러싸여 산[山]처럼 솟아 있는 육지[島也 從山與聲] 海中洲『廣韻』平地小山, 在水爲島, 在陸爲嶼『六書故』一作嶼『集韻』-『康熙』		島嶼(도서) 蔚嶼(울서) 長嶼(장서) 洲嶼(주서) 連嶼(연서)

瓦 부

字	篆	級/部/總	訓·說明	用例
瓦	瓦	3급 / 瓦 / 총5	**기와 와** 지붕에 얹은 기와가 서로 겹쳐 있는 모양[土器已燒之總名 象形] 土器已燒之總名: 土部坏下曰: 一曰瓦未燒. 瓦謂已燒者也. 凡土器未燒之素皆謂之坏. 已燒皆謂之瓦『段注』	瓦家(와가) 瓦鷄(와계) 瓦器(와기) 瓦全(와전)
瓶	瓶	1급 / 瓦 / 총11	**병 병, 단지 병** '瓦+幷(병)'으로 물 같은 것을 담는 유리·사기[瓦] 등을 재료로 하여 만든 아가리가 좁은 물체[汲器也『玉篇』缶謂之瓶甌. 其小者謂之瓶『揚子·方言』新盆縶瓶, 廢敦重鬲『儀禮·士喪禮』瓶 以汲水也『註』-『康熙』	花瓶(화병) 空瓶(공병)

餅	餅	1급 食 총17	떡 **병** '食+幷(병)'으로 곡식 가루를 찌거나 삶아서 만든 음식[食] [麫餈也 從食幷聲] 麫餈也：麥部曰麫, 麥末也. 麫餈者, 餅之本義也. 方言曰餅謂之飥, 或謂之餦, 或謂之餛是也.『段注』		煎餅(전병) 切餅(절병)

❋ 酉 부

酉	酉	3급 酉 총7	익을 **유**, 술 **유**, 열째 지지 **유**(=닭 유) 잘 익은 술이 술병에 담겨 있는 모양[就也 八月黍成 可爲酎酒 象古文酉之形] 就也：就, 高也. 律書曰酉者, 萬物之老也. 釋名曰酉, 秀也. 秀者, 物皆成也. 八月黍成 可爲酎酒：此擧一物以言就. 黍以大暑而種. 至八月而成. 猶禾之八月而孰也. 不言禾者, 爲酒多用黍也. 酎者, 三重酒也. 必言酒者, 古酒可用酉爲之. 故其義同曰就也	甲骨文 金文	酉生(유생) 酉時(유시) 酉方(유방) 酉月(유월) 丁酉再亂(정유재란) 卯坐酉向(묘좌유향)
酒	酒	4급 水 총10	술 **주** 'ㆍ+酉(유)'로 술[ㆍ]이 든 술병[就也 所以就人性之善惡 從水從酉 酉亦聲 一曰造也 吉凶所造也 古代儀狄作酒醪 禹嘗之而美 遂疏儀狄 杜康作秫酒]	甲骨文	酒家(주가) 酒客(주객) 酒量(주량) 酒興(주흥)
醫	醫	6급 酉 총18	병 고칠 **의**, 의원 **의** '殹+酉'로 술[酉]로 환자의 병을 치료하는 [殹] 장인[治病工也. 殹, 惡姿也：醫之性然. 得酒而使, 從酉. 王育說. 一曰殹, 病聲. 酒所以治病也『周禮』有醫酒 古者巫彭初作醫』 醫之性然 得酒而使：謂醫工之性多如是. 故從酉. 故字今補. 此說從酉之故. 以醫者多愛酒也『段注』		醫科(의과) 醫療(의료) 醫務(의무) 醫師(의사) 醫術(의술) 醫藥(의약) 醫業(의업) 醫院(의원)
配	配	4급 酉 총10	짝 **배**, 나누어 줄 **배** '酉+己(기)'로 술[酉]과 여자 또는 음주(飮酒)와 여색[酒色也 從酉己聲 臣鉉等曰：己非聲 當從妃省] 酒色也：本義如是. 後人借爲妃字, 而本義廢矣. 妃者, 匹也『段注』	甲骨文 金文	配匹(배필) 配給(배급) 配當(배당) 配達(배달)
酋	酋	1급 酉 총9	오래된 술 **추**, 술 **추**, 뛰어날 **추**, 우두머리 **추** 오래 숙성된 좋은 술[酉] [繹酒也. 從酉, 水半見於上.『禮』有 大酋, 掌酒官也] 繹酒也：繹之言昔也. 昔, 久也. 多下曰從重夕. 夕者, 相繹也. 故重夕爲多. 然則繹酒謂日久之酒『段注』		酋長(추장) 酋領(추령) 酋帥(추수) 頭頭酋長(두두추장)
猶	猶	3급 犬 총12	원숭이 **유**, 머뭇거릴 **유** '犬+酋(유)'로 머뭇거리기를 잘하는 원숭이[犭] 종류의 동물[玃屬 從犬酋聲 一曰隴西謂犬子爲猷]	金文	猶豫(유예) 猶不足(유부족) 猶父猶子(유부유자)
奠	奠	1급 大 총12	제사 지낼 **전**, 둘 **전**, 제수 **전** '酋+丌'로 술[酋]을 상 위[丌]에 올려놓고 제사를 지냄[置祭也 從酋 酋 酒也 下其丌也 『禮』：有奠祭者]	甲骨文 金文	奠居(전거) 釋奠(석전)
醴	醴	2급 酉 총20	단술 **례** '酉+豊(례)'로 술[酉]이 오래되어 잘 익음[酒一宿孰也 從酉豊聲] 㤅酒也『玉篇』 醴, 禮也. 釀之一宿而成, 醴有酒味而已也『釋名』且以酌醴『詩ㆍ小雅』饗醴, 天子之飮酒也『傳』-『康熙』 ※고대에는 '禮'를 '豊'로 씀.	金文	醴泉(예천) 甘醴(감례) 酒醴(주례) 醴酒(예주)

| 醯 醯 | 1급 酉 총19 | 초 혜, 식초 혜 '鬻+皿'으로 술그릇[皿]에 술[鬻]을 오래 두면 신맛이 남[酸也. 作醯以鬻以酒. 從鬻, 酒並省, 從皿. 皿, 器也]. 酸也：酉部曰酸, 酢也. 關東謂酢曰酸. 周禮醯人. 掌共醯物. 作醯曰鬻曰酒. 鬻者鬻或字. 從鬻酒, 立省. 從皿. 皿, 器也. 器者, 周禮所謂甕也『段注』 | 食醯(식혜) 脯醯(포혜) |

✼ 皿 부

皿 皿	1급 皿 총5	그릇 명 제기와 같이 굽이 달린 음식을 담는 용기 모양[飲食之容器也. 象形. 與豆同意] 與豆同意：上象其能容. 中象其體. 下象其底也. 與豆略同而少異『段注』	甲骨文 金文	膝皿(슬명) 器皿(기명) 琉璃器皿(유리기명)
益 益	4급 皿 총10	많을 익, 더할 익, 이로울 익 '水+皿'으로 그릇[皿] 위로 물[水]이 넘침[饒也 從水皿 水皿益之意也] 饒也：食部曰饒, 飽也. 凡有餘曰饒. 易象傳曰風雷益. 君子以見善則遷, 有過則改『段注』	甲骨文 金文	益壽(익수) 益甚(익심) 益蟲(익충) 益鳥(익조)
鎰 鎰	2급 金 총18	중량 이름 일 '金+益(익)'으로 20냥(兩)의 무게단위[金] [雖萬鎰『孟子』鎰, 二十兩也. 鄭康成曰：三十兩 『註』黃金四十鎰『晉語』 或曰史記註：臣瓚曰：秦以一鎰爲一金, 漢以一斤爲一金. 蓋漢以前以鎰名金, 漢以後以斤名金也. 鎰者二十四兩, 斤者十六兩也『正字通』-『康熙』]	慕賢面 李鎰路(모현면 이일로)
隘 隘	1급 阜 총13	험할 애, 좁을 애 '阜+益'에서 지세가 매워[益] 험준하고 길이 좁은 언덕[阜] [篆文隘. 從自益. 篆各本作籒. 今正. 隘, 籒文也. 隘, 小篆也. 先籒而後篆者, 爲其字之從兩自也『段注』] 古之爲軍也, 不以阻隘也『左傳』又陋也『說文』急也, 陜也『玉篇』君子以爲隘矣『禮·禮器』-『康熙』	隘路(애로) 阻隘(조애)
縊 縊	1급 糸 총16	목맬 액/의 '糸+益(익)'으로 노끈[糸]으로 목을 졸라매어 자살하거나 죽임[經也 從糸益聲『春秋傳』曰：夷姜縊] 絞也：絞各本作經. 庸人所改也. 今正. 交部曰絞, 縊也. 與此爲轉注. 絞縊必兩股辮爲之『段注』	縊死(액사) 縊殺(액살)
溢 溢	1급 水 총13	가득 찰 일, 넘칠 일 '水+益(익)'으로 그릇에 물[水]이 가득 차 넘침[器滿也 從水益聲]	溢血(일혈) 海溢(해일)
盧 盧	2급 皿 총16	밥그릇 로, 화로 로 '皿+虍(로)'로 버들가지로 만든 밥그릇[皿] [飯器也. 從皿虍聲. 盧, 籒文盧 虛 盧, 飯器. 以柳爲之』『段注』	甲骨文 金文	毘盧峯(비로봉) 盧生之夢(노생지몽)
蘆 蘆	2급 艸 총20	갈대 로, 절굿대 뿌리 려 '艸+盧(로)'로 이삭이 아직 패지 않은 갈대[艸], 줄기는 발·자리 등의 재료로 사용[蘆蔽也 一曰齊根 從艸盧聲	蘆笛(노적) 蘆花(노화)
爐 爐	3급 火 총20	화로 로 '火+盧(로)'로 숯불[火]을 담아 놓는 그릇[音盧. 火爐也『玉篇』何如田舍火爐頭『范致能詩』-『康熙』]	火爐(화로) 鎔鑛爐(용광로)
廬 廬	2급 广 총19	오두막집 려 '广+盧(로)'로 봄과 여름에 임시로 살기 위하여 지은 조잡한 집[广] [寄也. 秋冬去, 春夏居. 從广盧聲] 寄也. 秋冬去 春夏居：大雅. 于時廬旅. 毛傳曰廬, 寄也. 小雅. 中田有廬. 箋云 中田, 田中也. 農人作廬焉. 以便其田事『段注』	草廬(초려) 廬舍(여사) 三顧草廬(삼고초려)

字	篆文	級/部首/총획	뜻풀이	甲骨文/金文	用例
監	𥃚	4급 / 皿 / 총14	볼 감, 살필 감 '臥+皿←㔾(감)'으로 엎드려[臥] 낮은 데를 향해 내려다봄[臨下也 從臥 㔾省聲]	甲骨文 金文	監禁(감금) 監督(감독) 監房(감방) 監司(감사) 監査(감사) 監修(감수)
濫	濫	3급 / 水 / 총17	넘칠 람, 함부로 람 '氵+監(감)'으로 물[水]이 넘쳐 범람함[氾也 從水監聲 一曰濡上及下也] 氾也：謂廣延也. 商頌, 左傳皆云. 賞不僭. 荊不濫. 魯語. 濫於泗淵. 皆其引伸之義『段注』		濫讀(남독) 濫發(남발) 濫伐(남벌)
藍	藍	3급 / 艸 / 총18	쪽 람 '艸+監(감)'으로 옷감의 푸른색 염료 재료인 쪽풀[艸][染靑艸也 從艸監聲] 染靑艸也：小雅傳曰藍, 染艸也『段注』		藍靑(남청) 伽藍(가람) 甘藍(감람)
鑑	鑑	3급 / 金 / 총22	큰 동이 감, 거울 감 '金+監(감)'으로 쇠[金]로 만든 큰 물동이[大盆也 一曰監諸 可以取明水於月 從金監聲] 大盆也：盆者, 盎也. 凌人. 春始治鑑. 注云. 鑑如甄, 大口. 以盛冰. 置食物於中. 以禦溫氣. 春始治之. 按鄭云如甄. 醢人作醢云塗置甄中. 則鑑如今之甕. 許云大盆. 則與鄭說不符. 疑許說爲是. 且字從金. 必以金爲之也『段注』		鑑別(감별) 鑑査(감사) 鑑賞(감상) 鑑定(감정) 鑑識(감식) 龜鑑(귀감)
艦	艦	2급 / 舟 / 총20	싸움배 함 '舟+監(감)'으로 싸움을 하기 위해 만든 큰 배[舟][版屋舟『玉篇』禦敵船『廣韻』上下重牀曰艦, 四方施板以禦矢石, 其內如牢檻也『釋名』-『康熙』]		驅逐艦(구축함) 巡洋艦(순양함)
覽	覽	4급 / 見 / 총21	볼 람 '見+監(감)'으로 내가 사물을 보는 것[見]과 남에게 내가 보임을 당하는 것[觀也 從見監 監亦聲] 觀也：以我觀物曰覽. 引伸之使物觀我亦曰覽. 史記孟荀列傳. 爲開第康莊之衢. 高門大屋尊寵之. 覽天下諸侯賓客. 言齊能致天下賢士也. 此覽字無讀去聲者. 則觀字何必鏶析其音乎『段注』		觀覽(관람) 遊覽(유람) 展覽(전람) 縱覽(종람) 便覽(편람) 回覽(회람)
籃	籃	1급 / 竹 / 총20	바구니 람 '竹+監(감)'으로 대[竹] 따위를 쪼개어 둥글게 엮어 만든 속이 깊은 큰 바구니[大篝也 從竹監聲]		籃輿(남여) 搖籃(요람)
檻	檻	1급 / 木 / 총18	죄인이 타는 수레 함, 우리 함 '木+監(감)'으로 죄인이나 맹수를 가두어 싣고 다니는 수레[木][櫳也 從木監聲 一曰圈] 櫳也：李善注長楊賦引釋名曰 檻車上施闌檻以格猛獸. 亦囚禁罪人之車也. 按許云檻櫳也者, 謂罪人及虎豹所居. 假借爲凡闌檻字『段注』		檻車(함거) 獸檻(수함) 欄檻(난함) 桎檻(질함)
盜	盜	4급 / 皿 / 총12	훔칠 도 '㳄+皿'으로 남의 물건[皿]을 탐내어[㳄] 자기 것으로 삼음[私利物也 從㳄 㳄欲皿者] 厶利物也：周公曰竊賄爲盜. 盜器爲姦. 米部曰 盜自中出曰竊『段注』		盜掘(도굴) 盜難(도난) 盜伐(도벌) 盜犯(도범) 盜癖(도벽) 盜用(도용)
盡	盡	4급 / 皿 / 총14	다할 진 '皿+聿(신)'으로 그릇[皿]에 물건이 아무것도 남아 있지 않음[器中空也 從皿聿聲] 器中空也：釋詁. 穀悉卒泯忽滅罄空畢罄殲拔殄盡也. 曲禮曰 虛坐盡後. 實坐盡前. 卽忍切. 俗作儘. 亦空義之引伸『段注』		盡力(진력) 盡心(진심) 盡日(진일) 極盡(극진)
燼	燼	1급 / 火 / 총18	탄 나머지 신, 나머지 신 '火+盡(진)'으로 불[火]에 타고 남은 것[同盡. 詳盡字註『玉篇』收二國之燼『左傳·襄四年』燼遺民『註』安受其燼『吳語』燼餘也『註』-『康熙』]		燼滅(신멸) 餘燼(여신)

| 盈 盈 | 2급 皿 총9 | **찰 영**, 그릇 가득 찰 **영** '夃+皿'으로 시장에서 물건을 팔아 이익을 남긴[夃] 재화가 그릇[皿]에 가득함[滿器也 從皿夃] 從皿夃. 秦以市買多得爲夃. 故從夃 『段注』 | 盈月(영월) 盈虛(영허) |

鬲 부

鬲 鬲	鬲 총10	**오지병 격**, 솥 **력** 토기로 만든 솥의 일종으로 가운데는 복교(腹交)의 무늬를, 아래는 세 발을 그린 것[鼎屬也 實五穀 斗二升曰穀 象腹交文三足] 鼎屬也：釋器曰鼎款足者謂之鬲. 實五穀. 考工記. 陶人爲鬲. 實五穀. 厚半寸. 脣寸『段注』	甲骨文 金文	
隔 隔	2급 阜 총13	**막힐 격**, 멀리할 **격** 'ß+鬲(격)'으로 언덕[阜]으로 인해 길이 가로막힘[障也 從阜鬲聲] 塞也：塞先代切. 各本作障. 今依西京賦注所引作塞也. 與土部塞隔也爲轉注. 廣韻亦曰塞也『段注』	隔年(격년) 隔離(격리) 隔世(격세) 隔遠(격원)
獻 獻	3급 犬 총20	**드릴 헌** '犬+鬳(권)'으로 종묘 제사에 제물로 올리는 개[犬]고기[宗廟犬名羮獻 犬肥者以獻之 從犬鬳聲] ※종묘제사에 쓰는 삶은 개고기를 갱헌(羮獻)이라 함.	甲骨文 金文	貢獻(공헌) 獻金(헌금) 獻納(헌납) 獻壽(헌수)
融 融	2급 虫 총16	**김 날 융**, 녹을 **융**, 화할 **융**, 화합할 **융** '鬲+虫←蟲(충)'으로 솥[鬲]에 불을 때어 김을 위로 나오게 함[炊气上出也 從鬲蟲省聲]	融合(융합) 融解(융해)
膈 膈	1급 肉 총14	**횡경막 격**, 흉격 **격** '肉+鬲(격)'으로 심장과 비장 사이에 있는 막[肉] [胸隔『玉篇』育也『集韻』胸膈, 心脾之閒『正韻』膈, 塞也, 管上下, 使氣與穀不相亂也『釋名』-『康熙』]	膈痰(격담) 膈膜(격막)

亅 부

亅 亅	亅 총1	**갈고리 궐** 갈고리를 거꾸로 놓은 모양[鉤逆者謂之亅 象形]	
事 事	7급 亅 총8	**벼슬아치 사**, 일 **사** '史+之(지)'로 역사[史]를 기록하는 일을 함[職也 從史之省聲 叏, 古文事 [注] 叓, 『玉篇』古文事字] ※臣弑其君者有之 子弑其父者有之 孔子懼作春秋 春秋 天子之事也 『孟子』	甲骨文 金文	事件(사건) 事君(사군) 事大(사대) 事理(사리)
了 了	3급 亅 총2	**마칠 료**, 깨달을 **료** '子-一'로 '子'에서 어린아이가 팔이 없는 모양[㐱也 從子無臂 象形] 㐱也：㐱, 行脛相交也. 牛行脚相交爲㐱. 凡物二股或一股結糾絼縛不直伸者, 曰㐱. 方言. 軫, 戾也. 郭注. 相了戾也『段注』	完了(완료) 修了(수료) 終了(종료) 滿了(만료)
予 予	3급 亅 총4	**줄 여**, 나 **여** 손으로 물건을 서로 밀어 주는 모양[推予也 象相予之形] 推予也：予與古今字. 象相予之形：象以手推物付之『段注』	予奪·與奪(여탈) 施與·施予(시여)

字	篆	級/部/總	訓·音·解說	用例
序	序	5급 广 총7	담 서, 차례 서, 차례 매길 서 '广+予(여)'로 집[广]의 동과 서에 있어 내외를 구분하는 담[東西牆也 從广予聲] 東西牆也 : 釋宮曰東西牆謂之序. 按堂上以東牆爲介. 禮經謂階上序端之南曰序南. 謂正堂近序之處曰東序, 西序. 古假杼爲序. 尚書大傳. 天子賁庸. 諸侯疏杼. 鄭注云. 牆謂之庸. 杼亦牆也 『段注』	序曲(서곡) 序論(서론) 序幕(서막) 序文(서문) 長幼有序(장유유서) 訓民正音序(훈민정음서)
野	野	6급 里 총11	들 야 '里+予(여)'로 고을[里]의 들 밖을 뜻함[郊外也 從里予聲. 壄, 古文野從里省, 從林] 郊外也 : 邑部曰 邊國百里曰郊. 囗部曰邑外之謂郊, 郊外之謂野, 野外之謂林, 林外謂囗 『段注』	野談(야담) 野黨(야당) 野蠻(야만) 野望(야망) 野卑(야비) 野史(야사)
舒	舒	2급 舌 총12	펼 서, 열릴 서 '予+舍(사)'로 말린 것을 펴거나 닫힌 것을 열어 줌[予] [伸也 從予舍聲] 伸也 : 經傳或假荼. 或假豫. 從予. 物予人得伸其意 『段注』	舒眉(서미) 舒遲(서지)
預	預	2급 頁 총13	미리 예, 즐길 예, 맡길 예 '頁+予(여)'로 미리 머리[頁]속으로 편안히 생각함[安也 案 : 經典通用豫 從頁 未詳] 與豫同 『正字通』 通作豫 『經典』 又及也, 參預也, 干也. 通作與 『正韻』-『康熙』	豫買·預買(예매) 預金(예금)
抒	抒	1급 手 총10	떠낼 서, 덜 서, 펄 서 '手+予(여)'에서 도구를 손[手]으로 잡고 물을 푸거나 그릇 속에 든 밥 등을 떠냄[挹也 從手予聲] 挹也 : 凡挹彼注茲曰抒. 斗部曰 斜, 抒也. 䜌, 抒屚也. 㪺, 挹也. 水部曰浚, 抒也. 𤃬, 浚也 『段注』	抒情(서정) 抒情詩(서정시)

✿ 工 부

字	篆	級/部/總	訓·音·解說	用例
工	工	7급 工 총3	장인 공 도구를 사용하여 직선[矩]이나 원[規]을 그리는 일을 직업으로 하는 사람[巧飾也 象人有規矩]	工科(공과) 工巧(공교) 工夫(공부) 工業(공업) 工藝(공예) 工程(공정)
功	功	6급 力 총5	공 공 '力+工(공)'으로 힘써[力] 노력하여 나라를 바로 세움[以勞定國也 從力從工 工亦聲]	功過(공과) 功德(공덕) 功勞(공로) 功利(공리)
江	江	7급 水 총6	물 이름 강, 강 강 'ᅙ+工(공)'으로 중국 장강(長江) 즉 양자강(揚子江)[ᅙ] [水 出蜀湔氐 徼外崏山 入海 從水工聲]	江南(강남) 江村(강촌) 江湖(강호) 渡江(도강)
攻	攻	4급 攴 총7	칠 공 '攵+工(공)'으로 장인이 물체를 두드림[攵] [擊也 從攴工聲] 擊也 : 考工記攻木, 攻皮, 攻金注曰. 攻猶治也. 此引伸之義 『段注』	攻擊(공격) 攻駁(공박) 攻勢(공세) 攻守(공수)
貢	貢	3급 貝 총10	바칠 공 '貝+工(공)'으로 공들여 만든 재화[貝] 또는 기물(器物) 등을 윗사람에게 바침[獻功也 從貝工聲] 獻功也 : 貢功疊韻. 魯語曰社而賦事. 烝而獻功. 韋注. 社, 春分祭社也. 事, 農桑之屬也. 冬祭曰烝. 烝而獻五穀布帛之屬也 『段注』	貢擧(공거) 貢納(공납) 貢物(공물) 貢士(공사)
紅	紅	4급 糸 총9	붉을 홍 '糸+工(공)'으로 직물[糸]이 백색과 붉은색이 섞여 울긋불긋함[帛赤白色也]	紅淚(홍루) 紅裳(홍상) 紅顏(홍안) 紅塵(홍진)

肉	肛	1급 肉 총7	부풀 **항**, 항문 **항** '肉+工(공)'으로 살[肉]가죽이 붓거나 부르터 오름[腫也『廣雅』] 脺肛, 脹大也『廣韻』脺肛, 腹脹也『埤蒼』大腸端, 肛門也『六書故』肛門, 重十二兩『史記·倉公傳』肛, 釭也. 言其處似車釭. 故曰釭門, 卽廣腸之門『註』-『康熙』	肛門(항문) 脫肛(탈항) 前肛動物(전항동물)
	虹	1급 虫 총9	무지개 **홍**, 다리 **홍**, 어지러울 **항** '虫+工(공)'으로 강우(降雨) 전후에 해의 반대 방향에 일곱 가지 색이 벌레[虫]처럼 반원형으로 줄진 모양[蟠蝀也 狀似蟲 從虫工聲 『明堂月令』 曰:虹始見] ※무지개를 천궁(天弓), 체동(蟠蝀), 홍예(虹蜺)라 하며, 옛날에 이것을 용(龍)의 일종으로 생각하여 '虹'을 수컷, '蜺'를 암컷으로 구별함.	虹橋(홍교) 虹彩(홍채) 虹霓門(홍예문)
	訌	1급 言 총10	어지러울 **홍**, 내홍 **홍** '言+工(공)'으로 내부에서 자기들끼리 언쟁[言]으로 인하여 어지러움[讃也 從言工聲 『詩』 曰:蟊賊內訌]	訌爭(홍쟁) 內訌(내홍)
巧	巧	3급 工 총5	공교할 **교**, 교묘할 **교** '工+丂(교)'로 물건을 만드는[工] 솜씨가 교묘함[技也 從工丂聲] 技也:手部曰技, 巧也『段注』	巧妙(교묘) 巧詐(교사) 巧言(교언) 巧拙(교졸)
巫	巫	1급 工 총7	무당 **무** 귀신을 섬겨 양손으로 춤을 추고 빌어 기도하며 신을 내리게 하는 여자 무당[祝也 女能事無形 以舞降神者也 象人兩褎舞形 與工同意 古者巫咸初作巫] 甲骨文 金文	巫女(무녀) 巫覡(무격)
覡	覡	1급 見 총14	박수 **격** '巫+見'으로 목욕재계하고 엄숙하게 신명(神明)을 섬기는 [見] 남자 무당[巫] [能齋肅事神明也 在男曰覡 在女曰巫 從巫從見]	巫覡信仰(무격신앙)
誣	誣	1급 言 총14	꾸밀 **무**, 속일 **무** '言+巫(무)'로 있지도 않은 것을 거짓으로 둘러대거나 실제보다 과장하여 말함[言] [加也 從言巫聲]	誣告罪(무고죄)
左	左	7급 工 총5	왼 **좌**, 도울 **좌** 'ナ+工'으로 왼손[ナ] 또는 왼편에서 서로 도와 일[工]을 함[手相左也 從ナ工] ナ手相左也:各本俱誤. 今正. 左者, 今之佐字. 說文無佐也. ナ者, 今之左字. ナ部曰左也. 謂左助之手也. 以手助手是曰左. 以口助手是曰右『段注』 金文	左相(좌상) 左右(좌우) 左遷(좌천) 左之右之(좌지우지)
佐	佐	3급 人 총7	도울 **좌**, 버금 **좌**, 다음 **좌** '亻+左(좌)'로 왕을 보좌하여 나라를 균등하게 잘 다스림[亻] [輔也, 貳也『正韻』以佐王均邦國『周禮·天官 -『康熙』]	佐吏(좌리) 佐命(좌명) 補佐(보좌) 王佐(왕좌)
巨	巨	4급 工 총5	클 **거** 곡척(曲尺)의 큰 자[工]를 손으로 잡고 있음[規巨也 從工 象手持之. 榘, 巨或從木, 矢. 矢者, 其中正也] 金文	巨家(거가) 巨物(거물) 巨富(거부) 巨商(거상)
拒	拒	4급 手 총8	막을 **거**, 물리칠 **거** '止+巨(거)'로 距와 동자. 어떤 일을 하지 못하도록[止] 막음[止也 從止巨聲 一曰搶也 一曰超距也] 捍也『廣韻』 禦也『增韻』. 又與距通. 格也, 違也『廣韻』抵也『玉篇』-『康熙』/ 距:止也. 許無拒字. 距卽拒也. 此與彼相抵爲拒. 相抵則止矣. 書傳云. 距, 至也. 至則止矣. 其義一也『段注』	拒否(거부) 拒逆(거역) 拒絶(거절) 抗拒(항거) 拒門不納(거문불납)
距	距	3급 足 총12	며느리발톱 **거**, 떨어질 **거** '足+巨(거)'로 닭의 날카로운 며느리발톱[足] [雞距也 從足巨聲] ※며느리발톱: 새끼발톱 뒤에 덧달린 작은 발톱. 짐승의 뒤쪽에 달린 발톱.	距離(거리) 距骨(거골) 距戰(거전) 距爪(거조) 相距(상거)

字	篆	級/部/총	뜻/음 및 풀이	예
渠	渠	1급 水 총12	도랑 거, 클 거 '水+榘(구)'로 물[水]이 드나들 수 있도록 만든 통로[水所居 從水榘省聲]	溝渠(구거) 渠大(거대)
差	差	4급 工 총10	어긋날 차 '左+⺶←乖로 어긋나[左] 서로 만나지 않음[⺶] [貳也. 差不相値也. 從左從⺶] 貳者 : 左不相値也. 貳各本作貳. 左各本作差. 今正. 貳者, 忒之假借字. 心部曰忒, 失當也. 失當卽所謂不相値也『段注』	差減(차감) 差異(차이) 差別(차별) 隔差(격차)
蹉	蹉	1급 足 총17	때 놓칠 차, 지날 차, 어긋날 차, 넘어질 차 '足+差(차)'로 발[足]을 헛디뎌 넘어져 때를 놓침[蹉跎 失時也 從足差聲]	蹉跌(차질) 蹉跎(차타)
嗟	嗟	1급 口 총13	탄식할 차 '口+差(차)'로 입[口]으로 한숨을 쉬며 한탄함[嗟歎也『玉篇』咨也『廣韻』一曰痛惜也『集韻』嗟, 佐也. 言不足以盡意, 故發此聲以自佐也『釋名』-『康熙』]	嗟歎(차탄) 嗟稱(차칭)

❈ 鼎 부

字	篆	級/部/총	뜻/음 및 풀이	예
鼎	鼎	2급 鼎 총13	솥 정 나무를 쪼개어 불을 때는 솥으로 발이 셋[三足]이고 귀가 둘[兩耳] 달린 보기(寶器)[三足兩耳 和五味之寶器也. 象析木以炊也]	鼎談(정담) 鼎立(정립)

❈ 聿 부

字	篆	級/部/총	뜻/음 및 풀이	예
聿	聿	聿 총6	붓 율 '⺻+一'로 한 손으로 붓[⺻]을 잡고 글[一]을 씀[所以書也. 楚曰謂之聿 吳謂之不律 燕謂之弗 從吳謂之不律 燕謂之弗 從⺻一] 從⺻一. 各本作一聲. 今正『段注』	
筆	筆	5급 竹 총12	붓 필, 쓸 필 '竹+聿'로 대나무[竹]로 만든 붓을 손으로 잡고 있음[聿] [秦謂之筆 從聿從竹]	筆記(필기) 筆答(필답) 筆法(필법) 筆勢(필세) 筆跡(필적) 拙筆(졸필)
肅	肅	4급 聿 총12	엄숙할 숙, 공경할 숙, 숙청할 숙 '⺻+䐓'으로 깊은 연못[䐓]을 건너는 것[⺻]처럼, 맡은 일을 매우 공경하고 엄숙히 임함[持事振敬也. 從⺻在䐓上, 戰戰兢兢也. 肅, 古文肅從心從卪 『注』 䎒, 肅, 亦古文肅]	肅軍(숙군) 肅拜(숙배) 肅殺(숙살) 肅然(숙연)
淵	淵	2급 水 총11	못 연 '氵+䐓(연)'으로 물[氵]이 소용돌이치며 흐르는 깊은 못[回水也. 從水, 象形. 左右, 岸也. 中象水貌. 䐓, 淵或省水. 囦, 古文從口水. 『注』 剟, 古文淵] ※潭보다 깊은 물.	淵源(연원) 深淵(심연)
簫	簫	1급 竹 총18	통소 소 '竹+肅(숙)'으로 여섯 구멍이 있으며 한 구멍은 뒤에 있는 관악기로 가는 대[竹]로 만든 세로로 부는 악기[參差管樂 象鳳之翼 從竹肅聲] 參差管樂 : 言管樂之列管參差者 竽笙列管雖多而不參差也 『段注』 ※參差, 長短不齊之貌『詩經註』	洞簫(통소 → 퉁소) 簫鼓(소고)
蕭	蕭	1급 艸 총16	쑥 소, 쓸쓸할 소 '艸+肅(숙)'으로 국화과에 속하는 다년초로 약용·식용으로도 쓰이는 쑥[艸] [艾蒿也 從艸肅聲]	蕭冷(소랭) 蕭瑟(소슬)

繡 繡	1급 糸 총18	비단 수, 수놓을 수 '糸+肅(숙)'으로 다섯 가지 색 무늬가 갖춰진 비단[糸] 또는 그 옷[五采備也 從糸肅聲]	刺繡(자수) 錦繡江山(금수강산)

✽ 网 부

网 网	网 총6	그물 망 물고기나 새를 잡는 그물 모양[庖犧氏所結繩以田以漁也 從冂 下象网交文 今經典變隸作网] 甲骨文 金文	
罪 罪	5급 网 총13	고기 그물 죄, 허물 죄, 죄 죄 '罒+非(비)'로 대나무로 만든 물고기를 잡는 그물[网] [捕魚竹网 從网非聲 秦以爲辠字] 從网非聲：聲字舊缺. 今補. 本形聲之字. 始皇改爲會意字也. 秦曰爲辠字：文字音義云. 始皇以辠字似皇. 乃改爲罪. 按經典多出秦後. 故皆作罪. 罪之本義少見於竹帛『段注』	罪過(죄과) 罪人(죄인) 輕罪(경죄) 斷罪(단죄) 免罪(면죄) 無罪(무죄)
罰 罰	4급 网 총14	벌 줄 벌, 죄 벌 '刀+詈'로 작은 범법(犯法) 행위를 한 사람에게 꾸짖음[詈]으로 주는 형벌[刀] [辠之小者 從刀詈 未以刀有所賊 但持刀罵詈則應罰] 辠之小者：辠, 犯法也. 罰爲犯法之小者. 刑爲罰辠之重者. 五罰輕於五刑. 從刀詈. 會意『段注』 金文	罰金(벌금) 罰酒(벌주) 罰則(벌칙) 賞罰(상벌) 嚴罰(엄벌) 罪罰(죄벌)
羅 羅	4급 网 총19	그물 칠 라, 벌일 라, 비단 라 '罒←网+維'로 새를 잡기 위해 실[糸]로 짠 새[隹] 그물[网]을 침[以絲罟鳥也 從网從維] 巨絲罟鳥也：釋器. 鳥罟謂之羅. 王風傳曰鳥網爲羅『段注』	羅列(나열) 網羅(망라) 羅網(나망) 羅州(나주)
邏 邏	1급 辵 총23	순찰할 라 '辵+羅(라)'로 여러 곳을 쉬엄쉬엄 돌아다니며[辵] 사정을 살핌[巡也 從辵羅聲]	邏卒(나졸) 巡邏(순라)
署 署	3급 网 총14	관청 서, 대리 서, 서명 서 '网+者(자)'로 법망[网]으로 사람을 대하는 부서 [部署也 各有所网屬也 從网者聲]	署理(서리) 署名(서명) 官公署(관공서)
薯 薯	1급 艸 총18	참마 서, 산약 서 '艸+署(서)'로 마과에 속하는 다년생 만초(蔓草)[艸]로 식용이나 약초로 쓰이는 식물[薯蕷. 俗藷字. 詳諸字註『唐韻』-『康熙』]	薯童謠(서동요) 馬鈴薯(마령서)
曙 曙	1급 日 총18	새벽 서 '日+署(서)'로 해[日]가 아직 뜨기 직전의 날이 밝을 녘 [曉也 從日署聲]	曙光(서광) 曙天(서천)
罔 罔	3급 网 총8	그물 망, 없을 망 '冂←网+亡(망)'으로 달아나는[亡] 짐승을 잡기 위해 그물[网]을 침[庖犧氏所結繩 以田以漁也 從冂 下象网交文 网或加亡 今經典變隸作罓 從冂亡聲]	罔罟(망고) 罔極(망극) 罔民(망민) 罔測(망측) 欺罔(기망) 勿罔(물망)
網 網	2급 糸 총14	그물 망, 무늬 망, 규칙 망 '糸+罔(망)'으로 실[糸]로 만든 물고기, 자라, 금수 등을 잡는 공구[網是捕魚鼈鳥獸的工具『字源字典』] 本作网. 或作罓, 隸省作罔. 今文從糸作網『說文』作結繩而爲罔罟, 以佃以漁『易·繫辭』罔, 與綱同『朱子·本義』-『康熙』	網羅(망라) 網紗(망사) 法網(법망) 漁網(어망) 天網(천망) 投網(투망)

惘	惘	1급 心 총11	멍할 망 '心+罔(망)'으로 정신[心]을 잃고 어리둥절한 모양[惘憿, 失志貌. 謂不稱適罔罔, 然無知貌. 亦惶遽貌『集韻』. 菟憿惘而無疇. 又通作罔『張衡·思玄賦』. 敊罔靡徙『前漢·司馬相如傳』. 失志也『註』-『康熙』]	惘惘(민망) 悵惘(창망)
羈	羈	1급 网 총24	굴레 기, 맬 기, 고삐 기, 끌 기 '网+革+馬'로 튼튼한 가죽[革] 끈으로 마소[馬]의 얼굴을 얽는[网] 일[羈或從革. 今字作羈. 俗作羇] 羈: 馬落頭也. 落絡古今字. 許書古本必是作落. 引伸之爲羈旅. 從网馬. 馬, 絆也. 旣絆其足. 又网其頭『說文』	羈束(기속) 羈寓(기우)

고사성어 이야기

[餘桃之罪 여도지죄]

'먹다 남은 복숭아를 먹인 죄'란 뜻으로, 애정과 증오의 변화가 심함을 이르는 말.
≪한비자(韓非子)≫ 세난편(說難篇)에 전하는 이야기가 있다. 전국시대 위(衛)나라에 왕의 총애를 받는 미자하(彌子瑕)라는 미동(美童)이 있었다. 어느 날 어머니가 병이 났다는 전갈을 받은 미자하는 허락 없이 임금의 수레를 타고 집으로 달려갔다. 당시에 허락 없이 임금의 수레를 타는 사람은 월형(刖刑: 발뒤꿈치를 자르는 형벌)을 받게 되어 있었다. 그런데 미자하의 이야기를 들은 왕은 오히려 효심을 칭찬하고 용서하였다.
"진실로 효자로다. 어미를 위해 월형도 두려워하지 않다니…."
또 한 번은 미자하가 왕과 과수원을 거닐다가 복숭아를 따서 한 입 먹어보더니 매우 달고 맛이 있었다. 그래서 왕에게 바쳤다. 왕은 기뻐하며 말했다.
"제가 먹을 것도 잊고 과인에게 먹이다니…."
흐르는 세월과 더불어 미자하의 자태는 점점 빛을 잃었고, 왕의 총애도 엷어졌다. 그러던 어느 날 미자하가 처벌을 받게 되자 왕은 지난 일을 상기하고 말했다.
"이놈은 언젠가 몰래 과인의 수레를 탔고, 게다가 '먹다 남은 복숭아'를 과인에게 먹인 일도 있다."
이처럼 한번 애정을 잃으면 이전에 칭찬을 받았던 일도 오히려 화가 되어 벌을 받게 되는 것이다.

[門前雀羅 문전작라]

'문 앞에 새그물을 쳐놓을 만큼 손님들의 발길이 끊어진 집'을 뜻하는 말로, 권세가 약해지면 방문객들이 끊어진다는 뜻.

전한 무제(武帝) 때 급암(汲黯)과 정당시(鄭當時)라는 충신이 있었다. 급암은 의협심이 강하고 성품이 대쪽 같아서 황제 앞에서도 하고 싶은 말을 거침없이 다 하는 편이었다. 동료 대신들이 그 점을 나무라면, 급암은 이렇게 반박했다.
"폐하께서 이 사람이나 공들 같은 신하를 두심은 올바른 보필로 나라를 부강케 하고 백성들을 편안케 하시고자 함인데, 누구나 듣기 좋은 말만 하여 성총(聖聰)이 흐려지기라도 한다면 그보다 더한 불충이 어디 있겠소? 그만한 지위에 있으면 설령 자기 한 몸 희생을 각오하고라도 폐하를 욕되게 하진 말아야 할 것이오."
그런 반면 정당시는 후덕하고 겸손하며 청렴한 인물이었다. 자기를 찾아온 손님은 문밖에서 기다리는 일이 없게 하고, 벼슬아치의 사명감으로 집안일을 돌보지 않았으며, 봉록과 하사품을 받으면 손님이나 아랫사람들에게 아낌없이 나누어 주었다.
이 두 사람은 너무 개성이 강한 탓에 벼슬살이가 순탄치 못해 면직, 재등용, 좌천을 거듭했다. ≪사기(史記)≫의 저자 사마천(司馬遷)은 급암과 정당시의 전기를 쓰고 나서 다음과 같은 말로 야박한 세태를 비판했다.
"급암과 정당시 같은 현자라도 권세가 있으면 빈객이 열 배로 불어나지만, 권세를 잃으면 금방 떨어져 나간다. 그러니 보통사람의 경우는 더할 나위 있겠는가! 하규(下邽)의 적공(翟公)만 하더라도 정위(廷尉)가 되었을 때는 빈객이 문전성시를 이루었으나, 면직이 되고 나니까 모두들 발길을 끊는 바람에 집안이 너무나 고적해 마치 '문 앞에 새그물을 쳐 놓은 것[門前雀羅]' 같더라고 한탄했다."

Ⅵ 인공물

무기·형구

刀 戈 斤 士 矛 干 弓 矢 辛

刀	分	列	刃	利	制	別	則	前	刷	初	券
刀	粉貧寡紛芬頒忿盆扮雰吩	裂烈例	靭	梨悧痢	製		側測惻	剪煎箭			拳眷

戈	或	戌	戒	戊	戎	戲	威	成	我	戟	斥
	惑域	威滅	械賊	茂	絨	劇據醵		城誠盛晟	餓俄		所斯近兵祈沂匠欣

新	斥	斬	士	壬	壽	壯	矛	干	年	平	幸
薪	訴	暫慙漸塹	仕志誌	任賃妊淫	燾疇鑄濤禱躊	莊裝	茅務霧	刊肝岸旱汗杆悍奸竿罕		評坪秤萍	

弓	張	弘	弟	弗	弱	疆	引	甩	強	矢	短
穹	漲	泓	第悌梯涕	佛拂費彿沸	溺	疆薑	蚓			雉	

矣	知	矩	辛	辯	辨	辦
埃	智					

刀 부

字		급수/부수	훈·음 및 설명	갑골문/금문	용례
刀	刀	3급 刀 총2	칼 도 병기로 사용하는 칼의 모양[兵也 象形] ※刀, 本是一種兵器 又泛指一種可以用來斬削切割物體的工具 『字源字典』	甲骨文 金文	果刀(과도) 軍刀(군도) 短刀(단도) 寶刀(보도)
分	㕣	6급 刀 총4	나눌 분 '八+刀'로 칼[刀]로 물건을 나눔[八] [別也 從八從刀 刀以分別物也]	甲骨文 金文	分揀(분간) 分科(분과) 分團(분단) 分斷(분단)
粉	粉	4급 米 총10	가루 분 '米+分(분)'으로 얼굴에 바르는 분가루[米] [所以傅面者也 從米分聲] 所以傅面者也 : 所曰字舊奪. 今補. 小徐曰古傅面亦用米粉. 故齊民要術有傅面粉英. 按據賈氏說. 粉英僅堪妝摩身體耳. 傅人面者固胡粉也. 許所云傅面者, 凡外曰面. 周禮傅於餌餈之上者是也. 引伸爲凡細末之偁『段注』		粉匣(분갑) 粉骨(분골) 粉末(분말) 粉面(분면)
貧	貧	4급 貝 총11	가난할 빈 '貝+分'으로 재물[貝]을 나누니[分] 양이 적어짐[財分小也]		貧困(빈곤) 貧窮(빈궁) 貧富(빈부) 貧弱(빈약)
寡	寡	3급 宀 총14	적을 과 '宀+頒'으로 집[宀]에 있는 재물을 나누니[頒] 그 분량이 적음[小也 從宀從頒 頒 分賦也 故爲少]		寡頭(과두) 寡默(과묵) 寡婦(과부) 寡慾(과욕) 衆寡不敵(중과부적)
紛	紛	3급 糸 총10	말꼬리 전대 분, 어지러울 분 '糸+分(분)'으로 말꼬리에 매단 사마직물(絲麻織物)[糸] [馬尾韜也 從糸分聲] 馬尾韜也 : 韜, 劍衣也. 引申爲凡衣之偁. 釋名曰紛, 放也. 防其放弛以拘之也. 楊子言車輪馬駢. 馬駢謂結束馬尾. 豈韜之而後結之與. 羽獵賦注. 紛, 旗流也. 尙書. 敽乃干. 傳曰 施汝盾紛. 離騷用繽紛字. 皆引申段借之也『段注』		紛糾(분규) 紛亂(분란) 紛紛(분분) 紛失(분실)
芬	芬	2급 艸 총8	향내 분, 화합할 분 '艸+分(분)'으로 풀[艸]이 처음 나올 때 발산하는 향기[艸音紛. 草初生 香分布也『正韻』 又芬芬, 香也『博雅』 又和也『揚子·方言』 又汝無泯泯芬芬, 厚顏忍醜『汲冢周書』 泯芬, 亂也『註』-『康熙』]		芬芳(분방) 芳芬(방분) 芬馥(분유) 芬國(분국) 芬皇寺(분황사)
頒	頒	1급 頁 총13	머리 클 분, 나눌 반 '頁+分(분)'으로 동물의 머리[頁]가 큰 것 [大頭也 從頁分聲 一曰鬢也. 『詩』曰: 有頒其首 大頭也 : 小雅魚藻曰魚在在藻. 有頒其首. 傳曰頒, 大首貌. 苕之華. 牂羊墳首. 傳曰墳, 大也. 此假墳爲頒也『段注』		頒白(반백) 頒布(반포) 頒放(반방) 頒料(반료)
忿	忿	1급 心 총8	성낼 분 '心+分(분)'으로 분한 일로 성급(性急)히 노여워하는 마음[心] [悁也 從心分聲] 悁也 : 忿與憤義不同. 憤以气盈爲義. 忿以狷急爲義『段注』		忿怒(분노) 激忿(격분) 一朝之忿(일조지분)
盆	盆	1급 皿 총9	동이 분 '皿+分(분)'으로 물·술 같은 것을 담는 질그릇[皿] [盎也 從皿分聲]	甲骨文 金文	盆地(분지) 花盆(화분)
扮	扮	1급 手 총7	꾸밀 분, 섞을 분 '手+分(분)'으로 손[手]으로 도구를 사용하여 화장을 하거나 꾸밈[握也 從手分聲] 艸音粉. 義同『集韻』又艸音分. 義同 又幷也『集韻』-『康熙』		扮飾(분식) 扮裝(분장)

字	篆	級/部/總	訓音 및 解說	用例
雰	雰	1급 雨 총12	안개 **분** '雨+分(분)'으로 땅 위에 가깝게 떠 있는 미세한 안개[雨] 기운[霧氣也『玉篇』又雰雰, 雪貌『韻會』雨雪雰雰『詩·小雅』又潤氣, 著草木, 遇寒凍色白曰雰 『釋名』本作氛. 祥氣也『說文』或作氲『集韻』-『康熙』]	雰雰(분분) 雰圍氣(분위기)
吩	吩	1급 口 총7	뿜을 **분**, 명령할 **분** '口+分(분)'으로 입[口]으로 뿜어내거나 소리 내어 말함[吩 俗噴字『正字通』與噴同『集韻』-『康熙』]	吩咐(분부) 嚴吩咐(엄분부)
列	列	4급 刀 총6	나눌 **렬**, 벌릴 **렬**, 줄 **렬**, 항오 **렬** '刀+歹←歺(렬)'로 칼[刀]로 물건을 나눔[分解也 從刀歺聲]	列强(열강) 列擧(열거) 列席(열석) 列傳(열전)
裂	裂	3급 衣 총12	찢을 **렬**, 터질 **렬** '衣+列(렬)'로 옷[衣]을 만들기 위해 재단한 헝겊조각[繒餘也 從衣列聲]	裂傷(열상) 決裂(결렬) 龜裂(균열) 分裂(분열) 支離滅裂(지리멸렬)
烈	烈	4급 火 총10	세찰 **렬** '灬+列(렬)'로 불[灬]이 세차게 탐[火猛也 從火列聲] 火猛也: 大雅曰載燔載烈 傳曰傅火曰燔. 貫之加于火曰烈. 又方言曰餘也. 按烈訓餘者, 盛則必盡. 盡則必有所餘也『段注』	烈女(열녀) 烈烈(열렬) 烈婦(열부) 烈士(열사) 烈風(열풍) 烈寒(열한)
例	例	6급 人 총8	본보기 **례**, 법식 **례**, 조목 **례** '亻+列(렬/례)'로 사람[亻]들의 사례를 비교하여 본보기로 삼음[比也 從人列聲] 音厲. 比也, 類也, 槩也『韻會』又凡例. 又音列. 遮也『集韻』-『康熙』	例規(예규) 例年(예년) 例文(예문) 例事(예사) 例示(예시) 例外(예외)
刃	刃	3급 刀 총3	칼날 **인** '刀+丶'으로 견고한 칼[刀]의 칼날[丶]을 강조한 모양[刀堅也 象刀有刃之形] 甲骨文	刃傷(인상) 刀刃(도인) 白刃(백인) 自刃(자인)
靭	靭	1급 革 총12	질길 **인** '革+刃(인)'으로 '靱과 동자. 가죽[革]처럼 부드러우면서도 탄력성이 있어 잘 끊어지지 않음[本作肕. 堅柔也. 亦作靭. 互詳韋部靱字註『集韻』-『康熙』]	靭帶(인대) 强靭(강인)
利	利	6급 刀 총7	이로울 **리** '刀+和'로 칼[刂]을 적절히[禾←利] 잘 사용함[銛也 刀和然後利 從刀和省『易』曰: 利者 義之和也] 甲骨文 金文	利權(이권) 利器(이기) 利殖(이식) 利尿(이뇨) 營利(영리) 便利(편리)
梨	梨	3급 木 총11	배 **리** '木+利(리)'로 봄에 흰 꽃이 피고 가을에 누런 열매가 여는 나무[木][同棃『康熙』棃: 果名. 從木秒聲. 秒, 古文利『說文』]	梨園(이원) 梨花(이화) 山梨(산리)
俐	俐	1급 心 총10	영리할 **리** '心+利(리)'로 눈치가 빠르고 똑똑함[心] [始知怜俐不如癡『朱淑眞』]	伶俐·怜俐(영리)
痢	痢	1급 疒 총12	설사 **리** '疒+利(리)'로 세균의 감염 등으로 배탈이 나 묽은 변이 물을 쏟듯 나오는 질병[疒] [音利. 瀉也『集韻』方書分血痢, 氣痢, 赤痢, 白痢, 泄痢, 酒痢, 虛痢, 五色痢, 水穀痢, 赤白痢, 噤口痢, 休息痢, 勞痢, 暴痢, 久痢. 諸證皆濕熱積滯, 暑毒虛滑所致『正字通』-『康熙』]	痢疾(이질) 滯痢(체리)
制	制	4급 刀 총8	만들 **제**, 억제할 **제** '未+刂'로 칼[刂]로 재료를 적절히 잘라 맛있는[未←味] 음식을 만듦[裁也 從刀從未 未 物成有滋味 可裁斷. 一曰止也] 正也, 御也, 檢也, 造也『增韻』又禁制也『廣韻』又成法曰制 -『康熙』 金文	制度(제도) 制服(제복) 制壓(제압) 制約(제약) 制御(제어) 制裁(제재)

字	篆	級/部/총획	훈음 및 설명	용례
製	緊	4급 衣 총14	지을 제, 만들 제 '衣+制(제)'로 옷감을 재단하여 옷[衣]을 만듦 [裁衣也 從衣制聲]	製鋼(제강) 製圖(제도) 製鍊(제련) 製法(제법)
別	刕	6급 刀 총7	분별 별 '冎+刂'로 칼[刂]로 살을 발라내어 뼈[冎]와 분류함[分解也『說文』分別也『玉篇』辨也『增韻』日月以告君, 以厚其別也『禮·曲禮』同稟氣質, 無有區別『晉·仲長敖覈性賦』離也『玉篇』解也, 訣也『增韻』-『康熙』]	別居(별거) 別故(별고) 別途(별도) 別味(별미) 別世(별세) 別紙(별지)
則	馴	5급 刀 총9	법칙 칙, 곧 즉 '貝+刂'로 재물[貝]을 일정한 법칙과 등급에 따라 칼[刂]로 나눔[等畫物也 從刀貝 貝 古之物貨也] 金文	校則(교칙) 罰則(벌칙) 法則(법칙) 變則(변칙) 原則(원칙) 準則(준칙)
側	㣇	3급 人 총11	곁 측 'イ+則(측)'으로 가운데가 아닌 옆에 있는 사람[イ] [旁也 從人則聲] 旁也 : 不正曰仄, 不中曰側. 二義有別. 而經傳多通用. 如反側當爲反仄. 仄者, 未全反也『段注』	側近(측근) 側面(측면) 側目(측목) 側室(측실)
測	洌	4급 水 총12	잴 측 'ㅋ+則(측)'으로 물의 깊은 곳까지 그 깊이를 잼 [深所至也 從水則聲] 深所至也 : 深所至謂之測. 度其深所至亦謂之測. 猶不淺曰深. 度深亦曰深也. 今則引伸之義行而本義隱矣『段注』 金文	測量(측량) 測地(측지) 測定(측정) 測候(측후)
惻	㥣	1급 心 총12	슬퍼할 측 '心+則(측)'으로 원통한 일을 당하거나 불쌍한 일을 보고 마음[心]이 아프고 괴로움[痛也 從心則聲]	惻然(측연) 惻隱(측은)
前	肯	7급 刀 총9	앞 전 '止+舟'로 배[舟]를 타면[止] 배가 앞으로 나감[不行而進謂之歬 從止在舟上] 前, 後之對 又進也『增韻』先也『廣韻』又我未之前聞也『禮·檀弓』猶故也『註』-『康熙』 金文	前功(전공) 前科(전과) 前途(전도) 前略(전략) 前職(전련) 前例(전례)
剪	箭	1급 刀 총11	자를 전 '刀+歬(전)'으로 물건을 칼[刀]로 가지런하게 자름[齊斷也 從刀歬聲]	剪定(전정) 剪枝(전지)
煎	煎	1급 火 총13	달일 전, 끓일 전 '火+前(전)'으로 불[火]로 끓여 달여서 진하게 만듦[熬也 從火前聲]	煎餠(전병) 花煎(화전)
箭	箭	1급 竹 총15	화살 전 '竹+前(전)'으로 대[竹]로 만든 화살[矢也 從竹前聲] 竹也 : 各本無竹. 依藝文類聚補. 矢竹者可以爲矢之竹也. 周禮及釋地注皆曰箭, 篠也. 方言. 箭, 自關而東謂之矢. 江淮之閒謂之鍭. 關西曰箭『段注』	箭竹(전죽) 火箭(화전)
刷	刷	3급 刀 총8	긁을 쇄, 청결할 쇄, 정돈할 쇄, 쓸 쇄, 닦을 쇄, 인쇄할 쇄 '刂+㕞(쇄)'로 칼[刂]로 물체를 깨끗이 다듬어 정돈함[刮也 從刀㕞省聲『禮』: 有刷巾]	刷新(쇄신) 印刷(인쇄) 縮刷(축쇄)
初	初	5급 刀 총7	처음 초 '刀+衣'로 옷[衣]을 만들 때 칼[刀]로 옷감을 자르는 일부터 시작함[始也 從刀從衣 裁衣之始也] 甲骨文 金文	初面(초면) 初步(초보) 初旬(초순) 初夜(초야) 初章(초장) 最初(최초)
券	劵	4급 刀 총8	계약서 권, 문서 권, 증서 권 '刀+釆(권)'으로 칼[刀]로 글자 등을 새겨 훗날 증표로 삼는 문서[契也 從刀釆聲. 券別之書, 以刀判契其旁, 故曰契券]	文券(문권) 旅券(여권) 證券(증권) 債券(채권)

VI. 인공물

한자	전서	급수/부수/총획	훈음 및 설명	용례
拳	𢪇	3급 手 총10	**주먹 권** '手+𢍏(권)'으로 손가락을 움켜 쥔 손[手] [手也 從手𢍏聲] 手也 : 合掌指而爲手. 故掌指二篆廁手拳二篆之間. 卷之爲拳. 故檀弓執女手之拳然『段注』	拳鬪(권투) 拳銃(권총) 拳法(권법) 空拳(공권)
眷	𥅫	1급 目 총11	**돌아볼 권, 은혜 권** '目+𢍏(권)'으로 지난 과거를 회상하여 뒤돌아봄[目] [顧也 從目𢍏聲 『詩』曰: 乃眷西顧] 顧也: 大東. 睠言顧之. 毛曰睠, 反顧也. 睠同眷『段注』/ 嚮也『博雅』又回視也. 皇天眷命『書·大禹謨』又與睠通. 睠睠懷顧『詩·小雅』作眷眷, 勤厚之意也『韓詩』又乃眷西顧『大雅』眷, 本又作睠『箋』又親屬也 - 『康熙』	眷屬(권속) 眷顧之恩(권고지은)

🌸 戈 부

한자	전서	급수/부수/총획	훈음 및 설명	갑골문/금문	용례
戈	戈	3급 戈 총4	**창 과** 끝이 평평한 창[戟] 모양을 상형함[平頭戟也 從弋一衡之 象形]	甲骨文 金文	戈劍(과검) 干戈(간과) 兵戈(병과) 止戈(지과)
或	或	4급 戈 총8	**나라 역, 혹 혹, 혹시 혹** '口+戈+一'로 백성[口]과 군대[戈], 땅[一]에서 국가를 뜻함[邦也 從口從戈以守一 一, 地也. 域, 或又從土]	金文	或問(혹문) 或是(혹시) 或曰(혹왈) 間或(간혹)
惑	惑	3급 心 총12	**미혹할 혹** '心+或(혹)'으로 마음[心]에 의혹이 생겨 어지러움[亂也 從心或聲] 亂也: 亂者, 治也. 疑則當治之. 古多叚或爲惑『段注』		惑星(혹성) 惑世(혹세) 迷惑(미혹) 不惑(불혹)
域	域	4급 土 총11	**나라 역, 지경 역** '土+或'으로 나라[或]의 땅[土] [或從土. 旣從口從一矣. 又從土. 是爲後起之俗字『段注』] 坴音棫. 邦也. 區域也. 界局也『正韻』- 『康熙』		領域(영역) 域內(역내) 域外(역외) 域中(역중) 區域(구역) 異域(이역)
戌	戌	3급 戈 총6	**열한 번째 지지 술** '戊+一(일)'로 사람을 살상(殺傷)하는 도끼[戊] 모양[滅也. 九月 陽氣微 萬物畢成 陽下入地也 五行 土生於戊 盛於戌 從戊一 一亦聲] 從戊一: 戌者, 中宮. 亦土也. 一者, 一陽也. 戊中含一會意也. 一亦聲『段注』 ※甲骨文, 金文의 戌字 象一广刃外弧的斧鉞之形. 古代的一種斧類兵器『字源字典』	甲骨文 金文	戌時(술시) 戊戌(무술)
威	威	4급 女 총9	**위엄 위, 거동 위, 위협할 위** '女+戌'로 도끼를 들고 있는 것[戌]처럼 위엄 있는 시어머니[女] [姑也 從女戌聲 漢律曰: 婦告威姑] 姑也: 引伸爲有威可畏. 從女. 戌聲: 按小徐本作戌聲. 而復以會意釋之『段注』		威力(위력) 威勢(위세) 威壓(위압) 威嚴(위엄) 威容(위용) 威風(위풍)
滅	滅	3급 水 총13	**불 꺼질 멸, 멸할 멸, 죽을 멸** '氵+烕(멸)'로 물[氵]로 불을 완전히 모두 끔[盡也 從水烕聲] 盡也: 從水烕聲: 此擧形聲包會意		滅亡(멸망) 滅門(멸문) 滅種(멸종) 擊滅(격멸)
戒	戒	4급 戈 총7	**경계할 계** '卄+戈'로 두 손[卄]으로 창[戈]을 잡고 경계를 섬[警也 從卄持戈 以戒不虞]	甲骨文 金文	戒愼(계신) 戒嚴(계엄) 警戒(경계) 十戒(십계) 齋戒(재계) 懲戒(징계)

자형	급수/부수/총획	뜻·음·설명	용례
械 糊	3급 / 木 / 총11	형틀 계 '木+戒(계)'로 죄인의 수족을 매는 나무[木]로 만든 형구(刑具)[桎梏也 從木戒聲 一曰械 器之總名 一曰械 治也 一曰有盛曰器 無所盛曰械] ※桎梏: 차꼬와 수갑이란 뜻으로, 즉 속박(束縛)이라는 뜻.	器械(기계) 機械(기계) 械繫(계계)
賊 賕	4급 / 貝 / 총13	도둑 적 '戈+則(칙)'으로 창[戈]으로 상대를 해쳐 재물을 빼앗는 것을 꺼리지 않음[敗也 從戈則聲] 敗也: 敗者, 毀也. 毀者, 缺也. 左傳 周公作誓命曰毀則爲賊. 又叔向曰殺人不忌爲賊『段注』	賊魁(적괴) 賊窟(적굴) 賊盜(적도) 賊臣(적신)
戊 戉	3급 / 戈 / 총5	다섯째 천간 무, 물건 무성할 무 '戊'는 월(鉞)의 초문. 어금니가 초승달처럼 생긴 도끼 모양[中宮也. 象六甲五龍相拘絞也. 象人脅] ※甲骨文和金文 戊象一闊刃內弧彎月牙狀的斧鉞之形『字源字典』 ※中宮也. 象六甲五龍相拘絞也. 戊承丁 象人脅『說文』 (甲骨文 / 金文)	戊辰(무진) 戊戌(무술) 戊午士禍(무오사화) 戊午燕行錄(무오연행록)
茂 茂	3급 / 艸 / 총9	무성할 무 '艸+戊(무)'로 풀[艸]이 무성히 자람[艸豐盛 從艸戊聲]	茂林(무림) 茂盛(무성) 茂才(무재) 繁茂(번무)
戎 戎	1급 / 戈 / 총6	병장기 융, 싸움 융, 오랑캐 융 '戈+甲'으로 전쟁용 창[戈]과 갑옷[甲] [兵也 從戈甲 ?, 古文甲字] (甲骨文 / 金文)	戎狄(융적) 戎馬(융마)
絨 絨	1급 / 糸 / 총12	융 융 '糸+戎(융)'으로 곱고 가늘게 짠 베[糸]나 솜털이 일어나게 짠 피륙[細布也『玉篇』同狨『廣韻』-『康熙』]	絨緞(융단)
戱 戯	3급 / 戈 / 총16	놀 희, 희롱할 희 '戈+虛(희)'로 병기[戈]를 들고 무위(武威)를 자랑함[俗戱字『正字通』-『康熙』 戱: 三軍之偏也 一曰兵也 從戈虛聲] 三軍之偏也: 偏若先偏後伍, 偏爲前拒之偏. 謂軍所駐之一面也. 史漢項羽紀, 高帝紀皆曰: 諸侯罷戱下. 各就國. 師古曰: 戱, 軍之旌旗也『段注』	戱曲(희곡) 戱劇(희극) 戱弄(희롱) 遊戱(유희)
劇 劇	4급 / 刀 / 총15	심할 극, 연극 극 '刂+豦(거)'로 칼[刂]로 장난을 매우 심하게 함 [尤甚也 從刀 未詳 豦聲]	劇團(극단) 劇烈(극렬) 劇論(극론) 劇本(극본)
據 據	4급 / 手 / 총16	의거할 거 '扌+豦(거)'로 손[扌]으로 지팡이를 짚고 몸을 의지함 [杖持也 從手豦聲] 杖持也: 謂倚杖而持之也. 杖者人所據. 則凡所據皆曰杖. 據或作据『段注』	據點(거점) 根據(근거) 論據(논거) 依據(의거)
醵 醵	1급 / 酉 / 총20	추렴할 거, 추렴할 갹 '酉+豦(거)'로 여러 사람이 모여서 술[酉]을 마실 때 추렴하여 지불함[會歙酒也 從酉豦聲] 會歙酒也: 禮器注曰 合錢歙酒曰醵『段注』	醵出(갹출·거출)
戚 戚	3급 / 戈 / 총11	도끼 척, 겨레 척 '戊+尗(숙)'으로 어금니가 초승달처럼 생긴 작은[尗] 도끼[戊也 從戊尗聲] 戊也: 大雅曰 干戈戚揚. 傳云. 戚, 斧也. 揚, 鉞也. 依毛傳戚小於戊『段注』 (甲骨文 / 金文)	戚里(척리) 戚臣(척신) 戚然(척연) 國戚(국척) 近戚(근척) 內戚(내척)
成 成	6급 / 戈 / 총7	이룰 성 '戊+丁(정)'으로 '戊'는 '중궁(中宮)' 즉 중앙에 위치한 '土'로 만물을 기르고 완성하는 흙[就也 從戊丁聲. 戚, 古文成從午 『注』徐鍇曰: 戊中宮成於中也] (甲骨文 / 金文)	成功(성공) 成熟(성숙) 成業(성업) 成長(성장) 成績(성적) 成就(성취)

VI. 인공물

한자	전서	급수/부수/총획	훈음 및 설명	용례
城	城	4급 土 총10	성 **성** '土+成(성)'으로 백성들이 편안히 잘 살 수 있도록 토석(土石)[土]으로 성을 둘러쌓음[以盛民也 從土從成 成亦聲]	城郭(성곽) 城樓(성루) 城門(성문) 城壁(성벽)
誠	誠	4급 言 총14	정성 **성** '言+成(성)'으로 말[言]과 행동이 부합(符合)되어 진실함[信也 從言成聲]	誠實(성실) 誠心(성심) 忠誠(충성) 積誠(적성)
盛	盛	4급 皿 총12	담을 **성** '皿+成(성)'으로 제사를 올리기 위해 곡식[黍稷]을 그릇[皿]에 담아 놓음[黍稷在器中以祀者也 從皿成聲]	盛況(성황) 盛年(성년) 盛事(성사) 盛衰(성쇠)
晟	晟	2급 日 총11	밝을 **성** '日+成(성)'으로 해[日]가 높이 떠 환히 밝음[明也 從日成聲] 日光充盛也. 又熾也『正字通』晠, 或作晟. 精光也『集韻』-『康熙』	大晟樂(대성악)
我	我	3급 戈 총7	나 **아** '爭+戈로 끝이 톱처럼 생긴 긴 자루가 달린 창[戈]을 가지고 있음[爭←大, 垂] [施身自謂也, 或說我, 頃頓也. 從戈從爭. 爭, 或說古垂字. 一曰古殺字. 戚, 古文我 『注』徐鍇曰: 從戈者, 取戈自持也] ※一種長柄而帶齒形刃口的兵器『字源字典』 (甲骨文 金文)	我軍(아군) 我執(아집) 忘我(망아) 無我(무아) 物我(물아) 彼我(피아) 我田引水(아전인수)
餓	餓	3급 食 총16	주릴 **아**, 굶주릴 **아** '食+我(아)'로 먹을 것[食]이 없어 주림[飢也 從食我聲]	餓鬼(아귀) 餓死(아사) 飢餓(기아) 凍餓(동아)
俄	俄	1급 人 총9	기울 **아**, 잠시 **아**, 갑자기 **아**, 러시아 **아** '人+我(아)'로 사람[人]이 한쪽으로 기울어짐[行頃也, 從人我聲 『詩』曰: 仄弁之俄] 詩曰仄弁之俄: 鄭云, 俄, 傾皃. 古頃傾通用. 皆謂仄也. 今詩仄弁作側弁『段注』	俄然(아연) 俄館(아관)
戟	戟	1급 戈 총12	미늘창 **극**, 찌를 **극** '戈+軋'으로 끝이 두 갈래[軋]로 갈라진 창[戈] [古文. 屰. 亾音瑊. 有枝兵也『集韻』雙枝爲戟, 單枝爲戈『增韻』戟, 格也, 傍有枝格也『釋名』-『康熙』] ※一種常用兵器 合戈矛爲一體 頂端有直刃 傍邊有橫刃『字源字典』 (金文)	戟盾(극순) 刺戟(자극) 亡戟得矛(망극득모) 星旗電戟(성기전극)

斤 부

한자	전서	급수/부수/총획	훈음 및 설명	용례
斤	斤	3급 斤 총4	도끼 **근** 나무를 베는 데 쓰는 도끼[斫木斧也 象形] 斫木斧也: 此依小徐本. 凡用斫物者皆曰斧. 斫木之斧, 則謂之斤. 象形. 橫者象斧頭, 直者象柄. 其下象所斫木『段注』 (甲骨文 金文)	斤量(근량) 斤斧(근부) 萬斤(만근) 千斤(천근)
所	所	7급 戶 총8	나무 베는 소리 **소**, 바 **소**, 곳 **소** '斤+戶(호)'로 도끼[斤]로 나무를 찍을 때 나는 소리[伐木聲也 從斤戶聲 詩曰: 伐木所所]	所感(소감) 所見(소견) 所期(소기) 所得(소득) 所望(소망) 所信(소신)
斯	斯	6급 斤 총13	쪼갤 **사**, 이 **사** '斤+其(기)'로 도끼[斤]로 나무 등을 쪼갬[析也 從斤其聲]	挾斯(협사) 俄羅斯(아라사) 舊斯烏旦國(구사오단국)
近	近	6급 辵 총8	가까이 **근**, 가까울 **근**, 근처 **근** '辵+斤(근)'으로 서로 가까이하며[辵] 친하게 지냄[附也 從辵斤聲] 不遠也『玉篇』會言近止『詩·小雅』近取諸身『易·繫辭』又幾也, 言庶幾也『廣韻』庶言近道也『論語·其庶乎註』又迫也『韻會』親也, 近之也『增韻』-『康熙』	近親(근친) 遠近(원근) 近視(근시) 近侍(근시)

字	篆	級/部首/總劃	해설	甲骨文/金文	용례
兵	兵	5급 八 총7	병기 병, 병사 병 '斤+廾'으로 두 손[廾]으로 무기[斤]를 들고 있음[械也. 從廾持斤 幷力之皃] 械也 : 械者器之總名. 器曰兵. 用器之人亦曰兵. 下文云從廾持斤則製字兵與戒同意也『段注』	甲骨文 金文	兵科(병과) 兵器(병기) 兵法(병법) 兵務(병무) 兵書(병서) 兵營(병영)
祈	祈	3급 示 총9	빌 기 '示+斤(근)'으로 천재지변이 있으면 신에게 잘못을 아뢰고 복을 구함[示] [求福也 從示斤聲] 叫也『爾雅·釋言』大祝掌六祈, 以同鬼神示 『周禮·春官』祈, 嘄也, 謂有災變, 號呼告於神, 以求福. 嘄, 音叫『註』又報也, 告也 -『康熙』	甲骨文 金文	祈求(기구) 祈禱(기도) 祈願(기원) 祈祝(기축) 祈雨祭(기우제)
沂	沂	2급 水 총7	물 이름 기 'ㆍ+斤(근)'으로 산서성(山西省)에서 발원하여 사수(泗水)[ㆍ]로 들어가는 강[沂水. 出東海費東 西入泗 從水斤聲] ※浴沂(욕기) : '기수에서 목욕을 함'으로, 세상의 명리(名利)를 잊고 유유자적하는 것을 비유하여 이르는 말.		沂水(기수)
匠	匠	1급 匚 총6	장인 장 '匚+斤'으로 연장[斤]으로 목재를 가공하여 물건[匚]을 만드는 사람[木工也. 從匚從斤 斤 所以作器也]		匠人(장인) 巨匠(거장)
欣	欣	1급 欠 총8	기뻐할 흔 '欠+斤(근)'으로 마음에 즐거움을 느껴 입을 벌리고[欠] 웃음[笑喜也. 從欠斤聲] 笑也 : 言部訢下曰喜也. 義略同. 按萬石君傳. 僮僕訢訢如也. 晉灼云. 訢, 許愼曰古欣字『段注』		欣快(흔쾌) 欣然(흔연)
新	新	6급 斤 총13	새로울 신 '斤+亲(신)'으로 연장[斤]으로 쓸 새 나무[木]를 취함[取木也. 從斤新亲聲 『註』乎, 古文] 取木也 : 取木者, 新之本義. 引申之爲凡始基之偁. 采芑傳曰田一歲曰菑. 二歲曰新田. 其一耑也『段注』/初也『博雅』日新其德『易·大畜』咸與惟新『書·胤征』其新孔嘉『詩·豳風』孟秋, 農乃登穀, 天子嘗新, 先薦寢廟『禮·月令』-『康熙』	甲骨文 金文	新規(신규) 新綠(신록) 新聞(신문) 新鮮(신선) 謹賀新年(근하신년) 溫故知新(온고지신) 法古創新(법고창신)
薪	薪	1급 艸 총17	땔나무 신, 섶나무 신 '艸+新(신)'으로 불 때는 데 쓰는 나무붙이[艸] [蕘也. 從艸新聲]		薪水費(신수비) 臥薪嘗膽(와신상담)
斥	斥	3급 斤 총5	넓힐 척, 물리칠 척, 엿볼 척, 망볼 척 '广+屰(역)'으로 옛집[广]을 새롭게 고쳐 넓힘[卻屋也. 從广屰聲] 卻屋也 : 卻屋者, 謂開拓其屋使廣也『段注』/音尺 同㡿. 逐也, 遠也『正韻』然亦遠斥候, 未嘗遇害『史記·李廣』 索隱曰 : 斥, 度也. 候, 視也, 望也『註』除邊關之益斥『史記』斥, 廣也『註』-『康熙』		斥賣(척매) 斥絶(척절) 斥和(척화) 斥候(척후) 排斥(배척) 退斥(퇴척)
訴	訴	3급 言 총12	하소연할 소 '言+斥(척)'으로 이전(以前)의 억울함을 말함[言] [告也. 從言斥省聲『論語』曰訴子路於季孫] 告也 : 從言庐聲. 桑故切. 五部. 凡從庐之字隸變爲斥. 俗又譌斥『段注』		誣訴(무소) 冤訴(원소) 讒訴(참소) 訴狀(소장)
斬	斬	2급 斤 총11	벨 참 '車+斤'으로 수레[車]에 사람을 매달아 당겨서 몸을 찢는[斤] 형벌[截也. 從車斤 斬法車裂也] 裁也『博雅』斬, 暫也. 暫加兵, 卽斷也『釋文』斬, 殺也『爾雅·釋詁』-『康熙』		斬級(참급) 斬首(참수) 斬新(참신) 斷斬(단참) 腰斬(요참)

VI. 인공물 351

자	전서	급수/부수/총획	뜻풀이	용례
暫	暫	3급 / 日 / 총15	잠시 잠 '日+斬(참)'으로 오래지 않은 짧은 시간[日] [不久也 從日斬聲]. 不久也 : 左傳. 婦人暫而免諸國. 今俗語云霎時間, 卽此字也『段注』	暫間(잠간) 暫留(잠류) 暫時(잠시) 暫定(잠정)
慙	慙	3급 / 心 / 총15	부끄러울 참 '心+斬(참)'으로 일을 잘 못하거나 양심[心]에 거리끼어 볼 낯이 없거나 매우 떳떳하지 못함[媿也 從心斬聲]. 媿也 : 女部曰媿, 慙也. 二篆爲轉注『段注』	慙愧(참괴) 慙死(참사) 慙色(참색) 慙恥(참치)
漸	漸	3급 / 水 / 총14	물 이름 점, 흐를 점, 점차 점, 점점 점 'ᄀ+斬(참)'으로 안휘성(安徽省) 선성현(宣城縣)의 강[水] 이름[漸水 出丹陽黟南蠻中 東入海 從水斬聲]	漸進(점진) 漸次(점차) 漸及(점급) 漸染(점염) 漸漸(점점) 漸漬(점지)
塹	塹	1급 / 土 / 총14	구덩이 참 '土+斬(참)'으로 땅[土]을 파 구덩이를 만듦[阬也 一曰大也 從土斬聲]	塹壕(참호) 坑塹(갱참)

士 부

자	전서	급수/부수/총획	뜻풀이	금문/갑골문	용례
士	士	5급 / 士 / 총3	선비 사 '一+十'으로 시작[一]에서 끝[十]까지 일을 능숙히 잘하는 사람[事也 數始於一 終於十 從一十. 孔子曰 : 推十合一爲士] 事也 : 豳風, 周頌傳凡三見. 大雅武王豈不仕傳亦云. 仕, 事也. 鄭注表記申之曰仕之言事也. 士事疊韻. 引伸之, 凡能事其事者偁士. 白虎通曰士者, 事也. 任事之稱也『段注』	金文	士官(사관) 士氣(사기) 士兵(사병) 士卒(사졸) 士禍(사화)
仕	仕	5급 / 人 / 총5	배울 사, 벼슬할 사 'イ+士'로 나랏일을 맡아 다스리는 자리에 가려는 사람[イ]은 배워 유능한 선비[士]가 되어야 함[學也 從人從士]. 學也 : 訓仕爲入官. 此今義也. 古義宐訓仕. 仕訓學. 故毛詩傳五言士, 事也『段注』	金文	仕官(사관) 仕道(사도) 奉仕(봉사) 出仕(출사)
志	志	4급 / 心 / 총7	뜻 지 '心+之(지)'로 마음[心]이 가는[之] 곳[意也 從心之 之亦聲]	金文	志望(지망) 志士(지사) 志節(지절) 志操(지조) 志學(지학) 志向(지향)
誌	誌	4급 / 言 / 총14	기록할 지 '言+志(지)'로 말한[言] 것을 기록함[記誌也 從言志聲]		誌面(지면) 誌文(지문) 日誌(일지) 雜誌(잡지)
壬	壬	3급 / 士 / 총4	클 임, 아홉째 천간 임 '임신한 사람' 또는 실을 감는 '방적 기구의 모양[位北方也 陰極陽生 故『易』曰 : 龍戰于野 戰者接也 象人裹妊之形 承亥壬以子生之敍也 壬與巫同意 壬承辛, 象人脛 脛, 任體也] ※巫像人兩袖舞 壬像人腹大也 ※甲骨金文의 壬字 形如工 象一工字形의 纏線工具『字源字典』	甲骨文 金文	壬年(임년) 壬方(임방) 壬午(임오) 壬人(임인) 壬子(임자)
任	任	5급 / 人 / 총6	도타울 임, 맡을 임, 맡길 임 'イ+壬(임)'으로 성실하게 맡은 바 책무를 다하는 사람[イ] [保也 從人壬聲]. 保也 : 按上文云保, 養也. 此云任, 保也. 周禮. 五家爲比. 使之相保 注云. 保猶任也. 又孝友睦婣任恤. 注云. 任, 信於友道也『段注』		任官(임관) 任免(임면) 任務(임무) 任用(임용) 任員(임원) 任意(임의)
賃	賃	3급 / 貝 / 총13	품삯 임 '貝+任(임)'으로 사람을 고용하여 일을 시키고 돈[貝] 줌[庸也 從貝任聲]		賃金(임금) 賃貸(임대) 賃借(임차) 勞賃(노임)

해서	전서	급수/부수/총획	훈음 및 자해	용례
妊	妊	2급 / 女 / 총7	아이 밸 **임** '女+壬(임)'으로 여자[女]가 임신하여 배가 커짐[壬] [孕也 從女從壬 壬亦聲]	懷妊(회임) 妊娠(임신) 妊産婦(임산부)
淫	淫	3급 / 水 / 총11	적실 **음**, 음란할 **음**, 간사할 **음** 'ⅰ+壬(음)'으로 물[ⅰ]이 점차 적셔 들어감[浸淫隨理也 從水壬聲 一曰久雨爲淫] 浸淫隨理也 : 浸淫者, 以漸而入也『段注』	淫亂(음란) 淫蕩(음탕) 浸淫(침음)
壽	壽	3급 / 士 / 총14	장수할 **수**, 목숨 **수** '老+𠷻(수)'로 사람이 오래 살아 늙음[老] [久也 從老省𠷻聲 殖酉切] 久也 : 久者, 從後灸之也. 引伸爲長久. 此用長久之義也『段注』 金文	壽命(수명) 壽門(수문) 壽福(수복) 壽宴(수연)
燾	燾	2급 / 火 / 총18	비출 **도**, 덮을 **도** '灬+壽(수)'로 불빛[灬]이 멀리까지 광범위하게 비춤[溥覆照也 從火壽聲]	燾育(도육)
疇	疇	2급 / 田 / 총19	밭두둑 **주**, 누구 **주**, 세습 **주**, 무리 **주** '田+𠃊'로 쟁기질 한 밭[田]의 굽은 도랑 모양[𠃊] [耕治之田也 從田 象耕屈之形, 𠃊, 疇或省] 耕田溝謂畎也.『段注』	疇類(주류) 疇生(주생) 疇昔(주석) 疇日(주일) 疇匹(주필) 沃疇(옥주)
鑄	鑄	2급 / 金 / 총22	부어 만들 **주** '金+壽(수)'로 금속[金]을 녹여 거푸집에 넣어서 기물을 만듦[銷金也 從金壽聲]	鑄造(주조) 鑄物(주물)
濤	濤	1급 / 水 / 총17	큰 물결 **도** '水+壽(도)'로 바다나 강 등에 이는 큰 물결[水] [大波也 從水壽聲]	波濤(파도) 怒濤(노도)
禱	禱	1급 / 示 / 총19	빌 **도** '示+壽(수)'로 신명에게 일을 알리고 복[示]을 구함[告事求福也 從示壽聲 禂, 禱或省. 䰜, 籀文禱]	祈禱(기도) 默禱(묵도)
躊	躊	1급 / 足 / 총21	머뭇거릴 **주** '足+壽(수)'로 갈지 떠날지를 결정하지 못하고 발[足]을 머뭇거림[躊, 躊躇 猶豫也『廣雅』/ 丑音儔『集韻』躊躇也. 詳躇字註『玉篇』或從𧾷作躊『類篇』-『康熙』]	躊躇(주저)
壯	壯	4급 / 士 / 총7	씩씩할 **장** '士+爿(장)'으로 뜻이 크고 씩씩한 선비[士] [大也 從士爿聲] 大也 : 方言曰凡人之大謂之奘. 或謂之壯. 尋說文之例. 當云大士也. 故下云從士『段注』 金文	壯觀(장관) 壯年(장년) 壯途(장도) 壯烈(장렬) 壯士(장사) 壯丁(장정)
莊	莊	3급 / 艸 / 총11	풀 무성할 **장**, 별장 **장**, 꾸밀 **장** '艹+壯(장)'으로 풀[艹]이 무성하게 큼[上諱 奘, 古文莊. 〔注〕臣鉉等曰:此漢明帝名也. 從艹從壯, 未詳. 從艹壯聲:此形聲兼會意字. 壯訓大. 故莊訓艹大. 古書莊壯多通用. 引伸爲凡壯盛精嚴之義『段注』	莊嚴(장엄) 莊園(장원) 莊重(장중) 老莊(노장)
裝	裝	4급 / 衣 / 총13	꾸밀 **장** '衣+壯(장)'으로 겉옷[衣]을 잘 꾸미어 입음[裹也 從衣壯聲] 裹也 : 束其外曰裝 故著絮於衣亦曰裝	裝甲(장갑) 裝備(장비) 裝飾(장식) 裝塡(장전)

❖ 矛 부

해서	전서	급수/부수/총획	훈음 및 자해	용례
矛	矛	3급 / 矛 / 총5	창 **모** 병거(兵車)에 세우는 두목이 쓰는 자루가 긴 창[酋矛也 建於兵車 長二丈 象形] 酋矛也 建於兵車 長二丈 : 見考工記. 記有酋矛, 夷矛. 酋矛常有四尺. 夷矛三尋. 鄭注. 酋夷, 長短. 酋之言遒也. 酋近夷長矣. 按許不言夷矛者, 兵車所不建. 不常用也『段注』 金文	矛戟(모극) 矛盾(모순) 戈矛(과모) 杖矛(장모)

字	篆文	級/部/총획	뜻과 해설	용례
茅	茅	2급 艸 총9	띠 모, 띳집 모 '艸+矛(모)'로 볏과의 다년초 식물[艸] [菅也 從艸 矛聲] 菅也 : 按統言則茅菅是一. 析言則菅與茅殊. 許菅茅互訓. 此從統言也 『段注』	茅蒲(모포) 茅蒐(모수) 茸茅(집모) 茅廠(모창)
務	務	4급 力 총11	힘쓸 무 '力+孜(무)'로 전력[力]을 다하여 일에 힘씀[趣也 從力孜聲] 趣也 : 趣者, 疾走也. 務者, 言其促疾於事也『段注』	務望(무망) 激務(격무) 兼務(겸무) 勤務(근무)
霧	霧	3급 雨 총19	안개 무 '雨+務(무)'로 땅에 발생한 수증기[雨]가 물체를 가리어 덮은 것[地氣發, 天不應, 曰霧. 霧謂之晦『爾雅·釋天』言晦冥『註』霧, 冒也, 氣蒙亂覆冒物也『釋名』本作霚『玉篇』同霿『廣韻』同雺『集韻』-『康熙』]	霧散(무산) 霧消(무소) 霧笛(무적) 濃霧(농무) 雲霧(운무) 陰霧(음무)

干 부

字	篆文	級/部/총획	뜻과 해설	용례
干	干	4급 干 총3	방패 간 적의 창, 칼, 화살 따위를 막는 데 쓰는 끝이 두 갈래로 갈라진 창 모양의 것[犯也 從反入 從一] ※古文字的干字 象一杆頭上分叉的長柄工具 古代用作武器. 類似盾的作用 後專指防禦性武器 成爲盾的代名詞『字源字典』	干戈(간과) 干滿(간만) 干犯(간범) 干城(간성)
刊	刊	3급 刀 총5	새길 간, 책 펴낼 간 '刂+干(간)'으로 칼[刂]로 글자를 새김[剟也 從刀干聲]	刊行(간행) 旣刊(기간) 發刊(발간) 續刊(속간)
肝	肝	3급 肉 총7	간 간 '肉+干(간)'으로 인체의 중요 내장[肉]의 하나인 간[木臟也 從肉干聲] ※金木水火土 → 肺肝腎心脾를 오장(五臟)이라 함.	肝腦(간뇌) 肝膽(간담) 肝要(간요) 肝油(간유)
岸	岸	3급 山 총8	언덕 안 '屵+干(간)'으로 물가에 닿아 있는 높은 산언덕[屵] [水厓洒而高者 從屵干聲]	海岸(해안) 江岸(강안) 對岸(대안) 沿岸(연안)
旱	旱	3급 日 총7	가물 한 '日+干(간)'으로 날[日]이 가물어 비가 오지 않음[不雨也 從日干聲]	旱時太出(한시태출) 旱天慈雨(한천자우) 久旱甘雨(구한감우)
汗	汗	3급 水 총6	땀 한 '氵+干(간)'으로 몸에서 나오는 찝찔한 액체[氵] [身液也 從水干聲]	汗腺(한선) 發汗(발한) 汗蒸(한증) 汗汗(한한)
杆	杆	2급 木 총7	나무 이름 간 '木+干(간)'으로 낙엽교목으로 박달나무, 자작나무[木] 등[木名『韻會』檀木也『玉篇』柘也『類篇』夶音干 僵木也『正韻』-『康熙』]	杆棒(간봉) 槓杆(공간)
悍	悍	1급 心 총10	굳셀 한, 사나울 한, 부릅뜰 한 '心+旱(한)'으로 마음[心]씀이 용감하고 호걸스러움[勇也 從心旱聲] 桀也『倉頡篇』楚性急悍『周禮·春官·大宗伯地産註』性急也. 通作旱『集韻』-『康熙』	悍惡(한악) 慓悍(표한)
奸	奸	1급 女 총6	범할 간 '女+干(간)'으로 여자[女]를 간음하는 죄를 범함[犯婬也 從女從干 干亦聲] 犯婬也 : 此字謂犯姦婬之罪. 非卽姦字也『段注』	奸邪(간사) 奸臣(간신)
竿	竿	1급 竹 총9	장대 간 '竹+干(간)'으로 곧은 대나무[竹] 따위로 만든 긴 막대[竹梃也 從竹干聲] 竹梃也 : 木部曰 梃, 一枚也. 按梃之言挺也. 謂直也『段注』	釣竿(조간) 百尺竿頭(백척간두)

字	篆	급수/부수/총획	설명	예
罕	网	1급 网 총7	그물 한, 드물 한, 기 한 '网+干(간)'으로 '罕, 罓과 동자. 새를 잡는 긴 자루가 달린 조망(鳥網)[网] [罕 : 网也 從网干聲] 罓, 罕本字『正字通』罕, 經典附承. 隷省作罕『五經文字』希寡鮮, 罕也『爾雅·釋詁』罕亦希也『註』又旌旗也『玉篇』-『康熙』	罕見(한견) 稀罕(희한)
年	秊	8급 干 총6	해 년 '禾+千(천)'으로 매년 잘 익은 벼[禾]를 한 번 수확함[穀熟也 禾千聲『春秋傳』曰大有秊] 穀熟也：爾雅曰 夏曰歲. 商曰祀. 周曰年. 唐虞曰載. 年者, 取禾一熟也『段注』 ※갑골, 금문에는 사람이 볏단[禾]을 등에 지고 있는 모습[象一個人背負稻禾的形狀 表示收割稻禾的意思]으로 봄. 甲骨文 金文	年鑑(연감) 年功(연공) 年例(연례) 年輪(연륜) 年齒(연치) 隔年(격년) 閏年(윤년) 昨年(작년)
平	丂	7급 干 총5	평평할 평, 곧을 평 '丂+八'로 말할 때 입김[丂]이 똑바로 퍼져[八] 나감[語平舒也 從丂從八 八 分也] ※물의 평면에 뜬 수초의 모양. 金文	平交(평교) 平均(평균) 平國(평국) 平闊(평란) 平原(평원) 平準(평준)
評	評	4급 言 총12	품평 평, 품평할 평, 바로잡을 평 '言+平(평)'으로 공평하고 이치에 맞게 논평함[言] [平也, 議也『博雅』平量也『廣韻』品論也『增韻』評者, 平理『文心雕龍』評者, 所以繩理也『新論·正賞篇』-『康熙』]	評價(평가) 評論(평론) 評議(평의) 評點(평점) 評定(평정) 評判(평판)
坪	坪	2급 土 총8	들 평, 평평 평 '土+平(평)'으로 굴곡이 없는 평평한[平] 땅[土] [地平也 從土從平 平亦聲]	坪當(평당) 坪數(평수) 建坪(건평) 萬坪(만평)
秤	秤	1급 禾 총10	저울 칭 '禾+平(평)'으로 稱의 속자. 곡식[禾]의 무게를 다는 기계 [諸葛亮曰：我心如秤, 不能爲人低昂『太平御覽』又數名. 斤十謂之衡, 衡有半謂之秤, 秤二謂之鈞『小爾雅』俗稱字『廣韻』-『康熙』]	秤錘(칭추) 天平秤(천평칭)
萍	萍	1급 艸 총12	부평초 평, 개구리밥 평 '水+苹(평)'으로 개구리밥과의 여러해살이 수초(水艸)로 수면[水]에 뜨는 엽상체(葉狀體) 식물[苹也 水艸也 從水苹 苹亦聲]	水萍(수평) 浮萍草(부평초)
幸	夲	6급 干 총8	다행 행 '屰+夭'로 임금의 덕화를 입어 죽음[夭]을 면함 [屰] [吉而免凶也, 從屰從夭 夭 死之事 故死謂之不幸] 本作㚔. 吉而免凶也『說文』願大王以幸天下『前漢·高帝紀』晉灼曰：臣民被其德, 以爲徼倖也. 師古曰：幸者, 可慶倖也. 故福善之事皆稱爲幸『註』-『康熙』 金文	幸冀(행기) 幸福(행복) 幸運(행운) 多幸(다행)

✤ 弓부

字	篆	급수/부수/총획	설명	예
弓	弓	3급 弓 총3	활 궁 옛사람 휘(揮)가 만든 것으로, 가까운 데서 멀리 닿을 수 있는 활[窮也 以近窮遠者 象形 古者揮作弓『周禮』六弓：王弓, 弧弓以射甲革甚質；夾弓, 庾弓以射干侯鳥獸；唐弓, 大弓以授學射者. 凡弓之屬皆從弓] 甲骨文 金文	弓弩(궁노) 弓馬(궁마) 弓師(궁사) 弓術(궁술)
穹	穹	1급 穴 총8	궁할 궁, 막힐 궁, 깊을 궁, 클 궁, 높을 궁, 하늘 궁, 활꼴 궁 '穴+弓(궁)'으로 동굴[穴] 안의 마지막 끝[窮也 從穴弓聲] 窮也：窮者, 極也. 凱風. 穹窒熏鼠. 毛傳曰穹窮, 窒塞也. 穹窮雙聲『段注』	穹蒼(궁창) 穹隆(궁륭)

字	篆文	級/부수/총획	訓音 및 字源	甲骨文/金文	用例
張	張	4급 / 弓 / 총11	당길 장, 늘일 장, 베풀 장 '弓+長(장)'으로 활[弓]시위를 길게 잡아당김[施弓弦也 從弓長聲]		擴張(확장) 緊張(긴장) 伸張(신장) 誇張(과장)
漲	漲	1급 / 水 / 총14	찰 창, 불을 창 '水+張(장)'으로 거대한 물[水]줄기가 강둑을 넘쳐 흐름[音帳. 水大貌『正韻』水漲無船『焦氏·易林』 又溢也. 春日漲雲岑『杜甫詩』 又南海名. 交趾七郡土獻, 皆從漲海出入 『謝承·後漢書』-『康熙』]		漲水(창수) 漲溢(창일)
弘	弘	3급 / 弓 / 총5	활 소리 홍, 넓을 홍, 넓힐 홍 '弓+厶←肱(굉)'으로 활[弓]을 쏠 때 크게 나는 활시위의 진동 소리[弓聲也 從弓厶聲 厶 古文肱字] 弓聲也: 李善曰 弸張, 風吹帷帳之聲也. 是則弓聲之義引申爲他聲. 經傳多叚此篆爲宏大字. 宏者屋深 故爾雅曰宏, 大也 『段注』	甲骨文	弘文(홍문) 弘之(홍보) 弘益(홍익) 弘道(홍도)
泓	泓	2급 / 水 / 총8	깊을 홍 '氵+弘(홍)'으로 밑이 깊고 너른 강물[水] [下深貌 從水弘聲] 下深貌: 下深謂其上似淺陿, 其下深廣也. 楊子. 其中宏深. 其外肅括 『段注』		泓宏(홍굉) 泓涵(홍함) 泓澄(홍징)
弟	弟	8급 / 弓 / 총7	차례 제, 순할 제, 아우 제, 공경 제 창의 칼날 밑 자루를 가죽 끈으로 차례차례 감아 묶음[韋束之次弟也 從古文之象] 弟, 第也, 相次第而上也『釋名』今爲兄弟字『廣韻』男子先生爲兄, 後生爲弟『爾雅·釋親』又與悌通. 弟, 順也, 言順於兄『廣雅』僚友稱其弟也『禮·曲禮』-『康熙』 ※창의 칼날 밑 자루를 끈으로 묶은 모양[象用繩索捆綁戈柄之形『字源字典』]	甲骨文 金文	弟嫂(제수) 弟子(제자) 徒弟(도제) 師弟(사제) 庶弟(서제) 實弟(실제)
第	第	6급 / 竹 / 총11	차례 제 '竹+弟'로 죽간(竹簡)[竹]의 선후[弟] [次也 從竹弟]		第一(제일) 甲第(갑제) 科第(과제) 及第(급제)
悌	悌	1급 / 心 / 총10	공경할 제 '心+弟(제)'로 형제간에 서로 공경[心]하며 잘 지냄[善兄弟也. 從心弟聲 經典通用弟]		仁悌(인제) 孝悌(효제)
梯	梯	1급 / 木 / 총11	사다리 제 '木+弟(제)'로 높은 곳에 디디고 올라갈 수 있도록 나무[木]로 만든 제구[木階也. 從木弟聲]		梯子(제자) 梯形(제형)
涕	涕	1급 / 水 / 총10	눈물 흘릴 체, 울 체 '水+弟(제)'로 감동이나 자극 따위로 눈물[水]이 남[泣也. 從水弟聲]		涕淚(체루) 涕泣(체읍)
弗	弗	3급 / 弓 / 총5	아니 불 'ノ+乀+韋'로 가죽 끈[韋]으로 어그러진 것[ノ+乀]을 묶음. 또는 여러 개의 화살을 끈으로 묶은 모양[撟也. 從ノ從乀, 從韋省. 〔注〕臣鉉等曰: 韋所以束枉戾也〕 撟也: 撟各本作撟. 今正. 撟者, 擧手也. 引申爲高擧之用. 矯者, 揉箭箝也. 引申爲矯拂之用 ※象用繩索加箝捆綁箭杆之形『字源字典』	甲骨文 金文	弗豫(불예) 弗治(불치) 弗貨(불화)
佛	佛	4급 / 人 / 총7	방불할 불, 부처 불, 어길 불 '人+弗(불)'로 실제 사람[人]과 거의 비슷함[古文. 佈仏. 音咈『正韻』見不諟也『說文』又佛亦作彷彿, 髣髴. 仿佛其若夢『揚雄·甘泉賦』 又捩也. 獻鳥者, 佛其首, 畜鳥則勿佛『禮·曲禮』 恐鳥喙害人, 爲小竹籠, 以捩轉其首『註』 又逆也, 戾也. 荒乎淫, 佛乎正. 與拂同『揚子·法言』 又佛佗. 佛者, 覺也. 以覺悟羣生也 -『康熙』		佛家(불가) 佛歌(불가) 佛經(불경) 佛供(불공) 佛滅(불멸) 佛眼(불안)

字	篆	級/部/획	훈음 및 설명	용례
拂	拂	3급 手 총8	털 불, 떨칠 불, 거스를 불 'ㅊ+弗(불)'로 손[ㅊ]으로 세게 침[過擊也 從手弗聲 『注』 徐鍇曰擊而過之也]	拂拭(불식) 拂下(불하) 支拂(지불) 換拂(환불)
費	費	5급 貝 총12	쓸 비, 소비할 비 '貝+弗(불)'로 재화(財貨)[貝]를 써서 없앰[散財用也 從貝弗聲]	所費(소비) 費用(비용)
彿	彿	1급 彳 총8	비슷할 불 '彳+弗(불)'로 본자는 '髴'. 걸어가는[彳] 모습이나 머리털 드리워진 모양이 거의 비슷함[音拂. 彷彿也 『廣韻』 本作髴 『說文』 -『康熙』] 髴: 若似也. 從髟弗聲 『說文』	彿然(불연) 彷彿(방불)
沸	沸	1급 水 총8	물 끓을 비, 용솟음칠 불 '水+弗(불)'로 물[水]이 끓어 넘쳐 솟아오름[滭沸 濫泉 從水弗聲]	沸騰(비등) 沸點(비점) 沸水(불수)
弱	弱	6급 弓 총10	약할 약 활[弓]처럼 굽는 연약한 나무[橈曲]와 깃털[毛氂][彡]의 부드러움[橈也 上象橈曲 彡象毛氂橈弱也 弱物并 故弱 上象橈曲: 謂弓也. 彡象毛氂橈弱也: 曲似弓 故以弓像之. 弱似毛氂. 故以彡像之 『段注』	弱骨(약골) 弱冠(약관) 弱年(약년) 弱勢(약세) 弱點(약점) 怯弱(겁약)
溺	溺	2급 水 총13	강 이름 약, 빠질 닉, 오줌 뇨 '氵+弱(약)'으로 감숙성(甘肅省) 산단현(山丹縣)에 있는 강[氵] 이름[溺水 自張掖刪丹西 至酒泉合黎 餘波入于流沙 從水弱聲 桑欽所說]	溺死(익사) 溺愛(익애) 溺器(요기)
彊	彊	2급 弓 총16	굳셀 강 '弓+畺(강)'으로 활[弓]이 굳세고 강함[弓有力也 從弓畺聲] 弓有力也 : 引申爲凡有力之稱 又叚爲勥迫之勥 『段注』 / 堅也 『玉篇』 彊而義『書·皐陶謨』彊無所屈撓也 『傳』 又健也 『廣韻』 君子以自彊不息『易·乾卦』 -『康熙』	自强·自彊(자강) 自彊[强]不息(자강불식)
疆	疆	2급 田 총19	지경 강 '土+彊(강)'으로 본자는 '畺'. 땅[土]의 경계를 나타냄[畺或從土彊聲. 今則疆行而畺廢矣. 惟周禮有畺 『段注』]	疆土(강토) 萬壽無疆(만수무강)
薑	薑	1급 艸 총17	생강 강 '艸+彊(강)'으로 동자는 '蘁'. 생강과에 속하는 다년초[艸][同蘁 『集韻』 -『康熙』]	生薑(생강) 薑粉(강분)
引	引	4급 弓 총4	끌 인 '弓+丨'으로 활[弓]시위[丨]를 끌어당기는 모습 [開弓也 從弓丨 『注』 臣鉉等曰: 象引弓之形] 甲骨文 金文	引繼(인계) 引導(인도) 索引(색인) 誘引(유인)
蚓	蚓	1급 虫 총10	지렁이 인 '虫+引(인)'으로 동자는 '螾'. 오로지 흙과 물만을 먹고 사는 벌레[虫] [螾或作蚓 『說文』 蚯蚓出 『禮·月令』 充仲子之操, 則蚓而後可者也 『孟子』 蚯蚓, 土精, 無心之蟲, 與阜螽交 『埤雅』 通作螾 『正韻』 亦作蚦 『集韻』 -『康熙』]	蚯蚓(구인) 以蚓投魚(이인투어)
弔	弔	3급 弓 총4	조문할 조, 슬퍼할 조, 불쌍히 여길 조 '人+弓'으로 사람[人]이 활을 가지고 죽은 시체에 모이는 짐승을 몰아내는 것[問終也. 古之葬者, 厚衣之以薪. 從人持弓, 會敺禽] 甲骨文 金文	弔歌(조가) 弔客(조객) 弔辭(조사) 弔喪(조상) 弔書(조서) 弔詩(조시)

字		級/部首/총획	訓音 및 해설	甲骨文/金文	용례
強	强	6급 弓 총12	강할 강 '虫+弘(홍)'으로 쌀 속에 사는 강인한 바구미[虫] [蚚也 從虫弘聲 疆, 籒文強從蚰從彊. 『注』徐鍇曰：弘與強聲不相近, 秦刻石文從口. 疑從籒文省]		強要(강요) 強健(강건) 強硬(강경) 強骨(강골) 強權(강권) 強迫(강박)

矢 부

字		級/部首/총획	訓音 및 해설	甲骨文/金文	용례
矢	朱	3급 矢 총5	화살 시 윗부분은 화살촉, 아래쪽은 살대 및 깃을 나타낸 화살 모양[弓弩矢也. 從入, 象鏑栝羽之形. 古者夷牟初作矢] 弓弩矢也：弓弩所用躲之矢也. 從入. 矢欲其中. 象鏑栝羽之形. 鏑謂丨也. 金部曰：鏑, 矢鏠也. 栝作括者, 誤. 栝謂八也. 木部曰：栝, 矢栝檃弦處, 岐其耑以居弦也. 羽謂一也. 羽部曰：翿, 矢羽是也. 矢羽從而橫之何也, 以識其物耳. 矢之制詳於考工記矢人『段注』	甲骨文/金文	弧矢(호시) 嚆矢(효시) 棘矢(극시) 鼠矢(서시) 枉矢(왕시)
雉	雉	2급 隹 총13	꿩 치 '隹+矢(시)'로 수컷은 장끼, 암컷은 까투리로 불리는 새[隹] [雉, 有十四種 從隹矢聲]	甲骨文	雉湯(치탕) 春雉自鳴(춘치자명)
短	短	6급 矢 총12	짧을 단 '矢+豆(두)'로 곧고 바른 화살[矢]로 사물의 장단(長短)을 잼[有所長短 以矢爲正 從矢豆聲] 有所長短：目矢爲正. 從矢. 按此上當補不長三字乃合. 有所長短, 以矢爲正. 說從矢之意也. 槳字下曰矢者, 其中正也. 正直爲正. 必直直如矢而刻識之. 而後可裁其長短『段注』		短歌(단가) 短期(단기) 短慮(단려) 短文(단문)
矣	矣	3급 矢 총7	어조사 의 '矢+厶←以(이)'로 곧고 바른 화살[矢] [語已詞也 從矢以聲]	金文	汝矣島(여의도)
埃	埃	2급 土 총10	티끌 애 '土+矣(의)'로 바람이 불 때 생기는 모래 같은 흙[土]먼지[塵也. 從土矣聲 凡風起而揚沙皆曰埃]		埃滅(애멸) 塵埃(진애)
知	知	5급 矢 총8	알 지 '矢+口'로 화살[矢]처럼 민첩, 정확히 알아서 입[口]으로 말함[詞也. 從口矢] 詈也：白部曰舓, 識詈也. 從白, 從亏, 從知. 按此舓也之上亦當有識字. 知舓義同. 故舓作知. 從口矢：識敏, 故出於口者疾如矢也『段注』	金文	知覺(지각) 知己(지기) 知能(지능) 知命(지명) 知事(지사) 知新(지신)
智	智	4급 日 총12	지혜 지, 슬기 지 '日←白+亏+知'로 동자는 '暂'. 말한 것을 듣고[亏] 바로 시비를 분별하여[知] 입으로 말함[白] [音置. 同暂. 或作智『正韻』識詞也 從白從亏從知『說文』按經典相承作智. 智, 知也 無所不知也『釋名』是非之心, 智之端也『孟子』知而有所合謂之智『荀子·正名篇』按經典或通用知 – 『康熙』]	金文	智謀(지모) 智慧(지혜) 奸智(간지) 姦智(간지) 機智(기지) 銳智(예지)
矩	矩	1급 矢 총10	곱자 구, 네모 구 '矢+巨(거)'로 네모를 그리는 자[丛音踽. 正方之則也『韻會』常也『爾雅·釋詁』度方有常也『疏』圓曰規, 方曰矩『玉篇』規矩誠設, 不可欺以方圓『禮·經解』矩者, 所以矩方器械, 令不失其形也『前漢·律歷志』 – 『康熙』]	金文	規矩(규구) 矩形(구형)

辛 부

한자		급수	뜻풀이	용례
辛	후	3급 辛 총7	큰 죄 신, 매울 신, 괴로울 신 '一+辛'으로 둥근 끝 모양으로 끝이 매우 뾰족하고 예리한 경면(黥面)의 형구(刑具)[金文 辛象一把形似圓鑿而末尾尖銳的刀具之形 是一種用來黥面的刑具『字源字典』 秋時萬物成而孰 ; 金剛, 味辛, 辛痛卽泣出. 從一從辛. 辛, 辠也. 辛承庚, 象人股『說文』	辛苦(신고) 辛辣(신랄) 辛味(신미) 辛方(신방) 辛酸(신산) 艱難辛苦(간난신고)
辯	辯	4급 辛 총21	말 잘할 변 '辡+言'으로 사건의 진위(眞僞)를 따져[辡] 말[言]을 잘함[治也 從言在辡之間]	詭辯(궤변) 辯論(변론) 辯士(변사) 辯舌(변설) 辯解(변해) 辯護(변호)
辨	辨	3급 辛 총16	분별할 변 '刂+辡(변)'으로 칼[刂]로 물체를 가르듯 시비(是非)를 분별함[判也 從刀辡聲]	辨理(변리) 辨明(변명) 辨駁(변박) 辨別(변별)
辦	辦	1급 辛 총16	힘쓸 판, 처리할 판, 처벌할 판, 갖출 판 '力+辡(변)'으로 한 일에 진력[力]하여 최선을 다함[致力也 從力辡聲] 具也『集韻』項梁常爲主辦『史記·項羽紀』多多益辦『前漢·韓信傳』-『康熙』	買辦(매판) 辦公費(판공비)

고사성어 이야기

[菽麥不辨 숙맥불변]

'콩인지 보리인지 분별하지 못한다'는 뜻으로, 매우 어리석은 사람의 비유. ≪좌전(左傳)≫에 다음과 같은 이야기가 있다.

춘추시대 진(晉)나라 도공(悼公)에게 형이 있었는데 우둔하여 콩과 보리도 구별하지 못하여 아무 일도 맡길 수 없었다(周子有兄而無慧 不能辨菽麥 故不可立). 이 때문에 관직도 없이 지낼 수밖에 없었으므로, 사람들은 그를 두고 콩과 보리도 구별 못한다[菽麥不辨]고 표현했다.
어리석고 못난 사람, 어리석어 어떤 일도 할 수 없는 사람이란 의미이다. 우리말 속담에 '낫 놓고 기역자도 모른다'와 그 의미가 통한다.

[知音 지음]

'소리를 안다'는 말로, 자기를 알아주는 지기지우(知己之友)와 같은 뜻. ≪열자(列子)≫ 탕문편에 나온다.

백아(伯牙)와 종자기(鍾子期)의 고사에서 나온 말로 백아가 거문고를 타면 종자기는 타는 소리의 뜻을 잘 알았다. 서로가 속마음까지 알 수 있을 정도로 마음이 통했던 것이다. 종자기가 죽자 백아는 거문고를 평생 타지 않았다. 세상에 다시 자기의 거문고 소리를 들려줄 만한 사람이 없기 때문이라고 하였다. 여기서 백아절현(伯牙絶絃)이란 성어(成語)도 나왔다.

Ⅵ 인공물

이동 수단

車 舟 方

車	轟	軍	輿	軒	輝	輦	輪	輯	載	舟	船
陣		運					倫	揖	裁		沿
庫		揮					論	茸	栽		鉛
連		渾					崙		戴		
蓮		暈					綸		鐵		
範							淪		哉		
漣									截		

般	方	旌	旗	旋	旁	族	旅	施	於
盤	防			璇	傍	簇	遊		閼
搬	妨				榜	嗾	游		瘀
槃	訪				膀				
	芳				謗				
	紡								
	昉								
	彷								
	肪								
	枋								
	坊								

車 부

漢字	級/部首/劃	訓音 및 解說	用例
車 (車)	7급 / 車 / 총7	수레 거/차 수레의 교자와 굴대, 두 바퀴를 그린 것[輿輪之總名也 夏后時奚仲所造 象形] 甲骨文	車馬(거마) 車庫(차고) 車道(차도) 車輛(차량) 車線(차선) 駐車(주차)
陣 (陣)	4급 / 阜 / 총10	진 진, 진칠 진 '阜+車'로 군사들의 대오(隊伍)를 배치한 것[車], 또는 그 대오가 있는 곳[阜] [旅也『玉篇』列也『廣韻』信乃使萬人先行出, 背水陣『史記·淮陰侯傳』又本作陳『玉篇』-『康熙』]	陣頭(진두) 陣營(진영) 陣中(진중) 陣痛(진통)
庫 (庫)	4급 / 广 / 총10	곳집 고 '广+車'로 병거(兵車)[車]를 넣어 두는 높다랗게 지은 집[广] [兵車臧也 從車在广下] 金文	庫房(고방) 庫子(고자) 國庫(국고) 金庫(금고) 文庫(문고) 寶庫(보고)
連 (連)	4급 / 辵 / 총11	잇닿을 련, 이을 련 '辶+車'로 각기 끌고 가는[辶] 수레[車]가 연이어짐[負車也 從辵車 會意] 負車也 : 負車, 各本作爲連. 今正. 連卽古文輦也. 負連也 : 兩人輓者爲輦 一人輓者爲連『段注』	連結(연결) 連帶(연대) 連絡(연락) 連累(연루) 連想(연상) 連署(연서)
蓮 (蓮)	3급 / 艸 / 총15	연 련, 연밥 련 '艸+連(련)'으로 늪에서 자라는 넓고 둥근 잎을 가진 연꽃[艸]의 열매[芙蕖之實也 從艸連聲]	蓮根(연근) 蓮塘(연당) 蓮房(연방) 蓮步(연보)
範 (範)	4급 / 竹 / 총15	법 범 '車+范(범)'으로 전쟁이나 먼 길을 떠날 때 수레[車]가 출발하기 전에 도로의 신에게 제사를 올림[範軷也 從車笵省聲] ※較 : 出將有事於道 必先告其神 立壇四通 封茅以依神爲軷. 旣祭犯軷 轢於牲而行爲範軷『說文』 ※제사를 지낸 후 전차(前車)를 후차가 미행(尾行)함을 관습, 준칙, 법칙으로 삼음.	範例(범례) 範圍(범위) 範疇(범주) 廣範(광범) 敎範(교범) 規範(규범) 模範(모범) 師範(사범)
漣 (漣)	2급 / 水 / 총14	잔물결 련, 물결 일 련 '氵+連(련)'으로 잔물결을 일으키며 물[水]이 흘러 내려감[瀾或從連. 古瀾連同音. 故瀾漣同字. 後人乃別爲異字異義異音『段注』] 攱音連. 風行水上成文曰漣『正韻』河水淸且漣猗『詩·魏風』又垂涕貌. 泣涕漣漣『詩·衛風』又水名. 漣水, 出邵陵縣界『水經注』-『康熙』	細漣(세련) 漣波(연파) 漣川郡(연천군)
轟 (轟)	1급 / 車 / 총21	울릴 굉, 시끄러울 굉 '車+車+車'에서 수레[車] 소리가 매우 요란함[羣車聲也 從三車]	轟轟(굉굉) 轟音(굉음)
軍 (軍)	8급 / 車 / 총9	군사 군, 진칠 군 '冖←包+車'로 병거(兵車)[車] 4천 인(人)을 내는 군대가 생활하는 곳[包] [圜圍也 四千人爲軍 從包省從車 車 兵車也] ※금문에 '冖+車'로 수레[車]를 놓고 막사[冖] 안에서 생활함. 金文	軍犬(군견) 軍國(군국) 軍紀(군기) 軍氣(군기) 軍旗(군기) 軍機(군기)
運 (運)	6급 / 辵 / 총13	운반할 운, 운전할 운, 돌 운, 길 운 '辶+軍(군)'으로 수레에 짐을 실어 옮김[辶] [迻徙也 從辵軍聲] 迻徙也 : 釋詁. 遷運徙也	運動(운동) 運命(운명) 運搬(운반) 運算(운산)
揮 (揮)	4급 / 手 / 총12	날아오를 휘, 움직일 휘, 지휘할 휘, 휘두를 휘 '扌+軍(군)'으로 훨훨 날도록 손[扌]을 움직여 도와줌[奮也 從手軍聲] 奮也 : 按奮部奮下曰翬也. 翬下曰 大飛也. 此云奮也. 揮與翬義略同『段注』	揮淚(휘루) 揮毫(휘호) 發揮(발휘) 指揮(지휘)

한자	전서	급수/부수/총획	훈음 및 자원	용례
渾	㴍	1급 水 총12	섞일 혼, 물소리 혼, 물 많이 흐르는 모양 혼, 흐릴 혼, 클 혼, 둥글 혼, 모두 혼 '水+軍(군)'으로 여러 곳에서 흐르는 물[水]이 섞여 소리를 내며 아래로 세차게 흘러감[混流聲也 從水軍聲 一曰洿下皃] 溷流聲也 : 溷作混者誤. 溷, 亂也. 酈善長謂二水合流爲渾濤. 今人謂水濁爲渾『段注』	渾身(혼신) 渾沌(혼돈) 雄渾(웅혼) 渾濁(혼탁) 渾天儀(혼천의)
暈	暈	1급 日 총13	무리 훈 '日+軍(군)'으로 햇빛이 대기 속의 수증기에 비치어 해[日]의 둘레에 둥그렇게 나타나는 빛깔 있는 테두리[日月气也 從日軍聲] 炗也 : 按光也二字當作日光氣也四字. 篆體暉當作暈. 周禮暈作煇. 古文叚借字『段注』	暈光(훈광) 暈輪(훈륜) 赤暈(적훈) 暈圍(운위)
輿	輿	3급 車 총17	수레 여, 가마 여, 멜 여, 들 여, 많을 여 '車+舁(여)'로 사람이 타는 가마[車]를 네 사람이 힘을 모아서 드는 것[車輿也 從車舁聲] ※象四只手共持一副坐轎形『字源字典』	輿論(여론) 輿望(여망) 輿地(여지) 肩輿(견여) 藍輿(남여) 乘輿(승여)
軒	軒	3급 車 총10	수레 헌, 높을 헌, 오를 헌, 훨훨 나는 모양 헌, 껄껄 웃는 모양 헌, 춤추는 모양 헌, 추녀 헌, 집 헌 '車+干(간)'으로 사람이 타는 작은 수레[車][曲輈藩車也 從車干聲] 曲輈藩車也 : 謂曲輈而有藩蔽之車也. 曲輈者, 戴先生曰小車謂之輈. 大車謂之轅. 人所乘欲其安. 故小車暢轂梁輈. 大車任載而已. 故短轂直轅. 艸部曰藩者, 屛也『段注』	軒頭(헌두) 軒燈(헌등) 軒昂(헌앙) 軒檻(헌함)
輝	輝	3급 車 총15	빛날 휘 '光+軍(군)'으로 煇와 동자. 어둠을 밝히는 찬란한 빛[光] [光也. 火之光也『集韻』作煇『說文』-『康熙』]	輝煌(휘황) 光輝(광휘) 發輝(발휘)
輦	輦	1급 車 총15	사람이 끄는 수레 련, 손수레 련 '車+㚘'으로 두 사람이 짝[㚘]하여 수레[車]를 앞에서 끄는 것[輓車也 從車 從㚘在車前引之] 輓車也 : 謂人輓以行之車也. 小司徒輂輦注曰輦, 人輓行. 所以載任器也『段注』	輦輿(연여) 輦下(연하)
輪	輪	4급 車 총15	바퀴 륜, 수레 륜 '車+侖(륜)'으로 수레[車]에 바퀴살이 있음[有輻曰輪 無輻曰輇 從車侖聲]	輪讀(윤독) 輪舞(윤무) 輪番(윤번) 輪作(윤작)
倫	倫	3급 人 총10	무리 륜, 인륜 륜, 떳떳할 륜, 차례 륜, 비등할 륜 '亻+侖(륜)'으로 사람[亻]을 태운 수레가 죽 1열로 줄지어 있음[輩也 從人侖聲 一曰道也] 輩也 : 軍發車百兩爲輩. 引伸之同類之次曰輩. 鄭注曲禮, 樂記曰倫猶類也. 注旣夕曰比也, 注中庸曰猶比也『段注』	倫紀(윤기) 倫理(윤리) 倫匹(윤필) 絶倫(절륜) 天倫(천륜) 不倫(불륜)
論	論	4급 言 총15	말할 론 '言+侖(륜)'으로 말[言]을 하여 문제를 적절히 해결함[議也 從言侖聲] 議也 : 論以侖會意. 亼部曰侖. 思也. 侖部曰侖, 理也. 此非兩義. 思如玉部䚡理, 自外可以知中之䚡『段注』	論客(논객) 論據(논거) 論功(논공) 論駁(논박) 論議(논의) 論評(논평)
崙	崙	2급 山 총11	산 이름 륜 '山+侖(륜)'으로 중국 서장(西藏)에 있는 미옥(美玉)을 많이 산출한 산[山] [崑崙也 從山侖聲]	崑崙(곤륜)
綸	綸	1급 糸 총14	인끈 륜, 통괄할 륜, 다스릴 륜, 낚싯줄 륜 '糸+侖(륜)'으로 청사(青絲)로 꼰 인수(印綬)[青絲綬也 從糸侖聲] 糾青絲綬也 : 各本無糾字. 今依西都賦李注, 急就篇顔注補. 糾, 三合繩也. 糾青絲成綬, 是爲綸. 郭璞賦云, 青綸競糾. 正用此語. 緇衣注曰綸, 今有秩, 嗇夫所佩也. 釋艸, 綸似綸『段注』 ※印綬 : 병권을 가진 벼슬아치가 병부(兵符) 주머니를 매어 차던, 길고 넓적한 녹비 끈.	釣綸(조륜) 經綸(경륜) 綸命(윤명) 綸言(윤언)

字	篆	級/部/劃	訓音 및 해설	用例
淪	淪	1급 水 총11	잔물결 **륜** '水+侖(륜)'으로 물[水]에 바람이 불 때 생기는 주름살처럼 생긴 작은 파도[小波爲淪 從水侖聲『詩』曰:河水淸且淪漪. 一曰 沒也]	淪落(윤락) 沈淪(침륜)
輯	輯	2급 車 총16	모일 **집**, 화목할 **집** '車+咠(집)'으로 사람이 타는 가마나 수레[車] [車輿也. 從車咠聲] 車輿也：各本作車和輯也. 大誤. 今正. 自輳篆以上皆車名. 自輿篆至軜篆皆車上事件. 其閒不得有車和之訓. 許書列字次弟有倫. 可攷而知也. 叚令訓爲車和『段注』	編輯(편집) 輯要(집요) 蒐輯(수집) 特輯(특집)
揖	揖	1급 手 총12	읍 **읍** '手+咠(집)'으로 물러날 때 상대방에게 공경의 뜻을 나타내는 예의 한 가지로, 손[手]을 가슴에 대고 얼굴을 앞으로 들고 허리를 공손히 구부렸다 펴면서 내리는 인사[攘也 從手咠聲 一曰手箸胸曰揖]	揖禮(읍례) 揖讓(읍양) 答揖(답읍) 環揖(환읍)
葺	葺	1급 艸 총13	지붕 일 **즙**, 덮을 **즙**, 수리할 **즙**, 겹칠 **즙** '艸+咠(집)'으로 볏짚[艸] 따위로 지붕을 임[茨也. 從艸咠聲] 修補也『玉篇』覆也『博雅』苫也『通俗文』繕完葺牆『左傳·襄三十一年』謂草覆牆也『註』-『康熙』	葺繕(즙선) 葺茅(즙모)
載	載	3급 車 총13	실을 **재** '車+戈(재)'로 수레[車]를 타거나 짐을 실음[乘也 從車戈聲] 桼也：乘者, 覆也. 上覆之則下載之, 故其義相成. 引申之謂所載之物曰載, 如詩載輪爾載『段注』	揭載(게재) 滿載(만재) 積載(적재)
裁	裁	3급 衣 총12	마름질할 **재**, 지을 **재** '衣+戈←戈(재)'로 천을 가위질하여 옷[衣]을 지음[裁衣也 從衣戈聲]	裁可(재가) 裁決(재결) 裁斷(재단) 裁量(재량)
栽	栽	3급 木 총10	담틀 **재**, 심을 **재** '木+戈(재)'로 '초목[木]을 심는 것' 또는 '나무[木]를 잘라 만든 토담틀'[築牆長版也. 從木戈聲] 築牆長版也：古築牆, 先引繩營其廣輪方制之正『段注』 / 作栽, 草木之殖曰栽 『說文』栽者培之『中庸』又穉曰栽, 長曰樹, 種也『廣韻』-『康熙』	栽培(재배) 栽植(재식) 培栽(배재) 植栽(식재)
戴	戴	2급 戈 총18	덤 받을 **대**, 머리에 일 **대**, 느낄 **대**, 탄식할 **대** '異+戈(재)'로 달리[異] 거저로 조금 더 얹어 주는 일. 또는 그런 물건[分物得增益曰戴 一曰首戴也 從異戈聲]	推戴(추대) 戴冠式(대관식) 男負女戴(남부여대)
鐵	鐵	5급 金 총21	쇠 **철** '金+戴(철)'로 금속 원소의 하나로 검은색의 금속[金] [黑金也. 從金戴聲 鐵, 鐵或省. 銕, 古文鐵, 從夷]	鐵甲(철갑) 鐵骨(철골) 鐵拳(철권) 鐵器(철기)
哉	哉	3급 口 총9	어조사 **재**, 시작할 **재** '口+戈(재)'로 실질적인 뜻은 없고, 다만 글자와 글자[言] 사이의 보조 역할로만 씀[言之閒也 從口戈聲]	快哉(쾌재) 痛哉(통재) 哉生魄(재생백)
截	截	1급 戈 총14	끊을 **절**, 말 잘할 **절** '戈+雀(작)'으로 동자는 '戠. 도구[戈]로 물건을 끊음[形聲 從戈雀聲本義：斷絶, 切斷 -『漢典』] 與攔同『正韻』斷也『說文』-『康熙』	截斷(절단) 截長補短(절장보단)

舟 부

舟	月	3급 / 舟 / 총6	배 주 공고와 화적이 나무를 깎아 배를 만들고, 나무를 꺾어 노를 만들어 강을 건넜으니 통하지 않는 곳이 없었음[船也 古者 共鼓 貨狄 剡木爲舟 剡木爲楫 以濟不通 象形 共鼓貨狄黃帝堯舜間人『段注』] 甲骨文 金文	舟車(주거) 舟軍(주군) 刻舟(각주) 孤舟(고주)
船	舩	5급 / 舟 / 총11	배 선 '舟+㕣(연)'으로 큰 나무를 연결한 자연의 배[舟]를 '유(兪)', 인공으로 만든 배를 '선(船)'이라 함[舟也 從舟㕣聲] 舟也：二篆爲轉注. 古言舟, 今言船. 如古言履, 今言鞋. 舟之言周旋也『段注』 金文	船歌(선가) 船價(선가) 船頭(선두) 船舶(선박) 船腹(선복) 船室(선실)
沿	沿	3급 / 水 / 총8	따를 연 '氵+㕣(연)'으로 물길[水]을 따라 아래로 흘러 내려감[緣水而下也 從水㕣聲]	沿道(연도) 沿邊(연변) 沿海(연해) 沿革(연혁)
鉛	鉛	4급 / 金 / 총13	납 연 '金+㕣(연)'으로 푸른빛이 도는 금붙이[金]라는 뜻으로, '납'을 달리 이르는 말[靑金也 從水㕣聲]	鉛管(연관) 鉛筆(연필) 亞鉛(아연) 鉛版(연판)
般	般	3급 / 舟 / 총10	돌 반, 옮길 반, 즐길 반, 일반 반 '舟+殳'로 물러나 배[舟]를 운전하여 돌림[殳] [辟也 象舟之旋 從舟從殳 殳 所以旋也] 辟也：人部僻下曰辟也. 此辟字義同. 投壺曰賓再拜受. 主人般旋曰辟. 主人阼階上拜送. 賓般旋曰辟. 論語包氏注. 足躩如. 盤辟皃也. 盤當作般. 般辟, 漢人語. 謂退縮旋轉之貌也 - 『段注』 甲骨文 金文	般樂(반락) 般般(반반) 般師(반사) 般若(반야) 般若湯(반야탕)
盤	盤	3급 / 皿 / 총15	쟁반 반, 대야 반, 즐길 반, 돌 반 '皿←木+般(반)'으로 '槃과 동자. 물건을 담는 둥글납작한 나무[木]로 만든 그릇[承槃也 從木般聲] 盛物器. 或木, 或錫銅爲之『正字通』又浴器亦曰盤. 沐以瓦盤『禮·喪大記』湯之盤銘『大學』沐浴之盤也『註』- 『康熙』 金文	盤松(반송) 基盤(기반) 旋盤(선반) 小盤(소반) 盤石(반석)
搬	搬	2급 / 手 / 총13	옮길 반 '扌+般(반)'으로 '搫과 동자. 손[扌]으로 잡고 굴려서 운반함[搫攫 不正也 從手般聲] 不正也：廣韻. 搫撥, 宛轉也『段注』	搬出(반출) 運搬(운반)
槃	槃	1급 / 木 / 총14	쟁반 반, 머뭇거릴 반, 즐길 반 '木+般(반)'으로 동자는 '盤. 나무[木]로 만든 운두가 낮고 둥글납작한 그릇[承槃也 從木般聲]	小槃·小盤(소반) 涅槃(열반)

方 부

方	方	7급 / 方 / 총4	배 나란히 세울 방, 널조각 방, 모 방, 방위 방 두 개의 배 머리를 하나로 묶은 배 모양[倂船也 象兩舟省緫頭形 倂船者, 並兩船爲一. 釋水曰大夫方舟. 謂倂兩船也『段注』 甲骨文 金文	方今(방금) 方法(방법) 方案(방안) 方舟(방주) 方針(방침) 方向(방향)
防	防	4급 / 阜 / 총7	둑 방, 막을 방 '阝+方(방)'으로 홍수의 예방이나 저수(貯水)를 목적으로 둘레를 돌이나 흙 따위로 높이 쌓아 막은 언덕[阜] [隄也 從阜方聲]	防共(방공) 防壁(방벽) 防犯(방범) 防毒(방독) 防腐(방부) 防備(방비)

한자	전서	급수/부수/총획	뜻풀이	용례
妨	妨	4급 女 총7	해로울 방 '女+方(방)'으로 여자[女]로 인해 남자가 해로움을 당함[害也 從女方聲 一日礙也] 害者 傷也『段注』	妨害(방해) 無妨(무방) 妨害物(방해물)
訪	訪	4급 言 총11	물을 방, 찾을 방, 방문할 방 '言+方(방)'으로 널리 여러 방안을 찾아 물음[言] [汎謀曰訪 從言方聲] 汎謀曰訪 : 方與旁古通用. 溥也. 洪範. 王訪于箕子. 晉語. 文王諏於蔡原而訪於辛尹『段注』	訪問(방문) 來訪(내방) 尋訪(심방) 歷訪(역방)
芳	芳	3급 艸 총8	꽃다울 방 '艸+方(방)'으로 향초[艸]가 꽃을 피워 향기로움을 발산함[香艸也 從艸方聲] 雜杜蘅與芳芷『屈原·離騷』杜蘅, 芳芷, 皆香草名『註』又芬芳, 香氣貌『玉篇』又芳與澤其雜糅兮『屈原·離騷』芳, 德之臭也『註』-『康熙』	芳卉(방훼) 芳藿(방곡) 芳衾(방금) 芳薇(방미) 芳袖(방수)
紡	紡	2급 糸 총10	지을 방, 실 방 '糸+方(방)'으로 뽑은 실[糸]로 베를 짦[紡絲也 從糸方聲] 紡絲也 : 晉語. 執而紡於廷之槐. 亦謂以紡縷繩縛之也. 鄭曰紡, 紡絲爲之. 今之縛也『段注』	紡織(방직) 混紡(혼방)
昉	昉	1급 日 총8	밝을 방, 비로소 방, 마침 방 '日+方(방)'으로 어두운 곳에 햇살[日]이 비쳐 비로소 밝아짐[明也 從日方聲] 適也『玉篇』 始滅昉於此乎『公羊傳·隱二年』昉, 適也, 齊人語『註』-『康熙』	神昉(신방 : 신라 중엽의 승려. 불경을 번역함)
彷	彷	1급 彳 총7	거닐 방, 배회할 방, 비슷할 방 '彳+方(방)'으로 아무 목적도 없이 어떤 곳을 중심으로 어슬렁거리며 이리저리 돌아다님[彳] [彷徨也『玉篇』彷徉乎無爲其側『莊子·逍遙遊』又蟲名. 野有彷徨『莊子·達生篇』彷徨, 狀如蛇, 兩頭, 五采文『音義』-『康熙』]	彷徨(방황) 彷佛(방불)
肪	肪	1급 肉 총8	살찔 방, 기름 방 '肉+方(방)'으로 살[肉]이 쪄서 기름지고 퉁퉁함[肥也 從肉方聲]	脂肪(지방) 脂肪分(지방분)
枋	枋	1급 木 총8	나무 이름 방, 다목 방, 자루 병(=柄) '木+方(방)'으로 나무의 질이 단단하여 수레를 만드는 데 좋은 재료로 쓰이는 나무[木] [木可作車 從木方聲]	中枋(중방)
坊	坊	1급 土 총7	동네 방 '土+方(방)'으로 사람 살기에 좋은 땅[土]에 읍이나 마을이 형성됨[邑里之名 從土方聲 古通用堕]	坊內(방내) 坊坊曲曲(방방곡곡)
旌	旌	2급 方 총11	기 정, 나타낼 정 '㫃+生(생)'으로 천자가 병사들을 고무시킬 때 쓰는 기[㫃] [遊車載旌 析羽注旌首也 所以精進士卒也 從㫃生聲] ※旌旗(정기) : 새털로 장식한 기. 왕명을 받은 신하에게 신임의 표시로 주던 기.	旌旗(정기) 旌門(정문)
旗	旗	7급 方 총14	기 기 '㫃+其(기)'로 장수가 사용하는 곰 그림을 넣은 깃발[㫃] [熊旗五游 以象伐星 士卒以爲期 從㫃其聲『周禮』曰 : 率都建旗] ※호랑이나 곰의 그림을 그려 넣어 용맹무적(勇猛無敵)함을 상징함. 金文	旗幟(기치) 旗幅(기폭) 旗艦(기함) 校旗(교기) 國旗(국기) 社旗(사기) 旌旗(정기) 弔旗(조기)
旋	旋	3급 方 총11	돌 선, 돌아올 선, 돌릴 선 '㫃+疋'로 깃발[㫃]을 따라 병사들이 행진[疋]함[甲骨文 金文的旋字 象旗下有趾之形 表示用旗幟引領衆人行進之意『字源字典』] 周旋 旌旗之指麾也. 從㫃從疋. 疋, 足也. [注] 徐鍇曰 : 人足隨旌旗以周旋也『說文』 甲骨文	旋盤(선반) 旋師(선사) 旋律(선율) 旋風(선풍) 旋回(선회) 凱旋(개선)

한자	전서	급수/부수/총획	훈음 및 설명	용례
璇	瓊	2급 玉 총15	아름다운 옥 선 '玉+旋(선)'으로 '璿'과 동자. 사람들이 모두 탐내는 아름다운 옥(玉)[璿, 美玉也 從玉睿聲]	
旁	寓	2급 方 총10	두루 방, 널리 방 '二+方(방)'으로 '雱'과 동자. 비가 두루 널리 쏟아져 내림[溥也 從二 闕 方聲. 㫄, 古文旁. 㫄, 亦古文旁. 雱 篆文] 甲骨文 金文	旁求(방구) 神通旁通(신통방통)
傍	儶	3급 人 총12	곁 방 '亻+旁(방)'에서 서로 거리상으로 가까이에 있는 사람[亻][近也 從人旁聲] 從人旁聲 此擧形聲包會意也. 韻會無聲『段注』	傍系(방계) 傍觀(방관) 傍人(방인) 傍點(방점)
榜	榜	1급 木 총14	도지개 방, 패 방, 방목 방 '木+旁(방)'으로 트집나거나 뒤틀린 활을 바로잡는 나무[木]로 만든 기구[所以輔弓弩 從木旁聲]	榜文(방문) 落榜(낙방)
膀	膀	1급 肉 총14	옆구리 방, 오줌통 방, 부풀 방 '肉+旁(방)'으로 가슴과 등[肉] 사이의 갈빗대가 있는 부분[脅也 從肉旁聲 膀, 膀或從骨]	膀胱(방광) 膀胱炎(방광염)
謗	譮	1급 言 총17	헐뜯을 방, 비방할 방 '言+旁(방)'으로 남의 흠을 잡아 비방하여 말함[言][毁也 從言旁聲]	誹謗(비방) 毁謗(훼방)
族	桥	6급 方 총11	화살 족, 겨레 족 '㫃+矢'로 깃발[㫃] 아래에 놓인 한 묶음의 화살[矢][矢鋒也 束之族族也 從㫃從矢] 矢鏠也: 今字用鏃. 古字用族. 金部曰鏃者, 利也. 則不以爲矢族字矣. 束之族族也. 族族, 聚貌. 毛傳云. 五十矢爲束. 引伸爲凡族類之偁『段注』 ※甲骨文, 金文的族字 從矢在旗下 樹旗所以聚衆 箭矢則代表武器『字源字典』 甲骨文 金文	族譜(족보) 族屬(족속) 族姪(족질) 族親(족친) 家族(가족) 貴族(귀족)
簇	蔟	1급 竹 총17	조릿대 족, 모일 족 '竹+族(족)'으로 볏과의 작은 대나무[竹][音鏃. 小竹『集韻』簇者, 湊也, 言萬物始大湊地而出之也『白虎通』又矢金也『玉篇』-『康熙』]	簇生(족생) 簇出(족출)
嗾	嗾	1급 口 총14	개 부리는 소리 수, 부추길 주/수/촉 '口+族(족)'으로 개를 시켜 남을 물게 하는 소리[口][使犬聲 從口族聲『春秋傳』曰: 公嗾夫獒] 使犬聲: 見左傳宣二年. 使犬者, 作之噬也. 方言曰秦晉之西鄙自冀隴而西使犬曰哨. 郭音騷. 哨與嗾一聲之轉. 公羊疏云. 今呼犬謂之屬『段注』	嗾囑(주촉) 使嗾(사주) 受嗾(수주) 指嗾(지주)
旅	㫃	5급 方 총10	군사 려, 나그네 려, 무리 려 '㫃+從'으로 깃발[㫃] 아래 다 함께[從] 모인 군사들[軍之五百人爲旅 從㫃從從 從 俱也] 軍之五百人. 大司徒. 五人爲伍. 五伍爲兩. 四兩爲卒. 五卒爲旅. 五旅爲師. 五師爲軍. 以起軍旅『段注』 甲骨文 金文	旅客(여객) 旅館(여관) 旅券(여권) 旅團(여단)
遊	遊	4급 辵 총13	일 없이 세월을 보낼 유, 놀 유, 즐겁게 지낼 유 '辶+斿'로 일이 없이 한가히 깃발[斿]을 들고 돌아다님[辶][甲骨文和金文的遊者 象一人手持大旗在行走 大旗上方旗幅飄揚的樣子『字源字典』] 遨遊也『玉篇』息焉遊焉『禮·學記』遊, 謂無事閒暇總在于學也『註』又友也, 交遊也. 交遊稱其信也『禮·曲禮』-『康熙』 金文	遊擊(유격) 遊覽(유람) 遊離(유리) 遊牧(유목) 遊說(유세) 遊興(유흥)
游	㳺	1급 水 총12	깃발 유, 흐를 유, 놀 유, 헤엄칠 유, 별장 유 '㫃+汓(수)'로 물 흐르듯 나부끼는 깃발[㫃][旌旗之流也 從㫃汓聲] 旌旗之流也 流宋刊本皆同. 集韻, 類篇乃作旒. 俗字耳. 旗之游如水之流. 故得偁流也『段注』	游泳(유영) 回游(회유)

施 旆	4급 方 총9	기 나부낄 시, 베풀 시	'扩+也(야)'로 깃발[扩]이 바람에 펄럭이는 모양[旗旗施也 從扩也聲] 旗旗施也 : 大人賦說旌旗曰 又旗旒以招搖. 施字俗改爲旎. 從尼聲『段注』	施賞(시상) 施設(시설) 施政(시정) 施主(시주)
於 	3급 方 총8	어조사 어, 탄식할 오	까마귀[烏]를 뜻하는 '烏'의 생략형[象古文烏省] 象古文烏省 : 此卽今之於字也. 象古文烏而省之. 亦革省爲革之類『段注』	於是乎(어시호) 甚至於(심지어) 於乎(오호)
閼 閼	2급 門 총16	막을 알, 한가할 어, 흉노 왕비 연	'門+於(어)'로 문[門]을 닫아 가로막음[遮也 從門於聲]	閼塞(알색) 閼英(알영)
瘀 瘀	1급 疒 총13	어혈 어, 병 어	'疒+於(어)'에서 타박상 등으로 혈액순환이 잘 되지 않아 살 속에 멍이 들어 피가 맺혀 있는 병[疒][積血也 從疒於聲]	瘀血(어혈)

고 사 성 어 이 야 기

[青出於藍 청출어람]

'쪽에서 뽑은 푸른 물감이 쪽보다 더 푸르다'는 뜻으로, 제자나 후배가 스승이나 선배보다 더 뛰어남. ≪순자(荀子)≫에 다음과 같은 이야기가 있다.

학문(學問)은 중도에 그쳐서는 안 된다. 푸른 물감은 쪽 풀[藍]에서 채취했으나 쪽 풀보다 더 푸르고, 얼음은 물로 만든 것이나 물보다 더 차갑다. <중략> 사람이 태어났을 때는 같은 소리를 내었으나, 자라면서 풍속을 달리하는 것은 가르침이 그렇게 만든 것이다(學不可以已 青取之於藍而青於藍 氷水爲之 而寒於水 <중략> 生而同 長而異俗 敎使之然也).
사람은 갓 태어나서는 아무것도 할 수 없는 무능한 존재일 뿐이다. 그러나 점차 말을 배우고, 예절을 배우고, 학문을 배워가면서 만물의 영장으로 발전한다. 인간의 성숙·발전은 배움을 통해 이루어지며, 또 이를 중도에 그치지 않고 꾸준히 실천할 때, 순자가 말했던 것처럼 마치 쪽 풀에서 푸른 물감이 나오고[青出於藍], 물보다 더 차가운 얼음이 만들어져, 자기를 가르쳐 준 스승보다 더 높은 학문의 경지에 오를 수 있을 것이다.

[袖手傍觀 수수방관]

'팔짱을 끼고 보고만 있다'는 뜻으로, 어떤 일을 당하여 옆에서 보고만 있는 것을 말함.

≪조선왕조실록 선조실록≫에 수수방관을 단죄해야 한다는 글이 있다.
선조 26년 계사(1593) 7월 21일 계유일에, 최원(崔遠)·선거이(宣居怡) 이하 장수의 거느린 군사가 모두 도피하고서 한 사람도 나오지 않았으므로 진주 사람들이 밤낮으로 구원병을 갈망하며 하늘에 호소하고 빌었으나 끝내 한 명의 구원병도 오는 자가 없어 드디어 함몰되었다. <중략>
사신은 논한다. "외로운 성에 포위가 조여들어 조석(朝夕) 사이에 함락될 지경이어서 성중에서는 외원(外援)을 고대하였건만, 최원·선거이는 군사를 거느리고서도 수수방관 (袖手傍觀)하여 드디어 온 성안의 충의(忠義)로운 장사(將士)들로 하여금 모두 흉적의 칼날에 죽게 하였다. 이것은 실로 근래 기강이 해이하여 군율이 엄격하지 못한 데서 연유한 것이니, 군율로 단죄(斷罪)해야지 어찌 용서해서야 되겠는가?"

VII 부호

丶 丨 丿 亠 乚 匚 冖 襾

- 丶: 主(住 注 往 柱 駐 註), 丹
- 丨: 中(仲 忠 沖), 串(患)
- 丿: 久(玖 柩 灸 畝), 乎(呼), 之(芝), 乃(孕), 乖
- 乘(剩), 乏(泛 貶)
- 亠: 京(涼 掠 就 蹴 鯨 諒), 交(校 郊 效 較 絞 蛟 皎 狡 咬), 亦(跡 迹), 亭(停), 享(敦 淳 惇 燉 醇), 亥(刻 核 該 咳 駭 骸 劾), 亡(忘 忙 盲 望 茫 妄 芒), 亢(抗 航 沆 坑)
- 亮, 亙, 彗, 彙
- 匚: 區(驅 鷗 歐 嘔 謳 樞 嶇 毆 軀), 匿(慝), 匹
- 冖: 一, 冠, 冥(螟 溟 瞑), 襾
- 西(要(腰)), 覇

❋ 丶 부

丶	丶 丶 총1	구절 찍을 주, 점 주, 불똥 주 끊어져 정지함의 표시로 '丶'를 표시함[有所絶止、而識之也 有所絶止, 丶而識之也 又『六書正譌』古文主字. 鐙中火丶也. 象形. 借爲主宰字 -『康熙』]	
主	主 7급 丶 총5	등불 주, 주인 주 '王+丶(주)'로 등잔불[王]의 심지가 타는[丶] 모양[鐙中火主也 王象形 從丶、丶亦聲]	主幹(주간) 主客(주객) 主管(주관) 主觀(주관) 主權(주권) 主流(주류)
住	住 7급 人 총7	살 주, 머무를 주 '亻+主(주)'로 일정한 곳에 사람들[人]이 머물러 생활함[丛音駐. 止也, 立也, 居也『韻會』-『康熙』]	住居(주거) 住民(주민) 住所(주소) 住宅(주택)
注	注 6급 水 총8	물 댈 주 '氵+主(주)'로 여러 가지 목적을 위해 농경지 등에 물[氵]을 인공적으로 공급하는 일[灌水也 從水主聲]	注目(주목) 注文(주문) 註釋・注釋(주석)
往	往 4급 彳 총8	갈 왕 '彳+㞷(왕)'으로 서로 왕래(往來)[彳]함[之也 從彳㞷聲 𨒪, 古文從辵] 行也, 去也『玉篇』帝曰：兪, 汝往哉『書・舜典』禮尙往來. 往而不來, 非禮也. 來而不往, 亦非禮也. 『禮・曲禮』又古往也 『玉篇』往, 昔也『廣韻』-『康熙』	往年(왕년) 往復(왕복) 往昔(왕석) 往診(왕진)
柱	柱 3급 木 총9	기둥 주 '木+主(주)'로 상량(上樑)을 떠받치는 주(主)된 나무[木][楹也 從木主聲]	柱脚(주각) 柱頭(주두) 柱梁(주량) 柱聯(주련)
駐	駐 2급 馬 총15	머무를 주 '馬+主(주)'로 말[馬]이 달리지 않고 서 있음[馬立也 從馬主聲]	駐車(주한) 駐駕(주가) 駐輦(주련) 駐屯(주둔)
註	註 1급 言 총12	주낼 주 '言+主(주)'로 본문(本文)에서 주해(註解)가 필요한 곳에 뜻을 풀어 말[言]하거나 보충 설명함[疏也, 解也『玉篇』訓釋也『正韻』註者, 著也. 言爲之解說, 使其義著明也『毛詩・序疏』 -『康熙』]	註解(주해) 註釋(주석)
丹	丹 3급 丶 총4	붉을 단 '井+丶'으로 파군(巴郡) 남월(南越)에서 산출되는 붉은 돌[巴越之赤石也 象采丹井 丶象丹形] 甲骨文 金文	丹砂(단사) 丹誠(단성) 丹藥(단약) 丹粧(단장) 丹靑(단청) 牧丹(모란)

❋ ｜ 부

｜	｜ ｜ 총1	뚫을 곤 세로로 선[｜]을 하나 그린 것으로, 위아래를 '꿰뚫다', '꿰다'의 뜻[上下通也]	
中	中 8급 ｜ 총4	가운데 중 '囗+｜'으로 아래에서 위로 물체[囗]의 내부를 통한 것[｜][內也 從口｜ 上下通也] ※一杆多斿的旗, 旗杆中段束扎木塊 以加強旗杆的抗折強度『字源字典』 甲骨文 金文	中斷(중단) 中道(중도) 中毒(중독) 中性(중성) 中旬(중순) 中秋(중추)
仲	仲 3급 人 총6	버금 중, 가운데 중 '亻+中'으로 장유(長幼) 중 중간[中] 위치에 있는 사람[人] [中也 從人從中, 中亦聲] ※伯, 仲, 叔, 季는 장소(長少)의 차례인데, 仲叔은 伯과 季 사이에 있는 중간 사람임.	仲介(중개) 仲媒(중매) 仲父(중부) 仲裁(중재)

忠	金文	4급 心 총8	공경할 충, 정성 충, 충성 충 '心+中(중)'으로 마음[心]을 다하여 공경히 실천함[敬也 盡心曰忠 從心中聲]	忠告(충고) 忠誠(충성) 忠臣(충신) 忠信(충신) 忠魂(충혼) 忠孝(충효)
沖		2급 水 총7	용솟음칠 충, 빌 충, 깊을 충 'Ϋ+中(중)'으로 물[Ϋ]이 용솟음쳐 올라감[涌䍃也 從水中] 涌䍃也 : 䍃搖古今字. 涌, 上涌也. 搖, 旁搖也. 『段注』	沖氣(충기) 沖積(충적) 沖年(충년)
串	金文	2급 丨 총7	꿸 천, 습관 관, 익숙할 관, 곶 곶 두 물건을 서로 꿴 모양[與慣通. 狎習也『正韻』串夷載路『詩·大雅』串習. 夷, 常也『毛傳』串夷卽混夷. 西戎國名『箋』-『康熙』]	長山串(장산곶)
患		5급 心 총11	근심 환, 질병 환 '心+吅(훤)'으로 근심이 마음[心]속에 자리 잡고 있음[憂也 從心上貫吅 吅亦聲]	患難(환난) 患部(환부) 患候(환후) 病患(병환)

ノ 부

ノ		ノ 총1	삐침 별 오른쪽 위에서 왼쪽 아래로 삐쳐 내린 모양[右戾也 象左引之形. 『注』徐鍇曰：其爲文擧首而申體也] 又戾也. 象ナ引之形. 又ナ各本作右左. 今正. 戾者, 曲也. 右戾者, 自右而曲於左也. 故其字象自左方引之 『段注』	
久		3급 ノ 총3	오랠 구 사람의 등 부위를 오래도록 뜸[灸]하는 것처럼, 양쪽 정강이 뒤쪽에서 가지 못하도록 버티고 있음[以後灸之, 象人兩脛後有距也. 周禮曰：久諸牆以觀其橈. 從後灸之也：也字今補. 久灸疊韻. 火部灸, 灼也. 灼, 灸也. 灸有迫箸之義. 故以灸訓久『段注』/ 象人病臥床上 末畫象以物灼人背後之形『字源字典』	久遠(구원) 久旱(구한) 久懷(구회) 永久(영구) 悠久(유구) 恒久(항구)
玖		2급 玉 총7	옥돌 구 '玉+久(구)'로 검은색의 옥처럼 생긴 돌[石] [石之次玉黑色者 從玉久聲『詩』曰：貽我佩玖]	李玖(이구 : 대한제국의 황태손)
柩		1급 木 총9	널 구 '木+匚+久(구)'로 토장(土葬)할 때 나무[木]로 만든 유해(遺骸)를 넣는 관[匚][棺也 從匚從木久聲]	靈柩(영구) 運柩(운구)
灸		1급 火 총7	뜸 구, 뜸질할 구 '火+久(구)'에서 병을 고치기 위해 약쑥을 살 위에 놓고 불[火]을 붙이는 일[灼也 從火久聲]	蝦灸(하구) 鍼灸(침구)
畝		1급 田 총10	이랑 묘/무 '田+每(매)'로 사마법에 밭[田] 100보를 1묘라 함[𠀃謀上聲. 司馬法, 六尺爲步, 步百爲畝. 泰孝公制, 二百四十步爲畝. 宋程頤曰：古者百畝, 止當今之四十畝. 今之百畝, 當古之二百五十畝『韻會』-『康熙』]	畝溝(묘구)
乎	甲骨文 金文	3급 ノ 총5	어조사 호 말하는 여운(餘韻)으로, 소리의 기운이 위로 떠오르는 모양[語之餘也. 聲上越揚之形也]	乎哉(호재) 斷乎(단호) 確乎(확호)
呼		4급 口 총8	부를 호 '口+乎(호)'로 입[口] 밖으로 숨을 내쉬며 나오는 소리[外息也. 從口乎聲]	呼價(호가) 呼名(호명) 呼訴(호소) 呼應(호응)

字	篆	급수/부수/총획	훈음 및 설명	甲骨文/金文	예시
之	业	3급 / ノ / 총4	갈 지 초목의 가지와 줄기가 땅 위로 점차 자람[出也. 象艸過屮. 枝莖漸益大. 有所之也. 一者 地也]	业 业 甲骨文 金文	左之右之(좌지우지) 他山之石(타산지석) 人之常情(인지상정)
芝	坐	2급 / 艸 / 총8	영지 지, 지초 지 '艸+之(지)'로 모균류에 속하는 버섯의 한 종류 또는 쌍떡잎식물 통화식물목 지치과에 속하는 다년생 초본식물 [艸] [神艸也. 從艸之聲]		芝蘭之交(지란지교)
乃	3	3급 / ノ / 총2	이에 내, 너 내 기(氣)를 발설할 때 곧게 올라가지 못하고 구부러진 상태. 갑골문에서는 부인의 유방 측면으로 보기도 함[曳詞之難也. 象气之出難也] ※甲骨文 婦女乳房의 側面形『字源字典』	3 3 甲骨文 金文	乃父(내부) 乃者(내자) 乃至(내지) 人乃天(인내천) 乃武乃文(내무내문)
孕	孚	1급 / 子 / 총5	아이 밸 잉 '子+乃(내)'로 여자가 아이[子]를 뱀[裹子也. 從子乃聲. 乃聲二字各本作從几. 誤. 今正『段注』]		孕婦(잉부) 孕胎(잉태)
乖	乖	1급 / ノ / 총8	어그러질 괴, 거스를 괴, 떨어질 괴 등뼈와 좌우의 늑골(肋骨)이 서로 어그러져 있는 모양[背呂也. 象脅肋形] 戾也. 異也. 睽也. 背也.『玉篇』家道窮必乖, 故受之以睽. 睽者, 乖也『易·序卦傳』 -『康熙』		乖離(괴리) 乖愎(괴팍 →괴팍)
乘	乘	3급 / ノ / 총10	탈 승 '大+木'으로 갑골·금문에는 사람[大]이 나무[木] 위에 올라 있는 모습[甲骨金文的乘字, 就是一個人爬在樹頂上的形象『字源字典』] 駕也. 登也.『廣韻』時乘六龍以御天『易·乾卦』又因也. 不如乘勢『孟子』又治也. 亟其乘屋『詩·豳風』又勝也. 乘人不義陵也『周語』本作椉.『說文』-『康熙』	甲骨文 金文	乘客(승객) 乘機(승기) 乘馬(승마) 乘時(승시) 乘除(승제) 乘車(승차) 乘勝長驅(승승장구)
剩	𠚮	1급 / 刀 / 총12	남을 잉 '刀+乘(승)'으로 물체의 긴 부분을 칼[刀]로 잘라낸 나머지[音乘. 長也.『唐韻』不當也.『玉篇』-『康熙』		剩餘(잉여) 過剩(과잉)
乏	乀	1급 / ノ / 총5	모자랄 핍, 빌 핍, 떨어질 핍, 가난할 핍 '正'을 거꾸로 놓은 것, 즉 바르지 않은 행동[『春秋傳』曰: 反正爲乏]	乀 金文	窮乏(궁핍) 耐乏(내핍) 缺乏(결핍)
泛	泛	1급 / 水 / 총8	뜰 범 '水+乏(핍)'으로 가라앉지 않고 물[水] 표면에 뜸[浮也. 從水乏聲] 浮也 : 邶風曰汎彼柏舟. 亦汎其流. 上汎謂汎汎, 浮皃也. 下汎當作泛, 浮也. 汎泛古同音, 而字有別用如此『段注』		泛舟(범주) 泛聽(범청)
貶	貶	1급 / 貝 / 총12	덜 폄, 떨어뜨릴 폄, 폄할 폄 '貝+乏(핍)'으로 부정한 행동을 하면 관직의 직위를 낮추거나 돈·재산[貝] 따위를 감함[損也. 從貝從乏] 又通作窆. 若邦凶荒, 則以荒辯之濃治之『周禮·秋官』辯, 當爲貶. 遭飢荒, 則罰, 國事有所貶損, 作權時濃也『註』-『康熙』		貶降(폄강) 貶下(폄하) 褒貶(포폄)

❈ 亠 부

字	篆	급수/부수/총획	훈음 및 설명		
亠	亠	/ 亠 / 총2	돼지해머리 '돼지 해(亥)'자의 머리 부분[徒鉤切, 音頭. 義闕『字彙』-『康熙』]		

字	篆	級/部/총획	뜻풀이	예
京	京	6급 亠 총8	높은 언덕 경, 클 경, 서울 경 '高+丨'으로 사람이 만든 높은[丨] 언덕[高] [人所爲絶高丘也 從高省 丨象高形] 人所爲絶高丘也. 釋丘曰 絶高爲之京. 非人爲之丘 郭云. 爲之者, 人力所作也. 按釋詁云. 京, 大也『段注』 ※建築在高土臺上的宮室『字源字典』 甲骨文 金文	京觀(경관) 京畿(경기) 京城(경성) 京鄕(경향)
涼	涼	3급 水 총11	서늘할 량 'ㆡ+京(경)'으로 속자는 '凉'. 겨울이 되어 날씨가 차가움[ㆡ] [薄也 從水京聲] 涼, 通作凉『正韻』薄寒爲凉『韻會』尨涼, 冬殺也『前漢』師古曰：涼, 薄也『註』-『康熙』	涼德(양덕) 涼味(양미) 涼風(양풍) 納涼(납량) 炎涼(염량) 凄涼(처량)
掠	掠	3급 手 총11	노략질할 략, 매질할 략 '扌+京(경)'으로 손[扌]으로 남의 재물을 강제로 빼앗음[奪取也 從手京聲] 抄掠, 劫人財物也『廣韻』掮掠也, 拂過也『增韻』-『康熙』	掠取(약취) 掠奪(약탈) 劫掠(겁략) 擄掠(노략)
就	就	4급 尢 총12	나아갈 취, 좇을 취, 이룰 취 '京+尢'로 보통과 다르게 더욱[尢] 높은 곳[京]을 향해 나아감[高也 從京從尢 尢 異於凡也] 異於凡也：說從尢之意. 京者, 高也. 高則異於凡『段注』	就悚(취송) 就業(취업) 就任(취임) 就職(취직)
蹴	蹴	2급 足 총19	밟을 축, 찰 축 '足+就(취)'로 공 따위를 발[足]로 밟거나 굴러오는 것을 참[躡也 從足就聲] 躡也：玄應云. 蹴, 躡也. 以足逆躡之曰蹴『段注』	蹴球(축구) 一蹴(일축)
鯨	鯨	1급 魚 총15	고래 경 '魚+京(경)'으로 포유동물로 바다에 사는 큰 물고기[魚] [本作鱷, 海大魚也『說文』魚之王『玉篇』鯨魚者, 海魚也. 大者長千里, 小者數十丈. 其雌曰鯢, 大者亦長千里, 眼如明月珠. 互詳鯢字註 『古今注』-『康熙』]	白鯨(백경) 捕鯨業(포경업)
諒	諒	3급 言 총15	믿을 량, 진실로 량 '言+京(경)'으로 말[言]이 진실 되어 신의가 있음[信也 從言京聲] 誠也『朱傳』請肆簡諒『禮·內則』言語信實也『註』又慢諒, 知也『揚子·方言』哲也『廣雅』相也, 助也『玉篇』佐也『廣韻』照察也『正韻』-『康熙』	諒知(양지) 諒察(양찰) 諒燭(양촉) 諒解(양해)
交	交	6급 亠 총6	사귈 교 사람[大]이 양쪽 다리를 서로 얽혀 교차한 모양[交脛也 從大 象交形] 交脛也：交脛謂之交, 引申之爲凡交之偁. 故爻下曰：交也. 烄下曰：交木然也. 敎下曰：交灼木也. 衿下曰：交衽也. 凡兩者相合曰交, 皆此義之引申段借耳『段注』 甲骨文 金文	交代(교대) 交流(교류) 交尾(교미) 交付(교부) 交涉(교섭) 交易(교역)
校	校	8급 木 총10	사람을 가두는 우리 교, 질곡(桎梏) 교, 학교 교 '木+交(교)'로 나무[木]로 엮어 사람이 나가지 못하도록 만든 우리[木囚也 從木 交聲] 木囚也：囚, 繫也. 木囚者, 以木羈之也『段注』/ 校者, 連木也.『徐曰』屢校滅趾『易·噬嗑』謂梏其行, 卽械也『疏』學宮名. 夏曰校. 校者, 敎也. 鄕學爲校『正韻』-『康熙』	校歌(교가) 校服(교복) 校庭(교정) 校訂(교정)
郊	郊	3급 邑 총9	성 밖 교, 들 교 '邑+交(교)'로 국도(國都)[邑]에서 100리 떨어진 지역[距國百里爲郊 從邑交聲]	郊迎(교영) 郊外(교외) 近郊(근교)

자	전서	급수/부수/획수	뜻과 풀이	용례
效	效	5급 攴 총10	본받을 효, 힘쓸 효 '攴+交(교)'로 남의 것을 본보기로 하여 따라하려 힘씀[攴] [象也 從攴交聲] 象也:象當作像. 人部曰像, 似也. 毛詩. 君子是則是傚. 又民胥傚矣. 皆效字之或體『段注』	效果(효과) 效能(효능) 效率(효율) 效則(효칙) 效驗(효험) 神效(신효)
較	較	3급 車 총13	차이(車耳) 각, 차체 각, 비교할 교 '車+交(교)'로 '挍'와 동자. 수레[車]의 좌우 널빤지 위에 댄 횡목(橫木)이 앞으로 꼬부라져 나온 부분 또는 수레 안에서 서 있을 때 잡는 곳[車輢上曲銅也『說文』 猶重較兮 『詩』較, 高于軾. 輢是兩旁植木, 較橫輢上. 蓋古者車皆立乘, 平常立則憑較, 若應爲敬, 乃俯憑軾『註』-『康熙』]	較略(교략) 較然(교연) 計較(계교) 比較(비교)
絞	絞	2급 糸 총12	목맬 교, 묶을 교, 꼴 교 '糸+交(교)'로 두 끈을 교차하여 목을 매 죽임[縊也 從交從糸] ※兩股相交扭成的繩索『字源字典』	絞殺(교살) 絞首刑(교수형)
蛟	蛟	1급 虫 총12	교룡 교 '虫+交(교)'로 뱀[虫]과 비슷한 몸에 비늘과 사지가 있으며, 머리에는 뿔이 없고 대신 흰 혹이 있는 전설상의 용[龍之屬也 無角曰蛟 從虫交聲 池魚滿三千六百 蛟來爲之長 能率魚而飛 置笱水中 卽蛟去]	蛟龍得雲雨(교룡득운우)
皎	皎	1급 白 총11	달빛 교 '白+交(교)'로 달이 떠 그 빛이 밝음[白] [月之白也 從白交聲 『詩』曰:月出皎兮]	皎皎(교교) 皎月(교월)
狡	狡	1급 犬 총9	작은 개 교, 재빠를 교, 교활할 교 '犬+交(교)'로 흉노 지역에 사는 입이 크고 몸이 검은 날렵하고 빠른 작은 개[犬] [少狗也 從犬交聲 匈奴地有狡犬 巨口而黑身] 少犬也: 犬, 各本作狗, 淮南傲眞訓:狡狗之死也, 割之有濕. 高注: 狡, 少也. 引伸爲狂也, 滑也, 疾也『段注』	狡詐(교사) 狡猾(교활) 狡兎(교토) 狡情(교정)
咬	咬	1급 口 총9	새 지저귈 교, 음탕한 소리 교 '口+喬(교)'로 요란하게 지저귀는 새소리[口] [鳥聲也 『玉篇』咬咬黃鳥『嵆康·贈秀才入軍詩』通作膠『集韻』又淫聲『廣韻』哇咬『集韻』-『康熙』]	咬傷(교상) 咬咬(교교)
亦	夳 夳 甲骨文 金文	3급 亠 총6	또 역, 클 역/혁 '大+丶+丶'로 사람[大]의 좌우 겨드랑이[丶+丶] [人之臂亦也 從大 象兩亦之形] 又同奕. 亦奕義通『正義』亦本作夳, 象人左右兩腋形. 夳與掖同『說文』-『康熙』	亦是(역시) 亦然(역연) 盜亦有道(도역유도) 亦聚群英(역취군영)
跡	跡	3급 足 총13	자취 적 '足+亦(역)'으로 '迹'과 동자. 사람이나 동물 등이 남긴 발자국[足] [迹, 步處也 從足亦聲]	追跡(추적) 古跡(고적) 軌跡(궤적) 人跡(인적)
迹	迹	1급 辵 총10	자취 적, 좇을 적 '辵+亦(역)'으로 사람이나 동물 등이 남기고 간[辵] 자국[步處也 從辵亦聲, 蹟, 或從足責. 速, 籀文迹從朿]	人迹(인적) 追迹(추적)
亭	亭 甲骨文	3급 亠 총9	정자 정 '高+丁(정)'으로 진(秦), 한(漢)대에 현도(縣道) 10리마다 백성이 편안히 쉴 수 있도록 만든 누각[高] [民所安定也 亭有樓 從高省丁聲]	亭閣(정각) 亭子(정자) 亭主(정주) 旅亭(여정) 驛亭(역정)
停	停	5급 人 총11	머무를 정 '亻+亭(정)'으로 정사(亭舍)에 사람[亻]이 머무름[止也 從人亭聲]	停刊(정간) 停車(정거) 停年(정년) 停留(정류)

字	篆	級/部/총획	訓音 및 字源	用例
享	亯	3급 亠 총8	제사 지낼 향, 누릴 향 '高+日'로 사당[高]에서 제물을 올리는 사람이 신이 흠향할 수 있도록 익은 제물을 바치는 모양[日] [本作亯. 從高省日 象進獻熟物形. 祭獻, 上供. 用物品進獻人, 供奉鬼神使其享受 -『漢典』] 甲骨的享字 象一座簡單的廟宇建築的形狀. 廟宇是供奉祭品 舉行祭祀活動的地方故享有供獻之義『字源字典』	享年(향년) 享樂(향락) 享福(향복) 享祀(향사) 享受(향수) 享壽(향수)
亨	亯	3급 亠 총7	드릴 향, 형통할 형, 삶을 팽 그릇에 제물을 성대히 담아 올리는 모양[同享『唐韻, 集韻』又同烹『正韻』納亨亦如之『周禮』致牲也『註』-『康熙』] 象形. 金文字形, 象盛祭品之器形. 亯, 隷書寫作亨, '享' 三字其實是同一個字. 本義：獻 -『漢典』	亨通(형통) 亨嘉(형가) 元亨利貞(원형이정)
敦	𣪘	3급 攴 총12	성낼 돈, 도타울 돈, 힘쓸 돈, 혼자 잘 퇴 '攵+享(향)'으로 꾸짖고 문책함[攵] [怒也. 詆也. 一曰誰何也. 從攴𦎫聲] 怒也. 詆也 ：一曰誰何也. 皆責問之意. 邶風. 王事敦我. 毛曰. 敦厚也. 按心部惇, 厚也. 然則凡云敦厚者, 皆假敦爲惇. 此字本義訓責問. 故從攵『段注』	敦篤(돈독) 敦睦(돈목) 敦厚(돈후)
淳	𣻣	2급 水 총11	순박할 순 'ᄀ+享(향)'으로 물[ᄀ]을 걸러 앙금을 없애고 깨끗이 함[渌也. 從水𦎫聲] 渌也 ：上文曰渌, 或漉字『段注』	淳澹(순담) 樸淳(박순) 淳粹(순수)
惇	𣦃	2급 心 총11	도타울 돈 '忄+享(향)'으로 마음[忄]이 순박하고 인정이 두터움[厚也. 從心𦎫聲]	惇大(돈대) 惇惠(돈혜)
燉	燉	2급 火 총16	불 이글거릴 돈 '火+敦(돈)'으로 불[火]길이 성하게 치솟음[火盛貌『玉篇』火色『廣韻』又燉煌, 郡名. 作敦煌. 煌大也. 詳前煌字註『漢書』音暾. 義同. 又與焞通『廣韻, 集韻』-『康熙』]	養生燉補(양생돈보)
醇	醕	1급 酉 총15	진한 술 순, 순일(純一)할 순 '酉+享(순)'으로 술[酉]의 농도가 모주처럼 진함[不澆酒也. 從酉𦎫聲 『注』醕, 古文] ※𦎫：孰也 從盲從羊 一曰饗也『說文』	醇味(순미) 醇化(순화)
亥	𠭘	3급 亠 총6	돼지 해 '二+乙'로 한 쌍의 남녀[二]가 어린아이를 안고 다독이는 모습[乙] [荄也. 十月, 微陽起, 接盛陰. 從二, 二, 古文上字. 一人男, 一人女也. 從乙, 象裹子咳咳之形.『春秋傳』曰：亥有二首六身. 布, 古文亥爲豕, 與豕同. 亥而生子, 復從一起]	亥年(해년) 亥時(해시) 亥坐(해좌) 乙亥(을해) 丁亥(정해)
刻	𠛹	4급 刀 총8	새길 각 '刂+亥(해)'로 칼[刂]로 물체에 새김[鏤也. 從刀亥聲]	刻字(각자) 刻薄(각박) 頃刻(경각) 漏刻(누각)
核	核	4급 木 총10	나무껍질로 만든 행담 개, 씨 핵, 중심 핵, 세포 핵 '木+亥(해)'로 나무[木]껍질로 만든 상자[蠻夷以木皮爲匧 狀如簸莒之形也. 從木亥聲] 蠻夷呂木皮爲匧. 狀如簸莒之形也 ：未詳所本. 今字果實中曰核而本義廢矣『段注』	核果(핵과) 核心(핵심) 核子(핵자) 細胞核(세포핵)
該	該	3급 言 총13	군호 해, 맞을 해, 모두 해, 갖출 해, 마땅히 해 '言+亥(해)'로 군중(軍中)에서 약속한 말[言] [軍中約也. 從言亥聲]	該當(해당) 該博(해박) 當該(당해) 博該(박해)

한자	전서	급수/부수/총획	훈음 및 자원	용례
咳	㖦	1급 口 총9	방긋 웃을 해, 기침 해 '口+亥(해)'로 어린아이가 입[口]을 예쁘게 벌려 가볍게 웃는 모양[小兒笑也. 從口亥聲]	咳喘(해천) 鎭咳劑(진해제)
駭	駭	1급 馬 총16	놀랄 해, 놀라 떠들 해 '馬+亥(해)'로 놀라 소리 지르는 말[馬] [驚也. 從馬亥聲]	駭怪(해괴) 駭怪罔測(해괴망측)
骸	骸	1급 骨 총16	정강이뼈 해, 뼈 해, 몸 해 '骨+亥(해)'로 종아리를 이루는 뼈 중 안쪽 뼈[骨] [脛骨也. 從骨亥聲]	遺骸(유해) 殘骸(잔해)
劾	劾	1급 力 총8	캐물을 핵, 힘쓸 핵 '力+亥(해)'에서 죄인에게 죄가 있음을 추궁(推窮)하는 데 힘씀[力] [法有辠也. 從力亥聲] 灋有辠也：法者, 謂以法施之. 廣韻曰 劾, 推窮罪人也『段注』	彈劾(탄핵) 劾論(핵론)
亡	匕 甲骨文 匕 金文	5급 亠 총3	달아날 망, 망할 망 '入+乚'으로 사람[入]이 숨을 수 있는 곳[乚]으로 달아남[會意. 小篆字從入, 從乚. 入是人字. 乚隱蔽. 合起來表示人到隱蔽處. 本義：逃离, 出走 -『漢典』] ※甲骨文, 金文的亡字 是在刀刃表的頂端加一短畫 以表示刀頭斷失之意『字源字典』	亡國(망국) 亡靈(망령) 亡命(망명) 亡夫(망부) 亡失(망실) 亡兆(망조) 逃亡(도망) 滅亡(멸망)
忘	忞	3급 心 총7	잊을 망 '心+亡(망)'으로 생각[心]이 나지 않음[亡] [不識也. 從心亡聲]	忘却(망각) 忘身(망신) 忘失(망실) 忘我(망아)
忙	忙	3급 心 총6	바쁠 망 '忄+亡(망)'으로 빨리 끝내려는 마음[心]으로 일 따위를 몰아 부침[亡] [忄音茫. 心迫也『正韻』悵也, 宂也『增韻』又與怔同. 怖也『廣韻』-『康熙』]	忙殺(망쇄) 多忙(다망) 煩忙(번망) 奔忙(분망)
盲	盲	3급 目 총8	맹인 맹 '目+亡(망)'에서 눈[目]에 눈동자가 없음[亡] [目無眸子也. 從目亡聲]	盲目(맹목) 盲信(맹신) 盲啞(맹아) 盲人(맹인)
望	望	3급 月 총6	바랄 망 '亡+望(망)'에서 밖으로 달아난[亡] 사람이 본래 있던 곳으로 돌아가기를 바람[出亡在外, 望其還也. 從亡, 望省聲]	望見(망견) 望臺(망대) 望樓(망루) 望鄕(망향)
茫	茫	3급 艸 총10	아득할 망, 멍할 망 '水+茫(망)'으로 물[水]이 푸르고 아득히 이어진 모양[滄茫, 水貌『類篇』茫茫, 廣大貌『韻會』又州名. 唐置郞茫州, 在廣西化外 又通慌. 茫惚使人愁『韓愈詩』古慌通茫, 許往切. 亦作芒, 汒, 義同『註』-『康熙』]	茫漠(망막) 茫茫(망망) 茫然(망연) 滄茫(창망)
妄	妄 金文	3급 女 총6	속일 망, 망령될 망, 허망할 망 '女+亡(망)'으로 거짓으로 남[女]을 현혹함[亂也. 從女亡聲] 誕也, 罔也『增韻』又猶凡也, 又無也『集韻』-『康熙』	妄動(망동) 妄靈(망령) 妄發(망발) 妄想(망상) 迷妄(미망) 虛妄(허망)
芒	芒	1급 艸 총7	까끄라기 망 '艸+亡(망)'으로 벼나 보리[艸] 따위의 수염[芒, 草端也『說文』稻麥芒也『玉篇』澤草所生, 種之芒種『周禮·地官·稻人』芒種, 稻麥也『註』又大貌. 宅殷土芒芒『詩·商頌』又多貌. 芒芒其稼『束皙·補亡詩』又罷倦貌. 芒芒然歸『孟子』-『康熙』]	芒然(망연) 芒鞋(망혜)
亢	亢 甲骨文 亢 金文	2급 亠 총4	목 항, 오를 항, 거만할 항 '大+几'으로 사람[大]의 목 줄기[几] [人頸也. 從大省 几象頸脈形]	亢龍(항룡) 亢鼻(항비)

VII. 부호

字	篆	級/部/總	訓音 및 해설	用例
抗	杭	4급 手 총7	막을 항 '扌+亢(항)'으로 손[扌]으로 막음[扞也 從扌亢聲]. 扞也：旣夕禮注曰抗，禦也. 左傳曰以亢其讐. 注云. 亢猶當也. 亢爲抗之叚借字『段注』	抗拒(항거) 抗告(항고) 抗訴(항소) 抗議(항의)
航	斻	4급 舟 총10	배 항, 건널 항 '舟+亢(항)'으로 '斻'과 동자. 뗏목과 배[舟]를 이용하여 강을 건넘[斻, 方舟也 禮天子造舟 諸侯維舟 大夫方舟 士特舟] 船也『廣韻』方舟也『集韻』賢主之用人也，猶巧工之制木也, 大者以爲舟航 柱梁『淮南子·主術訓』方兩小船, 斻與共濟爲航也 『註』-『康熙』	航空(항공) 航路(항로) 航運(항운) 航程(항정) 航海(항해) 航行(항행)
沆	沆	2급 水 총7	넓을 항 'ⅰ+亢(항)'으로 큰 물이 있는 강이나 호수[ⅰ] [莽沆 水也 從水亢聲 一曰大澤貌]	沆瀣(항해)
坑	阬	2급 土 총7	구덩이 갱 '土+亢(항)'으로 땅[土]에 굴을 팖[坑同阬『韻會』虛也『爾雅·釋詁』陷也『增韻』焚書坑儒『尚書序』羽詐坑秦降卒三十萬『史記·項羽紀』又陂壑也. 跐彎坑, 超唐陂『揚雄·羽獵賦』-『康熙』]	坑內(갱내) 坑道(갱도)
亮	亮	2급 亠 총9	밝을 량, 명석할 량, 도울 량 'ㅗ+高'로 사람[人]됨이 생각이나 판단력이 분명하고 똑똑함[高] [朙也 從人高省]	亮察(양찰) 宏亮(굉량) 寥亮(요량) 翌亮(익량)

彑 부

字	篆	級/部/總	訓音 및 해설	用例
彑	彑	크 총3	돼지 머리 계, 터진가로왈 돼지 머리에서 날카롭게 위로 보이는 부분[豕之頭. 象其銳而上見也]	
彗	彗	1급 크 총11	비 혜 '又+㤞'으로 끝이 가지런한 대비[㤞]를 손[又]으로 잡고 씀 [掃竹也 從又持㤞. 篲，古文彗從竹從習. 篲，彗或從竹] 㤞 衆生竝立之貌 從㤞者 取排比之意『段注』	彗掃(혜소) 彗星(혜성)
彙	彙	1급 크 총13	고슴도치 휘, 모을 휘, 무리 휘 '希+胃(위)'로 멧돼지와 비슷하지만 좀 작은 동물[希]인 고슴도치[蟲也：似豪猪而小 從希胃省聲] 彙 蟲也：彙字各本無. 今補. 也字依廣韻補. 釋獸曰彙, 毛刺. 其字俗作蝟, 作猬. 周易. 拔茅茹以其彙. 鄭云, 勤也. 以爲謂之叚借也. 王弼云, 類也. 以爲會之叚借也『段注』	語彙(어휘) 萬彙群象(만휘군상)

匚 부

字	篆	級/部/總	訓音 및 해설	用例
匚	匚	匚 총2	감출 혜 'ㄴ+一'로 굽은 샛길은 어떤 것을 가리어[一] 숨길[ㄴ] 수 있음[裹徯, 有所俠藏也. 從ㄴ, 上有一覆之]	
區	區	6급 匚 총11	숨길 우, 지경 구 '匚+品'으로 많은 물건[品]을 일정한 자리에 숨겨둠[匚] [踦區 臧隱也 從品在匚中 品 衆也] ※甲骨文의區字 象櫥架中藏置衆多器物之形『字源字典』	區區(구구) 區內(구내) 區別(구별) 區分(구분) 區域(구역) 區劃(구획) 管區(관구) 地區(지구)
驅	驅	3급 馬 총21	몰 구 '馬+區(구)'로 목적지를 향해 말[馬]을 몰아 달림[驅馬也 從馬區聲]	驅步(구보) 驅使(구사) 驅逐(구축) 驅蟲(구충)

字	篆	급수/부수/총획	훈음과 설명	용례
鷗	鷗	3급 鳥 총22	갈매기 **구** '鳥+區(구)'로 머리와 몸은 대체로 희며, 등은 담회색, 다리·부리는 녹황색을 띠는 물올빼미처럼 생긴 새[鳥] [水鴞也 從鳥 區聲]	鷗鶴(구학) 鷗鷺(구로) 鷗盟(구맹)
歐	歐	2급 欠 총15	토할 **구** '欠+區(구)'로 먹은 것을 삭이지 못하고 도로 입 밖으로 내어놓음[欠] [吐也 從欠區聲] 吐也 : 海外經. 歐絲之野. 一女子跪據樹歐 絲『段注』	歐洲(구주) 歐美(구미)
嘔	嘔	1급 口 총14	노래할 **구**, 소리 **구**, 즐거워하는 모양 **구** '口+區(구)'로 어린아이의 말[口]소리나 노랫소리[呢嘔, 小兒語也『廣韻』呢嘔之『荀子·富國篇』 又嘔嘔, 喜也『博雅』又水名. 并州, 其川曰嘔池, 嘔夷『周禮·夏官·職方氏』又與謳通. 其妻亦負戴相隨, 數止買臣, 毋歌嘔道中『前漢·朱買臣傳』]	嘔逆(구역) 嘔吐(구토) 嘔家(구가) 乾嘔逆(건구역)
謳	謳	1급 言 총18	노래할 **구**, 기뻐할 **후**, 따뜻해질 **후** '言+區(구)'로 여러 사람이 함께 부르는 노래[言] [齊歌也 從言區聲] 齊歌也 : 師古注高帝紀曰 謳, 齊歌也. 謂齊聲而歌. 或曰齊地之歌. 按假令許意齊聲而歌. 則當曰衆歌. 不曰齊歌也『段注』	謳歌(구가) 謳吟(구음)
樞	樞	1급 木 총15	지도리 **추**, 근본 **추**, 한가운데 **추**, 처음 **추** '木+區(구)'로 나무[木]로 만든 문의 지도리[戶樞也 從木區聲]	中樞(중추) 樞機(추기) 樞機卿(추기경)
嶇	嶇	1급 山 총14	가파를 **구**, 산꼭대기 **구** '山+區(구)'로 산[山]이 완만하지 않고 험준하고 높음[敧隅也. 本作隁, 從自區聲. 今作嶇『說文』山路不平貌. 一曰山峻也『增韻』軌崎嶇以低仰『潘岳·西征賦』又通作嶇 - 『康熙』]	崎嶇(기구)
毆	毆	1급 殳 총15	칠 **구**, 말 몰 **구** '殳+區(구)'로 채찍으로 마구 때려[殳] 몲[捶毄物 也 從殳區聲] 捶毄物也. 捶, 以杖擊也. 因謂杖爲捶. 捶毄物者, 謂用杖擊中人物也. 按此字卽今經典之敺字. 廣韻曰 : 俗作歐. 是也『段注』	毆縛(구박) 毆打(구타)
軀	軀	1급 身 총18	몸 **구** '身+區(구)'로 머리에서부터 발끝까지의 몸[身] 전체의 총칭 [體也 從身區聲]	巨軀(거구) 體軀(체구)
匿	匿	1급 匸 총11	숨을 **닉**, 숨길 **닉** '匸+若(약)'으로 보이지 않게 몸을 감추거나 겉으로 드러나지 않게 숨음[匸] [亡也 從匸若 聲]	匿名(익명) 隱匿(은닉)
慝	慝	1급 心 총15	사특할 **특** '心+匿(닉)'으로 남을 속이는 요사스럽고 간특한 마음 [心] [慝, 惡也『廣韻』旌別淑慝『書·畢命』. 又穢也. 世亂, 則禮慝而樂淫 『禮·樂記』. 又邪也. 之死矢靡慝『詩·鄘風』. 又隱惡也. 司寇詰姦慝『書·周 官篇』- 『康熙』]	邪慝(사특) 慝惡(특악)
匹	匹	3급 匸 총4	필 **필**, 짝 **필** '匸+八(팔)'로 고대 베[布帛][匸]의 길이를 재는 단위로 1필(匹)은 4장(丈) [四丈也 從匸八 八撰一匹 八亦聲] ※布匹的長度單位『字源字典』	匹馬(필마) 匹敵(필적) 配匹(배필) 馬匹(마필)

❁ ㄇ 부

字	篆	部/획	訓音	例
ㄇ	ㄇ	ㄇ 총2	덮을 멱, 민갓머리 가리어 덮은 덮개[覆也. 從一下垂也. 『注』臣鉉等曰：今俗作冪, 同]	
冠	冠	3급 ㄇ 총9	관 관, 갓 관 'ㄇ+寸+元(원)'으로 품계[寸]에 따라 머리 위에 덮어[ㄇ] 쓰는 관[絭也 所以絭髮 辨冕之總名也 從ㄇ從元 元亦聲 冠有法制 從寸]	冠帶(관대) 冠略(관략) 冠禮(관례) 冠網(관망) 冠名(관명) 冠玉(관옥)
冥	冥	3급 ㄇ 총10	어두울 명, 그윽할 명, 숨을 명, 저승 명, 하늘 명, 바다 명(＝溟) '日+六+ㄇ(멱)'으로 음력 16[日+六]일이 되면 만월(滿月)이 비로소 가려지며[ㄇ] 이지러지기 시작하여 점차 어두워짐[窈也 從日六 從ㄇ 日數十 十六日 而月始虧 冥也 ㄇ亦聲] 甲骨文	冥福(명복) 冥想(명상) 冥利(명리) 幽冥(유명)
螟	螟	1급 虫 총16	마디충 명 '虫+冥(명)'으로 곡식의 줄기와 잎을 파먹는 해충[虫] [蟲食穀葉者 吏冥冥犯法卽生螟 從虫從冥 冥亦聲]	螟蛉(명령) 二化螟蟲(이화명충)
溟	溟	1급 水 총13	어두울 명 '水+冥(명)'으로 비[水]가 내리며 날이 어두운 모양[小雨溟溟也. 從水冥聲] 小雨溟溟也 ：太玄經. 密雨溟沐. 玉篇曰. 溟濛小雨. 莊子南溟北溟, 其字當是本作冥『段注』	東溟(동명) 鴻溟(홍명)
暝	暝	1급 日 총14	어두울 명, 해 질 명, 잘 명 '日+冥(명)'으로 '冥'과 동자. 해[日]가 서쪽으로 져 어두워짐[吙音明. 冥或從日. 幽也『集韻』晦暝也『前漢·五行志』又亦姓『類篇』又 夜也『玉篇』-『康熙』]	暝目(명목) 暝暝(명명)

❁ 襾 부

字	篆	部/획	訓音	例
襾	襾	襾 총6	덮을 아 뚜껑과 같은 것으로 위와 아래를 덮는 것[覆也. 從冂, 上下覆之]	
西	西	8급 襾 총6	깃들 서, 서녘 서 새가 보금자리 위에 앉아 있는 모양[鳥在巢上也. 象形 日在西方而鳥西 故因以爲東西之西] ※갑골문은 새 둥지의 모양[鳥巢之形]으로 봄. 甲骨文 金文	西歐(서구) 西洋(서양) 江西(강서) 南西(남서) 東問西答(동문서답)
要	要	5급 襾 총9	허리 요, 허리띠 요, 허리에 감을 요, 모을 요, 중요 요, 구할 요, 원할 요, 얻을 요, 잡을 요, 통괄할 요, 생략할 요, 사복(思服) 요, 반드시 요 사람[女]이 양손으로 자기의 허리를 잡고 있는[襾←臼] 모양[身中也. 象人要自臼之形 從臼 臼, 叉手也『段注』	要綱(요강) 要件(요건) 要求(요구) 要緊(요긴) 要路(요로) 要望(요망)
腰	腰	3급 肉 총13	허리 요 '月+要(요)'로 갈빗대 아래부터 엉덩이까지의 잘록한 부분[肉] [身中也. 象人要自臼之形『說文』要爲中關, 所以自臼持也『徐曰』骻也『玉篇』腰, 約也, 在體之中, 約結而小也『釋名』-『康熙』] 金文	腰劍(요검) 腰帶(요대) 腰折(요절) 腰痛(요통) 伸腰(신요) 柳腰(유요)

| 霸 | 霸 | 丙 총19 | 으뜸 패, 두목 패 '月+䨣(박/격)'으로, '霸'의 속자. 달이 어둠을 뚫고 비로소 밝게 비침[俗霸字『廣韻』-『康熙』霸：月始生 魄然也 承大月二日 承小月三日 從月䨣聲『周書』曰：哉生霸］ 月始生魄然也：霸魄疊韻。承大月二日。承小月三日：鄕飮酒義曰月者三日則成魄。正義云。前月大則月二日生魄。前月小則三日始生魄。馬注康誥云。魄，朒也。謂三日始生兆朒。名曰魄。白虎通曰 月三日成魄。八日成光。按已上皆謂月初生明爲霸。而律歷志曰 死霸，朔也。生霸，望也『段注』 | 霸權(패권) 霸道(패도) 霸氣(패기) 霸業(패업) 霸者(패자) |

고사성어 이야기

[東家食西家宿 동가식서가숙]

'동쪽 집에서 먹고 서쪽 집에서 잔다'는 뜻으로, 탐욕스러운 사람을 비유해 이르는 말. 먹을 곳, 잘 곳이 없어 떠돌아다니며 이집 저집에서 얻어먹고 지내는 일 또는 그러한 사람.
중국 송(宋)나라 이방(李昉)이 지은 ≪태평어람(太平御覽)≫이란 책에 다음과 같은 이야기가 있다.
제(齊)나라에 아름다운 처녀가 있었다. 어느 날 그 처녀에게 두 집에서 청혼이 들어왔다. 그런데 동쪽 집의 총각은 인물은 볼 것이 없으나 부잣집 아들이었고, 서쪽 집 총각은 인물은 뛰어나지만 집안이 매우 가난하였다. 어느 한쪽을 선택하기 어려워진 처녀의 부모는 본인의 생각을 알아보자며 딸에게 물었다.
"어느 쪽으로 정하기가 쉽지 않구나. 네 뜻은 어떠하냐? 만일 동쪽 집으로 시집가고 싶으면 오른손을 들고, 서쪽 집으로 시집가고 싶으면 왼손을 들어라."
그러자 딸은 망설이지도 않고 두 손을 번쩍 들었다. 깜짝 놀란 부모가 그 이유를 묻자 딸은 대답하였다.
"밥은 동쪽 집에서 먹고 잠은 서쪽 집에서 자고 싶어요."
동가식서가숙이란 말은 여기서 비롯되었다.

조선시대 ≪대동기문(大東奇聞)≫이란 책에도 다음과 같은 이야기가 실려 있다.
태조(太祖) 이성계(李成桂)가 조선을 개국한 후 조정에서 개국공신들을 불러 주연을 베풀었다. 그때 어떤 정승이 술이 얼근하게 취해서는 설중매(雪中梅)라는 기생에게 치근대며 말하였다.
"너는 동가식서가숙하는 기생이니 오늘 밤에는 이 늙은이의 수청을 드는 것이 어떻겠느냐?"
그러자 설중매는,
"동가식서가숙하는 천한 기생이, 어제는 왕씨를 모시다가 오늘은 이씨를 모시는 정승 어른을 모신다면 궁합이 잘 맞겠습니다."
라고 하였다. 이 말을 들은 공신들은 얼굴이 뻘게져 어쩔 줄 몰라 했고, 술자리는 흥을 잃고 파하였다 한다.
동가식서가숙이란 본래 일정한 거처 없이 떠돌아다니는 것을 말하던 것이었으나, 차츰 자기의 잇속을 차리기 위해 지조 없이 여기저기 빌붙어 사는 행태를 가리키게 되었다.

[要領 요령]

사물의 요긴(要緊)하고 으뜸 되는 줄거리. 적당히 꾀를 부려 하는 짓. 미립.

요(要)라 하면 대개 중요(重要) 등의 단어를 떠올려 '요하다'는 뜻을 생각하기 쉬우나, 요구(要求) 등의 '구하다', 요격(要擊)의 '기다리다', 영수증(領收證)의 '받다', 요로(要路)의 '기다리다' 또는 '맞이하다'의 뜻이 있다. 요령(要領)의 경우는 이들 예와는 전혀 다른 뜻이다. 혹자는 '要'를 허리를 가리키는 腰(요)의 통용자로 보기도 하나, 이는 허리에 두르는 허리띠를 가리키는 것으로 이해하는 것이 옳다. '領' 역시 목으로 보기도 하나, 要와 마찬가지로 의복의 목을 싸는 부분인 옷깃을 가리키는 것으로 이해하는 것이 옳다. 옷을 지니는 사람은 반드시 허리띠와 옷깃을 가지고 있어야 하므로 어떤 대상의 핵심이 되는 것을 일러 요령이라고 하게 된 것이다.

※ 한자어 어두(語頭)에서의 음이 장음(長音)으로 발음하는 경우에는 :로, 한자어에 따라 장단음(長短音)이 구분되는 한자는 (:)로, 단음(短音)인 경우에는 표시하지 않았음.

ㄱ

家	집 가	310
歌	노래 부를 가	40
價	값 가	204
加	더할 가	139
可	옳을 가:	40
假	거짓 가:	239
街	거리 가(:)	128
暇	틈 가:	239
佳	아름다울 가:	283
架	시렁 가:	139
柯	자루 가	41
賈	값 가/장사 고	204
軻	맹자의 이름 가	41
迦	부처 이름 가	139
伽	절 가	139
嘉	아름다울 가	139
呵	꾸짖을 가:	41
嫁	시집갈 가	310
稼	곡식 가	310
苛	풀 가:	41
袈	가사 가	139
駕	말에 멍에 맬 가(:)	139
哥	성씨 가	39
各	각각 각	38
角	뿔 각	190
刻	새길 각	374
覺	깨달을 각	28
脚	다리 각	85
閣	집 각	311
却	물리칠 각	85
珏	쌍옥 각	263
恪	삼갈 각	39
殼	껍질 각	111
間	사이 간(:)	330
簡	대쪽 간(:)	330
看	볼 간	24
干	방패 간	354
刊	새길 간	354
幹	줄기 간	194
懇	정성 간:	281
肝	간 간(:)	354
姦	간사할 간:	86
杆	나무 이름 간	354
艮	괘 이름 간	29
奸	범할 간	354
墾	개간할 간	280
澗	산골 물 간:	330
癎	경풍 간(:)	330
竿	장대 간	354
艱	어려울 간	29
諫	간할 간:	295
揀	가릴 간:	295
渴	목마를 갈	231
葛	칡 갈	231
鞨	말갈 갈	231
喝	꾸짖을 갈	232
竭	다할 갈	232
褐	베옷 갈	231
感	느낄 감:	40
減	덜 감:	40
監	볼 감	337
甘	달 감	52
敢	감히 감:	108
鑑	거울 감	337
憾	섭섭할 감:	40
堪	견딜 감	53
柑	홍귤나무 감	53
疳	감질 감	52
瞰	볼 감	109
紺	감색 감	53
勘	살필 감	53
甲	갑옷 갑	276
鉀	갑옷 갑	277
岬	산허리 갑	276
匣	우리 갑	277
閘	수문 갑	277
江	강 강	339
强	강할 강(:)	358
講	화해할 강:, 구	218

380

康	편안할 강	319	據	의거할 거:	349	肩	어깨 견	307
降	내릴 강:/항복할 항	120	巨	클 거:	340	絹	명주 견	297
剛	굳셀 강	270	距	떨어질 거:	340	牽	끌 견	182
綱	벼리 강	270	醵	추렴할 거:, 갹	349	甄	질그릇 견	251
鋼	강철 강	270	渠	도랑 거	341	繭	누에고치 견:	302
姜	성 강	183	倨	거만할 거:	95	譴	꾸짖을 견:	126
崗	언덕 강	270	件	물건 건	62	鵑	두견이 견	297
疆	지경 강	357	建	세울 건:	123	結	맺을 결	34
岡	산등성이 강	270	健	굳셀 건:	123	決	끊을 결	333
彊	굳셀 강	357	乾	하늘 건	194	潔	깨끗할 결	74
腔	빈 속 강	317	鍵	열쇠 건:	123	缺	이지러질 결	333
慷	강개할 강:	319	巾	수건 건	297	訣	헤어질 결	333
糠	겨 강	319	腱	힘줄 건	123	兼	겸할 겸	160
薑	생강 강	357	虔	공경할 건:	149	謙	겸손할 겸	160
開	열 개	330	傑	뛰어날 걸	129	京	서울 경	372
改	고칠 개(:)	137	乞	빌 걸	194	敬	공경할 경:	108
個	낱 개(:)	287	桀	임금 이름 걸	129	輕	가벼울 경	295
槪	대개 개:	237	杰	뛰어날 걸	130	競	다툴 경:	77
介	낄 개:	65	檢	검사할 검:	65	景	볕 경(:)	244
儉	검소할 검	64	境	지경 경	76
蓋	덮을 개(:)/ 어찌 아니 할 합	146	劍	칼 검:	64	經	경서 경	295
皆	다 개	176	怯	겁낼 겁	146	警	깨우칠 경:	108
慨	슬퍼할 개:	237	劫	위협할 겁	146	慶	경사 경:	142
价	클 개:	65	憩	쉴 게:	142	驚	놀랄 경	108
塏	높은 땅 개:	323	揭	들 게:	231	更	고칠 경/다시 갱:	48
愾	성낼 개:/한숨 희	248	偈	쉴 게:/헌걸찰 걸	232	傾	기울 경	21
漑	물댈 개:/이미 기	237	格	격식 격	39	鏡	거울 경:	76
凱	이길 개:	323	擊	칠 격	102	頃	잠시 경	21
箇	낱 개(:)	287	激	심할 격	260	徑	지름길 경	295
芥	겨자 개	65	鬲	오지병 격/솥 력	338	硬	단단할 경	48
客	손님 객	310	隔	막힐 격	338	耕	밭갈 경	327
坑	구덩이 갱	376	檄	격문 격	221	卿	벼슬 경	85
羹	국 갱:	184	膈	횡경막 격	338	庚	천간 경	317
車	수레 거, 차	361	覡	박수 격	340	竟	마침내 경:	76
擧	들 거:	334	見	볼 견:/뵐 현:	27	璟	옥 광채 날 경:	244
去	갈 거:	146	堅	굳셀 견	281	儆	경계할 경:	108
拒	막을 거:	340	犬	개 견	182	瓊	붉은 옥 경	264
居	살 거	94	遣	보낼 견:	126	炅	빛날 경	252

勁	굳셀 경	296	鼓	북 고	150	恭	공손할 공	159
鯨	고래 경	372	顧	돌아볼 고	196	鞏	묶을 공	143
憬	깨달을 경:	244	枯	마를 고	36	拱	두 손 맞잡을 공:	159
頸	목 경	296	雇	품 팔 고	196	果	과실 과:	215
莖	줄기 경	296	皐	부르는 소리 고	177	科	과목 과	325
脛	정강이 경	296	敲	두드릴 고	321	課	과정 과(:)	215
磬	경쇠 경:	23	辜	허물 고	36	過	지날 과:	173
痙	경련 경	296	袴	바지 고:/사타구니과	52	誇	자랑할 과:	51
梗	가시나무 경:	48	拷	칠 고	136	寡	적을 과:	345
界	경계 계	65	叩	두드릴 고	84	菓	열매 과	215
計	셈 마칠 계:	161	股	넓적다리 고	111	戈	창 과	348
係	맬 계:	294	呱	울 고	223	瓜	오이 과	223
階	섬돌 계	176	膏	기름 고	320	顆	낱알 과	215
鷄	닭 계	76	痼	고질 고	287	郭	성곽 곽	289
季	끝 계:	92	錮	가둘 고	288	廓	둘레 곽/클 확	290
系	이을 계:	294	曲	굽을 곡	48	槨	덧널 곽	290
繼	이을 계:	90	穀	곡식 곡	225	藿	푸른 콩 곽	231
戒	경계할 계:	348	哭	울다 곡	44	觀	볼 관	28
契	맺을 계:/나라 이름 글	73	谷	골짜기 곡	268	關	닫을 관	330
桂	계수나무 계:	283	梏	수갑 곡	38	官	벼슬 관	311
啓	열 계:	43	鵠	고니 곡	38	管	대롱 관	311
溪	시내 계	76	困	곤란할 곤:	288	寬	너그러울 관	312
械	형틀 계:	349	坤	땅 곤	277	貫	꿸 관(:)	204
繫	맬 계:	102	昆	형 곤	244	館	집 관	312
癸	열째 천간 계:	129	棍	몽둥이 곤	244	慣	익숙할 관	204
悸	두근거릴 계:	92	袞	곤룡포 곤:	301	冠	갓 관	378
高	높을 고	320	骨	뼈 골	137	款	항목 관:	54
古	옛 고:	36	汨	다스릴 골/물 이름 멱	239	琯	옥피리 관	312
苦	쓸 고	36	工	장인 공	339	串	습관 관/꿸 천/곶 곶	370
告	아뢸 고:	38	空	빌 공	317	棺	널 관	312
考	상고할 고(:)	136	公	공평할 공	157	顴	광대뼈 관/권	28
固	굳을 고(:)	287	共	한 가지 공:	158	灌	물댈 관	28
故	연고 고(:)	108	功	공 공	339	刮	파헤칠 괄	50
孤	외로울 고	92	孔	구멍 공:	91	括	묶을 괄	50
庫	곳집 고	361	攻	칠 공:	339	光	빛 광	68
姑	시어머니 고	36	貢	바칠 공:	339	廣	넓을 광:	319
稿	볏짚 고	320	供	이바지할 공:	159	鑛	쇳돌 광:	319
			恐	두려울 공(:)	143	狂	미칠 광	263

曠	빌 광:	319	狡	교활할 교	373	鉤	갈고리 구	189
壙	굴 광:	319	嬌	아리따울 교	218	毆	칠 구	377
匡	바를 광	263	九	아홉 구	165	溝	봇도랑 구	218
胱	오줌통 광	68	口	입 구(:)	34	灸	뜸 구:	370
掛	걸 괘	171	球	공 구	260	軀	몸 구	377
罫	줄 괘	171	區	지경 구	376	柩	널 구	370
卦	점괘 괘	171	具	갖출 구(:)	158	謳	노래할 구	377
壞	무너질 괴:/병들 회	279	舊	옛 구:	334	嘔	가파를 구	377
怪	괴이할 괴(:)	144	救	구원할 구:	260	國	나라 국	287
塊	흙덩어리 괴	174	求	구할 구	260	局	판 국	94
愧	부끄러워할 괴:	174	句	글귀 구	42	菊	국화 국	229
傀	허수아비 괴:/클 회, 괴	174	究	연구할 구	165	鞠	국문할 국	229
			構	얽을 구	218	軍	군사 군	361
槐	홰나무 괴	174	久	오랠 구:	370	郡	고을 군:	36
拐	가지 괴	103	拘	잡을 구	42	君	임금 군	36
魁	으뜸 괴	175	丘	언덕 구	152	群	무리 군	184
乖	어그러질 괴	371	俱	함께 구	158	窘	군색할 군:	36
肱	팔뚝 굉	316	龜	거북 구, 귀/터질 균	211	屈	굽을 굴	33
轟	울릴 굉	361	驅	몰 구	376	窟	굴 굴	33
宏	클 굉	316	苟	구차할 구	42	掘	팔 굴	33
校	학교 교:	372	懼	두려워할 구	128	宮	집 궁	46
敎	가르칠 교:	108	狗	개 구	42	窮	다할 궁	78, 317
交	사귈 교	372	鷗	갈매기 구	377	弓	활 궁	355
橋	다리 교	217	歐	토할 구	377	躬	몸 궁	78
巧	공교할 교	340	購	살 구	218	穹	하늘 궁	355
較	비교할 교/차체 각	373	邱	땅 이름 구	152	權	권세 권	28
郊	들 교	372	玖	옥돌 구	370	券	문서 권	347
矯	화살 바로잡을 교:	217	矩	곱자 구	358	勸	권할 권:	28
僑	더부살이 교	217	駒	망아지 구	189	卷	책 권(:)	84
膠	아교풀 교	307	鳩	비둘기 구	166	拳	주먹 권:	348
絞	목맬 교	373	舅	시아버지 구	275	圈	우리 권	84
攪	어지러울 교	28	枸	구기자나무 구	189	眷	돌아볼 권:	348
咬	새 지저귈 교	373	廐	마구간 구	317	捲	힘쓸 권	84
喬	높을 교	217	寇	도둑 구	316	倦	게으를 권:	84
驕	교만할 교	217	謳	노래할 구(:)	377	厥	그 궐	267
轎	가마 교	217	仇	원수 구	166	闕	대궐 궐	267
蛟	교룡 교	373	垢	때 구	37	蹶	일어날 궐, 궤	267
皎	달빛 교	373	衢	네거리 구	128	軌	바퀴자국 궤:	166

潰	무너질 궤:	203	饉	흉년들 근:	140	騎	말 탈 기	74
詭	속일 궤:	85	覲	뵐 근	140	祈	빌 기	351
几	안석 궤:	327	金	쇠 금/성씨 김	265	畿	경기 기	90
櫃	함 궤:	203	今	이제 금	60	其	그 기	159
貴	귀할 귀:	203	禁	금할 금:	174	企	꾀할 기	115
歸	돌아갈 귀:	117	禽	날짐승 금	191	旣	이미 기/쌀 희	236
鬼	귀신 귀:	174	錦	비단 금:	297	忌	꺼릴 기	138
規	법 규	28	琴	거문고 금	263	棄	버릴 기	304
糾	얽힐 규	296	襟	옷깃 금:	174	欺	속일 기	54
叫	부르짖을 규	296	擒	사로잡을 금	191	飢	주릴 기	303
閨	안방 규	283	衾	이불 금:	61	豈	어찌 기/즐길 개	323
珪	홀 규	283	急	급할 급	99	幾	몇 기	90
揆	헤아릴 규	129	級	등급 급	99	棋	바둑 기	160
奎	별 이름 규	283	給	줄 급	37	冀	바랄 기	278
圭	서옥 규	282	及	미칠 급	99	岐	갈림길 기	109
逵	한길 규	271	扱	취급할 급/걷을 삽/거두어 가질 흡	99	驥	천리마 기	278
葵	아욱 규	129	汲	길을 급	99	耆	늙은이 기	135
窺	엿볼 규	28	肯	즐길 긍:	115	麒	기린 기	160
硅	규소 규	283	兢	삼갈 긍:	68	沂	물 이름 기	351
均	고를 균	155	矜	자랑할 긍:/창 자루 근/긍	61	淇	물 이름 기	160
菌	버섯 균	230	亘	뻗칠 긍:/구할 선/굳셀 환	157	琦	옥 이름 기	74
橘	귤 귤	220	氣	기운 기	247	琪	아름다운 옥 기	159
極	다할 극	220	記	기록할 기	137	璣	구슬 기	90
劇	심할 극	349	旗	기 기	365	箕	키 기	159
克	이길 극	68	基	터 기	159	騏	준마 기	160
隙	틈 극	274	己	몸 기	137	譏	비방할 기	90
尅	이길 극	68	汽	수증기 기	248	肌	고기 기	327
戟	미늘창 극	350	期	기약할 기	159	綺	비단 기	74
棘	가시 극	223	技	재주 기	109	杞	나무 이름 기	138
根	뿌리 근	29	器	그릇 기	39	碁	돌 기	160
近	가까울 근:	350	起	일어날 기	137	崎	험할 기	74
勤	부지런할 근(:)	140	機	틀 기	90	妓	기생 기:	110
筋	힘줄 근	223	寄	부칠 기	74	伎	재주 기	110
僅	겨우 근:	140	奇	기이할 기	74	羈	굴레 기	343
謹	삼갈 근:	140	紀	벼리 기	137	嗜	즐길 기	135
斤	도끼 근	350				畸	뙈기밭 기	74
瑾	아름다운 옥 근:	140				緊	긴요할 긴	281
槿	무궁화나무 근:	140				吉	길할 길	34

拮	열심히 일할 길/결, 핍박할 감	34
喫	마실 끽	74

ㄴ

那	어찌 나:	289
拏	잡을 나:	87
懦	나약할 나:, 유	249
拿	붙잡을 나:	37
儺	구나할 나	197
諾	대답할 낙	230
暖	따뜻할 난:	101
難	어려울 난(:)	197
煖	따뜻할 난:	101
捏	이길 날	103
捺	누를 날	172
南	남녘 남	161
男	사내 남	275
納	들일 납	236
衲	기울 납	236
娘	아가씨 낭	29
囊	주머니 낭	301
內	안 내:	236
耐	견딜 내:	134
奈	어찌 내/지옥 나	172
乃	이에 내:	371
女	여자 녀	86
年	해 년	355
撚	비틀 년	251
涅	개흙 녈	103
念	생각할 념:	60
寧	편안할 녕	151
怒	성낼 노:	87
努	힘쓸 노	87
奴	종 노	86
弩	쇠뇌 노	87
駑	노둔한 말 노	87

農	농사 농	208
濃	진할 농:	208
膿	고름 농	208
腦	뇌 뇌	306
惱	괴로워할 뇌	306
尿	오줌 뇨	94
撓	휠 뇨:	285
訥	말 어눌할 눌	236
紐	맬 뉴	154
能	능할 능	305
泥	진흙 니	94
尼	여승 니	94
溺	빠질 닉/강 이름 약/오줌 뇨	357
匿	숨길 닉	377

ㄷ

多	많을 다	247
茶	차 다, 차	231
短	짧을 단(:)	358
團	둥글 단	107
壇	제단 단	281
斷	끊을 단:	90
單	홑 단/오랑캐 임금 선, 단/고을 이름	42
檀	박달나무 단	281
端	끝 단	77
段	층계 단	110
旦	아침 단	241
但	다만 단:	241
丹	붉을 단	369
鍛	쇠 불릴 단	110
湍	여울 단	77
蛋	오랑캐 이름 단:	117
簞	대광주리 단	43
緞	비단 단	110
達	통달할 달	126

撻	때질할 달	126
疸	황달 달	241
談	이야기 담	250
擔	멜 담	26
淡	묽을 담	250
潭	못 담	259
膽	쓸개 담:	26
憺	편안할 담	27
曇	흐릴 담	249
澹	움직일 담	26
痰	가래 담	250
譚	이야기 담	259
答	대답할 답	37
踏	밟을 답	119
畓	논 답	275
遝	뒤섞일 답	207
堂	집 당	284
當	마땅 당	168
黨	무리 당	168
糖	엿 당	38
唐	당나라 당(:)	38
塘	연못 당	38
撞	칠 당	77
棠	팥배나무 당	168
螳	사마귀 당	284
大	큰 대(:)	71
代	대신할 대:	61
對	대답할 대:	105
待	기다릴 대:	105
帶	띠 대(:)	298
隊	무리 대/떨어질 추	273
臺	누각 대	202
貸	빌릴 대:	61
戴	머리에 일 대:	363
垈	집터 대	61
擡	들 대	202
袋	자루 대	61
德	큰 덕	120

찾아보기 385

悳	덕 덕	120	獨	홀로 독	209	臀	볼기 둔	94
道	길 도:	123	毒	독 독	89	遁	숨을 둔:	27
圖	그림 도	288	督	감독할 독	100	得	얻을 득	120
度	법도 도(:)/헤아릴 탁	317	篤	돈독할 독	221	登	오를 등	128
到	이를 도:	202	禿	대머리 독	225	等	평등할 등:	105
都	도읍 도	135	瀆	도랑 독	203	燈	등불 등	128
島	섬 도	269	敦	도타울 돈/혼자 잘 퇴	374	騰	오를 등	188
導	인도할 도:	124	豚	돼지 돈	187	藤	등나무 등	189
徒	무리 도	79	惇	도타울 돈	374	謄	베낄 등	189
盜	훔칠 도(:)	337	燉	불 이글거릴 돈	374	鄧	나라 이름 등:	128
逃	도망할 도	71	頓	조아릴 돈:	234	橙	등자나무 등	128
渡	건널 도	317	沌	막힐 돈	234			
桃	복숭아 도	71	突	갑자기 돌	316		ㄹ	
倒	넘어질 도:	202	乭	돌 돌	265	羅	벌일 라	342
陶	질그릇 도	273	東	동녘 동	215	裸	벌거벗을 라:	215
途	길 도:	66	動	움직일 동:	139	邏	순찰할 라	342
刀	칼 도	345	同	한 가지 동	35	螺	소라 라	295
跳	뛸 도	71	洞	마을 동:/통할 통:	35	懶	게으를 라:	206
挑	돋울 도/혼란스러울 조	71	冬	겨울 동(:)	257	癩	문둥병 라:	206
塗	칠할 도	66	童	아이 동(:)	76	樂	즐길 락/음악 악/좋아할 요	216
稻	벼 도	224	銅	구리 동	35	落	떨어질 락	39
悼	슬퍼할 도	161	凍	얼 동:	215	絡	이을 락	39
燾	비출 도	353	棟	마룻대 동	215	洛	물 이름 락	38
搗	찧을 도	269	桐	오동나무 동	35	駱	낙타 락	39
鍍	도금할 도:	317	董	바로잡을 동:	286	烙	지질 락	39
蹈	밟을 도:	225	疼	아플 동:	257	酪	타락 락	39
賭	노름 도	136	瞳	눈동자 동	77	亂	어지러울 란:	195
萄	포도 도	273	胴	큰창자 동	35	卵	알 란:	84
禱	빌 도	353	憧	그리워할 동:	77	欄	난간 란	232
睹	볼 도	136	頭	머리 두	323	蘭	난초 란	232
濤	큰 물결 도	353	斗	말 두	325	爛	빛날 란:	232
屠	죽일 도	136	豆	콩 두	323	瀾	물결 란	232
淘	일 도	273	杜	막을 두	279	鸞	난새 란	51
掉	흔들 도	161	兜	투구 두/도솔가 도	70	剌	어그러질 랄/수라 라	217
堵	담 도	136	痘	마마 두	323	辣	매울 랄	216
滔	물 넘칠 도	225	屯	진칠 둔/어려울 준	234	覽	볼 람	337
讀	읽을 독/구절 두	203	鈍	둔할 둔:	234			

濫	넘칠 람:	337	濾	거를 려:	141	例	법식 례:	346
藍	쪽 람	337	閭	이문 려	330	禮	예도 례:/밟을 예	173
籃	바구니 람	337	黎	검을 려	225	隸	종 례:	111
拉	끌 랍	76	力	힘 력	138	醴	단술 례:	335
蠟	밀 랍	183	歷	역사 력	117	老	늙을 로:	135
臘	납향 랍	183	曆	책력 력	117	路	길 로:	118
朗	밝을 랑:	30	瀝	물방울 력	117	鹵	소금밭 로	308
浪	물결 랑(:)	29	礫	자갈 력	216	勞	일할 로	139
廊	행랑 랑	290	練	단련할 련:	295	露	이슬 로(:)	118
郞	사내 랑	290	連	이을 련	361	爐	화로 로	336
狼	이리 랑:	30	鍊	단련할 련:	295	盧	화로 로	336
來	올 래(:)	60	蓮	연 련	361	鷺	해오라기 로	119
萊	명아주 래	60	聯	이을 련	294	蘆	갈대 로/절굿대 뿌리 려	336
冷	찰 랭:	63	戀	그리워할 련:	51	魯	노둔할 로	206
略	대략 략	39	憐	불쌍히 여길 련	273	虜	포로 로	186
掠	노략질할 략	372	煉	달굴 련	295	擄	노략질할 로	186
良	어질 량	29	漣	잔물결 련	361	撈	잡을 로	139
量	헤아릴 량	286	輦	손수레 련	362	綠	푸를 록	265, 296
兩	두 량:	234	列	벌릴 렬	346	錄	기록할 록	265
糧	양식 량	287	烈	세찰 렬	346	祿	녹 록	266
凉	서늘할 량	372	裂	찢을 렬	346	鹿	사슴 록	189
梁	다리 량	219	劣	못날 렬	167	麓	산기슭 록	189
諒	진실로 량	372	廉	청렴할 렴	319	碌	돌 모양 록	266
輛	수레 량:	234	濂	내 이름 렴	319	論	말할 론	362
樑	들보 량	219	斂	거둘 렴:	65	弄	희롱할 롱:	112
亮	밝을 량	376	殮	염할 렴:	65	籠	대그릇 롱(:)	210
倆	재주 량	234	簾	발 렴	319	壟	언덕 롱:	210
粱	기장 량	219	獵	사냥할 렵	183	聾	귀머거리 롱	210
旅	나그네 려	366	領	거느릴 령	62	瓏	옥 소리 롱	210
麗	아름다울 려	190	令	명령 령(:)	62	賴	의지할 뢰	206
慮	생각할 려:	141	靈	신령 령	249	雷	우레 뢰	248
勵	힘쓸 려:	166	嶺	산길 령	62	賂	뇌물 뢰	39
廬	오두막집 려	336	零	떨어질 령	63	磊	돌무더기 뢰	264
礪	숫돌 려:	166	玲	옥 소리 령	62	牢	우리 뢰	257
呂	성 려:	45	齡	나이 령	63	儡	꼭두각시 뢰:	285
驪	검은 말 려, 리	190	囹	옥 령	63	料	헤아릴 료(:)	325
侶	짝 려:	46	逞	쾌할 령	45	僚	동료 료	93
戾	어그러질 려:	328	鈴	방울 령	63			

了	마칠 료:	338
療	병 고칠 료	93
遼	멀 료	93
燎	화톳불 료	93
瞭	눈동자 밝을 료	93
聊	애오라지 료	85
寥	쓸쓸할 료	307
寮	집 료	93
龍	용 룡	210
漏	샐 루:	248
樓	다락 루	109
累	여러 루:	295
淚	눈물 루:	328
屢	여러 루:	109
壘	성채 루	285
陋	좁을 루:	153
流	흐를 류	259
類	비슷할 류(:)	21
留	머무를 류	276
柳	버드나무 류(:)	85
硫	유황 류	259
謬	그릇될 류	307
劉	죽일 류	85
琉	유리 류	260
溜	물 이름 류	276
瘤	혹 류:	276
六	여섯 륙	158
陸	뭍 륙	271
戮	죽일 륙	307
輪	바퀴 륜	362
倫	인륜 륜	362
崙	산 이름 륜	362
淪	잔물결 륜	363
綸	인끈 륜	362
律	풍류 률	222
率	비율 률/거느릴 솔/ 새그물 수	180
栗	밤 률	216
慄	두려워할 률	216
隆	높을 륭	274
肋	갈비 륵	307
勒	굴레 륵	307
凜	찰 름	225
陵	언덕 릉	271
楞	모 릉	215
稜	모 릉	271
綾	비단 릉	271
凌	얼음 릉	272
菱	마름 릉	271
里	마을 리:	285
利	이로울 리:	346
理	다스릴 리:	286
李	성씨 리:	217
離	떠날 리:	197
吏	관리 리:	37
履	밟을 리:	121
裏	속 리:	286
梨	배 리	346
悧	영리할 리	346
籬	울타리 리	197
釐	다스릴 리/복 희	287
俚	속될 리:	286
裡	속 리:	286
痢	설사 리:	346
罹	걸릴 리	143
隣	이웃 린	273
麟	기린 린	273
吝	아낄 린	149
鱗	고기 비늘 린	274
燐	도깨비불 린	274
躪	짓밟을 린	119
林	수풀 림	214
臨	임할 림	30
淋	물 뿌릴 림	214
立	설 립	76
笠	삿갓 립	76
粒	쌀알 립	76

ㅁ

馬	말 마:	187
磨	갈 마	227
麻	삼 마(:)	226
摩	비빌 마	226
痲	저릴 마	227
魔	마귀 마	227
漠	아득할 막	228
莫	없을 막	227
幕	휘장 막	228
膜	꺼풀 막	228
寞	쓸쓸할 막	228
萬	일만 만:	166
滿	가득 찰 만(:)	262
晚	늦을 만:	70
慢	거만할 만:	144
漫	큰물 만:	144
娩	해산할 만: /순박할 만, 면	70
灣	물굽이 만	51
蠻	오랑캐 만	51
輓	끌 만:	70
饅	만두 만	145
蔓	덩굴 만	145
鰻	뱀장어 만	145
卍	만 만:	164
彎	굽을 만	51
挽	당길 만:	70
瞞	속일 만	262
末	끝 말	216
靺	오랑캐 이름 말	216
抹	지울 말	216
沫	거품 말	216
襪	버선 말	233
望	바랄 망:	375

亡	망할 망	375	免	면할 면:	70	牟	소 우는 소리 모	62
妄	망령될 망:	375	俛	힘쓸 면:	70	摸	찾을 모	228
忘	잊을 망	375	沔	물 이름 면:	262	牡	수컷 모	279
茫	아득할 망	375	冕	면류관 면:	291	模	모호할 모	228
忙	바쁠 망	375	棉	목화 면	300	耗	소모할 모	133
罔	없을 망	342	眄	곁눈질할 면:	226	木	나무 목	214
網	그물 망	342	緬	가는 실 면(:)	57	目	눈 목	24
芒	까끄라기 망	375	麪	밀가루 면	57	牧	기를 목	62
惘	멍할 망	343	麵	밀가루 면	226	睦	화목할 목	24
每	매양 매(:)	88	滅	멸할 멸	348	沐	머리 감을 목	214
買	살 매:	203	蔑	업신여길 멸	232	穆	화목할 목	223
賣	팔 매(:)	203	名	이름 명	34	沒	빠질 몰	261
妹	손아래 누이 매	218	命	목숨 명:	62	歿	죽을 몰	261
媒	중매 매	219	明	밝을 명	239	蒙	덮을 몽	230
梅	매화나무 매	88	鳴	울 명	199	夢	꿈 몽	247
埋	묻을 매	286	銘	새길 명	34	墓	무덤 묘:	228
魅	홀릴 매	218	冥	어두울 명	378	妙	묘할 묘:	167
枚	낱 매	220	溟	어두울 명	378	卯	무성할 묘:	85
煤	그을음 매	220	皿	그릇 명:	336	廟	사당 묘:	245
罵	꾸짖을 매:	187	螟	마디충 명	378	苗	싹 묘:	230
邁	멀리 갈 매	166	瞑	어두울 명	378	昴	별자리 이름 묘:	85
呆	어리석을 매 /태, 보전할 보	47	酩	술 취할 명:	34	猫	고양이 묘:	230
			袂	소매 몌	333	描	그릴 묘:	230
昧	새벽 매	219	母	어머니 모:	89	杳	어두울 묘:	220
寐	잠잘 매:	316	毛	털 모	133	渺	아득할 묘:	167
脈	줄기 맥	259	模	본뜰 모	228	無	없을 무	252
麥	보리 맥	226	謀	꾀할 모	219	務	힘쓸 무:	354
貊	종족 이름 맥	165	貌	모양 모	190	武	날랠 무:	117
孟	맏 맹(:)	92	慕	그리워할 모:	143	舞	춤출 무:	129
猛	사나울 맹:	92	某	아무 모:/매실나무 매	219	貿	바꿀 무:	203
盲	맹인 맹	375	暮	저물 모:	228	茂	무성할 무:	349
盟	맹세 맹	239	募	모을 모:	228	戊	다섯째 천간 무:	349
萌	싹 맹	239	冒	무릅쓸 모	291	霧	안개 무:	354
覓	찾을 멱	28	侮	업신여길 모(:)	88	巫	무당 무:	340
面	얼굴 면:	57	矛	창 모	353	蕪	거칠어질 무	252
勉	힘쓸 면:	70	帽	모자 모	291	畝	이랑 무:, 묘:	370
眠	잠잘 면	268	茅	띠 모	354	毋	말 무	88
綿	솜 면	297	謨	꾀 모	228	撫	어루만질 무(:)	252

拇	엄지손가락 무:	89	謐	고요할 밀	142	畔	두둑 반	162
憮	어루만질 무:	252				蟠	쥐며느리 반, 번	279
誣	속일 무:	340				頒	나눌 반/머리 클 분	345
墨	먹 묵	180		ㅂ		攀	더위 잡고 오를 반	265
默	잠잠할 묵	182	朴	성씨 박	215	拌	버릴 반/가를 판	162
門	문 문	329	博	넓을 박	164	發	필 발	129
文	글월 문	149	拍	칠 박	176	髮	터럭 발	134
問	물을 문:	329	迫	다그칠 박	176	拔	뽑을 발	102
聞	들을 문(:)	330	薄	엷을 박	164	渤	바다 이름 발	262
紋	무늬 문	149	泊	머무를 박	262	鉢	바리때 발	214
紊	어지러울 문	149	舶	큰 배 박	175	跋	밟을 발	102
汶	강 이름 문	149	膊	포 박	164	勃	우쩍 일어날 발	262
蚊	모기 문	149	搏	칠 박	164	魃	가물 귀신 발	102
物	물건 물	80	縛	묶을 박	164	醱	술 거듭 빚을 발	129
勿	말 물	80	箔	발 박	262	潑	물 뿌릴 발	129
美	아름다울 미(:)	183	撲	칠 박	221	撥	다스릴 발	129
米	쌀 미	303	剝	벗길 박	266	方	모 방	364
未	아닐 미(:)	218	珀	호박 박	176	放	놓을 방(:)	109
味	맛 미:	218	樸	순박할 박	220	防	막을 방	364
微	작을 미	122	粕	지게미 박	176	房	방 방	328
尾	꼬리 미:	94	駁	얼룩말 박	188	訪	찾을 방:	365
迷	미혹할 미(:)	303	半	절반 반:	162	妨	해로울 방	365
眉	눈썹 미	27	反	뒤집힐 반:	98	芳	꽃다울 방	365
彌	활 부릴 미	171	班	나눌 반	263	倣	본뜰 방	109
靡	쓰러질 미	201	般	일반 반	364	傍	곁 방:	366
薇	고비 미	122	盤	쟁반 반	364	邦	나라 방	289
媚	아첨할 미	27	飯	밥 반	98	紡	지을 방	365
民	백성 민	267	伴	짝 반:	162	旁	두루 방:	366
敏	민첩할 민	88	叛	배반할 반:	162	龐	높은 집 방/알찰 롱	210
憫	불쌍히 여길 민	330	返	돌아올 반:	98	彷	거닐 방(:)	365
旻	가을 하늘 민	149	搬	옮길 반	364	尨	삽살개 방	79
閔	조상할 민	330	潘	뜨물 반, 번	279	謗	헐뜯을 방:	366
玟	옥돌 민	149	磻	땅 이름 반, 번/독 살촉 파	279	坊	동네 방	365
珉	옥돌 민	268				膀	오줌통 방	366
旼	화락할 민	149	槃	쟁반 반	364	幇	도울 방	106
悶	번민할 민	329	斑	얼룩 반	264	昉	밝을 방	365
密	빽빽할 밀	142	攀	명반 반	265	肪	기름 방	365
蜜	꿀 밀	142	絆	말 맬 반	162	榜	도지개 방:	366

390

枋	다목 방	365		帆	돛 범:	328		普	넓을 보:	240
倍	갑절 배(:)	280		梵	바라문 범:	328		譜	계보 보:	240
拜	절 배:	100		氾	넘칠 범:	183		補	기울 보:	326
背	등 배:	324		泛	뜰 범:	371		甫	클 보:	326
配	짝 배:	335		法	법 법	146		輔	도울 보:	326
輩	무리 배:	201		壁	벽 벽	283		潽	물 이름 보:	240
培	북돋울 배:	280		碧	푸를 벽	265		菩	보살 보	280
排	물리칠 배	200		僻	피할 벽	283		堡	작은 성 보:	47
杯	잔 배	152		癖	버릇 벽	284		洑	보 보/나루 복	64
賠	배상할 배:	280		劈	쪼갤 벽	284		服	옷 복	245
俳	배우 배	200		闢	열 벽	284		福	복 복	313
裵	성씨 배	201		擘	엄지손가락 벽	284		復	돌아올 복/다시 부:	121
陪	모실 배:	280		璧	도리옥 벽	284		伏	엎드릴 복	64
胚	아이 밸 배	152		變	변할 변:	51		複	겹옷 복	305
湃	물결 일 배	100		邊	가 변	124		覆	엎어질 복/덮을 부	121
徘	노닐 배	201		辯	말 잘할 변:	359		腹	배 복	304
白	흰 백	175		辨	분별할 변:	359		卜	점 복	170
百	일백 백	165		弁	고깔 변:	112		馥	향기 복	303
伯	맏 백	175		卞	성씨 변:	171		鰒	전복 복	305
柏	측백나무 백	176		別	분별 별	347		僕	종 복	221
魄	넋 백	176		鼈	자라 별	112		匐	기어갈 복	313
帛	비단 백	300		瞥	언뜻 볼 별	112		輻	바퀴살 복, 폭	313
番	차례 번	278		病	병 병:	92		本	근본 본	214
繁	성할 번/말갈기 꾸밀 반	89		兵	병사 병	351		奉	받들 봉:	73
				丙	세 번째 천간 병:	153		鳳	봉황 봉:	199
飜	번역할 번	279		竝	나란히 할 병:	77		封	봉할 봉	106
煩	번민할 번	21		屛	병풍 병(:)	67		峯	산봉우리 봉	268
藩	울 번	279		倂	아우를 병:	67		逢	만날 봉	127
蕃	우거질 번	279		昞	밝을 병:	153		蜂	벌 봉	269
罰	벌 줄 벌	342		秉	잡을 병:	160		俸	녹 봉:	73
伐	칠 벌	61		柄	자루 병:	153		縫	꿰맬 봉	127
閥	가문 벌	61		炳	밝을 병:	153		蓬	쑥 봉	127
筏	뗏목 벌	61		甁	병 병	334		鋒	끝 봉	269
犯	범할 범:	183		餠	떡 병:	335		烽	봉화 봉	269
範	법 범:	361		保	보전할 보(:)	47		捧	받들 봉:	73
凡	무릇 범(:)	328		步	걸음 보:	116		棒	몽둥이 봉	73
汎	넓을 범:	328		報	알릴 보:	245		父	아버지 부	107
范	성 범:	183		寶	보배 보:	312		夫	지아비 부	72

찾아보기 391

部	무리 부	280	墳	무덤 분	144		/스며 흐를 필	142
府	관청 부(:)	320	芬	향내 분	345	丕	클 비	152
富	부자 부:	312	扮	꾸밀 분	345	憊	삼갈 비	142
副	버금 부:/쪼갤 복	313	雰	안개 분	346	毘	도울 비	82
婦	며느리 부	117	盆	동이 분	345	誹	헐뜯을 비	201
否	아닐 부:/나쁠 비	152	焚	불사를 분	214	砒	비소 비:	81
負	질 부:	205	吩	명령할 분:	346	妣	죽은 어머니 비	82
符	부신 부(:)	66	噴	뿜어낼 분	144	鄙	인색할 비:	225
付	줄 부:	65	忿	성낼 분:	345	譬	비유할 비:	284
浮	뜰 부	261	糞	똥 분	278	裨	도울 비	163
賦	세금 거둘 부:	117	不	아닐 불/부	152	臂	팔 비:	284
腐	썩을 부:	320	巿	슬갑 불	298	脾	비장 비(:)	163
附	붙을 부(:)	65	佛	부처 불	356	翡	물총새 비:	201
簿	문서 부:	164	拂	떨칠 불	357	扉	문짝 비	201
扶	도울 부	72	弗	아니 불	356	秕	쭉정이 비:	82
赴	나아갈 부:	79	彿	비슷할 불	357	痺	저릴 비	163
敷	펼 부(:)	327	崩	산 무너질 붕	271	琵	비파 비	82
膚	살갗 부	307	朋	벗 붕	246	沸	물 끓을 비:	
傅	스승 부:	164	鵬	붕새 붕	246		/용솟음칠 불	357
釜	가마 부	107	棚	잔교 붕	246	憊	고달플 비:	326
賻	부의 부:	164	硼	붕산 붕/돌 소리 평	246	蚍	바퀴 비	201
駙	부마 부:	66	繃	묶을 붕	271	庇	덮을 비:	81
訃	부고 부:	170	比	견줄 비:	81	緋	붉은 비단 비:	201
芙	부용 부	72	費	쓸 비:	357	貧	가난할 빈	345
腑	장부 부	320	鼻	코 비:	56	賓	손님 빈	205
斧	도끼 부	107	飛	날 비	201	頻	자주 빈	22
埠	부두 부:	283	備	갖출 비:	326	彬	빛날 빈	214
咐	분부할 부	66	非	아닐 비(:)	200	殯	초빈할 빈	205
剖	가를 부:	280	悲	슬플 비:	200	濱	물가 빈	206
俯	숙일 부:	320	批	비평할 비:	81	嬪	아내 빈	206
孵	부화 부	261	祕	숨길 비:	142	嚬	찡그릴 빈	22
北	북녘 북/달아날 배:	324	碑	비석 비	163	瀕	물가 빈	22
分	나눌 분(:)	345	妃	왕비 비	138	氷	얼음 빙	258
粉	가루 분(:)	345	婢	여자종 비	163	聘	부를 빙	23
憤	분할 분:	144	肥	살찔 비:	102	馮	말 빨리 달릴 빙	
奔	달아날 분	74	卑	낮을 비:	163		/성 풍	189
奮	떨칠 분:	334	匪	상자 비:	200	憑	기댈 빙	189
紛	어지러울 분	345	泌	물 졸졸 흐를 비				

人

四	넉 사:	165	泗	물 이름 사:	165	床	평상 상	214
事	일 사:	338	些	적을 사	116	想	생각할 상:	25
社	모일 사	172	麝	사향노루 사:	78	狀	모양 상/문서 장:	182
使	하여금 사:	37	祠	제사 사	44	傷	다칠 상	67
死	죽을 사:	136	紗	깁 사/작을 묘	167	象	코끼리 상	186
史	사관 사:	37	嗣	이을 사:	44	霜	서리 상	249
士	선비 사:	352	奢	사치할 사	136	裳	치마 상	168
仕	배울 사(:)	352	娑	춤출 사	167	桑	뽕나무 상	220
寫	베낄 사	312	徙	옮길 사:	121	喪	죽을 상(:)	44
思	생각할 사(:)	141	瀉	쏟을 사(:)	312	詳	자세할 상	184
査	조사할 사	154	獅	사자 사(:)	299	尙	오히려 상(:)	168
寺	절 사/내시 시	105	蓑	도롱이 사	301	像	형상 상	186
師	스승 사	299	削	깎을 삭	305	償	갚을 상	205
謝	사례할 사:	78	朔	초하루 삭	246	祥	상서로울 상	173
舍	집 사	50	山	뫼 산	268	嘗	맛볼 상	168
辭	말씀 사	195	算	셈할 산:	222	箱	상자 상	25
私	사사로울 사	145	産	낳을 산:	233	庠	학교 상	173
糸	실 사	294	散	흩어질 산:	108	爽	시원할 상:	171
絲	실 사	294	傘	우산 산	67	翔	날 상	183
射	쏠 사(:)	78	酸	실 산	269	觴	잔 상	67
邪	간사할 사/땅 이름 야	56	疝	산증 산	268	孀	홀어미 상	249
沙	모래 사	167	珊	산호 산	290	璽	옥새 새	171
司	맡을 사	44	刪	깎을 산	290	色	빛 색	175
蛇	뱀 사	209	殺	죽일 살/덜 쇄:	110	索	찾을 색/동아줄 삭	297
斜	기울 사	66	撒	뿌릴 살	108	塞	막을 색/변방 새	314
詞	말 사	44	煞	죽일 살	110	嗇	아낄 색	44
祀	제사 사	138	薩	보살 살	233	生	날 생	233
巳	뱀 사:	138	三	석 삼	151	牲	희생 생	233
捨	버릴 사:	50	森	빽빽할 삼	214	甥	생질 생	275
斯	이 사	350	蔘	인삼 삼	151	西	서녘 서	378
詐	속일 사	61	滲	거를 삼	151	書	글 서	48
賜	줄 사:	241	揷	꽂을 삽	102	序	차례 서:	339
似	비슷할 사:	63	澁	막힐 삽	115	恕	용서할 서:	86
赦	용서할 사:	178	上	위 상:	153	緖	실마리 서:	135
飼	먹일 사	44	商	장사할 상	40	徐	천천히 서(:)	66
唆	부추길 사	270	相	서로 상	25	署	관청 서:	342
			賞	상 줄 상	205	暑	더울 서:	135
			常	떳떳할 상	168	敍	펼 서:	66

찾아보기 393

逝	갈 서:	102	璇	아름다운 옥 선	366	城	성 성	350
庶	여러 서:	318	瑄	도리옥 선	312	星	별 성	243
誓	맹세할 서:	102	璿	아름다운 옥 선	26	晟	밝을 성	350
瑞	서옥 서:	78	煽	부채질할 선	329	醒	술 깰 성	243
舒	펼 서:	339	銑	금 선	69	世	세상 세:	152
抒	덜 서:	339	膳	반찬 선:	35	洗	씻을 세:	69
棲	깃들일 서:	87	羨	부러워할 선:		歲	해 세:	115
犀	무소 서:	182		/묘도 연:	184	勢	형세 세:	140
胥	서로 서	118	扇	사립문 선	328	稅	세금 세:	50
薯	참마 서:	342	腺	샘 선	261	細	가늘 세:	296
黍	기장 서:	225	雪	눈 설	248	貰	세낼 세:	152
嶼	섬 서(:)	334	說	말씀 설/달랠 세:		小	작을 소:	166
曙	새벽 서:	342		/기쁠 열	50	少	적을 소:	167
鼠	쥐 서:	190	設	베풀 설	111	所	바 소:	350
壻	사위 서:	118	舌	혀 설	50	消	사라질 소	305
夕	저녁 석	247	薛	성 설	284	笑	웃음 소:	73
席	자리 석	299	卨	사람 이름 설	173	掃	쓸 소(:)	117
石	돌 석	264	屑	수고할 설	306	素	흴 소(:)	296
惜	아낄 석	242	泄	샐 설/강 이름 예	152	訴	하소연할 소	351
釋	풀 석	188	洩	샐 설/펄펄 날 예	49	燒	불사를 소(:)	285
昔	옛 석	242	渫	칠 설/통할 접	209	疏	통할 소	259
析	쪼갤 석	220	纖	가늘 섬	227	蘇	깰 소	231
碩	클 석	265	陝	고을 이름 섬	270	召	부를 소	45
錫	주석 석	241	蟾	두꺼비 섬	26	昭	밝을 소	240
奭	클 석	165	暹	나라 이름 섬	125	蔬	나물 소	259
晳	밝을 석	220	閃	엿볼 섬	330	騷	시끄러울 소	93
潟	개펄 석	312	殲	다 죽일 섬	227	紹	이을 소	45
先	먼저 선	69	攝	당길 섭	23	沼	늪 소	45
線	줄 선	261	涉	건널 섭	116	巢	둥지 소	215
鮮	고울 선	206	燮	불꽃 섭	252	邵	고을 이름 소	45
仙	신선 선	60	姓	성씨 성:	233	簫	퉁소 소	341
善	착할 선:	35	成	이룰 성	349	塑	흙 이겨 만들 소	246
選	가릴 선:	127	省	살필 성/줄일 생	24	遡	거스를 소	246
船	배 선	364	性	성품 성:	233	逍	노닐 소	306
宣	베풀 선	312	誠	정성 성	350	蕭	쓸쓸할 소	341
禪	터 닦을 선	43	聲	소리 성	23	瘙	종기 소	93
旋	돌 선	365	盛	담을 성:	350	疎	통할 소	217
繕	기울 선:	35	聖	성인 성:	45	甦	소생할 소	233

梳	얼레빗 소	260	壽	목숨 수	353	孰	누구 숙	92
宵	밤 소	306	帥	장수 수		夙	일찍 숙	199
搔	긁을 소	93		/차는 수건 솔, 세	299	菽	콩 숙	100
速	빠를 속	216	殊	다를 수	219	塾	글방 숙	92
束	묶을 속	216	輸	실어 보낼 수	235	順	순할 순:	257
續	이을 속	203	隨	따를 수	272	純	순수할 순	234
俗	풍속 속	268	需	쓸 수	249	旬	열흘 순	243
屬	붙을 속/부탁할 촉	95	垂	드리울 수	282	瞬	눈 깜짝할 순	130
粟	조 속	303	獸	짐승 수	183	巡	순행할 순	250
贖	속 바칠 속	203	睡	졸 수	282	循	돌 순	27
孫	손자 손(:)	92	須	모름지기 수	21	殉	따라 죽을 순	243
損	덜 손:	42	雖	비록 수	197	脣	입술 순	207
遜	겸손할 손:	92	誰	누구 수	196	盾	방패 순	27
送	보낼 송:	126	搜	찾을 수	103	舜	임금 이름 순	130
頌	칭송할 송:	158	囚	가둘 수	287	珣	옥 이름 순	243
松	소나무 송	158	遂	드디어 수	187	淳	순박할 순	374
訟	송사할 송:	158	銖	저울눈 수	219	洵	참으로 순	243
誦	외울 송:	124	隋	수나라 수/떨어질 타	272	荀	풀이름 순	243
宋	성씨 송:	314	洙	물가 수	219	醇	진한 술 순	374
悚	두려워할 송:	217	蒐	꼭두서니 수	175	筍	죽순 순	243
鎖	쇠사슬 쇄:	266	嫂	형수 수	103	馴	길들일 순	258
刷	인쇄할 쇄:	347	戍	수자리 수	63	術	재주 술	124
碎	부술 쇄:	162	髓	골수 수	272	述	좇을 술	124
灑	뿌릴 쇄:	190	酬	갚을 수	258	戌	열한 번째 지지 술	348
衰	쇠할 쇠/상복 최/도롱이 사	301	袖	소매 수	276	崇	높일 숭	315
			羞	부끄러워할 수	185	瑟	거문고 슬	263
水	물 수	258	狩	사냥할 수	310	膝	무릎 슬	261
手	손 수(:)	100	繡	수놓을 수:	342	習	익힐 습	200
數	셈할 수:/자주 삭	109	粹	순수할 수/싸라기 쇄	162	濕	젖을 습/물 이름 답	294
樹	나무 수	220	竪	세울 수	281	拾	주울 습/갖은자 열 십	160
首	머리 수	21	穗	이삭 수	142	襲	엄습할 습	210
修	닦을 수	145	瘦	파리할 수	103	勝	이길 승	189
受	받을 수(:)	99	讎	원수 수	197	承	이을 승	101
守	지킬 수	310	宿	잘 숙/별 수:	311	乘	탈 승	371
授	줄 수	99	叔	아저씨 숙	99	昇	해 오를 승	164
收	거둘 수	296	肅	엄숙할 숙	341	僧	중 승	48
秀	빼어날 수	224	淑	맑을 숙	99	升	되 승	164
愁	근심 수	224	熟	익을 숙	92	繩	줄 승	211

丞	받들 승	154	申	펼 신	277	牙	어금니 아	56
時	때 시	105	愼	삼갈 신:	26	餓	주릴 아:	350
市	저자 시:	298	辛	매울 신	359	訝	맞을 아	56
始	처음 시:	46	伸	펼 신	277	衙	마을 아/갈 어	41
示	보일 시:	172	晨	새벽 신	207	啞	벙어리 아(:)	
詩	시 시	105	紳	큰 띠 신:	277		/웃음소리 액	156
試	시험할 시(:)	325	腎	콩팥 신:	281	俄	기울 아	350
視	볼 시:	28	薪	땔나무 신	351	惡	악할 악/싫어할 오	156
施	베풀 시:	367	迅	빠를 신	52	岳	큰 산 악	268
是	옳을 시:	239	蜃	무명조개 신	207	握	쥘 악	94
侍	모실 시:	105	燼	탄 나머지 신:	337	堊	백토 악	156
矢	화살 시:	358	宸	집 신	207	愕	놀랄 악	22
屍	주검 시:	137	娠	애 밸 신	207	顎	턱 악	22
柴	섶나무 시:/울장 채	116	呻	신음할 신	277	安	편안할 안	310
柿	감나무 시:	298	訊	물을 신:	52	案	책상 안:	310
匙	숟가락 시:	240	室	집 실	202	眼	눈 안:	29
媤	시집 시	141	失	잃을 실	72	顔	얼굴 안:	133
弑	죽일 시:	326	實	열매 실	204	岸	언덕 안:	354
猜	시기할 시	179	悉	다 실	145	雁	기러기 안:	198
諡	시호 시:	158	心	마음 심	141	晏	맑을 안:	310
豺	승냥이 시:	100	深	깊을 심	101	鞍	안장 안:	310
食	밥 식/기를 사	303	甚	심할 심:	53	按	누를 안(:)	310
植	심을 식	25	審	살필 심(:)	311	謁	뵐 알	51
式	법 식	325	尋	찾을 심	105	閼	막을 알/한가할 어	
識	알 식/기록할 지	23	瀋	즙낼 심:	311		/흉노 왕비 연	367
息	쉴 식	143	十	열 십	160	斡	돌 알	194
殖	자랄 식	25	什	열 사람 십/세간 집	161	軋	삐걱거릴 알	195
飾	꾸밀 식	304	雙	쌍 쌍	197	暗	어두울 암:	52
軾	수레 앞턱 가로나무 식	325	氏	성씨 씨	267	巖	바위 암	36
湜	맑을 식	239				癌	암 암:	93
熄	꺼질 식	143				闇	닫힌 문 암:	52
蝕	일식 식	303		ㅇ		庵	암자 암	75
拭	닦을 식	326	兒	아이 아	68	壓	누를 압	267
身	몸 신	78	雅	아담할 아(:)	196	押	누를 압/단속할 갑	276
神	귀신 신	277	我	나 아:	350	鴨	오리 압	277
信	믿을 신:	60	阿	언덕 아	41	仰	우러를 앙:	65
新	새로울 신	351	亞	버금 아(:)	156	央	가운데 앙	75
臣	신하 신	30	芽	싹 아	56	殃	재앙 앙	75

昂	밝을 앙	65	陽	볕 양	272	餘	남을 여	66
怏	원망할 앙	75	洋	큰 바다 양	184	如	같을 여	86
秧	모 앙	75	養	기를 양:	304	與	줄 여:	334
鴦	원앙 앙	75	羊	양 양	183	輿	수레 여:	362
愛	사랑 애(:)	141	樣	모양 양	258	汝	너 여:	86
哀	슬플 애	35	讓	사양 양:	300	余	나 여	66
涯	물가 애	283	壤	흙 양:	300	予	나 여	338
礙	거리낄 애:	118	揚	날릴 양	272	逆	거스릴 역	246
艾	쑥 애	229	楊	버들 양	272	域	지경 역	348
埃	티끌 애	358	孃	여자 양	300	易	바꿀 역/쉬울 이:	241
崖	벼랑 애	283	襄	도울 양(:)	300	疫	전염병 역	111
曖	가릴 애	141	攘	훔칠 양:	300	亦	또 역/클 역, 혁	373
隘	좁을 애	336	恙	근심 양:	183	役	부릴 역	111
靄	아지랑이 애:	51	釀	빚을 양	301	譯	통역할 역	188
液	진 액	247	癢	가려울 양:	304	驛	역말 역	188
額	이마 액	311	瘍	두창 양	272	繹	풀어낼 역	188
厄	재앙 액/옹이 와	267	語	말씀 어	41	然	그러할 연	251
扼	잡을 액	267	漁	고기 잡을 어	206	煙	연기 연	251
腋	겨드랑이 액	247	魚	물고기 어	206	研	갈 연:	265
縊	목맬 액, 의	336	御	마부 어:	122	演	긴 물줄기 연:	315
櫻	앵두나무 앵	88	於	어조사 어/탄식할 오	367	燃	불탈 연	251
鶯	꾀꼬리 앵	209	圄	가둘 어	41	鉛	납 연	364
夜	밤 야:	247	禦	막을 어	122	緣	인연 연	296
野	들 야:	339	瘀	어혈 어	367	延	뻗칠 연	122
也	어조사 야:	194	億	억 억	166	沿	따를 연(:)	364
耶	어조사 야/간사할 사	24	憶	기억할 억	141	軟	연약할 연:	54
惹	이끌 야:	230	抑	누를 억	65	宴	잔치 연:	310
倻	나라 이름 야	24	臆	가슴 억	141	燕	제비 연(:)	250
揶	농지거리할 야:	24	言	말씀 언	50	硯	벼루 연:	27
冶	불릴 야:	46	焉	어찌 언	250	衍	넘칠 연	128
爺	아비 야	107	彦	선비 언:	133	妍	고울 연	265
弱	약할 약	357	堰	방죽 언	284	淵	못 연	341
藥	약 약	216	諺	상말 언:	134	鳶	솔개 연	325
約	묶을 약	294	嚴	엄할 엄	36	捐	버릴 연	297
若	같을 약/반야 야	230	掩	가릴 엄:	75	筵	대자리 연	123
躍	뛸 약	199	奄	문득 엄:	75	椽	서까래 연	296
蒻	어수리 약	295	儼	의젓할 엄	36	熱	더울 열	140
龠	피리 약	150	業	업 업	218	悅	기쁠 열	50

찾아보기 397

閱	검열할 열	69	誤	그르칠 오:	47	莞	왕골 완	316
染	물들 염:	165	烏	까마귀 오	199	婉	순할 완:	316
鹽	소금 염	308	悟	깨달을 오:	41	宛	완연 완	315
炎	불꽃 염	250	嗚	탄식할 오	199	玩	희롱할 완:	69
厭	싫을 염	266	娛	기뻐할 오:	47	腕	팔 완(:)	316
閻	마을 염	274	吾	나 오	41	阮	관문 이름 완:	69
焰	불꽃 염	274	傲	거만할 오:	62	頑	완고할 완	69
艶	고울 염:	324	汚	더러울 오:	262	曰	가로 왈	48
葉	잎사귀 엽	209	梧	오동나무 오(:)	41	王	임금 왕	263
燁	빛날 엽	229	墺	물가 오:	75	往	갈 왕:	369
英	꽃부리 영	228	吳	성씨 오	47	汪	넓을 왕(:)	263
永	길 영:	258	奧	그윽할 오(:)		旺	왕성할 왕:	263
榮	영화로울 영	209		/따뜻할 욱	75	枉	굽을 왕:	263
迎	맞이할 영	65	懊	한할 오:	75	歪	왜곡할 왜/기울 외	152
映	비출 영(:)	75	伍	다섯 사람 오:	156	倭	왜국 왜	86
營	경영할 영	209	寤	깰 오	316	矮	난쟁이 왜	86
影	그림자 영:	244	屋	집 옥	94	外	바깥 외:	247
詠	읊을 영:	258	玉	구슬 옥	262	畏	두려울 외:	278
泳	헤엄칠 영:	258	獄	감옥 옥	182	巍	높을 외, 위	175
盈	찰 영	338	鈺	보배 옥	262	猥	함부로 외:	278
瑛	옥빛 영	229	沃	물댈 옥	73	要	중요 요(:)	378
暎	비칠 영	229	溫	따뜻할 온	287	曜	빛날 요:	200
嬰	갓난아이 영	88	穩	평온할 온	273	謠	노래 요	103
藝	재주 예:	140	蘊	쌓을 온:	287	遙	멀 요	103
豫	미리 예:	186	擁	안을 옹:	198	腰	허리 요	378
譽	기릴 예:	334	翁	늙은이 옹	158	搖	흔들 요	103
銳	날카로울 예:	50	甕	독 옹:	198	妖	괴이할 요	73
預	맡길 예:	339	雍	화할 옹	198	姚	예쁠 요	71
芮	성씨 예:		邕	막을 옹	289	堯	요임금 요	285
	/나라 이름 열	236	甕	막을 옹	198	耀	빛날 요	199
睿	밝을 예:	26	瓦	기와 와	334	擾	길들일 요	143
濊	종족 이름 예:	115	臥	누울 와	30	窈	그윽할 요:	89
詣	이를 예:	244	訛	그릇될 와:	324	窯	가마 요	184
曳	끌 예:	49	渦	소용돌이 와		邀	맞을 요	221
穢	더러울 예:	115		/물 이름 과	173	饒	넉넉할 요	285
裔	후손 예:	300	蝸	달팽이 와	173	僥	요행 요	285
五	다섯 오:	155	完	완전할 완	316	凹	오목할 요	33
午	낮 오:	161	緩	느릴 완:	101	祅	재앙 요	174

拗	꺾을 요/누를 욱	89	祐	도울 우:	34	媛	미인 원	100
夭	일찍 죽을 요:	73	虞	염려할 우	47	冤	원통할 원(:)	71
浴	목욕할 욕	268	迂	피할 우	156	猿	원숭이 원	301
慾	욕심 욕	53	寓	부쳐 살 우:	125	鴛	원앙 원	231
欲	하고자 할 욕	53	嵎	산모퉁이 우	125	月	달 월	245
辱	욕될 욕	208	隅	모퉁이 우	125	越	넘을 월	79
勇	날랠 용:	124	旭	아침 해 욱	166	偉	기특할 위	130
用	쓸 용:	326	昱	햇빛 밝을 욱	244	位	자리 위	76
容	얼굴 용	313	煜	빛날 욱	244	衛	지킬 위	130
庸	떳떳할 용	318	郁	성할 욱	245	爲	할 위(:)	104
熔	녹일 용	313	頊	삼갈 욱	21	圍	지킬 위	130
傭	품팔이 용	318	運	운반할 운:	361	委	맡길 위	86
瑢	패옥 소리 용	313	雲	구름 운	249	威	위엄 위	348
溶	녹을 용	313	韻	운율 운:	52	慰	위로할 위	107
鎔	녹일 용	313	云	이를 운	157	危	위태할 위	85
鏞	종 용	318	芸	향초 이름 운	157	胃	밥통 위	307
踊	뛸 용:	124	耘	김맬 운	157	僞	거짓 위	104
蓉	연꽃 용	313	殞	죽을 운:	42	謂	말할 위	307
茸	우거질 용:	22	隕	떨어질 운:	42	違	어길 위	130
聳	솟을 용:/두려워할 송	121	鬱	답답할 울	308	緯	씨줄 위	130
涌	샘 솟을 용:	124	蔚	고을 이름 울/제비쑥 위	107	尉	벼슬 위	107
右	오른 우:	34	雄	수컷 웅	197	渭	물 이름 위	307
友	벗 우:	98	熊	곰 웅	305	韋	어길 위	130
雨	비 우:	248	園	동산 원	301	魏	나라 이름 위	175
牛	소 우	182	遠	멀 원:	301	萎	시들 위	86
優	넉넉할 우	143	元	으뜸 원	69	有	있을 유:	245
遇	만날 우:	125	原	근원 원	266	由	말미암을 유	275
郵	우편 우	282	院	집 원	316	油	기름 유	275
憂	근심 우	143	願	바랄 원:	266	遊	놀 유	366
偶	짝 우:	125	圓	둥글 원	42	乳	젖 유	195
宇	집 우:	156	員	수효 원	42	儒	선비 유	249
愚	어리석을 우	125	怨	원망할 원(:)	231	遺	남길 유	203
羽	깃 우:	199	援	도울 원:	100	猶	머뭇거릴 유	335
于	어조사 우	156	源	근원 원	266	幽	그윽할 유	90
尤	더욱 우	78	苑	나라 동산 원:	231	幼	어릴 유	89
又	또 우:	98	瑗	도리옥 원	101	柔	부드러울 유	214
佑	도울 우:	34	袁	옷 길 원	301	維	벼리 유	196
禹	사람 이름 우(:)	191				裕	넉넉할 유:	268

誘	꾈 유	224	乙	새 을	194	伊	저 이	95
悠	멀 유	145	音	소리 음	52	珥	귀고리 이:	22
唯	오직 유	196	飮	마실 음(:)	303	餌	먹을 이:	22
酉	닭 유	335	陰	그늘 음	271	姨	이모 이	74
愈	병 나을 유	235	淫	음란할 음	353	痍	상처 이	74
惟	생각할 유	143	吟	읊을 음	60	爾	너 이:	171
庾	곳집 유	333	蔭	그늘 음	271	弛	느슨할 이:	195
兪	마상이 유	235	邑	고을 읍	289	益	더할 익	336
踰	넘을 유	235	泣	울 읍	76	翼	날개 익	200
榆	느릅나무 유	235	揖	읍 읍	363	翊	도울 익	200
揄	빈정거릴 유	236	應	응당 응:	198	翌	다음날 익	76
柚	유자나무 유	276	凝	엉길 응:	118	人	사람 인	60
游	헤엄칠 유	366	鷹	매 응(:)	198	因	인할 인	288
鍮	놋쇠 유	235	膺	가슴 응:	198	印	도장 인	84
癒	나을 유	235	意	뜻 의:	141	引	끌 인	357
諛	아첨할 유	333	醫	의원 의	335	認	알 인	144
諭	말할 유	236	衣	옷 의	300	仁	어질 인	60
蹂	밟을 유	214	議	의논할 의(:)	184	忍	참을 인	144
喩	깨우칠 유	235	義	옳을 의:	184	寅	삼갈 인	315
愉	즐거울 유	236	依	의지할 의	300	姻	시집 인	288
宥	용서할 유	245	儀	거동 의	184	刃	칼날 인:	346
育	기를 육	304	疑	의심할 의	118	蚓	지렁이 인	357
肉	고기 육	304	矣	어조사 의	358	靭	질길 인	346
潤	윤택할 윤:	330	宜	마땅할 의	315	咽	목구멍 인/목멜 열/삼킬 연	288
閏	윤달 윤:	330	毅	굳셀 의	111			
允	진실로 윤:	70	椅	의나무 의	74	湮	잠길 인	251
胤	이을 윤	304	擬	헤아릴 의:	118	一	한 일	150
鈗	병기 윤	70	誼	옳을 의	315	日	날 일	239
尹	성씨 윤:	95	二	두 이:	155	逸	편안할 일	71
融	녹을 융	338	以	써 이:	63	壹	전일할 일	150
絨	융 융	349	耳	귀 이:	22	佾	춤 일	67
戎	병장기 융	349	移	옮길 이	247	鎰	중량 이름 일	336
銀	은 은	29	異	다를 이:	278	溢	넘칠 일	336
恩	은혜 은	288	已	이미 이:	138	佚	편안할 일/방탕할 질	72
隱	숨을 은	273	而	어조사 이	134	任	맡길 임(:)	352
垠	지경 은	29	夷	오랑캐 이	74	壬	클 임:	352
誾	온화할 은	329	貳	둘 이:	155	賃	품삯 임:	352
殷	은나라 은	111	怡	기쁠 이	46	妊	아이 밸 임:	353

入	들 입	234	芍	작약 작	80	醬	장 장:	106
剩	남을 잉:	371	雀	참새 작	167	杖	지팡이 장(:)	153
孕	아이 밸 잉:	371	鵲	까치 작	242	匠	장인 장	351
			殘	해칠 잔	119	仗	의장 장	153
			盞	잔 잔	119	才	재주 재	100

ㅈ

子	아들 자	90	棧	시렁 잔	119	在	있을 재:	91
自	스스로 자/코 비	56	暫	잠시 잠(:)	352	財	재물 재	100
字	글자 자	91	潛	잠길 잠	208	材	재목 재	100
者	놈 자	135	蠶	누에 잠	208	災	재앙 재	250
資	재물 자	53	箴	경계 잠	40	再	두 재:	290
姿	모양 자:	54	簪	비녀 잠	208	栽	심을 재	363
姉	손위누이 자	298	雜	섞일 잡	197	裁	마름질할 재	363
紫	자줏빛 자	116	長	길 장(:)	134	載	실을 재:	363
慈	사랑 자	180	場	마당 장	272	哉	어조사 재	363
刺	찌를 자:, 척	222	章	글월 장	77	宰	재상 재:	315
恣	방자할 자:	54	將	장수 장(:)	106	齋	재계할 재/상복 자	226
玆	이 자/검을 현	180	障	막힐 장	77	滓	찌끼 재	315
磁	자석 자	180	奬	권면할 장(:)	106	爭	다툴 쟁	104
諮	물을 자:	54	裝	꾸밀 장	353	錚	쇳소리 쟁	104
雌	암컷 자	116	腸	창자 장	272	貯	쌓을 저:	150
滋	불을 자	180	張	베풀 장	356	低	낮을 저:	318
疵	흉 자	116	壯	씩씩할 장:	353	底	밑 저:	318
仔	자세할 자	90	帳	장막 장	299	著	나타낼 저:	229
蔗	사탕수수 자	319	莊	풀 무성할 장	353	抵	막아낼 저:	318
炙	고기 구울 자, 적	249	葬	장사 지낼 장:	137	沮	막을 저:	154
煮	삶을 자(:)	136	臟	오장 장:	230	狙	엿볼 저:	155
藉	깔 자:/밟을 적	221	粧	단장 장	318	豬	돼지 저	187
瓷	사기그릇 자	54	掌	손바닥 장:	168	箸	젓가락 저/붙을 착	136
作	지을 작	61	丈	어른 장:	153	咀	씹을 저	155
昨	어제 작	61	藏	감출 장:	230	詛	저주할 저:	155
酌	술 작	178	墻	담 장	279	躇	머뭇거릴 저 /뛰어 건널 착	229
爵	벼슬 작	104	獐	노루 장	77	邸	집 저:	318
炸	터질 작	62	庄	농막 장	317	觝	닥뜨릴 저:/칠 지	318
勺	구기 작	80	璋	반쪽 홀 장	77	的	과녁 적	178
灼	사를 작	80	蔣	성씨 장	106	赤	붉을 적	178
綽	너그러울 작	161	檣	돛대 장	44	敵	대적할 적	125
嚼	씹을 작	104	薔	장미 장	45	積	쌓을 적	204
			漿	미음 장	106			

찾아보기 401

籍	문서 적	221	癲	미칠 전:	22	貞	곧을 정	204
適	맞을 적	125	煎	달일 전(:)	347	征	칠 정	116
績	길쌈 적	204	澱	앙금 전	110	訂	바로잡을 정	150
賊	도둑 적	349	剪	자를 전(:)	347	艇	거룻배 정	123
跡	자취 적	373	氈	모전 전	281	偵	정탐할 정	204
寂	고요할 적	100	悛	고칠 전:	270	呈	드릴 정	45
笛	피리 적	275	篆	전자 전	297	汀	물가 정	150
摘	딸 적	125	奠	제사 지낼 전:	335	楨	광나무 정	204
蹟	발자취 적	204	節	마디 절	221	晶	맑을 정	241
滴	물방울 적	125	切	끊을 절/모두 체	151	鼎	솥 정	341
嫡	맏아들 적	126	絶	끊을 절	175	鄭	나라 이름 정:	289
謫	귀양 갈 적	126	折	꺾을 절	102	禎	상서 정	204
狄	오랑캐 적	250	竊	훔칠 절	317	旌	기 정	365
迹	자취 적	373	截	끊을 절	363	珽	옥 이름 정	123
電	번개 전:	277	店	가게 점:	170	錠	제기 이름 정	314
前	앞 전	347	點	점 점(:)	170	挺	빼어날 정	123
全	온전 전	234	占	점칠 점	170	町	밭두둑 정	151
戰	싸울 전:	43	漸	점점 점:	352	睛	눈알 정	179
傳	전할 전	107	霑	젖을 점	170	碇	닻 정	314
典	법 전:	159	粘	붙을 점	170	穽	함정 정	156
展	펼 전:	94	接	교제할 접	87	釘	못 정	151
田	밭 전	274	蝶	나비 접	209	靖	편안할 정(:)	179
專	오로지 전	107	正	바를 정(:)	115	幀	그림 족자 정	205
轉	구를 전:	107	庭	뜰 정	123	酊	술 취할 정	151
錢	돈 전:	119	定	정할 정:	314	弟	아우 제:	356
殿	전각 전:	110	情	뜻 정	178	第	차례 제:	356
甸	경기 전	278	停	머무를 정	373	題	제목 제	240
塡	메울 전	26	政	정사 정	115	濟	건널 제:	226
箋	문서 전	119	程	한도 정	45	提	끌 제	239
餞	전송할 전:	119	精	깨끗할 정	303	制	만들 제:	346
顫	떨릴 전:	282	靜	고요할 정	104	製	지을 제:	347
顚	이마 전:	22	丁	고무래 정	150	除	덜 제	66
銓	저울 전(:)	235	整	가지런할 정:	116	際	사이 제:	172
輾	구를 전:	94	淨	깨끗할 정	104	祭	제사 제:	172
纏	얽힐 전	320	頂	정수리 정	150	帝	임금 제:	298
栓	나무 못 전	234	井	우물 정(:)	156	諸	모두 제	135
箭	화살 전:	347	亭	정자 정	373	齊	가지런할 제/재최 재, 자	226
廛	가게 전:	320	廷	조정 정	123			

堤	둑 제	239	遭	만날 조	49	週	주일 주	43
劑	조절할 제	226	槽	구유 조	49	州	고을 주	258
啼	울 제	299	繰	야청 비단 조/고치 켤 소	41	走	달릴 주	79
梯	사다리 제	356				酒	술 주(:)	335
悌	공경할 제:	356	糟	지게미 조	49	朱	붉을 주	219
蹄	굽 제	298	稠	빽빽할 조	43	周	두루 주	43
祖	할아버지 조	154	漕	배로 실어 나를 조	49	柱	기둥 주	369
朝	아침 조	245	眺	바라볼 조:	71	珠	구슬 주	219
調	고를 조	43	足	발 족	118	株	그루 주	219
操	잡을 조(:)	41	族	겨레 족	366	奏	아뢸 주(:)	73
鳥	새 조	199	簇	조릿대 족	366	洲	섬 주	258
助	도울 조:	154	尊	높을 존/술그릇 준	106	鑄	부어 만들 주	353
早	일찍 조	240	存	있을 존	91	宙	집 주:	275
造	지을 조	38	卒	마칠 졸	162	舟	배 주	364
條	가지 조	218	拙	졸할 졸	33	駐	머무를 주:	369
潮	조수 조	245	猝	갑자기 졸	162	疇	밭두둑 주	353
組	짤 조	154	種	씨 종(:)	286	躊	머뭇거릴 주:	353
租	세금 조	154	終	마칠 종	257	輳	모일 주	73
照	비출 조:	240	宗	마루 종	314	誅	벨 주	219
兆	조짐 조	70	鐘	쇠북 종	77	做	지을 주	108
燥	마를 조	41	從	따를 종(:)	121	胄	맏아들 주	276
弔	조문할 조:	357	縱	세로 종	121	呪	빌 주:	69
措	그만둘 조	242	綜	모일 종	314	嗾	부추길 주, 수, 촉	366
釣	낚시 조:	178	琮	옥홀 종	315	廚	부엌 주	320
彫	새길 조	43	踵	발꿈치 종	286	紂	주임금 주	104
趙	조나라 조:	305	慫	권할 종	121	紬	명주 주	276
曺	성씨 조	48	腫	부스럼 종:	286	註	주낼 주:	369
祚	복 조	61	踪	발자취 종	315	冑	투구 주	276
詔	고할 조:	45	左	왼 좌:	340	竹	대 죽	221
藻	꾸밀 조:	42	座	자리 좌:	282	準	법도 준:	260
躁	성급할 조	42	坐	앉을 좌:	282	遵	좇을 준	106
阻	험할 조	155	佐	도울 좌:	340	俊	준걸 준	269
凋	시들 조	43	挫	꺾을 좌:	282	准	법도 준	257
嘲	비웃을 조	246	罪	허물 죄:	342	駿	준마 준	270
曹	무리 조	49	住	살 주:	369	濬	깊을 준	26
棗	대추나무 조	223	主	주인 주	369	浚	깊을 준	270
粗	거칠 조	155	注	물 댈 주:	369	晙	밝을 준:	269
肇	시작할 조:	43	晝	낮 주	222	峻	산 높을 준:	269

埈	험할 준:	269	址	터 지	115	迭	갈마들 질	72
竣	마칠 준:	270	咫	여덟 치 지	37	嫉	미워할 질	93
樽	술통 준	106	摯	잡을 지	280	朕	나 짐:	
蠢	꿈틀거릴 준:	240	枳	탱자나무 지/해칠 기	37		/가죽으로 만들 진	126
中	가운데 중	369	祉	복 지	115	斟	짐작할 짐	53
重	무거울 중:	286	肢	팔다리 지	110	集	모일 집	196
衆	무리 중:	308	直	곧을 직	24	執	잡을 집	280
仲	버금 중(:)	369	職	직분 직	23	輯	모일 집	363
卽	곧 즉	84	織	짤 직	23	徵	부를 징/음률 이름 치	122
櫛	빗 즐	221	稷	기장 직/기울 측	225	懲	징계할 징	122
葺	지붕 일 즙	363	稙	올벼 직	25	澄	맑을 징	128
汁	즙 즙	161	進	나아갈 진:	125			
增	더할 증	48	眞	참 진	25			
證	증거 증	128	珍	보배 진	264		**ㅊ**	
憎	미워할 증	48	盡	다할 진:	337	次	버금 차	53
曾	일찍 증	48	陣	진칠 진	361	差	어긋날 차	341
症	증세 증(:)	116	陳	펼 진	215	此	이 차	116
蒸	찔 증	232	震	벼락 진:	249	借	빌릴 차:	242
贈	줄 증	48	鎭	진압할 진(:)	26	且	또 차:/도마 조	
紙	종이 지	267	辰	별 진, 신	207		/수두룩할 저	154
地	땅 지	195	振	떨칠 진:	207	遮	가릴 차(:)	318
知	알 지	358	診	볼 진	264	叉	갈래 차	98
止	그칠 지	115	津	나루 진(:)	222	嗟	탄식할 차:	341
志	뜻 지	352	塵	티끌 진	189	蹉	어긋날 차	341
指	가리킬 지	244	秦	나라 이름 진	224	着	붙을 착/나타날 저	184
支	지탱할 지	109	晉	진나라 진:	240	錯	어긋날 착/둘 조	242
至	이를 지	202	嗔	성낼 진	26	捉	잡을 착	118
持	가질 지	105	疹	홍역 진	264	搾	짤 착/술주자 자	62
智	지혜 지	358	質	바탕 질	205	窄	좁을 착	62
誌	기록할 지	352	疾	병 질	93	鑿	뚫을 착	103
之	갈 지	371	秩	차례 질	72	讚	기릴 찬:	205
池	연못 지	195	姪	조카 질	88	贊	도울 찬:	205
枝	가지 지	109	窒	막힐 질	88	餐	먹을 찬	304
只	다만 지	36	帙	책갑 질	72	瓚	옥잔 찬	205
遲	더딜 지	182	桎	족쇄 질	202	鑽	뚫을 찬	205
脂	기름 지	244	膣	자궁 질	88	璨	빛날 찬:	304
旨	생각 지	244	叱	꾸짖을 질	151	燦	빛날 찬:	304
芝	지초 지	371	跌	넘어질 질	72	撰	지을 찬:/가릴 선	127

纂	모을 찬:	222	漲	찰 창:	356	闡	밝힐 천:	43
饌	반찬 찬:	127	鬯	울창주 창	308	穿	뚫을 천:	56
簒	빼앗을 찬:	222	採	캘 채	191	擅	멋대로 천:	282
察	살필 찰	315	債	빚 채	203	喘	숨찰 천:	78
刹	절 찰	110	彩	채색 채:	191	鐵	쇠 철	363
札	편지 찰	195	菜	나물 채:	191	哲	밝을 철	102
擦	문지를 찰	315	埰	식읍 채:	191	徹	통할 철	101
參	참여할 참/별이름 삼	151	采	풍채 채:	191	撤	거둘 철	101
慚	부끄러울 참	352	蔡	성씨 채:	172	澈	맑을 철	101
慘	혹독할 참	151	寨	울타리 채	314	喆	밝을 철	35
斬	벨 참(:)	351	責	꾸짖을 책	203	轍	바퀴 자국 철	101
塹	구덩이 참	352	冊	책 책	290	綴	꿰맬 철	297
站	역마을 참(:)	170	策	꾀 책	222	凸	볼록할 철	33
僭	거짓 참:	208	柵	울타리 책	290	尖	뾰족할 첨	167
懺	뉘우칠 참	227	處	살 처:	185	添	더할 첨	143
譖	헐뜯을 참	71	妻	아내 처	87	瞻	볼 첨	26
讖	참서 참	227	悽	슬퍼할 처:	87	籤	제비 첨	227
窓	창문 창	316	凄	쓸쓸할 처	87	僉	다 첨	64
唱	노래 부를 창:	242	尺	자 척	94	諂	아첨할 첨:	274
創	비롯할 창:	67	戚	겨레 척	349	妾	첩 첩	87
昌	창성할 창(:)	242	拓	개척할 척/박아낼 탁	264	諜	염탐할 첩	209
蒼	푸를 창	67	斥	물리칠 척	351	帖	문서 첩	170
倉	곳집 창(:)	67	隻	새 한 마리 척	197	貼	붙일 첩	170
暢	화창할 창:	272	陟	오를 척	116	疊	겹칠 첩	285
愴	슬퍼할 창:	67	瘠	파리할 척	306	牒	문서 첩	209
滄	큰 바다 창	67	滌	씻을 척	218	捷	빠를 첩	102
彰	드러낼 창	77	脊	등뼈 척	306	青	푸를 청	178
敞	시원할 창	109	擲	던질 척	289	淸	맑을 청	178
昶	해 길 창:	259	千	일천 천	164	請	청할 청	178
槍	창 창	67	天	하늘 천	72	聽	들을 청	121
脹	배 불룩할 창:	135	川	내 천	257	廳	관청 청	121
娼	창기 창(:)	242	泉	샘 천	261	晴	갤 청	179
猖	미쳐 날뛸 창	242	踐	밟을 천:	119	體	몸 체	324
廠	공장 창	109	賤	천할 천:	119	滯	막힐 체	298
瘡	부스럼 창	67	淺	얕을 천:	119	遞	갈마들 체	127
倡	광대 창:	242	遷	옮길 천:	127	逮	잡을 체/미칠 태	111
艙	선창 창	67	薦	천거할 천:	230	替	바꿀 체	72
菖	창포 창	243	釧	팔찌 천	258	締	맺을 체	298

찾아보기 405

涕	눈물 흘릴 체	356	撮	용량 단위 촬	49	忠	충성 충	370
諦	살필 체	299	最	가장 최:	49	蟲	벌레 충	208
草	풀 초	227	催	재촉할 최:	269	衝	부딪칠 충	286
初	처음 초	347	崔	성씨 최	269	衷	속옷 충	301
招	부를 초	45	秋	가을 추	224	沖	용솟음칠 충	370
超	뛰어 넘을 초	45	推	밀 추, 퇴	196	贅	혹 췌:	62
肖	닮을 초	305	追	쫓을 추	127	悴	파리할 췌:	163
礎	주춧돌 초	220	醜	추할 추	174	膵	이자 췌:	233
抄	빼앗을 초	167	抽	뽑을 추	275	萃	모일 췌:	233
秒	초 초/까끄라기 묘	167	趨	달릴 추/재촉할 촉	79	取	가질 취:	98
哨	망볼 초	305	鄒	나라 이름 추	79	就	나아갈 취:	372
焦	탈 초	252	楸	가래나무 추	224	趣	취미 취:	98
楚	나라 이름 초	220	槌	칠 추, 퇴	127	吹	불 취:	54
貂	담비 초	45	樞	지도리 추	377	醉	술 취할 취:	162
礁	암초 초	252	芻	꼴 추	229	臭	냄새 취:	56
硝	초석 초	306	墜	떨어질 추	273	炊	불 땔 취:	54
憔	파리할 초	253	鰍	미꾸라지 추	224	聚	모일 취:	98
醋	초 초/술 권할 작	242	鎚	저울추 추	127	娶	장가들 취:	99
蕉	파초 초	253	錘	저울추 추	282	翠	물총새 취:	163
樵	땔나무 초	252	酋	우두머리 추	335	脆	연할 취:	85
梢	나무 끝 초/막대기 소	306	錐	송곳 추	196	測	잴 측	347
稍	점점 초	306	椎	몽치 추	196	側	곁 측	347
炒	볶을 초	167	佳	새 추	195	惻	슬퍼할 측	347
觸	닿을 촉	210	祝	빌 축	68	層	층계 층	48
促	재촉할 촉	118	築	쌓을 축	221	致	이를 치:	202
燭	촛불 촉	210	蓄	쌓을 축/겨울에 쓰려고 저장한 채소 휵	275	治	다스릴 치/물 이름 지, 태	46
蜀	나라 이름 촉	209	縮	오그라들 축	311	置	둘 치:	25
囑	부탁할 촉	95	畜	가축 축	274	齒	이 치	56
寸	마디 촌:	104	逐	쫓을 축	187	値	값 치	25
村	마을 촌:	104	丑	소 축/사람 이름 추	153	恥	부끄러울 치	144
忖	헤아릴 촌:	105	蹴	찰 축	372	稚	어릴 치	196
總	합할 총:	23	軸	굴대 축	275	峙	언덕 치	105
銃	총 총	70	春	봄 춘	240	雉	꿩 치	358
聰	귀 밝을 총	23	椿	참죽나무 춘	240	幟	표기 치	23
叢	떨기 총	99	出	날 출	33	嗤	비웃을 치	47
塚	무덤 총	187	黜	물리칠 출	33	痔	치질 치	105
寵	총애 총:	210	充	채울 충	69	侈	사치할 치	247

熾	성할 치	23	卓	높을 탁	161	苔	이끼 태	47
癡	어리석을 치	118	托	맡길 탁	51	跆	밟을 태	46
緻	촘촘할 치	202	濁	흐릴 탁	210	汰	미끄러울 태	71
馳	달릴 치	195	濯	씻을 탁	200	宅	집 택/댁 댁	51
則	법칙 칙/곧 즉	347	琢	쫄 탁	187	擇	가릴 택	188
勅	조서 칙	217	託	부탁할 탁	51	澤	못 택	188
親	친할 친	27	鐸	방울 탁	188	撐	버틸 탱	102
七	일곱 칠	151	啄	쫄 탁	187	攄	펼 터:	141
漆	옻칠할 칠	261	炭	숯 탄:	250	土	흙 토	279
侵	침범할 침	64	歎	탄식할 탄:	53	討	칠 토(:)	104
寢	잠잘 침:	64	彈	탄알 탄:	43	吐	토할 토(:)	40
針	바늘 침(:)	161	誕	거짓 탄:	122	兎	토끼 토	71
浸	적실 침:	64	灘	여울 탄	197	通	통할 통	124
沈	잠길 침(:)/성 심:	24	呑	삼킬 탄	72	統	거느릴 통:	69
枕	베개 침:	24	坦	평탄할 탄:	241	痛	아플 통:	124
鍼	침 침	40	憚	꺼릴 탄	43	慟	큰 소리로 울 통:	140
砧	다듬잇돌 침:	170	綻	솔기 터질 탄:	314	桶	엿 되들이 통 통/휘 용	124
蟄	숨을 칩	280	脫	벗을 탈	50	筒	퉁소 통	35
稱	일컬을 칭	224	奪	빼앗을 탈	334	退	물러날 퇴:	126
秤	저울 칭	355	探	찾을 탐	101	頹	무너질 퇴	225
			貪	탐할 탐	60	堆	쌓을 퇴:	196
			耽	즐길 탐	24	褪	바랠 퇴:	126
ㅋ			眈	노려볼 탐	24	腿	넓적다리 퇴:	126
快	쾌할 쾌	333	塔	탑 탑	281	投	던질 투	111
			搭	탈 탑	281	鬪	싸울 투	82
			湯	끓을 탕:	261	透	뛸 투	224
ㅌ			宕	방탕할 탕:	264	套	클 투	135
他	다를 타	195	蕩	움직일 탕:	261	妬	시샘할 투	264
打	칠 타:	150	太	클 태	71	特	특별 특	105
妥	편안할 타:	87	態	태도 태	305	慝	사특할 특	377
墮	떨어질 타:	273	殆	거의 태	46			
駝	낙타 타	188	泰	클 태	224			
楕	좁고 긴 모양을 한 그릇 타:	145	怠	게으를 태	46	**ㅍ**		
惰	게으를 타:	145	颱	태풍 태	46	波	물결 파	260
唾	침 타:	282	胎	아이 밸 태	46	破	깨뜨릴 파:	302
陀	비탈질 타	188	兌	기쁠 태/열	69	派	물갈래 파	259
舵	키 타	188	台	별 이름 태/기뻐할 이	46	播	뿌릴 파(:)	278
			笞	볼기 칠 태	46			

把	잡을 파:	101	鞭	채찍 편	63	咆	으르렁거릴 포	81
罷	내쫓을 파:	305	騙	속일 편	329	蒲	부들 포	260
頗	자못 파	302	貶	덜 폄:	371	暴	사나울 폭, 포:	241
坡	언덕 파	302	平	평평할 평	355	爆	터질 폭	241
巴	큰 뱀 파	138	評	품평할 평:	355	幅	폭 폭	313
爬	긁을 파	138	坪	들 평	355	曝	쪼일 폭, 포	241
琶	비파 파	138	萍	부평초 평	355	瀑	폭포 폭/소나기 포	241
芭	파초 파	138	閉	닫을 폐:	330	表	겉 표	300
跛	절름발이 파 /기우듬히 설 피:	302	肺	허파 폐:	298	票	쪽지 표	172
			廢	버릴 폐:	129	標	표시할 표	172
婆	할미 파	260	弊	넘어질 폐:	112	漂	떠돌 표	172
板	널빤지 판	98	幣	비단 폐:	112	杓	북두자루 표/구기 작	80
判	판단할 판	162	蔽	덮을 폐:	112	豹	표범 표	80
版	판자 판	98	斃	넘어져 죽을 폐:	112	慓	날랠 표	173
販	팔 판	98	陛	섬돌 폐:	274	飄	회오리바람 표	173
阪	언덕 판	98	砲	대포 포	81	剽	겁박할 표	173
辦	힘쓸 판	359	包	쌀 포(:)	80	品	물건 품:	41
八	여덟 팔	157	布	베 포(:)/보시 보:	299	稟	사뢸 품:/녹미 름	225
敗	패할 패:	202	胞	태보 포(:)	80	風	바람 풍	253
貝	조개 패:	202	捕	잡을 포:	326	豊	풍년 풍	323
霸	으뜸 패:	379	浦	물가 포	260	楓	단풍나무 풍	253
沛	강 이름 패:	298	抱	안을 포:	81	諷	풍자할 풍	253
牌	패 패	163	飽	배부를 포:	80	疲	피곤할 피	302
悖	어그러질 패:	262	怖	두려워할 포	299	避	피할 피:	283
唄	찬불 패:	203	鋪	펼 포	326	被	입을 피:	302
佩	찰 패:	297	抛	던질 포:	166	皮	가죽 피	301
稗	피 패:	163	鮑	절인 어물 포:	206	彼	저 피:	302
彭	성 팽/곁 방	134	葡	포도 포	327	披	관줄 피	302
膨	배 부를 팽	134	疱	마마 포	81	必	반드시 필	142
澎	땅 이름 팽	134	庖	부엌 포	81	筆	붓 필	222, 341
愎	괴팍할 팍	305	逋	달아날 포	327	畢	마칠 필	278
便	편할 편(:)/오줌 변	63	褒	기릴 포/모을 부	47	匹	짝 필	377
篇	책 편	329	袍	솜옷 포	81	弼	도울 필	165
編	책 엮을 편	329	匍	기어갈 포	79	疋	짝 필/발 소	117
片	조각 편(:)	323	脯	포 포	327	逼	핍박할 핍	313
偏	치우칠 편	329	泡	거품 포	81	乏	모자랄 핍	371
遍	두루 편	329	圃	남새밭 포	327			
扁	현판 편	329	哺	먹일 포:	327			

ㅎ

下	아래 하:	153
夏	여름 하:	120
河	물 하	40
荷	연꽃 하(:)	63
賀	하례할 하:	139
何	어찌 하	63
霞	노을 하	248
遐	멀 하	248
蝦	새우 하	248
瑕	티 하	248
學	배울 학	91
鶴	학 학	199
虐	사나울 학	186
壑	도랑 학	282
謔	희롱할 학	186
瘧	학질 학	186
韓	나라 한(:)	130
漢	한수 한:	53
寒	찰 한	314
限	한계 한:	29
閑	한가할 한	214
恨	한할 한:	29
汗	땀 한(:)	354
旱	가물 한:	354
翰	글 한:/줄기 간	194
邯	고을 이름 한/땅 이름 감	52
罕	드물 한:	355
悍	사나울 한:	354
澣	빨 한	194
割	벨 할	311
轄	단속할 할	311
含	머금을 함	60
陷	빠질 함:	274
咸	다 함	40
艦	싸움배 함:	337
緘	봉할 함	40
涵	물로 흠뻑 적실 함	34
檻	우리 함:	337
喊	소리칠 함:	40
函	상자 함	33
銜	재갈 함	128
鹹	짤 함	40
合	합할 합	37
盒	합 합	37
蛤	대합조개 합	37
航	배 항:	376
港	항구 항:	159
抗	막을 항:	376
恒	항상 항/뻗칠 긍	157
項	목 항:	22
巷	거리 항:	159
沆	넓을 항:	376
亢	목 항	375
缸	항아리 항	333
肛	항문 항	340
海	바다 해:	88
害	해칠 해:	311
解	풀 해:	190
亥	돼지 해	374
奚	어찌 해	75
該	갖출 해	374
諧	화할 해	177
骸	뼈 해	375
楷	본뜰 해	176
偕	함께 해	176
駭	놀랄 해	375
懈	게으를 해:	190
咳	기침 해	375
邂	만날 해:	191
核	씨 핵/나무껍질로 만든 행담 개	374
劾	캐물을 핵	375
幸	다행 행:	355
杏	살구 행	220
行	다닐 행(:)/항렬 항	127
向	향할 향:	39
鄕	시골 향	289
香	향기 향	303
響	울릴 향:	289
享	누릴 향:	374
嚮	향할 향:	289
饗	잔치할 향:	289
許	허락할 허	161
虛	빌 허/16정 거	185
噓	불 허	186
墟	터 허	185
憲	법 헌:	311
獻	드릴 헌:	338
軒	집 헌	362
歇	쉴 헐	51
驗	시험할 험:	64
險	험할 험:	65
革	가죽 혁	302
爀	불빛 혁	178
赫	빛날 혁	178
現	나타날 현:	27
賢	어질 현	281
顯	나타날 현:	294
懸	매달 현:	294
玄	검을 현	179
絃	악기 줄 현	179
縣	고을 현:	294
弦	활시위 현	179
峴	고개 현:	27
鉉	솥귀 현	180
炫	빛날 현:	179
衒	자랑할 현:	180
眩	아찔할 현:/요술 환	180
絢	무늬 현:	243
穴	구멍 혈	316
頁	머리 혈	21

血	피 혈	307	乎	어조사 호	370	花	꽃 화	324
嫌	싫어할 혐	160	互	서로 호:	157	和	화할 화	39
協	화할 협	139	毫	가는 털 호	133	畫	그림 화:/그을 획	222
脅	옆구리 협	139	濠	물 이름 호	187	化	될 화(:)	324
峽	골짜기 협	270	壕	해자 호	187	貨	재물 화:	324
陜	좁을 협/땅 이름 합	270	扈	따를 호:	328	華	빛날 화	229
俠	호협할 협	21	昊	하늘 호:	72	禍	재앙 화:	173
挾	낄 협	21	鎬	호경 호:	320	禾	벼 화	223
狹	좁을 협/친할 합	21	滈	클 호:	177	靴	신 화	324
頰	뺨 협	21	皓	흴 호	177	樺	벚나무 화	229
兄	맏 형	68	祜	복 호	36	嬅	탐스러울 화	229
形	모양 형	133	晧	밝을 호	38	確	굳을 확	199
刑	형벌 형	133	糊	풀 호	307	穫	거둘 확	182
衡	저울대 형	128	弧	활 호	223	擴	넓힐 확	319
亨	형통할 형/삶을 팽	374	狐	여우 호	223	患	근심 환:	370
螢	반딧불 형	209	瑚	산호 호	306	歡	기뻐할 환	28
型	거푸집 형	133	琥	호박 호:	185	環	고리 환(:)	125
馨	향내 날 형	303	或	혹 혹	348	還	돌아올 환	125
邢	성 형	133	惑	미혹할 혹	348	換	바꿀 환:	251
瑩	의혹할 형/옥돌 영	263	酷	심할 혹	38	丸	둥글 환	165
炯	빛날 형	252	婚	혼인할 혼	267	幻	미혹할 환:	89
瀅	맑을 형:	263	混	섞을 혼:	244	煥	빛날 환:	251
荊	가시나무 형	133	魂	넋 혼	157	桓	굳셀 환	157
惠	은혜 혜:	142	昏	어두울 혼	267	宦	벼슬 환:	30
慧	지혜 혜:	145	渾	흐릴 혼:	362	鰥	홀아비 환	207
兮	어조사 혜	158	忽	갑자기 홀	144	喚	부를 환	251
彗	비 혜:	376	笏	홀 홀	80	驩	기뻐할 환	28
醯	식초 혜	336	惚	황홀할 홀	144	活	살 활/물 콸콸	
號	이름 호(:)	185	紅	붉을 홍	339		흐르는 소리 괄	259
湖	호수 호	306	洪	넓을 홍	159	滑	미끄러울 활/다스릴 골	137
好	좋을 호:	86	鴻	큰 기러기 홍	199	猾	교활할 활	137
戶	지게 호:	328	弘	넓을 홍	356	闊	넓을 활	259
護	도울 호:	182	泓	깊을 홍	356	黃	누를 황	179
呼	부를 호	370	哄	시끄러울 홍	159	況	형편 황:	68
浩	넓을 호:	38	訌	어지러울 홍	340	皇	임금 황	177
豪	호걸 호	187	虹	무지개 홍	340	荒	거칠 황	232
胡	오랑캐 호	306	火	불 화(:)	249	晃	밝을 황	243
虎	범 호(:)	185	話	말할 화	50	滉	물 깊고 넓을 황	243

煌	빛날 황	177	哮	으르렁거릴 효	91	凶	흉할 흉	33
徨	배회할 황	177	後	뒤 후:	120	胸	가슴 흉	79
遑	허둥지둥할 황	177	厚	두터울 후:	266	匈	오랑캐 흉	79
怳	형체 없는 모양 황	68	候	기후 후:	64	兇	흉악할 흉	33
慌	황홀할 황	232	侯	제후 후	64	洶	용솟음할 흉	80
凰	봉새 황	177	喉	목구멍 후	64	黑	검을 흑	180
惶	두려울 황	177	后	임금 후:	37	欣	기뻐할 흔	351
會	모일 회:	49	逅	만날 후:	37	痕	흉터 흔	29
回	돌아올 회	288	朽	썩을 후:	220	欽	공경할 흠	54
灰	재 회	250	嗅	맡을 후:	56	歆	흠향할 흠	52
懷	생각할 회	279	吼	소리 지를 후:	91	欠	하품 흠:	53
悔	뉘우칠 회:	88	訓	가르칠 훈:	257	吸	마실 흡	99
廻	돌 회	288	勳	공 훈	251	洽	적실 흡	38
淮	물 이름 회	198	熏	태울 훈	251	恰	꼭 흡	38
檜	노송나무 회:	49	薰	향풀 훈	251	興	일어날 흥(:)	334
賄	뇌물 회:	245	燻	질나팔 훈	252	希	바랄 희	299
誨	가르칠 회:	89	暈	무리 훈	362	喜	기뻐할 희	44
蛔	거위 회	288	喧	떠들썩할 훤	312	稀	드물 희	299
膾	회 회:	49	毁	헐 훼:	111	戱	놀 희	349
繪	그림 회:	49	喙	부리 훼	297	熙	빛날 희	88
晦	그믐 회	89	卉	풀 훼	163	姬	성 희	87
徊	노닐 회	288	揮	휘두를 휘	361	噫	트림 희	141
恢	넓을 회	250	輝	빛날 휘	362	熹	성할 희	44
獲	얻을 획	182	徽	아름다울 휘	121	憙	기뻐할 희	44
劃	그을 획	222	麾	대장 기 휘	201	嬉	즐길 희	44
橫	가로 횡	179	彙	무리 휘	376	羲	사람 이름 희	185
孝	효도 효:	91	諱	꺼릴 휘	130	禧	복 희	44
效	본받을 효:	373	休	쉴 휴	60	犧	희생 희	185
曉	새벽 효:	285	携	끌 휴	103	擢	뽑을 탁	200
嚆	울릴 효	321	烋	아름다울 휴	60	詰	물을 힐	35
酵	술밑 효:	91	恤	구휼할 휼	308			

찾아보기 411

자원한자 字源漢字의 정석

- 초 판 발행 – 2013년 12월 30일
- 개정판 발행 – 2019년 11월 15일

저 자 – 송 영 일
발행인 – 김 동 구
발행처 – 명 문 당 (창립 1923년 10월 1일)
　　　　서울특별시 종로구 윤보선길 61(안국동)
　　　　우체국 010579-01-000682
　　　　전 화 (02) 733-3039, 734-4798
　　　　FAX (02) 734-9209
　　　　Homepage www.myungmundang.net
　　　　E-mail mmdbook1@hanmail.net
　　　　등록 1977.11.19. 제1-148호

＊ 낙장 및 파본은 교환해 드립니다.
＊ 불허 복제
＊ 정가 18,000원
ISBN　979-11-951643-4-9　13710